Physica-Lehrbuch

Physica-Lehrbuch

Basler, Herbert
Aufgabensammlung zur statistischen Methodenlehre und Wahrscheinlichkeitsrechnung
4. Aufl. 1991. 190 S.

Basler, Herbert
Grundbegriffe der Wahrscheinlichkeitsrechnung und Statistischen Methodenlehre
11. Aufl. 1994. X, 292 S.

Bloech, Jürgen u. a.
Einführung in die Produktion
2. Aufl. 1993. XX, 410 S.

Bossert, Rainer und Manz, Ulrich L.
Externe Unternehmensrechnung
Grundlagen der Einzelrechnungslegung, Konzernrechnungslegung und internationalen Rechnungslegung
1997. XVIII, 407 S.

Bossert, Rainer
Unternehmensbesteuerung und Bilanzsteuerrecht
Grundlagen der Einkommen- und Körperschaftbesteuerung von Unternehmen
1997. XVIII, 383 S.

Dillmann, Roland
Statistik II
1990. XIII, 253 S.

Endres, Alfred
Ökonomische Grundlagen des Haftungsrechts
1991. XIX, 216 S.

Farmer, Karl und Wendner, Ronald
Wachstum und Außenhandel
Eine Einführung in die Gleichgewichtstheorie der Wachstums- und Außenhandelsdynamik
1997. XX, 334 S.

Ferschl, Franz
Deskriptive Statistik
3. Aufl. 1985. 308 S.

Gabriel, Roland/Begau, Klaus/Knittel, Friedrich/Taday, Holger
Büroinformations- und -kommunikationssysteme
Aufgaben, Systeme, Anwendungen
1994. X, 148 S.

Gaube, Thomas u. a.
Arbeitsbuch Finanzwissenschaft
1996. X, 282 S.

Gemper, Bodo B.
Wirtschaftspolitik
1994. XVIII, 196 S.

Graf, Gerhard
Grundlagen der Volkswirtschaftslehre
1997. VIII, 324 S.

Hax, Herbert
Investitionstheorie
5. Aufl. korrigierter Nachdruck 1993. 208 S.

Heno, Rudolf
Jahresabschluß nach Handels- und Steuerrecht
1994. XVI, 390 S.

Huch, Burkhard u.a.
Rechnungswesen-orientiertes Controlling
Ein Leitfaden für Studium und Praxis
2. Aufl. 1995. XXVI, 431 S.

Kistner, Klaus-Peter
Produktions- und Kostentheorie
2. Aufl. 1993. XII, 293 S.

Kistner, Klaus-Peter
Optimierungsmethoden
Einführung in die Unternehmensforschung für Wirtschaftswissenschaftler
2. Aufl. 1993. XII, 222 S.

Kistner, Klaus-Peter und Steven, Marion
Produktionsplanung
2. Aufl. 1993. XII, 361 S.

Kistner, Klaus-Peter und Steven, Marion
Betriebswirtschaftslehre im Grundstudium 1
Produktion, Absatz, Finanzierung
2. Aufl. 1996. XVI, 475 S.

Kortmann, Walter
Mikroökonomik
Eine anwendungsbezogene Einführung in das Grundmodell
1997. XVI, 494 S.

Kraft, Manfred und Landes, Thomas
Statistische Methoden
3. Aufl. 1996. X, 236 S.

Michaelis, Peter
Ökonomische Instrumente in der Umweltpolitik
Eine anwendungsorientierte Einführung
1996. XII, 190 S.

Nissen, Hans Peter
Makroökonomie I
3. Aufl. 1995. XXII, 331 S.

Sesselmeier, Werner
Blauermel, Gregor
Arbeitsmarkttheorien
1990. X, 222 S.

Steven, Marion
Hierarchische Produktionsplanung
2. Aufl. 1994. X, 262 S.

Swoboda, Peter
Betriebliche Finanzierung
3. Aufl. 1994. 305 S.

Vogt, Herbert
Einführung in die Wirtschaftsmathematik
6. Aufl. 1988. 250 S.

Vogt, Herbert
Aufgaben und Beispiele zur Wirtschaftsmathematik
2. Aufl. 1988. 184 S.

Weise, Peter u.a.
Neue Mikroökonomie
3. Aufl. 1993. X, 506 S.

Zweifel, Peter und Heller, Robert H.
Internationaler Handel
Theorie und Empirie
3. Aufl. 1997. XXII, 418 S.

Klaus-Peter Kistner
Marion Steven

Betriebswirtschaftslehre im Grundstudium 2

Buchführung, Kostenrechnung, Bilanzen

Mit 59 Abbildungen

Physica-Verlag
Ein Unternehmen
des Springer-Verlags

Prof. Dr. Klaus-Peter Kistner
Fakultät für Wirtschaftswissenschaften
Universität Bielefeld
Universitätsstraße 25
D-33615 Bielefeld

Prof. Dr. Marion Steven
Fakultät für Wirtschaftswissenschaft
Lehrstuhl für Produktionswirtschaft
Ruhr-Universität Bochum
Universitätsstraße 150
D-44780 Bochum

ISBN 3-7908-1000-2 Physica-Verlag Heidelberg

Die Deutsche Bibliothek – CIP-Einheitsaufnahme
Kistner, Klaus-Peter: Betriebswirtschaftslehre im Grundstudium 2 / Klaus-Peter Kistner;
Marion Steven. – Heidelberg: Physica-Verl.
(Physica-Lehrbuch)
Buchführung, Kostenrechnung, Bilanzen. – 1997
ISBN 3-7908-1000-2 brosch.

Dieses Werk ist urheberrechtlich geschützt. Die dadurch begründeten Rechte, insbesondere die der Übersetzung, des Nachdrucks, des Vortrags, der Entnahme von Abbildungen und Tabellen, der Funksendung, der Mikroverfilmung oder der Vervielfältigung auf anderen Wegen und der Speicherung in Datenverarbeitungsanlagen, bleiben, auch bei nur auszugsweiser Verwertung, vorbehalten. Eine Vervielfältigung dieses Werkes oder von Teilen dieses Werkes ist auch im Einzelfall nur in den Grenzen der gesetzlichen Bestimmungen des Urheberrechtsgesetzes der Bundesrepublik Deutschland vom 9. September 1965 in der jeweils geltenden Fassung zulässig. Sie ist grundsätzlich vergütungspflichtig. Zuwiderhandlungen unterliegen den Strafbestimmungen des Urheberrechtsgesetzes.

© Physica-Verlag Heidelberg 1997
Printed in Italy

Die Wiedergabe von Gebrauchsnamen, Handelsnamen, Warenbezeichnungen usw. in diesem Werk berechtigt auch ohne besondere Kennzeichnung nicht zu der Annahme, daß solche Namen im Sinne der Warenzeichen- und Markenschutz-Gesetzgebung als frei zu betrachten wären und daher von jedermann benutzt werden dürften.

Umschlaggestaltung: Erich Kirchner, Heidelberg
SPIN 10559035   88/2202-5 4 3 2 1 0 – Gedruckt auf säurefreiem Papier

Vorwort

Der nun vorliegende Band 2 der "Betriebswirtschaftslehre im Grundstudium" setzt die bereits in Band 1 angelegte Konzeption fort, den üblicherweise in den betriebswirtschaftlichen Grundstudiumsveranstaltungen vermittelten Stoff kompakt und nachvollziehbar darzustellen. Das Buch beruht – wie auch der erste Band – auf entsprechenden Lehrveranstaltungen der Verfasser an den Universitäten Bielefeld und Essen.

Während im ersten Band mit den betrieblichen Funktionen Produktion, Absatz und Finanzierung im wesentlichen der Stoff der ersten beiden Fachsemester behandelt wurde, zielt der zweite Band, der sich mit den verschiedenen Teilbereichen des betrieblichen Rechnungswesens und den darin auftretenden güter- und finanzwirtschaftlichen Vorgängen befaßt, in erster Linie auf Studierende der Betriebs- und Volkswirtschaftslehre im dritten und vierten Fachsemester als Zielgruppe ab. Darüber hinaus ist dieses Lehrbuch geeignet für Studierende anderer Fachbereiche, z.B. der Ingenieurwissenschaften oder der Rechtswissenschaft, die sich einen Einblick in diesen Bereich der Betriebswirtschaftslehre verschaffen wollen, sowie für interessierte Praktiker, die sich die Grundlagen der Betriebswirtschaftslehre aneignen oder ihre Kenntnisse in den behandelten Gebieten auffrischen wollen. Es läßt sich sowohl zur Vor- und Nachbereitung einschlägiger Vorlesungen einsetzen als auch zur Erschließung der behandelten Thematik auf dem Wege des Selbststudiums.

In diesem Band wird das Rechnungswesen als ein Modell behandelt, das die Wertströme innerhalb des Unternehmens sowie zwischen dem Unternehmen und seiner Umwelt systematisch erfaßt und abbildet: Die Buchführung erfaßt die Zahlungsströme, die durch die mit der betrieblichen Tätigkeit verbundenen Güterströme ausgelöst werden, und andere sich aus der Finanzierung und den Steuerzahlungen ergebende Zahlungsströme. Der Jahresabschluß bildet formal gesehen den Abschluß der Finanzbuchhaltung, materiell wird er aber als ein Informationsinstrument angesehen, das Auskunft über die Vermögens-, Ertrags- und Finanzlage des Unternehmens gibt. Die Kostenrechnung soll hingegen die Wertströme innerhalb des Produktionsprozesses erfassen. Sie versucht, den mit dem Einsatz der Produktionsfaktoren verbundenen Werteverzehr verursachungsgerecht den hiermit erzeugten Produkten zuzurechnen; die kurzfristige Erfolgsrechnung stellt diesen Werteverzehr den mit der Veräußerung der Produkte verbundenen Erlösen gegenüber.

Das Buch besteht aus drei Hauptteilen, die sich den genannten drei Teilgebieten des Rechnungswesens, der Buchführung, der Kostenrechnung und dem Jahresabschluß befassen.

Im ersten Teil wird eine bewußt knapp gehaltene Einführung in die Grundzüge der kaufmännischen Buchführung gegeben, die den Ausgangspunkt für die Ausführungen in den beiden anschließenden Teilen bildet. Im Anschluß an ein Grundlagenkapitel, das – ausgehend von den Aufgaben des Rechnungswesens im allgemeinen und der Buchführung im besonderen – die historische Entwicklung der heutigen kaufmännischen Buchführung darstellt sowie mit der Buchführungspflicht und den Grundsätzen ordnungsmäßiger Buchführung die wesentlichen gesetzlichen Regelungen zur Buchführung behandelt, wird das System der doppelten Buchführung entwickelt. Dabei wird weniger Wert auf die vollständige Darstellung sämtlicher denkbarer Geschäftsvorfälle als auf die systematische Behandlung der Grundtypen gelegt. Neben den laufenden Geschäftsvorfällen werden Eröffnungs- und Abschlußbuchungen sowie die Verbuchung des Warengeschäfts erläutert. Den Abschluß dieses Teils bildet ein Kapitel zur Organisation der doppelten Buchführung, in dem die verschiedenen zu führenden Bücher, die Formen der Buchführung bis hin zur heute dominierenden EDV-Buchführung und die Entwicklung von Kontenplänen aus Kontenrahmen behandelt werden.

Gegenstand des zweiten Teils ist die Kostenrechnung. Ausgehend von den Aufgaben und den Systemen der Kostenrechnung wird zunächst die Technik der Kostenverrechnung als Vollkostenrechnung auf Istkostenbasis mit den Stufen der Kostenarten-, Kostenstellen-, Kostenträgerrechnung sowie der kurzfristigen Erfolgsrechnung dargestellt. Hierbei wird bereits auf die Problematik der Zurechnung von Fixkosten hingewiesen, die im dritten Kapitel aufgegriffen wird. Dort werden im Rahmen der Teilkostenrechnung die Blockkostenrechnung, die differenzierte Fixkostenverrechnung und die Grenzerfolgskalkulation behandelt; weiter wird untersucht, inwieweit Vollkosten- und Teilkostenrechnungen den Zielen der Kostenrechnung gerecht werden. Anschließend werden die Systeme der Plankostenrechnung behandelt; der Schwerpunkt liegt hierbei auf der flexiblen Plankostenrechnung. Als Abschluß des zweiten Teils wird eine kurze Einführung in die Prozeßkostenrechnung und das Target Costing als aktuellen Weiterentwicklungen der Kostenrechnung gegeben.

Der dritte Teil des Buches ist dem Jahresabschluß gewidmet. Im Anschluß an eine Einführung in die Problematik der Bilanzierung wird im zweiten Kapitel die Entwicklung der Bilanztheorie dargestellt. Das dritte Kapitel befaßt sich mit den handelsrechtlichen Bilanzierungsvorschriften. Dabei wird nicht nur die Rechtslage dargestellt, sondern es werden auch die Beziehungen zur Bilanztheorie herausgearbeitet. Weiter wird ein Überblick über die amerikanischen Generally Accepted Accounting Principles gegeben sowie die Gliederung der Bilanz und der Gewinn- und Verlustrechnung in den Vereinigten Staaten dargestellt. Im vierten Kapitel wird ein Überblick über die Vorschriften und Besonderheiten der Rechnungslegung von Konzernen gegeben. Im abschließenden fünften Kapitel werden die wesentlichen Methoden und Verfahren der Bilanzanalyse behandelt und anhand eines praktischen Beispiels vertieft.

Auch dieses Lehrbuch wäre nicht denkbar ohne die Mithilfe einer Vielzahl von Personen, denen an dieser Stelle unser Dank gebührt. Hier sind zunächst die wissenschaftlichen Mitarbeiter und Studenten zu nennen, die durch Anregungen und Diskussionen zu den Vorlesungen sowie zu dem Manuskript sehr zur Verständlichkeit der Ausführungen beigetragen haben, stellvertretend für viele andere Herr Dipl.-Ök. LARS OTTERPOHL. Weiter danken wir unserem Kollegen, Herrn Prof. Dr. ROLF KÖNIG von der Universität Bielefeld, für die kritische Durchsicht des Kapitels zu den handelsrechtlichen Bilanzierungsvorschriften. Mit Frau Dr. MARLIES ROGALSKI haben wir die Ausführungen zur Plankostenrechnung diskutiert; Frau Dipl.-Kff. SUSANNE SONNTAG hat uns bei dem Teil über die Bilanzierung durch kritische Anmerkungen unterstützt. Für die sorgfältige Erstellung der Abbildungen und das endgültige Layout des Manuskripts danken wir Frau cand. rer. pol. ANJA SCHULENBERG. Auch dem Physica-Verlag gebührt Dank für die einfühlsame Betreuung während der Entstehungsphase des Buches sowie für die zügige Veröffentlichung.

Steinhagen und Essen, im Februar 1997   *Klaus-Peter Kistner*
Marion Steven

Inhaltsverzeichnis

1. Teil: Grundzüge der kaufmännischen Buchführung

1. Grundlagen 3
1.1 Aufgaben der Buchführung 3
1.2 Geschichtliche Entwicklung der Buchführung 5
1.3 Gesetzliche Regelungen über Buchführung 7

2. Das System der doppelten Buchführung 11
2.1 Die Bilanz als Ausgangspunkt der doppelten Buchführung 11
2.1.1 Inventur, Inventar und Bilanz 11
2.1.2 Wertbewegungen in der Bilanz 14
2.2 Die Verbuchung der laufenden Geschäftsvorfälle 17
2.2.1 Auflösung der Bilanz in Konten 17
2.2.2 Verbuchung der erfolgsneutralen Geschäftsvorfälle 19
2.2.3 Verbuchung der erfolgswirksamen Geschäftsvorfälle ... 20
2.3. Eröffnungs- und Abschlußbuchungen 22
2.3.1 Eröffnungsbuchungen 22
2.3.2 Abschlußbuchungen 22
2.3.2.1 Ausbuchung von Bestandsdifferenzen 22
2.3.2.2 Rechnungsabgrenzung 23
2.3.2.3 Abschreibungen auf Anlagen 26
2.3.2.4 Abschluß der Konten 27
2.4 Die Verbuchung des Warengeschäfts 28

3. Die Organisation der doppelten Buchführung 32
3.1 Doppelte Verbuchung in Grundbuch und Hauptbuch 32
3.2 Formen der Buchführung 33
3.3 Kontenrahmen und Kontenpläne 36

4. Literaturempfehlungen 39

2. Teil: Die Kostenrechnung

1. Einleitung 43
1.1 Wesen und Aufgaben des betrieblichen Rechnungswesens 43
1.1.1 Die Kostenrechnung als Modell der Wertströme im Unternehmen 43
1.1.2 Die Aufgaben der Kostenrechnung 48
1.2 Definitionen und Abgrenzungen 49
1.2.1 Wertbestände und Wertströme 49
1.2.2 Der Kostenbegriff 51
1.2.2.1 Das Mengengerüst der Kosten 53
1.2.2.2 Bewertung in der Kostenrechnung 54
1.2.3 Gliederung der Kosten 59
1.2.3.1 Entscheidungsabhängigkeit der Kosten 59
1.2.3.2 Weiterverrechnung der Kosten 64
1.3 Systeme der Kostenrechnung 65
1.3.1 Zeitbezug der Kosten und Kostenverursachung 65
1.3.2 Formen der Kostenrechnung 69

2. Die Technik der Kostenverrechnung 71
2.1 Die Kostenartenrechnung 71
2.1.1 Der Kostenartenplan 73
2.1.2 Die Erfassung der Kostenarten 74
2.1.2.1 Materialkosten 74
2.1.2.2 Personalkosten 78
2.1.2.3 Dienstleistungskosten 79
2.1.2.4 Steuern und öffentliche Abgaben 80
2.1.2.5 Kalkulatorische Kosten 80
2.1.2.5.1 Kalkulatorische Abschreibungen 81
2.1.2.5.2 Kalkulatorische Zinsen 85
2.1.2.5.3 Kalkulatorischer Unternehmerlohn 86
2.1.2.5.4 Kalkulatorische Miete 86
2.1.2.5.5 Kalkulatorische Wagnisse 86
2.1.3 Die Verrechnung der Kostenarten 88

2.2 Die Kostenstellenrechnung 88
2.2.1 Der Kostenstellenplan 89
2.2.2 Verteilung der primären Gemeinkosten auf die Kostenstellen 90
2.2.3 Die innerbetriebliche Leistungsverrechnung 92
2.2.3.1 Gleichungsverfahren 93
2.2.3.2 Anbauverfahren 96
2.2.3.3 Stufenleiterverfahren 97
2.2.4 Organisatorische Abwicklung der Kostenstellenrechnung 99

2.3 Die Kostenträgerrechnung 101
2.3.1 Die Divisionskalkulation 102
2.3.1.1 Die einfache Divisionskalkulation.. 102
2.3.1.2 Die mehrstufige Divisionskalkulation 103
2.3.1.3 Die Äquivalenzziffernkalkulation 105
2.3.2 Die Zuschlagskalkulation 107
2.3.2.1 Die summarische Zuschlagskalkulation 108
2.3.2.2 Die differenzierte Zuschlagskalkulation 111
2.3.2.3 Die Bezugsgrößenkalkulation... 111
2.3.3 Die Kalkulation von Kuppelprodukten 114
2.3.3.1 Restwertmethode 115
2.3.3.2 Verteilungsmethode 116

2.4 Die kurzfristige Erfolgsrechnung 116
2.4.1 Gesamtkostenverfahren 117
2.4.2 Umsatzkostenverfahren 118

2.5 Ablauf der Betriebsabrechnung bei Vollkostenrechnung............................. 120

3. Die Teilkostenrechnung.. 125

3.1 Systeme der Teilkostenrechnung 125
3.1.1 Fixe und variable Kosten in der Teilkostenrechnung 125
3.1.2 Relative Einzelkosten und Grundrechnung nach RIEBEL 129

3.2 Die Analyse des Fixkostenblocks 135
3.2.1 Problemstellung 135
3.2.2 Die Blockkostenrechnung 136
3.2.3 Analytische Deckungsbeitragsrechnung.. 142
3.2.4 Die Grenzerfolgskalkulation 149

3.3 Vergleich von Vollkosten- und Teilkostenrechnung.................................... 159
3.3.1 Die Kostenrechnung als Kontrollinstrument 159
3.3.1.1 Die Wirtschaftlichkeitskontrolle... 159
3.3.1.2 Erfolgskontrolle 161
3.3.2 Die Kostenrechnung als Planungsinstrument 163
3.3.2.1 Daten für die Produktions- und Sortimentsplanung 163
3.3.2.2 Kalkulation und Preispolitik... 166
3.3.3 Bereitstellung von Daten für den Jahresabschluß.................................... 173
3.3.4 Ergebnis des Vergleichs 175

4. Die Plankostenrechnung 178

4.1 Entwicklungsstufen der Kostenrechnung 178
4.1.1 Die Istkostenrechnung 178
4.1.2 Die Normalkostenrechnung 180
4.1.2.1 Die starre Normalkostenrechnung 180
4.1.2.2 Die flexible Normalkostenrechnung... 181

4.1.3 Die Plankostenrechnung 183
4.1.3.1 Wurzeln der Plankostenrechnung 183
4.1.3.2 Starre Plankostenrechnung 184
4.1.3.3 Flexible Plankostenrechnung 184
4.1.3.4 Grenzplankostenrechnung 185

4.2 Die flexible Plankostenrechnung 185
4.2.1 Theoretische Grundlagen der flexiblen Plankostenrechnung 186
4.2.1.1 Die Sollkosten-Kurve 186
4.2.1.2 Abweichungsanalyse und Abweichungsinterdependenz 189
4.2.2 Planpreise und Preisabweichungen 193
4.2.2.1 Planpreise und Preisabweichungen bei den Materialkosten 193
4.2.2.2 Planpreise und Preisabweichungen bei den Personalkosten 196
4.2.3 Planung und Kontrolle der Einzelkosten 197
4.2.3.1 Planung und Kontrolle des Einzelmaterialverbrauchs 198
4.2.3.2 Planung und Kontrolle der Einzellohnkosten 199
4.2.4 Planung und Kontrolle der Kostenstellen 203
4.2.4.1 Grundsätze 203
4.2.4.2 Planung der Gemeinkosten 205
4.2.4.2.1 Bezugsgrößen und Planbeschäftigung 205
4.2.4.2.2 Verfahren der Gemeinkostenplanung 209
4.2.4.2.3 Die innerbetriebliche Leistungsverrechnung 211
4.2.4.2.4. Ergebnis der Gemeinkostenplanung 212
4.2.4.3 Kontrolle der Gemeinkosten und Abweichungsanalyse 213
4.2.5 Kostenträgerrechnung 216
4.2.5.1 Kalkulation von standardisierten Erzeugnissen 217
4.2.5.2 Kalkulation von Einzelaufträgen 219
4.2.5.3 Kurzfristige Erfolgsrechnung 220
4.2.6 Beurteilung der flexiblen Plankostenrechnung 220

4.3 Die Grenzplankostenrechnung 222

5. Weiterentwicklungen der Kostenrechnung 223

5.1 Die Prozeßkostenrechnung 223
5.1.1 Problemstellung 223
5.1.2 Ziele und Vorgehensweise der Prozeßkostenrechnung 224
5.1.3 Beurteilung der Prozeßkostenrechnung 227
5.1.4 Prozeßkostenrechnung als Teilkostenrechnung 228

5.2 Das Target Costing 229
5.2.1 Problemstellung 229
5.2.2 Vorgehensweise des Target Costing 229
5.2.3 Beurteilung des Target Costing 234

6. Literaturempfehlungen 235

3. Teil: Der Jahresabschluß

1. Einleitung 239
1.1 Aufgaben und Ziele des Jahresabschlusses 239
1.2 Aufbau und Inhalt des Jahresabschlusses 240
1.3 Probleme bei der Aufstellung des Jahresabschlusses 243
1.4 Fragestellungen der Bilanzlehre 244

2. Bilanztheorie 247
2.1 Formale Theorie der Bilanzen 247
2.2 Theorie des handelsrechtlichen Jahresabschlusses 251
2.2.1 Die klassischen Ansätze der Bilanztheorie 252
2.2.1.1 Die statische Bilanzauffassung 252
2.2.1.1.1 Die ältere Statik 252
2.2.1.1.1.1 Juristische Aspekte der statischen Bilanztheorie 252
2.2.1.1.1.2 Betriebswirtschaftliche Aspekte der statischen Bilanztheorie 255
2.2.1.1.1.3 Die nominalistische Bilanztheorie 257
2.2.1.1.1.4 Ergebnisse 259
2.2.1.1.2 Die Neostatik 260
2.2.1.1.3 Beurteilung der statischen Bilanztheorie 263
2.2.1.2 Die dynamische Bilanzauffassung 263
2.2.1.3 Die organische Bilanzauffassung 269
2.2.1.4 Das Inflationsproblem in der Bilanz 272
2.2.1.5 Ergebnis der klassischen Bilanztheorie 275
2.2.2 Neuere bilanztheoretische Ansätze 275
2.2.2.1 Die synthetische Bilanz 276
2.2.2.2 Theorie der Bilanzzwecke 278
2.3 Ergebnis 280

3. Grundzüge des Bilanzrechts 282
3.1 Rechtsquellen 282
3.1.1 Gesetzliche Regelungen 282
3.1.2 Grundsätze ordnungsmäßiger Bilanzierung 289
3.1.3 Generally Accepted Accounting Principles 295
3.2 Handelsrechtliche Bilanzierungsvorschriften 300
3.2.1 Die Gliederung der Bilanz 301
3.2.1.1 Gliederungsgrundsätze 301
3.2.1.2 Die Gliederungsvorschriften des HGB 302
3.2.1.3 Das angelsächsische Gliederungsschema 310
3.2.2 Der Bilanzansatz dem Grunde nach 312

3.2.2.1 Bilanzierungsfähigkeit 312
3.2.2.1.1 Bilanztheoretische Grundlagen 312
3.2.2.1.2 Bilanzierungsfähigkeit nach Handelsrecht 314
3.2.2.1.3 Der steuerrechtliche Begriff des Wirtschaftsguts 321
3.2.2.2 Bilanzierungspflicht 321
3.2.2.3 Bilanzierungsverbote 322
3.2.2.4 Bilanzierungswahlrechte 323
3.2.2.5 Bilanztheoretische Konsequenzen 324
3.2.3 Wertansätze in der Bilanz 325
3.2.3.1 Das Prinzip der Einzelbewertung 325
3.2.3.2 Wertmaßstäbe 326
3.2.3.3 Festwertprinzip und Wahlrechte 332
3.2.4 Einzelprobleme der Bilanzierung 334
3.2.4.1 Anschaffungskosten bei anschaffungsähnlichen Vorgängen 335
3.2.4.2 Abgrenzung von Anschaffungs-, Herstellungs- und Erhaltungs-
       aufwand 336
3.2.4.3 Bewertung von Forderungen und Verbindlichkeiten 337
3.2.4.4 Rückstellungen für Pensionsverpflichtungen 339

3.3 Die Gewinn- und Verlustrechnung 340
3.3.1 Aufgaben der Gewinn- und Verlustrechnung 340
3.3.2 Die Gliederung der Gewinn- und Verlustrechnung nach dem HGB 343
3.3.3 Die Gliederung des Income Statement im angelsächsischen Bereich 346

3.4 Anhang und Lagebericht 347
3.4.1 Der Anhang 348
3.4.2 Der Lagebericht 351

4. Konzernbilanzen 353

4.1 Konzerne und Konzernbilanzen 353
4.1.1 Konzernbegriff 353
4.1.2 Konsolidierung 355
4.1.2.1 Konsolidierungspflicht 355
4.1.2.2 Konsolidierungskreis 358

4.2 Die Handelsbilanz II 359
4.2.1 Notwendigkeit der Handelsbilanz II 359
4.2.2 Aufstellung der Handelsbilanz II 361
4.2.3 Verrechnung der Korrekturen in der Handelsbilanz II 362
4.2.4 Währungsumrechnung 364

4.3 Die Bilanzkonsolidierung 366
4.3.1 Die Kapitalkonsolidierung 366
4.3.1.1 Die Vollkonsolidierung 367
4.3.1.1.1 Die erfolgswirksame Erstkonsolidierung 367
4.3.1.1.2 Folgekonsolidierung nach der Erwerbsmethode 375

4.3.1.1.3 Die Interessenzusammenführung (Pooling of Interests) 377
4.3.1.2 Einbeziehung gemeinschaftlich geführter und assoziierter
         Unternehmen 378
4.3.1.2.1 Die Quotenkonsolidierung 378
4.3.1.2.2 Die Equity Methode 379
4.3.2 Die Schuldenkonsolidierung 380
4.3.3 Die Konsolidierung des Zwischenerfolgs 382
4.3.3.1 Grundlagen 382
4.4 Die Konsolidierung der Gewinn- und Verlustrechnung 385
4.5 Konzernanhang und Konzernlagebericht 386

5. Bilanzanalyse 388

5.1 Problemstellung 388
5.2 Aufbereitung der Bilanzdaten 391
5.3 Durchführung der Bilanzanalyse 395
5.3.1 Strukturanalyse 395
5.3.2 Liquiditätsanalyse 398
5.3.3 Erfolgsanalyse 404
5.3.4 Wertschöpfungsanalyse 408
5.4 Beurteilung der Bilanzanalyse 410
5.5 Beispiel: Bilanzanalyse der Bayer AG 412
5.5.1 Darstellung des Unternehmens 412
5.5.2 Aufbereitung der Bilanzdaten der Bayer AG 413
5.5.3 Ermittlung und Interpretation der Kennzahlen 415
5.5.3.1 Strukturanalyse 415
5.5.3.2 Liquiditätsanalyse 418
5.5.3.3 Erfolgsanalyse 419
5.5.4 Zusammenfassung der Ergebnisse 421

6. Literaturempfehlungen 422

Literaturverzeichnis 425

Stichwortverzeichnis 435

Erster Teil

Grundzüge der kaufmännischen Buchführung

1. Grundlagen

1.1 Aufgaben der Buchführung

Das Rechnungswesen dient als ein Instrument zur Abbildung der Güter- und Zahlungsströme zwischen dem Unternehmen und seiner Umwelt. Der Gegenstand der Buchführung als einem Teil des Rechnungswesens läßt sich beschreiben als die systematische *zahlenmäßige Erfassung von Geschäftsvorfällen*, die durch das betriebliche Geschehen ausgelöst werden. Diese Definition umfaßt folgende Aspekte:

(1) *Geschäftsvorfälle*

Durch die Buchführung werden sowohl Geld- und Güterbestände als auch ihre Veränderungen erfaßt. Als Geschäftsvorfälle werden daher alle Tatbestände und Vorgänge bezeichnet, die mit Zahlungsvorgängen direkt oder indirekt verbunden sind und zur exakten Abbildung des betrieblichen Geschehens festgehalten werden müssen.

(2) *Erfassung*

Die Erfassung von Tatbeständen erfolgt sowohl vergangenheitsorientiert im Sinne einer Dokumentation und Abrechnung von Geschäftsvorfällen als auch zukunftsbezogen in Form der Bereitstellung von Plandaten.

(3) *zahlenmäßig*

Die Buchführung ist auf zahlenmäßig erfaßbare Tatbestände beschränkt; sie bildet somit nur den Teil der Realität ab, der sich durch Mengen- oder Wertgrößen beschreiben läßt. Durch eine Bewertung werden heterogene Mengengrößen in den Wert als einheitliche Rechengröße transformiert. In der Buchführung erfolgt eine monetäre Bewertung, d.h. als Wertmaßstab werden Preise angesetzt.

Eine ordentliche Buchführung ist die Grundlage dafür, daß das Rechnungswesen in seinen verschiedenen Teilbereichen folgende Aufgaben erfüllen kann:

(1) *Dokumentationsfunktion*

Eine wesentliche Aufgabe der Buchführung ist die Dokumentation des betrieblichen Geschehens durch die lückenlose und chronologische Erfassung aller Geschäftsvorfälle. Eine den gesetzlichen Vorschriften entsprechende Buchführung dient insbesondere als Grundlage der externen Rechnungslegung und damit als Basis für die Festsetzung von Gewinnausschüttungen, Steuerzahlungen usw. Darüber hinaus kann eine ordentliche Buchführung als Beweismittel herangezogen werden, z.B. bei Gerichtsverhandlungen.

(2) *Informationsfunktion*

Verschiedene Gruppen von Interessenten an dem Unternehmen haben einen unterschiedlichen Informationsbedarf, der durch die in der Buchführung erfaßten und aufbereiteten Daten gedeckt werden kann. Man unterscheidet interne und externe Interessenten:

interne Interessenten:	Unternehmensleitung
	Eigentümer bzw. Eigenkapitalgeber
	Arbeitnehmer
externe Interessenten:	Banken und andere Kreditgeber
	Kunden
	Lieferanten
	Behörden
	Gerichte
	Konkurrenten
	Öffentlichkeit

Insbesondere bei Großunternehmen bestehen aufgrund gesetzlicher Vorschriften umfassende Informationspflichten nach innen und außen.

(3) *Kontrollfunktion*

Durch die Berechnung des Erfolgs des Unternehmens im Rahmen des Jahresabschlusses, der aus der laufenden Buchführung abgeleitet wird, erfolgt sowohl eine Kontrolle und Überwachung der mit Zahlungen verbundenen Außenbeziehungen des Unternehmens als auch eine Kontrolle der Wirtschaftlichkeit der Leistungserstellung. Diese Kontrolle ist vergangenheitsbezogen, da die Wirtschaftlichkeit eines Geschäftes immer erst nach seiner Realisation festgestellt werden kann.

(4) *Planungsfunktion*

Durch die Buchführung werden Unterlagen erstellt, die als Entscheidungsgrundlage für die Dispositionen der Geschäftsleitung dienen können. Diese interne Planungsfunktion ist somit zukunftsbezogen.

(5) *Vermögens- und Schuldenermittlung*

Die Ermittlung des Vermögens und der Schulden eines Unternehmens zu einem bestimmten Zeitpunkt erfolgt durch Auflistung der entsprechenden Bestände in der Bilanz. Ein Vergleich von Vermögen und Schulden liefert z.B. Informationen darüber, ob das Unternehmen überschuldet ist; er dient also der internen und externen Kontrolle der Unternehmenssituation.

(6) Periodenerfolgsermittlung

Schließlich besteht eine wichtige Aufgabe des Rechnungswesens darin, den Periodenerfolg, d.h. den Gewinn oder Verlust eines Abrechnungszeitraums, festzustellen. Diese Information dient der Kontrolle, ob das Unternehmen rentabel arbeitet, und dient als Anknüpfungspunkt für die Ermittlung von ertragsabhängigen Steuern und von Ausschüttungen an die Eigentümer des Unternehmens.

Die Vielzahl der genannten Aufgaben zeigt, daß es kaum möglich ist, allen diesen Anforderungen durch ein einziges Rechenwerk gerecht zu werden. Die *Buchführung* dient daher im wesentlichen einer ersten Erfassung und geordneten Zusammenstellung der relevanten Daten, die anschließend in den verschiedenen Teilbereichen des betriebswirtschaftlichen Rechnungswesens Verwendung finden.

1.2 Geschichtliche Entwicklung der Buchführung

Erste Anfänge einer systematischen Aufzeichnung wirtschaftlich relevanter Vorgänge lassen sich schon recht früh feststellen; bereits im *frühgeschichtlichen Babylon* wurden Lohntafeln verwendet, um die Ansprüche einzelner Arbeiter festzuhalten. Dabei ist zu berücksichtigen, daß eine Aufzeichnung über Mengen und Werte die Existenz des Geldes voraussetzt.

Im *Mittelalter* erfolgte eine regelmäßige Erfassung von Handelsgeschäften durch Kaufleute, die zum einen den Überblick über ihre Schulden und Außenstände behalten, zum anderen den Erfolg ihrer Geschäfte berechnen wollten. Die erste gedruckte Veröffentlichung zum Rechnungswesen wird dem Mönch Luca Pacioli (1494) zugeschrieben. Um diese Zeit wurde das *Konto* als Grundlage der geordneten Erfassung von Geschäftsvorfällen entwickelt, aus dem das System der doppelten Buchführung hervorging. Zu dieser Zeit war das Rechnungswesen noch nicht periodenbezogen, sondern es herrschte die *Partierechnung* vor: Dabei wird nach Abschluß jedes Geschäftes (einer Partie) der aus diesem resultierende Gewinn oder auch Verlust berechnet und dem Vermögen gutgeschrieben oder abgezogen.

Dies änderte sich erst im Zeitalter der industriellen Revolution, da die Berechnung des Erfolgs einer kontinuierlichen Produktion, für die langfristige Investitionen in Anlagevermögen getätigt worden sind, nicht für jedes einzelne Geschäft erfolgen kann, sondern eine fortlaufende Erfassung erfordert. Zu dieser Zeit wurden eine Buchführung mit periodischem Jahresabschluß und erste Ansätze einer Kostenrechnung entwickelt. Wie schon der Name sagt, erfolgte die Buchführung ursprünglich in gebundenen Büchern. Dadurch wurde sichergestellt, daß die Buchführungsdaten nicht nachträglich durch Austauschen, Vernichten oder Hinzufügen von einzelnen Seiten verfälscht werden können.

Im 20. Jahrhundert wurde dieses System technisch weiterentwickelt und verfeinert. Wegen des zunehmenden Umfangs der zu erfassenden Daten wurde eine Automatisierung erforderlich. So ging man aus Gründen der Arbeitsvereinfachung von der ursprünglich in gebundenen Büchern stattfindenden Buchführung zunächst zu der Loseblattbuchführung und schließlich zur EDV-Buchführung über. Durch spezielle Vorschriften wird insbesondere bei letzterer sichergestellt, daß gegenüber den früheren Formen kein Informationsverlust eintritt und nachträgliche Verfälschungen der Eintragungen unmöglich sind.

Die heutige Buchführung tritt – je nach Anwendungsbereich – in drei verschiedenen Erscheinungsformen auf:

- Die *Kameralistik* ist eine Form der Buchführung, die in Behörden und öffentlichen Verwaltungen verwendet wird. Ihre Wurzeln gehen zurück bis in das 18. Jahrhundert, auf die Rechnungslegung der fürstlichen Rechnungskammern (cameralia). Es handelt sich dabei um eine reine Einnahmen- / Ausgabenrechnung; im Vordergrund steht nicht die Erfolgsermittlung, sondern die Kontrolle darüber, daß der zuvor verabschiedete Haushaltsplan eingehalten wurde.

- Für Kleinbetriebe, die einen bestimmten Jahresumsatz nicht überschreiten, ist aus Vereinfachungsgründen die *einfache kaufmännische Buchführung* zulässig. Dabei wird jeder Geschäftsvorfall nur einmal buchhalterisch erfaßt, und zwar wird jeweils die Zahlungsseite eines Vorgangs verbucht. Vorgänge, die nicht zahlungswirksam sind, werden demzufolge hierbei nicht erfaßt, es gibt nur Bestands-, keine Erfolgskonten. Die Ermittlung des Periodenerfolgs erfolgt mittels einer Bestandsrechnung durch Vergleich von folgenden Bestands- und Stromgrößen:

    Periodenerfolg = Endvermögen
    − Anfangsvermögen
    + Entnahmen
    − Einlagen

- Im Normalfall ist für Unternehmen die *doppelte kaufmännische Buchführung* (Doppik) vorgeschrieben, die im folgenden eingehender dargestellt wird. Bei dieser Form wird jeder Geschäftsvorfall zweimal erfaßt, einmal im Soll und einmal im Haben. Es erfolgt eine Verbuchung sowohl der Zahlungs- als auch der Leistungsseite der Vorgänge. Auch der Periodenerfolg läßt sich auf zweifache Weise ermitteln: Er ergibt sich einmal in der Bilanz als Saldo der Bestandskonten, zum anderen in der Gewinn- und Verlustrechnung als Differenz von Aufwendungen und Erträgen.

1.3 Gesetzliche Regelungen über Buchführung

Aufgrund des hohen internen Informationswertes einer ordentlichen Buchführung müßte eigentlich jedes Unternehmen von sich aus daran interessiert sein, ein funktionstüchtiges Rechnungswesen einzuführen. Dennoch sah sich der Gesetzgeber gezwungen, eine *Buchführungspflicht* gesetzlich zu verankern. Da die Buchführung – wie oben bereits angesprochen – für einen weiten Kreis von an dem Unternehmen interessierten Personen und Institutionen eine große Bedeutung hat, gibt es zahlreiche, zum Teil sehr weitgehende und restriktive gesetzliche Vorschriften sowohl für die Art der Durchführung als auch für den materiellen und formellen Inhalt einer ordentlichen Buchführung. Vorschriften über die Buchführung finden sich in verschiedenen Gesetzen und dienen unterschiedlichen Zwecken.

(1) *handelsrechtliche Buchführungspflicht*

Die handelsrechtliche Buchführungspflicht ist im Dritten Buch des Handelsgesetzbuches (HGB) kodifiziert. Das HGB knüpft die Buchführungspflicht an das Vorliegen der Kaufmannseigenschaft gemäß §§ 1 - 7 HGB. Danach sind nur Vollkaufleute, die nach § 4 HGB über einen in kaufmännischer Weise eingerichteten Geschäftsbetrieb verfügen, zur Buchführung verpflichtet. Konkret wird die Buchführungspflicht in § 238 HGB festgelegt: "Jeder Kaufmann ist verpflichtet, Bücher zu führen ..."

(2) *steuerrechtliche Buchführungspflicht*

Aus dem Steuerrecht, speziell aus § 140 der Abgabenordnung (AO) ergibt sich eine *derivative Buchführungspflicht*. § 140 AO lautet: "Wer nach anderen Gesetzen als nach Steuergesetzen Bücher und Aufzeichnungen zu führen hat, die für die Besteuerung von Bedeutung sind, hat die Verpflichtungen, die ihm nach den anderen Gesetzen obliegen, auch für die Besteuerung zu erfüllen." Dadurch soll die Einheitlichkeit der Buchführung sichergestellt werden.

(3) *Sonderbestimmungen in anderen Gesetzen*

Neben der handels- und steuerrechtlichen Buchführungspflicht wird auch in anderen Gesetzen das Führen von Büchern verlangt, z.B. im Aktiengesetz (AktG) und im GmbH-Gesetz (GmbHG). So lautet § 91 AktG: "Der Vorstand hat dafür zu sorgen, daß die erforderlichen Handelsbücher geführt werden." und § 41 Abs. 1 GmbHG: "Die Geschäftsführer sind verpflichtet, für die ordnungsmäßige Buchführung der Gesellschaft zu sorgen."

Durch die bisher genannten gesetzlichen Vorschriften wird zwar die allgemeine Verpflichtung zur Buchführung festgelegt, jedoch sind darin noch keine Bestimmungen über die Durchführung der Buchführung im einzelnen enthalten. Bei der konkreten Ausgestaltung der Buchführungspflicht hatte der Gesetzgeber zwei Möglichkeiten:

- Regelung der Buchführung bis in alle Einzelheiten
- Verzicht auf zu detaillierte Vorschriften und Verweis auf Handelsbräuche

Bei der ersten Möglichkeit steht dem Vorteil einer hohen Rechtssicherheit als Nachteil eine große Regelungsdichte und ein häufiger Änderungsbedarf gegenüber. Daher wurde die zweite Möglichkeit gewählt: Die Buchführung wurde nicht bis in alle Einzelheiten kodifiziert, sondern es erfolgt in § 238 HGB ein Verweis auf die *Grundsätze ordnungsmäßiger Buchführung* (GoB), an denen sich ordentliche Kaufleute zu orientieren haben. Diese Lösung bietet den Vorteil, daß sich die Ausgestaltung der Buchführung jeweils flexibel an neue Entwicklungen, wie z.B. die Nutzung der elektronischen Datenverarbeitung, anpassen kann. Allerdings besteht hier der Nachteil, daß es wegen der Unbestimmtheit der Generalnorm zu Interpretationsschwierigkeiten bzw. zu unerwünschten Gestaltungsmöglichkeiten für das einzelne Unternehmen kommen kann.

Diese Grundsätze ordnungsmäßiger Buchführung sind entstanden durch die praktische Übung ehrbarer Kaufleute, sie beruhen also auf Handelsbrauch bzw. Verkehrsanschauung. Teilweise sind sie in einzelnen Regelungen des HGB niedergelegt. Im einzelnen werden folgende Grundsätze ordnungsmäßiger Buchführung unterschieden:

(1) *Grundsatz der Vollständigkeit*

Der Grundsatz der Vollständigkeit ist in § 239 Abs. 2 HGB niedergelegt. Eine Buchführung gilt insbesondere dann als vollständig, wenn sämtliche in der Abrechnungsperiode auftretenden Geschäftsvorfälle lückenlos und vollständig aufgezeichnet und die zugehörigen Belege vollständig über einen vorgeschriebenen Zeitraum aufbewahrt werden. Daraus resultiert ein Verbot von Saldierungen, d.h. mehrere gleichartige Vorgänge dürfen nicht zu einer Buchung zusammengefaßt werden, gleichzeitig erfolgende Buchungen im Soll und im Haben auf einem Konto dürfen nicht gegeneinander aufgerechnet werden. Weiter muß zur Erfüllung des Grundsatzes der Vollständigkeit die Aufzeichnung der Geschäftsvorfälle zeitnah erfolgen.

(2) *Grundsatz der Richtigkeit und Wahrhaftigkeit*

Die Richtigkeit und Wahrhaftigkeit der Buchführung bezieht sich auf den Inhalt von Belegen, Buchungen, Inventur und Inventar. Nach § 239 Abs. 2 HGB hat der Kaufmann für die qualitativ und quantitativ korrekte Erfassung aller Geschäftsvorfälle zu sorgen, nach § 239 Abs. 3 HGB darf keine nachträgliche Änderung der Aufzeichnungen erfolgen. Sollte eine Buchung sich

1.3 Gesetzliche Regelungen über Buchführung

als fehlerhaft erweisen (Fehlbuchung), so ist sie zu stornieren und in richtiger Form erneut durchzuführen.

(3) *Belegprinzip*

Der Grundsatz des Belegprinzips lautet: "Keine Buchung ohne Beleg." Ein Beleg ist ein Datenträger, aus dem Einzelheiten des jeweiligen Geschäftsvorfalls hervorgehen, z.B. Datum, Geschäftspartner, Art der Leistung, Betrag. Nach ihrem Ursprung unterscheidet man verschiedene Arten von Belegen:

- externe Belege: Rechnungen
  Quittungen
  Bankbelege
  Schecks, Wechsel

- interne Belege: Lohnlisten
  Zeitnachweise
  Materialentnahmescheine

- Eigenbelege: Umbuchungen
  Fehlerkorrekturen

(4) *Grundsatz der Klarheit*

Die Buchführung gilt nach § 238 Abs. 1 HGB als klar, wenn sie so übersichtlich gestaltet ist, daß sich ein sachverständiger Dritter, z.B. ein Steuerberater oder Steuerprüfer, in angemessener Zeit darin zurechtfinden kann. Weiter ist nach § 239 Abs. 1 HGB erforderlich, daß die Buchführung in einer lebenden Sprache abgefaßt wird und daß Abkürzungen nur dann verwendet werden, wenn ihre Bedeutung aus dem Zusammenhang eindeutig hervorgeht.

(5) *Grundsatz der Sicherheit*

Das Sicherheitsmotiv der Buchführung wird dadurch gewährleistet, daß zum einen eine Fehlerkorrektur nur durch Stornobuchung erfolgen darf, zum anderen besteht eine Aufbewahrungspflicht für die Buchführungsunterlagen. Nach § 257 HGB sind die Bücher und Bilanzen 10 Jahre, sonstige Unterlagen 6 Jahre lang aufzubewahren und auf Verlangen z.B. den Steuerbehörden zur Verfügung zu stellen.

(6) *Grundsatz der Wirtschaftlichkeit*

Die aus den oben genannten Grundsätzen resultierenden Anforderungen an die Buchführung müssen sich in einem wirtschaftlich vertretbaren Rahmen halten, insbesondere sollen sie in einem angemessenen Verhältnis zum angestrebten Erfolg stehen. So wird z.B. durch § 239 Abs. 4 HGB die EDV-Buchführung als zulässig erklärt, da ein Festhalten an der Buchführung in Papierform einen unangemessenen Aufwand bedeuten würde.

Erfolgt die Buchführung nicht nach diesen Grundsätzen ordnungsmäßiger Buchführung, so ist sie fehlerhaft. Aus einer fehlerhaften Buchführung ergeben sich für das Unternehmen eine Reihe unerwünschter Folgen: Zunächst gilt der Jahresabschluß, der auf der fehlerhaften Buchführung beruht, als nichtig. Handelsrechtlich gilt eine fehlerhafte Buchführung als *Bilanzdelikt*, das mit einer Freiheitsstrafe bis zu drei Jahren bestraft werden kann. Wenn die fehlerhafte Buchführung zu einer Verringerung der gezahlten Steuern geführt hat, liegt aus steuerrechtlicher Sicht eine *Steuerhinterziehung* vor, für die die Freiheitsstrafe bis zu fünf Jahren betragen kann. Schließlich liegt aus strafrechtlicher Sicht der Tatbestand der *Wirtschaftskriminalität* vor, für den eine Freiheitsstrafe bis zu zehn Jahren droht, falls daraus der Bankrott des Unternehmens resultiert.

Als weitere Folgen einer fehlerhaften Buchführung wird die mit der Prüfung des Jahresabschlusses von Gesellschaften mit beschränkter Haftung und Aktiengesellschaften beauftragte Wirtschaftsprüfungsgesellschaft den Bestätigungsvermerk versagen, das zuständige Finanzamt wird die Steuerschuld schätzen, anstatt sie aus dem ausgewiesenen Periodenerfolg abzuleiten, schließlich drohen Schadensersatzforderungen derer, die durch die falschen Angaben wirtschaftlichen Schaden erlitten haben.

2. Das System der doppelten Buchführung
2.1 Die Bilanz als Ausgangspunkt der doppelten Buchführung
2.1.1 Inventur, Inventar und Bilanz

Grundlage der Aufstellung von Inventur, Inventar und Bilanz ist der § 240 Abs. 1 HGB:

> *"Jeder Kaufmann hat zu Beginn seines Handelsgewerbes seine Grundstücke, seine Forderungen und Schulden ... genau zu verzeichnen und dabei den Wert der einzelnen Vermögensgegenstände und Schulden anzugeben."*

Nach § 240 Abs. 2 HGB ist ein solches Verzeichnis nicht nur bei der Aufnahme der Unternehmenstätigkeit, sondern regelmäßig am Ende eines Geschäftsjahres aufzustellen. Die Dauer eines Geschäftsjahres darf einen Zeitraum von zwölf Monaten nicht überschreiten, so daß sichergestellt ist, daß mindestens einmal im Kalenderjahr eine solche Feststellung von Vermögen und Schulden erfolgt.

Unter einer *Inventur* versteht man die art- und mengenmäßige Bestandsaufnahme aller Vermögensgegenstände und Schulden durch Zählen, Messen oder Wiegen. Die Aufgabe der Inventur ist die Feststellung der tatsächlich vorhandenen Istbestände der einzelnen Positionen und ihr Vergleich mit den Buchwerten, d.h. eine Bestandskontrolle durch Soll/Ist-Vergleich. Falls Abweichungen in Form von *Inventurdifferenzen* auftreten, so ist nach deren Ursachen zu suchen. Inventurdifferenzen können insbesondere aufgrund von Schwund, Verderb oder Diebstahl auftreten. Gleichzeitig dient die Inventur der Kontrolle von Buchführung und Bilanz.

Das Handelsgesetzbuch läßt unterschiedliche Inventurformen zu: Der in § 240 Abs. 2 HGB vorgesehene Regelfall ist die *Stichtagsinventur*, bei der eine körperliche Bestandsaufnahme zum Bilanzstichtag erfolgt. Um die damit verbundene Arbeit zu erleichtern und zeitlich zu verteilen, sind folgende Varianten der Stichtagsinventur zulässig:

- Die *zeitlich ausgeweitete Stichtagsinventur* darf bis zu 10 Tage vor oder nach dem Bilanzstichtag durchgeführt werden. Der festgestellte Bestand ist um die in diesem Zeitraum stattfindenden Zu- und Abgänge zu korrigieren.
- Für die *vor- oder nachverlegte Inventur* darf der Stichtag, zu dem die Inventur erfolgt, innerhalb eines Zeitraums von 3 Monaten vor oder 2 Monaten nach dem Ende des Geschäftsjahres liegen.
- Bei der *permanenten Inventur*, die vor allem für das Vorratsvermögen in Betracht kommt, ist durch ein den Grundsätzen ordnungsmäßiger Buchführung

entsprechendes Fortschreibungsverfahren sicherzustellen, daß die Buchwerte am Bilanzstichtag den tatsächlichen Beständen entsprechen.

Weitere Inventurerleichterungen sind vorgesehen, wenn eine tatsächliche körperliche Bestandsaufnahme nur schwer möglich oder mit einem unverhältnismäßig hohen wirtschaftlichen Aufwand verbunden ist:

- Die *Stichprobeninventur* wird in Form von nach anerkannten mathematisch-statistischen Methoden erfolgenden Stichproben durchgeführt. Das angewandte Stichprobenverfahren muß den Grundsätzen ordnungsmäßiger Buchführung entsprechen.

- Bei der *Schätzungsinventur* wird der Bestand am Ende des Geschäftsjahres mit Hilfe eines den Grundsätzen ordnungsmäßiger Buchführung entsprechenden Verfahrens geschätzt.

Bei Vermögensgegenständen, deren Bestand nur geringfügigen Schwankungen unterliegt, darf eine feste Menge angesetzt werden; eine Inventur sollte alle 3 Jahre erfolgen. Weiter ist es zulässig, gleichartige Vermögensgegenstände zusammenzufassen und gemeinsam zu bewerten.

Da eine Inventur im Sinne einer körperlichen Bestandsaufnahme nur bei Sachen erfolgen kann, ist für Forderungen und Verbindlichkeiten die *Buchinventur* vorgesehen. Hier erfolgt der Soll/Ist-Vergleich durch Abgleich des eigenen Buchwertes mit dem bei dem Schuldner bzw. Gläubiger ermittelten Buchwert.

Aus der Inventur ergibt sich durch Zusammenstellung der einzelnen Vermögens- und Schuldenpositionen das *Inventar*. Darunter versteht man ein detailliertes Verzeichnis, in dem alle Vermögensgegenstände und Schulden art-, mengen- und wertmäßig aufgeführt werden.

Das Inventar ist wie folgt gegliedert:

I. Vermögen: geordnet nach steigender Liquidität, z.B.
    1. Grundstücke und Gebäude
    2. Maschinen
    3. Geschäftsausstattung
    4. Vorratsvermögen
    5. Forderungen
    6. Bankguthaben
    7. Kassenbestand

II. Schulden: geordnet nach Fälligkeit, z.B.
    1. Hypothekenschulden
    2. langfristige Bankverbindlichkeiten
    3. kurzfristige Bankverbindlichkeiten

2.1 Die Bilanz als Ausgangspunkt der doppelten Buchführung

4. Lieferantenverbindlichkeiten
5. sonstige Verbindlichkeiten

Aus dem Inventar wird die *Bilanz*, eine systematische Aufstellung von Vermögen und Schulden, erstellt, indem folgende Schritte durchgeführt werden:

(1) Gleichartige Posten des Inventars werden zu *Bilanzpositionen* zusammengefaßt.

(2) Es wird auf die im Inventar enthaltenen Mengenangaben verzichtet und lediglich der *Wert* der einzelnen Bilanzpositionen angegeben.

(3) Während das Inventar in Staffelform aufgestellt wird, ist für die Bilanz die *Kontenform* vorgeschrieben, um Vermögen und Schulden einander gegenüberstellen zu können. Dabei werden die Vermögenspositionen als *Aktiva* bezeichnet und auf der linken Seite des Kontos eingetragen, die Schulden heißen *Passiva* und werden auf der rechten Kontenseite verzeichnet.

(4) Um die Bilanz auszugleichen, wird das *Eigenkapital* als Differenz von Vermögen und Schulden berechnet und auf der Passivseite hinzugefügt.

Die Form und die Gliederung der Bilanz ist in § 266 HGB vorgeschrieben. Daraus ergibt sich durch starke Zusammenfassung der dort im einzelnen angegebenen Positionen die in Abbildung 1 dargestellte Grobgliederung.

Aktiva	Passiva
Anlagevermögen – immaterielle Anlagen – Sachanlagen – Finanzanlagen	Eigenkapital
Umlaufvermögen – Vorräte – Forderungen – liquide Mittel	Fremdkapital – langfristig – kurzfristig
Bilanzsumme	Bilanzsumme

Abb. 1: Grobgliederung der Bilanz

Die Gesamtheit der Passiva wird als die Geldform des Kapitals bezeichnet, das dem Unternehmen in Form von Eigen- oder Fremdkapital zur Verfügung gestellt wird. Die Passivseite der Bilanz gibt somit Auskunft über die Herkunft der im Unternehmen verwendeten finanziellen Mittel. Dementsprechend gibt die Sachform des Kapitals auf der Aktivseite an, wie diese Mittel im Unternehmen verwendet werden, d.h. in welche Vermögensgegenstände sie investiert worden sind.

Da sich das Eigenkapital als Differenz von Vermögen und Schulden ergibt, ist es ein definitorischer Ausgleichsposten, der sicherstellt, daß die *Bilanzgleichung* immer erfüllt ist:

$$\Sigma \text{ Aktiva} = \Sigma \text{ Passiva}$$

Inhaltlich bedeutet dies, daß Mittelverwendung und Mittelherkunft einander wertmäßig entsprechen. Jede im Unternehmen verwendete Geldeinheit ist zuvor beschafft worden, und jede dem Unternehmen zur Verfügung gestellte Geldeinheit geht in eine Aktivposition ein.

Die Vorgehensweise bei der Durchführung der Inventur und der Erstellung des Inventars bis hin zur Bilanz läßt sich in folgenden Schritten zusammenfassen:

(1) tatsächliche Aufnahme der Bestände durch Zählen, Messen, Wiegen

(2) fortlaufende Eintragung der Ergebnisse in Inventurlisten

(3) Zusammenfassung der Inventurlisten

(4) Bewertung: Zuweisung von Preisen zu den einzelnen Positionen und Ermittlung des Gesamtwertes durch Multiplikation der festgestellten Mengen mit den jeweiligen Preisen

(5) Zusammenfassung gleichartiger Vermögensgegenstände zu den Werten der einzelnen Bilanzpositionen

Nach § 242 HGB muß ein Kaufmann bei Aufnahme seines Handelsgewerbes und nach Abschluß jedes Geschäftsjahres eine Bilanz aufstellen. Die erste Bilanz wird als *Eröffnungsbilanz* bezeichnet. Die weiteren Bilanzen sind Bestandteil des jeweiligen *Jahresabschlusses*, der darüber hinaus die Gewinn- und Verlustrechnung sowie gegebenenfalls bei Kapitalgesellschaften einen Lagebericht und einen Anhang umfaßt.

2.1.2 Wertbewegungen in der Bilanz

Die Bilanz als Gegenüberstellung von Vermögen und Kapital entspricht einer Bestandsaufnahme dieser Bestandsgrößen am Bilanzstichtag. Durch die unternehmerische Tätigkeit werden Geschäftsvorfälle ausgelöst, die aufgrund der Buchführungspflicht ordnungsgemäß zu erfassen sind. Diese Geschäftsvorfälle bewirken im Laufe des Geschäftsjahres Wertbewegungen, die zu einer Veränderung der Bestände führen. In Abhängigkeit davon, welche Bilanzpositionen durch einen Geschäftsvorfall verändert werden, lassen sich vier *Grundtypen* identifizieren, denen sich sämtliche Geschäftsvorfälle eindeutig zuordnen lassen:

2.1 Die Bilanz als Ausgangspunkt der doppelten Buchführung

(1) Aktivtausch

(2) Passivtausch

(3) Bilanzverlängerung

(4) Bilanzverkürzung

Während durch den Aktivtausch und den Passivtausch jeweils die Struktur einer Bilanzseite beeinflußt wird, ohne daß sich die Bilanzsumme verändert, bewirken die Bilanzverlängerung bzw. die Bilanzverkürzung einen gleich hohen Zu- bzw. Abfluß auf beiden Bilanzseiten. Im folgenden werden die vier Grundtypen erläutert und durch Beispiele veranschaulicht.

(1) *Aktivtausch*

Bei einem Aktivtausch findet eine Vermögensumschichtung statt; eine Aktivposition wird um einen bestimmten Betrag erhöht und eine andere entsprechend vermindert. Dadurch verändert sich die Zusammensetzung der Aktivseite bei gleichbleibender Bilanzsumme. Ein Aktivtausch liegt z.B. bei folgenden Geschäftsvorfällen vor:

- Kauf einer Maschine in bar:
    Zufluß bei Anlagen
    Abfluß bei Kasse

- Verkauf von Fertigprodukten auf Ziel:
    Zufluß bei Forderungen
    Abfluß bei Waren

- Überweisung einer Kundenforderung:
    Zufluß bei Bankguthaben
    Abfluß bei Forderungen

(2) *Passivtausch*

Ein Geschäftsvorfall, der einen Passivtausch auslöst, bewirkt einen Zufluß bei einer Passivposition und einen gleich hohen Abfluß bei einer anderen. Es findet also eine Umstrukturierung der Passivseite der Bilanz statt. Beispiele für einen Passivtausch sind:

- Zahlung an Lieferanten mittels Wechsel:
    Zufluß bei Schuldwechseln
    Abfluß bei Lieferverbindlichkeiten

- Umwandlung eines Kontokorrentkredits in ein langfristiges Darlehen:
    Zufluß bei langfristigen Verbindlichkeiten
    Abfluß bei kurzfristigen Verbindlichkeiten

- Kapitalerhöhung aus Gesellschaftsmitteln:
    Zufluß bei Grundkapital
    Abfluß bei Rücklagen

(3) *Bilanzverlängerung*

Durch eine Bilanzverlängerung bzw. Aktiv-Passiv-Mehrung findet sowohl auf der Aktiv- als auch auf der Passivseite ein Mittelzufluß statt. Damit steigt die Bilanzsumme auf beiden Seiten um den gleichen Betrag, und die Bilanzgleichung gilt weiterhin. Beispiele für eine Bilanzverlängerung sind:

- Kauf von Rohstoffen auf Ziel:
    Zufluß bei Vorräten (Aktivseite)
    Zufluß bei Lieferverbindlichkeiten (Passivseite)
- Kauf einer Maschine gegen Wechsel:
    Zufluß bei Anlagen (Aktivseite)
    Zufluß bei Wechselverbindlichkeiten (Passivseite)
- Kapitalerhöhung gegen Einlagen:
    Zufluß bei Kasse (Aktivseite)
    Zufluß bei Eigenkapital (Passivseite)

(4) *Bilanzverkürzung*

Ein Geschäftsvorfall, der zu einer Bilanzverkürzung bzw. Aktiv-Passiv-Minderung führt, bewirkt einen gleich hohen Mittelabfluß auf der Aktiv- und der Passivseite der Bilanz und eine entsprechende Verminderung der Bilanzsumme. Eine Bilanzverkürzung findet z.B. statt bei:

- Bezahlung einer Lieferantenverbindlichkeit:
    Abfluß bei Kasse (Aktivseite)
    Abfluß bei Lieferverbindlichkeiten (Passivseite)
- Tilgung eines Darlehens:
    Abfluß bei Bankguthaben (Aktivseite)
    Abfluß bei langfristigen Verbindlichkeiten (Passivseite)
- Ausschüttung von Dividende:
    Abfluß bei Bankguthaben (Aktivseite)
    Abfluß bei Eigenkapital (Passivseite)

Wie die obigen Beispiele gezeigt haben, werden durch jeden Geschäftsvorfall (mindestens) zwei Bilanzpositionen verändert. Jeder Vorgang wird also zweimal verbucht; dies hat zu der Bezeichnung des Systems als doppelte Buchführung geführt.

2.2 Die Verbuchung der laufenden Geschäftsvorfälle

2.2.1 Auflösung der Bilanz in Konten

Theoretisch besteht die Möglichkeit, die laufenden Geschäftsvorfälle zu verbuchen, indem die Eröffnungsbilanz des Geschäftsjahres fortgeführt wird. Bei jedem Geschäftsvorfall wären dann die durch ihn berührten Bilanzpositionen entsprechend zu ändern. Dieses Vorgehen ist jedoch praktisch nicht durchführbar. Zum einen verliert man durch häufige Änderungen in der Bilanz schnell den Überblick, zum anderen sind aus Gründen der Übersichtlichkeit in der Bilanz häufig unterschiedliche Vermögensgegenstände und Schuldbeträge zu Bilanzpositionen zusammengefaßt, die man im Laufe des Geschäftsjahres gerne aufgliedern würde.

In der Praxis wird daher die Bilanz in einzelne *Konten* aufgelöst, d.h. für jede Bilanzposition wird mindestens ein entsprechendes Konto eingerichtet, auf dem die laufenden Vorgänge verbucht werden. Unter einem *Konto* versteht man ein zweiseitiges Rechenschema, in dem Bestands- und Stromgrößen in sachlich geordneter Weise so einander gegenübergestellt werden, daß sich jederzeit der *Saldo* als Wertdifferenz der beiden Seiten ermitteln läßt. Die linke Seite eines Kontos wird als *Sollseite*, die rechte Seite als *Habenseite* bezeichnet. Ein Beispiel für ein Konto gibt Abbildung 2.

Soll					Haben
Datum	Text	Betrag	Datum	Text	Betrag
Datum	Text	Betrag	Datum	Text	Betrag
Datum	Text	Betrag	Datum	Text	Betrag
.			.		
.			.		
.			.		

Abb. 2: Kontendarstellung

Bei dem *Bilanzkonto* handelt es sich um ein besonderes Konto, da es keine laufenden Geschäftsvorfälle, sondern die Bestände der verschiedenen Bilanzpositionen aufnimmt. Dieses Bilanzkonto wird in Unterkonten aufgelöst, die als *Bestandskonten* bezeichnet werden, da sie ihren Anfangsbestand aus der Bilanz übernehmen. Man unterscheidet Aktivkonten und Passivkonten, je nachdem, von welcher Bilanzseite ihr Anfangsbestand stammt.

Die Anfangsbestände der einzelnen Bilanzpositionen werden im Konto auf der gleichen Seite eingetragen, auf der sie in der Bilanz stehen. Bestandsmehrungen werden ebenfalls auf dieser Kontenseite verbucht, Bestandsminderungen hingegen auf der anderen Seite, auf der sich auch der Saldo oder Endbestand ergibt. Es gilt also folgendes Schema für die Bewegungen auf Aktiv- bzw. Passivkonten:

Aktivkonten: Anfangsbestand im Soll
Zugänge im Soll
Abgänge im Haben
Endbestand im Haben

Passivkonten: Anfangsbestand im Haben
Zugänge im Haben
Abgänge im Soll
Endbestand im Soll

Ein Konto ist stets ausgeglichen, d.h. es gilt die folgende Gleichung:

Anfangsbestand + Zugänge = Abgänge + Endbestand

bzw.

Σ Sollbuchungen = Σ Habenbuchungen

Abbildung 3 gibt ein Beispiel für die Auflösung einer Bilanz in Konten und deren Saldierung.

Aktiva	Eröffnungsbilanz		Passiva
Maschinen	20.000	Eigenkapital	25.000
Bank	10.000	Fremdkapital	5.000
	30.000		30.000

Soll	Maschinen		Haben	Soll	Eigenkapital		Haben
AB	20.000	Abgänge		Abgänge		AB	25.000
Zugänge		Saldo		Saldo		Zugänge	
	Summe	Summe			Summe	Summe	

Abb. 3: Beispiel zur teilweisen Auflösung einer Bilanz in Konten

Der Endbestand oder Saldo führt gerade zum rechnerischen Ausgleich des Kontos. Er wird nach der Kontenseite bezeichnet, die er zum Ausgleich bringt. Daher spricht man bei den Aktivkonten, deren Saldo auf der Habenseite steht, von einem *Sollsaldo*, bei den Passivkonten hingegen, deren Saldo auf der Sollseite steht, von einem *Habensaldo*.

Wie bereits erläutert, rührt der Charakter eines Kontos als Aktiv- oder Passivkonto von der Bilanzseite her, aus der es hervorgegangen ist. Grundsätzlich sind Aktiv- und Passivkonten streng voneinander zu trennen, sie behalten ihren Charakter während des gesamten Geschäftsjahres bei. Eine Ausnahme bilden die *Kontokorrentkonten*, zu denen die Bankkonten und die Konten für die einzelnen Geschäftspartner zählen. Ein Kontokorrent ist nach § 355 HGB eine laufende Rechnung, die die gegenseitigen Ansprüche und Leistungen aufnimmt und regelmäßig, mindestens einmal jährlich, abgeschlossen wird. Diese Konten können im Laufe eines Geschäftsjahres – auch mehrfach – ihren Charakter wechseln, je nachdem, bei welchem der Beteiligten die Forderungen bzw. Verbindlichkeiten überwiegen.

2.2.2 Verbuchung der erfolgsneutralen Geschäftsvorfälle

Bei der Verbuchung von Geschäftsvorfällen ist zunächst zu unterscheiden zwischen einfachen Buchungen, bei denen genau zwei Konten berührt werden, und zusammengesetzten Buchungen, die mehr als zwei Konten erfassen. Für *einfache Buchungen* gelten folgende Regeln:

(1) Jeder Geschäftsvorfall berührt zwei Konten.

(2) Das erste Konto wird im Soll, das zweite im Haben verändert.

(3) Beide Konten werden in gleicher Höhe verändert.

(4) Die Bilanzgleichung "Vermögen = Kapital" bleibt stets erhalten.

(5) Es gilt einer der vier Grundfälle: Aktivtausch
Passivtausch
Bilanzverlängerung
Bilanzverkürzung

Für zusammengesetzte Buchungen gelten die Regeln entsprechend. Da sowohl auf der Soll- als auch auf der Habenseite mehrere Konten berührt werden können, ist es zur Aufrechterhaltung der Bilanzgleichung erforderlich, daß bei jeder Buchung die Summe der im Soll gebuchten Beträge der Summe der im Haben gebuchten Beträge entspricht.

Die Verbuchung von Geschäftsvorfällen erfolgt anhand von Belegen, aus denen hervorgeht, um welche Art von Vorgang es sich handelt. Ausgehend vom Beleg bildet der Buchhalter einen Buchungstext, der die für die Verbuchung benötigten Informationen in knapper, schematischer Form enthält. Dieser Text wird auch als *Buchungssatz* bezeichnet. Die Grundform eines Buchungssatzes lautet:

per Konto A an Konto B   Betrag

So wird ein Barverkauf von Waren im Wert von 1.000 DM wie folgt verbucht:

per Waren an Kasse   1.000 DM

Die Grundform des Buchungssatzes für zusammengesetzte Buchungen lautet:

per Konto A_1 x_1 DM
Konto A_2 x_2 DM
an   Konto B_1 y_1 DM
Konto B_2 y_2 DM

Der Kauf einer Maschine im Wert von 5.000 DM, von denen 2.000 DM sofort bar bezahlt und 3.000 DM zunächst vom Verkäufer gestundet werden, wird wie folgt verbucht:

per Maschinen   5000 DM
an   Kasse   2.000 DM
Verbindlichkeiten   3.000 DM

Aus Gründen der Konvention wird immer zunächst die Soll- und anschließend die Habenbuchung angegeben. Bei der Verbuchung erfolgsneutraler Geschäftsvorfälle werden ausschließlich Bestandskonten angesprochen, die sich direkt oder indirekt aus der Auflösung der Eröffnungsbilanz ergeben.

2.2.3 Verbuchung der erfolgswirksamen Geschäftsvorfälle

Die bisher als Beispiele betrachteten Geschäftsvorfälle waren sämtlich *erfolgsneutral*, d.h. sie hatten keinen Einfluß auf das Eigenkapital des Unternehmens. Doch auch *erfolgswirksame Vorgänge*, die das Eigenkapital verringern oder erhöhen, lassen sich in das oben angegebene Schema einordnen. Der Begriff *Erfolg* ist in diesem Zusammenhang ein Oberbegriff für Aufwendungen, die zu einer Verringerung des Eigenkapitals führen, und Erträge, die zu einer Erhöhung des Eigenkapitals führen.

- *Aufwand* bedeutet den Einsatz von Gütern oder Dienstleistungen in der Abrechnungsperiode, z.B. in Form von Lohnzahlungen, Steuerzahlungen, Rohstoffeinsatz. Der Verringerung einer aktiven Bestandsgröße steht eine entsprechende Verringerung des Eigenkapitals gegenüber. Ein mit Aufwand verbundener Geschäftsvorfall führt also zu einer Bilanzverkürzung.

- *Ertrag* beruht auf der Herstellung von Gütern oder Dienstleistungen in der Abrechnungsperiode; er wird bei der Veräußerung der Leistung realisiert, z.B. in Form von Zinserträgen, Mieteinnahmen, Verkauf von Fertigprodukten. Eine

2.2 Die Verbuchung der laufenden Geschäftsvorfälle

aktive Bestandsgröße und das Eigenkapital erhöhen sich im gleichen Maße, d.h. es liegt eine Bilanzverlängerung vor.

Bei der Verbuchung der erfolgswirksamen Geschäftsvorfälle gelten die gleichen Regeln wie bei der Verbuchung der erfolgsneutralen Geschäftsvorfälle. Für die buchungstechnische Erfassung der erfolgswirksamen Teile einer Buchung bestehen wiederum zwei Möglichkeiten:

(1) Die Verbuchung kann über das Eigenkapitalkonto erfolgen, indem die Aufwendungen im Soll und die Erträge im Haben gebucht werden. Dieses Vorgehen weist jedoch erhebliche Nachteile auf:

- Durch die Vielzahl von Buchungen geht schon nach kurzer Zeit der Überblick über das Eigenkapitalkonto verloren.

- Durch die gemeinsame Erfassung aller Aufwendungen auf der Sollseite und aller Erträge auf der Habenseite des Eigenkapitalkontos ist es nicht möglich, eine Aufgliederung nach einzelnen Aufwands- und Ertragsarten vorzunehmen. Der Unternehmer erhält daher keine Informationen über die Quellen seines Erfolgs bzw. Mißerfolgs.

- Das Vorgehen ist nur dann möglich, wenn lediglich ein Eigenkapitalkonto existiert, dessen Bestand im Laufe des Geschäftsjahres schwanken darf. Für Personengesellschaften, bei denen getrennte Kapitalkonten geführt werden, sowie für Kapitalgesellschaften, bei denen ein festes Nennkapital ausgewiesen wird, ist daher nach anderen Wegen zu suchen.

(2) Die in der Praxis gewählte Lösung besteht darin, analog zur Auflösung der Bilanz in Bestandskonten vorzugehen und das Eigenkapitalkonto in Unterkonten für die verschiedenen Aufwands- und Ertragsarten aufzulösen. Für jede Aufwands- bzw. Ertragsart wird ein separates Unterkonto, ein *Erfolgskonto*, eingerichtet, das die während des Geschäftsjahres anfallenden Buchungen aufnimmt. Diese Konten werden ohne Anfangsbestand eröffnet, man bezeichnet sie daher auch als *Bewegungskonten*.

- Auf den *Ertragskonten* erfolgen während des Geschäftsjahres grundsätzlich nur Buchungen auf der Habenseite, z.B. Umsatzerlöse, Zinserträge, Mieteinnahmen. Beispielsweise wird eine Zinsgutschrift in Höhe von 300 DM durch die Bank wie folgt verbucht:

    per Bank an Zinsertrag   300 DM

- Auf den *Aufwandskonten* erfolgen ausschließlich Sollbuchungen, z.B. für Personalkosten, Materialverbrauch, Mietzahlungen. Als Beispiel sei die Buchung einer Gehaltszahlung in Höhe von 2.000 DM in bar angegeben:

    per Personalaufwand an Bank   2.000 DM

Eine Ausnahme von dieser Regel gilt für *Stornobuchungen*, durch die eine irrtümlich vorgenommene Buchung rückgängig gemacht werden soll, denn dabei muß gerade auf der entgegengesetzten Kontenseite gebucht werden. Eine weitere Ausnahme bilden die im folgenden Abschnitt behandelten Abschlußbuchungen.

2.3 Eröffnungs- und Abschlußbuchungen

2.3.1 Eröffnungsbuchungen

Als *Eröffnungsbuchungen* bezeichnet man die Vorgänge, die am Anfang eines Geschäftsjahres bei der Eröffnung der Konten durchgeführt werden. Nach dem Grundsatz der Bilanzkontinuität entspricht die Eröffnungsbilanz des neuen Geschäftsjahres der Schlußbilanz des alten Geschäftsjahres, die bei der Aufstellung des Jahresabschlusses erstellt wurde.

Für die Übertragung der Anfangsbestände der Bilanzpositionen auf die entsprechenden Bestandskonten ist eine Gegenbuchung erforderlich. Diese erfolgt auf dem *Eröffnungsbilanzkonto*, das spiegelbildlich zur Eröffnungsbilanz aufgebaut ist, d.h. die Vermögenspositionen im Haben und die Kapitalpositionen im Soll enthält. Die Eröffnungsbuchungen für die aktiven bzw. passiven Bestandsbuchungen lauten:

    Aktivkonto an Eröffnungsbilanzkonto

    Eröffnungsbilanzkonto an Passivkonto

Da die Erfolgskonten keinen Anfangsbestand aufweisen, ist hier auch keine Eröffnungsbuchung erforderlich.

2.3.2 Abschlußbuchungen

Im Rahmen der Aufstellung des Jahresabschlusses am Ende eines Geschäftsjahres sind verschiedene Abschlußtätigkeiten erforderlich. Im folgenden wird auf einige typische Abschlußarbeiten eingegangen, die der Vorbereitung des Jahresabschlusses dienen.

2.3.2.1 Ausbuchung von Bestandsdifferenzen

Die durch die körperliche Bestandsaufnahme bei der Inventur ermittelten und im Inventar festgehaltenen Werte sind für die Buchhaltung maßgeblich und müssen gegebenenfalls durch erfolgswirksame Korrekturbuchungen berücksichtigt werden. Soweit bei der Inventur vom Saldo abweichende Bestände ermittelt wurden, sind die Buchbestände durch *fiktive Geschäftsvorfälle*, für die Eigenbelege erstellt werden, entsprechend zu korrigieren. Ein Fehlbestand bei einer Produktart wird z.B. wie folgt gebucht:

    per außerordentlicher Aufwand an Waren

Inventur und Inventar dienen also der Sicherstellung der Richtigkeit der Buchführung, indem sie einen Soll-/Ist-Vergleich erlauben.

2.3.2.2 Rechnungsabgrenzung

Ein Ziel des Jahresabschlusses ist die Ermittlung des Periodenerfolges. Dies ist nur dann möglich, wenn sämtliche Aufwendungen und Erträge exakt in dem Geschäftsjahr verrechnet werden, dem sie ursächlich zuzurechnen sind. Für den Großteil der Geschäftsvorfälle ist eine solche Zurechnung unproblematisch; ein Problem tritt jedoch immer dann auf, wenn ein Vorgang am Bilanzstichtag noch nicht abgeschlossen ist, d.h. wenn sich Aufwands- oder Ertragsströme über mehrere Perioden erstrecken. In diesem Fall ist für eine angemessene zeitliche Zuordnung des Erfolgs auf die Abrechnungsperiode und die Folgeperiode zu sorgen. Diese Zurechnung wird als *Rechnungsabgrenzung* bezeichnet.

Zu derartigen Abgrenzungsschwierigkeiten beim Jahresabschluß kommt es grundsätzlich in folgenden Situationen:

(1) Ein- oder Auszahlungen der aktuellen Abrechnungsperiode sind (teilweise) erst in der Folgeperiode als Erträge bzw. Aufwendungen zu verrechnen. Da die Erfolgsgrößen rechnerisch in die Folgeperiode hineinreichen, werden *transitorische Rechnungsabgrenzungsposten* gebildet.

(2) Erträge und Aufwendungen, die in der aktuellen Abrechnungsperiode verursacht worden sind, führen erst in der Folgeperiode zu Ein- bzw. Auszahlungen. Hier liegt eine *antizipative Rechnungsabgrenzung* vor, da die Erfolgsgrößen rechnerisch in die alte Rechnungsperiode gehören und beim Jahresabschluß entsprechend vorwegzunehmen sind.

Die Aufgabe der *transitorischen Rechnungsabgrenzungsposten* besteht darin, die Zahlungsströme der aktuellen Abrechnungsperiode, die erst in der Folgeperiode erfolgswirksam werden, aus der laufenden Gewinn- und Verlustrechnung herauszunehmen und in die nächste Periode zu transferieren. Die Ein- bzw. Auszahlung ist in der aktuellen Abrechnungsperiode bereits in voller Höhe verbucht und der Ertrag bzw. Aufwand auf dem entsprechenden Erfolgskonto gegengebucht worden. Um zu einer periodengerechten Erfolgszurechnung zu gelangen, muß diese Buchung am Bilanzstichtag um den Betrag korrigiert werden, der Ertrag oder Aufwand der Folgeperiode darstellt. Man unterscheidet dabei:

- *transitorische Einnahmen*: Einzahlung jetzt, Ertrag später

  Eine transitorische Einnahme liegt z.B. vor, wenn eine Mietzahlung für den Januar bereits im Dezember eingeht. Beim Zahlungseingang wird gebucht:

  per Bank an Mietertrag

  Da der Ertrag jedoch nicht dieser Periode zuzurechnen ist, muß am Bilanzstichtag eine entsprechende Korrekturbuchung erfolgen:

  per Mietertrag an passive Rechnungsabgrenzungsposten

  Bei dem Konto *passive Rechnungsabgrenzungsposten* handelt es sich um ein passives Bestandskonto, das über das Schlußbilanzkonto abgeschlossen und zu Beginn der Folgeperiode aufgelöst wird:

  per passive Rechnungsposten an Mietertrag

  Dadurch erfolgt die Übertragung des Ertrages in die neue Periode.

- *transitorische Ausgaben*: Auszahlung jetzt, Aufwand später

  Ein Beispiel für eine transitorische Ausgabe ist die Zahlung einer jährlichen Versicherungsprämie in Höhe von 500 DM, die am 01.07. fällig ist. Die Buchung am 01.07. lautet:

  per Versicherungsaufwand an Bank   500 DM

  Offensichtlich ist diese Versicherungsprämie je zur Hälfte der alten und der neuen Abrechnungsperiode zuzurechnen. Daher müssen am Bilanzstichtag 250 DM Versicherungsaufwand aus der Erfolgsrechnung der alten Periode eliminiert und in die der Folgeperiode übertragen werden. Dies erfolgt durch die Buchung:

  per aktive Rechnungsabgrenzungsposten
       an Versicherungsaufwand   250 DM

  Bei dem Konto aktive Rechnungsposten handelt es sich um ein aktives Bestandskonto, das ebenfalls zu Beginn des neuen Geschäftsjahres aufgelöst wird:

  per Versicherungsaufwand
      an aktive Rechnungsabgrenzungsposten   250 DM

  Dadurch wird gerade die Hälfte der Versicherungsprämie in die Erfolgsrechnung der Folgeperiode übertragen.

Bei der *antizipativen Rechnungsabgrenzung* ist in der aktuellen Abrechnungsperiode noch keine Buchung vorgenommen worden. Am Bilanzstichtag ist deshalb eine Erfolgsbuchung vorzunehmen, durch die der Teil der späteren Ein- oder Auszahlung, der auf die aktuelle Periode entfällt, dieser zugerechnet wird. Nach

2.3 Eröffnungs- und Abschlußbuchungen

dem Handelsrecht dürfen bei der antizipativen Rechnungsabgrenzung keine Rechnungsabgrenzungsposten gebildet werden, sondern die Beträge sind als sonstige Forderungen bzw. sonstige Verbindlichkeiten zu verbuchen. Auch hierbei lassen sich zwei Fälle unterscheiden:

- *antizipative Einnahmen*: Ertrag jetzt, Einzahlung später

  Eine antizipative Einnahme liegt z.B. vor, wenn Anfang Dezember ein Festgeld für drei Monate angelegt wird, für das bei Fälligkeit 900 DM Zinsen erwartet werden. Die anteiligen Zinsen für einen Monat, d.h. 300 DM, stellen einen Ertrag der aktuellen Periode dar; in dieser Höhe besteht am Bilanzstichtag bereits eine (noch nicht fällige) Forderung an das Kreditinstitut. Ihre korrekte Berücksichtigung erfolgt durch folgende Buchung:

  per sonstige Forderungen an Zinsertrag   300 DM

  Bei Eingang der Zinsen am 28.02. des folgenden Geschäftsjahres wird die sonstige Forderung aufgelöst und der dieser Periode zuzurechnende Zinsertrag dem entsprechenden Erfolgskonto gutgeschrieben:

  per Bank   900 DM
      an   Zinsertrag   600 DM
          sonstige Forderungen   300 DM

  Dadurch wird in der neuen Periode gerade der Zinsertrag verbucht, der dieser anteilig zuzurechnen ist.

- *antizipative Ausgaben*: Aufwand jetzt, Auszahlung später

  Zu einer antizipativen Ausgabe kommt es z.B., wenn aufgrund der am Jahresende vorgenommenen Zählerablesung eine Nachzahlung für Energieverbrauch zu leisten ist, jedoch die Zahlung noch nicht erfolgt ist. In Höhe des nachzuzahlenden Betrages besteht daher eine Verbindlichkeit an das Energieversorgungsunternehmen. Um den in der aktuellen Periode verursachten Aufwand dieser korrekt zuzurechnen, ist zu buchen:

  per Energieverbrauch an sonstige Verbindlichkeiten

  Die Bezahlung der Rechnung im folgenden Geschäftsjahr ist erfolgsneutral, es wird lediglich die für diesen Zweck gebildete sonstige Verbindlichkeit aufgelöst:

  per sonstige Verbindlichkeiten an Bank

Zur besseren Übersicht sind in Abbildung 4 die vier Fälle der Rechnungsabgrenzung noch einmal schematisch zusammengestellt.

	aktive Rechnungsabgrenzung	passive Rechnungsabgrenzung
transitorische Rechnungsabgrenzung	Auszahlung jetzt, Aufwand später **aktiver Rechnungsabgrenzungsposten**	Einzahlung jetzt, Ertrag später **passiver Rechnungsabgrenzungsposten**
antizipative Rechnungsabgrenzung	Ertrag jetzt, Einzahlung später **sonstige Forderung**	Aufwand jetzt, Auszahlung später **sonstige Verbindlichkeit**

Abb. 4: Rechnungsabgrenzung

2.3.2.3 Abschreibungen auf Anlagen

Ähnlich wie bei der Rechnungsabgrenzung besteht der buchungstechnische Zweck von *Abschreibungen* darin, jeder Periode möglichst genau den Aufwand zuzurechnen, der ihrem Beitrag zur Erstellung der betrieblichen Leistung entspricht. Man unterscheidet einmalige und periodische Abschreibungen:

- *Einmalige Abschreibungen* werden zum einen als außerplanmäßige Abschreibungen bzw. Sonderabschreibungen vorgenommen, z.B. bei plötzlichem Untergang oder unvorhersehbarem Wertverlust eines Wirtschaftsgutes. Weiter finden sie Anwendung bei geringwertigen Wirtschaftsgütern, deren Anschaffungspreis unterhalb von 800 DM liegt. Auch wenn diese Gegenstände mehrere Jahre im Unternehmen eingesetzt werden, darf der gesamte Betrag im Jahr der Anschaffung abgeschrieben werden, da der Aufwand für eine Periodisierung unverhältnismäßig hoch wäre.

- *Periodische Abschreibungen* sollen für die anderen Wirtschaftsgüter gewährleisten, daß ihr Anschaffungspreis systematisch über die Nutzungsdauer verteilt wird. Da Betriebsmittel und andere Anlagen dazu bestimmt sind, dem Unternehmen längerfristig, d.h. über mehrere Jahre, zu dienen und über diesen Zeitraum sukzessiv ihr Nutzungspotential abgeben, ist dafür zu sorgen, daß dieser Werteverzehr verursachungsgerecht auf die einzelnen Perioden der Nutzungsdauer verrechnet wird.

Dazu wird beim Kauf einer Anlage bzw. bei der Erstellung des auf die Anschaffung folgenden Jahresabschlusses ein *Abschreibungsplan* aufgestellt, in dem fest-

2.3 Eröffnungs- und Abschlußbuchungen

gelegt wird, wie der Werteverzehr voraussichtlich verlaufen wird. Dementsprechend wird die für den jeweiligen Anlagegegenstand anzuwendende Abschreibungsmethode ausgewählt. (Zu Abschreibungsmethoden vgl. Abschnitt 2.1.2.5 im zweiten Hauptteil.)

Die Verbuchung der *Abschreibungsbeträge* kann entweder direkt oder indirekt erfolgen.

(1) Bei der *direkten Verbuchung* wird der Abschreibungsbetrag als Wertminderung der Anlage vom zugehörigen Bestandskonto abgebucht. Die Buchung lautet:

    per Abschreibungen auf Anlagen an Maschinen

Dadurch entspricht der Bestand des Anlagenkontos jeweils dem Restbuchwert der Maschine. Es ist jedoch aus der Bilanz nicht mehr direkt ersichtlich, wie hoch der Anschaffungspreis der Maschine war.

(2) Bei der *indirekten Verbuchung* weist das Maschinenkonto während der gesamten Abschreibungsdauer unverändert den Anschaffungspreis aus. Die jährlichen Abschreibungsbeträge werden auf einem passiven Bestandskonto "Wertberichtigungen auf Anlagen" erfaßt, das über die Schlußbilanz abgeschlossen wird. Die Buchung lautet:

    per Abschreibungen auf Anlagen an Wertberichtigungen auf Anlagen

Der Restbuchwert der Anlage läßt sich ermitteln, indem man den Bestand des Anlagenkontos und der zugehörigen Wertberichtigungen saldiert.

2.3.2.4 Abschluß der Konten

Wenn sämtliche vorbereitenden Abschlußtätigkeiten ausgeführt worden sind, werden schließlich alle Bestands- und Erfolgskonten abgeschlossen, indem ihr Saldo durch Vergleich der beiden Kontenseiten ermittelt und auf speziellen Konten gegengebucht wird.

Bei den Bestandskonten erfolgt die Gegenbuchung des Saldos auf dem *Schlußbilanzkonto*. Die entsprechenden Buchungssätze lauten für die Aktiv- bzw. Passivkonten:

    Schlußbilanzkonto an Aktivkonto

    Passivkonto an Schlußbilanzkonto

Aus dem Schlußbilanzkonto wird die Schlußbilanz erstellt, die gleichzeitig als Eröffnungsbilanz des folgenden Geschäftsjahres dient.

Der Abschluß der Erfolgskonten wird wie folgt vorgenommen: Zunächst wird ihr Saldo gebildet, der sich bei den Aufwandskonten im Haben und bei den Ertragskonten im Soll ergibt. Die Gegenbuchung dieses Saldos erfolgt auf dem *Gewinn- und Verlustkonto* (GuV), einem speziellen Konto, das während des gesamten Geschäftsjahres ruht und lediglich beim Jahresabschluß als Sammelkonto für Aufwendungen und Erträge dient.

Der Saldo des Gewinn- und Verlustkontos gibt den *Periodenerfolg* an. Sind die Erträge des Geschäftsjahres größer als die Aufwendungen, so hat das Unternehmen einen Gewinn erwirtschaftet. Es ergibt sich ein Habensaldo, der auf der Sollseite des Gewinn- und Verlustkontos steht. Übersteigen hingegen die Aufwendungen während des Geschäftsjahres die Erträge, so liegt ein Verlust vor. Der Saldo ergibt sich im Haben, d.h. es handelt sich um einen Sollsaldo.

Der Abschluß des Gewinn- und Verlustkontos, d.h. die Gegenbuchung seines Saldos, erfolgt – in Abhängigkeit von der Rechtsform des Unternehmens – entweder über das Eigenkapitalkonto oder über das Schlußbilanzkonto. Bei Einzelunternehmen und Personengesellschaften wird der Erfolg bzw. der auf den einzelnen Gesellschafter entfallende Anteil auf dem Eigenkapitalkonto gegengebucht; bei Kapitalgesellschaften mit festem Nennkapital erfolgt ein gesonderter Ausweis in der Bilanzposition Bilanzgewinn bzw. Bilanzverlust.

Die entsprechenden Buchungssätze lauten:
- falls ein Gewinn vorliegt
  per GuV an Eigenkapital   bei personenbezogenen Unternehmen
  per GuV an Bilanzgewinn   bei Kapitalgesellschaften
- falls ein Verlust vorliegt
  Eigenkapital an GuV   bei personenbezogenen Unternehmen
  Bilanzverlust an GuV   bei Kapitalgesellschaften

Dabei besteht eine Kontrollmöglichkeit, ob die Buchführung in sich stimmig ist: Aufgrund der doppelten Verbuchung aller Geschäftsvorfälle muß sich beim Abschluß sowohl in der Bilanz als auch in der Gewinn- und Verlustrechnung der gleiche Periodenerfolg ergeben.

2.4 Die Verbuchung des Warengeschäfts

Der Verkauf von Produkten stellt einen wesentlichen Teil des betrieblichen Umsatzprozesses dar. Obwohl das in der Bilanz ausgewiesene Warenkonto im Grunde ein aktivisches Bestandskonto ist, treten bei der Verbuchung von Zu- und Abgängen Probleme auf. Diese sind darin begründet, daß beim Warenverkauf in Hö-

2.4 Die Verbuchung des Warengeschäfts

he der Differenz von Verkaufs- und Einkaufspreis Erträge entstehen, die in angemessener Weise ausgewiesen werden müssen.

Es bestehen folgende Alternativen zur Verbuchung des Warengeschäftes:

(1) das gemischte Warenkonto

(2) getrennte Warenkonten

Das *gemischte Warenkonto* wird während des gesamten Geschäftsjahres als Bestandskonto geführt, bei dem auf der Aktivseite die Warenzugänge und auf der Passivseite die Warenabgänge verbucht werden.

Verbuchung eines Wareneinkaufs:

    per Waren an Lieferantenverbindlichkeiten

Verbuchung eines Warenverkaufs:

    per Forderungen an Waren

Erst am Ende des Geschäftsjahres stellt sich im Rahmen der Abschlußarbeiten das Problem, die auf diesem Konto vermischten Bestands- und Erfolgsgrößen voneinander zu trennen, um den Warenendbestand in der Schlußbilanz ausweisen und den *Warenrohgewinn*, d.h. die Differenz von Verkaufserlösen und Wareneinsatz, in die Gewinn- und Verlustrechnung überführen zu können.

Ein einfacher Abschluß des Warenkontos durch Saldierung ist nicht möglich, da es mit dem Warenendbestand und dem Warenrohgewinn zwei unbekannte Größen enthält. Jedoch läßt sich der Warenendbestand durch die Inventur ermitteln und durch folgende Buchung in das Warenkonto übernehmen:

    per Schlußbilanzkonto an Waren

Durch die nun mögliche Saldierung des Warenkontos wird der Warenrohgewinn ermittelt und auf dem Gewinn- und Verlustkonto gegengebucht:

    per Waren an GuV

Das Schema für die Führung und den Abschluß eines gemischten Warenkontos ist im folgenden angegeben:

Soll	Waren	Haben
Anfangsbestand (zu Einkaufspreisen)		Warenverkäufe (zu Verkaufspreisen)
Wareneinkäufe (zu Einkaufspreisen)		Endbestand lt. Inventur (zu Einkaufspreisen)
Saldo: Warenrohgewinn		

Bei der Entscheidung für *getrennte Warenkonten* werden Bestands- und Erfolgsgrößen bereits während des Geschäftsjahres getrennt gehalten. Es wird ein Wareneinkaufskonto als Bestandskonto und ein Warenverkaufskonto als Erfolgskonto geführt. Die laufenden Warenein- und -verkäufe werden wie folgt verbucht:

Verbuchung eines Wareneinkaufs:

    per Wareneinkauf an Lieferantenverbindlichkeiten

Verbuchung eines Warenverkaufs:

    per Forderungen an Warenverkauf

Am Ende der Abrechnungsperiode wird der durch die Inventur ermittelte und in die Schlußbilanz zu übernehmende Warenendbestand auf der Passivseite des Wareneinkaufskontos eingetragen. Der zugehörige Buchungssatz lautet:

    per Schlußbilanzkonto an Wareneinkauf

Damit ergibt sich als Saldo dieses Kontos der zu Einkaufspreisen bewertete *Wareneinsatz*:

Soll	Wareneinkauf	Haben
Anfangsbestand (zu Einkaufspreisen)		Wareneinsatz (zu Einkaufspreisen)
Wareneinkäufe (zu Einkaufspreisen)		Endbestand lt. Inventur (zu Einkaufspreisen)

Das Warenverkaufskonto als Erfolgskonto weist auf der Habenseite die während des Geschäftsjahres erfolgten Warenverkäufe zu Verkaufspreisen aus. Der Abschluß der Warenkonten und damit die Berechnung des Warenrohgewinns kann auf zwei verschiedene Arten durchgeführt werden:

(a) *Bruttoverbuchung*

    Im Rahmen der Bruttoverbuchung werden der Wareneinsatz als Aufwand und die Verkaufserlöse als Ertrag auf dem Gewinn- und Verlustkonto gegengebucht, d.h. sie gehen unsaldiert in die Erfolgsrechnung ein. Die Abschlußbuchungen für die Warenkonten lauten:

        per Schlußbilanzkonto an Wareneinkauf

        per GuV an Wareneinkauf

        per Warenverkauf an GuV

(b) Nettoverbuchung

Bei der Nettoverbuchung wird hingegen zunächst auf dem Warenverkaufskonto der Warenrohgewinn ermittelt und anschließend in die Gewinn- und Verlustrechnung übernommen. Dazu wird der Saldo des Wareneinkaufskontos auf dem Warenverkaufskonto gegengebucht; dessen Saldo gibt den Warenrohgewinn an. Die Buchungssätze lauten:

per Warenverkauf an Wareneinkauf

per Warenverkauf an GuV

Bei der Nettoverbuchung finden folgende Vorgänge auf dem Warenverkaufskonto statt:

Soll	Warenverkauf	Haben
Wareneinsatz (zu Einkaufspreisen)	Warenverkäufe (zu Verkaufspreisen)	
Saldo: Warenrohgewinn		

Bei der Verbuchung des Warengeschäftes sind folgende weitere Aspekte zu berücksichtigen, auf die hier nicht eingegangen werden soll:

- Umsatzsteuer
- Skonti
- Boni
- Rabatte
- Eigenverbrauch

3. Die Organisation der doppelten Buchführung

3.1 Doppelte Verbuchung in Grundbuch und Hauptbuch

Der Sinn einer Organisation der Buchführung besteht darin, ihre formelle und materielle Korrektheit gemäß den Grundsätzen ordnungsmäßiger Buchführung sicherzustellen. Grundlage der Buchführung sind zunächst die *Belege*, d.h. Unterlagen, aus denen sich die zu den Buchungen gehörenden Geschäftsvorfälle rekonstruieren lassen.

Da die Belege als Bestandteil der Buchführung den gesetzlichen Aufbewahrungsfristen unterliegen, sind sie geordnet abzulegen. Die Ablage erfolgt nach *Sachkriterien*, d.h. Belege gleicher Art werden zusammengefaßt, z.B. Kassenbelege, Bankbelege, Wechselurkunden, Eingangsrechnungen, Ausgangsrechnungen. Dabei werden die Belege in der Reihenfolge ihres Eingangs bzw. ihrer Verbuchung fortlaufend numeriert, um die Lückenlosigkeit der Buchführung sicherzustellen. Auf den Belegen werden Angaben zu ihrer Verbuchung gemacht, z.B. indem der Buchungssatz bzw. Kontenanruf eingetragen wird.

Im Verlauf der Buchführung werden verschiedene *Bücher* erstellt:

(1) *Grundbuch*

Im Grundbuch erfolgt die chronologische Erfassung aller Geschäftsvorfälle. Es wird daher auch als Journal (Tagebuch) oder als Primanota (Buch der ersten Erfassung) bezeichnet. Nach den Grundsätzen ordnungsmäßiger Buchführung soll diese Erfassung zeitnah erfolgen, d.h. nicht unbedingt täglich, sondern regelmäßig zu Zeitpunkten, die sich unter organisatorischen Gesichtspunkten als zweckmäßig erweisen.

Das Grundbuch wird entweder einheitlich geführt oder in mehrere Bücher aufgespalten, z.B. ein Kassenbuch für die tägliche Erfassung von Kassenbewegungen, Wareneingangs- und -ausgangsbücher usw. Im Grundbuch werden alle Angaben festgehalten, die erforderlich sind, um einen Geschäftsvorfall in angemessener Zeit bis zum zugehörigen Beleg zurückzuverfolgen:

- Datum
- Beschreibung des Vorgangs
- Nummer des Belegs
- Konto bzw. Konten der Sollbuchung
- Konto bzw. Konten der Habenbuchung
- auf den einzelnen Konten verbuchte Beträge

(2) *Hauptbuch*

Im Hauptbuch werden die Geschäftsvorfälle systematisch auf den verschiedenen Sachkonten, d.h. den Bestands- und Erfolgskonten, erfaßt. Die Übertragung der Buchungen aus dem Grundbuch in das Hauptbuch erfolgt in Abhängigkeit von der Form der Buchführung entweder zeitgleich oder in regelmäßigen Zeitabständen. Durch die doppelte Erfassung der Geschäftsvorfälle in Grund- und Hauptbuch ist eine Kontrolle der formellen Korrektheit der Buchführung möglich.

(3) *Nebenbücher*

Häufig werden Nebenbücher als Hilfsbücher zur Ergänzung des Hauptbuchs geführt, in denen eine ausführlichere Kommentierung der einzelnen Geschäftsvorfälle erfolgen kann. Um Abweichungen rechtzeitig zu erkennen, werden die Nebenbücher regelmäßig saldiert und mit den Beständen im Hauptbuch abgeglichen.

3.2 Formen der Buchführung

Für die konkrete Durchführung der Buchführung stehen unterschiedliche Formen zur Verfügung, aus denen ein Unternehmen die seinen Anforderungen am besten entsprechende auswählen kann. Man unterscheidet insbesondere die konventionellen Formen der Buchführung und die EDV-Buchführung.

Die *konventionellen Formen* der Buchführung sind dadurch gekennzeichnet, daß sie zum großen Teil manuell oder mit Unterstützung durch einfache technische Hilfsmittel wie Additionsmaschinen durchgeführt werden. Die ursprüngliche Form der Buchführung ist die *Übertragungsbuchführung* in gebundenen Büchern, bei der die Geschäftsvorfälle zunächst im Grundbuch erfaßt und anschließend in das Hauptbuch übertragen werden. Es existieren verschiedene Varianten der Übertragungsbuchführung, die jeweils nach ihrem Entstehungsland benannt werden:

- *die italienische Methode:* Bei dieser Grundform der Übertragungsbuchführung werden alle Belege in einem einzigen Grundbuch erfaßt und in ein einziges Hauptbuch, das sämtliche Sachkonten umfaßt, übertragen.

- *die englische Methode:* Zur Arbeitserleichterung wird das Grundbuch in verschiedene Bücher aufgeteilt.

- *die deutsche Methode:* Zunächst erfolgt eine tägliche Voraberfassung der Geschäftsvorfälle in einer Kladde, anschließend werden die Buchungen in insgesamt vier Grundbücher übertragen: Kassenbuch, Wareneingangsbuch, Warenverkaufsbuch, Journal. Zum Monatsende erfolgt jeweils eine sachkontenorientierte Zusammenfassung der Buchungen in einem Sammeljournal; lediglich die sich dort ergebenden Endsummen werden in das Hauptbuch eingetragen, das dadurch wesentlich übersichtlicher bleibt.

- *die französische Methode:* Sie ähnelt stark der deutschen Methode, gliedert jedoch die Grundbücher noch weiter auf.
- *die amerikanische Methode:* Es liegt eine Einheitsbuchführung vor, da eine Vereinigung von Grundbuch und Hauptbuch in einem *Journal* erfolgt. Die wichtigsten Sachkonten werden neben der Buchungstextspalte des Grundbuches aufgeführt, so daß die Eintragungen im unmittelbaren Anschluß an die Verbuchung im Grundbuch erfolgen können. Dadurch werden die bei den anderen Formen der Übertragungsbuchführung häufig auftretenden Übertragungsfehler weitgehend vermieden. Da jedoch aus Platzgründen nur relativ wenige Konten in das Journal aufgenommen werden können, eignet sich diese Variante in erster Linie für Kleinbetriebe, in denen sie auch heute noch praktiziert wird.

Eine andere konventionelle Form der Buchführung, bei der Übertragungsfehler vollständig ausgeschlossen werden können, ist die *Durchschreibebuchführung*. Grundbuch und Hauptbuch werden gleichzeitig geführt, indem mit Hilfe von Kohlepapier von dem einen auf das andere durchgeschrieben wird, so daß in beiden Büchern völlig identische Texte und Buchungen eingetragen werden. In der Regel wird das Journal fortlaufend beschrieben, während die jeweils zu einer Buchung benötigten Sachkonten aufgelegt werden, so daß von ihnen auf das Journal durchgeschrieben werden kann.

Da die Sachkonten für jede Buchung ausgewechselt werden müssen, handelt es sich um eine *Loseblattbuchführung*, die nur dann den Grundsätzen ordnungsmäßiger Buchführung entspricht, wenn durch organisatorische Maßnahmen sichergestellt wird, daß kein Entfernen oder Austausch der Kontenblätter möglich ist. Insbesondere müssen zu diesem Zweck am Ende des Geschäftsjahres die Journale und Kontenblätter gebunden werden. Die praktische Durchführung der Durchschreibebuchführung erfolgt entweder manuell oder mit Hilfe von Buchungsautomaten.

Um die eintönige und fehleranfällige Arbeit der Wiedergabe des Inhalts von Belegen in Grundbuch und Hauptbuch zu vermeiden, werden bei der *Offene-Posten-Buchführung* die Sachkonten durch eine systematische Ablage der Buchungsbelege ersetzt. Diese Organisationsform eignet sich vor allem für die Kontokorrentbuchhaltung, da gleichzeitig eine Kontrolle der Zahlungsein- und -ausgänge möglich ist. Je eine Kopie der Eingangs- und Ausgangsrechnungen wird nach Namen (Grundbuch) und nach Datum (Hauptbuch) abgelegt, und zwar zunächst in der Offene-Posten-Kartei, nach Begleichung der Rechnung in der Ausgegli-

3.2 Formen der Buchführung

chene-Posten-Kartei. In regelmäßigen Zeitabständen erfolgen Sammelbuchungen auf den entsprechenden Hauptbuchkonten für die einzelnen Geschäftspartner (Kreditoren bzw. Debitoren), um eine Abstimmung der offenen Posten zu ermöglichen.

Die *EDV-Buchführung* war einer der ersten Anwendungsbereiche für die Bewältigung großer Datenmengen durch Datenverarbeitungsanlagen. Die Aufgabe eines Buchhalters besteht im wesentlichen darin, große Mengen immer wiederkehrender Sachverhalte nach dem gleichen Schema zu erfassen und zu bearbeiten. Da die oben beschriebenen manuellen Formen der Buchführung zum einen durch eine hohe Fehlerhäufigkeit, zum anderen durch einen großen Zeitbedarf gekennzeichnet sind, lag es nahe, nach Rationalisierungsmöglichkeiten zu suchen. Über diese vordergründigen Ziele – Fehlerreduktion, Kosten- und Zeitersparnis – hinaus bietet der EDV-Einsatz die Möglichkeit zu zusätzlichen Auswertungen, die manuell nicht durchführbar wären, und erlaubt insgesamt eine Verbesserung des Informationsstandes. Für den Menschen verbleiben bei der EDV-Buchführung lediglich die Tätigkeiten der Belegsammlung und -prüfung, der Kontierung und der Dateneingabe.

Aufgrund des Datenvolumens ist die Durchführung der Buchführung per EDV heute in Großunternehmen unumgänglich, doch auch in kleinen und mittelgroßen Unternehmen setzt sie sich immer stärker durch. Mittlerweile existieren für alle Bereiche des Rechnungswesens adäquate EDV-Anwendungen.

Das wesentliche Problem bei der EDV-Buchführung ist die Sicherstellung der Einhaltung der Grundsätze ordnungsmäßiger Buchführung. Zu diesem Zweck wurden *Grundsätze ordnungsmäßiger Datenverarbeitung* entwickelt, die bei der automatisierten Buchführung zusätzlich beachtet werden müssen. Durch diese Grundsätze sollen vor allem die Vollständigkeit, Richtigkeit, Zeitgerechtheit, Prüfbarkeit und Sicherheit der Datenverarbeitung gewährleistet werden. Für die Einhaltung der Grundsätze ist immer der Buchführungspflichtige, also der Unternehmer, verantwortlich, unabhängig davon, wo und in welcher Weise die Datenverarbeitung erfolgt.

Um sicherzustellen, daß die Einhaltung der Grundsätze auch überprüft werden kann, ist der Unternehmer zur Anfertigung einer *EDV-Verfahrensdokumentation* verpflichtet. Diese muß Angaben über die Organisation der Arbeitsabläufe, d.h. der Eingabe, Verarbeitung und Ausgabe der Daten, sowie über die Speicherung der Ergebnisse enthalten. Sie muß so beschaffen sein, daß ein sachverständiger Dritter selbständig und ohne spezifische EDV-Kenntnisse eine Ordnungsmäßigkeitsprüfung in angemessener Zeit durchführen kann. Für die EDV-Verfahrensdokumentation gilt die gleiche Aufbewahrungsfrist von zehn Jahren wie für die Bücher und Bilanzen.

Für die EDV-Buchführung gilt ein *erweiterter Belegbegriff*: Außer den traditionellen Belegen in Papierform sind auch nicht direkt lesbare Belege zulässig, z.B.:

- durch Datenträgeraustausch erhaltene Daten
- Dauerbelege aus Anwendungsprogrammen (Abschreibungen usw.)
- Aufzeichnungen auf Bildträgern (Mikrofilm, Mikrofiche)

Für diese Belege gilt die Bedingung, daß die jeweiligen Informationen in angemessener Zeit lesbar gemacht werden können, auch und gerade, wenn mittlerweile ein Wechsel des EDV-Systems vorgenommen wurde. Die Aufbewahrungsfrist für diese Belege beträgt – wie bei den traditionellen Belegen – sechs Jahre.

Weitere Anforderungen an die EDV-Buchführung sind, daß stichprobenartige Kontrollen auf System- oder Bedienungsfehler im Eingabe-, Verarbeitungs- und Ausgabebereich durchgeführt werden. Schließlich müssen hinreichende Vorkehrungen zum Schutz der Daten und Datenträger gegen äußere Einflüsse wie Manipulationen, Diebstahl, Feuer, Wasserschäden während der gesamten Aufbewahrungsfrist vorgesehen werden.

3.3 Kontenrahmen und Kontenpläne

Unter einem *Kontenrahmen* versteht man eine vollständige, systematische Auflistung der im betrieblichen Rechnungswesen möglicherweise benötigten Konten. Dadurch wird es ermöglicht, die Geschäftsvorfälle nach einheitlichen Kriterien zu verbuchen. Insbesondere bei einer großen Anzahl von Konten sowie bei maschineller Buchführung ist ein Kontenrahmen notwendig, um den Überblick zu behalten. Weiter wird durch einen Kontenrahmen die Buchungsarbeit vereinfacht, da anstelle der Kontennamen die sie repräsentierenden Kontennummern verwendet werden können. Unterschiedliche Kontenrahmen sind z.B. für den Einzelhandel, den Großhandel und die Industrie entwickelt worden.

Ein *Kontenplan* ist eine betriebsindividuelle Zusammenstellung der im einzelnen Unternehmen tatsächlich benötigten Konten. Er läßt sich aus dem allgemeinen Kontenrahmen entwickeln, indem einerseits nicht benötigte Konten und Kontengruppen weggelassen werden, andererseits an Stellen, an denen die im Kontenrahmen vorgesehenen Konten nicht ausreichen, sinnvolle Erweiterungen vorgenommen werden.

Üblicherweise wird ein Kontenrahmen nach dem dekadischen Prinzip in zehn *Kontenklassen* gegliedert, die in jeweils zehn Kontengruppen untergliedert sind. Die weitere Aufgliederung der Kontengruppen in Kontenarten, Konten und Unterkonten erfolgt nach Bedarf, z.B.:

Kontenklasse 0: Anlagevermögen und langfristiges Kapital

3.3 Kontenrahmen und Kontenpläne

Kontengruppe 00: Grundstücke und Gebäude
Kontenart 000: Unbebaute Grundstücke
Konto 0000: Grundstück XY

Die beiden am weitesten verbreiteten Kontenrahmen sind der Industriekontenrahmen (IKR) und der Gemeinschaftskontenrahmen der Industrie (GKR).

Der *Industriekontenrahmen* ist nach dem Prinzip der *Abschlußgliederung* aufgebaut, d.h. er enthält ausschließlich die in der Finanzbuchführung benötigten Aktiv-, Passiv-, Aufwands- und Ertragskonten; die Kostenrechnung bzw. Betriebsbuchführung muß in einem separaten Rechnungskreis durchgeführt werden (*Zweikreissystem*). Er umfaßt folgende Kontenklassen:

Kontenklasse 0: Sachanlagen und immaterielle Anlagewerte

Kontenklasse 1: Finanzanlagen und Geldkonten

Kontenklasse 2: Vorräte, Forderungen, aktive Rechnungsabgrenzungsposten

Kontenklasse 3: Eigenkapital, Wertberichtigungen, Rückstellungen

Kontenklasse 4: Verbindlichkeiten, passive Rechnungsabgrenzungsposten

Kontenklasse 5: Erträge

Kontenklasse 6: Material- und Personalaufwendungen, Abschreibungen, Wertberichtigungen

Kontenklasse 7: Zinsen, Steuern, Aufwendungen

Kontenklasse 8: Eröffnung und Abschluß

Kontenklasse 9: Übergang zur Kosten- und Leistungsrechnung

Der *Gemeinschaftskontenrahmen der Industrie* legt hingegen das Prinzip der *Prozeßgliederung* zugrunde, d.h. sein Aufbau orientiert sich am Werteflß des betrieblichen Leistungsprozesses. Er sieht spezielle Konten für die Kostenarten-, Kostenstellen- und Kostenträgerrechnung vor, auf die im zweiten Hauptteil ausführlich eingegangen wird. Es handelt sich also um ein *Einkreissystem*, da Finanz- und Betriebsbuchführung zusammengeführt werden. Die Kontenklassen des Gemeinschaftskontenrahmens lauten:

Kontenklasse 0: Anlagevermögen und langfristiges Kapital

Kontenklasse 1: Finanz-Umlaufvermögen und sonstige Verbindlichkeiten

Kontenklasse 2: neutrale Aufwendungen und Erträge

Kontenklasse 3: Stoff und Bestände

Kontenklasse 4: Kostenarten

Kontenklasse 5: Kostenstellen (Hilfskostenstellen)
Kontenklasse 6: Kostenstellen (Hauptkostenstellen)
Kontenklasse 7: Bestände an unfertigen und fertigen Erzeugnissen
Kontenklasse 8: Erträge
Kontenklasse 9: Abschluß

Da für die Zwecke der anschließend behandelten *Kostenrechnung* der Gemeinschaftskontenrahmen der Industrie besser geeignet ist, wird er für die Ausführungen im zweiten Hauptteil zugrunde gelegt.

4. Literaturempfehlungen

Bähr, G., Fischer-Winkelmann, W., Buchführung und Jahresabschluß, 4. Aufl. Wiesbaden (Gabler) 1992

Buchner, R., Buchführung und Jahresabschluß, 4. Aufl. München (Vahlen) 1993

Döring, U., Buchholz, R., Buchhaltung und Jahresabschluß, 4. Aufl. Hamburg (S+W Steuer- und Wirtschaftsverlag) 1993

Eisele, W., Technik des betrieblichen Rechnungswesens, 4. Aufl. München (Vahlen) 1990

Engelhardt, W., Raffée, H., Grundzüge der doppelten Buchhaltung, 3. Aufl. Wiesbaden (Gabler), 1994

Gabele, E., Buchführung, 5. Aufl. München (Oldenbourg) 1993

Horvath, P., Petsch, M., Weihe, M., Standard-Anwendungssoftware für das Rechnungswesen, 2. Aufl. München (Vahlen) 1986

Kloock, J., Betriebliches Rechnungswesen, Lohmar (Josef Eul) 1996

Mus, G., Hanschmann, R., Buchführung, Wiesbaden (Betriebswirtschaftlicher Verlag) 1992

Schmolke, S., Deitermann, M., Industrielles Rechnungswesen, 16. Aufl. Darmstadt (Winklers) 1990

Schöttler, J., Spulak, R., Technik des betrieblichen Rechnungswesens, 7. Aufl. München (Oldenbourg) 1992

Schuppenhauer, R., Grundsätze für eine ordnungsmäßige Datenverarbeitung, 4. Aufl. Düsseldorf (IdW) 1992

Vormbaum, H., Grundlagen des betrieblichen Rechnungswesens, 6. Aufl. Stuttgart (VDI) 1992

Wedell, H., Grundlagen des betriebswirtschaftlichen Rechnungswesens, 6. Aufl. Herne / Berlin (Neue Wirtschafts-Briefe) 1993

Wöhe, G., Kußmaul, H., Grundzüge der Buchführung und Bilanztechnik, München (Vahlen) 1991

Zimmermann, W., Fries, H.-P., Betriebliches Rechnungswesen, 5. Aufl. München (Oldenbourg) 1992

Zweiter Teil

Die Kostenrechnung

1. Einleitung
1.1. Wesen und Aufgaben des betrieblichen Rechnungswesens
1.1.1 Die Kostenrechnung als Modell der Wertströme im Unternehmen

Die *Finanzbuchhaltung* erfaßt systematisch die Beziehungen zwischen dem Unternehmen und der Umwelt, indem sie die von dem Unternehmen empfangenen Einzahlungen und die von ihm geleisteten Auszahlungen sowie die mit den Zahlungen verbundenen Güterströme und Kreditbeziehungen aufzeichnet. Gegenstand der *Kostenrechnung* sind die Güterströme innerhalb des Betriebes: Produktionsfaktoren – Werkstoffe, Betriebsmittel und menschliche Arbeitskraft – werden von außen bezogen. Im Produktionsprozeß werden diese Produktionsfaktoren miteinander kombiniert und in Güter und Dienstleistungen transformiert. Die Mengen der eingesetzten Faktoren und der hergestellten Produkte können zwar im Rahmen der *Betriebsstatistik* erfaßt und ausgewertet werden; um den Verbrauch der Güter im Produktionsprozeß und die hergestellten Gütermengen vergleichbar zu machen, sind diese jedoch zu bewerten.

In der *Kostenrechnung* orientiert sich die Bewertung prinzipiell an den Preisen, die beim Erwerb der Produktionsfaktoren gezahlt werden. Um die im Produktionsprozeß entstandenen Endprodukte, Zwischenprodukte und innerbetrieblichen Leistungen zu bewerten, wird daher versucht, diesen den Wert der zu ihrer Herstellung benötigten, von außen bezogenen Produktionsfaktoren so genau wie möglich zuzurechnen. Dem mit der Herstellung eines Produkts verbundenen Wertverzehr kann dann in der *kurzfristigen Erfolgsrechnung* der durch seine Veräußerung erzielte Erlös gegenübergestellt werden.

Das betriebliche Rechnungswesen umfaßt folgende Teilbereiche:

(1) Die *Kostenrechnung* hat die Aufgabe, den Wertverzehr in der Produktion zu erfassen und zu kontrollieren. Sie setzt sich aus drei Teilen zusammen:

- In der *Kostenartenrechnung* wird der Wert der in der Produktion eingesetzten, von außen bezogenen Produktionsfaktoren systematisch erfaßt und für die Weiterverrechnung gegliedert.

- Die *Kostenstellenrechnung* ordnet die in der Kostenartenrechnung erfaßten Kosten organisatorischen Einheiten, den Kostenstellen, zu, um deren Wirtschaftlichkeit zu kontrollieren und um die Weiterverrechnung der Kosten auf die Produkte vorzubereiten.

- In der *Kostenträgerrechnung* schließlich werden die Kosten den Produkten oder Aufträgen verursachungsgerecht zugerechnet.

(2) Die *kurzfristige Erfolgsrechnung* hat die Aufgabe, die Kosten und Erlöse einander gegenüberzustellen und so den Erfolg zu ermitteln. Die Zuordnung erfolgt

- periodenbezogen: Ermittlung des Periodenerfolgs
- produktbezogen: Ermittlung des Erfolgs eines Produkts bzw. eines Auftrags

(3) Die *Betriebsstatistik* erfaßt die Güterbestände und -bewegungen im Betrieb, sie umfaßt insbesondere:

- die Lagerbestandsrechnung
- die Kapazitätsrechnung bzw. die Zeitwirtschaft

Die in der Kostenrechnung und der kurzfristigen Erfolgsrechnung erfaßten Werteflüsse lassen sich anhand des Gemeinschaftskontenrahmens der deutschen Industrie, in dem die Konten der Finanz- und Betriebsbuchhaltung systematisch nach dem Flußprinzip gegliedert sind, verdeutlichen. Wie im Abschnitt 3.3 des ersten Teils gezeigt wurde, umfaßt dieser Kontenrahmen zehn Kontenklassen 0, ..., 9, die je nach Bedarf weiter untergliedert werden können. Die *Finanzbuchhaltung* wird in den Kontenklassen 0 - 3 und 8 - 9 abgewickelt:

Zahlungsverkehr:

    Klasse 1: Finanzkonten
    Erfassung der Ein- und Auszahlungen sowie der Forderungen und Verbindlichkeiten

Wofür erfolgen die Auszahlungen:

    Klasse 0: Anlagevermögen und langfristiges Kapital
    Klasse 3: Roh-, Hilfs- und Betriebsstoffe
    Klasse 2: neutrale Aufwendungen

Woher kommen die Einzahlungen:

    Klasse 8: Erträge
    Hier werden neben den Erlösen aus Klasse 1 auch die neutralen Erträge aus Klasse 2 verbucht.
    Klasse 9: Abschluß

Die *Kostenrechnung* wird hingegen in den Kontenklassen 4 - 7 durchgeführt:

    Klasse 4: Kostenarten
    40 - 42: Stoffkosten: Gegenbuchung Klasse 3
    43 - 44: Personalkosten: Gegenbuchung Klasse 1
    45: Instandhaltungskosten: "

46: Steuern, Gebühren, Beiträge: "
47: Miete: "
48: kalkulatorische Kosten: Gegenbuchung Klasse 2

Klassen 5/6: Kostenstellenrechnung
Durchführung meist tabellarisch außerhalb der Buchführung
5: Hilfskostenstellen
6: Hauptkostenstellen

Klasse 7: Kostenträgerrechnung
Gliederung nach Produkten bzw. Auftraggebern

Im *Einkreissystem* der Buchführung erfolgt keine Trennung von Finanzbuchhaltung und Betriebsbuchhaltung. Auf der Grundlage des Einheitskontenrahmens läßt sich in diesem System der Wertefluß wie in Abbildung 5 dargestellt schematisieren.

Die Auszahlungen für den Erwerb von Produktionsfaktoren werden in der Kontenklasse 1 erfaßt. Die Gegenbuchung für Lohn- und Gehaltszahlungen erfolgt unmittelbar in der Kostenartenrechnung (Kontenklasse 4). Da Material vor dem Einsatz in der Produktion in der Regel eingelagert wird, werden Lieferungen zunächst in der Klasse 3 verbucht; erst bei der Materialentnahme wird die Kontenklasse 4 belastet.

Investitionen in Betriebsmittel werden zunächst in den Bestandskonten der Klasse 0 erfaßt; da sich die im Rahmen des Jahresabschlusses verrechneten bilanziellen Abschreibungen von den in der Kostenrechnung angesetzten kalkulatorischen Abschreibungen unterscheiden, belasten die bilanziellen Abschreibungen zunächst Abgrenzungskonten der Klasse 2, diese werden durch kalkulatorische Abschreibungen, deren Gegenbuchung in Klasse 4 erfolgt, entlastet.

Zinsen werden ähnlich behandelt, indem die Zinszahlungen zunächst in der Klasse 1 erfaßt und dann in die Klasse 2 übernommen werden. Während die kalkulatorischen Zinsen in die Klasse 4 weiterverrechnet werden, wird die Differenz aus Zinszahlungen und kalkulatorischen Zinsen als betriebsfremde Aufwendungen in die Klasse 9 übernommen.

In der Klasse 4 werden alle in einer Periode entstandenen Kosten gesammelt und nach Kostenarten differenziert. Bei der weiteren Verrechnung sind zwei Kostenkategorien zu unterscheiden: *Einzelkosten* lassen sich unmittelbar den Produkten zurechnen und werden deshalb direkt in die Kostenträgerrechnung (Klasse 7) übernommen; *Gemeinkosten* werden hingegen in der Kostenstellenrechnung den Kostenstellen zugerechnet. Diese sind sind organisatorische Einheiten, wie z.B. Produktionsabteilungen oder Anlagen, die für Zwecke der Kostenkontrolle und zur Weiterverrechnung der Kosten gebildet werden.

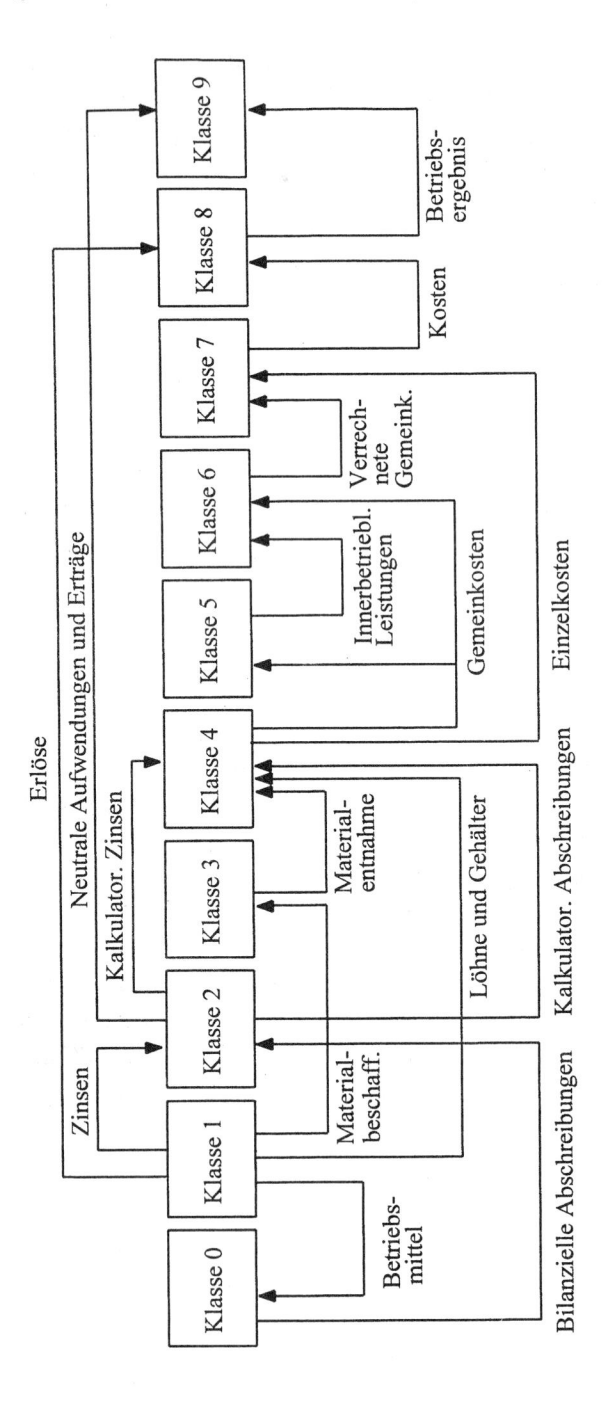

Abb. 5: Wertströme im Einheitskontenrahmen

Man unterscheidet zwischen Hilfskostenstellen (Klasse 5) und Hauptkostenstellen (Klasse 6): *Hilfskostenstellen* erbringen lediglich innerbetriebliche Leistungen, sie werden im Rahmen der innerbetrieblichen Leistungsverrechnung über die Hauptkostenstellen abgerechnet. *Hauptkostenstellen* sind unmittelbar an der Herstellung von marktfähigen Produkten beteiligt; sie geben die ihnen direkt angelasteten Gemeinkosten und die Kosten der innerbetrieblichen Leistungen an die Kontenklasse 7 (Kostenträger) weiter. Hier werden die in einer Periode angefallenen Kosten den Produkten oder Aufträgen (Kostenträgern) zugerechnet.

Im Betriebsergebniskonto (Klasse 8) werden die durch den Verkauf der Produkte erzielten Erlöse den Kosten gegenübergestellt und so der *kurzfristige Erfolg* ermittelt. Für die Zwecke des Jahresabschlusses werden schließlich Erlöse und Kosten in die Kontenklasse 9 weiterverbucht und dort den neutralen Aufwendungen und Erträgen, die unter anderem die Differenz zwischen Zinsaufwand und kalkulatorischen Zinsen sowie zwischen bilanziellen und kalkulatorischen Abschreibungen enthalten, gegenübergestellt.

Die Betriebsbuchhaltung ist relativ schwerfällig, weil die Kostenstellenrechnung mit großem Aufwand bei der Datenerhebung und -verarbeitung verbunden ist; andererseits muß die Finanzbuchhaltung schnell aktualisiert werden, um ihren Aufgaben gerecht zu werden. Daher sind im *Zweikreissystem* Finanzbuchhaltung und Betriebsbuchhaltung formal getrennt, indem die Verbindungen zwischen den beiden Teilbereichen des Rechnungswesens in wenigen Schnittstellen gebündelt werden. Im einfachsten Fall werden alle Beziehungen zwischen Betrieb und Geschäft in jeweils einem *Übergangskonto* verbucht: In der Finanzbuchhaltung wird ein Übergangskonto "Betrieb" geführt, das einerseits die Kostenarten als Lieferungen des Geschäfts an den Betrieb, andererseits den Wert der Kostenträger als Lieferungen des Betriebs an das Geschäft erfaßt. Analog dazu dient in der Betriebsabrechnung ein Übergangskonto "Geschäft" dazu, die Gegenbuchungen zur Belastung der Konten der Kostenartenrechnung und zur Entlastung der Konten der Kostenträgerrechnung zusammenzufassen.

Eine Materialentnahme wird dann in der Geschäftsbuchhaltung mit dem Buchungssatz "per Betrieb an Klasse 3", in der Betriebsbuchhaltung mit dem Satz "per Klasse 4 an Geschäft" erfaßt. Löhne und Gehälter werden in der Geschäftsbuchhaltung durch "per Betrieb an Klasse 1", in der Betriebsbuchhaltung mit "per Klasse 4 an Geschäft" verbucht. Kalkulatorische Abschreibungen führen schließlich in der Finanzbuchhaltung zu einer Buchung "per Betrieb an Klasse 2", in der Betriebsbuchhaltung werden sie mit "per Klasse 4 an Geschäft" erfaßt. Die Abstimmung zwischen den beiden Kontenkreisen kann in größeren Zeitabständen, z.B. jährlich im Rahmen des Jahresabschlusses, durchgeführt werden.

Das Übergangskonto in der Finanzbuchhaltung bzw. der Betriebsbuchhaltung kann in Unterkonten zerlegt werden, die nach Kostenarten bzw. Kostenträgern differenziert werden. Da diese Unterkonten in Finanz- und Betriebsbuchhaltung jeweils die gleichen Buchungen, jedoch auf der anderen Kontenseite erfassen, bezeichnet man sie als *Spiegelkonten*.

In der Kostenstellenrechnung ist eine große Zahl von Rechenoperationen notwendig, um Verrechnungspreise für innerbetriebliche Leistungen zu bestimmen. Es wäre zwar prinzipiell möglich, die Kostenstellenrechnung im Rahmen des Systems der doppelten Buchführung abzubilden; um den hiermit verbundenen Aufwand zu reduzieren, wird jedoch die innerbetriebliche Leistungsverrechnung aus der Buchhaltung herausgenommen und tabellarisch im Betriebsabrechnungsbogen (BAB) durchgeführt. Um den Zusammenhang mit der Betriebsbuchhaltung sicherzustellen, wird in den Kontenklassen 5/6 ein Übergangskonto BAB geführt, in dem die Gemeinkosten "per BAB an Gemeinkostenarten" ausgebucht werden und die Kostenträger durch die Buchung "per Kostenträger an BAB" mit verrechneten Gemeinkosten belastet werden.

1.1.2 Die Aufgaben der Kostenrechnung

Das System der doppelten Buchführung, insbesondere die Betriebsbuchhaltung und die Kostenrechnung, beruhen auf Konventionen, wie bestimmte betriebliche Sachverhalte systematisch zu erfassen und darzustellen sind. Zur Beurteilung und Weiterentwicklung eines solchen historisch gewachsenen Systems müssen zunächst dessen Ziele und Aufgaben definiert werden. Dann ist zu prüfen, ob und inwieweit diese Ziele durch die herrschende Praxis erreichbar sind. Schließlich ist zu zeigen, wie diese Verfahren zu verändern sind, um ihren Aufgaben besser gerecht werden zu können.

Die beiden wichtigsten Aufgaben der Kostenrechnung sind die Kontrollfunktion und die Informationsfunktion. Die *Kostenkontrolle* hat zwei Aspekte: Die *Durchführungskontrolle* prüft, wie gut die Planung vollzogen wurde, sie hat insbesondere Abweichungen zwischen Planvorgaben und tatsächlich erreichten Ist-Werten aufzuzeigen und zu analysieren, worauf diese Abweichungen zurückzuführen sind. Die *Erfolgskontrolle* stellt hingegen fest, wie gut die Planung war. Objekte der Kontrolle sind die Wirtschaftlichkeit der Produktion – diese wird insbesondere in der Kostenstellenrechnung durchgeführt – und die Wirtschaftlichkeit der Produkte, deren Überprüfung die Aufgabe der Kostenträgerrechnung und der kurzfristigen Erfolgsrechnung ist.

Als *Informationsinstrument* soll die Kostenrechnung in erster Linie Daten für die betriebliche Planung bereitstellen: Insbesondere soll sie Daten für die Sortimentsplanung und die Produktionsprogrammplanung liefern; daneben werden Kostendaten für die Preisplanung, d.h. die Kalkulation von Angebotspreisen und die Vorgabe von Preisuntergrenzen, benötigt. Neben Informationen für Planungszwecke hat die Kostenrechnung Daten für andere Rechenwerke bereitzustellen: So werden z.b. die Herstellungskosten der Bestände an selbsterstellten Vermögensgegenständen für die Erstellung des Jahresabschlusses benötigt.

1.2 Definitionen und Abgrenzungen

1.2.1 Wertbestände und Wertströme

Gegenstand des Rechnungswesens sind zum einen bewertete Bestände und zum anderen Stromgrößen, die diese verändern. Es stellt sich nun die Frage, welche Wertbestände und welche Wertströme erfaßt werden, wie sie zu gliedern sind und in welcher Beziehung sie zueinander stehen.

In der Betriebswirtschaftslehre unterscheidet man vier Ebenen von *Wertbeständen*, die in den Bestandskonten der Buchführung erfaßt werden:

I. *Zahlungsmittel*
   Geld bzw. Bestände an liquiden Mitteln
   Bargeld
   Sichtguthaben bei Bundesbank, Banken, Sparkassen und Postbank

II. *Geldvermögen*
   Zahlungsmittel + Forderungen − Verbindlichkeiten

III. *Reinvermögen*
   Geldvermögen + Sachvermögen

IV. *Betriebsvermögen*
   Reinvermögen − nicht betriebsnotwendiges Vermögen

Unter dem nicht betriebsnotwendigen Vermögen versteht man Vermögensgegenstände, die − wie z.B. Werkswohnungen oder ungenutzte Grundstücke − nicht der betrieblichen Tätigkeit dienen.

Wertströme führen zu Veränderungen von Wertbeständen. Entsprechend den betroffenen Wertbeständen unterscheidet man:

I. Veränderung des Zahlungsmittelbestandes
   - Auszahlungen
   - Einzahlungen

II. Veränderung des Geldvermögens
   - Ausgaben
   - Einnahmen

III. Veränderung des Reinvermögens
- Aufwendungen
- Erträge

IV. Veränderung des Betriebsvermögens
- Kosten
- Betriebserträge

Wertbewegungen können grundsätzlich mehrere Wertebenen berühren; so wird z.B. die Zahlung von Löhnen im Regelfall gleichzeitig als Auszahlung, Ausgabe, Aufwand und Kosten erfaßt. Andererseits tritt auch häufig der Fall auf, daß ein Vorgang nicht alle Wertebenen berührt. Die sich daraus ergebenden Unterschiede zwischen derartigen Wertbewegungen werden in Abbildung 6 verdeutlicht.

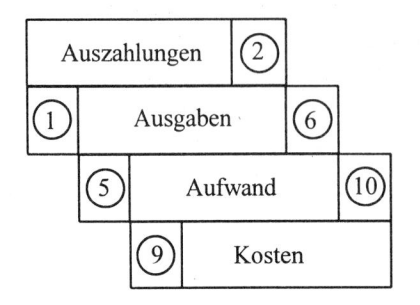

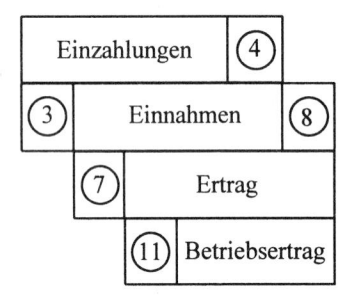

```
         ┌──────────────────┐                  ┌──────────────────┐
         │  Auszahlungen  ②│                  │  Einzahlungen  ④│
    ┌────┴──────────────┬───┴──┐          ┌────┴──────────────┬───┴──┐
    │①   Ausgaben       │ ⑥  │          │③   Einnahmen      │ ⑧  │
    └─┬──────────────┬──┴──────┘          └─┬──────────────┬──┴──────┘
      │⑤  Aufwand   │ ⑩  │                │⑦   Ertrag    │          │
      └──┬────────┬──┴─────┘                └──────────────┴──────────┘
         │⑨ Kosten│                           ⑪ Betriebsertrag
         └────────┘
```

Abb. 6: Beziehungen zwischen den Wertströmen

Die Abweichungen zwischen den Wertströmen auf der Zahlungsmittelebene und der Geldvermögensebene beruhen auf *Kreditvorgängen*:

(1) Auszahlung, keine Ausgabe: Tilgung von Verbindlichkeiten

(2) Ausgabe, keine Auszahlung: Entstehung einer Verbindlichkeit

(3) Einzahlung, keine Einnahme: Eingang einer Forderung

(4) Einnahme, keine Einzahlung: Entstehung einer Forderung

Die Unterschiede zwischen der Geldvermögens- und der Reinvermögensebene beruhen auf *Lagervorgängen*:

(5) Ausgabe, kein Aufwand: Eingang kreditierter Lieferungen

(6) Aufwand, keine Ausgabe: Entnahme von Gütern aus Lager

(7) Einnahme, kein Ertrag: Vorauszahlung für spätere Warenlieferung

(8) Ertrag, keine Einnahme: selbsterstellte Anlagen

1.2 Definitionen und Abgrenzungen

Die Unterschiede zwischen der Reinvermögensebene und der Betriebsvermögensebene schließlich folgen daraus, daß unterschiedliche Betrachtungsebenen – der Betrieb bzw. das gesamte Unternehmen – zugrunde gelegt werden:

(9) Aufwand, keine Kosten: neutraler Aufwand

(10) Kosten, kein Aufwand: kalkulatorische Kosten (z.B. Abschreibungen)

(11) Ertrag, kein Betriebsertrag: neutraler Ertrag

Betriebserträge, die keine Erträge sind, gibt es nicht.

Neutrale Aufwendungen und Erträge sind Komponenten des Erfolgs, die entweder einer anderen Abrechnungsperiode zuzurechnen sind, in keiner Beziehung zur betrieblichen Tätigkeit stehen oder in außergewöhnlicher Höhe anfallen. Sie umfassen den periodenfremden Erfolg, der anderen Abrechnungsperioden zuzurechnen ist, den betriebsfremden Erfolg, der – wie z.B. Mieteinnahmen aus Werkswohnungen – nicht im Rahmen der betrieblichen Tätigkeit erwirtschaftet wurde und den außerordentlichen Erfolg. *Kalkulatorische Kosten* werden in der Kostenrechnung abweichend von dem Ansatz in der Finanzbuchhaltung verbucht: Anderskosten steht eine entsprechende Aufwandsart in anderer Höhe gegenüber, bei Zusatzkosten erfolgt kein korrespondierender Ansatz in der Finanzbuchhaltung.

1.2.2 Der Kostenbegriff

In der betriebswirtschaftlichen Literatur lassen sich drei Kostenbegriffe unterscheiden:

(1) der realwirtschaftliche Kostenbegriff

(2) der pagatorische Kostenbegriff

(3) der wertmäßige Kostenbegriff

Der *realwirtschaftliche Kostenbegriff* versteht unter Kosten die in der Produktion einer Periode eingesetzten Güter; um diese Einsatzmengen miteinander vergleichbar zu machen, werden sie mit Preisen bewertet. Dieses "monetäre Äquivalent" der im Produktionsprozeß verbrauchten Güter wird als Geldkosten oder als Kosten der Produktion bezeichnet. Zinsen auf das eingesetzte Eigen- oder Fremdkapital werden nicht als Kosten angesehen, weil ein gezahlter Geldbetrag kein Gut ist. Wenn Zinsen in der Kostenrechnung berücksichtigt werden, dann haben sie nur den Charakter von "Als-ob-Kosten" (vgl. E. SCHNEIDER [1961], S. 5 f. und S. 35). Dieser Kostenbegriff, der durch volkswirtschaftliche Überlegungen beeinflußt ist, konnte sich in der betriebswirtschaftlichen Literatur und Praxis nicht durchsetzen.

Der *pagatorische Kostenbegriff* (vgl. H. KOCH [1958]) geht davon aus, daß die im Rechnungswesen erfaßten Tatbestände an den durch sie ausgelösten Zahlungsströmen gemessen werden. Kosten sind Auszahlungen, die durch die betriebliche Tätigkeit ausgelöst und der Periode zugerechnet werden, in der sie verursacht worden sind. Dieser Kostenbegriff folgt unmittelbar aus der Systematik der doppelten Buchführung, in der alle Geschäftsvorfälle an Zahlungen gemessen werden. Der wesentliche Vorteil des pagatorischen Kostenbegriffs ist darin zu sehen, daß die Höhe der Kosten aus eindeutig feststehenden Auszahlungen hergeleitet werden kann.

Der pagatorische Kostenbegriff umfaßt nicht die kalkulatorischen Kosten, wie z.B. Zinsen für den Einsatz von Eigenkapital für betriebliche Zwecke oder einen kalkulatorischen Unternehmerlohn für die Geschäftsführungstätigkeit eines Einzelunternehmers oder eines Gesellschafters einer Personengesellschaft. Diese werden in der Kostenrechnung aus Gründen der Vergleichbarkeit der Ergebnisse unterschiedlich organisierter Unternehmen verrechnet. KOCH begründet die Vereinbarkeit von kalkulatorischen Kosten mit dem pagatorischen Kostenbegriff mit der Diskrepanz zwischen idealtypischem Modell und Realität: Der pagatorische Kostenbegriff beruht auf der Annahme, daß alle im Betrieb eingesetzten Güter und Dienstleistungen am Markt gekauft und bezahlt werden. Werden in der Realität bestimmte Güter und Dienstleistungen nicht gekauft, sondern von den Eigentümern des Unternehmens zur Verfügung gestellt, dann müssen sie dennoch in der Kostenrechnung so behandelt werden, als wären sie gekauft worden, d.h. es müssen fiktive Auszahlungen für ihre Beschaffung angesetzt werden.

Eine weitere Schwäche des pagatorischen Kostenbegriffs ist darin zu sehen, daß tatsächlich gezahlte Anschaffungspreise nicht immer für Zwecke der Kostenrechnung geeignet sind: Stark schwankende Anschaffungspreise machen eine Wirtschaftlichkeitskontrolle unmöglich; der Ansatz historischer Anschaffungspreise kann zu Fehldispositionen führen, wenn diese stark von den aktuellen Einkaufspreisen abweichen. So ist es nicht sinnvoll, eine Rohstofflieferung, für die in der Vergangenheit wegen einer vorübergehenden Mangellage ein hoher Preis gezahlt wurde, nicht in der Produktion einzusetzen und statt dessen den gleichen Rohstoff zu kaufen, auch wenn ein wesentlich niedrigerer Preis zu zahlen ist.

Der *wertmäßige Kostenbegriff*, der auf SCHMALENBACH [1934] zurückgeht, stellt darauf ab, daß Kosten mit dem Verbrauch von Gütern verbunden sind, der durch Bewerten vergleichbar gemacht wird. Während der pagatorische Kostenbegriff die Bewertung ausschließlich anhand tatsächlicher Auszahlungen für den Erwerb der eingesetzten Güter durchführt, ermöglicht der wertmäßige Kostenbegriff auch den Ansatz anderer Wertmaßstäbe, die besser für bestimmte Zwecke der Kostenrechnung geeignet sind.

1.2 Definitionen und Abgrenzungen

Trotz dieser Differenzen hinsichtlich des Kostenbegriffs hat sich die folgende Definition weitgehend durchgesetzt:

Definition: Kosten

Kosten sind der bewertete Verzehr von Gütern und Dienstleistungen zur Erstellung der betrieblichen Leistung einer Periode.

Diese Definition ist durch vier Merkmale charakterisiert:

(1) *Mengengerüst*: Verzehr von Gütern und Dienstleistungen

(2) *Bewertung*: Messen des Verbrauchs von Gütern und Dienstleistungen in Geldeinheiten

(3) *Leistungsbezug*: Abgrenzung von neutralem Aufwand

(4) *Periodenbezug*: Abgrenzung von periodenfremdem Aufwand

1.2.2.1 Das Mengengerüst der Kosten

Die zur Leistungserstellung verbrauchten Faktoreinsatzmengen bezeichnet man als das *Mengengerüst* der Kosten. Es umfaßt neben den Einsatzmengen der klassischen Produktionsfaktoren auch Dienstleistungen; das Mengengerüst setzt sich daher aus folgenden Komponenten zusammen:

(1) Material: in der Produktion eingesetzte Werkstoffe

(2) Dienstleistungen: Inanspruchnahme von Leistungen fremder Unternehmen

(3) Arbeitskräfte: Zahl der Arbeitsstunden

(4) Betriebsmittel: Leistungsabgabe der Maschinen

Bei den Abschreibungen, die die Kosten des Einsatzes von Betriebsmitteln erfassen sollen, erfolgt keine Trennung von Mengengerüst und Bewertung.

In diesem Zusammenhang stellt sich die Frage nach dem Kostencharakter von Steuern. In § 3 der Abgabenordnung werden Steuern wie folgt definiert:

Definition: Steuern

Steuern sind einmalige oder laufende Zahlungen, die nicht Gegenleistung für besondere Leistungen darstellen und von einem öffentlich-rechtlichen Gemeinwesen zur Erzielung von Einkünften all denen auferlegt werden, bei denen der Tatbestand zutrifft, an den das Gesetz die Leistungspflicht anknüpft.

Steuern sind also durch folgende Merkmale charakterisiert:

(1) Es handelt sich um Geldleistungen.

(2) Sie sind keine Gegenleistung für besondere Leistungen.

(3) Sie werden vom öffentlich-rechtlichen Gemeinwesen zur Erzielung von Einnahmen erhoben; das Recht, Steuern zu erheben, haben in Deutschland neben der Bundesrepublik Deutschland die Länder, die Gemeinden und Gemeindeverbände sowie die christlichen Kirchen und die jüdischen Kultusgemeinden.

(4) Sie werden aufgrund einer gesetzlichen Grundlage erhoben.

(5) Sie knüpfen an einen bestimmten Tatbestand an.
- steuerbarer Tatbestand: löst die Steuerpflicht aus
- Steuerbemessungsgrundlage: bestimmt die Höhe der Steuer

Geht man davon aus, daß in dieser Legaldefinition der Steuern ausdrücklich festgelegt ist, daß Steuern keine Gegenleistung für besondere Leistungen sind, dann kann daraus geschlossen werden, daß sie keine Kosten sind, weil kein Bezug zwischen Steuern und der betrieblichen Tätigkeit besteht. Berücksichtigt man jedoch, daß verschiedene Steuern an betriebliche Vorgänge bzw. an die betriebliche Leistungserstellung als steuerpflichtigen Tatbestand oder als Steuerbemessungsgrundlage anknüpfen, dann sind diese Steuern als Kosten anzusehen; ihr Mengengerüst ist die Steuerbemessungsgrundlage: So sind Kfz-Steuern Kosten, weil sie durch den Einsatz von Kraftfahrzeugen verursacht werden; Grundsteuern sind Kosten, wenn sie für betrieblich genutzte Grundstücke bezahlt werden.

1.2.2.2 Bewertung in der Kostenrechnung

Eine Bewertung des Mengengerüsts der Kosten ist notwendig, um die Einsatzmengen unterschiedlicher Güter miteinander vergleichen zu können. Geht man vom *pagatorischen Kostenbegriff* aus, dann erscheint die Frage nach dem Wertansatz unproblematisch: Es sind lediglich die aus der Finanzbuchhaltung bekannten Auszahlungen beim Erwerb der Kostengüter weiterzuführen. Bei der Bewertung von Werkstoffen, Arbeitskräften und Dienstleistungen können tatsächlich eindeutige Beziehungen zwischen Auszahlungen und Kosten hergestellt werden, weil keine großen zeitlichen Verwerfungen zwischen dem Einsatz dieser Kostengüter und den damit verbundenen Auszahlungen auftreten.

Bei der Messung und Bewertung des Einsatzes von Betriebsmitteln stellt sich jedoch das generelle Problem, wie die mit ihrem Erwerb verbundenen Auszahlungen den Perioden zuzurechnen sind, in denen das Betriebsmittel genutzt wird. Formal wird dieses Problem durch *Abschreibungen* gelöst. Geht man vom pagatorischen Kostenbegriff aus, dann haben diese die Aufgabe, die Anschaffungskosten auf die Nutzungsdauer des Betriebsmittels zu verteilen. Das Konzept gibt jedoch keinen Anhaltspunkt dafür, wie die Periodenabgrenzung erfolgen soll, d.h.

1.2 Definitionen und Abgrenzungen

wie die Anschaffungskosten auf eine im voraus weder technisch noch ökonomisch determinierte Nutzungsdauer aufzuteilen sind.

Der *wertmäßige Kostenbegriff* läßt die Frage offen, wie das Mengengerüst zu bewerten ist. Kosten werden als der für die Erstellung der betrieblichen Leistung erforderliche Werteverzehr angesehen; um diesen zu messen, sind unterschiedliche Konzepte vorgeschlagen worden:

(1) interne Knappheitspreise bzw. Opportunitätskosten

(2) Wiederbeschaffungspreise

(3) Planpreise

Opportunitätskosten bewerten den Einsatz eines Kostengutes mit dem Gewinn, der bei der besten anderweitigen Verwendung im Unternehmen erzielt werden könnte. Diese internen *Knappheitspreise* sind keine objektiv meßbaren Größen, sie hängen vielmehr von den verfügbaren Entscheidungsalternativen ab. Das mag anhand der folgenden Beispiele verdeutlicht werden:

Beispiel 1: Wahl zwischen zwei Produktionsalternativen

Ein Unternehmen kann mit Hilfe einer Maschine mit 200 Std. Laufzeit / Monat alternativ eines von zwei Produkten A und B herstellen. Die für die Produktionsentscheidung benötigten Daten sind in Tabelle 1 zusammengestellt.

Tabelle 1: Beispiel für die Berechnung von Opportunitätskosten

	Produkt A	Produkt B
Produktionskoeffizient	5 Std.	10 Std.
Erlös / Stk.	1.000 DM	2.500 DM
Kosten / Stk.	500 DM	600 DM
Deckungsbeitrag / Stk.	500 DM	1.900 DM
Deckungsbeitrag / Std.	100 DM	190 DM

Der Deckungsbeitrag entspricht der Differenz zwischen dem Erlös und den dem Produkt zurechenbaren Kosten. Während der Deckungsbeitrag / Stk. den mit der Produktion einer Einheit eines Produktes erzielbaren Bruttogewinn angibt, ist der Deckungsbeitrag / Std. eines Produkts gleich dem Bruttogewinn, der erzielt werden kann, wenn die Maschine eine Stunde für die Herstellung dieses Erzeugnisses eingesetzt wird. Die optimale Entscheidung ist in dieser Situation klar: Die gesamte Kapazität der Maschine wird zur Produktion von Produkt B eingesetzt. Die nächstbeste Verwendung der Maschine bestände darin, die Maschine ausschließlich für die Herstellung des Produkts A einzusetzen. Da hiermit ein Deckungsbeitrag in Höhe von 100 DM / Std. erzielt werden könnte, sind die Opportunitätskosten der Maschine gleich 100 DM / Std.

Beispiel 2: Wahl zwischen 2 Produktionsalternativen bei Absatzbeschränkungen

Im Gegensatz zu Beispiel 1 wird nun vorausgesetzt, daß beide Produkte gleichzeitig hergestellt werden können, daß aber Absatzbeschränkungen zu berücksichtigen sind: Von Produkt A können maximal 40 Stk., von Erzeugnis B maximal 10 Stk. abgesetzt werden. In diesem Fall wird man soviel wie möglich von B herstellen und die Restkapazität der Maschine zur Erzeugung von Produkt A einsetzen. Es werden also zunächst 10 Stk. von B produziert; hierzu sind 100 Maschinenstunden erforderlich. Die verbleibenden 100 Maschinenstunden werden dann verwendet, um 20 Stk. von A zu erzeugen. Die Opportunitätskosten betragen in diesem Fall ebenfalls 100 DM / Std.

Kann nun der Absatz von B auf maximal 25 Stk. erhöht werden, dann ändern sich der optimale Produktionsplan und die daraus herzuleitenden Opportunitätskosten des Maschineneinsatzes: Es ist optimal, die gesamte Maschinenkapazität einzusetzen, um 20 Stk. von B herzustellen. Der dadurch entgangene Gewinn beträgt 190 DM / Std., weil die nächstbeste Verwendung der Maschinenkapazität wiederum die Produktion von B bedeutet. Reduziert sich hingegen die Absatzobergrenze von A auf 10 Stk. und können von B ebenfalls nur 10 Stk. verkauft werden, dann ist die Maximalmenge von 10 Stk. beider Produkte zu erzeugen. Die verbleibende Maschinenkapazität von 50 Std. kann nicht genutzt werden. In diesem Fall sind die Opportunitätskosten des Maschineneinsatzes gleich Null. Würde man nämlich die letzte Maschinenstunde nicht für die Produktion von A nutzen, dann müßte die Maschine während dieser Zeit stillstehen, weil keine andere Möglichkeit zur Nutzung der Anlage verfügbar ist.

Opportunitätskosten sind für Planungszwecke die angemessene Bewertungsmethode: Sind diese Knappheitspreise bekannt, dann ist es möglich, die Ressourcen den besten Alternativen zuzuweisen. Es ist allerdings festzustellen, daß entgangene Gewinne erst dann bekannt sind, wenn die optimale Allokation der Ressourcen feststeht, also die Opportunitätskosten eigentlich nicht mehr benötigt werden. Eine Bewertung mit Knappheitspreisen ist jedoch angebracht, wenn Planänderungen zu beurteilen sind. So kann insbesondere anhand der entgangenen Gewinne geprüft werden, ob ein zusätzlicher Auftrag angenommen werden soll oder nicht. Um das zu erläutern, wird das Beispiel 2 wie folgt erweitert:

Beispiel 3: Kalkulation eines Zusatzauftrags

Nach Abschluß der Produktionsplanung erhält der Betrieb eine Anfrage, ob er

1.2 Definitionen und Abgrenzungen

kurzfristig einen Auftrag annehmen kann, in Lohnfertigung 400 Einheiten eines Produkts C zum Preis von 10 DM / Stk. zu fertigen. Die Stückkosten dieses Produkts betragen 1 DM / Stk., so daß sich ein Deckungsbeitrag von 9 DM / Stk. ergibt. Die Inanspruchnahme der knappen Kapazität beträgt 0,1 Std. / Stk; damit ist der Deckungsbeitrag gleich 90 DM / Std. Für den Auftrag werden 40 Std. der Maschinenkapazität benötigt. Beträgt die maximale Absatzmenge von A 10 Stk. bzw. von B 10 Stk., dann ist eine Restkapazität von 50 Std. verfügbar, und die Opportunitätskosten sind gleich Null. Unter dieser Bedingung lohnt es sich, den Auftrag anzunehmen, da der Betrieb dadurch seinen Deckungsbeitrag um 3.600 DM erhöhen kann. Ist die maximale Absatzmenge des Produkts A jedoch größer oder gleich 20 Stk., dann kann die gesamte Kapazität ausgelastet werden, die Opportunitätskosten einer Maschinenstunde betragen dann 100 DM / Stk. In diesem Fall ist es nicht sinnvoll, den Zusatzauftrag anzunehmen; erhöht der Kunde jedoch den Abnahmepreis auf mehr als 11 DM / Stk., so steigt der spezifische Deckungsbeitrag auf über 100 DM / Std. In diesem Fall lohnt es sich, auf die Produktion von 8 Einheiten des Produkts A zu verzichten und 40 Maschinenstunden für den Zusatzauftrag freizusetzen.

Während die Opportunitätskosten bei *einem* Engpaß anhand der spezifischen Deckungsbeiträge der Erzeugnisse bestimmt werden können, läßt sich der entgangene Gewinn bei mehreren Engpässen in der Produktion nur mit Hilfe von Verfahren der linearen Programmierung bestimmen.

Für marktgängige Güter, d.h. für Einsatzfaktoren, die jederzeit zu einem bestimmten Marktpreis in den vom Betrieb benötigten Mengen erworben werden können, entspricht dieser *Wiederbeschaffungspreis* den Opportunitätskosten.

Beispiel 4: Wiederbeschaffungspreise als Opportunitätskosten

Reicht im Beispiel 2 die Maschinenkapazität nicht aus, um die Maximalmenge von 40 Stk. zu fertigen, dann entsprechen die Opportunitätskosten dem spezifischen Deckungsbeitrag dieses Produkts. Ist es nun möglich, eine Maschine zum Preis von 80 DM / Laufzeitstunde zu leasen, dann sinken die Opportunitätskosten auf diesen Wert. In diesem Fall ist es wirtschaftlich, einen Leasingvertrag über 150 Std. abzuschließen, um die Fertigung von A um 30 Stk. zu erhöhen. Die Opportunitätskosten der Maschine sind dann gleich der Leasingrate, wenn man zu diesem Preis eine zusätzliche Maschinenstunde nutzen kann.

Wiederbeschaffungspreise spiegeln als Marktpreise volkswirtschaftliche Knappheiten im Zeitpunkt des Einsatzes eines Kostengutes wider. Sie können auch als innerbetriebliche Knappheitspreise interpretiert werden, wenn der Betrieb die Güter in den jeweils benötigten Mengen von außen beziehen kann; bei Vorliegen von Ganzzahligkeitsbedingungen – wie z.B. bei Maschinen, die nicht in beliebig kleinen Mengen gekauft werden können – versagen Wiederbeschaffungspreise als Opportunitätskosten.

Sie werden jedoch vielfach im betrieblichen Rechnungswesen benutzt, weil sie bei sofortigem Ersatz der eingesetzten Güter die reale Kapitalerhaltung sicherstellen, d.h. unter der Voraussetzung, daß die Erlöse die Kosten abdecken, kann das Unternehmen sicherstellen, daß Höhe und Struktur des Vermögens erhalten bleiben, indem es die verbrauchten Güter unmittelbar nach ihrem Einsatz ersetzt. Ob ein derartiges Verhalten wirtschaftlich sinnvoll ist, soll hier nicht diskutiert werden.

Mit dem Ansatz von Wiederbeschaffungspreisen sind folgende Probleme verbunden:

(1) Es ist sehr aufwendig, die aktuellen Wiederbeschaffungspreise für alle eingesetzten Güter zu ermitteln.

(2) Vollkommene Märkte existieren nicht für alle Einsatzgüter.

(3) Wiederbeschaffungspreise sind nicht für alle Güter definiert:
- Existenz von Marktengpässen
- technischer Fortschritt
- kein Markt für die Leistung von Maschinen

(4) Volkswirtschaftliche Knappheitspreise sind vielfach für Betriebe nicht relevant, weil der Bestand und der Einsatz von Gütern – wie z.B. von Maschinen – wegen der Ganzzahligkeit nicht an den betrieblichen Bedarf angepaßt werden können.

(5) Bei starken Preissteigerungen entstehen "Windfall Gains", wenn Güter, die mit niedrigen Anschaffungskosten zu Buche stehen, mit erheblich höheren Wiederbeschaffungspreisen kalkuliert und die Preise der Produkte entsprechend erhöht werden.

In modernen Kostenrechnungssystemen löst man sich von Marktpreisen und verwendet feste *Planpreise*, um

(1) Preisschwankungen zu eliminieren, damit bei der Kostenkontrolle Abweichungen des mengenmäßigen Verbrauchs von Preisschwankungen getrennt werden;

(2) den Vergleich von Kosten verschiedener Perioden zu ermöglichen;

(3) die Abrechnung innerbetrieblicher Leistungen durch die Verwendung innerbetrieblicher Verrechnungspreise zu beschleunigen.

1.2 Definitionen und Abgrenzungen

1.2.3 Gliederung der Kosten

Neben einer Unterteilung in Kostenarten – z.B. Materialkosten, Personalkosten und Abschreibungen – werden die Kosten in der Kostenrechnung nach zwei Prinzipien aufgegliedert:

(1) Entscheidungsabhängigkeit der Kosten

(2) Art der Verrechnung der Kosten

1.2.3.1 Entscheidungsabhängigkeit der Kosten

Bei der Gliederung nach der *Entscheidungsabhängigkeit* der Kosten unterscheidet man zunächst in fixe und variable Kosten. Während die Höhe der *variablen Kosten* durch bestimmte betriebliche Entscheidungen beeinflußt wird, sind die *fixen Kosten* davon unabhängig. Die Frage nach der Variabilität der Kosten ist immer in bezug auf eine Entscheidungssituation zu sehen; so sind z.B. Rüstkosten bei der Entscheidung über die Menge, in der ein bestimmtes Produkt hergestellt werden soll, fix, bei der Entscheidung, ob das Produkt überhaupt gefertigt werden soll, jedoch variabel.

In der Kostenrechnung wird meist die Entscheidung über die Ausbringungsmenge bzw. die Beschäftigung als Standardsituation zugrunde gelegt. Wie im ersten Band (S. 76 ff.) gezeigt wurde, kann man die Beziehungen zwischen den Kosten K und der Ausbringungsmenge x durch die *Kostenfunktion*

$$K = f(x)$$

beschreiben. Nach der Abhängigkeit der Kosten von der Ausbringungsmenge lassen sich folgende Bestandteile der Gesamtkosten unterscheiden:

(1) *Fixkosten*

Fixkosten sind unabhängig von der Ausbringungsmenge, sie fallen für die Aufrechterhaltung der Betriebsbereitschaft an. Zu den Fixkosten zählen z.B. Miete oder Pacht, Zinsen und Abschreibungen auf die Maschinen, Wartung und Reparaturen, Versicherungen, Gehälter.

(2) *variable Kosten*

Variable Kosten sinken bzw. steigen unmittelbar mit der Ausbringungsmenge, z.B. Fertigungslöhne, Kosten für Roh-, Hilfs- und Betriebsstoffe, Energiekosten, Transportkosten.

(3) *intervallfixe Kosten*

Intervallfixe Kosten sind dadurch charakterisiert, daß sie innerhalb eines bestimmten Beschäftigungsbereichs konstant sind, bei Überschreiten eines kritischen Wertes jedoch sprunghaft ansteigen. Ein Beispiel für intervallfixe Kosten sind die sprungfixen Kosten, die immer dann anfallen, wenn zur Herstellung der gewünschten Ausbringungsmenge die Zuschaltung einer weiteren Maschine erforderlich ist.

Der Verlauf von Fixkosten und intervallfixen Kosten in Abhängigkeit von der Ausbringungsmenge ist in Abbildung 7 dargestellt.

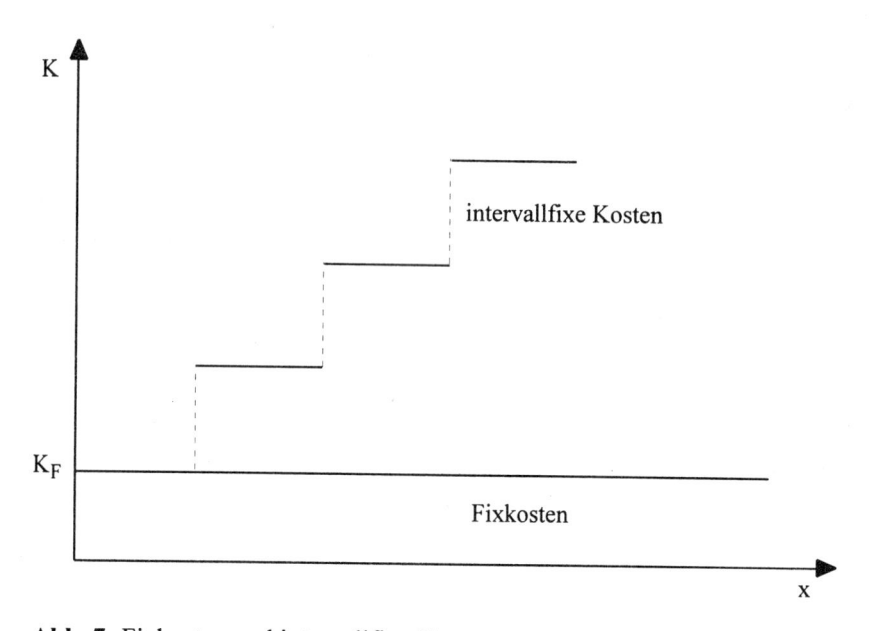

Abb. 7: Fixkosten und intervallfixe Kosten

Zur weiteren Charakterisierung des Verlaufs der Kostenfunktion verwendet man die *Grenzkosten*, die angeben, um welchen Betrag sich die Kosten verändern, wenn die Ausbringungsmenge um eine (infinitesimale) Einheit variiert. Sie entsprechen der Steigung der Gesamtkostenfunktion und werden als deren erste Ableitung berechnet.

$$K' = \frac{dK}{dx}$$

Als *Durchschnittskosten* bzw. Stückkosten k bezeichnet man die bei einer bestimmten Ausbringungsmenge auf das einzelne Stück entfallenden Kosten, d.h. die Kosten je Produkteinheit. Sie ergeben sich als Quotient aus den Gesamtkosten K und der Ausbringungsmenge x:

$$k = \frac{K}{x}$$

1.2 Definitionen und Abgrenzungen

Dementsprechend werden bei den *variablen Durchschnittskosten* die variablen Kosten K_v durch die Ausbringungsmenge dividiert.

$$k_v = \frac{K_v}{x}$$

Anhand der Grenzkosten bzw. der Durchschnittskosten lassen sich die Kostenverläufe wie folgt charakterisieren:

(1) Der konzeptionell einfachste Fall ist der *lineare Kostenverlauf*, bei dem die Grenzkosten konstant sind, d.h. jede zusätzlich hergestellte Einheit kostet gleich viel. Lineare Kosten sind *proportional*, wenn sie keine fixen Bestandteile enthalten. Proportionale Kosten ergeben sich z.B. bei Akkordlöhnen und beim Materialverbrauch.

(2) Bei einem *konvexen Kostenverlauf* steigen die Grenzkosten mit der Ausbringungsmenge, d.h. jede zusätzliche Einheit kostet mehr als die vorige. Dieser Fall liegt z.B. vor, wenn mit der Produktionsmenge der Anteil an Ausschuß ansteigt, oder auch bei der intensitätsmäßigen Anpassung über die kostenminimale Intensität hinaus.

(3) Ein *konkaver Kostenverlauf* ist dadurch gekennzeichnet, daß die Grenzkosten sinken, d.h. jede zusätzliche Einheit kostet weniger als die vorherige. Daraus ergibt sich eine konkav verlaufende Kostenfunktion. Konkave Kosten sind z.B. auf Mengenrabatte beim Materialeinkauf zurückzuführen.

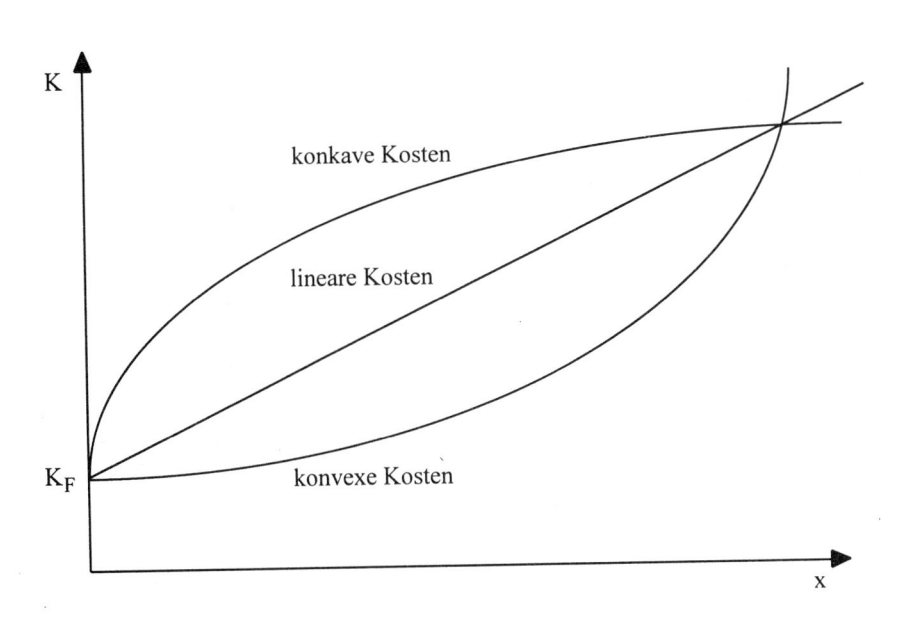

Abb. 8: Verlauf der Gesamtkostenfunktion

In Abbildung 8 sind die unterschiedlichen Verläufe der variablen Kosten dargestellt.

Vielfach bezeichnet man konvexe Gesamtkosten auch als progressive, konkave Gesamtkosten als degressive Kosten. Um eine eindeutige Bezeichnungsweise sicherzustellen, werden diese Begriffe hier nur für die Abhängigkeit der Stückkosten bzw. der variablen Durchschnittskosten von der Ausbringungsmenge benutzt. Hierbei sind folgende Fälle zu unterscheiden:

- *konstante Stückkosten*: sind von der Ausbringungsmenge unabhängig
- *progressive Stückkosten*: steigen mit der Ausbringungsmenge
- *degressive Stückkosten*: sinken mit der Ausbringungsmenge

Zwischen den verschiedenen Kostenverläufen bestehen folgende Zusammenhänge:

- Bei linearen Gesamtkosten ohne Fixkosten sind sowohl die Durchschnittskosten als auch die Grenzkosten konstant.
- Bei linearen Gesamtkosten mit Fixkostenanteil erhält man degressive Durchschnittskosten und ebenfalls konstante Grenzkosten.
- Zu konkaven bzw. konvexen variablen Kosten gehören degressive bzw. progressive Durchschnitts- und Grenzkosten.
- Intervallfixe Kosten ergeben stückweise degressive Durchschnittskosten mit Sprüngen.

In der Kostenrechnung geht man in der Regel von linearen Kosten aus, die sich aus Fixkosten und konstanten variablen Stückkosten zusammensetzen:

$$K = K_F + k_v \cdot x$$

Bei einer linearen Kostenfunktion sind die Grenzkosten gleich den variablen Stückkosten k_v. Auch bei nicht-linearem Kostenverlauf ist es häufig gerechtfertigt, die Kostenfunktion durch stückweise lineare Funktionen zu approximieren und für den jeweils relevanten Abschnitt von konstanten Grenzkosten auszugehen. (Zur empirischen Relevanz von linearen Gesamtkostenverläufen vgl. KILGER [1972], S. 115 - 128.)

Zur empirischen Schätzung der Kostenfunktion ist es erforderlich, die Gesamtkosten in einen fixen und einen variablen Bestandteil aufzuteilen. Für diese *Kostenauflösung* stehen unterschiedliche Verfahren zur Verfügung:

(1) *mathematische Kostenauflösung*

Bei diesem auf E. SCHMALENBACH [1934] zurückgehenden Verfahren erhält

1.2 Definitionen und Abgrenzungen

man den Satz der variablen Durchschnittskosten k_v, indem man die Differenz der Kosten zwischen zwei verschiedenen Ausbringungsmengen x_1 und x_2 proportionalisiert:

$$k_v = \frac{K_2 - K_1}{x_2 - x_1}$$

Die Fixkosten lassen sich dann berechnen, indem von den Gesamtkosten die auf die Ausbringungsmenge x_1 (bzw. x_2) entfallenden variablen Kosten subtrahiert werden:

$$K_F = K - k_v \cdot x_1$$

Dieses Verfahren führt leicht zu einer falschen Schätzung der Höhe der Fixkosten, da es sich lediglich auf zwei Wertepaare stützt, die durch zufällige Einflüsse verzerrt sein können. Da es ausschließlich auf Vergangenheitsdaten zurückgreift, ist es nur bedingt für zukunftsorientierte Entscheidungen geeignet.

(2) *statistische Kostenauflösung*

Um die Kostenschätzung auf einen größeren Umfang an Daten stützen zu können, werden die Ist-Kosten bei unterschiedlichen Ausbringungsmengen über einen längeren Zeitraum erfaßt. Mit Hilfe statistischer Verfahren wird durch diese Punktwolke eine die quadrierten Abweichungen minimierende Regressionsgerade gelegt. Deren Anstieg gibt die Grenzkosten bzw. die variablen Stückkosten an, das Absolutglied entspricht den fixen Kosten.

Auch bei diesem Verfahren stellt sich das Problem, daß ausschließlich auf Vergangenheitswerte zurückgegriffen wird, die systematische Unwirtschaftlichkeiten enthalten. Weiter schwankt die Beschäftigung nur so wenig, daß eine zuverlässige Schätzung der Fixkosten nicht möglich ist.

(3) *buchtechnische Kostenauflösung*

Bei der buchtechnischen Kostenauflösung werden die einzelnen in einer Kostenstelle anfallenden Kostenarten daraufhin untersucht, ob sie in die Kategorie der fixen, der intervallfixen oder der variablen Kosten gehören. Durch Addition der einzelnen Kostenbeträge erhält man direkt die gesuchte Kostenfunktion.

Dieses Verfahren ist zwar theoretisch korrekt, stößt aber auf Probleme bei der praktischen Handhabung, da die vorgenommene Einteilung häufig noch zu grob ist. Weiter können bestimmte Kostenarten sowohl variable als auch fixe Bestandteile aufweisen. Schließlich kann sich die Zuordnung einer bestimmten Kostenart im Zeitablauf ändern, wenn z.B. manuelle Tätigkeiten automatisiert werden.

(4) *planmäßige Kostenauflösung*

Sowohl das Mengengerüst der Kosten als auch die relevanten Wertansätze werden aus Plandaten ermittelt; die geplanten Kosten für eine bestimmte Ausbringungsmenge werden berechnet, indem die geplanten Faktoreinsatzmengen mit ihren Planpreisen multipliziert werden.

Um jeder potentiellen Ausbringungsmenge den erforderlichen Faktoreinsatz zuordnen zu können, ist allerdings die Kenntnis der Produktionsfunktion erforderlich, die die technische Abhängigkeit des Faktoreinsatzes von der Ausbringung angibt.

1.2.3.2 Weiterverrechnung der Kosten

Der Gliederung der Kosten nach der *Art der Verrechnung* beruht auf der Möglichkeit, bestimmte Kostenbestandteile einem Produkt oder einem Auftrag *(Kostenträger)* bzw. einem betrieblichen Teilbereich *(Kostenstelle)* direkt zurechnen zu können.

Einzelkosten sind Kostenbestandteile, die dem Kostenträger direkt zugerechnet werden können. Hierzu gehören insbesondere Materialverbrauch und Fertigungslöhne. *Sondereinzelkosten* sind Kosten, die – wie z.B. Kosten für die Anfertigung von Konstruktionszeichnungen oder die Anfertigung von Spezialwerkzeugen – nicht einer einzelnen Produkteinheit, wohl aber einem bestimmten Auftrag zugerechnet werden können.

Gemeinkosten sind hingegen nicht unmittelbar den Kostenträgern zurechenbar. Diejenigen Gemeinkosten, die einzelnen Kostenstellen zugerechnet werden können, weil sie durch deren Tätigkeit verursacht werden, bezeichnet man als *Kostenstelleneinzelkosten*. Beispiele für Kostenstelleneinzelkosten sind der Energieverbrauch einer Maschine und Meistergehälter. *Kostenstellengemeinkosten* sind hingegen solche Kostenbestandteile, die weder den Kostenträgern noch den Kostenstellen direkt zurechenbar sind. Als Kostenstellengemeinkosten sind z.B. Abschreibungen oder Mieten für ein Fabrikgebäude anzusehen.

Unter *unechten Gemeinkosten* versteht man schließlich solche Kosten, die zwar Einzelkosten sind und den Kostenträgern grundsätzlich direkt zugerechnet werden können, die aber wegen des Aufwands bei ihrer Erfassung und Verrechnung wie Gemeinkosten behandelt werden. Als unechte Gemeinkosten werden vielfach Putz- und Schmiermittel und der Verbrauch von Kleinmaterialien behandelt.

1.3 Systeme der Kostenrechnung

Zwischen der Variabilität von Kostenbestandteilen und deren Verrechnung bestehen folgende Beziehungen, die in Abbildung 9 veranschaulicht werden:

(1) Einzelkosten sind immer variabel.

(2) Fixkosten sind immer Gemeinkosten.

(3) Gemeinkosten sind entweder variabel oder fix:

- *Variable Gemeinkosten* stehen in einem proportionalen Verhältnis zu bestimmten Schlüsselgrößen, die einen Bezug zu der Produktionsmenge eines Kostenträgers herstellen. Eine wichtige Schlüsselgröße ist die Zeit, während der eine Maschine mit der Bearbeitung eines Produkts beschäftigt ist.

- Bei *fixen Gemeinkosten* besteht keine proportionale Beziehung zwischen einer Schlüsselgröße, die die Tätigkeit einer Kostenstelle mißt, und den Kostenträgern. Als Beispiel für fixe Gemeinkosten einer Kostenstelle sind zeitabhängige Abschreibungen und Meistergehälter zu nennen. Kostenstellengemeinkosten sind immer fixe Kosten, da sie noch nicht einmal einer Kostenstelle verursachungsgerecht zugerechnet werden können.

variable Kosten	Fixkosten
Einzelkosten	Gemeinkosten

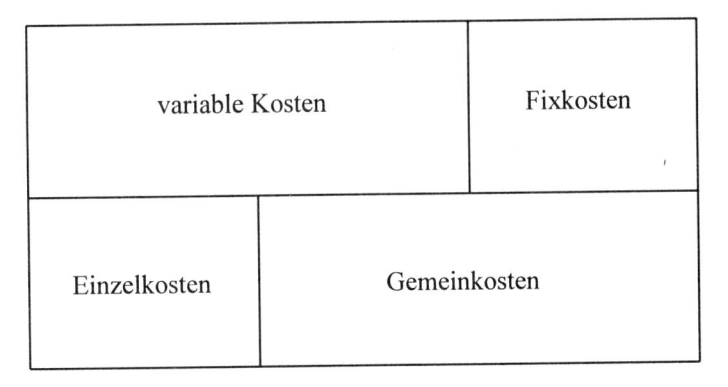

Abb. 9: Gliederung der Kosten

1.3 Systeme der Kostenrechnung

1.3.1 Zeitbezug der Kosten und Kostenverursachung

Die Systeme der Kostenrechnung lassen sich nach zwei Prinzipien einteilen:

(1) Zeitbezug

(2) Umfang der Verrechnung der Kosten

Aufgrund des *Zeitbezugs* der Ansätze für das Mengengerüst und der Wertansätze lassen sich drei Formen von Kostenrechnungssystemen unterscheiden:

(1) Systeme der *Ist-Kostenrechnung*: Ansatz von tatsächlich beobachteten Werten der Vergangenheit

(2) Systeme der *Normal-Kostenrechnung*: Ansatz von Durchschnittswerten der Vergangenheit

(3) Systeme der *Plankostenrechnung*: geplante Werte für Mengen und Preise

Bei allen drei Systemen der Kostenrechnung stellt sich die Frage, in welchem Umfang die Gemeinkosten auf Kostenstellen und Kostenträger verrechnet werden sollen. Im Rahmen einer *Vollkostenrechnung* sollen alle Gemeinkosten auf die Kostenträger umgelegt werden; Systeme der *Teilkostenrechnung* belasten Kostenstellen und Kostenträger hingegen nur mit denjenigen Kosten, die durch diese direkt verursacht werden.

Grundsätzlich streben beide Ansätze der Kostenrechnung an, die Kosten nach dem *Verursachungsprinzip* zu verrechnen. Eine Abrechnungseinheit, d.h. eine Kostenstelle oder ein Kostenträger, soll diejenigen Kosten tragen, die durch sie verursacht worden sind. Für die Auslegung des Verursachungsprinzips sind jedoch zwei Interpretationen möglich, die zu einer unterschiedlichen Behandlung von Fixkosten führen.

(1) Verursachung als *Wirkursache* (causa efficiens):

Nach dem Prinzip der Wirkursache ist zu prüfen, ob ein Kostenbestandteil auch dann anfällt, wenn eine Kostenstelle nicht tätig wird oder wenn keine Einheit eines Kostenträgers produziert wird. Eine Kostenverursachung wird nur dann akzeptiert, wenn die betrachteten Kosten in diesem Fall auf Null zurückgehen. Als Konsequenz ergibt sich, daß nur variable Kosten verrechnet werden, weil keine Kausalbeziehung zwischen den fixen Kosten und den Kostenstellen bzw. den Kostenträgern besteht.

Systeme der Kostenrechnung, welche die Kosten in fixe und variable Bestandteile zerlegen und Kostenstellen und Kostenträgern nur variable Kosten zurechnen, die fixen Kosten hingegen aus der Kostenrechnung herausnehmen und als Block in der Betriebsabrechnung erfassen und analysieren, bezeichnet man als *Teilkostenrechnungen*. Die Kostenstellenrechnung dient u.a. dazu, die Gemeinkosten in fixe und variable Bestandteile aufzuspalten und die variablen Kosten mit Hilfe verursachungsgerechter Bezugsgrößen auf die Kostenträger zu verteilen.

(2) Verursachung als *Zweckursache* (causa finalis):

1.3 Systeme der Kostenrechnung

Alle Kosten müssen in Kauf genommen werden, um überhaupt produzieren zu können; die Kosten werden daher durch die Produkte verursacht und müssen von diesen getragen werden. Folglich müssen auch die Fixkosten als Kosten der Betriebsbereitschaft den Kostenträgern zugerechnet werden. Systeme der *Vollkostenrechnung* verrechnen daher alle Kosten auf die Kostenträger. Die Kostenstellenrechnung dient dazu, die Gemeinkosten mit Hilfe geeigneter Schlüssel auf die Kostenträger zu verteilen.

Bei der Vollkostenrechnung ergibt sich das Problem, daß die Fixkosten zwar Voraussetzung für die Produktion sind und daher durch die Erzeugnisse im Sinne der causa finalis verursacht werden, daß aber definitionsgemäß keine Beziehung zwischen der Höhe dieser Kosten und der Beschäftigung einer Kostenstelle bzw. der Ausbringungsmenge eines Produkts besteht. Die Verteilung der Fixkosten erfolgt mit Hilfe von *Schlüsselgrößen.* Auch wenn von Vertretern der Vollkostenrechnung gefordert wird, daß die Schlüsselgrößen die Kostenverursachung widerspiegeln sollen, kann diese Forderung nicht erfüllt werden. Bei der Verrechnung fixer Kosten treten an die Stelle des Verursachungsprinzips zwei Hilfskriterien:

(1) Das *Durchschnittsprinzip* verteilt die Fixkosten aufgrund willkürlich gewählter Schlüsselgrößen gleichmäßig auf Kostenstellen bzw. Kostenträger.

(2) Das *Kostentragfähigkeitsprinzip* verteilt die Kosten anhand von Bruttogewinnen auf die Kostenträger.

Beide Lösungsversuche führen zu einer willkürlichen Verrechnung der Fixkosten; sie verdecken insbesondere entscheidungsrelevante Tatbestände: So wird bei der Entscheidung über eine Erhöhung der Produktion dem Entscheidungsträger vorgegaukelt, daß die Stückkosten nicht nur um die variablen Kosten, sondern auch um einen Fixkostenanteil steigen würden, obwohl diese tatsächlich von der Entscheidung unberührt bleiben. Umgekehrt werden bei Rückgang der Beschäftigung einer Kostenstelle höhere Fixkosten angelastet, obwohl diese zusätzlichen Kosten nicht durch die Kostenstelle zu verantworten sind. Die Verrechnung von Fixkosten steht damit im Widerspruch zu den Hauptaufgaben der Kostenrechnung, der Kostenkontrolle und der Bereitstellung entscheidungsrelevanter Daten für Planungszwecke.

Diese Schwäche der Vollkostenrechnung läßt sich anhand des folgenden Beispiels verdeutlichen: Ein Unternehmen produziert in drei Betriebsabteilungen jeweils ein Produkt A, B bzw. C. Während die Nachfrage nach den Produkten A und B konstant bleibt, sinkt die Nachfrage nach Produkt C von 3000 Stück auf 2000 Stück. Das Unternehmen rechnet zwar damit, daß sich die Nachfrage nach Produkt C in absehbarer Zeit wieder erholen wird, will jedoch prüfen, ob es die Produktion von C zwischenzeitlich einstellen soll, da es befürchtet, daß die Erlöse dieses Produkts nicht mehr die Kosten decken. Weitere Daten sind in Tabelle 2 zusammengestellt.

Tabelle 2: Beispiel zur Vollkostenrechnung

Daten	Produkt A	Produkt B	Produkt C (früher)	Produkt C (jetzt)
Nettopreis	10,--	6,--	12,--	12,--
geschätzter Absatz	10.000 Stk.	20.000 Stk.	3.000 Stk.	2.000 Stk.
variable Stückkosten	5,--	4,--	6,--	6,--
Fixkosten der Abteilung	20.000,--	30.000,--	15.000,--	15.000,--
Gesamtkosten	70.000,--	110.000,--	33.000,--	27.000,--
Stückkosten	7,--	5,50	11,--	13,50
Deckungsbeitrag / Stk.	5,--	2,--	6,--	6,--

Die Stückkosten der Produkte A und B liegen unter den Nettopreisen; während die Stückkosten von C vor dem Absatzrückgang mit 11,-- DM unter dem Nettopreis lagen, sind sie wegen der geringeren Menge auf 13,50 DM gestiegen und liegen damit über den Nettopreisen. Aus der Sicht der Vollkostenrechnung sollte die Produktion von C vorläufig eingestellt werden, weil die Erlöse nicht mehr die Kosten decken. Der Gesamtgewinn nach der Einstellung der Produktion ist gegeben durch

(Nettopreis A − Stückkosten A) · Absatzmenge A = 30.000.--
+ (Nettopreis B − Stückkosten B) · Absatzmenge B = 10.000,--
− Fixkosten C   = 15.000,--
= Gewinn bei Vollkostenkalkulation   = 25.000,--

Aus Sicht der Teilkostenrechnung kommt man jedoch zu einem anderen Ergebnis: Das Produkt C sollte auch weiterhin produziert werden, da jedes abgesetzte Stück einen Beitrag in Höhe von 6,-- DM zur Abdeckung der Fixkosten liefert. Zwar können die mit der Produktion von C verbundenen Fixkosten nicht ganz gedeckt werden; da sie jedoch nicht abgebaut werden können, weil das Produkt C bei erneuter Verbesserung der Absatzlage noch im Sortiment sein soll, ist zumindest eine teilweise Fixkostendeckung anzustreben. Der Gewinn bei Teilkostenkalkulation ist gegeben durch

1.3 Systeme der Kostenrechnung

(Nettopreis A − variable Stückkosten A) · Absatzmenge A	=	50.000,--
+ (Nettopreis B − variable Stückkosten B) · Absatzmenge B	=	40.000,--
+ (Nettopreis C − variable Stückkosten C) · Absatzmenge C	=	12.000,--
− Fixkosten A + Fixkosten B + Fixkosten C	=	65.000,--
= Gewinn bei Teilkostenkalkulation	=	37.000,--

Erfolgt die Entscheidung auf der Grundlage einer Teilkostenkalkulation, dann ist der Gewinn um 12.000,-- DM höher als bei der Entscheidung auf der Basis einer Vollkostenkalkulation, weil zumindest ein Teil der Fixkosten durch Produktion und Absatz von C abgedeckt wird.

1.3.2 Formen der Kostenrechnung

Entsprechend den oben angesprochenen Gliederungsprinzipien kann man die in Abbildung 10 zusammengestellten Formen der Kostenrechnung unterscheiden.

Zeitbezug Sachumfang	Ist	Normal	Plan
Vollkosten	Ist-Kosten auf Vollkostenbasis	(a) starre (b) flexible Normalkostenrechnung	(a) starre (b) flexible Plankostenrechnung
Teilkosten	Ist-Kosten auf Teilkostenbasis	nicht realisiert	Grenzplan- kostenrechnung

Abb. 10: Formen der Kostenrechnung

Im Rahmen einer *Ist-Kostenrechnung* werden die in einer Abrechnungsperiode tatsächlich entstandenen Kosten − d.h. Ist-Mengen bewertet mit Ist-Preisen − in der Kostenartenrechnung erfaßt und über die Kostenstellenrechnung auf die Kostenträger verrechnet (Nachkalkulation). Die Ist-Kostenrechnung kann sowohl als Vollkostenrechnung als auch als Teilkostenrechnung durchgeführt werden.

Bei einer *Normalkostenrechnung* werden Preisschwankungen durch die Vorgabe von festen Verrechnungspreisen eliminiert. Für Zwecke der Kostenkontrolle werden die mit festen Preisen bewerteten Ist-Mengen mit Normalkosten, die aus Vergangenheitswerten bestimmt werden, verglichen. Im Rahmen einer *starren Normalkostenrechnung* werden keine Beschäftigungsschwankungen berücksichtigt, bei der *flexiblen Normalkostenrechnung* werden bei den Vorgaben für die Kostenkontrolle (Soll-Kosten) Beschäftigungsschwankungen eliminiert. Sie dient auch der Vorkalkulation, d.h. zur Bestimmung der zu erwartenden Kosten, die durch eine Abrechnungseinheit in einer kommenden Periode verursacht werden. Weil die Prinzipien der Teilkostenrechnung erst entwickelt wurden, als die Systeme der Plankostenrechnung die Normalkostenrechnung bereits abgelöst hatten, sind keine Normalkostenrechnungen auf Teilkostenbasis bekannt geworden.

Bei der *Plankostenrechnung* werden sowohl für Kontroll- als auch für Planungszwecke Plankosten auf der Grundlage geplanter Mengen und fester Preise verwendet. Um die Auswirkungen von Preisschwankungen zu eliminieren, werden für den Soll-Ist-Vergleich die tatsächlichen Verbrauchsmengen mit festen Preisen bewertet. Bei der Analyse der Abweichungen zwischen Plan- und Ist-Werten erfolgt eine Trennung nach Verantwortungsbereichen. Plankostenrechnungen werden in folgenden Formen durchgeführt:

(1) Plankostenrechnungen auf Vollkostenbasis

- Die *starre Plankostenrechnung* bestimmt die Kostenvorgaben für den Soll-Ist-Vergleich aufgrund einer geplanten Beschäftigung.

- Die *flexible Plankostenrechnung* eliminiert – ähnlich wie die flexible Normalkostenrechnung – bei den Kostenvorgaben für die Kostenstellen die Auswirkungen von Beschäftigungsschwankungen.

(2) Plankostenrechnung auf Teilkostenbasis: Grenzplankostenrechnung

Systeme der Plankostenrechnung und der Normalkostenrechnung unterscheiden sich im wesentlichen darin, wie die Kostenvorgaben festgelegt werden. Während Normalkosten auf der Grundlage von Verbrauchsmengen in der Vergangenheit ermittelt werden, bestimmt die Plankostenrechnung Kostenvorgaben mit Hilfe analytischer Verfahren. Darüber hinaus sind die Kostenvorgaben in der Plankostenrechnung vielfach tiefer gegliedert als in der Normalkostenrechnung: Während die Normalkostenrechnung den Kostenstellen meist nur pauschale Kosten vorgibt, werden die Kostenvorgaben in der Plankostenrechnung nach Kostenarten gegliedert.

2. Die Technik der Kostenverrechnung

Eine ausgebaute Kostenrechnung umfaßt die folgenden, aufeinander aufbauenden Stufen, die jeweils der Beantwortung unterschiedlicher Fragen dienen:

(1) Welche Kosten sind angefallen?

Die *Kostenartenrechnung* hat die Aufgabe, alle in einer Abrechnungsperiode anfallenden Kosten systematisch zu erfassen und ihre Weiterverrechnung vorzubereiten.

(2) Wo sind die Kosten angefallen?

Die *Kostenstellenrechnung* nimmt eine verursachungsgerechte Aufteilung der Kosten auf organisatorische Einheiten vor. Sie dient zum einen der Kontrolle der Wirtschaftlichkeit der Leistungserstellung in den Kostenstellen, zum anderen der Vorbereitung der anschließenden Kostenträgerrechnung.

(3) Wofür sind die Kosten angefallen?

In der *Kostenträgerrechnung* schließlich werden die angefallenen Kosten auf die in der Periode hergestellten Produkte bzw. die bearbeiteten Aufträge verteilt.

Zusätzliche Informationen über die Wirtschaftlichkeit in der Abrechnungsperiode liefert die *kurzfristige Erfolgsrechnung*, in der die angefallenen Erlöse und Kosten einander gegenübergestellt werden und der Periodenerfolg ermittelt wird.

In diesem Kapitel wird zunächst das System einer Istkostenrechnung auf Vollkostenbasis dargestellt; Modifikationen und Ergänzungen werden in den folgenden Kapiteln vorgenommen.

2.1 Die Kostenartenrechnung

Die *Kostenartenrechnung* stellt die erste Stufe der regelmäßigen Kostenrechnung dar. Sie ist keine Rechnung im eigentlichen Sinne des Wortes, sondern nimmt lediglich eine systematische Erfassung aller Kosten vor, die bei der Erstellung und Verwertung der betrieblichen Leistung angefallen sind. Diese geordnete Kostenerfassung ist Voraussetzung für die anschließende Weiterverrechnung der Kosten in der Kostenstellen- und Kostenträgerrechnung. Eine weitere Aufgabe der Kostenartenrechnung ist die Darstellung der Struktur der Kostenarten im Zeit- und Unternehmensvergleich.

Die Kostenartenrechnung leitet die Kosten aus den in der Finanzbuchhaltung erfaßten Aufwendungen der Periode her. Dabei geht sie wie folgt vor:

(1) Zunächst werden die periodenfremden, betriebsfremden und außerordentlichen Aufwendungen ausgesondert, da diese den betrieblichen Erfolg der Periode nicht berühren.

(2) Die verbleibenden Aufwendungen werden direkt und unverändert in die Kostenrechnung übernommen. Diese Werteströme bezeichnet man als *Zweckaufwand* bzw. *Grundkosten*.

(3) Einige Aufwendungen gehen in die Kostenrechnung mit veränderten Beträgen ein, da die relevanten Kosten von den entsprechenden Aufwendungen abweichen. Sie werden als *Anderskosten* bezeichnet.

(4) Weiter werden in der Kostenrechnung einige Kostenarten hinzugefügt, die in der Finanzbuchhaltung überhaupt nicht erfaßt werden. Hierbei handelt es sich um *Zusatzkosten*.

Anderskosten und Zusatzkosten gehören zu den kalkulatorischen Kosten. Während den Anderskosten jeweils eine entsprechende pagatorische Kostenart zugrunde liegt, ist dies bei den Zusatzkosten nicht der Fall. Die Herleitung der für die Kostenrechnung relevanten Kosten aus den Aufwendungen einer Periode ist in Abbildung 11 veranschaulicht.

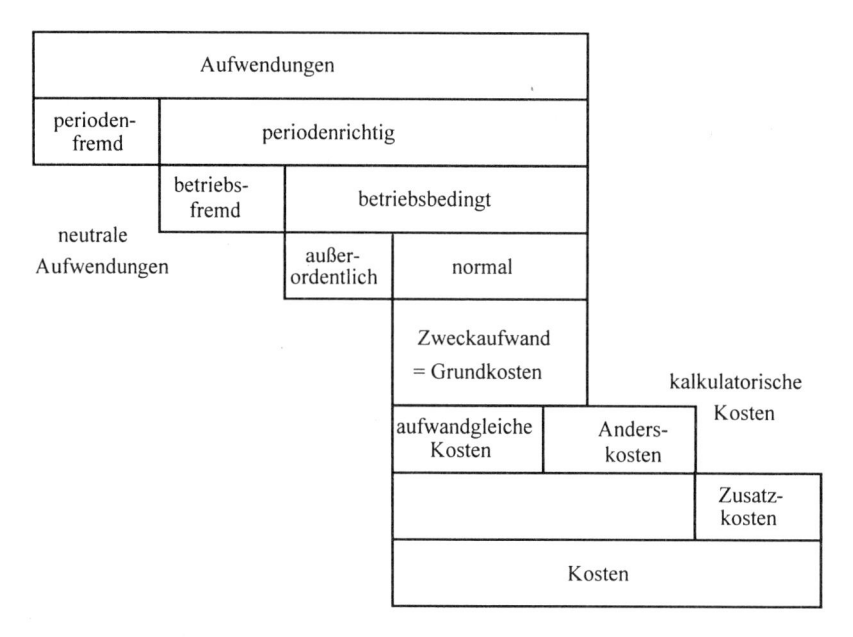

Abb. 11: Aufwendungen und Kosten

2.1.1 Der Kostenartenplan

Ein *Kostenartenplan* ist eine systematische Zusammenstellung der voraussichtlich im Betrieb regelmäßig auftretenden Kostenarten. Durch einen Kostenartenplan wird die Kontierung und anschließende Verbuchung der Kostenbelege unterstützt. Die sorgfältige Aufstellung eines Kostenartenplans ist eine wesentliche Voraussetzung für eine aussagekräftige Kostenartenrechnung. Um eine eindeutige Zurechnung sämtlicher Kostenbelege vornehmen zu können, muß der Kostenartenplan überschneidungsfrei gegliedert sein. Dabei sind unterschiedliche Gliederungskriterien denkbar:

- Orientierung an den betrieblichen Funktionen:
  - Kosten der Beschaffung
  - Kosten der Lagerhaltung
  - Kosten der Produktion
  - Kosten des Vertriebs
  - Kosten der Verwaltung

- Orientierung an der Art der verbrauchten Produktionsfaktoren:
  - Personalkosten
  - Werkstoffkosten
  - Betriebsmittelkosten
  - Dienstleistungskosten
  - Kapitalkosten
  - Betriebssteuern, Gebühren, Beiträge

- Orientierung an der Art der Verrechnung:
  - Einzelkosten
  - Gemeinkosten

- Orientierung an der Entscheidungsabhängigkeit:
  - Fixkosten
  - variable Kosten

- Orientierung an der Art der Kostenerfassung:
  - aufwandgleiche Kosten
  - kalkulatorische Kosten

- Orientierung an der Herkunft der Kostengüter:
  - primäre Kosten: von außen bezogene Kostengüter
  - sekundäre Kosten: innerbetriebliche Leistungen

Bei der Aufstellung eines Kostenartenplans werden in der Regel mehrere dieser Kriterien kombiniert angewendet. Ein Beispiel für eine Grobgliederung der Kostenarten ist die Klasse 4 des Gemeinschaftskontenrahmens der Industrie. Hier wird eine Einteilung in folgende Kontengruppen vorgenommen:

40 Materialeinzelkosten
41 Materialgemeinkosten
42 Kosten für Brennstoffe und Energie
43 Lohn- und Gehaltskosten
44 Sozialkosten und andere Personalkosten
45 Instandhaltungskosten und Fremdleistungen
46 Steuern, Gebühren, Beiträge usw.
47 Mieten, Verkehrs-, Büro- und Werbekosten
48 kalkulatorische Kosten
49 Sondereinzelkosten

Die Einteilung der Kostenarten muß folgenden Grundsätzen genügen:

(1) *Grundsatz der Reinheit*

Jedes Kostengut darf nur unter eine Kostenart fallen, damit eine eindeutige Zuordnung möglich ist. Ein Beispiel für eine unsaubere Gliederung der Kostenarten ist das gleichzeitige Auftreten der Konten "Lohnkosten" und "Reparaturkosten", da hierbei nicht eindeutig ist, wie die Löhne der in der Reparaturstelle beschäftigten Arbeitnehmer zu verbuchen sind. Primäre Kostenarten, die sich auf von außen bezogene Kostengüter beziehen, sind reine Kostenarten, während sekundäre Kostenarten, die für innerbetriebliche Leistungen anfallen, als gemischte Kostenarten auftreten. So lassen sich z.B. die Kosten für den von einem Energieversorgungsunternehmen bezogenen Strom eindeutig der Kostenart "Energiekosten" zuordnen, während die Kosten für selbst erzeugten Strom sich aus den reinen Kostenarten Arbeitslohn, Brennstoff, Abschreibungen usw. zusammensetzen. Um Doppelzählungen zu vermeiden, dürfen gemischte Kostenarten nicht direkt in der Kostenartenrechnung erfaßt und weiterverrechnet werden. Sie werden vielmehr in der Kostenstellenrechnung ermittelt und von dort an die Kostenträgerrechnung weitergegeben.

(2) *Grundsatz der Einheitlichkeit*

Durch eindeutige Kontierungsvorschriften soll eine schnelle und einheitliche Zuordnung der anfallenden Belege sichergestellt werden. Um einen intertemporalen Vergleich zu ermöglichen, ist für eine konsistente Zuordnung der Kostenbelege in verschiedenen Abrechnungsperioden zu sorgen.

2.1.2 Die Erfassung der Kostenarten

2.1.2.1 Materialkosten

Mit der Kostenart *Materialkosten* wird der für die Produktion verbrauchte Einsatz an Roh-, Hilfs- und Betriebsstoffen erfaßt. Dabei sind zwei Teilprobleme zu lö-

2.1 Die Kostenartenrechnung

sen, die Ermittlung des Mengengerüsts der Kosten und die Bewertung des Materialverbrauchs.

(1) *Verbrauchsermittlung*

Für die Ermittlung des Materialverbrauchs stehen folgende Verfahren zur Verfügung:

- *Inventurmethode*

    Durch eine regelmäßige körperliche Bestandsaufnahme wird der Materialbestand an bestimmten Stichtagen erfaßt. Der Materialverbrauch zwischen zwei Stichtagen ergibt sich durch eine einfache Differenzrechnung:

    Verbrauch = Anfangsbestand + Zugänge − Endbestand

    Dieses Verfahren ist für die Zwecke der Kostenrechnung allerdings wenig geeignet. Zum einen ist keine exakte Zurechnung der Verbrauchsmengen auf Kostenstellen oder -träger möglich, zum anderen können Unregelmäßigkeiten beim Lagerabgang wie Schwund, Verderb, Diebstahl usw. nicht festgestellt werden, so daß die zugehörigen Kosten über die Kostenstellenrechnung auf die Kostenträger verrechnet werden, ohne daß sie durch diese verursacht wurden. Weiter ist eine häufige Durchführung der Inventur erforderlich, um über hinreichend aktuelle Daten zu verfügen.

- *Skontrationsmethode*

    Bei diesem Verfahren werden die bei der jährlichen Inventur ermittelten Lagerbestände buchhalterisch fortgeschrieben, indem Materialzugänge und -abgänge durch Liefer- bzw. Materialentnahmescheine erfaßt werden. Dadurch ist gleichzeitig der Verwendungsort und -zweck des Materials bekannt. Der Materialverbrauch einer Periode entspricht der Summe der auf diese Weise erfaßten Entnahmemengen. Durch den Vergleich von Buchbestand und Inventurbestand lassen sich Bestandsminderungen erkennen. Allerdings ist die Skontrationsmethode relativ aufwendig.

- *retrograde Methode*

    Es erfolgt eine Bestimmung des Materialverbrauchs durch Rückrechnung vom Produkt aus. Der Verbrauch ergibt sich durch Multiplikation der hergestellten Stückzahlen mit dem Sollverbrauch pro Stück. Ein Nachteil dieser Methode ist, daß Soll- und Istverbrauch gleichgesetzt werden, so daß sich Bestandsminderungen und Verbrauchsabweichungen nur durch Inventur erfassen lassen. Ihr großer Vorteil besteht darin, daß sie schnell und einfach durchführbar ist.

(2) Bewertung des Materialverbrauchs

Die Bewertung des Materialverbrauchs erfolgt entweder mit Istpreisen oder mit Festpreisen. Beim Ansatz von *Istpreisen* wird der Materialeinsatz anhand tatsächlicher Anschaffungspreise bewertet. Dies ist immer dann unproblematisch, wenn die verbrauchten Mengen eindeutig aus bestimmten Lieferungen stammen. Falls jedoch die Materialbestände aus verschiedenen Lieferungen zu unterschiedlichen Preisen gemeinsam gelagert werden, so daß eine solche eindeutige Zuordnung nicht möglich ist, wird der Anschaffungspreis einer eingesetzten Materialmenge aufgrund von *Verbrauchsfolgeverfahren* ermittelt, die den tatsächlichen Lagerabgang möglichst gut widerspiegeln sollen:

- Bei der *FIFO-Methode* (First-in-first-out) wird unterstellt, daß die Stücke aus der ältesten Lieferung als erste verbraucht werden.

- Bei der *LIFO-Methode* (Last-in-first-out) hingegen wird angenommen, daß die zuletzt auf das Lager gegangenen Einheiten als erste verbraucht werden.

- Die *HIFO-Methode* (Highest-in-first-out) geht davon aus, daß der Verbrauch zunächst aus der zum höchsten Preis einkauften Lieferung erfolgt. Dieses Verfahren entspricht im Regelfall keiner realen Verbrauchsfolge, es wird lediglich aus bilanzpolitischen Gründen angewandt.

- Falls eine völlige Durchmischung der Bestände aus verschiedenen Lieferungen erfolgt, z.B. bei Flüssigkeiten, wird die Methode der *gleitenden Durchschnitte* angewendet. Dabei ergibt sich der neue Durchschnittspreis W_t als gewichteter Mittelwert aus dem alten Durchschnittspreis W_{t-1} und dem Preis des neuen Lagerzugangs P_t:

$$W_t = \frac{W_{t-1} \cdot B_{t-1} + P_t \cdot L_t}{B_{t-1} + L_t}$$

mit: B_{t-1} - alter Lagerbestand

L_t - Lagerzugang

Die Vorgehensweise der einzelnen Verfahren läßt sich an dem in Tabelle 3 dargestellten Beispiel verdeutlichen.

Es ist offensichtlich, daß die verschiedenen Verfahren bei schwankenden Einkaufspreisen ab der zweiten Periode zu unterschiedlichen Bewertungen für die Lagerabgänge und -bestände kommen.

Die Berechnung der gleitenden Durchschnitte wird wie folgt vorgenommen:

$W_1 = P_1 = 10{,}0$

$$W_2 = \frac{5 \cdot 10 + 10 \cdot 11}{5 + 10} = 10,\overline{6}$$

$$W_3 = \frac{10 \cdot 10,\overline{6} + 5 \cdot 12}{10 + 5} = 11,\overline{1}$$

$$W_4 = \frac{10 \cdot 11,\overline{1} + 5 \cdot 10}{10 + 5} = 10,\overline{740}$$

Tabelle 3: Verbrauchsfolgeverfahren

Periode	Anfangs-bestand	Zugang	Preis	Abgang	FIFO	LIFO	HIFO	gleitende Durch-schnitte
1	0	10	10	5	10	10	10	10,00
2	5	10	11	5	10	11	11	10,67
3	10	5	12	5	11	12	12	11,11
4	10	5	10	5	11	10	11	10,74

Da die Kostenrechnung auf der Basis von monetären Größen vorgenommen wird, werden die Preise in der Tabelle auf zwei Nachkommastellen gerundet angegeben.

Da die Ermittlung von Istpreisen einerseits aufgrund der bei jedem Lagerzugang erforderlichen Neuberechnung der Preise einen recht hohen Rechenaufwand erfordert, andererseits die Verwendung historischer Anschaffungspreise zu Fehlentscheidungen bei der Materialdisposition führen kann, wird häufig eine Bewertung des Materialeinsatzes mit *Plan-* bzw. *Festpreisen* vorgenommen. Diese bieten den Vorteil, daß sie eine konstante Kalkulationsgrundlage darstellen, die unabhängig von zufälligen Schwankungen der Istpreise ist. Die Ermittlung der Planpreise erfolgt auf der Basis von Istpreisen unter Berücksichtigung ihrer voraussichtlichen Entwicklung, z.B. aufgrund von Knappheitssituationen, der Inflationsrate oder erwarteten fiskalischen Maßnahmen.

Die *Verbuchung* der Materialkosten wird folgendermaßen vorgenommen: Bei der Materialbeschaffung wird per Kontenklasse 3 (Roh-, Hilfs- und Betriebsstoffe) an Kontenklasse 1 (Konten des Zahlungsverkehrs) gebucht; bei einer Materialentnahme wird per Kontenklasse 4 (Stoffkosten, Kontengruppen 40 - 42) an Kontenklasse 3 gebucht. Dies gilt grundsätzlich bei einer Bewertung der Materialbestände zu Istpreisen.

Falls in der Kostenrechnung Planpreise verwendet werden sollen, ist eine Trennung von Betriebs- und Finanzbuchhaltung erforderlich, da letztere in jedem Fall mit Istpreisen arbeiten muß. Die Abweichungen von Plan- und Istpreisen werden auf einem Preisdifferenzenkonto in der Kontenklasse 2 (Neutrale Aufwendungen und Erträge) erfaßt, indem dort die Materialzugänge zu Istpreisen laut Lieferantenrechnungen im Soll gebucht und zu Planpreisen im Haben gegengebucht werden. Das Preisdifferenzenkonto wird über das Betriebsergebniskonto (Kontenklasse 9) abgeschlossen, die Differenzen werden gleichmäßig auf die Kostenträger verteilt.

2.1.2.2 Personalkosten

Zu den *Personalkosten* zählen sämtliche Kosten, die unmittelbar oder mittelbar durch den Einsatz der Arbeitskräfte anfallen. Dazu zählen außer dem Arbeitsentgelt, das in Form von Löhnen, Gehältern, Überstundenzuschlägen und Prämien gezahlt wird, die Personalnebenkosten, die einen erheblichen Umfang des Arbeitsentgelts annehmen können. Die Personalnebenkosten lassen sich weiter einteilen in gesetzliche Sozialabgaben, freiwillige Sozialkosten sowie sonstige Personalnebenkosten, z.B. Kosten für Inserate, Umzugskosten, Abfindungen.

Die Personalkosten werden in der Lohnbuchhaltung mit Hilfe von Stempelkarten, Zeitlohnscheinen, Akkordscheinen oder Gehaltslisten erfaßt. Die Art der Verrechnung der Personalkosten hängt ab von dem jeweiligen Entlohnungsverfahren:

- Beim *Akkordlohn* ist die Höhe des gezahlten Lohnes direkt abhängig von dem geleisteten Arbeitsvolumen. Es handelt sich also um Einzelkosten, die direkt auf die Kostenträger verrechnet werden können. Eine Ausnahme bilden lediglich feste Löhne für Ausfall- und Stillstandszeiten sowie garantierte Mindestlöhne z.B. bei der Einarbeitung eines Mitarbeiters. Während beim *Stückakkord* ein fester Lohnsatz pro erzeugter Einheit vereinbart ist, wird beim *Zeitakkord* eine Normzeit pro Stück vorgegeben, und der Lohn errechnet sich als Produkt aus Normzeit, erzeugter Stückzahl und dem festen Lohnsatz pro Zeiteinheit. Der Vorteil dieses Verfahrens besteht darin, daß eine Trennung zwischen dem Mengengerüst der Kosten und der Bewertung erfolgt, so daß die Kostenkontrolle vereinfacht wird. Weiter ist eine Anpassung an Tarifänderungen durch einfache Änderung des Lohnsatzes pro Zeiteinheit möglich, während beim Stückakkord der Akkordsatz neu vereinbart werden müßte.

- Beim *Zeitlohn*, der aufgrund der Anwesenheit des Arbeiters unabhängig von seiner Leistung gezahlt wird, handelt es sich um Gemeinkosten, die später in der Kostenstellenrechnung anhand von Aufzeichnungen über den konkreten Einsatz des Arbeiters verrechnet werden.

- *Meisterlöhne* lassen sich der entsprechenden Kostenstelle als Kostenstelleneinzelkosten zurechnen. Bei den *Gehältern* für Verwaltungsangestellte handelt es

2.1 Die Kostenartenrechnung

sich um Gemeinkosten, die den Verwaltungskostenstellen angelastet werden. Auch die Personalnebenkosten stellen zum großen Teil Gemeinkosten dar.

Bei bestimmten, unregelmäßig anfallenden Personalkosten, wie den Urlaubslöhnen und dem Weihnachtsgeld, ist für eine verursachungsgerechte Verrechnung eine *zeitliche Abgrenzung* erforderlich, denn diese Kosten werden nicht durch die Produktion während der Urlaubs- bzw. der Weihnachtszeit, sondern durch die laufende Produktion verursacht und sind dieser gleichmäßig zuzurechnen. Diese Abgrenzung erfolgt entweder durch Zwölftelung der entsprechenden Zahlungen, was zwar zu einer gleichmäßigen Belastung sämtlicher Perioden führt, jedoch die Leistungseinheiten je nach Beschäftigungsgrad mehr oder weniger stark belastet. Eine andere Methode ist die Proportionalisierung der Zahlungen anhand der Fertigungslöhne, um eine gleichmäßige Belastung der Leistungseinheiten zu erreichen.

Ein ähnliches Problem tritt durch die Verpflichtung zur *Lohnfortzahlung* im Krankheitsfall auf, da hierbei ebenfalls den Zahlungen in der laufenden Periode keine Leistungen gegenüberstehen. Daher wird zunächst in jeder Periode ein nach versicherungsmathematischen Methoden berechneter Zuschlag auf die Kosten gebildet und auf einem Abgrenzungskonto gesammelt, dem dann beim Eintreten eines Krankheitsfalls die laufenden Lohnzahlungen belastet werden.

Die Personalkosten werden wie folgt verbucht: Bei der Auszahlung wird per Kontengruppen 43 / 44 (Lohn- und Gehaltskosten, Sozialkosten) an die Kontenklasse 1 (Konten des Zahlungsverkehrs) gebucht. Die Abgrenzung der Sonderzahlungen erfolgt mit Hilfe von Konten der Kontenklasse 2.

2.1.2.3 Dienstleistungskosten

Zu den *Dienstleistungskosten* zählen sämtliche Zahlungen für Leistungen fremder Unternehmen, z.B. Transportkosten, Reparaturkosten, Wartungskosten, Leasinggebühren, Provisionen, Kosten des Zahlungsverkehrs, Kosten für Werbeagenturen, Versicherungsprämien, Rechts- und Steuerberatungskosten, Portokosten, Telefongebühren usw.

Die Erfassung der Dienstleistungskosten ist unproblematisch, da in der Regel Belege über Art und Umfang der Leistung sowie das gezahlte Entgelt vorliegen. Bei jährlichen Zahlungen für Leistungen, die über das ganze Jahr hinweg gleichmäßig in Anspruch genommen werden, z.B. bei Versicherungsprämien, ist wie bei den Sonderzahlungen im Personalbereich eine Abgrenzungsrechnung erforderlich. Ein großer Teil der Dienstleistungskosten sind Gemeinkosten, eine direkte Zurechnung auf Kostenträger ist lediglich bei den Transportkosten und einem

Teil der Portokosten, die als Sondereinzelkosten des Vertriebs erfaßt werden, möglich.

Die Verbuchung der Dienstleistungskosten erfolgt per Kontengruppe 45 (Instandhaltungskosten und Fremdleistungen) an die Kontenklasse 1 (Konten des Zahlungsverkehrs).

2.1.2.4 Steuern und öffentliche Abgaben

Der Kostencharakter von Steuern wurde bereits in Abschnitt 1.2.2.1 diskutiert. Demnach sind Steuern nur dann als Kosten zu erfassen, wenn entweder der steuerpflichtige Tatbestand oder die Steuerbemessungsgrundlage an die betriebliche Tätigkeit anknüpfen. Typische *Kostensteuern* sind die Vermögensteuer, die Gewerbesteuer, die Grundsteuer, die Kraftfahrzeugsteuer und die Versicherungssteuer. Bei nicht umsatzsteuerpflichtigen Betrieben hat auch die Vorsteuer Kostencharakter. Gewinnsteuern hingegen sind keine Kostensteuern, da ihre Steuerbemessungsgrundlage an keinen betrieblichen Tatbestand direkt anknüpft.

Die Erfassung der Steuern ist anhand des Steuerbescheides möglich, in dem die Höhe der Steuer festgesetzt wird. Auch für Gebühren und öffentliche Abgaben und Beiträge liegen Festsetzungsbescheide vor. Ihre Verbuchung erfolgt per Kontengruppe 46 (Steuern, Gebühren, Beiträge) an die Kontenklasse 1 (Konten des Zahlungsverkehrs).

2.1.2.5 Kalkulatorische Kosten

Die bislang behandelten Kostenarten sind *aufwandgleiche Kosten*, da sie – abgesehen von eventueller zeitlicher Abgrenzung – in der Kostenrechnung und in der Gewinn- und Verlustrechnung in gleicher Höhe verrechnet werden. Bei den *kalkulatorischen Kosten* handelt es sich hingegen um Kosten, denen in der Gewinn- und Verlustrechnung ein Aufwand in anderer Höhe gegenübersteht (Anderskosten) oder die in der Gewinn- und Verlustrechnung überhaupt nicht erfaßt werden, da ihnen keine Auszahlungen entsprechen (Zusatzkosten). Der Ansatz kalkulatorischer Kosten ist in der Kostenrechnung erforderlich, damit der tatsächliche Werteverzehr für die Leistungserstellung erfaßt wird und korrekte Preisuntergrenzen ermittelt werden können, unabhängig von der Art der Bereitstellung und Entlohnung bestimmter Produktionsfaktoren.

Die Verbuchung der kalkulatorischen Kosten erfolgt per Kontengruppe 48 (kalkulatorische Kosten) an ein Abgrenzungskonto der Kontenklasse 2, das über das Betriebsergebniskonto abgeschlossen wird. Im folgenden wird auf die wesentlichen kalkulatorischen Kostenarten eingegangen.

2.1.2.5.1 Kalkulatorische Abschreibungen

Die Abschreibungen dienen dazu, die Kosten des Einsatzes von Maschinen und Anlagen in der Produktion korrekt zu erfassen. Da die Lebensdauer einer Anlage in der Regel über die Abrechnungsperiode hinausreicht, sind ihre Anschaffungskosten verursachungsgerecht auf die einzelnen Perioden, in denen sie genutzt wird, aufzuteilen. Es lassen sich folgende *Abschreibungsursachen* unterscheiden:

- Bei *verbrauchsbedingten Abschreibungen* nimmt die Menge des vorhandenen Nutzungspotentials durch den Einsatz der Anlage in der Produktion ab, z.B.:
  - technischer Verschleiß: in Form von Abnutzung oder als ruhender Verschleiß
  - Substanzverringerung: durch Abbau
  - Katastrophenverschleiß

- Durch *wirtschaftlich bedingte Abschreibungen* wird die wertmäßige Abnahme des Nutzungspotentials der Anlage erfaßt, z.B.:
  - technische Veralterung: aufgrund technischen Fortschritts
  - wirtschaftliche Veralterung: aufgrund von Nachfrageverschiebungen
  - Fehlinvestitionen
  - bilanzpolitische Gründe

- Eine *zeitlich bedingte Abschreibung* ist erforderlich, wenn der Wertverlust der Anlage aufgrund des Ablaufs von Nutzungsrechten auftritt, z.B.:
  - Ablauf des Mietvertrags vor dem Ende der Nutzungsdauer der Anlage
  - Ablauf von Schutzrechten und Patenten
  - Ablauf von Konzessionen

Da in der Regel mehrere dieser Abschreibungsursachen zusammenwirken, ist eine exakte Quantifizierung der tatsächlichen Wertminderung einer Anlage sehr schwierig. Während in der Finanzbuchhaltung die laufende Wertminderung durch Verteilung der Anschaffungskosten auf die voraussichtliche Nutzungsdauer, aber auch eine plötzliche Wertminderung durch außerordentliche Ereignisse erfaßt wird, steht in der Kostenrechnung die Bewertung der Nutzenabgabe der Anlage im Vordergrund, d.h. es wird der produktionsbedingte Verschleiß verrechnet. Da für die Nutzenabgabe von Anlagen keine Marktpreise existieren, sind Planpreise zu ermitteln. Dabei darf in der Kostenrechnung vom Prinzip der Substanzerhaltung ausgegangen und eine Bewertung der Anlage zu Wiederbeschaffungspreisen vorgenommen werden; in der Finanzbuchhaltung ist nach dem Grundsatz der nominellen Kapitalerhaltung eine Bewertung zu Anschaffungskosten vorgeschrieben.

Eine korrekte Erfassung des nutzungsbedingten Wertverzehrs kann mit Hilfe *verbrauchsabhängiger Abschreibungen* erfolgen. Zunächst ist das insgesamt vorhandene Nutzungspotential N der Anlage abzuschätzen, z.B. als Zahl der erwarteten Laufzeitstunden. Wird nun für jede Abrechnungsperiode die tatsächliche Nutzung n erfaßt, so läßt sich der einer Periode zuzurechnende Abschreibungsbetrag D als dieser Nutzung entsprechender Anteil des Ausgangswertes W (Anschaffungskosten oder Wiederbeschaffungspreis) berechnen:

$$D = \frac{n}{N} \cdot W$$

Problematisch ist hierbei die Festlegung des Umfangs des Nutzungspotentials. Zum einen ist häufig kein operationaler Maßstab für die Messung der Nutzung und des Nutzungspotentials vorhanden, zum anderen ist das Nutzungspotential keine im voraus feststehende Größe, sondern vielmehr das Ergebnis ökonomischer Entscheidungen über Wartung und Reparatur der Anlage.

Daher wird auch in der Kostenrechnung, wie in der Finanzbuchhaltung üblich, in der Regel eine *zeitabhängige Abschreibung* vorgenommen. Es wird angenommen, daß die Anlagennutzung und damit auch der Wertverzehr einer bestimmten zeitabhängigen Gesetzmäßigkeit folgt, der zufolge die Anschaffungskosten auf die Nutzungsdauer verteilt werden. Dabei ist allerdings keine Trennung zwischen dem Mengengerüst der Kosten und der Bewertung möglich. Für die bei der zeitabhängigen Abschreibung erforderliche Schätzung der Nutzungsdauer der Anlage greift man vielfach auf die durch die Finanzverwaltung veröffentlichten Afa-Tabellen zurück. Im einzelnen unterscheidet man folgende Abschreibungsmethoden:

(1) lineare Abschreibung

Die lineare Abschreibung geht von einem im Zeitablauf konstanten Wertverzehr aus. Den jährlichen Abschreibungsbetrag D erhält man, indem man den gesamten abzuschreibenden Betrag, der sich als Differenz aus dem Anschaffungspreis A und dem Restwert R der Anlage ergibt, durch die Anzahl der Nutzungsperioden T dividiert:

$$D = \frac{A - R}{T}$$

Der Buchwert der Anlage im Zeitpunkt t, $(t = 1,...,T)$ läßt sich dann wie folgt berechnen:

$$B_t = A - t \cdot D$$

2.1 Die Kostenartenrechnung

(2) geometrisch-degressive Abschreibung

Bei der geometrisch-degressiven Abschreibung wird angenommen, daß der Wertverzehr in jeder Periode proportional zum Buchwert am Periodenanfang erfolgt. Dadurch ergeben sich zu Beginn der Nutzungsdauer relativ hohe Abschreibungsbeträge, die später immer geringer werden. Bei einem Abschreibungssatz in Höhe von q entwickeln sich die Abschreibungsbeträge D_t und der Restbuchwert B_t wie folgt:

$$D_t = q \cdot B_{t-1}$$

$$B_t = A \cdot (1-q)^t$$

Es tritt das Problem auf, daß bei der geometrisch-degressiven Abschreibung der Restbuchwert niemals auf Null sinken kann, d.h. die Anlage nicht vollständig abgeschrieben wird.

(3) digitale Abschreibung

Während bei der geometrisch-degressiven Abschreibung die Entwicklung des Restbuchwerts einer geometrischen Reihe folgt, liegt der digitalen bzw. arithmetisch-degressiven Abschreibung eine arithmetische Reihe zugrunde. Es wird angenommen, daß der Wertverzehr von Periode zu Periode um einen konstanten Betrag Δ sinkt.

$$\Delta = \frac{2 \cdot (A-R)}{T \cdot (T+1)}$$

Damit ergeben sich folgende Abschreibungsbeträge und Restbuchwerte:

$$D_t = \frac{2 \cdot (A-R)}{T \cdot (T+1)} \cdot (T+1-t)$$

$$B_t = A - \frac{2 \cdot (A-R)}{T \cdot (T+1)} \cdot \sum_{\tau=1}^{t}(T+1-\tau) = A - \frac{2 \cdot (A-R)}{T \cdot (T+1)} \cdot \left(t \cdot (T+1) - \frac{t \cdot (t-1)}{2} \right)$$

Bei der digitalen Abschreibung sinkt der Restbuchwert am Ende der Nutzungsdauer gerade auf Null bzw. den erwarteten Restwert. Da diese Methode jedoch steuerrechtlich nicht zulässig ist, wird sie auch in der Kostenrechnung nur selten angewandt.

(4) gemischte Abschreibung

Um auch bei der geometrisch-degressiven Abschreibung zu einem Restbuchwert von Null zu gelangen, muß irgendwann ein Wechsel zur linearen Abschreibung erfolgen. Dieses Verfahren bezeichnet man als gemischte Abschreibung.

Zur Veranschaulichung der einzelnen Abschreibungsmethoden wird von folgendem Beispiel ausgegangen:

Der Anschaffungspreis A einer Anlage beträgt 1.000 DM, die Nutzungsdauer T 10 Jahre, am Ende der Nutzungsdauer läßt sich kein Restwert R erzielen. Der Abschreibungssatz q für die geometrisch-degressive Abschreibung beträgt 20%, das Δ für die digitale Abschreibung $\frac{2 \cdot 1.000}{10 \cdot 11} = 18,\overline{18}$, der Methodenwechsel bei der gemischten Abschreibung erfolgt nach der fünften Periode. Die zugehörigen Abschreibungsbeträge und Restbuchwerte sind in Tabelle 4 zusammengestellt.

Tabelle 4: Abschreibungsmethoden

Periode	linear		digital		geometrisch-degressiv		gemischt	
t	d_t	B_t	d_t	B_t	d_t	B_t	d_t	B_t
1	100,00	900,00	181,82	818,18	200,00	800,00	200,00	800,00
2	100,00	800,00	163,64	654,54	160,00	640,00	160,00	640,00
3	100,00	700,00	145,45	509,09	128,00	512,00	128,00	512,00
4	100,00	600,00	127,27	381,82	102,40	409,60	102,40	409,60
5	100,00	500,00	109,09	272,73	81,92	327,68	81,92	327,68
6	100,00	400,00	90,91	181,82	65,54	262,14	65,54	262,14
7	100,00	300,00	72,73	109,09	52,43	209,71	65,54	196,60
8	100,00	200,00	54,55	54,54	41,94	167,77	65,54	131,06
9	100,00	100,00	36,36	18,18	33,55	134,22	65,54	65,52
10	100,00	0,00	18,18	0,00	26,84	107,38	65,52	0,00

Da das Nutzungspotential bzw. die Nutzungsdauer eher vorsichtig geschätzt werden, kann das Problem auftreten, daß die Anlage länger als ursprünglich erwartet zur Verfügung steht. Es stellt sich die Frage, wie nach Bekanntwerden einer solchen Information weiter abgeschrieben werden soll.

Dies sei an dem folgenden Beispiel veranschaulicht: Eine Anlage mit einem Anschaffungswert von 5.000 DM sollte ursprünglich linear auf 5 Jahre abgeschrieben werden, d.h. pro Jahr werden 1.000 DM Abschreibungen verrechnet. Nach 3 Jahren stellt sich heraus, daß die Anlage wahrscheinlich insgesamt 7 Jahre genutzt werden kann. Es stehen nun verschiedene Alternativen zur Diskussion:

(1) In den folgenden 4 Jahren werden weiterhin jeweils 1.000 DM abgeschrieben. Dadurch wird insgesamt zuviel abgeschrieben, der tatsächliche Wertverzehr wird nicht korrekt erfaßt.

2.1 Die Kostenartenrechnung

(2) Der Restnutzungswert am Ende des dritten Jahres in Höhe von 2.000 DM wird gleichmäßig über die noch ausstehenden 4 Nutzungsjahre verteilt, d.h. pro Jahr werden in Zukunft 500 DM abgeschrieben. Dabei erfolgt zwar insgesamt eine korrekte Abschreibung des Anschaffungswertes, jedoch werden die letzten Jahre zu gering belastet.

(3) Es wird in Zukunft der Betrag abgeschrieben, der sich ergibt, wenn man den Anschaffungswert gleichmäßig auf die verlängerte Nutzungsdauer verteilt, also 714,29 DM. Damit wird zwar insgesamt mehr als der Anschaffungswert abgeschrieben, jedoch erfolgt eine korrekte Belastung der noch ausstehenden Jahre auf Basis der aktuellen Informationen.

Die letzte Alternative ist vorzuziehen, da man nicht einen Fehler der Vergangenheit durch einen weiteren Fehler für die Zukunft kompensieren darf (vgl. HABERSTOCK [1987], S. 104). In der Kostenrechnung wird eine verursachungsgerechte Belastung der einzelnen Perioden anstrebt, die sich weder durch die erste noch die zweite Alternative erreichen läßt.

2.1.2.5.2 Kalkulatorische Zinsen

Zinsen werden als Entgelt für die Überlassung von Kapital gezahlt. Da verschiedene Unternehmen mit unterschiedlichen Anteilen von Eigen- und Fremdkapital finanziert sind, es für die Zwecke der Kostenrechnung aber völlig unerheblich ist, aus welchen Quellen die finanziellen Mittel stammen, werden kalkulatorische Zinsen auf das gesamte betriebsnotwendige Kapital berechnet. Die kalkulatorischen Zinsen ergeben sich als Produkt aus dem betriebsnotwendigen Kapital und dem kalkulatorischen Zinssatz. Bei der Ermittlung der kalkulatorischen Zinsen treten also zwei Teilprobleme auf:

(1) Die Bestimmung des Mengengerüsts der Kosten erfolgt durch Ermittlung des *betriebsnotwendigen Kapitals*. Da das Kapital für die Beschaffung von Vermögensgegenständen eingesetzt wird, läßt sich das betriebsnotwendige Kapital aus dem betriebsnotwendigen Vermögen herleiten. Dieses setzt sich aus dem betriebsnotwendigen Anlagevermögen und dem betriebsnotwendigen Umlaufvermögen zusammen. Während das betriebsnotwendige Anlagevermögen mit dem Durchschnittswert des gebundenen Kapitals angesetzt wird, legt man für das betriebsnotwendige Umlaufvermögen den durchschnittlichen Bestand zugrunde.

(2) Der *kalkulatorische Zinssatz* dient der Bewertung des betriebsnotwendigen Kapitals. Hierbei sind unterschiedliche Wertansätze denkbar: Man kann sich am durchschnittlichen Kapitalmarktzins oder am durchschnittlichen Fremdkapitalzins orientieren, man kann in einer Marginalbetrachtung den Zinssatz

des ungünstigsten in Anspruch genommenen Kredits heranziehen oder nach dem Opportunitätskostenprinzip den potentiellen Ertrag der besten nicht gewählten Kapitalanlage verwenden.

2.1.2.5.3 Kalkulatorischer Unternehmerlohn

Während für die geschäftsführenden Organe von Kapitalgesellschaften ein vereinbartes Entgelt zu zahlen ist, fallen für die Arbeit des Unternehmers bei den personenbezogenen Gesellschaftsformen in der Regel keine Aufwendungen an, da dieser als Eigentümer Anspruch auf den Gewinn hat. Auch läßt sich häufig beobachten, daß bei einer Einmann-GmbH der Gesellschafter-Geschäftsführer sich kein marktgerechtes Gehalt zahlt. In diesen Fällen ist ein kalkulatorischer Unternehmerlohn anzusetzen, um die Ergebnisse der Kostenrechnung unabhängig von der Rechtsform bzw. von der Entlohnung zu machen und so eine einheitliche Grundlage für die Preiskalkulation innerhalb einer Branche zu schaffen.

Die Höhe des kalkulatorischen Unternehmerlohns orientiert sich entweder am durchschnittlichen Gehalt eines leitenden Angestellten in einer vergleichbaren Position, oder es ist – nach dem Opportunitätskostenprinzip – das Gehalt anzusetzen, das der Unternehmer realistischerweise aufgrund seiner Qualifikation in einem anderen Unternehmen erzielen könnte.

2.1.2.5.4 Kalkulatorische Miete

Mit einer ähnlichen Begründung wie beim kalkulatorischen Unternehmerlohn ist kalkulatorische Miete anzusetzen für Privaträume, die der Unternehmer unentgeltlich für betriebliche Zwecke zur Verfügung stellt. Sie ist jedoch nicht anzusetzen für betrieblich genutzte Räume in firmeneigenen Gebäuden, da für diese bereits Kosten in Form von Abschreibungen verrechnet werden. Der Ansatz der kalkulatorischen Miete kann entweder in Höhe der durchschnittlich für vergleichbare Räume gezahlten Miete erfolgen oder nach dem Opportunitätskostenprinzip in Höhe der entgangenen Einnahmen, die bei anderweitiger Vermietung der Räume erzielbar wären.

2.1.2.5.5 Kalkulatorische Wagnisse

Unter einem *Wagnis* versteht man ein Risiko, das zu ungeplantem, sowohl zeitlich als auch in der Höhe unvorhersehbarem Werteverzehr führt. Hier ist zunächst das *allgemeine Unternehmerwagnis* zu nennen, das aus einer negativen gesamtwirtschaftlichen Entwicklung, technischem Fortschritt und Nachfrageverschiebungen resultieren kann. Da diese Risiken mit dem Gewinn abgegolten werden, dürfen sie nicht in der Kostenrechnung erfaßt werden.

Daneben existieren zahlreiche *spezielle Einzelwagnisse*, die in direktem Zusammenhang mit der betrieblichen Leistungserstellung stehen und sich auf einzelne Tätigkeiten, Abteilungen oder Produkte beziehen, z.B.:

- *Beständewagnis*: Lagerverluste durch Schwund, Verderb, Diebstahl oder auch aufgrund vom Preisschwankungen

- *Fertigungswagnis*: zusätzliche Kosten für Qualitätsmängel, Arbeits- und Konstruktionsfehler, Gewährleistungskosten, Schäden an Anlagen

- *Entwicklungswagnis*: mögliche Fehlschläge bei einzelnen Forschungs- und Entwicklungsprojekten

- *Vertriebswagnis*: Forderungsausfälle

- *sonstige Wagnisse*, die durch die Eigenart des Betriebes oder der Branche bedingt sind, wie Bergschäden im Bergbau

Soweit diese Wagnisse durch eine Versicherung abgedeckt werden, fallen tatsächliche Kosten an. Für die nicht versicherbaren oder nicht versicherten Risiken können kalkulatorische Wagnisse in Höhe der Kosten einer fiktiven Fremdversicherung angesetzt werden, um die voraussichtlich anfallenden Kosten gleichmäßig auf die Abrechnungsperioden zu verteilen.

Der für eine Wagnisart geltende Wagnissatz läßt sich aufgrund statistischer Überlegungen ermitteln, wobei unterstellt wird, daß frühere Wagnisverluste auch für die Zukunft als repräsentativ anzusehen sind. Diese Annahme kann sich als kritisch erweisen, z.B. wenn eine Anlage mit zunehmendem Alter immer mehr Ausschuß produziert, oder aufgrund von Verschärfungen bei Produkthaftungs- oder Umweltschutzvorschriften, aus denen tendenziell höhere Zahlungen resultieren. Die kalkulatorischen Wagniskosten einer Abrechnungsperiode erhält man als Produkt aus dem Wagnissatz und der aktuellen Ist- oder Planbezugsgröße.

Dabei sollte langfristig ein *Ausgleich* zwischen den in gleichmäßiger Höhe in der Kostenrechnung verrechneten kalkulatorischen Wagnissen und den in der Finanzbuchhaltung erfaßten Zahlungen für tatsächlich eingetretene Schäden, die in der jeweiligen Periode als außerordentliche Aufwendungen aus der Kostenrechnung herausgenommen werden, erfolgen.

Der Ansatz von kalkulatorischen Zusatzkosten – also kalkulatorischem Unternehmerlohn, kalkulatorischer Miete und kalkulatorischen Wagnissen – ist allerdings kritisch zu hinterfragen: Es handelt sich durchweg um Größen, die nicht objektiv erfaßbar sind und daher mehr oder weniger willkürlich angesetzt werden.

Weiter entspringt ihre Verrechnung einem extremen Vollkostendenken, das durch die modernen Kostenrechnungssysteme ohnehin überwunden ist.

2.1.3 Die Verrechnung der Kostenarten

Die in der Kostenartenrechnung erfaßten Kosten werden unterschiedlich weiterverrechnet:

- *Einzelkosten* werden direkt auf die Kostenträger verrechnet; es erfolgt eine Buchung per Kontenklasse 7 (Bestände an unfertigen und fertigen Erzeugnissen) an die Kontenklasse 4 (Kostenarten), durch die die Konten der Kostenartenrechnung wieder entlastet werden. Bei Anwendung der Plankostenrechnung werden auftretende Schwankungen der Istpreise eliminiert, indem sie zunächst auf Preisdifferenzenkonten in der Kontenklasse 2 erfaßt werden; den Kostenträgern werden die mit Planpreisen bewerteten Planmengen zugerechnet. Für die Behandlung der Abweichungen stehen zwei Alternativen zur Verfügung: Entweder werden sie direkt auf das Betriebsergebniskonto gebucht, oder sie werden auf die Kostenträger verteilt.

- *Gemeinkosten* sind dadurch charakterisiert, daß sie sich nicht direkt verursachungsgerecht auf die Kostenträger verteilen lassen. Ihre weitere Behandlung hängt davon ab, welches Kostenrechnungssystem eingesetzt wird:

    - Bei der *Vollkostenrechnung* werden in der innerbetrieblichen Leistungsverrechnung sämtliche Gemeinkosten auf die Kostenstellen verrechnet; die Kontenklasse 4 (Kostenarten) wird entlastet, und die Kontenklassen 5 und 6, in denen die Kostenstellenrechnung durchgeführt wird, werden entsprechend belastet.

    - Bei einer *Teilkostenrechnung* hingegen werden lediglich die den Kostenstellen direkt zurechenbaren Kostenstelleneinzelkosten analog zur Vorgehensweise bei der Vollkostenrechnung auf die Kostenstellen verrechnet; die nicht direkt den Kostenstellen zurechenbaren Kostenstellengemeinkosten werden als Block in die Betriebsergebnisrechnung übernommen, d.h. es erfolgt eine Buchung per Kontenklasse 9 (Abschluß) an die Kontenklasse 4. Eine Teilkostenrechnung auf Plankostenbasis erlaubt die Verrechnung von Istmengen zu Planpreisen auf die Kostenstellen, wodurch eine Kontrolle des Verbrauchs von Kostengütern in den Kostenstellen möglich wird.

2.2 Die Kostenstellenrechnung

Die Kostenstellenrechnung ist die zweite Stufe der Kostenrechnung. Sie hat zum einen die Aufgabe, für die Gemeinkosten, die sich nicht direkt den Kostenträgern zurechnen lassen, *Kalkulationssätze* je Kostenstelle zu ermitteln, anhand derer in der anschließenden Kostenträgerrechnung eine von der Inanspruchnahme der Kostenstellen durch das einzelne Produkt oder den einzelnen Auftrag abhängige Umlage erfolgen kann. Eine weitere Aufgabe der Kostenstellenrechnung ist die *Kostenkontrolle*: Durch die Aufteilung der Gemeinkosten auf die Kostenstellen als rechnungstechnisch abgegrenzte betriebliche Teilbereiche, die Ort der Kostenentstehung sind, ist eine Wirtschaftlichkeitskontrolle der einzelnen Verantwortungsbereiche möglich.

2.2.1 Der Kostenstellenplan

Von großer Bedeutung für die Durchführung einer aussagekräftigen Kostenstellenrechnung ist die Aufstellung eines *Kostenstellenplans*, d.h. die Einteilung des Kostenfeldes Betrieb in Kostenstellen. Dabei sind folgende Grundsätze zu berücksichtigen:

- Bei jeder Kostenstelle sollte es sich um einen eigenständigen, organisatorisch und räumlich abgegrenzten *Verantwortungsbereich* handeln, damit keine Kompetenzüberschneidungen zwischen verschiedenen Kostenstellen auftreten und eine wirksame Kostenkontrolle möglich ist.
- Die Kostenstellen sollten so festgelegt werden, daß sich jeweils *Schlüsselgrößen* ermitteln lassen, die als möglichst exakte Maßgrößen der Kostenverursachung fungieren können.

Es ist offensichtlich, daß sich sowohl die Kostenkontrolle als auch die verursachungsgerechte Verteilung der Kosten umso genauer durchführen lassen, je feiner die Einteilung des Betriebes in Kostenstellen ist; jedoch nimmt andererseits der Arbeitsaufwand für die detaillierte Erfassung und Zuordnung der Kosten mit dem Feinheitsgrad zu. Daher bildet die Wirtschaftlichkeit der Kostenrechnung eine Grenze, ab der sich eine weitere Aufteilung nicht mehr lohnt.

Der Betrieb wird zunächst in *Kostenstellenbereiche* aufgeteilt, die betrieblichen Funktionsbereichen entsprechen, d.h. in Materialstellen, Fertigungsstellen, Vertriebsstellen, Verwaltungsstellen und die allgemeinen Kostenstellen, die von fast allen Abteilungen in Anspruch genommen werden. Die nächste Gliederungsstufe sind die einzelnen *Kostenstellen*, diese lassen sich weiter untergliedern bis hin zu *Kostenplätzen*, die bestimmten Maschinen oder Arbeitsplätzen mit homogener Produktionsstruktur entsprechen. Die Einteilung der Kostenstellen orientiert sich an zwei Kriterien, die jeweils ein anderes Ziel der Kostenstellenrechnung unterstützen:

(1) Steht das Ziel der Kostenkontrolle im Vordergrund, so erfolgt eine Einteilung der Kostenstellen nach Verantwortungsbereichen.

(2) Sollen in erster Linie Kalkulationssätze gebildet werden, wird nach der Art der Weiterverrechnung unterschieden in Hauptkostenstellen und Hilfskostenstellen. Während *Hauptkostenstellen* ihre Leistungen sowohl für die Endprodukte als auch in Form von innerbetrieblichen Leistungen erbringen können und daher in der Kostenträgerrechnung abgerechnet werden, erstellen die *Hilfskostenstellen* ausschließlich innerbetriebliche Leistungen, die von anderen Kostenstellen in Anspruch genommen werden und Gegenstand der innerbetrieblichen Leistungsverrechnung sind.

Letztlich muß sich der Kostenstellenplan – wie auch schon der Kostenartenplan – an den Besonderheiten und Bedürfnissen des jeweiligen Betriebes orientieren.

2.2.2 Die Verteilung der primären Gemeinkosten auf die Kostenstellen

Als *primäre Gemeinkosten* werden diejenigen Kosten bezeichnet, die für extern bezogene Leistungen anfallen und sich nicht direkt auf die Kostenträger verrechnen lassen. Sie werden daher von der Kostenartenrechnung an die Kostenstellenrechnung weitergeleitet. Die verursachungsgerechte Verteilung der primären Gemeinkosten auf die verschiedenen Kostenstellen ist der *erste Schritt* der Kostenstellenrechnung. Während sich die Kosten der Hauptkostenstellen in der anschließenden Kostenträgerrechnung auf die Kostenträger abwälzen lassen, müssen die Kosten für die innerbetrieblich erbrachten Leistungen der Hilfskostenstellen, die als *sekundäre Gemeinkosten* bezeichnet werden, mit Hilfe der innerbetrieblichen Leistungsverrechnung in dem *zweiten Schritt* der Kostenstellenrechnung auf die Hauptkostenstellen verteilt werden.

Die Verteilung der primären Gemeinkosten kann sich an zwei unterschiedlichen Prinzipien orientieren, von denen der Umfang der Kostenverrechnung abhängt:

(1) Nach dem strengen *Verursachungsprinzip* werden jeder Kostenstelle genau die Kosten zugerechnet, die sie eindeutig verursacht hat. Diese eindeutige Zuordnung läßt sich z.B. für Gehälter, Abschreibungen auf Maschinen oder auch Porto und Telefon durchführen. Da sich bei den Fixkosten die Kostenverursachung häufig nicht eindeutig feststellen läßt und somit nicht alle Kosten verteilt werden können, führt das Verursachungsprinzip zu einer Teilkostenrechnung.

(2) Das *Durchschnittsprinzip* bewirkt, daß letztlich alle Gemeinkosten mit Hilfe von Schlüsselgrößen umgelegt werden, so daß man eine Vollkostenrechnung erhält.

Die Umlage der Gemeinkosten hängt weiter davon ab, wie sich die Kostenarten den Kostenstellen zurechnen lassen:

2.2 Die Kostenstellenrechnung

(1) Bei den *Kostenstelleneinzelkosten* handelt es sich um Kosten, die sich den Kostenstellen direkt zurechnen lassen. Dazu zählen z.B. Abschreibungen auf die Maschinen, Kosten für Wartung und Reparaturen, direkt erfaßte Energiekosten und Meisterlöhne.

(2) Als *unechte Gemeinkosten* werden solche Kosten bezeichnet, die sich zwar grundsätzlich direkt den Kostenträgern zurechnen ließen, jedoch wegen ihres geringen Umfangs aus Vereinfachungsgründen wie Gemeinkosten behandelt werden, z.B. Kosten für Putz- und Schmiermittel und für den Verbrauch von Kleinmaterial.

(3) *Kostenstellengemeinkosten* hingegen lassen sich nicht direkt einer Kostenstelle zurechnen, da sie für mehrere Kostenstellen gemeinsam anfallen, z.B. Gebäudekosten, gemeinsam erfaßte Energiekosten, Verwaltungskosten.

Zur Verrechnung der nicht direkt zurechenbaren Gemeinkosten ist eine *Schlüsselung* erforderlich. Dabei sind Schlüsselgrößen als Maßeinheit für die Kosten zu bestimmen, die nach dem Verursachungsprinzip möglichst proportional zu dem die Kosten auslösenden Güterverzehr sein sollen, um eine linear verlaufende Kostenfunktion zu erhalten. Durch eine direkte Messung der Schlüsselgröße lassen sich dann indirekt die durch die Kostenstelle verursachten Kosten messen. Ein Beispiel für eine solche Schlüsselung ist die Aufteilung der Heizkosten anhand der Anzahl und der Größe der in den Kostenstellen installierten Heizkörper.

Sei K der Betrag der zu verrechnenden Gemeinkostenart und m_i die Schlüsselgröße, die bei jeder Kostenstelle $i = 1,...,n$ direkt gemessen werden kann. Die Bezugsbasis M, auf die der Betrag K zu verteilen ist, ergibt sich als Summe der einzelnen Schlüsselgrößen:

$$M = \sum_{i=1}^{n} m_i$$

Da die Aufteilung der Gemeinkostenart im Verhältnis der Inanspruchnahme der Schlüsselgröße erfolgt, gilt für jede Kostenstelle i:

$$\frac{k_i}{K} = \frac{m_i}{M}$$

Daraus ergeben sich die der Kostenstelle i zuzurechnenden Kosten k_i als:

$$k_i = \frac{m_i}{M} \cdot K$$

Je nach Art der zu verrechnenden Gemeinkosten kommen unterschiedliche Schlüssel als Bezugsgrößen in Betracht:

- *Zeitschlüssel*

  Es wird ein proportionaler Zusammenhang zwischen den Fertigungs-, Rüst- oder Maschinenstunden in einer Kostenstelle und dem Verbrauch an Gemeinkostengütern angenommen. Dadurch ergeben sich Zuschlagssätze je Zeiteinheit.

- *Mengenschlüssel*

  Als Bezugsgröße dient entweder die in der Kostenstelle produzierte oder verbrauchte Menge eines bestimmten Gutes nach Zahl oder Gewicht oder die Anzahl an geleisteten Arbeitsverrichtungen. Man erhält Zuschlagssätze je Bezugsgrößeneinheit.

- *Wertschlüssel*

  Als Basis für die Gemeinkostenverrechnung werden Bestandsgrößen wie der Wert des Umlaufvermögens, der Vorräte oder der Anlagen, oder Kostengrößen wie Löhne, Gehälter, Einzelmaterialkosten zugrundegelegt. Die Zuschlagssätze ergeben sich als Prozentsatz der Bezugsgröße.

Als problematisch erweist sich in diesem Zusammenhang die Verrechnung von Fixkosten, die gerade dadurch gekennzeichnet sind, daß sie unabhängig von der Auslastung einer Kostenstelle anfallen, sich also nicht proportional zu irgendeiner Schlüsselgröße verhalten. In der konsequent am Verursachungsprinzip ausgerichteten Teilkostenrechnung wird nicht versucht, diese Kosten – wie auch immer – zu schlüsseln, sondern sie werden direkt auf das Betriebsergebniskonto verbucht. In der Vollkostenrechnung hingegen orientiert man sich am Durchschnittsprinzip und nimmt eine – notwendigerweise willkürliche – Schlüsselung und Verteilung auf die Kostenstellen vor. Dadurch geht jedoch die Aussagekraft der Kostenrechnung für Zwecke der Kostenkontrolle weitgehend verloren.

2.2.3 Die innerbetriebliche Leistungsverrechnung

Nach der Verteilung der primären Kostenarten sind sämtliche Kostenstellen mit den Kosten der von ihnen verbrauchten Kostengüter belastet. Da lediglich die Kosten der Hauptkostenstellen direkt auf die Kostenträger verrechnet werden können, diese jedoch letztlich auch die Kosten der Hilfskostenstellen tragen müssen, ist als zweiter Schritt der Kostenstellenrechnung eine entsprechende Umlage der sekundären Gemeinkosten erforderlich. Diese Umlage erfolgt in der *innerbetrieblichen Leistungsverrechnung*.

Als innerbetriebliche Leistungen bezeichnet man solche Leistungen, die innerhalb des Betriebes für andere Kostenstellen erbracht werden, also deren Leistungserstellung erst ermöglichen, z.B. die Erzeugung von Strom und Dampf im betriebseigenen Kraftwerk, intern erbrachte Transport- und Reparaturleistungen, die Eigenfertigung von Werkzeugen oder Anlagen usw. Dabei ist zu beachten, daß die Leistungen zahlreicher Hilfskostenstellen nicht nur von den Hauptkostenstellen, sondern auch von anderen Hilfskostenstellen in Anspruch genommen werden. Die durch diesen gegenseitigen Leistungsaustausch entstehenden Interdependenzen sind in der innerbetrieblichen Leistungsverrechnung angemessen zu berücksichtigen.

Um die innerbetrieblichen Leistungen verrechnen zu können, muß zunächst festgestellt werden, welche Kostenstellen sie in welchem Umfang in Anspruch genommen haben, d.h. ihr *Mengengerüst* muß erfaßt werden. Dies erfolgt entweder durch direkte Messung der Leistungsabgabe der Hilfskostenstellen, wie es z.B. bei dem vom Kraftwerk gelieferten Strom möglich ist, oder anhand von zeit-, mengen- oder wertabhängigen Schlüsselgrößen. Zur *Bewertung* der innerbetrieblichen Leistungen sind Verrechnungspreise zu bilden, deren Höhe so anzusetzen ist, daß die mit dem Verrechnungspreis bewerteten Leistungen gerade den gesamten Kosten der jeweiligen Hilfskostenstelle entsprechen.

Das Ziel der innerbetrieblichen Leistungsverrechnung besteht also darin, die Kosten der Hilfskostenstellen entsprechend ihrer Inanspruchnahme auf die Haupt- und ggf. die anderen Hilfskostenstellen zu verteilen. Dabei wird – wie schon bei der Verteilung der primären Gemeinkosten – das Verursachungs- oder das Durchschnittsprinzip angewendet, so daß man zu einer Teil- oder Vollkostenrechnung gelangt.

Im folgenden werden drei gebräuchliche Verfahren der innerbetrieblichen Leistungsverrechnung dargestellt. Während das Gleichungsverfahren, das auf der Lösung eines linearen Gleichungssystems beruht, eine exakte Berücksichtigung der Leistungsverflechtungen zwischen den Hilfskostenstellen ermöglicht, gehen das Anbauverfahren und das Stufenleiterverfahren als Näherungsverfahren von bestimmten Annahmen bezüglich der internen Lieferstruktur aus und führen nur dann zu einer korrekten Lösung, wenn diese Annahmen erfüllt sind.

2.2.3.1 Gleichungsverfahren

Das Gleichungsverfahren ist in der Lage, beliebige Lieferbeziehungen zwischen den Hilfskostenstellen zu berücksichtigen. Die Verrechnungspreise für die innerbetrieblichen Leistungen werden mit Hilfe eines Systems linearer Gleichungen berechnet.

Es seien:

$i = 1, ..., N$ - Kostenstellen

$i \leq n$ — Hilfskostenstellen

$i > n$ — Hauptkostenstellen

$h_{ij} \geq 0$ — Lieferung von Kostenstelle i an Stelle $j = 1,...,N$

$h_{ii} = 0$ — keine Lieferung einer Kostenstelle an sich selbst

$h_{i0} \geq 0$ — Leistung der Kostenstelle i für die Kostenträger

p_i — primäre Gemeinkosten der Kostenstelle i

q_i — zu bestimmender Verrechnungspreis der Kostenstelle i

Die Gesamtleistung der Kostenstelle i läßt sich berechnen als Summe der an andere Kostenstellen abgegebenen Leistungen und der Leistungen für die Kostenträger:

$$H_i = \sum_{j=1}^{N} h_{ij}$$

Nach dem Prinzip der exakten Kostenüberwälzung muß gelten, daß die Summe der für die Leistung einer Kostenstelle i verrechneten Kosten $H_i \cdot q_i$ gerade gleich der Summe ihrer primären Gemeinkosten p_i und der Kosten der von ihr in Anspruch genommenen Leistungen anderer Kostenstellen $h_{ij} \cdot q_j$, $j = 1,...,N$ sein muß. Für jede Kostenstelle i läßt sich also folgende Gleichung formulieren:

$$H_i \cdot q_i = p_i + \sum_{j=1}^{N} h_{ji} \cdot q_j \qquad i = 1,...,N$$

Insgesamt erhält man ein lineares Gleichungssystem mit N Gleichungen und N Variablen. Dieses Gleichungssystem liefert eine eindeutige und ökonomisch sinnvolle Lösung, falls die Inverse der Lieferungsmatrix $\underline{H} = (h_{ji})$ existiert und nicht-negativ ist. Eine hinreichende Bedingung für die Existenz einer Lösung ist, daß es keine Kostenstelle und keinen Kostenstellenbereich gibt, der Leistungen empfängt, ohne selbst Leistungen abzugeben. Dies dürfte im Regelfall erfüllt sein.

Die Vorgehensweise des Gleichungsverfahrens läßt sich anhand eines kleinen Beispiels veranschaulichen:

In einem Betrieb sind zwei Hilfskostenstellen 1, 2 und zwei Hauptkostenstellen A, B eingerichtet. Die Hilfskostenstelle 1 nimmt Reparaturen vor, ihre Leistung wird nach Stunden erfaßt; die Leistung der Hilfskostenstelle 2 besteht in Stromlieferungen, die in Kilowattstunden gemessen werden. In Tabelle 5 sind die primären Gemeinkosten der Kostenstellen und die innerbetrieblichen Lieferungen zusammengestellt.

2.2 Die Kostenstellenrechnung

Tabelle 5: Beispiel zur innerbetrieblichen Leistungsverrechnung

Stelle	1	2	A	B	Summe
primäre Gemeinkosten [DM]	1.000	3.000	30.000	10.000	44.000
Reparaturen [Std]	–	50	100	100	250
Stromlieferung [kWh]	100	–	200	100	400

Wegen der speziellen Struktur der Leistungsverflechtungen lassen sich zunächst die Verrechnungspreise für die Hilfskostenstellen berechnen. Das zugehörige lineare Gleichungssystem lautet:

$$250 \, q_1 = 1.000 + 100 \, q_2$$
$$400 \, q_2 = 3.000 + 450 \, q_1$$

Es ergeben sich Verrechnungspreise in Höhe von:

$$q_1 = 7{,}3684 \text{ DM / Std.}$$
$$q_2 = 8{,}4211 \text{ DM / kWh}$$

Durch Bewertung der Leistungen der Hilfskostenstellen mit diesen Verrechnungspreisen und Umlage auf die Hauptkostenstellen werden die Hilfskostenstellen entlastet und die Hauptkostenstellen gemäß ihrer Inanspruchnahme mit den sekundären Gemeinkosten belastet. Diese innerbetriebliche Leistungsverrechnung für das Beispiel wird in Tabelle 6 durchgeführt.

Tabelle 6: Innerbetriebliche Leistungsverrechnung nach dem Gleichungsverfahren

Stelle	1	2	A	B	Summe
primäre Gemeinkosten	1.000	3.000	30.000	10.000	44.000
Umlage Kostenstelle 1	-1.842,10	368,42	736,84	736,84	–
Umlage Kostenstelle 2	842,11	-3.368,44	1.648,22	842,11	–
Gesamtkosten	0,01	-0,02	32.421,06	11.578,95	44.000

Der häufig gegen den Einsatz des Gleichungssystems geäußerte Einwand, die Lösung eines derartigen linearen Gleichungssystems erfordere einen zu hohen Rechenaufwand, ist angesichts der heute verfügbaren kostengünstigen und leistungsfähigen Rechenanlagen und Standardsoftware nicht mehr haltbar.

2.2.3.2 Anbauverfahren

Das Anbauverfahren geht von der stark vereinfachenden Annahme aus, daß keinerlei Lieferbeziehungen zwischen den Hilfskostenstellen bestehen; der innerbetriebliche Leistungsaustausch wird also vollständig vernachlässigt. Daher werden die primären Gemeinkosten der Hilfskostenstellen ausschließlich auf die Hauptkostenstellen verrechnet. Dieses Verfahren liefert nur dann korrekte Lösungen, wenn tatsächlich keine Lieferungen zwischen den Hilfskostenstellen stattfinden. Je stärker die gegebenen Leistungsverflechtungen sind, desto mehr weicht die nach dem Anbauverfahren ermittelte Lösung von der exakten Lösung ab.

Die Verrechnungspreise werden ermittelt, indem die primären Gemeinkosten einer Hilfskostenstelle durch die Zahl der an die Hauptkostenstellen abgegebenen Leistungseinheiten dividiert werden:

$$q_i = \frac{\text{primäre Gemeinkosten}}{\text{Leistungen an Hauptkostenstellen}}$$

In dem oben eingeführten Beispiel liefert die Hilfskostenstelle 1 Reparaturleistungen im Umfang von 200 Std. an die Hauptkostenstellen, die Hilfskostenstelle 2 Strom im Umfang von 300 kWh. Daher ergeben sich folgende Verrechnungspreise:

$$q_1 = \frac{1.000}{200} = 5,00 \text{ DM / Std.}$$

$$q_2 = \frac{3.000}{300} = 10,00 \text{ DM / kWh}$$

Die Durchführung der innerbetrieblichen Leistungsverrechnung auf Basis dieser Verrechnungspreise liefert das in Tabelle 7 angegebene Ergebnis.

Tabelle 7: Innerbetriebliche Leistungsverrechnung nach dem Anbauverfahren

Stelle	1	2	A	B	Summe
primäre Gemeinkosten	1.000	3.000	30.000	10.000	44.000
Umlage Kostenstelle 1	-1.842,10	–	500	500	–
Umlage Kostenstelle 2	–	-3.000	2.000	1.000	–
Gesamtkosten	–	–	32.500	11.500	44.000

2.2 Die Kostenstellenrechnung

Aufgrund der restriktiven Annahmen handelt es sich bei dem Anbauverfahren um ein grobes Näherungsverfahren, das lediglich sehr ungenaue Verrechnungspreise liefert. Es wird daher auch in der Praxis nur selten angewandt.

2.2.3.3 Stufenleiterverfahren

Dem Stufenleiterverfahren liegt die Annahme zugrunde, daß es im Betrieb eine zyklenfreie Produktionsstruktur gibt, bei der keine Produktionsstelle Leistungen einer anderen Stelle erhält, an die sie selbst – direkt oder indirekt – Leistungen abgibt. Diese Bedingung liegt insbesondere bei der linearen Produktionsstruktur und der Montagestruktur vor. Diese beiden Produktionsstrukturen sind dadurch gekennzeichnet, daß jede Produktionsstelle genau einen direkten Vorgänger hat, d.h. daß der Leistungsfluß der Hilfskostenstellen nur in einer Richtung stattfindet. Die Verrechnungspreise werden sukzessiv ermittelt, indem zuerst die Kostenstelle abgerechnet wird, die keine Leistungen von anderen Stellen empfängt, dann die Stelle, die lediglich Leistungen von der zuerst abgerechneten Stelle empfängt usw.

Liegt keine solche Produktionsstruktur vor, sondern finden gegenseitige Belieferungen der Hilfskostenstellen statt, so läßt sich mit dem Stufenleiterverfahren lediglich eine Näherungslösung ermitteln, denn ein Teil der innerbetrieblichen Lieferungen kann bei der Abrechnung nicht erfaßt werden. Die Verrechnungspreise hängen von der Reihenfolge ab, in der die Hilfskostenstellen angeordnet werden. Das Ergebnis ist umso besser, je eher es gelingt, die Hilfskostenstellen so anzuordnen, daß zuerst diejenigen abgerechnet werden, die keine oder nur wenige Leistungen von anderen Stellen empfangen.

Üblicherweise werden daher zuerst die allgemeinen Kostenstellen abgerechnet, die zwar Leistungen für fast alle Kostenstellen erbringen, aber keine Leistungen von anderen Stellen empfangen. Der Verrechnungspreis der ersten Kostenstelle wird bestimmt, indem ihre primären Gemeinkosten PGK_1 durch die Leistungen, die sie an andere Stellen abgibt, dividiert werden:

$$q_1 = \frac{PGK_1}{\sum_{j=2}^{N} h_{1j}}$$

Bei der Abrechnung der zweiten Kostenstelle wird die Summe aus deren primären Gemeinkosten und den Kosten der von der ersten Kostenstelle empfangenen Leistungen wiederum durch die Leistungen dividiert, die diese Stelle an die nachfolgenden Stellen abgibt:

$$q_2 = \frac{PGK_2 + h_{12} \cdot q_1}{\sum_{j=3}^{N} h_{2j}}$$

Die sukzessive Berechnung der Verrechnungspreise für die weiteren Kostenstellen erfolgt nach dem gleichen Prinzip:

$$q_i = \frac{PGK_i + \sum_{j=1}^{i-1} h_{ji} \cdot q_j}{\sum_{j=i+1}^{N} h_{ij}}$$

Wird im oben eingeführten Beispiel die Hilfskostenstelle 2 zuerst abgerechnet, so ergeben sich als Verrechnungspreise:

$$q_2 = \frac{3.000}{400} = 7{,}50 \text{ DM / kWh}$$

$$q_1 = \frac{1.000 + 100 \cdot 7{,}50}{200} = 8{,}75 \text{ DM / Std.}$$

Wird hingegen die Hilfskostenstelle 1 zuerst abgerechnet, so erhält man eine vollständig andere Lösung:

$$q_1 = \frac{1.000}{250} = 4{,}00 \text{ DM / Std.}$$

$$q_2 = \frac{3.000 + 50 \cdot 4}{300} = 10{,}67 \text{ DM / kWh}$$

Das Ergebnis der innerbetrieblichen Leistungsverrechnung für die erste Alternative ist in Tabelle 8 dargestellt.

Tabelle 8: Innerbetriebliche Leistungsverrechnung nach dem Stufenleiterverfahren

Stelle	1	2	A	B	Summe
primäre Gemeinkosten	1.000	3.000	30.000	10.000	44.000
Umlage Kostenstelle 2	750	-3.000	1.500	750	–
Umlage Kostenstelle 1	-1.750	–	875	–	–
Gesamtkosten	–	–	32.375	11.625	44.000

Wie das Beispiel zeigt, führen bei gegenseitiger Belieferung der Hilfskostenstellen sowohl das Anbau- als auch das Stufenleiterverfahren nicht zu dem korrekten Ergebnis, das vom Gleichungsverfahren geliefert wird. Die Bedeutung der Näherungsverfahren ist darin zu sehen, daß sich bei manueller Abrechnung der Rechenaufwand erheblich reduziert. Falls ihre Annahmen zumindest näherungsweise erfüllt sind, führen sie zu recht aktzeptablen Ergebnissen. Dies gilt insbesondere für das Stufenleiterverfahren, das vor allem in kleinen Industriebetrieben gerne eingesetzt wird. Je umfangreicher jedoch die innerbetrieblichen Leistungsverflechtungen sind, desto größer wird die durch die Näherungsverfahren erzielte Abweichung von der optimalen Lösung.

2.2.4 Organisatorische Abwicklung der Kostenstellenrechnung

Die Durchführung der Kostenstellenrechnung kann im Rahmen der *Buchführung* erfolgen. Für jeden Verrechnungsvorgang ist ein entsprechender Buchungssatz zu bilden und auf den zugehörigen Konten zu verbuchen. Im Gemeinschaftskontenrahmen der Industrie dient die Kontenklasse 4 der Erfassung der Kostenarten, während die Kontenklassen 5 und 6 für die Kostenstellenrechnung vorgesehen sind. Dabei enthält die Kontenklasse 5 die Hilfskostenstellen und die Kontenklasse 6 die Hauptkostenstellen.

Für den ersten Schritt der Kostenstellenrechnung, die Verteilung der primären Gemeinkosten, wird folgender Buchungssatz gebildet:

    per Kontenklassen 5/6 an Kontenklasse 4

Die anschließende Verteilung der auf den Hilfskostenstellen gesammelten sekundären Gemeinkosten im Rahmen der innerbetrieblichen Leistungsverrechnung wird wie folgt verbucht:

    per Kontenklasse 6 an Kontenklasse 5

Diese buchhalterische Form der Kostenstellenrechnung hat zwar durch den Einsatz der elektronischen Datenverarbeitung in letzter Zeit stark an Bedeutung gewonnen, in der Praxis dominiert jedoch immer noch die inhaltlich äquivalente Darstellung mit Hilfe des Betriebsabrechnungsbogens, da sie sich leichter manuell durchführen läßt.

Ein *Betriebsabrechnungsbogen* ist eine Tabelle, in der zeilenweise die Kostenarten und spaltenweise die Kostenstellen aufgeführt sind. Der schematische Aufbau eines Betriebsabrechnungsbogens ist in Abbildung 12 dargestellt. Zunächst findet im oberen Teil die Verteilung der primären Gemeinkosten statt, dann im unteren Teil die innerbetriebliche Leistungsverrechnung mit der Umlage der sekundären Gemeinkosten von den Hilfskostenstellen auf die Hauptkostenstellen.

Kostenstellen			Hauptkostenstellen			
Kostenarten	allgemeine Kostenstellen	Hilfs-kostenstellen	Material	Fertigung	Verwaltung	Vertrieb
1						
2						
...						
m						
$\sum$ primäre Gemeinkosten	PGK_{Allg}	PKG_{Hilf}	PGK_{Mat}	PGK_{Fert}	PGK_{Verw}	PGK_{Vert}
Hilfskostenstellen						
A						
B						
...						
N						
$\sum$ sekundäre Gemeinkosten	$-PGK_{Allg}$	$-PGK_{Hilf}$	SGK_{Mat}	SGK_{Fert}	SGK_{Verw}	SGK_{Vert}
$\sum$ Gemeinkosten	–	–	GK_{Mat}	GK_{Fert}	GK_{Verw}	GK_{Vert}

Abb. 12: Betriebsabrechnungsbogen

In letzter Zeit ist man allerdings dazu übergegangen, den Betriebsabrechnungsbogen nicht mehr manuell abzuarbeiten, sondern ihn in Form einer Datenbank zu halten und mit Standardsoftware zu bearbeiten.

2.3 Die Kostenträgerrechnung

Die Aufgabe der Kostenträgerrechnung besteht darin, die *Kalkulation* durchzuführen, d.h. die aus der Kostenartenrechnung übernommenen Einzelkosten und die in der Kostenstellenrechnung ermittelten Gemeinkosten verursachungsgerecht auf die Produkte bzw. Aufträge aufzuteilen, um deren Herstellungs- bzw. Selbstkosten ermitteln zu können. Diese Kosten werden z.B. zur Ermittlung von Preisuntergrenzen und zur Bewertung von Lagerbeständen benötigt. Weiter bildet die Kostenträgerrechnung die Grundlage für die anschließende kurzfristige Erfolgsrechnung.

Die in der Kostenträgerrechnung eingesetzten und im folgenden dargestellten Kalkulationsverfahren lassen sich wie folgt klassifizieren: Man unterscheidet Verfahren, die nicht notwendigerweise eine Kostenstellenrechnung voraussetzen, und solche, die nur im Anschluß an die Kostenstellenrechnung durchgeführt werden können. Zu den ersteren zählen die Verfahren der *Divisionskalkulation*, d.h. die einfache und die mehrstufige Divisionskalkulation sowie die Äquivalenzziffernrechnung, die die Gesamtkosten im Verhältnis zu bestimmten Schlüsselgrößen auf die Kostenträger aufteilen. Bei den Verfahren der *Zuschlagskalkulation* hingegen werden die Stückkosten der Kostenträger additiv aus einzelnen Komponenten ermittelt, indem Gemeinkostenzuschläge aufgrund der Inanspruchnahme der Hauptkostenstellen durch die Kostenträger bestimmt werden. Eine besondere Situation ist bei der Kalkulation von *Kuppelprodukten*, die notwendigerweise gemeinsam entstehen, gegeben, da sich die Kosten bis zur Vereinzelung der Produkte nicht verursachungsgerecht verteilen lassen.

Welches Kalkulationsverfahren ein Betrieb einsetzt, hängt insbesondere von dem Fertigungstyp ab:

- Bei der *Massenfertigung* wird ein homogenes Produkt auf Maschinen hergestellt, die ausschließlich für diese Produktion vorgesehen sind. Hier bietet sich als Verfahren die einfache Divisionskalkulation an.

- Die *Sortenfertigung* unterscheidet sich von der Massenfertigung dadurch, daß verwandte Produkte durch Differenzierung innerhalb einer Produktlinie entstehen. Für diese Situation eignet sich die Äquivalenzziffernkalkulation.

- *Serienfertigung* liegt vor, wenn unterschiedliche Produktarten losweise nacheinander auf denselben Maschinen hergestellt werden. Die Kalkulation kann mit Hilfe der Zuschlagskalkulation oder der Bezugsgrößenkalkulation erfolgen.

- Die *Einzelfertigung* ist dadurch charakterisiert, daß für jedes Erzeugnis bzw. jeden Auftrag eine individuelle Konstruktion und Anfertigung vorgenommen wird. Die Aufträge nutzen zum Teil die gleichen Maschinen in unterschiedlicher Reihenfolge. Es wird ebenfalls die Zuschlags- oder die Bezugsgrößenkalkulation eingesetzt.

2.3.1 Die Divisionskalkulation

Das Prinzip der *Divisionskalkulation* besteht darin, daß die Gesamtkosten des Betriebs oder eines Betriebsbereichs durch die hergestellte Stückzahl dividiert werden, ohne eine Differenzierung in Einzel- und Gemeinkosten vorzunehmen. Ihr Anwendungsbereich ist die Massenfertigung, bei der ein homogenes Produkt erzeugt wird.

2.3.1.1 Die einfache Divisionskalkulation

Voraussetzung für die Anwendung der einfachen Divisionskalkulation ist, daß in dem abzurechnenden Betrieb oder Betriebsbereich *ein Produkt* als homogenes Kalkulationsobjekt kontinuierlich hergestellt und abgesetzt wird, so daß keine Lagerbestandsveränderungen bei Zwischen- oder Endprodukten auftreten. Diese Situation ist z.B. bei einem Elektrizitätswerk gegeben, das den erzeugten Strom sofort in das Netz einspeist.

Die Herstellkosten je erzeugter Einheit werden berechnet, indem die Gesamtkosten K durch die Produktionsmenge x dividiert werden:

$$k = \frac{K}{x}$$

Der Vorteil dieses Verfahrens besteht darin, daß lediglich die Gesamtkosten benötigt werden, also keine Kostenstellenrechnung erforderlich ist. Dem stehen jedoch eine Reihe von Nachteilen gegenüber: Durch die restriktiven Voraussetzungen ist der Einsatzbereich so stark eingeschränkt, daß es in der Praxis kaum Anwendung findet. Es handelt sich um eine Vollkostenrechnung, bei der die Gesamtkosten, also auch die Fixkosten, nach dem Durchschnittsprinzip umgelegt werden. Durch die Fixkostendegression bei steigender Ausbringungsmenge können sich in verschiedenen Perioden trotz gleichbleibender Produktionsbedingungen unterschiedliche Kosten ergeben. Wenn der hier ermittelte Vollkostensatz als Grundlage für preispolitische Entscheidungen herangezogen wird, sind Fehlentscheidungen möglich.

2.3.1.2 Die mehrstufige Divisionskalkulation

Die mehrstufige Divisionskalkulation geht zwar ebenfalls von der Einproduktfertigung aus, läßt aber *Bestandsveränderungen* bei den Endprodukten und auf allen Produktionsstufen zu. Es muß sich um eine lineare Produktionsstruktur handeln, d.h. ein Ausgangsstoff wird auf den verschiedenen Produktionsstufen immer weiter bearbeitet, bis schließlich das Endprodukt entsteht. Eine solche Produktionsstruktur, die auch als Veredelungsfertigung bezeichnet wird, ist in Abbildung 13 dargestellt. Auch für die Montagestruktur ist die mehrstufige Divisionskalkulation anwendbar

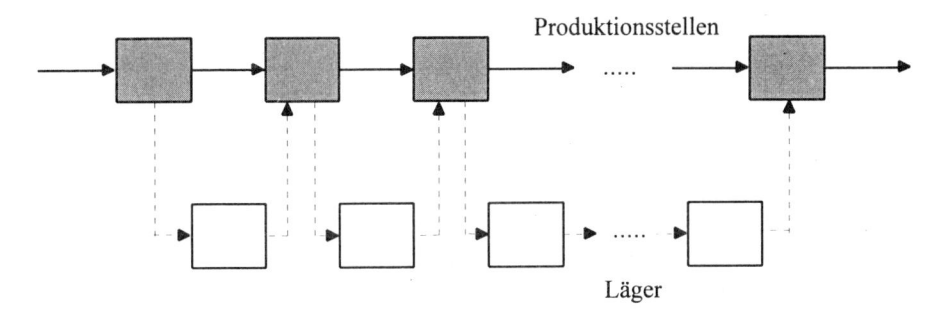

Abb. 13: Veredelungsfertigung

Falls Lagerbestandsveränderungen auftreten, führt die einfache Divisionskalkulation bereits bei nur einer Produktionsstufe zu Verzerrungen in den Kalkulationssätzen: Wird die Nachfrage der betrachteten Periode teilweise aus dem Lagerbestand gedeckt, so werden die Stückkosten in dieser Periode unterschätzt, da die Herstellkosten für den Lagerbestand bereits früher verrechnet worden sind. Wird hingegen mehr produziert als abgesetzt, so werden auch die Kosten der auf Lager genommenen Produkte auf die abgesetzten Produkte als Kostenträger verrechnet, die Stückkosten also zu hoch angesetzt.

Die mehrstufige Divisionskalkulation ermittelt für jede Produktionsstufe die bis dahin angefallenen Kosten. Die Berechnung kann nach zwei Methoden erfolgen:

(1) *Veredelungsmethode*

Es seien:

K_j - Kosten der Produktionsstufe j

x_j - Produktionsmenge der Stufe j

e - Einzelkosten des Endprodukts

Zunächst werden die auf der Produktionsstufe j je Produkteinheit durchschnittlich anfallenden Kosten k_j ermittelt:

$$k_j = \frac{K_j}{x_j} \qquad j = 1,...,m$$

Die Stückkosten je Endprodukteinheit ergeben sich als Summe aus den Einzelkosten und den Stückkosten der einzelnen Produktionsstufen:

$$k = e + \sum_{j=1}^{m} k_j$$

(2) *Durchwälzmethode*

Ausgehend von den Einzelkosten werden für jede Produktionsstufe rekursiv die bis dahin entstandenen Stückkosten berechnet:

$$k_1^* = e + \frac{K_1}{x_1}$$

$$k_2^* = k_1^* + \frac{K_2}{x_2}$$

.....

$$k_m^* = k_{m-1}^* + \frac{K_m}{x_m}$$

Damit ist sichergestellt, daß jede Produktionsstufe ihre Leistungen zu den bis dahin entstandenen Kosten an die nachfolgende Stufe abgibt und daß den abgesetzten Endprodukten tatsächlich genau die dafür entstandenen Kosten zugerechnet werden.

Im Ergebnis erweisen sich beide Methoden aufgrund der Rekursionsbeziehung bei der Durchwälzmethode als äquivalent:

$$k = k_m^* = k_{m-1}^* + \frac{K_m}{x_m} = k_{m-1}^* + k_m$$

$$= k_{m-2}^* + \frac{K_{m-1}}{x_{m-1}} + k_m = k_{m-2}^* + k_{m-1} + k_m$$

$$= .....$$

$$= e + \sum_{j=1}^{m} k_j$$

2.3 Die Kostenträgerrechnung

Das Verfahren der mehrstufigen Divisionskalkulation nach der Durchwälzmethode wird durch das folgende Beispiel veranschaulicht:

Es handelt sich um eine zweistufige Produktion. In der Abrechnungsperiode stellt die erste Produktionsstufe 1.200 Stück Zwischenprodukte mit Fertigungskosten von 24.000 DM her; die zweite Produktionsstufe verarbeitet 1.500 Stück der Zwischenprodukte zu Endprodukten weiter, wofür Fertigungskosten von 6.000 DM anfallen. In der Periode werden 800 Einheiten des Endprodukts abgesetzt, die Vertriebskosten betragen 4.000 DM. Die Einzelkosten betragen 30 DM / Stk.

Zunächst sind die Herstellkosten der Zwischenprodukte zu ermitteln, indem zu den Einzelkosten die auf der ersten Produktionsstufe angefallenen Stückkosten addiert werden:

$$k_1 = 30 + \frac{24.000}{1.200} = 50 \text{ DM}$$

Die Herstellkosten der Endprodukte erhält man, indem man zu diesem Wert die Stückkosten der Bearbeitung auf der zweiten Produktionsstufe addiert:

$$k_2 = 50 + \frac{6.000}{1.500} = 54 \text{ DM}$$

Um die Selbstkosten je verkaufter Einheit zu ermitteln, sind zu diesem Wert die anteiligen Vertriebskosten hinzuzufügen:

$$k = 54 + \frac{4.000}{800} = 59 \text{ DM}$$

Die bei den Zwischenprodukten eingetretene Lagerbestandsverminderung um 300 Einheiten hat einen Wert von:

$$300 \cdot 50 = 15.000 \text{ DM}$$

Der Lagerzugang bei den Endprodukten von 400 Einheiten ist wie folgt zu bewerten:

$$400 \cdot 54 = 21.600 \text{ DM}$$

2.3.1.3 Die Äquivalenzziffernkalkulation

Bei der *Äquivalenzziffernkalkulation* handelt es sich um eine Abwandlung der Divisionskalkulation für inhomogene Leistungen, insbesondere für den Fall, daß mehrere Varianten eines Produkts hergestellt werden, zwischen deren Kosten eine feste Relation besteht, die sich anhand einfach meßbarer Größen ausdrücken läßt. Diese Situation ist insbesondere bei der Sortenfertigung gegeben, z.B. im Lebensmittelbereich, in Ziegeleien, Blechwalzwerken und bei ähnlichen Fertigungsstrukturen.

Die *Äquivalenzziffer* gibt an, in welchem Verhältnis die Kosten jedes Produkts zu den Kosten eines Standardprodukts stehen. Dabei wird ein proportionaler Zusammenhang der Kosten unterstellt. Das Verfahren geht im einzelnen wie folgt vor:

(1) Zunächst sind die Standardsorte festzulegen und die Äquivalenzziffern zu ermitteln. Diese Werte bleiben für einen längeren Zeitraum unverändert.

(2) Die Produktionsmengen der Abrechnungsperiode werden mit den Äquivalenzziffern multipliziert, um sie in Einheiten des Standardprodukts umzurechnen und so eine einheitliche Bemessungsgrundlage für die Kosten zu erhalten.

Es seien:

x_i - Produktionsmenge des Produkts i

a_i - Äquivalenzziffer für das Produkt i

x_i^0 - Produktionsmenge des Produkts i in Einheiten des Standardprodukts

Damit gilt:

$$x_i^0 = a_i \cdot x_i \qquad i = 1,...,n$$

(3) Die Durchschnittskosten des Standardprodukts werden berechnet, indem die Gesamtkosten durch die umgerechneten Produktionsmengen dividiert werden.

$$k^0 = \frac{K}{\sum_{i=1}^{n} x_i^0}$$

(4) Die Stückkosten der einzelnen Produkte erhält man, indem man k^0 mit den jeweiligen Äquivalenzziffern multipliziert.

$$k_i = k^0 \cdot a_i \qquad i = 1,...,n$$

Die Vorgehensweise wird durch das folgende Beispiel verdeutlicht: In einem Blechwalzwerk werden Bleche unterschiedlicher Stärke hergestellt. Die Kosten sind umso höher, je dünner das Blech ausgewalzt werden muß. Die Gesamtkosten betragen 500.000 DM. Die weiteren Daten für die Abrechnungsperiode sind in Tabelle 9 zusammengestellt.

Tabelle 9: Beispiel zur Äquivalenzziffernrechnung

Produkt	Stärke	Produktionsmenge	Äquivalenzziffer
1	3,0 mm	100 t	1,2
2	3,6 mm	250 t	1,0
3	2,5 mm	75 t	1,5

Die in das Standardprodukt transformierten Produktionsmengen betragen:

$$x_1^0 = 1,2 \cdot 100 = 120 \text{ t}$$

$$x_2^0 = 1,0 \cdot 250 = 250 \text{ t}$$

$$x_3^0 = 1,5 \cdot 75 = 112,5 \text{ t}$$

Damit ergeben sich als Durchschnittskosten des Standardprodukts:

$$k^0 = \frac{500.000}{120+250+112,5} = 1.036,27 \text{ DM / t}$$

Durch Multiplikation mit den Äquivalenzziffern erhält man die Kosten der einzelnen Sorten:

$$k_1 = 1.036,27 \cdot 1,2 = 1.243,52 \text{ DM / t}$$

$$k_2 = 1.036,27 \cdot 1,0 = 1.036,27 \text{ DM / t} = k^0$$

$$k_3 = 1.036,27 \cdot 1,5 = 1.554,40 \text{ DM / t}$$

Ähnlich wie die Divisionskalkulation kann auch die Äquivalenzziffernkalkulation als mehrstufige Rechnung durchgeführt werden. Zusätzlich ist eine Erweiterung dahingehend möglich, daß mehrere Äquivalenzziffernreihen gleichzeitig berücksichtigt werden.

Die Kritik an dieser Methode beruht zum einen auf der Unterstellung einer proportionalen Beziehung zwischen den Kosten der verschiedenen Sorten und bestimmten Meßgrößen, zum anderen auf der Tatsache, daß es sich um eine Vollkostenrechnung handelt, bei der auch die Fixkosten auf die Produkte umgelegt werden.

2.3.2 Die Zuschlagskalkulation

Für die Einzel- oder Serienfertigung, die durch mehrstufige Produktionsabläufe, unterschiedliche Produkte und laufende Bestandsveränderungen auf allen Produktionsstufen gekennzeichnet ist, läßt sich das Durchschnittsprinzip der Divisionskalkulation wegen der Vielfalt der Produkte nicht anwenden. Der Grundgedanke der *Zuschlagskalkulation* besteht darin, die Stückkosten der Erzeugnisse aus einzelnen Komponenten, den direkt zurechenbaren Einzelkosten und verschiedenen Gemeinkostenzuschlägen, aufzubauen.

Als *Zuschlagsbasis* für die Verteilung der Gemeinkosten kommen folgende mengen-, zeit- oder wertabhängige Bezugsgrößen in Betracht:

- Produktionsmengen
- Materialverbrauchsmengen
- Fertigungszeiten
- Einzelmaterialkosten
- Einzellohnkosten
- gesamte Einzelkosten

Eine Verteilung der Gemeinkosten anhand der gewichteten Produktionsmengen führt allerdings zum gleichen Ergebnis wie die Divisionskalkulation. Die Wahl der Bezugsgröße ist so vorzunehmen, daß nach Möglichkeit ein proportionaler Zusammenhang zwischen den zu verrechnenden Gemeinkosten und der Bezugsgröße besteht.

Nach der Feinheit der Kostenzurechnung unterscheidet man die *summarische Zuschlagskalkulation*, bei der die verschiedenen Gemeinkosten des Betriebes jeweils als ein einheitlicher Zuschlag verrechnet werden, und die *differenzierte Zuschlagskalkulation*, die die Verteilung kostenstellenweise anhand der spezifischen Beanspruchung der einzelnen Kostenstellen durch die unterschiedlichen Erzeugnisse vornimmt. Weiter läßt sich nach der Anzahl der verwendeten Bezugsgrößen eine Einteilung vornehmen in die *kumulative Zuschlagskalkulation*, bei der die Gemeinkosten anhand einer einzigen Bezugsgröße verrechnet werden, und die *elektive Zuschlagskalkulation*, die mehrere, verursachungsgerecht ausgewählte Bezugsgrößen verwendet. Das allgemeinste Kalkulationsverfahren ist die *Bezugsgrößenkalkulation*, in der die zuvor behandelten Verfahren als Spezialfall enthalten sind. Während die Zuschlagskalkulation ausschließlich Wertgrößen als Zuschlagsbasis verwendet, nimmt die Bezugsgrößenkalkulation auch Zuschläge auf Mengenbasis vor.

2.3.2.1 Die summarische Zuschlagskalkulation

Die *summarische Zuschlagskalkulation* ist dadurch gekennzeichnet, daß keine Aufteilung des Fertigungsbereichs in einzelne Kostenstellen erfolgt und somit die Verteilung der Gemeinkosten recht grob vorgenommen wird. Es werden lediglich

2.3 Die Kostenträgerrechnung

die vier Gemeinkostenbereiche Material-, Fertigungs-, Verwaltungs- und Vertriebsgemeinkosten unterschieden, auf die die Gemeinkosten nach unterschiedlichen wertmäßigen Bezugsgrößen verteilt werden. So werden als Zuschlagsbasis für die Materialgemeinkosten die Einzelmaterialkosten herangezogen, für die Fertigungsgemeinkosten die Einzellohnkosten, für die Verwaltungs- und Vertriebsgemeinkosten die Herstellkosten.

Das Kalkulationsschema zur Ermittlung der Selbstkosten bei der summarischen Zuschlagskalkulation ist in Abbildung 14 dargestellt.

	Zuschlagsbasis
Einzelmaterialkosten + Materialgemeinkosten	$\Rightarrow$ Einzelmaterialkosten
= Materialkosten	
Einzellohnkosten + Fertigungsgemeinkosten + Sondereinzelkosten der Fertigung	$\Rightarrow$ Einzellohnkosten
= Fertigungskosten	
Materialkosten + Fertigungskosten	
= Herstellkosten + Verwaltungsgemeinkosten	$\Rightarrow$ Herstellkosten
= Herstellungskosten + Vertriebsgemeinkosten + Sondereinzelkosten des Vertriebs	$\Rightarrow$ Herstellkosten
= Selbstkosten	

Abb. 14: Kalkulationsschema der Zuschlagskalkulation

Die Einzelmaterialkosten, die Einzellohnkosten sowie die Sondereinzelkosten des Vertriebs stammen direkt aus der Kostenartenrechnung, die Beträge für die verschiedenen Gemeinkosten der Kostenstellenbereiche sind in der Kostenstellenrechnung ermittelt worden. Bei den einzelnen Kalkulationsschritten sind zur Ermittlung der Selbstkosten einer Einheit des Produktes i folgende Berechnungen vorzunehmen:

Die Berechnung der *Materialkosten* MK_i erfolgt, indem die für das Produkt i angefallenen Einzelmaterialkosten mit einem Zuschlagssatz multipliziert werden, der die Materialgemeinkosten proportional zu den Einzelmaterialkosten als Zuschlagsbasis aufteilt:

$$MK_i = EMK_i \cdot \left(1 + \frac{MGK}{EMK}\right)$$

mit: EMK_i - Einzelmaterialkosten je Einheit von i

MGK - gesamte Materialgemeinkosten

EMK - gesamte Einzelmaterialkosten

Die *Fertigungskosten* FK_i werden dementsprechend berechnet, indem die für das Produkt i angefallenen Einzellohnkosten mit einem Zuschlagssatz multipliziert werden, der die Fertigungsgemeinkosten proportional zu den Einzellohnkosten verteilt; zusätzlich werden dem Produkt die direkt zurechenbaren Sondereinzelkosten der Fertigung angelastet:

$$FK_i = ELK_i \cdot \left(1 + \frac{FGK}{ELK}\right) + SEK_i$$

mit: ELK_i - Einzellohnkosten je Einheit von i

FGK - gesamte Fertigungsgemeinkosten

ELK - gesamte Einzellohnkosten

SEK_i - Sondereinzelkosten der Fertigung für Produkt i

Die Summe der Materialkosten und der Fertigungskosten ergibt die *Herstellkosten* bzw. die *Kosten bis dahin* KDB_i:

$$KBD_i = MK_i + FK_i$$

Zur Berechnung der *Verwaltungsgemeinkosten* $VWGK_i$ werden die Kosten bis dahin als Zuschlagsbasis herangezogen:

$$VWGK_i = \frac{VWGK}{KBD} \cdot KBD_i$$

mit: $VWGK$ - gesamte Verwaltungskosten

KBD - gesamte Herstellkosten

Die *Herstellungskosten* HK_i ergeben sich als Summe der Kosten bis dahin und der Verwaltungsgemeinkosten:

$$HK_i = KBD_i \cdot \left(1 + \frac{VWGK}{KBD}\right)$$

Ähnlich wie die Verwaltungsgemeinkosten werden die *Vertriebsgemeinkosten* $VTGK_i$ berechnet, indem die gesamten Vertriebskosten proportional zu den Kosten bis dahin verteilt werden:

2.3 Die Kostenträgerrechnung

$$VTGK_i = \frac{VTGK}{KBD} \cdot KBD_i$$

mit: $VTGK$ - gesamte Vertriebskosten

Schließlich ergeben sich die *Selbstkosten* SK_i eines Produktes als Summe aus Material- und Fertigungskosten, Verwaltungs- und Vertriebsgemeinkosten und den Sondereinzelkosten des Vertriebs:

$$SK_i = MK_i + FK_i + VWGK_i + VTGK_i + SEKV_i$$

mit: $SEKV_i$ - Sondereinzelkosten des Vertriebs für i

Gegen die summarische Zuschlagskalkulation ist vor allem einzuwenden, daß hierbei ein proportionaler Zusammenhang zwischen bestimmten Einzel- und Gemeinkosten unterstellt wird. Diese Voraussetzung ist jedoch allenfalls näherungsweise gegeben. Ein weiteres Problem besteht darin, daß bei zunehmender Rationalisierung und Automatisierung im Fertigungsbereich der Anteil der Gemeinkosten an den Gesamtkosten immer höher wird, so daß die Zuschlagssätze entsprechend steigen. Bei Zuschlagssätzen in der Größenordnung von mehreren hundert oder tausend Prozent führen bereits geringe Schwankungen der Bezugsgröße zu erheblichen Kostenabweichungen.

2.3.2.2 Die differenzierte Zuschlagskalkulation

Gegenüber der recht einfachen summarischen Zuschlagskalkulation nimmt die *differenzierte Zuschlagskalkulation* eine Verfeinerung vor, indem sie die Gemeinkosten weiter aufspaltet. Dabei werden nicht nur die Gemeinkosten für jede einzelne Kostenstelle separat abgerechnet, sondern auch gesonderte Bezugsgrößen für die einzelnen Kostenstellen ermittelt. Die Selbstkosten einer Produkteinheit setzen sich aus den Einzelkosten und Gemeinkostenzuschlägen für jede einzelne Kostenstelle zusammen. Voraussetzung für die differenzierte Zuschlagskalkulation ist allerdings die Durchführung einer entsprechend detaillierten Kostenstellenrechnung.

2.3.2.3 Die Bezugsgrößenkalkulation

Bei der *Bezugsgrößenkalkulation* erfolgt die Verrechnung der Gemeinkosten, insbesondere der Fertigungsgemeinkosten, nochmals wesentlich differenzierter. Neben Wertgrößen werden auch Mengengrößen als Zuschlagsbasis herangezogen. Ausgehend von den Ergebnissen der Kostenstellenrechnung werden die Kosten der Hauptkostenstellen analog dem Vorgehen bei der Verrechnung der primären Gemeinkosten auf die Kostenträger verteilt, um so eine möglichst verursachungsgerechte Zuordnung der Kosten zu erreichen. Die Bezugsgrößenkalkulation umfaßt alle anderen Kalkulationsverfahren als Spezialfälle.

Die Vorgehensweise der Bezugsgrößenkalkulation unterscheidet sich in Abhängigkeit davon, ob Lieferbeziehungen zwischen den betrachteten Hauptkostenstellen vorliegen oder nicht.

(1) *Keine Lieferbeziehungen zwischen den Hauptkostenstellen*

Zunächst wird für jede Hauptkostenstelle j ein Verrechnungspreis q_j gebildet, indem – analog zum Anbauverfahren der Kostenstellenrechnung – die aus dem Betriebsabrechnungsbogen übernommenen Gemeinkosten K_j, die sich aus primären und sekundären Gemeinkosten zusammensetzen, durch die für diese Kostenstelle festgelegte Bezugsgröße H_j dividiert werden:

$$q_j = \frac{K_j}{H_j}$$

Als Bezugsgröße kommen die Arbeitszeit, die Maschinenstunden oder auch, falls die Kostenstelle eine homogene Leistung abgibt, ihre Ausbringungsmenge in Betracht. Weiter wird die Inanspruchnahme h_{ij} festgehalten, die angibt, welche Leistung der einzelne Kostenträger i von der Kostenstelle j, gemessen in Einheiten der Bezugsgröße, erhält. Durch Multiplikation dieser Inanspruchnahme mit dem Verrechnungspreis q_j ergeben sich die anteiligen Kosten k_{ij} des Kostenträgers i an der Kostenstelle j:

$$k_{ij} = h_{ij} \cdot q_j$$

Die Stückkosten k_i des Kostenträgers i erhält man durch Addition der Einzelkosten und der bewerteten Inanspruchnahme sämtlicher Hauptkostenstellen:

$$k_i = e_i + \sum_j k_{ij} = e_i + \sum_j h_{ij} \cdot q_j$$

Das Vorgehen der Bezugsgrößenkalkulation wird am folgenden Beispiel veranschaulicht. Ein Betrieb fertigt drei Produkte I, II und III, es sind zwei Hauptkostenstellen A und B abzurechnen. Die Bezugsgröße bei beiden Hauptkostenstellen seien Maschinenstunden, es gilt:

$H_A = 200$ $\qquad K_A = 32.000$ DM

$H_B = 100$ $\qquad K_B = 12.000$ DM

Die Daten für die Produkte sind in Tabelle 10 zusammengestellt.

Es ergeben sich folgende Verrechnungspreise für die beiden Kostenstellen:

$$q_A = \frac{32.000}{200} = 160 \text{ DM / Std.}$$

2.3 Die Kostenträgerrechnung

$$q_B = \frac{12.000}{100} = 120 \text{ DM / Std.}$$

Tabelle 10: Beispiel zur Bezugsgrößenkalkulation

Produkt	I	II	III
Einzelkosten [DM]	100	200	50
Inanspruchnahme der Kostenstellen [Std./Stk.]			
A	1,5	4	3
B	1	1	2
Ausbringungsmenge [Stk.]	20	20	30

Unter Berücksichtigung ihrer Inanspruchnahme der Kostenstellen betragen die Stückkosten der drei Produkte:

$k_I = 100 + 1,5 \cdot 160 + 1 \cdot 120 = 460$ DM / Stk.

$k_{II} = 200 + 4 \cdot 160 + 1 \cdot 120 = 940$ DM / Stk.

$k_{III} = 50 + 3 \cdot 160 + 2 \cdot 120 = 770$ DM / Stk.

(2) Mit Lieferbeziehungen zwischen den Hauptkostenstellen

Falls zwischen den Hauptkostenstellen gegenseitige Lieferungen in erheblichem Umfang stattfinden, so sind diese bei der Ermittlung der Verrechnungspreise angemessen zu berücksichtigen. Dies geschieht, indem – analog zum Gleichungsverfahren in der Kostenstellenrechnung – ein lineares Gleichungssystem aufgestellt und simultan gelöst wird.

Der wesentliche Vorteil der Bezugsgrößenkalkulation liegt darin, daß dieses Verfahren für sämtliche Fertigungsstrukturen anwendbar ist. Dabei ist jeder beliebige Feinheitsgrad bei der Differenzierung der Kostenstellen und der Bezugsgrößen möglich, um dem Verursachungsprinzip möglichst gut gerecht zu werden. Allerdings sollte hier das Verhältnis zwischen dem Aufwand für die Kostenerfassung und -zurechnung und dem damit verbundenen Nutzen beachtet werden. Durch die Verwendung von Mengengrößen als Bezugsgrößen werden externe Einflüsse, die bei Wertgrößen leicht auftreten und zu Verzerrungen führen können, ausgeschaltet.

Das Verfahren läßt sich sowohl im Rahmen einer Vollkosten- als auch einer Teilkostenrechnung anwenden, indem entweder sämtliche oder nur die variablen Gemeinkosten auf die Kostenträger verrechnet werden.

2.3.3 Die Kalkulation von Kuppelprodukten

Kuppelproduktion liegt immer dann vor, wenn in einem Produktionsprozeß aus technischen oder auch ökonomischen Gründen zwangsläufig mehrere Produkte entstehen, ohne daß auf eines von ihnen vollständig verzichtet werden könnte. Bei Kuppelproduktion mit *loser Kopplung* sind die Mengenverhältnisse, in denen die Produkte anfallen, in Grenzen variabel, bei Kuppelproduktion mit *fester Kopplung* hingegen sind sie fest vorgegeben. Ein Beispiel für die Kuppelproduktion ist die gleichzeitige Erzeugung von Koks und Gas im Kokereiprozeß.

Will man die Kosten für die einzelnen Kuppelprodukte bestimmen, so tritt das Problem auf, daß diese bis zum Split-off-Point, an dem die Vereinzelung der Produkte erfolgt, für das Produktbündel insgesamt anfallen. Diese Situation ist in Abbildung 15 veranschaulicht.

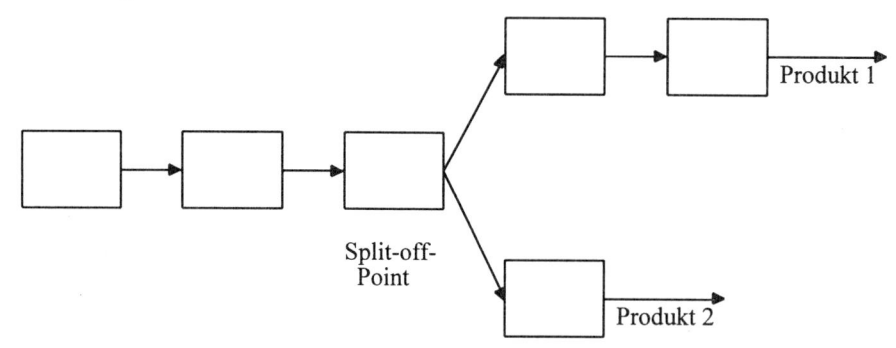

Abb. 15: Kuppelproduktion

Eine verursachungsgerechte Aufteilung der gemeinsamen Kosten auf die einzelnen Kuppelprodukte ist nicht möglich und auch nicht erforderlich, da das Produktbündel insgesamt Gegenstand betrieblicher Entscheidungen ist (vgl. E. SCHNEIDER [1961]). So wäre es nicht möglich, als defizitär erscheinende Produkte aus dem Produktionsprogramm zu eliminieren oder den Anteil eines besonders erfolgreichen Produktes beliebig zu erhöhen. Bei der Kalkulation von Kuppelprodukten kann daher nicht das Verursachungsprinzip angewendet werden, sondern es sind das Durchschnitts- oder das Tragfähigkeitsprinzip heranzuziehen.

Für die Kalkulation von Kuppelprodukten stehen zwei Methoden zur Verfügung, die Restwertmethode und die Verteilungsmethode. Auf diese beiden Methoden wird in den folgenden Abschnitten eingegangen.

2.3.3.1 Restwertmethode

Die *Restwertmethode* geht von der Annahme aus, daß das Produktbündel aus einem Hauptprodukt und einem oder mehreren Nebenprodukten besteht. Das Hauptprodukt ist der eigentliche Zweck der Produktion, die Nebenprodukte werden zwangsläufig in Kauf genommen. Diese Situation liegt z.B. immer dann vor, wenn es sich bei den Nebenprodukten um unerwünschte Emissionen handelt. Es wird nun unterstellt, daß der Kostenanteil der Nebenprodukte an den gemeinsamen Kosten ihren Erlösen abzüglich der ihnen separat zuzurechnenden Kosten nach der Vereinzelung entspricht. Die noch verbleibenden gemeinsamen Kosten werden dem Hauptprodukt zugerechnet, dabei können sich auch negative Kosten ergeben.

Es seien:

p - Preis

k^E - Einzelkosten

k^W - Kosten der Weiterverarbeitung

H - Index für das Hauptprodukt

N - Index für die Nebenprodukte

Damit gilt für die Stückkosten der Nebenprodukte:

$$k_N = p_N - k_N^E - k_N^W$$

Daraus ergeben sich die Gesamtkosten der Nebenprodukte:

$$K_N = k_N \cdot x_N$$

Die Kosten des Hauptprodukts betragen:

$$K_H = K_{ges} - K_N + k_H^E + k_H^W$$

Die Zurechnung der Kosten auf die Nebenprodukte erfolgt bei der Restwertmethode nach dem *Tragfähigkeitsprinzip*, der gesamte Erfolg des Produktbündels wird dem Hauptprodukt zugerechnet. Dieses Vorgehen ist verursachungsgerecht, wenn es sich bei den Nebenprodukten um Emissionen handelt, denn das Hauptprodukt kann nur hergestellt werden, wenn auch die Emissionen in Kauf genommen werden. Es ist insbesondere dann fragwürdig, wenn die Unterscheidung in Haupt- und Nebenprodukte nicht eindeutig ist, sondern willkürlich erfolgt.

Für den Spezialfall, daß es sich bei den Nebenprodukten um unerwünschte Kuppelprodukte handelt, z.B. Abfälle oder Emissionen, die kostenpflichtig entsorgt werden müssen, führt die Restwertmethode zu einem korrekten Ergebnis. Hier entspricht es dem Verursachungsprinzip, die Kosten für die Entsorgung der Nebenprodukte als Teil der Herstellungskosten des Hauptprodukts anzusehen, da das erwünschte Hauptprodukt nicht produzierbar ist, ohne daß die Nebenprodukte im technologisch determinierten Umfang anfallen.

2.3.3.2 Verteilungsmethode

Bei der Verteilungsmethode ist keine eindeutige Unterscheidung der Kuppelprodukte in Haupt- und Nebenprodukte erforderlich. Die während der gemeinsamen Produktion anfallenden Kosten werden anhand von Äquivalenzziffern auf die Kuppelprodukte aufgeteilt. Als Äquivalenzziffern können die Erlöse oder die Deckungsbeiträge der Produkte dienen. Dabei wird implizit unterstellt, daß die Produkte jeweils den gleichen Anteil am Gesamtgewinn erwirtschaften, d.h. es handelt sich um eine Ausprägung des Tragfähigkeitsprinzips.

Die Aufteilung der gemeinsamen Kosten für zwei Produkte anhand ihrer Erlöse wird wie folgt durchgeführt:

$$\frac{K_1}{K_2} = \frac{E_1}{E_2}$$

$$\Rightarrow K_i = \frac{E_i}{E_1 + E_2} \cdot K_{ges} \qquad i = 1, 2$$

Alternativ kann die Verteilung der Kosten anhand von Mengengrößen erfolgen, z.B. von produzierten Mengen oder von technischen Maßgrößen, deren Proportionalität zu der Kostenverursachung angenommen wird. Hierbei wird eine Verteilung der Kosten nach dem Durchschnittsprinzip vorgenommen.

Bei der Kalkulation von Kuppelprodukten ist zu beachten, daß im Grunde jede Aufteilung der gemeinsamen Kosten mehr oder weniger willkürlich erfolgt und letztlich der Gesamterlös des Produktbündels die Gesamtkosten tragen muß. Ein separater Ausweis der Kosten der einzelnen Produkte ist lediglich für Zwecke der Bestandsbewertung erforderlich.

2.4 Die kurzfristige Erfolgsrechnung

Die kurzfristige Erfolgsrechnung hat die Aufgabe, durch Gegenüberstellung von Erlösen und Kosten den in der Abrechnungsperiode erzielten Betriebserfolg zu ermitteln. Dieser Erfolg stimmt in der Regel nicht mit dem im Jahresabschluß ausgewiesenen Gewinn der Periode überein, da in der Kostenrechnung einerseits keine neutralen Erfolgsgrößen, andererseits aber kalkulatorische Kostenarten berücksichtigt werden.

2.4 Die kurzfristige Erfolgsrechnung

Die Erfolgsermittlung findet im gleichen Turnus wie die Kostenrechnung statt, d.h. monatlich oder quartalsweise. Durch die Analyse des Periodenerfolges nach Produktarten und -gruppen lassen sich besonders erfolgreiche und weniger lohnende Tätigkeitsbereiche ermitteln. Diese Informationen können als Grundlage für die Sortimentsplanung und für andere kurz- und mittelfristige Entscheidungen dienen.

Für die kurzfristige Erfolgsrechnung stehen zwei Verfahren zur Verfügung, das Gesamtkostenverfahren und das Umsatzkostenverfahren, die zwar letztlich zum gleichen Ergebnis führen, jedoch im Verlauf der Rechnung unterschiedliche Informationen liefern.

2.4.1 Gesamtkostenverfahren

Das Gesamtkostenverfahren ist eine *Produktionsrechnung*, die den gesamten innerhalb der Abrechnungsperiode erzielten Nettoerlösen – d.h. den Umsatzerlösen abzüglich der Skonti, Rabatte und anderer Erlösschmälerungen – die gesamten angefallenen Kosten gegenüberstellt. Dabei ist eine Gliederung der Kosten nach Kostenarten ausreichend, das Verfahren ist daher auch für Unternehmen geeignet, die nicht über eine ausgebaute Kostenrechnung verfügen.

Eine reine Gegenüberstellung von Erlösen und Kosten ist jedoch nur dann unproblematisch, falls zum einen sämtliche in der Abrechnungsperiode erstellten Produkte auch abgesetzt werden, zum anderen keine Erstellung von aktivierten Eigenleistungen, insbesondere selbsterstellten Anlagen, erfolgt. Andernfalls sind diese Vorgänge zu berücksichtigen, indem die ausgewiesenen Umsatzerlöse entsprechend korrigiert werden. Dabei erfolgt eine

- Reduktion des Umsatzes um den Wert von Lagerabgängen,
- Erhöhung des Umsatzes um den Wert von Lagerzugängen,
- Erhöhung des Umsatzes um den Wert der aktivierten Eigenleistungen.

Ohne diese Korrekturen würden Lagerzugänge und aktivierte Eigenleistungen zu einem zu niedrigen bzw. Lagerabgänge zu einem überhöhten Betriebsergebnis führen. Um allerdings die Lagerbestände und die Eigenleistungen bewerten zu können, ist eine Kalkulation erforderlich, d.h. der Betrieb muß zumindest über eine rudimentäre Kostenträgerrechnung verfügen.

Die Ermittlung des Betriebsergebnisses erfolgt nach dem in Abbildung 16 dargestellten Rechenschema.

```
        Nettoerlöse
  +     Bestandserhöhungen
 ./.    Bestandsverminderungen
  +     aktivierte Eigenleistungen
  =     Gesamtleistung
 ./.    Materialaufwand      ⎫
 ./.    Personalaufwand      ⎪  Gesamtkosten
 ./.    Abschreibungen       ⎬  gegliedert nach
 ./.    kalkulatorische Kosten ⎪ Kostenarten
 ./.    ...                  ⎭
  =     Betriebsergebnis
```

Abb. 16: Gesamtkostenverfahren

Das Gesamtkostenverfahren wird vor allem in kleineren Betrieben eingesetzt, die über ein wenig differenziertes Produktionsprogramm verfügen. Es liefert zwar Aussagen über die Kostenstruktur des Betriebes und ihre Veränderung im Periodenvergleich, weist jedoch auch eine Reihe von Nachteilen auf:

Da die Kosten nach Kostenarten, die Erlöse hingegen nach Kostenträgern gegliedert werden, lassen sich die Kosten nicht eindeutig den Kostenträgern zuordnen; es ist nicht möglich, den Erfolg einzelner Kostenträger auszuweisen und somit die Quellen des Erfolgs zu lokalisieren. Um die Lagerbestandsveränderungen bewerten zu können, ist nicht nur eine Kostenträgerrechnung erforderlich, sondern zunächst müssen diese Bestandsveränderungen durch eine Inventur mengenmäßig erfaßt werden. Die monatliche oder quartalsweise Erhebung von Inventurbeständen würde jedoch einen erheblichen Arbeitsaufwand bedeuten.

2.4.2 Umsatzkostenverfahren

Das *Umsatzkostenverfahren* geht von dem Grundgedanken aus, die Nettoerlöse einer Abrechnungsperiode mit den dafür entstandenen Kosten zu vergleichen, d.h. den Erlös und die Stückkosten der einzelnen Kostenträger einander gegenüberzustellen. Da hierfür die Kenntnis der Stückkosten erforderlich ist, wird eine ausgebaute Kostenstellen- und Kostenträgerrechnung vorausgesetzt. Das Rechenschema des Umsatzkostenverfahrens entspricht inhaltlich dem Kalkulationsschema der Zuschlagskalkulation (vgl. Abschnitt 2.3.2.1); es ist in Abbildung 17 in modifizierter Form, d.h. ausgehend vom Nettoerlös, dargestellt.

2.4 Die kurzfristige Erfolgsrechnung

Nettoerlöse
./. Einzelmaterialkosten
./. Materialgemeinkosten
./. Einzellohnkosten
./. Fertigungsgemeinkosten
./. Sondereinzelkosten der Fertigung
= Herstellkosten
./. Verwaltungsgemeinkosten
./. Vertriebsgemeinkosten
./. Sondereinzelkosten des Vertriebs
= Betriebsergebnis

Abb. 17: Umsatzkostenverfahren auf Vollkostenbasis

Das in Abbildung 17 dargestellte Schema bildet das Umsatzkostenverfahren auf Vollkostenbasis ab. Ausgehend vom Nettoerlös einer Produktart werden die Selbstkosten des Umsatzes, die aus den Herstellkosten und den Verwaltungs- und Vertriebskosten bestehen, abgezogen, um das Betriebsergebnis zu erhalten. Diese Berechnung kann sowohl für den Gesamtbetrieb als auch für einzelne Abrechnungsobjekte durchgeführt werden, z.B. für:

- Kostenträger
- Produktgruppen
- Absatzgebiete
- Kundengruppen
- Verantwortungsbereiche

In diesen Fällen ist das Umsatzkostenverfahren auf Teilkostenbasis vorzuziehen, das die dem jeweiligen Abrechnungsobjekt zurechenbaren Umsatzerlöse und variablen Kosten einander gegenüberstellt und somit den Deckungsbeitrag der Periode ermittelt. Es ist in Abbildung 18 dargestellt.

Das Betriebsergebnis erhält man, indem man von der Summe aller derart ermittelten Deckungsbeiträge die Fixkosten subtrahiert. Dieses Ergebnis stimmt nur dann mit dem des Gesamtkostenverfahrens oder des Umsatzkostenverfahrens auf *Vollkostenbasis* überein, wenn keine Bestandsveränderungen auftreten, da andernfalls durch die pauschale Verrechnung der gesamten Fixkosten der Periode die Fixkostenanteile, die auf den Lagerzugang entfallen, nicht in die nächste Periode verschoben werden bzw. beim Lagerabgang Kosten, die bei der Vollkostenrechnung in der aktuellen Periode verrechnet würden, bereits einer früheren Periode angelastet worden sind. Jedoch ist die bei der Vollkostenrechnung vorgenommene Verteilung von Fixkosten auf verschiedene Perioden als willkürlich anzusehen; sie sind vielmehr in der Periode zu verrechnen, in der sie anfallen.

```
Nettoerlöse
./. Einzelmaterialkosten      ⎫
./. variable Gemeinkosten     ⎪
./. Einzellohnkosten          ⎬  variable
./. variable Fertigungsgemeinkosten  Herstellungskosten
./. Sondereinzelkosten der Fertigung ⎭

./. variable Verwaltungsgemeinkosten
./. variable Vertriebsgemeinkosten
./. Sondereinzelkosten des Vertriebs

= Deckungsbeitrag
./. Fixkosten
= Betriebsergebnis
```

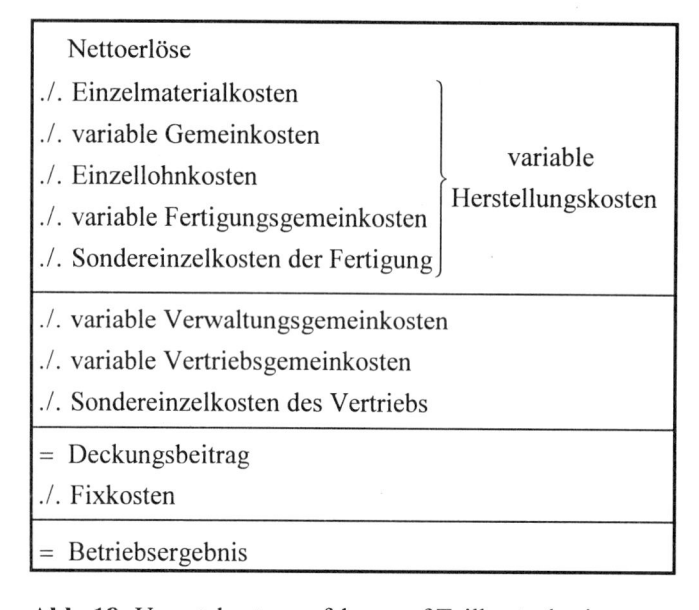

Abb. 18: Umsatzkostenverfahren auf Teilkostenbasis

Der wesentliche Vorteil des Umsatzkostenverfahrens gegenüber dem Gesamtkostenverfahren besteht darin, daß durch die Aufgliederung des Betriebsergebnisses nach Kostenträgern die Quellen des Erfolges eindeutig erkennbar sind.

2.5 Ablauf der Betriebsabrechnung bei Vollkostenrechnung

Zum Abschluß dieses Abschnitts, in dem die Technik der Kostenverrechnung dargestellt wurde, wird der prinzipielle Ablauf einer Betriebsabrechnung auf Vollkostenbasis nochmals dargestellt, um eine Ausgangsbasis für die nachfolgenden Ausführungen zur Teilkostenrechnung zu schaffen.

Das Prinzip der Vollkostenrechnung ist, sämtliche Kosten den Kostenträgern anzulasten. In der *Kostenartenrechnung* erfolgt eine Aufspaltung in Einzelkosten, die direkt auf die Kostenträger verrechnet werden können, und Gemeinkosten. Diese primären Gemeinkosten werden in der *Kostenstellenrechnung* mit Hilfe des Betriebsabrechnungsbogens auf die Kostenstellen als Abrechnungseinheiten verteilt. Da lediglich die Hauptkostenstellen Leistungen nach außen abgeben, werden

2.5 Ablauf der Betriebsabrechnung bei Vollkostenrechnung

durch die innerbetriebliche Leistungsverrechnung die den Hilfskostenstellen zugeordneten Kosten auf die Hauptkostenstellen umgelegt. Die nunmehr auf den Hauptkostenstellen gesammelten sekundären Gemeinkosten werden in der *Kostenträgerrechnung* auf die verschiedenen Kostenträger, d.h. Produkte oder Aufträge, verteilt. Durch Gegenüberstellung der so ermittelten Kosten der einzelnen Kostenträger mit ihren Erlösen erhält man das jeweilige Betriebsergebnis. Dieser Ablauf ist in Abbildung 19 dargestellt.

Der buchhalterische Ablauf einer ausgebauten Vollkostenrechnung im Gemeinschaftskontenrahmen ist wie folgt:

(1) *Kostenartenrechnung*

Es erfolgt eine Gliederung der Kosten nach Kostenarten. Zunächst werden die entsprechenden Aufwandskonten der Finanzbuchhaltung entlastet und die Konten der Kontenklasse 4, in der die Kostenartenrechnung durchgeführt wird, belastet. Anschließend werden die Kosten weiterverrechnet, und zwar indem die Konten der Kontenklasse 4 entlastet und die Bestandskonten der Kontenklasse 7 für die Einzelkosten bzw. die Konten der Kontenklasse 5 für die Gemeinkosten belastet werden. Die zugehörigen Buchungen lauten:

Einbuchung:

per Kontenklasse 4 an Kontenklasse 1: Löhne und Fremdleistungen
                                    Kontenklasse 2: kalkulatorische Kosten
                                    Kontenklasse 3: Materialkosten

Ausbuchung:

per Kontenklasse 7 an Kontenklasse 4: Einzelkosten

per Kontenklasse 5 an Kontenklasse 4: Gemeinkosten

(2) *Kostenstellenrechnung*

Hier erfolgt eine Umgliederung der Kosten von den Kostenarten auf die Kostenstellen. Die Kostenstellenrechnung und die innerbetriebliche Leistungsverrechnung werden in der Regel im Betriebsabrechnungsbogen in tabellarischer Form durchgeführt. Dabei werden die Konten der Kontenklasse 5, die die Kosten von Hilfs- und Hauptkostenstellen enthält, über den Betriebsabrechnungsbogen auf die Konten der Kontenklasse 6, die ausschließlich Hauptkostenstellen enthält, überwälzt. Die zugehörigen summarischen Buchungen lauten:

per BAB an Kontenklasse 5: Übernahme der Kosten in den BAB

per Kontenklasse 6 an BAB: Belastung der Hauptkostenstellen

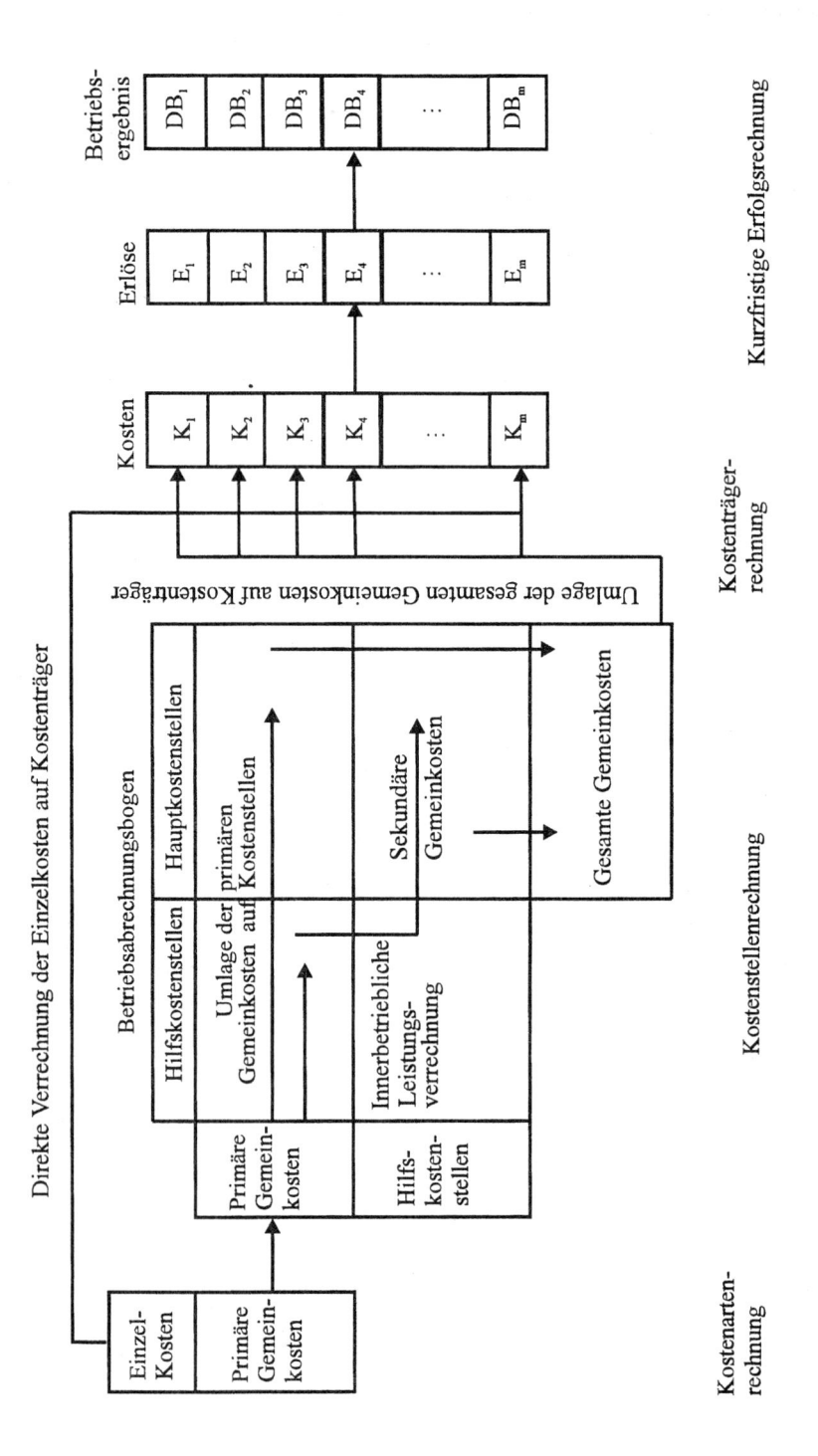

Abb. 19: Kostenverrechnung im Rahmen einer Vollkostenrechnung

2.5 Ablauf der Betriebsabrechnung bei Vollkostenrechnung

(3) *Kostenträgerrechnung*

Schließlich werden die Kosten nach Kostenträgern gegliedert. Dazu übernehmen die Bestandskonten der Kontenklasse 7 die Einzelkosten aus der Kontenklasse 4 (Kostenartenrechnung) und die Gemeinkosten an der Kontenklasse 6 (Kostenstellenrechnung). Die entsprechenden Buchungen lauten:

per Kontenklasse 7 an Kontenklasse 4: Einzelkosten
　　　　　　　　　　Kontenklasse 6: Gemeinkosten

(4) *Kurzfristige Erfolgsrechnung*

Um den Kosten der Kostenträger ihre Erlöse gegenüberstellen zu können, müssen diese – ebenfalls nach Kostenträgern gegliedert – erfaßt werden, indem die Konten des Zahlungsverkehrs in der Kontenklasse 1 entlastet und die Ertragskonten der Kontenklasse 8 belastet werden:

per Kontenklasse 1 an Kontenklasse 8: Erlöse

Die Ermittlung des Betriebsergebnisses erfolgt, indem sowohl die Kosten in der Kontenklasse 7 als auch die Erlöse in der Kontenklasse über das Betriebsergebniskonto (BEK) ausgebucht werden. Der Saldo des Betriebsergebniskontos gibt den Periodenerfolg an. Beim Abschluß der Bestandskonten in der Kontenklasse 7 ist zu beachten, daß lediglich die Kosten der in der Periode verkauften Waren auf das Betriebsergebniskonto übertragen werden dürfen; ein auf diesen Konten verbleibender Saldo entspricht dem Wert der am Periodenende im Lager befindlichen Warenbestände. Die Abschlußbuchungen lauten:

per BEK an Kontenklasse 7: Kosten der verkauften Waren

per Kontenklasse 8 an BEK: Erlöse

Die *Kritik* an der Vollkostenrechnung basiert in erster Linie auf der unzureichenden Berücksichtigung des Verursachungsprinzips bei der Verrechnung der Kosten auf die Kostenträger. Dies kommt darin zum Ausdruck, daß im Verlauf der Betriebsabrechnung an drei Stellen eine mehr oder weniger Schlüsselung bei der Verteilung von Fixkostenbeträgen erfolgt:

(1) Eine verursachungsgerechte Umlage der primären Gemeinkosten auf die Kostenstellen ist nur möglich, soweit es sich um Kostenstelleneinzelkosten handelt. Bei den Kostenstellengemeinkosten und den unechten Gemeinkosten ist man jedoch auf eine Verteilung anhand von Schlüsselgrößen angewiesen.

(2) Ebenso ist man bei der Abrechnung der Kosten der Hilfskostenstellen auf die Hauptkostenstellen im Rahmen der innerbetrieblichen Leistungsverrechnung auf Schlüsselgrößen angewiesen, die die Inanspruchnahme der Hilfskostenstellen durch andere Kostenstellen möglichst gut beschreiben.

(3) Schließlich sind die verschiedenen Verfahren der Zuschlagskalkulation, die bei der Kostenträgerrechnung zur Verteilung der sekundären Gemeinkosten auf die Kostenträger eingesetzt werden, auf die Existenz von Bezugsgrößen angewiesen, anhand derer die Leistungen der Hauptkostenstellen gemessen werden.

3. Die Teilkostenrechnung

3.1 Systeme der Teilkostenrechnung

3.1.1 Fixe und variable Kosten in der Teilkostenrechnung

Während im Rahmen der Vollkostenrechnung alle Kosten auf die Kostenträger verteilt werden, versuchen die Systeme der *Teilkostenrechnung*, auf den verschiedenen Stufen der Kostenverrechnung die Kosten in variable und fixe Bestandteile zu zerlegen und nur die variablen Kosten weiterzuverrechnen. Bei der Frage nach der Variabilität der Kosten wird von einer speziellen Entscheidungssituation, der Entscheidung über den Umfang der Beschäftigung, ausgegangen: Variable Kosten sind solche, die (proportional) mit der Ausbringungsmenge bzw. mit der Beschäftigung ansteigen, fixe Kosten werden durch den Beschäftigungsgrad nicht beeinflußt.

Während die Vollkostenrechnung nur zwei Klassen von Kosten – die Einzelkosten und die Gemeinkosten – kennt, unterscheidet die Teilkostenrechnung nach der Zurechenbarkeit von Kosten zu Entscheidungsobjekten zwischen drei Kostenklassen:

(1) *Einzelkosten* sind Kosten, die unmittelbar den Kostenträgern zurechenbar sind, weil sie durch die Herstellung eines Produkts oder eines Auftrags verursacht werden. Zu den Einzelkosten gehören insbesondere die Einzelmaterialkosten und die Einzellohnkosten.

(2) *Kostenstelleneinzelkosten* sind solche Kosten, die einzelnen Kostenstellen zurechenbar sind, weil sie durch deren Tätigkeit verursacht werden. Zu den Kostenstelleneinzelkosten gehören beispielsweise die Kosten des Energieverbrauchs dieser Kostenstelle, die Meisterlöhne und die Abschreibungen auf die in der Kostenstelle installierten Anlagen sowie Kosten für deren Wartung und Reparatur.

(3) *Kostenstellengemeinkosten* sind solche Kosten, die den Kostenstellen nicht direkt zugerechnet werden können. Hierzu gehören z.B. die Kosten für die Gebäude, die Heizung und die Beleuchtung der Fabrikhalle sowie andere kostenstellenübergreifende Kosten.

Der Ablauf der Kostenverrechnung im Rahmen einer Teilkostenrechnung ist in Abbildung 20 dargestellt. Bei Abschluß der Kostenartenrechnung werden die Einzelkosten unmittelbar den Kostenträgern angelastet. Im Gemeinschaftskontenrahmen entsprechen die Buchungen dem Buchungssatz:

per Kontenklasse 7 (Kostenträger) an Kontenklasse 4 (Kostenarten)

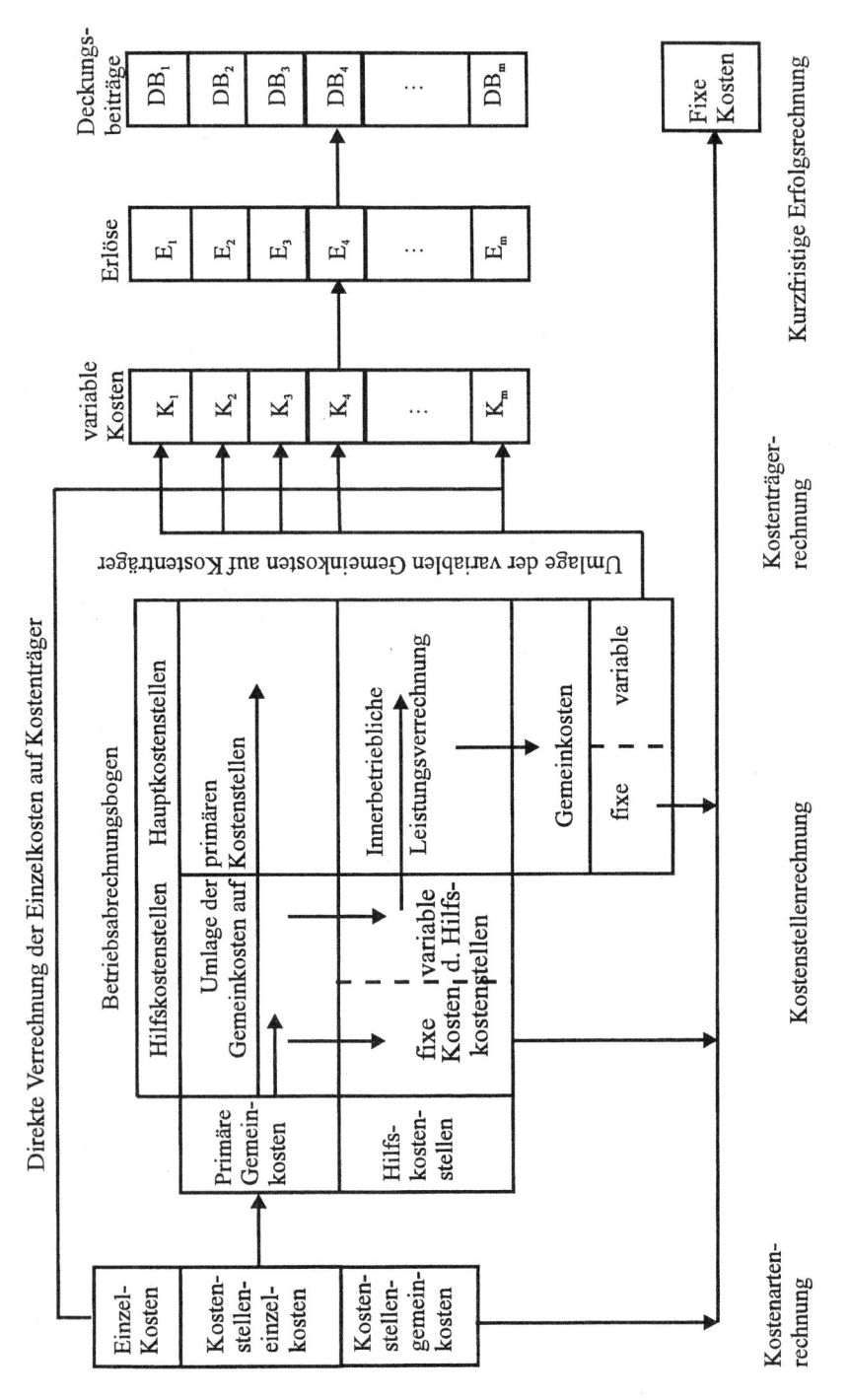

Abb. 20: Kostenverrechnung im Rahmen einer Teilkostenrechnung

3.1 Systeme der Teilkostenrechnung

Die Kostenstelleneinzelkosten werden hingegen den entsprechenden Kostenstellen angelastet. Hierbei wird zwischen Hauptkostenstellen, die für die Kostenträger tätig werden, und Hilfskostenstellen, die ausschließlich innerbetriebliche Leistungen erbringen, unterschieden. Der Buchungssatz im Gemeinschaftskontenrahmen lautet:

per Kontenklasse 5 (Hilfskostenstellen)
Kontenklasse 6 (Hauptkostenstellen) an Kontenklasse 4 (Kostenarten)

Die Kostenstellengemeinkosten werden in der kurzfristigen Erfolgsrechnung als Fixkosten direkt dem Betriebsergebnis angelastet:

per BEK an Kontenklasse 4 (Kostenarten)

Bei der Abrechnung der Hilfskostenstellen bzw. der innerbetrieblichen Leistungsverrechnung spaltet man im Rahmen der Teilkostenrechnung die den Hilfskostenstellen zugerechneten primären Gemeinkosten in variable und fixe Bestandteile auf. Variabel sind alle diejenigen Kosten der Hilfskostenstellen, die von deren Leistungen abhängig sind bzw. mit deren Beschäftigung proportional ansteigen. Alle anderen primären Gemeinkosten der Hilfskostenstellen werden als fixe Kosten angesehen, aus der weiteren Abrechnung herausgenommen und dem Betriebsergebnis angelastet. Hierzu gehören insbesondere die Abschreibungen auf Maschinen, Raumkosten und Meistergehälter. Während die als variabel erkannten Kosten der Hilfskostenstellen im Rahmen der innerbetrieblichen Leistungsverrechnung den Hauptkostenstellen angelastet werden,

per Kontenklasse 6 (Hauptkostenstellen)
an Kontenklasse 5 (Hilfskostenstellen)

werden die fixen Kosten der Hilfskostenstellen über das Betriebsergebniskonto ausgebucht:

per BEK an Kontenklasse 5 (Hilfskostenstellen)

Ebenso wird bei der Abrechnung der Hauptkostenstellen zwischen fixen und variablen Bestandteilen unterschieden. Variabel sind die Kosten der Hauptkostenstellen, die den Kostenträgern verursachungsgemäß zugerechnet werden können. Diese variablen Kosten werden mit Hilfe von Bezugsgrößen, die eine Proportionalitätsbeziehung zwischen der Höhe der Kosten und der Beschäftigung zum Ausdruck bringen, auf die Kostenträger verrechnet. Neben der physischen Ausbringungsmenge eignet sich insbesondere die zeitliche Inanspruchnahme der Kostenstelle durch einen Kostenträger als Bezugsgröße für die Verrechnung von deren variablen Kosten.

Im Gemeinschaftskontenrahmen werden die variablen Kosten der Hauptkostenstellen durch die Buchung per Kontenklasse 6 (Hauptkostenstellen) an Kontenklasse 7 (Kostenträger) den Kostenträgern angelastet.

Kosten der Hauptkostenstellen, für die es keine Proportionalitätsbeziehung zwischen der Höhe der Kosten und der Leistung gibt, werden als Fixkosten angesehen und dem Betriebsergebnis zugerechnet:

per BEK an Kontenklasse 6 (Hauptkostenstellen)

Das Hauptproblem der Teilkostenrechnung ist die Kostenauflösung in den Kostenstellen, d.h. die Aufspaltung der in einer Kostenstelle angefallenen Kosten in fixe und variable Bestandteile. In der Kostenartenrechnung stellt sich dieses Problem nicht, weil alle Kostenstellengemeinkosten, die weder den Kostenträgern noch den Kostenstellen zurechenbar sind, Fixkosten, alle Einzelkosten hingegen variable Kosten sind. Im Rahmen der Verrechnung der primären Gemeinkosten und der innerbetrieblichen Leistungsverrechnung werden den Kostenstellen Gemeinkosten zugerechnet, die zwar von diesen verursacht wurden, jedoch in keinem Zusammenhang mit dem Umfang ihrer Leistungen stehen.

Der einfachste Lösungsansatz besteht darin, von einer linearen Kostenfunktion $K_i(x)$ der Kostenstelle i in Abhängigkeit von deren Leistung x auszugehen und diese lineare Funktion aus Vergangenheitsdaten zu schätzen (vgl. hierzu Abschnitt 1.2.3.1). Der Anstieg der so bestimmten Kostenfunktion entspricht den Grenzkosten bzw. den variablen Stückkosten. Das Absolutglied gibt die fixen Kosten der Kostenstelle an; diese werden vor der Weiterverrechnung der Kosten der Kostenstelle auf die Hauptkostenstellen und Kostenträger auf das Betriebsergebniskonto ausgebucht.

Sieht man davon ab, daß das Verfahren auf Vergangenheitswerten basiert, so stößt dieses Vorgehen auf prinzipielle statistische Schwierigkeiten: In der Regel schwankt die Beschäftigung einer Kostenstelle nur in einem begrenzten Intervall, das relativ weit von dem Nullpunkt entfernt ist. Legt man durch diese Beobachtungswerte einen Gerade, dann kann das Absolutglied - das die Fixkosten schätzen soll - von geringfügigen Schwankungen der Beobachtungswerte erheblich beeinflußt werden. Schließlich ist dieses Verfahren nur bei homogener Leistung anwendbar; bei unterschiedlichen Leistungen der Kostenstellen schwankt der Anteil der Fixkosten hingegen mit der Zusammensetzung der in einer Periode erbrachten Leistungen. In diesem Fall ist für jede einzelne Kostenart zu prüfen, welche Anteile fix bzw. variabel sind. Hierbei sind drei Fälle zu unterscheiden:

(1) Eine Kostenart ist in einer Kostenstelle immer fix: So sind z.B. die Abschreibungen und die Meistergehälter einer Kostenstelle fix.

(2) Eine Kostenart ist in einer Kostenstelle immer leistungsabhängig: Beispielsweise ist der Verbrauch von Betriebs- und Hilfsstoffen weitgehend abhängig von der Tätigkeit der Kostenstelle.

(3) Eine bestimmte Kostenart enthält sowohl fixe als auch variable Bestandteile: So sind z.B. die Lohnkosten in folgende Bestandteile aufzuteilen:

- *Zeitlöhne* sind fix, da sie unabhängig von der Beschäftigung gezahlt werden.
- Reine *Akkordlöhne* sind variabel, weil sie proportional zur Leistung der Arbeitnehmer gezahlt werden.
- *Prämien* und *Garantielöhne*, die zusätzlich zu den Akkordlöhnen gezahlt werden, sind fix, da sie in keinem unmittelbaren Zusammenhang mit den Leistungen des Arbeitnehmers in der Abrechnungsperiode stehen.

Ebenso setzen sich die Energiekosten einer Maschine vielfach aus leistungsabhängigen Kosten und Kosten der Betriebsbereitschaft zusammen: Der Energieverbrauch beim Einschalten und Hochfahren eines Aggregats ist unabhängig von dessen produktiver Leistung; während seiner Laufzeit ist der Verbrauch jedoch leistungsabhängig, vielfach sogar proportional zur Einsatzzeit.

Während die Teilkostenrechnung die Fixkosten aus der Kostenstellenrechnung herausnimmt und direkt in das Betriebsergebnis übernimmt, verrechnet sie die variablen Kosten der Kostenstellen proportional zu deren Leistung auf die Hauptkostenstellen oder die Kostenträger. Die Leistung wird entweder direkt in Leistungseinheiten oder indirekt über Bezugsgrößen wie z.B. die Dauer der Inanspruchnahme gemessen. Die Teilkostenrechnung geht also grundsätzlich von linearen Kostenfunktionen der Kostenstellen aus.

3.1.2 Relative Einzelkosten und Grundrechnung nach RIEBEL

Die von RIEBEL vorgeschlagene Rechnung mit *relativen Einzelkosten* unterscheidet sich in folgenden Aspekten von dem bisher behandelten herkömmlichen System der Teilkostenrechnung, das wie die Systeme der Vollkostenrechnung lediglich die Abhängigkeit der Kosten von den Leistungen der Kostenstellen und der Ausbringungsmenge der Produkte betrachtet:

(1) Anstelle der Beschäftigung als einziger Kosteneinflußgröße werden eine Vielzahl von Kosteneinflüssen bzw. Entscheidungen, die mit Kosten verbunden sind, untersucht. Zielsetzung der Rechnung mit relativen Einzelkosten ist es, im Sinne einer entscheidungsorientierten Kostenrechnung bestimmten Entscheidungsobjekten die durch diese hervorgerufenen Kosten zuzurechnen.

Die durch ein derartiges *Zurechnungsobjekt* verursachten Kosten bezeichnet RIEBEL als *relative Einzelkosten*.

(2) Während die Teilkostenrechnung das Verursachungsprinzip durch Proportionalitätsbeziehungen operationalisiert, d.h. unterstellt, daß die durch die Leistung einer Kostenstelle bzw. die Herstellung eines Produkts verursachten (variablen) Kosten proportional zur Ausbringungsmenge bzw. zur Beschäftigung sind, lehnt RIEBEL dieses Vorgehen ab, weil es mit einer Schlüsselung von Gemeinkosten verbunden sei. Er führt stattdessen das *Identitätsprinzip* ein, nach dem nur solche Geld- und Mengengrößen gegenübergestellt bzw. einem Objekt zugerechnet werden dürfen, die auf einen identischen Entscheidungszusammenhang, also auf einen gemeinsamen dispositiven Ursprung, zurückgeführt werden können (RIEBEL [1994], S. 765, vgl. auch FISCHER / ROGALSKI [1995], S. 11). Einzelkosten eines Entscheidungsobjekts sind dadurch charakterisiert, daß sie fortfallen, wenn die betreffende Entscheidung nicht getroffen wird.

(3) RIEBEL verzichtet auf eine Kostenträgerrechnung, in der alle variablen Kosten den Kostenträgern zugerechnet werden. Stattdessen schlägt er eine *Grundrechnung* als Datenbasis für Sonderrechnungen vor, in denen die durch unterschiedliche betriebliche Entscheidungen verursachten Kosten und die damit erzielbaren Erlöse bestimmt und miteinander verglichen werden können. Sie ist eine universell auswertbare Zusammenstellung relativer Einzelkosten, die als Bausteine von Sonderrechnungen für verschiedene Fragestellungen dienen sollen (vgl. RIEBEL [1964], S. 84, FISCHER / ROGALSKI [1995], S. 16).

Die Beschäftigung mit dem von RIEBEL vorgeschlagenen Kostenrechnungssystem wird durch dessen terminologische Eigenwilligkeit erschwert; so werden insbesondere herkömmliche Begriffe der Kostenrechnung mit eingeschränkter oder erweiterter Bedeutung verwendet, andere werden mit völlig anderem Inhalt versehen. Es ist daher zunächst erforderlich, sich mit dem Begriffssystem RIEBELS auseinanderzusetzen, ehe ein Überblick über das Rechnen mit relativen Einzelkosten gegeben werden kann.

Eine Unterscheidung zwischen fixen und variablen Kosten wird in diesem Kostenrechnungssystem nicht vorgenommen; alle Kosten werden vielmehr als *relative Einzelkosten* angesehen, die einem bestimmten Entscheidungs- oder Bezugsobjekt nach dem Identitätsprinzip zugeordnet werden können. Bei der Zuordnung der Kosten wird von einer *Hierarchie* von Entscheidungen und Zurechnungsobjekten ausgegangen; in der Grundrechnung sollen die Kosten der niedrigsten Hierarchiestufe zugeordnet werden, für die das Identitätsprinzip noch gilt. So können die in ein Produkt direkt eingehenden Materialmengen dem einzelnen

Stück zugerechnet werden; die Rüstkosten können hingegen nicht den einzelnen Produkteinheiten, sondern nur einem Los oder einem Fertigungsauftrag angelastet werden.

Unter *Gemeinkosten* werden nicht diejenigen Kosten verstanden, die einem Kostenträger nicht unmittelbar zugerechnet werden können, sondern solche Kosten, die nach dem Identitätsprinzip Entscheidungsobjekten auf einer höheren Hierarchiestufe zuzuordnen sind. So sind z.B. Rüstkosten Gemeinkosten für die einzelnen Produkteinheiten, aber (relative) Einzelkosten für einen bestimmten Fertigungsauftrag. Ebenso wird der Begriff der *unechten Gemeinkosten* weiter als in den herkömmlichen Systemen der Kostenrechnung gefaßt: In diesen bezeichnet man als unechte Gemeinkosten solche Kosten, die zwar grundsätzlich einem bestimmten Kostenträger zugerechnet werden könnten, aber über die Kostenstellenrechnung verrechnet werden, weil sie dort leichter zu erfassen sind. Bei der Rechnung mit relativen Einzelkosten werden hingegen unter unechten Gemeinkosten solche Kosten verstanden, die zur Vereinfachung auf einer höheren Hierarchiestufe erfaßt und dann den untergeordneten Bezugsobjekten, durch die sie verursacht worden sind, (ausnahmsweise) durch Schlüsselung zugeordnet werden. So könnte man z.B. darauf verzichten, den Stromverbrauch einzelner Maschinen zu erfassen und ihn stattdessen als unechte Gemeinkosten eines Kostenstellenbereichs nach Arbeitszeit und Nennverbrauch auf die dort installierten Maschinen schlüsseln.

An die Stelle der Unterscheidung in variable und fixe Kosten tritt die Einteilung der Kosten in *Leistungskosten*, die vom realisierten Produktionsprogramm abhängen und mit diesem und den Produktionsbedingungen variieren, und *Bereitschaftskosten*, die durch Entscheidungen zur Schaffung von Produktionskapazitäten und zur Sicherstellung der Rahmenbedingungen der Produktion ausgelöst werden, ohne daß sie Entscheidungen über den Umfang der Produktion einzelner Erzeugnisse oder Erzeugnisgruppen in einer bestimmten Planungsperiode zugerechnet werden können.

Die *Grundrechnung* erfolgt tabellarisch. In der *Vorspalte* werden die Kostenarten, gegliedert in Leistungskosten und Bereitschaftskosten, ausgewiesen. Diese werden z.B. in folgende Kategorien weiter untergliedert:

Leistungskosten:
- absatzabhängig
- erzeugnisabhängig
- beschaffungsabhängig
- von sonstigen Faktoren abhängig

Bereitschaftskosten:
- irreversibel vordisponiert:
- noch disponibel
- nicht disponibel

Disponibel sind solche Bereitschaftskosten, die durch längerfristige Entscheidungen abgebaut werden können; irreversibel vordisponierte Kosten können auch im Rahmen einer längeren Betrachtungsperiode nicht beeinflußt werden. So können z.B. Personalkosten aufgrund von Kündigungsfristen nicht innerhalb eines Monats, wohl aber innerhalb eines Jahres abgebaut werden.

Ein Beispiel für eine weitere Gliederung der Leistungskosten nach Einflußgrößen und Kostenarten ist in Abbildung 21 dargestellt (vgl. FISCHER / ROGALSKI [1993], S. 123).

Kategorie	Kostenart	Einflußgröße	Zurechnungsobjekt
absatzabhängige Kosten	Lizenzgebühren Versicherung Frachten	Absatzmenge Absatzwert Auftragsvolumen	Produkt Produkt Auftrag
erzeugnisabhängige Kosten	Materialkosten Hilfsstoffkosten Energieverbrauch Rüstkosten Sondervorrichtung Betriebsstoffkosten	Produktionsmenge Produktionsmenge Maschinenstunden Zahl der Lose Zahl der Aufträge Stromerzeugung	Produkte Produkte Kostenstellen Produktart Auftrag Hilfskostenstellen
beschaffungsabhängige Kosten	Materialkosten Zölle Frachten	Beschaffungsmenge Beschaffungswert Anzahl Bestellungen	Produkte Produkte Produkte
sonstige Kosten	Treibstoffkosten Qualitätssicherung	gefahrene km Prüfstunden	Hilfskostenstellen Produkte

Abb. 21: Gliederung der Leistungskosten in der Grundrechnung

Im *Tabellenkopf* der Grundrechnung werden die Zurechnungsobjekte, denen die Kosten nach dem Identitätsprinzip zuzurechnen sind, angegeben. Hierbei werden insbesondere die folgenden Bezugsgrößen verwendet:

Fertigungsbereiche:
- Kostenstellen
- Kostenstellenbereiche

- Teilbetriebe
- Gesamtunternehmen

Erzeugnisse:
- Produkte
- Lose
- Aufträge
- Produktgruppen

Die *zeitlichen Zurechnungsobjekte* haben eine zentrale Bedeutung bei der Rechnung mit relativen Einzelkosten; ihnen werden alle irreversibel vordisponierten Kostenkategorien zugeordnet. So können Materialbestellungen vielfach innerhalb eines Monats revidiert und daher dem jeweiligen Monat als Einzelkosten zugeordnet werden; wegen der gesetzlichen Kündigungsfristen sind hingegen Personalkosten innerhalb eines Quartals nicht oder nur schwer abbaubar und daher als Bereitschaftskosten des Quartals auszuweisen. Der Bestand an Maschinen kann nicht innerhalb eines Jahres variiert werden, ihre Anschaffungskosten sind daher dem Zurechnungsobjekt "offene Perioden" zuzuordnen. Abschreibungen werden nicht verrechnet, da die Anschaffungskosten nicht verursachungsgerecht auf die einzelnen Perioden, in denen die Maschinen genutzt werden, verrechnet werden können.

Daneben können noch weitere Bezugsgrößenhierarchien wie z.B. regionale Absatzgebiete und Vertriebswege verwendet werden. Die Zurechnung der Kostenarten zu den Zurechnungsobjekten erfolgt so, daß sie nach dem Identitätsprinzip jeweils auf der niedrigsten hierarchischen Stufe, auf der sie als Einzelkosten erkannt werden, auszuweisen sind.

Die Grundrechnung kann in unterschiedlichen *Sonderrechnungen*, die bestimmten Zwecken dienen, ausgewertet werden: Zunächst besteht die Möglichkeit der Aggregation, das heißt der Zusammenfassung der Kosten untergeordneter Hierarchiestufen auf einer höheren Stufe, um die Übersichtlichkeit der Ergebnisse der Grundrechnung zu erhöhen. Weiter kann eine innerbetriebliche Leistungsverrechnung durchgeführt werden, indem den Hauptkostenstellen die durch sie verursachten Kosten der Hilfskostenstellen angelastet werden. Ebenso besteht die Möglichkeit einer Kostenträgerrechnung, indem den Produkten und Aufträgen die durch sie verursachten Kosten der Hauptkostenstellen zugerechnet werden. In beiden Fällen ist das Identitätsprinzip zu beachten, d.h. es dürfen den Hauptkostenstellen bzw. den Kostenträgern nur diejenigen Kosten zugerechnet werden, die durch diese verursacht wurden.

Das Rechnen mit relativen Einzelkosten erhebt den Anspruch, mit der Grundrechnung eine situationsunabhängige Datenbasis zur Verfügung zu stellen, aus der alle für betriebliche Entscheidungen benötigten Daten hergeleitet werden können.

Die Grundrechnung ist streng pagatorisch orientiert und zeigt auf, welche Zahlungen fortfallen, wenn eine Entscheidung nicht getroffen wird; eine Aufteilung periodenübergreifender Zahlungen in Form von Abschreibungen wird nicht durchgeführt, weil das mit einer willkürlichen Schlüsselung verbunden ist. Im Gegensatz dazu gehen die traditionellen Ansätze der Teilkostenrechnung von einer speziellen Entscheidungssituation, der Variation der Ausbringungsmenge bzw. der Beschäftigung, aus. Neben der Bereitstellung von Daten für die Sortimentsplanung und die Preisgestaltung dient die Teilkostenrechnung der Wirtschaftlichkeitskontrolle der Kostenstellen und der Erfolgskontrolle bei Produkten und Aufträgen.

Trotz unterschiedlicher Zielsetzungen weisen beide Ansätze viele *Gemeinsamkeiten* auf, die allerdings durch die terminologischen Differenzen verdeckt werden. Die Einzelkosten der Teilkostenrechnung stimmen weitgehend mit den relativen Einzelkosten der Produkte und Aufträge überein, die Kostenstelleneinzelkosten entsprechen den relativen Einzelkosten der Kostenstellen sowie den unechten Gemeinkosten im Sinne RIEBELS. *Unterschiede* ergeben sich allerdings bei der Behandlung der Abschreibungen sowie der Löhne und Gehälter: Beim Rechnen mit relativen Einzelkosten werden die Anschaffungskosten von Betriebsmitteln nicht periodisiert, sondern als nicht disponible Kosten der Betriebsbereitschaft dem Zurechnungsobjekt "offene Perioden" zugerechnet. Im System der Teilkostenrechnung werden diese in Form von Abschreibungen den einzelnen Perioden zugerechnet und bei der Verrechnung der primären Gemeinkosten den Kostenstellen, in denen sie genutzt werden, angelastet. Im Rahmen der innerbetrieblichen Leistungsverrechnung und der Kostenträgerrechnung werden sie jedoch als fixe Gemeinkosten aus der Abrechnung herausgenommen und in das Betriebsergebnis übernommen.

Betriebsstoffe und Energieverbrauch werden in beiden Formen der Teilkostenrechnung zunächst in einen leistungsabhängigen Teil und in Bereitschafts- bzw. Fixkosten aufgeteilt. So sind z.B. die während der Laufzeit einer Maschine anfallenden Energiekosten weitgehend leistungsabhängig, der Energieverbrauch während der Anlauf- und Rüstzeiten ist hingegen nicht von der Ausbringungsmenge abhängig. Beim Rechnen mit spezifischen Deckungsbeiträgen wird der leistungsabhängige Teil als unechte Gemeinkosten angesehen, die mit Hilfe geeigneter Schlüsselgrößen auf die Hauptkostenstellen bzw. Kostenträger verrechnet werden können, die Teilkostenrechnung faßt sie hingegen als variable Gemeinkosten auf, die ebenfalls mit Hilfe von Bezugsgrößen, insbesondere der Laufzeit der Maschinen, weiterverrechnet werden. Der nicht leistungsabhängige Teil wird in der Teilkostenrechnung als Fixkosten direkt in das Betriebsergebnis übernommen; beim Rechnen mit relativen Einzelkosten werden diese Kostenbestandteile – wie z.B. der Energieverbrauch während der täglichen Anlaufphase der Maschinen – als

Bereitschaftskosten bei den Kostenstellen belassen oder – wie z.B. der mit Rüstvorgängen verbundene Energieverbrauch – bestimmten Aufträgen oder Produktgruppen zugeordnet.

Nach RIEBEL sind Löhne und Gehälter immer Bereitschaftskosten. Weil bei der Entlassung von Arbeitnehmern Kündigungsfristen eingehalten werden müssen, können diese Kosten bei einem Rückgang der Beschäftigung nicht kurzfristig abgebaut werden. Sie werden daher als irreversibel vordisponierte Bereitschaftskosten erfaßt. Die Teilkostenrechnung erfaßt hingegen Akkordlöhne als Einzelkosten. Zeitlöhne, Garantielöhne und Prämien sowie Gehälter werden zunächst als Kostenstelleneinzelkosten den Kostenstellen bzw. der Verwaltungsstelle zugerechnet, jedoch nicht in die innerbetriebliche Leistungsverrechnung und die Kostenträgerrechnung übernommen, sondern dem Betriebsergebnis als Fixkosten angelastet. Dieses Vorgehen ermöglicht insbesondere eine Kontrolle der Lohnkosten in den Kostenstellen.

Die Bedeutung des Rechnens mit relativen Einzelkosten ist darin zu sehen, daß die Beschäftigung nicht die einzige Kosteneinflußgröße ist und daß im Rahmen einer entscheidungsorientierten Kostenrechnung das Verursachungsprinzip strikt eingehalten werden muß, weil eine willkürliche Schlüsselung von Kostengrößen zu Fehlentscheidungen führt. Es wird allerdings verkannt, daß in der Kostenstellenrechnung eine Reihe von Kosten anfallen, die durch verursachungsgerechte Bezugsgrößen auf die Kostenträger weiterverrechnet werden können. Die Idee einer zweckunabhängigen Grundrechnung ist bestechend; es ist aber fraglich, ob das von RIEBEL entwickelte System dieser Aufgabe besser gerecht werden kann als die in erster Linie für die Wirtschaftlichkeitskontrolle der Kostenstellen und die Erfolgskontrolle der Kostenträger konzipierte Teilkostenrechnung.

3.2 Die Analyse des Fixkostenblocks

3.2.1 Problemstellung

Wie in Abschnitt 3.1.1 gezeigt wurde, werden im Rahmen der Teilkostenrechnung fixe Kostenbestandteile an drei Stellen aus der Kostenrechnung herausgenommen und direkt dem Betriebsergebniskonto zugeführt:

(1) Kosten, die weder Kostenträgern noch Kostenstellen verursachungsgerecht zurechenbar sind, werden aus der Kostenartenrechnung herausgenommen und in das Betriebsergebniskonto übernommen.

(2) Kosten, die zwar Hilfskostenstellen zurechenbar sind, aber nicht verursachungsgerecht auf die Hauptkostenstellen verrechnet werden können, werden aus der Kostenstellenrechnung herausgenommen und in das Betriebsergebniskonto übernommen.

(3) Ebenso werden Kosten, die zwar den Hauptkostenstellen zugerechnet, aber nicht verursachungsgerecht auf die Kostenträger verteilt werden können, in das Betriebsergebniskonto übernommen.

Aus der Tatsache, daß in der Teilkostenrechnung die Fixkosten aus der Verrechnung der Kosten auf Kostenstellen und Kostenträger herausgenommen werden, darf nicht geschlossen werden, daß sie völlig vernachlässigt und bei der Kostenkontrolle und der betrieblichen Planung nicht berücksichtigt werden. Sie werden vielmehr einer anderen Analyse unterworfen als die variablen Kostenbestandteile und gehen auf andere Weise als diese in die betriebliche Planung ein. Im folgenden werden daher Ansätze zur Analyse der Fixkosten und deren Berücksichtigung in betrieblichen Planungsmodellen untersucht.

3.2.2 Die Blockkostenrechnung

Der Grundgedanke der Blockkostenrechnung, die auf die Arbeiten von RUMMEL [1947] zurückgeht, ist darin zu sehen, daß die Fixkosten geschlossen in einem Fixkostenblock gesammelt und über das Betriebsergebnis abgerechnet werden. Nach RUMMEL ist eine weitere Analyse aus folgenden Gründen nicht erforderlich:

(1) Fixkosten sind nicht von den Kostenstellenleitern zu verantworten, da sie auf langfristigen Entscheidungen der Geschäftsleitung beruhen,

(2) Fixkosten sind im Rahmen der kurzfristigen Planung nicht beeinflußbar; sie sind vielmehr Kosten der Betriebsbereitschaft, die insbesondere auf Investitionsentscheidungen beruhen. Für langfristige Investitionsentscheidungen sind Kostendaten ohnehin nicht erforderlich, da diese mit Hilfe der Verfahren der Investitionsrechnung, die auf der Prognose zukünftiger Zahlungen beruhen, getroffen werden.

Dennoch sollte der Fixkostenblock im Rahmen einer Blockkostenrechnung analysiert werden. Hierzu dient insbesondere die *Break-Even-* bzw. *Gewinnschwellenanalyse*. Diese bestimmt im *Einproduktfall* diejenige Menge, die mindestens hergestellt und verkauft werden muß, um den Fixkostenblock durch den so erwirtschafteten Deckungsbeitrag abzudecken.

Es seien:

p — Preis des Produkts

k_v — variable Stückkosten

d — Deckungsbeitrag pro Stück

x — Ausbringungsmenge

3.2 Die Analyse des Fixkostenblocks

$D(x)$ - gesamter Deckungsbeitrag in Abhängigkeit von der Menge

K_F - Fixkosten

Dann ist im Einproduktfall die Gewinnschwelle definiert durch

$$D(x) = (p - k_v) \cdot x = d \cdot x \overset{!}{=} K_F$$

Löst man diese Beziehung nach x auf, dann erhält man als Gewinnschwelle:

$$x° = \frac{K_F}{d}$$

Diesen Sachverhalt verdeutlicht Abbildung 22: Die fixen Kosten K_F werden im Break-Even-Punkt $x°$ gerade durch den gesamten Deckungsbeitrag D abgedeckt. Liegt die Ausbringungsmenge unter der Gewinnschwelle $x°$, dann reicht der Deckungsbeitrag nicht aus, um die Fixkosten abzudecken, das Unternehmen arbeitet in der *Verlustzone*. Ist der erwirtschaftete Deckungsbeitrag hingegen höher als $x°$, dann befindet sich das Unternehmen in der *Gewinnzone*.

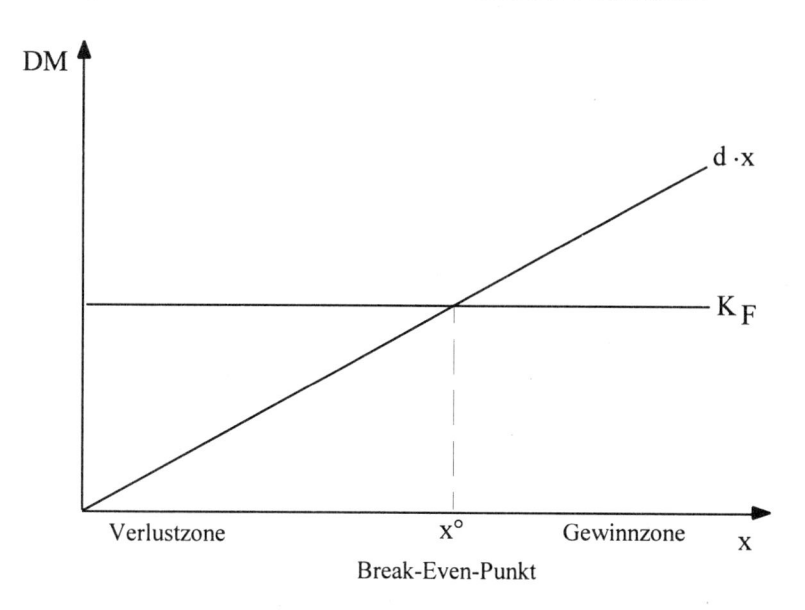

Abb. 22: Gewinnschwellenanalyse

Im *Mehrproduktfall* gibt es keinen eindeutigen Break-Even-Punkt. Die Gewinnschwelle wird durch alle Kombinationen von Ausbringungsmengen der Produkte definiert, die der folgenden Bedingung genügen:

$$D = \sum_{j=1}^{m} d_j \cdot x_j \overset{!}{=} K_F$$

mit: $j = 1,...,m$ - Produktarten
x_j - Ausbringungsmenge des Produkts j
d_j - Deckungsbeitrag des Produkts j

Für den Fall von zwei Produkten läßt sich die Situation durch Abbildung 23 verdeutlichen.

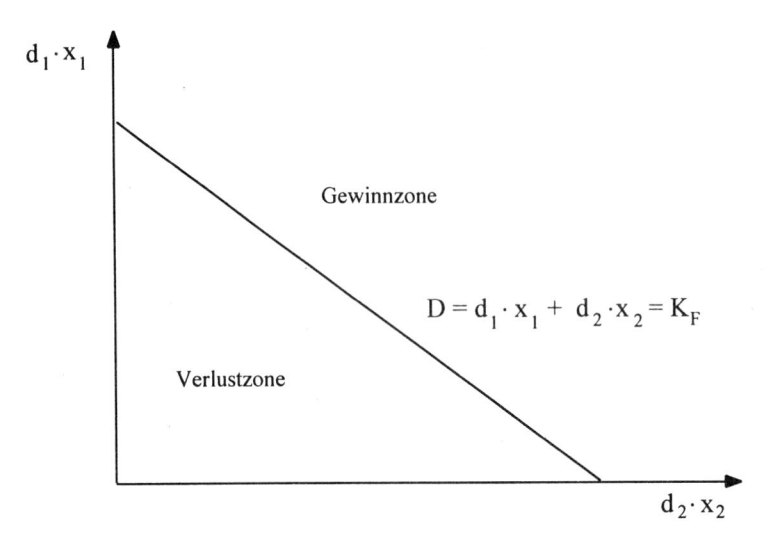

Abb. 23: Gewinnschwelle im Zweiprodukt-Fall

Bei allen Kombinationen von Ausbringungsmengen (x_1, x_2), die der Bedingung

$$D = d_1 \cdot x_1 + d_2 \cdot x_2 \stackrel{!}{=} K_F$$

genügen, werden die Fixkosten gerade abgedeckt. Alle Punkte auf der Geraden erfüllen diese Bedingung; alle Punkte oberhalb dieser kritischen Linie führen zu einem Gewinn, alle Punkte unterhalb führen zu einem Verlust.

Alle Produkte mit einem positiven Deckungsbeitrag tragen dazu bei, den Fixkostenblock abzudecken und gegebenenfalls einen Gewinn zu erwirtschaften. Man kann daher die Deckungsbeiträge zur Sortimentsplanung benutzen: Bei freien Kapazitäten ist jedes Produkt mit positivem Deckungsbeitrag in das Sortiment aufzunehmen und in der Menge zu produzieren, die abgesetzt werden kann.

Bei knappen Kapazitäten müssen hingegen neben den Deckungsbeiträgen und den Absatzmöglichkeiten auch die betrieblichen Engpässe berücksichtigt werden. Existiert nur ein Engpaß, dann können für alle Produkte *spezifische Deckungsbeiträge* bestimmt werden. Diese geben an, wieviel Deckungsbeitrag erwirtschaftet werden kann, wenn eine Einheit von der knappen Kapazität für die Produktion

3.2 Die Analyse des Fixkostenblocks

eines bestimmten Produktes eingesetzt wird. Bezeichnet man mit a_j den Produktionskoeffizienten, d.h. die Zeit, die benötigt wird, um eine Einheit des Produktes j auf der Engpaßmaschine zu bearbeiten, dann ist der spezifische Deckungsbeitrag d_j^0 gegeben durch:

$$d_j^0 = \frac{d_j}{a_j} \qquad j = 1,...,m$$

Mit Hilfe dieser spezifischen Deckungsbeiträge läßt sich das optimale Sortiment wie folgt bestimmen:

(1) Zunächst werden die Produkte nach der Höhe der spezifischen Deckungsbeiträge geordnet.

(2) Dann werden die Produkte sukzessiv in der Reihenfolge ihrer spezifischen Deckungsbeiträge in das Sortiment aufgenommen und jeweils in der Menge produziert, die abgesetzt werden kann.

(3) Das Verfahren endet, sobald es nicht mehr möglich ist, die Nachfrage nach dem zuletzt aufgenommenen Produkt ganz zu befriedigen. Von diesem wird dann so viel produziert, wie es die Restkapazität der Engpaßmaschine erlaubt.

Dieses einfache Verfahren der Zuteilung knapper Kapazitäten mit Hilfe spezifischer Deckungsbeiträge ist nur dann möglich, wenn es lediglich einen betrieblichen Engpaß gibt. Existieren mehrere Engpässe, dann sind die spezifischen Deckungsbeiträge nicht mehr eindeutig – es ergeben sich nämlich für jede knappe Kapazität andere Werte –, eine Reihung der Produkte nach ihren spezifischen Deckungsbeiträgen ist im Regelfall nicht möglich. Aber auch dabei werden Deckungsbeiträge als Daten für die Planung des Sortiments, die Zuteilung knapper Ressourcen und die Planung des Produktionsprogramms benötigt.

Das *Grundmodell* der betrieblichen Produktionsprogrammplanung kann wie folgt formuliert werden:

Gegeben seien folgende Daten:

$j = 1,...,m$ - Produkte

$i = 1,...,n$ - Maschinen

k_{vj} - variable Produktionskosten des Produkts j

K_F - Fixkosten

b_i - verfügbare Kapazität der Maschine i

a_{ij} - Produktionskoeffizient: Inanspruchnahme der Maschine i durch die Herstellung einer Einheit des Produkts j

A_j — maximale Absatzmenge für Produkt j

p_j — Preis, der beim Absatz des Produkts j erzielt werden kann

Soll das Produktionsprogramm so zusammengesetzt sein, daß der Gewinn maximal wird, dann ist die folgende Zielfunktion zu maximieren:

$$G = \sum_{j=1}^{m} (p_j - k_{vj}) \cdot x_j - K_F$$

Da die Fixkosten konstant sind, d.h. unabhängig von dem Produktionsprogramm anfallen, können sie in der Zielfunktion vernachlässigt werden. Setzt man weiter

$$d_j = p_j - k_{vj} \qquad j = 1,...,m$$

dann erhält man als Zielfunktion:

Man maximiere den gesamten Deckungsbeitrag:

$$D = \sum_{j=1}^{m} d_j \cdot x_j$$

Hierbei sind folgende Restriktionen zu beachten:

(1) Beschränkung der Produktionskapazitäten

$$\sum_{j=1}^{m} a_{ij} \cdot x_j \leq b_i \qquad i = 1,...,n$$

(2) Beschränkung der Absatzmöglichkeiten

$$x_j \leq A_j \qquad j = 1,...,m$$

(3) Nichtnegativitätsbedingungen

$$x_j \geq 0 \qquad j = 1,...,m$$

Dieser Ansatz läßt sich anhand des folgenden einfachen Zahlenbeispiels mit zwei Produkten $j = 1, 2$ und drei Kapazitäten $R1, R2, R3$ verdeutlichen:

$$D = x_1 + x_2 \Rightarrow \max!$$

$$x_1 + 4x_2 \leq 700 \qquad \text{(R1)}$$

$$x_1 + 1{,}5x_2 \leq 300 \qquad \text{(R2)}$$

$$2x_1 + x_2 \leq 400 \qquad \text{(R3)}$$

$$x_1 \leq 175 \qquad \text{(A1)}$$

$$x_2 \leq 190 \qquad \text{(A2)}$$

$$x_1, \quad x_2 \geq 0$$

3.2 Die Analyse des Fixkostenblocks

In Abbildung 24 werden die drei Kapazitätsbeschränkungen durch die Geraden R1, R2 und R3 dargestellt; die Absatzbeschränkungen sind durch die beiden achsenparallen Geraden A1 und A2 wiedergegeben. Die Menge der zulässigen Produktionsmengen, d.h. die Kombinationen von Ausbringungsmengen (x_1, x_2), die sich mit den gegebenen Kapazitäten herstellen lassen, entsprechen den Punkten innerhalb des doppelt umrahmten Polyeders.

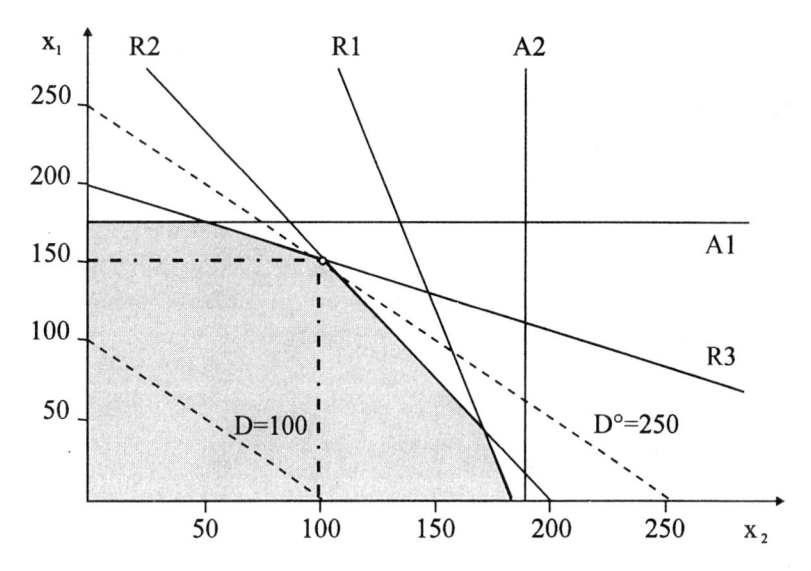

Abb. 24: Graphische Lösung eines linearen Programms

Um die optimale Lösung zu bestimmen, zeichnet man in die Abbildung eine Schar von Zielfunktionen in Abhängigkeit von der Höhe des gewünschten Deckungsbeitrags D ein:

$$x_1 = D - x_2$$

Für einen Deckungsbeitrag von $D = 100$ ergibt sich z.B. die in der Abbildung gestrichelt eingezeichnete Gerade. Alle auf dieser Geraden liegenden Produktionspunkte, die innerhalb der Menge der möglichen Produktionen liegen, sind realisierbar und führen zu einem Deckungsbeitrag von 100. Eine Erhöhung des Deckungsbeitrages führt zu einer Parallelverschiebung der Geraden nach rechts oben. Um den optimalen Produktionsplan zu finden, erhöht man den Deckungsbeitrag daher so lange, bis die entsprechende Gerade die Menge der zulässigen Produktionspunkte tangiert. Das wird in dem Beispiel bei einem Deckungsbeitrag von $D^0 = 250$ erreicht. Der optimale Produktionsplan ist gegeben durch:

$$x_1^0 = 150$$
$$x_2^0 = 100$$

Planungsprobleme, bei denen – wie im vorliegenden Fall – eine lineare Zielfunktion unter linearen Restriktionen maximiert (oder minimiert) werden soll, können bei mehr als zwei Produkten mit Hilfe von Verfahren der linearen Programmierung gelöst werden. (Vgl. hierzu: KISTNER [1992, S. 14 ff.]).

3.2.3 Analytische Deckungsbeitragsrechnung

Im Gegensatz zur Blockkostenrechnung, die die Fixkosten auf dem Betriebsergebniskonto sammelt und nicht weiter differenziert, sondern ihnen den gesamten Deckungsbeitrag gegenüberstellt, versuchen die Ansätze der *analytischen Deckungsbeitragsrechnung*, den Deckungsbeitrag aufzuspalten und ihn den Kosten bestimmter Abrechnungsobjekte gegenüberzustellen. Ausgangspunkt dieser Ansätze ist, daß die Unterscheidung von variablen Kosten, die einem Objekt verursachungsgerecht zurechenbar sind, und fixen Kosten, für die dieses nicht möglich ist, von der Entscheidungssituation abhängt. Die Kostenträgerrechnung geht von einer Situation aus, in der entschieden werden soll, ob eine zusätzliche Einheit eines Erzeugnisses herzustellen ist, bzw. in der die Wirtschaftlichkeit eines Produkts geprüft werden soll. Daneben treten aber auch andere Entscheidungs- und Kontrollsituationen auf, in denen Kostenbestandteile, die in der Kostenträgerrechnung fix sind, bestimmten Entscheidungsobjekten zugerechnet werden können. So sind z.B. Rüstkosten nicht einem einzelnen Produkt, wohl aber einem bestimmten Los zurechenbar. Ebenso kann man Abschreibungen für maschinelle Anlagen nicht den Kostenträgern, wohl aber den Kostenstellen, in denen die Maschinen genutzt werden, zurechnen.

In dem System der *stufenweisen Fixkostendeckung* von AGTHE [1959] werden die Fixkosten wie folgt gegliedert:

(1) *erzeugnisfixe Kosten*

Kosten, die in bezug auf das Stück fix sind, die jedoch einer Erzeugnisart zugerechnet werden können: Rüstkosten, Entwicklungskosten, Kosten für Spezialmaschinen

(2) *erzeugnisgruppenfixe Kosten*

Kosten, die fix in bezug auf eine einzelne Erzeugnisart sind, jedoch einer Erzeugnisgruppe zugerechnet werden können: Kosten des Vertriebssystems

(3) *kostenstellenfixe Kosten*

Kosten, die weder einer Erzeugnisart noch einer Erzeugnisgruppe, wohl aber einer bestimmten Kostenstelle zurechenbar sind: Meisterlöhne, Abschreibungen für Universalmaschinen

3.2 Die Analyse des Fixkostenblocks

(4) *bereichsfixe Kosten*

Kosten, die lediglich einem Kostenstellenbereich zugerechnet werden können: Gebäudeversicherung

(5) *unternehmensfixe Kosten*

Kosten, die erst bei Aufgabe des Unternehmens wegfallen, z.b. Kosten der Geschäftsleitung

Im System der stufenweisen Fixkostendeckung werden diesen Abrechnungsobjekten sukzessiv Deckungsbeiträge zugeordnet und geprüft, ob diese ausreichen, die durch das Objekt verursachten Kosten abzudecken. Hierbei wird gemäß dem in Abbildung 25 angegebenen Schema vorgegangen.

	Deckungsbeitrag der Erzeugnisart i
./.	erzeugnisfixe Kosten der Erzeugnisart i
=	Restdeckungsbeitrag der Erzeugnisart i
	Summe der Restdeckungsbeiträge aller Erzeugnisarten in der Erzeugnisgruppe j
=	Restdeckungsbeitrag I
./.	erzeugnisgruppenfixe Kosten der Erzeugnisgruppe j
=	Restdeckungsbeitrag der Erzeugnisgruppe j
	Summe der Restdeckungsbeiträge aller Erzeugnisgruppen
=	Restdeckungsbeitrag II
./.	kostenstellenfixe Kosten aller Kostenstellen
=	Restdeckungsbeitrag III
./.	bereichsfixe Kosten
=	Restdeckungsbeitrag IV
./.	unternehmensfixe Kosten
=	Nettoerfolg

Abb. 25: Kalkulationsschema der stufenweisen Fixkostendeckung

Während die Restdeckungsbeiträge noch nach Erzeugnisarten und Erzeugnisgruppen differenziert werden können, ist es grundsätzlich nicht möglich, den Restdeckungsbeitrag II einzelnen Kostenstellen und den Restdeckungsbeitrag III den Kostenstellenbereichen ohne willkürliche Schlüsselung zuzuweisen. Es kann lediglich festgestellt werden, ob die Restdeckungsbeiträge ausreichen, um die kostenstellenfixen Kosten bzw. die bereichsfixen Kosten insgesamt abzudecken oder nicht. Eine verursachungsgerechte Aufteilung der Restdeckungsbeiträge ist nur dann möglich, wenn sich die Kostenstellen und Kostenstellenbereiche jeweils genau einer Erzeugnisgruppe zuordnen lassen.

Neben der Differenzierung der Fixkosten und der Deckungsbeiträge nach Objekten schlägt AGTHE ([1959], S. 411 f.) vor, die fixen Kosten nach ihrer Ausgabenwirksamkeit zu differenzieren. Er kommt dabei zu dem in Abbildung 26 wiedergegebenen Abrechnungsschema.

	Deckungsbeitrag der Erzeugnisse
./.	ausgabenwirksame erzeugnisfixe Kosten
./.	ausgabenwirksame erzeugnisgruppenfixe Kosten
./.	ausgabenwirksame kostenstellenfixe Kosten
./.	ausgabenwirksame bereichsfixe Kosten
./.	ausgabenwirksame unternehmensfixe Kosten
=	Restdeckungsbeitrag über ausgabenwirksame Fixkosten
./.	nicht ausgabenwirksame erzeugnisfixe Kosten
./.	nicht ausgabenwirksame erzeugnisgruppenfixe Kosten
./.	nicht ausgabenwirksame kostenstellenfixe Kosten
./.	nicht ausgabenwirksame bereichsfixe Kosten
./.	nicht ausgabenwirksame unternehmensfixe Kosten
=	Nettoerfolg

Abb. 26: Differenzierung der Fixkosten nach Ausgabenwirksamkeit

Ein ähnlicher Ansatz, die *differenzierte Deckungsbeitragsrechnung*, wurde von RIEBEL [1959] entwickelt. Dieses System beruht auf dem Rechnen mit relativen Einzelkosten und kann als Sonderrechnung interpretiert werden, in der den Kosten der verschiedenen Zurechnungsobjekt-Hierarchien des Produktionsbereichs die ihnen zuzuordnenden Erlöse zugerechnet werden.

Ausgangspunkt der Analyse ist der Bruttoerlös, von dem dann retrograd z.B. die folgenden Größen abgesetzt werden:

(1) Vertriebskosten

(2) variable Kosten der Produktionsstufen: Hauptkostenstellen

(3) variable Kosten der Hilfskostenstellen

(4) liquiditätswirksame Fixkosten

(5) sonstige Fixkosten

(6) Periodengewinn

Das Vorgehen wird am Beispiel einer einfachen Kuppelproduktion verdeutlicht, bei der drei Endprodukte a, b, c und ein Abfallprodukt d hergestellt werden. Die

3.2 Die Analyse des Fixkostenblocks

Produktion erfolgt in 6 Fertigungsstellen $F_1,...,F_6$. Die Stellen F_1 und F_3 stellen die Zwischenprodukte $z_1,...,z_5$ her, die Stelle F_4 bereitet das Abfallprodukt für die Deponierung auf. Die übrigen Stellen erzeugen die Endprodukte. Weiter ist eine Hilfskostenstelle eingerichtet. Der Produktionsfluß ist in Abbildung 27 dargestellt (vgl. RIEBEL [1972], S. 40). In den Knoten des Graphen sind die relativen Einzelkosten der Fertigungsstellen $F_1,...,F_6$ bzw. die Vertriebskosten $V_a,...,V_d$, in den Kreisen die Bruttoerlöse $BE_a,...,BE_d$ angegeben.

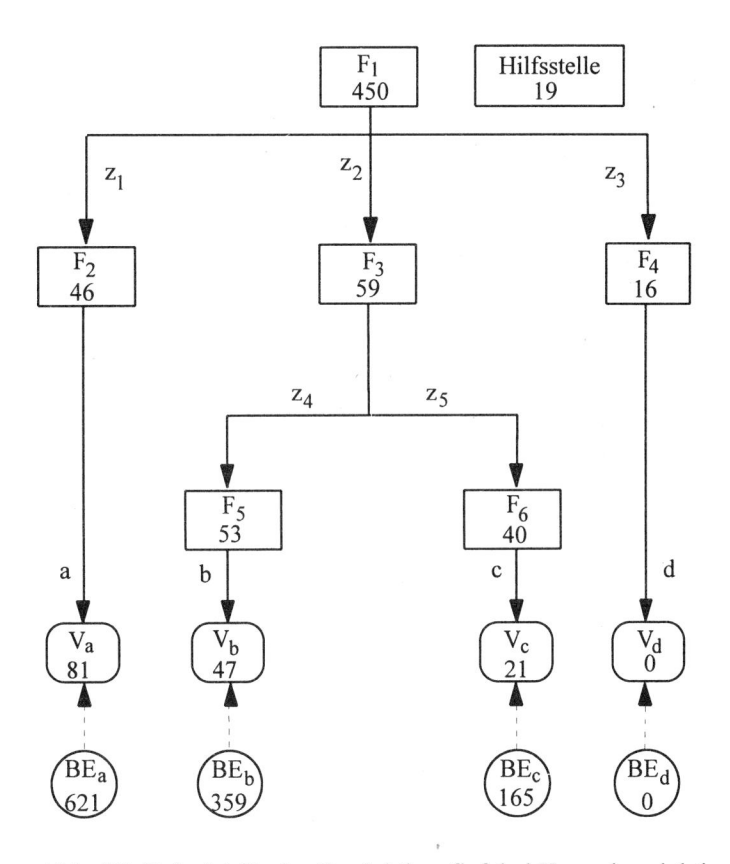

Abb. 27: Beispiel für den Produktionsfluß bei Kuppelproduktion

Die differenzierte Deckungsbeitragsrechnung wird nach dem in Tabelle 11 dargestellten Schema durchgeführt (vgl. RIEBEL [1972], S. 72 ff.).

Ausgangspunkt sind die Bruttoerfolge der Produkte; für das Produkt b beträgt dieser z.B. 359. Setzt man davon die Vertriebskosten für das Produkt in Höhe von 47 ab, so ergibt sich ein Deckungsbeitrag in Höhe von 312. Dieser Betrag steht als Deckungsbeitrag der Endstufe F_5 für die Fertigung von b zur Verfügung. Zieht man hiervon die Einzelkosten der Kostenstelle F_5 in Höhe von 53 ab, so erhält man einen Deckungsbeitrag in Höhe von 259 für das Zwischenprodukt z_4. Faßt man diesen Betrag mit dem Deckungsbeitrag des Zwischenprodukts z_5 in Höhe von 104 zusammen, erhält man den Deckungsbeitrag der Stelle F_3 von 363. Verringert man diesen Betrag um die Einzelkosten dieser Stelle in Höhe von 59, erhält man als Deckungsbeitrag des Zwischenprodukts z_2 304.

Tabelle 11: Schema der differenzierten Deckungsbeitragsrechnung

Produkte	a	b	c	d
Bruttoerlöse	621	359	165	0
./. Vertriebskosten	81	47	21	0
= Deckungsbeitrag	540	312	144	0
Endstufen	F_2	F_5	F_6	F_4
Deckungsbeitrag der Endstufen	540	312	144	0
./. Einzelkosten der Endstufen	46	53	40	16
= Deckungsbeitrag	494	259	104	-16
Zwischenprodukte	z_1	z_4	z_5	z_3
Deckungsbeitrag der Zwischenprodukte	494	259	104	-16
Zwischenstufe		F_3		
Deckungsbeitrag der Zwischenstufe		363		
./. Einzelkosten der Zwischenstufe		59		
= Deckungsbeitrag		304		
Zwischenprodukte	z_1	z_2		z_3
Deckungsbeitrag der Zwischenprodukte	494	304		-16
Deckungsbeitrag der Stufe F_1		782		
./. Einzelkosten der Stufe F_1		450		
./. Einzelkosten der Hilfsstellen		19		
= Deckungsbeitrag über alle variablen Kosten		313		
./. liquiditätswirksame Bereitschaftskosten		163		
= Deckungsbeitrag über alle liquiditätswirksamen Kosten		150		
./. sonstige Bereitschaftskosten		111		
= Betriebserfolg		39		

Eine etwas andere Situation ergibt sich bei dem Produktionsabfall d: Dieser erwirtschaftet keinen Bruttoerlös; in der Kostenstelle F_4 fallen jedoch Kosten für die Aufbereitung des Zwischenprodukts z_3 in Höhe von 16 an, so daß das Zwischenprodukt z_3 einen negativen Deckungsbeitrag hat.

Im nächsten Schritt sind die Deckungsbeiträge der Zwischenprodukte z_1, z_2 und z_3 zum Deckungsbeitrag der Kostenstelle F_1 zusammenzufassen; dieser beträgt

3.2 Die Analyse des Fixkostenblocks

782. Hiervon sind die Einzelkosten von F_1 in Höhe von 450 sowie die Kosten der Hilfskostenstelle in Höhe von 19 abzusetzen. Als Ergebnis erhält man den Deckungsbeitrag über alle variablen Kosten in Höhe von 313.

Neben den den Produkten zurechenbaren Kosten fallen Bereitschaftskosten an, die in liquiditätswirksame und sonstige Bereitschaftskosten gegliedert werden. Setzt man die liquiditätswirksamen Bereitschaftskosten in Höhe von 163 vom Deckungsbeitrag über alle variablen Kosten ab, dann erhält man einen Deckungsbeitrag über alle liquiditätswirksamen Kosten in Höhe von 150. Vermindert man diesen um die sonstigen Bereitschaftskosten in Höhe von 111, dann erhält man einen Betriebserfolg von 39.

Bei der differenzierten Deckungsbeitragsrechnung treten im allgemeinen ähnliche Zurechnungsprobleme wie bei der stufenweisen Fixkostendeckung auf: Nur bei *divergierenden Produktionsstrukturen*, bei denen jede Stelle Lieferungen lediglich von einer einzigen anderen Stelle erhält, lassen sich die Deckungsbeiträge eindeutig retrograd auf die Kostenstellen und Zwischenprodukte verteilen. Wenn hingegen eine Kostenstelle von mehreren anderen Stellen beliefert wird, kann der Restdeckungsbeitrag der empfangenden Stelle nicht mehr willkürfrei den liefernden Stellen zugerechnet werden.

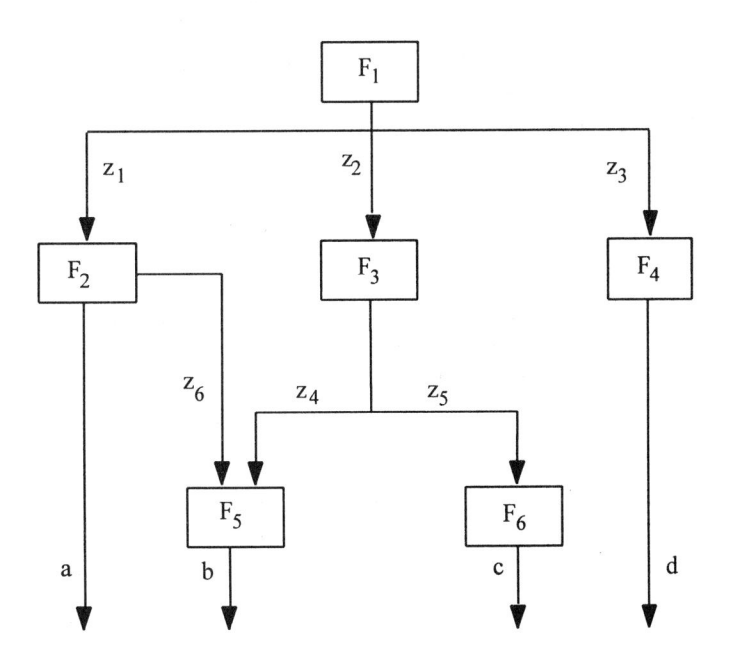

Abb. 28a: Produktionsstruktur mit einer Stelle, die von mehreren anderen beliefert wird

Um dennoch eine differenzierte Deckungsbeitragsrechnung durchführen zu können, müssen alle Stellen, die dasselbe Zwischenprodukt einsetzen bzw. Lieferungen von derselben Stelle empfangen, zu einem Abrechnungsobjekt zusammengefaßt werden. Dieses Vorgehen läßt sich anhand der Abbildungen 28a und 28b verdeutlichen. Die in Abbildung 28a dargestellte Produktionsstruktur unterscheidet sich von der in Abbildung 27 dargestellten lediglich darin, daß die Stelle F_2 nicht nur das Endprodukt a erzeugt, sondern auch an die Stelle F_5 das Zwischenprodukt z_6 (das physisch mit dem Endprodukt a identisch sein kann) liefert. Damit erhält F_5 Lieferungen von zwei Stellen, F_2 und F_3. Will man den Restdeckungsbeitrag der Stelle F_5 nicht willkürlich auf diese beiden Stellen verteilen, dann muß man – wie in Abbildung 28b gezeigt – beide Stellen zu einer Abrechnungseinheit zusammenfassen.

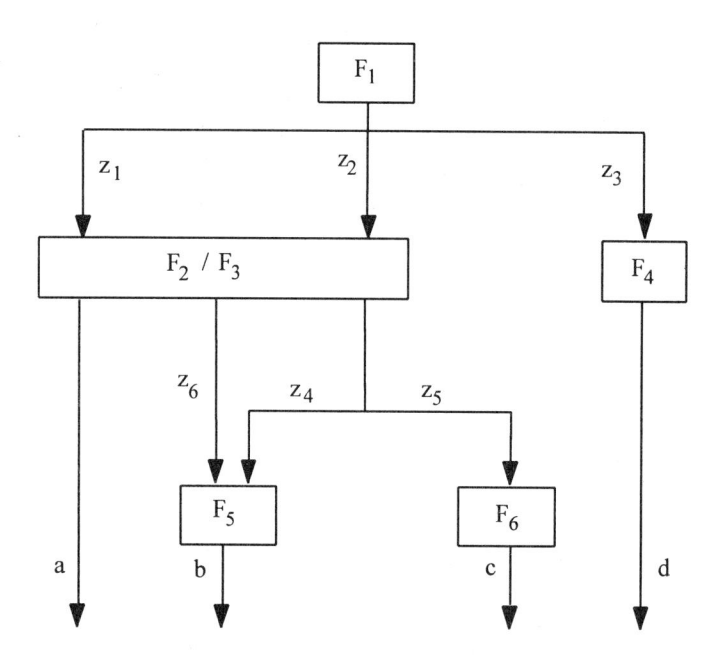

Abb. 28b: Reduktion zu einer rein divergierenden Produktionsstruktur

Bei einer *Montagestruktur* führt dieses Vorgehen dazu, daß alle Stellen, die mit der Herstellung eines Produkts befaßt sind, zu einer einzigen Abrechnungseinheit zusammengefaßt werden müssen. Falls darüber hinaus die gleichen Stellen bei der Erzeugung mehrerer Produkte eingesetzt werden, dann müssen die Abrechnungseinheiten sogar produktübergreifend gebildet werden; im Extremfall kann nur ein einziger Kostenstellenbereich gebildet werden, so daß keine differenzierten Aussagen mehr möglich sind.

3.2 Die Analyse des Fixkostenblocks

Montageprozesse und konvergierende Produktion spielen in der industriellen Fertigung eine große Rolle; die Einsatzmöglichkeiten der auf einer retrograden Verrechnung der Erlöse beruhenden Ansätze der analytischen Deckungsbeitragsrechnung sind daher stark eingeschränkt.

Den beiden in diesem Abschnitt vorgestellten Ansätzen ist gemeinsam, daß sie den Deckungsbeitrag retrograd auf einzelne Abrechnungsobjekte verteilen. Sie unterscheiden sich jedoch wesentlich in der Definition des Deckungsbeitrags und der durch ihn abzudeckenden Kosten. Ausgangspunkt der *stufenweisen Fixkostendeckung* ist der Deckungsbeitrag als Differenz zwischen Bruttoerlösen und variablen Kosten der Kostenträger, dieser wird auf den einzelnen Stufen den diesen zuzurechnenden Fixkosten gegenübergestellt, um einen Restdeckungsbeitrag für die folgenden Stufen zu berechnen. Das System der *differenzierten Deckungsbeitragsrechnung* geht hingegen von den Bruttoerlösen aus und subtrahiert von diesen sukzessiv die relativen Einzelkosten der jeweiligen Fertigungsstufe; die verbleibenden Fixkosten werden als Bereitschaftskosten interpretiert. In beiden Ansätzen wird zwischen liquiditätswirksamen und sonstigen Fixkosten unterschieden. Während diese Differenzierung im System von AGTHE auf jeder Stufe durchgeführt wird, trennt RIEBEL lediglich die Bereitschaftskosten auf der letzten Stufe in die beiden Komponenten.

3.2.4 Die Grenzerfolgskalkulation

Die traditionellen Ansätze der Kostenrechnung gehen von zwei Prinzipien aus:

(1) Kostenverrechnung nach dem Verursachungsprinzip

(2) Pagatorischer Kostenbegriff, d.h. Kosten sind Zahlungen, die den Bezugsobjekten der Kostenrechnung, insbesondere den Kostenstellen und Kostenträgern, und der Periode zugerechnet werden.

Hieraus ergeben sich folgende Konsequenzen:

(1) Notwendigkeit einer Teilkostenrechnung, d.h. es ist nicht möglich, den Fixkostenblock verursachungsgerecht den Bezugsobjekten zuzurechnen.

(2) Die Teilkostenrechnung genügt den Anforderungen an ein *Kontrollinstrument*, d.h. den Kontrollobjekten werden nur die pagatorischen Kosten zugerechnet, die durch sie verursacht worden sind.

(3) Die Kostenrechnung kann jedoch ihre Aufgaben als *Planungsinstrument* nur unvollkommen erfüllen:

- Im Fall der *Unterbeschäftigung* führt die Entscheidungsregel "Produziere von allen Produkten, die einen positiven Deckungsbeitrag erwirtschaften, soviel, wie abgesetzt werden kann, und produziere nichts von den Produkten mit negativem Deckungsbeitrag" zu optimalen Entscheidungen.

- Bei *Vollbeschäftigung* ist die Steuerung des Einsatzes knapper Ressourcen nur unvollkommen möglich, weil man die Opportunitätskosten für deren Bereitstellung nicht als pagatorische Kosten erfassen kann.

Fixkosten können als Kosten der Betriebsbereitschaft interpretiert werden: Um die Produktion durchführen zu können, müssen Betriebsmittel verfügbar sein, zur Steuerung der betrieblichen Prozesse ist der Einsatz dispositiver Arbeit in der Verwaltung und in den Planungsabteilungen notwendig; aber auch die Tätigkeit von Meistern ist erforderlich, um den Produktionsprozeß in den Betriebsabteilungen bzw. in den Kostenstellen zu steuern und zu überwachen.

Um diese Bereitschaftskosten den Kostenträgern zuzurechnen, sind grundsätzlich zwei Ansätze möglich:

(1) Die *Vollkostenrechnung* versucht, die pagatorischen Fixkosten den Kostenträgern als Ausgleich für die Bereitstellung der personellen und materiellen Kapazitäten anzulasten. Da sich jedoch kein verursachungsgerechter Zusammenhang zwischen der Höhe der fixen Kosten und der Inanspruchnahme der Kapazitäten, mit deren Bereitstellung diese Kosten verbunden sind, herstellen läßt, führt die Verrechnung von Fixkosten zu einer Fehlsteuerung der Ressourcen. Insbesondere führt die *Fixkostendegression* dazu, daß die Inanspruchnahme einer Kapazität rechnerisch um so billiger wird, je mehr sie eingesetzt wird.

(2) Die von BÖHM und WILLE [1964; 1974] entwickelte *Grenzerfolgskalkulation* versucht hingegen, die Inanspruchnahme der Kapazitäten mit *Opportunitätskosten* zu bewerten. Verbrauchsfaktoren können in der Regel zu Marktpreisen wiederbeschafft werden, ihre Opportunitätskosten sind daher gleich den Marktpreisen, so daß die variablen Kosten auf der Grundlage pagatorischer Kosten erfaßt werden können. Im Gegensatz dazu werden die betrieblichen Kapazitäten innerhalb des der Kostenrechnung zugrunde liegenden Zeitraums nicht ersetzt; Marktpreise sind daher keine brauchbaren Indikatoren für die mit dem Einsatz der Kapazitäten verbundenen Opportunitätskosten. Diese müssen anhand der entgangenen Gewinne bei anderweitiger Nutzung der Kapazitäten bestimmt werden.

Mit der Bewertung der Inanspruchnahme knapper Kapazitäten anhand von Knappheitspreisen sind jedoch zwei Probleme verbunden:

(1) Opportunitätskosten für die Inanspruchnahme knapper Kapazitäten stehen im allgemeinen in keinem Verhältnis zu deren Anschaffungs- oder Wiederbe-

3.2 Die Analyse des Fixkostenblocks

schaffungskosten; die Bewertung mit Knappheitspreisen steht also im Widerspruch zum Prinzip der Pagatorik.

(2) Während sich die Opportunitätskosten bei einem einzigen Engpaß leicht aus den spezifischen Deckungsbeiträgen herleiten lassen, sind bei mehreren Engpässen Verfahren der mathematischen Programmierung erforderlich.

Wegen der theoretischen Bedeutung der Bewertung des Einsatzes knapper Kapazitäten wird im folgenden zunächst nochmals die Bestimmung von Opportunitätskosten bei einem einzigen Engpaß dargestellt und anschließend ein mathematischer Ansatz zu deren Ermittlung bei mehreren Engpässen beschrieben.

Ist nur eine Ressource knapp, dann orientiert sich die Planung nach dem *Ausgleichsgesetz der Planung* (GUTENBERG [1983], S. 163 f.) an dem Engpaßfaktor: Es kann nur soviel produziert werden, wie der Engpaß bei Vollauslastung hergibt. In diesem Fall können die Opportunitätskosten des Engpaßfaktors anhand der spezifischen Deckungsbeiträge bestimmt werden, die Opportunitätskosten der nicht ausgelasteten Faktoren sind hingegen gleich Null (vgl. Abschnitt 1.2.2.2).

Dieses Vorgehen soll anhand des folgenden *Zahlenbeispiels* erläutert werden:

Ein Unternehmen produziert drei Produkte $j = 1, 2, 3$. Aus Erfahrungen der Vergangenheit ist bekannt, daß die Gesamtkapazität des Betriebes durch eine bestimmte Maschine i^* determiniert ist; diese kann monatlich während $r_i^* = 200$ Std. genutzt werden. Die Deckungsbeiträge d_j, die Inanspruchnahme der Engpaßmaschine je Ausbringungsmengeneinheit a_j sowie die spezifischen Deckungsbeiträge

$$d_j^* = \frac{d_j}{a_j}$$

sowie die maximalen Absatzmengen A_j sind in Tabelle 12 angegeben.

Tabelle 12: Beispiel zur Ermittlung von Opportunitätskosten

j	d_j	a_j	d_j^*	A_j
1	50 DM / Stk.	1 Std. / Stk.	50 DM / Std.	100 Stk.
2	40 DM / Stk.	2 Std. / Stk.	20 DM / Std.	100 Stk.
3	60 DM / Stk.	2 Std. / Stk.	30 DM / Std.	65 Stk.

Falls keine Absatzbeschränkungen zu beachten sind, ist es optimal, die gesamte Kapazität der Engpaßmaschine für die Produktion des Produkts 1 einzusetzen und davon $x_1 = 200$ Stück herzustellen. Hierbei könnte ein Gesamtdeckungsbeitrag in

Höhe von 10.000 DM erzielt werden. Würde die Kapazität der Engpaßmaschine um eine Einheit auf 199 Std. reduziert, dann müßte auch die Produktion des Erzeugnisses 1 um ein Stück reduziert werden; das würde zu einer Reduktion des gesamten Deckungsbeitrags um 50 DM führen. Die Opportunitätskosten der Maschine betragen daher $w = 50$ DM/Std.

Es sind nun die Auswirkungen von Absatzbeschränkungen zu betrachten. Um einen optimalen Produktionsplan zu bestimmen, werden die Produkte in der Reihenfolge ihrer spezifischen Deckungsbeiträge geordnet; es wird ihnen sukzessiv Kapazität des Engpaßfaktors zugewiesen, bis diese erschöpft ist.

Zunächst wird dem Produkt 1 die zur Herstellung der höchstens absetzbaren Menge von $A_1 = 100$ Stück benötigte Kapazität zugewiesen, da dieses den höchsten spezifischen Deckungsbeitrag von 50 DM / Std. aufweist. Hiermit kann ein Gesamtdeckungsbeitrag in Höhe von 5.000 DM erwirtschaftet werden. Die verbleibende Kapazität wird für die Erzeugung des Produkts 3 mit dem nächsthöheren spezifischen Deckungsbeitrag in Höhe von 30 DM / Std. eingesetzt. Hiermit können $x_3 = 50$ Stück produziert und ein Deckungsbeitrag von weiteren 3.000 DM erzielt werden. Damit sind die Kapazitäten der Engpaßmaschine erschöpft, die Produktion der restlichen 15 Stück des Produkts 3 und die Befriedigung der Nachfrage nach Produkt 2 ist nicht möglich.

Würde die Kapazität um 1 Stunde reduziert, dann müßte die Produktion des Produkts 3 um 0,5 Einheiten reduziert werden, der Deckungsbeitrag ginge damit um 30 DM zurück. Die Opportunitätskosten betragen in diesem Fall $w = 30$ DM / Std.

Lastet man den Produkten 1 und 3 die Opportunitätskosten der knappen Kapazität an, so erhält man:

Produkt 1:	$(d_1 - a_1 \cdot w) \cdot x_1 = (50 - 1 \cdot 30) \cdot 100$	$= 2.000$
Produkt 3:	$(d_3 - a_3 \cdot w) \cdot x_3 = (60 - 2 \cdot 30) \cdot 50 =$	0
Kapazität:	$r_i^* \cdot w = 200 \cdot 30$	$= 6.000$
Deckungsbeitrag:	$d_1 \cdot x_1 + d_3 \cdot x_3 = 50 \cdot 100 + 60 \cdot 50$	$= 8.000$

Wie das Beispiel zeigt, wird bei einer Bewertung der knappen Ressource mit den Opportunitätskosten w der gesamte Deckungsbeitrag auf die knappe Kapazität und die Produkte, deren Absatzgrenzen wirksam sind, aufgeteilt. Die Differenz

$$d_j - a_j \cdot w$$

gibt an, um wieviel der gesamte Deckungsbeitrag gesteigert werden könnte, wenn man eine Einheit des Produkts j mehr absetzen könnte. Man bezeichnet die Op-

3.2 Die Analyse des Fixkostenblocks

portunitätskosten w daher auch als *Grenzerfolgssätze*, weil sie angeben, um welchen Betrag sich der Deckungsbeitrag erhöht, wenn die betreffende Restriktion um eine Einheit gelockert wird.

Das Konzept, die Produkte nach ihren spezifischen Deckungsbeiträgen zu ordnen und dann den optimalen Produktionsplan sowie die Grenzerfolgssätze für Kapazitäten und Produkte zu bestimmen, läßt sich nicht auf den Fall mehrerer knapper Kapazitäten übertragen, da dann keine eindeutige Reihung der Produkte anhand eines einzigen spezifischen Deckungsbeitrags möglich ist. Wie in Abschnitt 3.2.2 gezeigt wurde, kann der optimale Produktionsplan jedoch mit Hilfe der linearen Programmierung bestimmt werden. Mit diesem Ansatz können nicht nur optimale Produktionspläne bestimmt werden, die Theorie der linearen Programmierung ermöglicht es vielmehr auch, Grenzerfolgssätze für knappe Kapazitäten und Absatzmöglichkeiten zu ermitteln.

Als Ausgangspunkt für die Herleitung von Grenzerfolgssätzen bei mehreren knappen Kapazitäten wird nochmals das Grundmodell der Produktionsplanung angegeben.

$$D = \sum_{j=1}^{m} d_j \cdot x_j \Rightarrow \max!$$

$$\sum_{j=1}^{m} a_{ij} \cdot x_j \leq b_i \qquad i = 1,\ldots,n \qquad \text{(Produktionsmodell)}$$

$$x_j \leq A_j \qquad j = 1,\ldots,m$$

$$x_j \geq 0 \qquad j = 1,\ldots,m$$

Grenzerfolgssätze für die Kapazitäten und die Absatzmöglichkeiten können mit Hilfe des diesem linearen Programm zugeordneten *dualen Programms* bestimmt werden. (Zur Dualitätstheorie vgl. z.B. KISTNER [1993], S. 35 f.) Es hat für das Standardmodell der Produktionsplanung die folgende Form:

$$Z = \sum_{i=1}^{n} b_i \cdot w_i + \sum_{j=1}^{m} A_j \cdot v_j \Rightarrow \min!$$

$$\sum_{i=1}^{n} a_{ij} \cdot w_i + v_j \geq d_j \qquad j = 1,\ldots,m \qquad \text{(Bewertungsmodell)}$$

$$w_i \geq 0 \qquad i = 1,\ldots,n$$

$$v_j \geq 0 \qquad j = 1,\ldots,m$$

In diesem Fall läßt sich das duale Programm wie folgt interpretieren: Gesucht werden nichtnegative Bewertungen der verfügbaren Kapazitäten w_i und der Absatzmöglichkeiten v_j, so daß die damit gewichtete Summe der Produktionskapazitäten und der Absatzmöglichkeiten minimiert wird und die bewertete Nutzung dieser Kapazitäten durch die einzelnen Produkte mindestens gleich dem Deckungsbeitrag dieser Produkte ist. Das duale Programm des Produktionsmodells wird daher auch *Bewertungsmodell* genannt.

Das Bewertungsmodell zu dem in Abschnitt 3.2.2 eingeführten Beispiel hat die folgende Form:

$$Z = 700 \cdot w_1 + 300 \cdot w_2 + 400 \cdot w_3 + 175 \cdot v_1 + 190 \cdot v_2 \Rightarrow \min!$$

$$w_1 + w_2 + 2 \cdot w_3 + v_1 \geq 1$$
$$4 \cdot w_1 + 1{,}5 \cdot w_2 + w_3 + v_2 \geq 1$$
$$w_1, w_2, w_3, v_1, v_2 \geq 0$$

Die optimale Lösung dieses Bewertungsmodells ist gegeben durch:

$$w_1 = 0; \quad w_2 = 0{,}5; \quad w_3 = 0{,}25; \quad v_1 = 0; \quad v_2 = 0$$

Der Zielfunktionswert Z der optimalen Lösung des Bewertungsmodells beträgt 250. Er entspricht immer dem Maximum des Zielfunktionswerts des Produktionsmodells.

Die Variablen des Bewertungsmodells können als Opportunitätskosten bzw. als *Grenzerfolgssätze* interpretiert werden; sie geben an, um wieviel der optimale Zielfunktionswert des Produktionsmodells zurückgeht, wenn die Kapazitätsbeschränkung bzw. die Absatzgrenze um eine Einheit reduziert wird bzw. wenn die Kapazitäten mit einer Einheit anderweitig eingesetzt würden. Das Bewertungsmodell teilt den durch die optimale Lösung des Produktionsmodells erzielten Deckungsbeitrag auf die Restriktionen auf.

Zwischen dem Produktionsmodell und dem Bewertungsmodell bestehen folgende Beziehungen:

(1) Es gibt genau dann eine optimale Lösung des Produktionsplanungsmodells, wenn es eine optimale Lösung des Bewertungsmodells gibt.

(2) Der optimale Zielfunktionswert des Produktionsplanungsmodells entspricht dem optimalen Zielfunktionswert des Bewertungsmodells.

$$Z^0 = D^0$$

Bewertet man die Nutzung der knappen Kapazitäten und der Absatzmöglichkeiten mit der optimalen Lösung des Duals, dann wird der maximal zu erwirtschaftende Deckungsbeitrag gerade auf die Kapazitäten und die Absatzmöglichkeiten aufgeteilt.

3.2 Die Analyse des Fixkostenblocks

(3) Zwischen den optimalen Werten des Produktionsplanungsmodells x_j^o ($j = 1,...,m$) sowie der optimalen Lösung des Bewertungsmodells w_i^o ($i = 1,...,n$) und v_j ($j = 1,...,m$) gelten folgende Beziehungen:

Preistheorem:

$$\sum_{j=1}^{m} a_{ij} \cdot x_j^o \begin{Bmatrix} = \\ < \end{Bmatrix} b_i \quad \Rightarrow \quad w_i^o \begin{Bmatrix} \geq \\ = \end{Bmatrix} 0 \quad \text{für alle} \quad i = 1,...,n$$

$$x_j^o \begin{Bmatrix} = \\ < \end{Bmatrix} A_j \quad \Rightarrow \quad v_j^o \begin{Bmatrix} \geq \\ = \end{Bmatrix} 0 \quad \text{für alle} \quad j = 1,...,m$$

Hieraus folgt, daß die Grenzerfolgssätze für die Kapazitäten w_i und die Absatzmöglichkeiten v_j^o nur dann positiv sind, wenn die jeweiligen Restriktionen voll ausgeschöpft werden.

$$\sum_{i=1}^{n} a_{ij} \cdot w_i^o + v_j^o \begin{Bmatrix} = \\ > \end{Bmatrix} d_j \quad \Rightarrow \quad x_j^o \begin{Bmatrix} \geq \\ = \end{Bmatrix} 0 \quad \text{für alle} \quad j = 1,...,m$$

Hieraus folgt weiter, daß eine Produktion nur dann durchgeführt wird, wenn der Deckungsbeitrag ausreicht, um die bewertete Nutzung der Kapazitäten und der Absatzmöglichkeiten abzudecken.

Überprüft man die Lösungen von Primal und Dual des Zahlenbeispiels

$x_1 = 150; x_2 = 100; w_1 = 0; w_2 = 0,5; w_3 = 0,25; v_1 = 0; v_2 = 0$

anhand des Preistheorems, so erhält man:

$a_{11} \cdot x_1 + a_{12} \cdot x_2 = 1 \cdot 150 + 4 \cdot 100 = 550 < 700 \Rightarrow w_1 = 0$

$a_{21} \cdot x_1 + a_{22} \cdot x_2 = 1 \cdot 150 + 1,5 \cdot 100 = 300 \quad \Rightarrow w_2 = 0,5 > 0$

$a_{31} \cdot x_1 + a_{32} \cdot x_2 = 2 \cdot 150 + 1 \cdot 100 = 400 \quad \Rightarrow w_3 = 0,25 > 0$

$x_1 = 150 < 175 \Rightarrow v_1 = 0$

$x_2 = 100 < 190 \Rightarrow v_2 = 0$

Die Lösung genügt also dem ersten Teil des Preistheorems. Für den zweiten Teil erhält man:

$w_1 + w_2 + 2 \cdot w_3 + v_1 \quad = 0 + 0,5 + 2 \cdot 0,25 = 1 \quad \Rightarrow x_1 = 150 > 0$

$4 \cdot w_1 + 1,5 \cdot w_2 + w_3 + v_2 = 0 + 1,5 \cdot 0,5 + 0,25 = 1 \quad \Rightarrow x_2 = 100 > 0$

Der zweite Teil des Preistheorems ist ebenfalls erfüllt. Die Lösungen des Produktionsplanungs- und des Bewertungsmodells sind daher optimal.

Wegen der speziellen Struktur des Standardmodells der Produktionsplanung kann man das Preistheorem weiter vereinfachen (vgl. hierzu KISTNER [1993], S. 137 f.): Gilt für ein Produkt j, daß

$$\sum_{i=1}^{n} a_{ij} \cdot w_i^o > d_j$$

dann muß wegen $v_j^o \geq 0$ die zugehörige Variable $x_j^o = 0$ sein. Ist hingegen

$$\sum_{i=1}^{n} a_{ij} \cdot w_i^o < d_j$$

dann ist $v_j^o > 0$, d.h. die Absatzrestriktion ist bindend:

$$x_j^o = A_j$$

Gilt schließlich

$$\sum_{i=1}^{n} a_{ij} \cdot w_i^o = d_j$$

dann sind zwei Fälle zu unterscheiden:

(1) Falls $v_j^o > 0$, dann ist

$$\sum_{i=1}^{n} a_{ij} \cdot w_i^o + v_j^o > d_j$$

und damit $x_j^o = 0$.

(2) Ist hingegen $v_j^o = 0$, dann ist die Absatzgrenze nicht bindend und folglich $x_j^o \leq A_j$. In beiden Fällen gilt also $0 \leq x_j^o \leq A_j$.

Zusammenfassend erhält man:

$$\sum_{i=1}^{n} a_{ij} \cdot w_i^o > d_j \quad \Rightarrow \quad x_j^o = 0$$

$$\sum_{i=1}^{n} a_{ij} \cdot w_i^o = d_j \quad \Rightarrow \quad 0 \leq x_j^o \leq A_j$$

$$\sum_{i=1}^{n} a_{ij} \cdot w_i^o < d_j \quad \Rightarrow \quad x_j^o = A_j$$

Ist also der Deckungsbeitrag je Stück kleiner als der mit Grenzerfolgssätzen bewertete Einsatz der knappen Kapazitäten, dann wird nicht produziert; ist er größer, dann wird soviel produziert, wie abgesetzt werden kann. Entspricht Dek-

3.2 Die Analyse des Fixkostenblocks

kungsbeitrag hingegen dem bewerteten Einsatz der Kapazitäten, dann liegt die optimale Ausbringungsmenge zwischen Null und der Absatzobergrenze.

Die Grenzerfolgskalkulation berücksichtigt bei der Kalkulation der Kosten eines Produkts neben dessen variablen Kosten auch die Grenzerfolgssätze für die Nutzung knapper Kapazitäten. Es seien:

$j = 1,...,m$ - Produkte

$s = 1,...,S$ - Kostenstellen

$i = 1,...,n$ - Kapazitäten

e_j - Einzelkosten des Produkts j

h_{sj} - Bezugsgröße: Inanspruchnahme der Kostenstelle s durch Herstellung einer Einheit des Produkts j

q_s - Kostenstellensatz

a_{ij} - Inanspruchnahme der Kapazität i durch Produkt j

w_i - Grenzerfolgssatz der Kapazität i

k_j - verrechnete Stückkosten des Produkts j

Dann kann man das Kalkulationsschema der Grenzerfolgskalkulation wie folgt darstellen:

	Einzelkosten	e_j
+	variable Gemeinkosten	$\sum_{s=1}^{S} h_{sj} \cdot q_s$
=	pagatorische Teilkosten	$e_j + \sum_{s=1}^{S} h_{sj} \cdot q_s$
+	Grenzerfolgssätze	$\sum_{i=1}^{n} a_{ij} \cdot w_i$
=	verrechnete Kosten des Produkts	k_j

Die verrechneten Kosten des Produkts j sind somit gegeben durch:

$$k_j = e_j + \sum_{s=1}^{S} h_{sj} \cdot q_s + \sum_{i=1}^{n} a_{ij} \cdot w_i$$

Ist p_j der Preis des Produkts j, dann folgt aus der modifizierten Form des Preistheorems:

$$k_j > p_j \Rightarrow x_j = 0$$
$$k_j = p_j \Rightarrow 0 \leq x_j \leq A_j$$
$$k_j < p_j \Rightarrow x_j = A_j$$

Gegen die Grenzerfolgskalkulation wird eingewandt, daß sie gegen das pagatorische Prinzip der Kostenrechnung, Kosten immer aus tatsächlichen oder fiktiven Auszahlungen herzuleiten, verstößt.

Eine pagatorische Rechnung hat den Vorteil, daß sie Anhaltspunkte für die Bewertung des Güterverbrauchs gibt, sie sollte jedoch nur insoweit genutzt werden, als sie nicht der Erfüllung der primären Aufgaben der Kostenrechnung, Kontrolle der Kosten und Bereitstellung von Planungsdaten, entgegensteht. Will man eine Steuerung des Einsatzes knapper Ressourcen ausschließlich anhand von Kostendaten durchführen, dann kann das nur mit Hilfe von Opportunitätskosten erfolgen. Im übrigen hat die Plankostenrechnung, die in Abschnitt 4 dargestellt wird, bei der Bewertung der Gütereinsätze Istpreise durch geplante Preise ersetzt, um die Auswirkungen kurzfristiger Preisschwankungen auf die Kontrollgrößen zu verhindern, und damit das pagatorische Prinzip weitgehend aufgegeben.

Gewichtiger ist der Einwand, daß Opportunitätskosten im allgemeinen, d.h. bei mehr als einem betrieblichen Engpaßbereich, erst dann bekannt sind, wenn die Produktionsplanung abgeschlossen ist. Opportunitätskosten und Grenzerfolgssätze werden simultan mit der Planung des Einsatzes knapper Ressourcen bestimmt. Es ist daher durchaus gerechtfertigt festzustellen, daß die Produktionsplanung auf die Grenzerfolgskalkulation verzichten kann, wenn sie mit Hilfe der linearen Programmierung durchgeführt wird. Diese benötigt lediglich die im Rahmen einer Teilkostenrechnung ermittelten Deckungsbeiträge.

Allerdings ermöglicht es die Grenzerfolgskalkulation wegen der relativen Stabilität der Grenzerfolgssätze, die Auswirkungen nachträglicher Änderungen der Planung abzuschätzen, ohne daß eine vollständige Neuplanung vorgenommen werden muß. Man kann z.B. prüfen, ob ein Zusatzauftrag angenommen werden soll oder nicht. Sind die pagatorischen Kosten für den Einsatz der von außen bezogenen Güter und Dienstleistungen und die Opportunitätskosten für die Nutzung innerbetrieblicher Kapazitäten höher als die Erlöse, dann sollte der Zusatzauftrag abgelehnt werden. Weiter zeigen die Grenzerfolgssätze an, bei welchen Erzeugnissen die Produktion einzuschränken ist, wenn der Zusatzauftrag angenommen wird. Eine vollständige Neuplanung ist erst dann erforderlich, wenn Produkte, deren Erlöse die Opportunitätskosten übersteigen, knappe Kapazitäten in so erheblichem Umfang in Anspruch nehmen würden, daß die Struktur des Produktionsplans umgestellt werden muß.

3.3 Vergleich von Vollkosten- und Teilkostenrechnung

Die Frage, ob die Kostenrechnung in Form einer Vollkosten- oder einer Teilkostenrechnung durchgeführt werden soll, ist in der Betriebswirtschaftslehre heftig umstritten. Während die betriebswirtschaftliche Theorie weitgehend Systeme der Teilkostenrechnung befürwortet, weil nur diese die Kosten verursachungsgerecht verrechnen, wird in der Praxis vielfach noch immer die Vollkostenrechnung bevorzugt, weil diese zum einen einsichtiger ist und zum anderen institutionelle Rahmenbedingungen – wie z.B. das Steuerrecht und die Vorschriften für die Kalkulation öffentlicher Aufträge – vielfach eine Kalkulation auf der Grundlage von Vollkosten erfordern.

Im folgenden werden beide Ansätze der Kostenrechnung miteinander verglichen und daraufhin geprüft, ob und inwieweit sie den *Zielen der Kostenrechnung* entsprechen. Hierbei wird davon ausgegangen, daß diese folgende Hauptaufgaben zu erfüllen hat:

(1) *Kostenkontrolle*:
- Wirtschaftlichkeitskontrolle bei den Kostenstellen
- Erfolgskontrolle für die Kostenträger

(2) *Entscheidungsvorbereitung*:
- Produktionsplanung
- Sortimentsplanung
- Preispolitik

(3) *sonstige Aufgaben*:
- Ermittlung der Herstellkosten für den Jahresabschluß

3.3.1 Die Kostenrechnung als Kontrollinstrument

3.3.1.1 Wirtschaftlichkeitskontrolle

In den traditionellen Systemen der Kostenrechnung dient die Kostenstellenrechnung zwei Zwecken, der Verrechnung der Gemeinkosten zur Vorbereitung der Kostenträgerrechnung und der *Kontrolle der Wirtschaftlichkeit der Kostenstellen*. Wirtschaftlichkeitskontrolle bedeutet, daß die tatsächlich realisierten Istkosten mit Vorgaben verglichen und die Ursachen für Abweichungen analysiert werden. Als Beurteilungskriterium können entweder Vergangenheitswerte oder analytisch bestimmte Planwerte und Budgets dienen. Um eine sinnvolle Kostenkontrolle durchzuführen, dürfen sowohl bei den Vorgabewerten als auch bei der Bestimmung der Istkosten den zu kontrollierenden Einheiten nur diejenigen Kosten zugerechnet werden, die durch diese verursacht werden und von ihnen beeinflußbar sind.

Im Rahmen einer *Vollkostenrechnung* werden den Kostenstellen nicht nur die durch sie verursachten Kostenstelleneinzelkosten zugerechnet; vielmehr werden ihnen bei der Verrechnung der primären Gemeinkosten auch Anteile an den Kostenstellengemeinkosten angelastet, bei der Verrechnung innerbetrieblicher Leistungen werden sie mit Fixkosten der Hilfskostenstellen belastet. Beide Kostenbestandteile sind nicht direkt durch die Tätigkeit der Kostenstellen verursacht und können durch diese nicht beeinflußt werden.

Geht man davon aus, daß der Kontrolle nur solche Größen zugrunde gelegt werden dürfen, die durch das Kontrollobjekt zu verantworten sind, weil es deren Höhe beeinflussen kann, dann verzerrt die Vollkostenrechnung durch die willkürliche *Schlüsselung* von Kostenstellengemeinkosten und von fixen Kosten der Hilfskostenstellen die zu kontrollierenden Größen: Die Kostenstelle hat weder Veränderungen der kostenstellenübergreifenden Bereitschaftskosten noch Beschäftigungsschwankungen in den Hilfskostenstellen und die daraus resultierende Fixkostendegression bei den Verrechnungssätzen verursacht und kann daher auch nicht für dadurch hervorgerufene Kostensteigerungen verantwortlich gemacht werden.

Ebensowenig kann eine Kostenstelle für den durch den Rückgang ihrer Beschäftigung verursachten Anstieg ihrer Verrechnungssätze bzw. bei festen Verrechnungspreisen für eine beschäftigungsbedingte Unterdeckung bei der Abrechnung ihrer Leistungen verantwortlich gemacht werden.

Diese durch die Schlüsselung von Fixkosten verursachten Verzerrungen müssen daher – soweit das überhaupt möglich ist – bei der Wirtschaftlichkeitskontrolle der Kostenstellen nachträglich eliminiert werden.

Im Rahmen einer *Teilkostenrechnung* werden den Kostenstellen nur diejenigen Kosten zugerechnet, die durch sie verursacht werden. Im Rahmen der Verteilung der primären Gemeinkosten werden den Kostenstellen lediglich die Kostenstelleneinzelkosten angelastet, d.h. diejenigen Kosten, die durch die Kostenstellen verursacht werden. Bei der Bestimmung innerbetrieblicher Verrechnungspreise werden gerade die variablen Kosten der Kostenstellen berücksichtigt, so daß den empfangenden Stellen nur die durch die Inanspruchnahme einer liefernden Stelle verursachten Kosten zugerechnet werden. Damit werden die durch Beschäftigungsschwankungen der liefernden Stellen und durch die Fixkostendegression hervorgerufenen Kostenänderungen nicht den empfangenden Stellen angelastet.

Auch wenn die Teilkostenrechnung die (fixen) Kosten der Betriebsbereitschaft der Kostenstellen nicht weiterverrechnet, werden diese im allgemeinen neben den variablen Kosten erfaßt und getrennt ausgewiesen, so daß beide Kostenbestandteile kostenstellenweise ausgewertet und neben der wirtschaftlichen Verwendung innerbetrieblicher Leistungen auch die Bereitschaftskosten kontrolliert werden können. Insbesondere kann die Höhe und Zusammensetzung der in einer Kostenstelle anfallenden Gehälter, Zeit- und Garantielöhne sowie Prämienzahlungen im Vergleich mit Budgetvorgaben Informationen über die Wirtschaftlichkeit des Personaleinsatzes geben. Diese Trennung der Kosten der Kostenstellen in leistungsbedingte Kosten und Kosten der Betriebsbereitschaft wird besonders bei der Rechnung mit *relativen Einzelkosten* betont, ist aber auch für andere Systeme der Teilkostenrechnung charakteristisch.

In den herkömmlichen Systemen der Kostenrechnung werden die Einzelkosten direkt auf die Kostenträger verrechnet. Im Gegensatz dazu schlägt KILGER ([1988], S. 266) vor, auch diese über die Kostenstellen zu verrechnen, da sie die Wirtschaftlichkeit des Einsatzes von Einzelkostengütern maßgeblich beeinflussen. So können der ausschußbedingte Mehrverbrauch an Einzelmaterialien ebenso wie Lohnkostenabweichungen kostenstellenbedingt sein und nur in den Kostenstellen erfaßt werden. Beim Rechnen mit *relativen Einzelkosten* werden hingegen den Kostenstellen keine kostenträgerbedingten Einzelkosten zugerechnet, weil eine derartige Zurechnung nicht dem Identitätsprinzip entsprechen würde. Hier erschwert die strikte Entscheidungsorientierung die Kontrollaufgabe der Kostenrechnung.

Zusammenfassend ist festzustellen, daß eine Kostenstellenkontrolle nur dann sinnvoll ist, wenn den Kostenstellen lediglich diejenigen Kosten angelastet werden, die durch sie beeinflußbar sind. Auch wenn dadurch nicht alle Gemeinkosten verrechnet werden können, ist eine Belastung der Kostenstellen mit den durch ihre Tätigkeit verursachten und durch ihre Entscheidungen beeinflußbaren Kosten nur im Rahmen einer Teilkostenrechnung möglich. Im Rahmen einer Vollkostenrechnung werden hingegen kostenstellenbedingte und andere Kostenabweichungen vermischt und können nur schwer wieder voneinander getrennt werden. In beiden Fällen setzt die Wirtschaftlichkeitskontrolle die Vorgabe von geplanten Vergleichsmaßstäben voraus, die entweder auf Vergangenheitsdaten beruhen oder als Plankosten analytisch bestimmt werden.

3.3.1.2 Erfolgskontrolle

Während die Kostenstellenrechnung der Wirtschaftlichkeitskontrolle dient, ist die Erfolgskontrolle eine Aufgabe der *Kostenträgerrechnung* und der *kurzfristigen Erfolgsrechnung.*

Auch bei der Erfolgskontrolle sind die Möglichkeiten der Vollkostenrechnung wegen der Willkür bei der Zurechnung von Fixkosten eingeschränkt. Wie in Abschnitt 2.5 gezeigt wurde, erfolgt im Rahmen einer Vollkostenrechnung eine Schlüsselung von Fixkosten auf drei Stufen der Abrechnung:

(1) Verteilung der Kostenstellengemeinkosten auf die Kostenstellen

(2) Schlüsselung der fixen Kosten der Hilfskostenstellen im Rahmen der innerbetrieblichen Leistungsverrechnung

(3) Schlüsselung der fixen Kosten der Hauptkostenstellen bei der Umlage der Kosten der Hauptkostenstellen auf die Kostenträger.

Durch diese *willkürliche Umlage von Fixkosten* werden die Kontrollgrößen der Kostenträgerrechnung, die Stückkosten bzw. die Stückgewinne, verzerrt; den Produkten bzw. den Aufträgen werden neben den durch ihre Herstellung verursachten Kosten auch die Kosten der Betriebsbereitschaft angelastet, die unabhängig von Umfang und Zusammensetzung der Produktion in der Abrechnungsperiode anfallen. Besonders schwerwiegend ist die mit der Verrechnung von Bereitschaftskosten verbundene *Fixkostendegression*. Der Rückgang der Produktionsmenge eines Erzeugnisses führt nicht nur bei diesem, sondern bei allen Produkten, die die gleichen Kostenstellen durchlaufen, zu einem Anstieg der Verrechnungspreise, der nicht durch die Produktion verursacht ist. Die Vollkostenrechnung berechnet zwar den Gesamtgewinn korrekt; seine Aufteilung auf die einzelnen Produkte ist jedoch willkürlich und kann nicht zur Erfolgskontrolle benutzt werden.

Während die Vollkostenrechnung sämtliche Kosten auf die Produkte umlegt, verrechnet die Teilkostenrechnung nur die variablen Kosten auf die einzelnen Erzeugnisse und erfaßt die Bereitschaftskosten getrennt in einem Fixkostenblock. Der Erfolg der einzelnen Produkte wird anhand des Deckungsbeitrags, der Differenz zwischen Erlösen und variablen Kosten, gemessen; die Fixkosten werden nicht den Erzeugnissen zugerechnet, sie sind vielmehr aus den Deckungsbeiträgen aller Produkte gemeinsam abzudecken. Die Erfolgskontrolle setzt dann an drei Punkten an:

(1) Erwirtschaftet ein Kostenträger einen positiven Deckungsbeitrag, und wie kann dieser erhöht werden?

(2) Reichen die Deckungsbeiträge aller Produkte aus, um die Fixkosten abzudecken, und wie können die Deckungsbeiträge insgesamt erhöht werden?

(3) Wie kann der Fixkostenblock gesenkt werden, um die zu seiner Abdeckung erforderliche Summe der Deckungsbeiträge aller Kostenträger zu senken und den Gewinn als Differenz zwischen dem gesamten Deckungsbeitrag und dem Fixkostenblock zu erhöhen?

Diese Analyse kann verfeinert werden, indem man den Fixkostenblock im Sinne einer analytischen Deckungsbeitragsrechnung aufspaltet und für aggregierte Bezugsobjekte, wie z.B. Produktgruppen und Absatzgebiete, dem von ihnen als Bereitschaftskosten verursachten Teil der Fixkosten die von diesen erwirtschafteten Deckungsbeiträge gegenübergestellt.

Dieses Vorgehen ist unabhängig davon, ob die Deckungsbeiträge im Rahmen einer Teilkostenrechnung oder der Rechnung mit relativen Einzelkosten berechnet werden. Auch wenn beide Ansätze möglicherweise bei der Zuordnung bestimmter Kostenbestandteile zum Fixkostenblock oder zu variablen bzw. entscheidungsabhängigen Kosten zu unterschiedlichen Ergebnissen kommen, so stimmen doch beide in dem entscheidenden Punkt überein: Bei der Kostenkontrolle ist es notwendig, fixe und variable Kosten voneinander zu trennen und einer unterschiedlichen Analyse zu unterziehen, da beide auf unterschiedliche Ursachenkomplexe zurückzuführen sind.

Als Ergebnis ist festzuhalten, daß nur bei einer Teilkostenrechnung eine Erfolgskontrolle durch Vergleich von Erlösen und variablen Stückkosten sinnvoll durchgeführt werden kann. Bei einer Vollkostenrechnung machen die willkürliche Schlüsselung der Fixkosten und insbesondere die Fixkostendegression eine Erfolgskontrolle unmöglich. Die Erfolgskontrolle auf der Grundlage von Teilkosten muß durch eine Fixkostenkontrolle ergänzt werden.

3.3.2 Die Kostenrechnung als Planungsinstrument

Zu den Aufgaben der Kostenrechnung gehört neben der Wirtschaftlichkeits- und Erfolgskontrolle auch die Bereitstellung von Daten für die *betriebliche Planung*. Hierzu zählen insbesondere Daten für die Produktions- und Sortimentsplanung sowie für die Preisgestaltung. Im folgenden ist zu prüfen, ob und in welchem Maße die Systeme der Vollkostenrechnung und der Teilkostenrechnung diesen Aufgaben gerecht werden können.

3.3.2.1 Daten für die Produktions- und Sortimentsplanung

Die Produktions- und Sortimentsplanung hat im wesentlichen kurzfristige Planungsprobleme bei gegebenen Kapazitäten zum Gegenstand. Sie umfaßt folgende Entscheidungen:

(1) Welche Produkte sollen in das Sortiment aufgenommen werden?

(2) Wie sollen knappe Kapazitäten auf die Herstellung der Produkte aufgeteilt werden?

(3) Soll ein Zusatzauftrag angenommen werden oder nicht?

Es wäre wünschenswert, wenn auch Entscheidungen auf der operativen Ebene, insbesondere Entscheidungen über Materialbestellung und Losgrößen sowie Lagerhaltung, auf der Grundlage von Daten der Kostenrechnung getroffen werden könnten. Die herkömmlichen Systeme der Kostenrechnung stellen aber die hierzu benötigten Informationen über die Kosten der Lagerhaltung, des Wareneinkaufs und der Einlagerung sowie die Rüstkosten in der Regel nicht in der erforderlichen Detailliertheit zur Verfügung. Hier könnten allenfalls neuere Entwicklungen wie die Prozeßkostenrechnung Abhilfe schaffen.

Langfristige Entscheidungen, die die Dimensionierung von Kapazitäten betreffen, sollten grundsätzlich nicht auf der Basis von Kostengrößen, sondern mit Hilfe dynamischer Verfahren der Investitionsrechnung auf der Basis von Zahlungsströmen getroffen werden. Zum einen dominieren bei derartigen Entscheidungsproblemen finanzwirtschaftliche Gesichtspunkte; zum anderen wird es durch die Periodenabgrenzung erschwert, die bei langfristigen Entscheidungen zu beachtenden Zeitpräferenzen zu berücksichtigen. Eine dynamische Investitionsrechnung auf der Grundlage von Kosten und Erlösen ist zwar prinzipiell möglich, wenn man als Zinssatz für die kalkulatorischen Zinsen den Kalkulationszinsfuß ansetzt, es ist jedoch wenig sinnvoll, in der Kostenrechnung zunächst eine Periodisierung von Zahlungsströmen durchzuführen und diese dann bei der Wirtschaftlichkeitsrechnung durch den Ansatz nicht-pagatorischer Zinsen wieder rückgängig zu machen (vgl. LÜCKE [1955]). Kostendaten können allerdings Auslöser für Investitionsentscheidungen werden, indem sie betriebliche Engpässe aufzeigen.

Bei der Entscheidung, ob ein Produkt neu in das Sortiment aufgenommen oder aus dem bisherigen Erzeugnisprogramm eliminiert werden soll, orientiert sich die *Vollkostenrechnung* an den Stückkosten:

(1) Es sollen nur solche Erzeugnisse hergestellt bzw. in das Sortiment aufgenommen werden, deren Stückerlöse über den gesamten Stückkosten liegen.

(2) Bei knappen Kapazitäten ist die Herstellung derjenigen Produkte einzustellen bzw. zu reduzieren, deren Stückgewinne am niedrigsten sind.

(3) Zusatzaufträge sind nur dann aufzunehmen, wenn freie Kapazitäten verfügbar sind und der Stückgewinn positiv ist oder wenn der Stückgewinn über dem des Erzeugnisses mit dem geringsten Stückgewinn liegt. Dieses wird dann aus dem Sortiment eliminiert bzw. in geringerer Menge hergestellt

Gegen dieses Vorgehen ist folgendes einzuwenden:

(1) Durch die willkürliche Schlüsselung der Fixkosten auf die verschiedenen Kostenträger werden die Gewinnrelationen zwischen den Produkten so verzerrt, daß der Stückgewinn nicht für eine Reihung nach deren Beitrag zum Gesamtgewinn geeignet ist.

3.3 Vergleich von Vollkosten- und Teilkostenrechnung

(2) Insbesondere wird bei freien Kapazitäten für alle Erzeugnisse, deren Stückgewinn zwar nicht die Stückkosten abdeckt, die aber einen positiven Stückdeckungsbeitrag erwirtschaften, darauf verzichtet, einen weiteren Teil der Fixkosten abzudecken, da die Vollkostenrechnung fälschlicherweise unterstellt, daß sich durch die Eliminierung eines Produktes die diesem zugerechneten Fixkosten abbauen lassen.

(3) Bei mehreren knappen Kapazitäten kann sich die Sortimentsplanung nicht allein an den Stückkosten orientieren, neben dem Beitrag einzelner Produkte zum Gesamtgewinn muß auch ihre Ressourcenbeanspruchung berücksichtigt werden. Für die Planung des Einsatzes der knappen Kapazitäten sind daher andere Instrumente einzusetzen. Die Kostenrechnung kann hierfür lediglich einen Teil der Daten liefern. Vollkostenrechnungen können diese Daten nicht bereitstellen, da die Stückkosten durch die Umlage von Fixkosten verzerrt werden. Das läßt sich durch folgende Überlegungen zeigen:

Zielsetzung der Produktionsplanung ist die Maximierung des durch den Verkauf der Erzeugnisse erzielbaren Gewinns. Dieser ist gegeben durch:

$$G = \sum_{j=1}^{m} p_j \cdot x_j - \sum_{j=1}^{m} k_j^v \cdot x_j - K_F$$

mit:

$j = 1, \cdots, m$ - Index der Produkte

p_j - Preis des Produkts j

k_j^v - variable Stückkosten des Produkts j

K_F - Fixkosten

x_j - Menge des Produkts j

Die Stückkosten des Produkts j auf Vollkostenbasis sind gegeben durch:

$$k_j = k_j^v + k_j^f$$

Dabei sind k_j^f die einer Einheit des Produkts j zugerechneten Fixkostenanteile. Dieser Fixkostensatz beruht auf einer durchschnittlichen Ausbringungsmenge der Vergangenheit oder entsprechenden Planwerten.

Der Stückgewinn des Produkts j ist dann gegeben durch:

$$g_j = p_j - k_j^v - k_j^f$$

Multipliziert man mit x_j und summiert über alle j, dann erhält man als Gewinn auf Vollkostenbasis:

$$G^V = \sum_{j=1}^{m} \left(p_j - k_j^v - k_j^f \right) \cdot x_j$$

Diese Gewinnfunktion unterscheidet sich von der Zielfunktion der Produktionsplanung durch das von den Ausbringungsmengen abhängige Glied

$$\sum_{j=1}^{m} k_j^f \cdot x_j$$

das an die Stelle von K_F tritt. Da die beiden Größen im allgemeinen nicht gleich sind, führt die Maximierung der Summe der Stückgewinne nicht zu einer Maximierung des Gesamtgewinns.

Die *Teilkostenrechnung* kommt im Fall freier Kapazitäten zu der folgenden Empfehlung: Es sind alle Produkte, die einen positiven Deckungsbeitrag erwirtschaften, im Produktionsprogramm beizubehalten und in dem Umfang zu produzieren, mit dem sie bei gegebenen Preisen abgesetzt werden können. Zusatzaufträge sind anzunehmen, falls die Erlöse die variablen Kosten übersteigen. Bei knappen Kapazitäten kann allein aufgrund der Ergebnisse der Teilkostenrechnung keine Entscheidung über die Aufteilung der Kapazitäten und die Produktions- und Sortimentsplanung gemacht werden. Es ist vielmehr erforderlich, die Kostenrechnung durch andere Planungsinstrumente, wie z.B. die lineare Programmierung, zu ergänzen. Die Teilkostenrechnung liefert hierfür mit den Deckungsbeiträgen die für die Produktionsplanung benötigten Zielfunktionskoeffizienten. Bei einem mittels der linearen Programmierung ermittelten Produktionsprogramm kann mit Hilfe der Grenzerfolgssätze über die Aufnahme von Zusatzaufträgen entschieden werden.

Als Ergebnis ist festzuhalten, daß die Vollkostenrechnung für die kurzfristige Produktions- und Sortimentsplanung ungeeignet ist, weil die Orientierung an den Stückgewinnen wegen der willkürlichen Verrechnung von Fixkostenanteilen zu Fehlentscheidungen führt. Die Teilkostenrechnung liefert hingegen die für solche Entscheidungen benötigten Daten; diese reichen allerdings für die Entscheidungsfindung bei knappen Kapazitäten nicht aus, sondern müssen in umfassendere Entscheidungsmodelle eingebunden werden.

3.3.2.2 Kalkulation und Preispolitik

In traditionellen Kostenrechnungssystemen wurde die *Kalkulation*, die Bereitstellung von Daten für die Festsetzung von Angebotspreisen, als wichtigste Aufgabe der Kostenrechnung gesehen: Der *Selbstkostenpreis* ergibt sich als Stückkosten auf Vollkostenbasis plus einem Gewinnzuschlag:

$$p_j = k_j \cdot (1 + g)$$

3.3 Vergleich von Vollkosten- und Teilkostenrechnung

mit: p_j - Selbstkostenpreis des Produkts j

k_j - Stückkosten für Produkt j auf Vollkostenbasis

g - Gewinnzuschlag zu den Selbstkosten

Es stellt sich nun die Frage, ob eine derartige Preisfestsetzung unter marktwirtschaftlichen Bedingungen, in der die Unternehmen nach dem erwerbswirtschaftlichen Prinzip ihre Gewinne maximieren, sinnvoll ist.

Der Gewinn ist definiert als

$$G = E(x) - K(x)$$

wobei

$$E(x) = p(x) \cdot x$$

die Erlöse und $K(x)$ die Kosten in Abhängigkeit von der Absatzmenge x sind; $p(x)$ ist die Preis-Absatz-Funktion, die die funktionale Beziehung zwischen dem Preis und der abzusetzenden Menge beschreibt. Zur Gewinnmaximierung ist die Angebotsmenge und damit der Preis so zu bestimmen, daß der Grenzerlös gleich den Grenzkosten ist:

$$E'(x) = K'(x)$$

Aus dieser Bedingung ergibt sich, daß unter marktwirtschaftlichen Bedingungen der optimale Preis nicht allein durch die Grenzkosten, sondern auch durch die Grenzerlöse determiniert wird. Die Kostenrechnung kann somit nur eine Determinante des Angebotspreises, die Kostenstruktur, bestimmen; die zweite, die Nachfrage bzw. die Marktstruktur, schlägt sich hingegen nicht in der Kostenrechnung nieder. Es ist daher nicht sinnvoll, wie bei der Kalkulation eines Selbstkostenpreises die Entscheidung über die Höhe des Angebotspreises allein auf Kostendaten zu stützen. Darüber hinaus spiegeln die Stückkosten auf Vollkostenbasis nicht einmal die Kostenstruktur angemessen wider, da der optimale Preis nicht von den Durchschnittskosten, sondern von den Grenzkosten abhängt. Unter der Voraussetzung annähernd linearer Kostenverläufe approximieren die Teilkosten pro Stück die für preispolitische Entscheidungen relevanten Grenzkosten.

Die Behauptung, daß die Vollkostenrechnung im Gegensatz zur Teilkostenrechnung geeignet ist, Angebotspreise zu bestimmen, ist somit falsch: Die Kostenrechnung liefert ohnehin lediglich Teilaspekte der für preispolitische Entscheidungen benötigten Informationen; die Stückkosten auf Vollkostenbasis sind für diese Entscheidungen außerdem irrelevant. Auch das von Vertretern der Vollkostenrechnung vorgebrachte Argument, daß Vollkostenpreise erforderlich sind, um sich gegen die mit Produktion und Absatz verbundenen Unsicherheiten abzusichern, kann nicht überzeugen: Es ist nicht einzusehen, warum die den einzelnen

Produkten willkürlich zugerechneten Fixkostenanteile ein Maß für die durch ein Produkt verursachten Risiken sein sollen. Es mag zwar zutreffen, daß das Unternehmensrisiko von der Höhe des in den Anlagen gebundenen Kapitals abhängt. Dieses kann jedoch nur von allen Produkten gemeinsam getragen werden, indem deren Deckungsbeiträge maximiert werden.

Neben der Kalkulation von Angebotspreisen soll die Kostenträgerrechnung auch Informationen über die *Preisuntergrenze* liefern, d.h. über den Preis, der mindestens erzielt werden soll. Die traditionellen Ansätze zur Bestimmung der Preisuntergrenze gehen von klassischen Kostenverläufen mit s-förmigen Gesamtkosten und u-förmigen Durchschnitts- und Grenzkosten aus. Solche Kostenverläufe sind in Abbildung 29 dargestellt.

In diesem Fall haben sowohl die Grenzkosten als auch die Stückkosten und die variablen Durchschnittskosten ein Minimum; die Grenzkostenkurve schneidet die Stückkostenkurve und die Kurve der variablen Durchschnittskosten in deren Minimum. Das Minimum der variablen Durchschnittskosten k_v wird als *Betriebsminimum* BM, das Minimum der Stückkosten k als *Betriebsoptimum* BO bezeichnet.

Die traditionelle Kostenrechnung knüpft an diese Kostenverläufe folgende Empfehlungen für die Preisuntergrenze:

(1) *proportionaler Satz*

Die Preise müssen zumindest die Grenzkosten decken: Hierdurch wird erreicht, daß die durch die Annahme eines Auftrags von diesem verursachten zusätzlichen Kosten durch den Preis abgedeckt werden.

(2) *differentialer Satz*

Liegt die Beschäftigung unter dem Betriebsminimum, dann soll der Preis mindestens gleich den Stückkosten sein; ist sie hingegen höher, dann sind die Grenzkosten als Preisuntergrenze anzusetzen. Hierdurch soll erreicht werden, daß die Vollkosten in jedem Fall abgedeckt werden.

(3) *prozentualer Satz*

Preis, der die Stückkosten im Betriebsoptimum deckt. Diese Preisuntergrenze ist nur dann sinnvoll, wenn die Produktion eingestellt wird, sobald die Nachfrage das Betriebsoptimum unterschreitet. Unter dieser Voraussetzung werden durch den prozentualen Satz die Vollkosten gedeckt. Dieser wird als eine langfristige Preisuntergrenze angesehen.

(4) *partialer Satz*

Preis, der die variablen Durchschnittskosten im Betriebsminimum deckt. Wenn die Produktion eingestellt wird, sobald das Betriebsminimum unter-

3.3 Vergleich von Vollkosten- und Teilkostenrechnung

schritten wird, garantiert diese Preisuntergrenze zumindest die Abdeckung der variablen Kosten, sie wird daher als kurzfristige Preisuntergrenze angesehen.

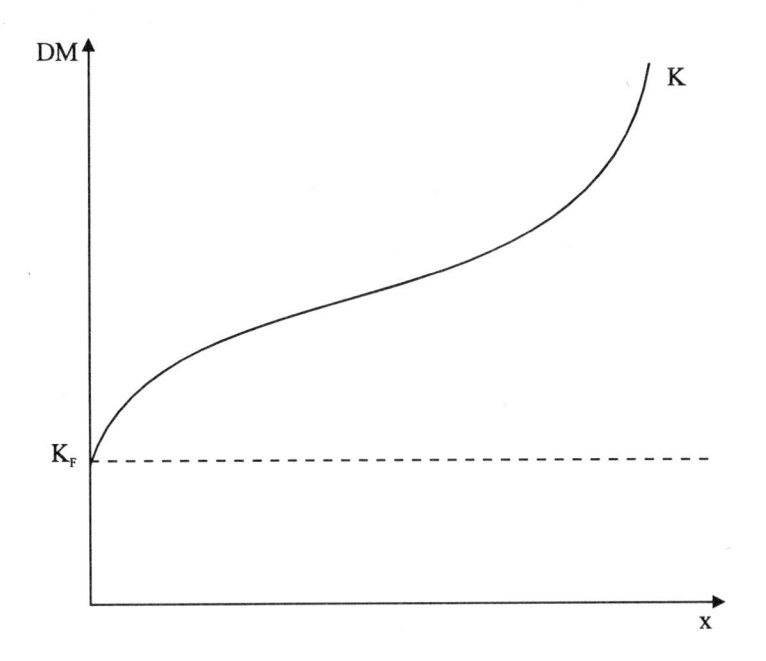

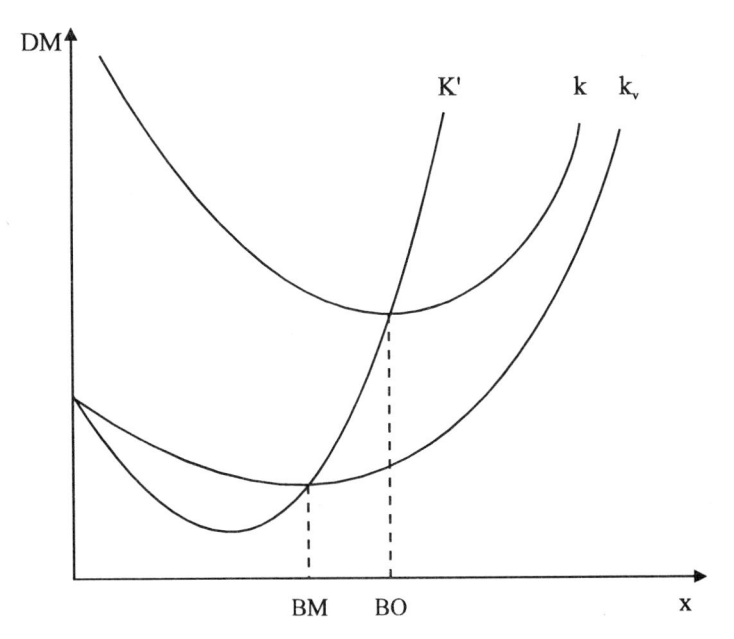

Abb. 29: Klassische Kostenverläufe

Die an die Minima der Stückkosten und der variablen Durchschnittskosten anknüpfenden Empfehlungen für die Preisuntergrenze gelten nur für den Fall klassischer Kostenfunktionen mit u-förmigen Durchschnittskostenverläufen. Für den Fall linearer Kostenverläufe gibt es keine derartigen ausgezeichneten Punkte; die Stückkosten fallen dann monoton, die Grenzkosten und die variablen Durchschnittskosten sind konstant.

Selbst wenn die ausgezeichneten Punkte der Kostenfunktion existieren, können die daran anknüpfenden Empfehlungen zu Fehlentscheidungen führen: Wenn der erzielbare Preis zwischen den (niedrigeren) Grenzkosten und dem differentialen, dem prozentualen bzw. dem partialen Satz liegt, verzichtet das Unternehmen darauf, zusätzliche Deckungsbeiträge zu erwirtschaften, die helfen würden, einen Teil der Fixkosten abzudecken.

Lediglich der von SCHMALENBACH vorgeschlagene proportionale Satz ist formal wie materiell angemessen für Entscheidungen über die Annahme einzelner Zusatzaufträge: Im Gegensatz zu den anderen Ansätzen ist der proportionale Satz auch bei anderen als klassischen Kostenverläufen definiert, und bei linearen Kostenfunktionen entsprechen die von der Teilkostenrechnung ermittelten Stückkosten den Grenzkosten. Darüber hinaus entspricht der proportionale Satz gerade den von einem zusätzlichen Auftrag verursachten Kosten. Das Unternehmen kann jedoch nur bei einzelnen Produkten seine Preise bis zu den Teilkosten senken; es muß langfristig dafür Sorge tragen, daß positive Deckungsbeiträge erwirtschaftet werden, die den Fixkostenblock abdecken.

Während die traditionellen Ansätze zur Bestimmung von Preisuntergrenzen vom Einproduktunternehmen ausgehen bzw. eine Kostendeckung für jedes einzelne Erzeugnis anstreben, ist eine integrierte Betrachtung der Preispolitik für alle Produkte erforderlich: Da es nicht möglich ist, den Fixkostenblock verursachungsgerecht aufzuteilen und einzelnen Produkten zuzurechnen, muß er vom gesamten Sortiment abgedeckt werden. Darüber hinaus sind auch bei der Vorgabe von Preisuntergrenzen Verbundeffekte zwischen einzelnen Erzeugnissen im Produktions- und Absatzbereich zeitliche Verbundeffekte während des Produktlebenszyklus zu berücksichtigen.

Weiter kann es durchaus sinnvoll sein, ein Produkt zunächst sogar unter seinen Teilkosten anzubieten, um einen Markt aufzubauen, auf dem in Zukunft positive Deckungsbeiträge erwirtschaftet werden können. Ebenso ist es sinnvoll, auf Kostendeckung bei einem Produkt zu verzichten, wenn dadurch der Absatz eines komplementären Erzeugnisses gefördert wird, dessen Deckungsbeitrag ausreicht, um den Verlust bei dem unter seinen Teilkosten verkauften Produkt abzudecken. Schließlich sind bei der Preisgestaltung und der Festlegung von Preisuntergrenzen auch finanzwirtschaftliche Aspekte wie z.B. die Zwischenfinanzierung bei

3.3 Vergleich von Vollkosten- und Teilkostenrechnung

Großaufträgen und Auswirkungen auf langfristige Geschäftsbeziehungen zu berücksichtigen.

Damit zeigt sich, daß die Ergebnisse der Kostenrechnung auch nicht für die Festlegung von Preisuntergrenzen ausreichen.

Zusammenfassend kann festgestellt werden, daß die Teilkostenrechnung zwar relevante Teilinformationen für preispolitische Entscheidungen liefert, daß diese jedoch um andere Informationen, insbesondere Nachfragedaten und Informationen über die Liquidität des Unternehmens, ergänzt werden müssen. Die Ergebnisse der Vollkostenrechnung sind hingegen für preispolitische Entscheidungen unter marktwirtschaftlichen Bedingungen völlig unbrauchbar; die Orientierung an einer Deckung der Stückkosten führt wegen der willkürlichen Schlüsselung von Fixkosten zu Fehlentscheidungen.

Trotz dieser Mängel der Vollkostenkalkulation ist sie in der betrieblichen Praxis noch immer weit verbreitet. Insbesondere in der mittelständisch-handwerklichen Produktion werden Angebotspreise weitgehend auf der Grundlage von Selbstkosten bestimmt. Hier müssen vielfach Einzelangebote für stark differenzierte Leistungen erstellt werden, ohne daß detaillierte Informationen über die Nachfragesituation vorliegen. Eine Orientierung der Angebotspreise an den Selbstkosten mag dann als Anpassungsstrategie gerechtfertigt sein, wenn folgende *Voraussetzungen* gegeben sind:

(1) Alle Unternehmen einer Branche haben eine ähnliche Kostenstruktur.

(2) Alle Unternehmen kalkulieren ihre Preise auf der Grundlage von Vollkostensätzen.

(3) Alle Unternehmen haben ähnliche Vorstellungen über die Höhe des Gewinnzuschlags.

Unter diesen Voraussetzungen werden alle Unternehmen einen annähernd gleichen Preis fordern und ähnlich auf Datenänderungen reagieren. Die Kalkulation zu Selbstkostenpreisen führt dann ähnlich wie auf oligopolistischen Märkten zu einem abgestimmten Verhalten der Anbieter und zu einer relativ stabilen Marktlage, in der alle beteiligten Unternehmen einen von ihnen als angemessen angesehenen Gewinn erwirtschaften. Es wird nur dann zu vorübergehenden Preiskämpfen kommen, wenn Unternehmen nicht länger mit ihrer Position zufrieden sind oder neue Unternehmen in den Markt eintreten und vorübergehend die Preise ihrer Konkurrenten unterbieten.

Die Kalkulation auf der Grundlage von Vollkosten ist vielfach Ausdruck ethischer Vorstellungen von einem *gerechten Preis*, die auf mittelalterlich-scholastische Vorstellungen zurückgehen: Dem Hersteller eines Produkts sollen mit dem Preis die Kosten zuzüglich eines Gewinnzuschlags, der ihm einen angemessenen

Lebensunterhalt gewährleistet, erstattet werden. Diese Vorstellungen haben in folgenden Bereichen ihren Niederschlag gefunden:

(1) Preisgestaltung in der mittelständisch-handwerklichen und der landwirtschaftlichen Produktion

(2) Kostendeckungsprinzip bei öffentlichen Leistungen

(3) Preisfestsetzung in zentralgeleiteten Volkswirtschaften

Die Orientierung der Preisgestaltung an den Selbstkosten führt jedoch aufgrund folgender Aspekte zu einer Fehlsteuerung der Ressourcen:

- Es fehlen Anreize zur Kostensenkung; es besteht vielmehr eine Tendenz zum "Kostenmachen", d.h. bewußte Erhöhung der Selbstkosten, um die Basis für die Gewinnzuschläge zu erhöhen.

- Bei sinkender Nachfrage "preist sich das Unternehmen aus dem Markt", weil es wegen der Fixkostendegression seine Preise erhöht.

- Mit Vorstellungen von einem gerechten Preis sind vielfach politische Forderungen verbunden, diesen durch Subventionen und Abnahmegarantien sicherzustellen.

- Garantierte Preise und Abnahmegarantien führen zu Überproduktion.

Das Kostenerstattungsprinzip findet insbesondere in den Vorschriften für die *Kalkulation öffentlicher Aufträge* seinen Niederschlag. Nach der Verordnung über die Preise bei öffentliche Aufträgen (VPöA) besteht bei der Vergabe öffentlicher Aufträge ein unbedingter Vorrang von Marktpreisen, die gegebenenfalls durch Ausschreibungen festzustellen sind. Lediglich für Leistungen,

(1) die nicht marktgängig sind,

(2) für die eine Mangellage besteht,

(3) für die der Wettbewerb auf der Angebotsseite beschränkt ist und die Preise hierdurch nicht unerheblich beeinflußt werden,

treten Selbstkosten an die Stelle von Marktpreisen. Grundsätze für die Ermittlung der Selbstkosten sind in den aufgrund der VPöA erlassenen Leitsätzen für die Preisermittlung auf der Grundlage von Selbstkosten (LSP) festgelegt. Bei der Ermittlung der Selbstkosten sind nur diejenigen Kosten zu berücksichtigen, die bei einer wirtschaftlichen Betriebsführung für die Erstellung der Leistung entstehen. Die Kalkulation hat auf der Grundlage von Verfahren der Divisions- bzw. der Zuschlagskalkulation, die in Nr. 5 Abs. 2 LSP beschrieben sind, zu erfolgen. Bei der Ermittlung der Selbstkosten sind insbesondere folgende *Grundsätze* zu beachten:

(1) Abschreibungen sind aufgrund der Anschaffungskosten zu berechnen.

(2) Lagerentnahmen dürfen mit gegenwartsnahen Verrechnungspreisen bewertet werden.
(3) Kalkulatorische Zinsen werden als Kostenbestandteile anerkannt.
(4) Es dürfen folgende Gewinnbestandteile einbezogen werden:
- Zuschläge für das allgemeine Unternehmerrisiko als Prozentsatz des betriebsnotwendigen Vermögens
- Leistungsgewinn, der meist als Prozentsatz der Selbstkosten zu vereinbaren ist

Es ist legitim, wenn Anbieter und Abnehmer bilaterale Regeln festlegen, wie im Rahmen ihrer Geschäftsbeziehungen Preise für solche Güter und Dienstleistungen bestimmt werden sollen, für die keine Marktpreise bestehen; insbesondere können diese an Daten der Kostenrechnung anknüpfen. Hingegen kann der *Staat* aufgrund seiner Marktmacht und seiner Gesetzgebungskompetenz solche Regeln sogar einseitig festlegen. Man muß sich jedoch darüber im klaren sein, daß hierdurch kein "richtiger" Wert festgestellt werden kann; es kann lediglich geprüft werden, ob die vereinbarten Kalkulationsregeln eingehalten werden. Durch die Orientierung an Vollkosten wird anerkannt, daß der Auftraggeber neben den Einzelkosten und einem Gewinnzuschlag auch einen Beitrag zur Deckung der Gemeinkosten des Auftragnehmers abzugelten hat. Wegen der Willkür bei der Festlegung der Schlüssel für die Gemeinkosten wird jedoch offengelassen, wie die Gemeinkosten auf verschiedene Aufträge aufgeteilt werden sollen. Auch wenn es der Tradition der Kalkulation öffentlicher Aufträge widerspricht, würde es der Zielsetzung von Kalkulationsvorschriften besser entsprechen, wenn man von den objektiv feststellbaren Teilkosten ausgehen und diese um explizit zu vereinbarende Gemeinkostenzuschläge erhöhen würde.

Die Orientierung der LSP am Vollkostenprinzip hat den Übergang zu modernen Verfahren der Teilkostenrechnung behindert, weil Unternehmen, die öffentliche Aufträge auf der Grundlage von Selbstkostenpreisen übernehmen, den Aufwand scheuen, der mit einer parallel zur Teilkostenrechnung durchzuführenden Vollkostenrechnung verbunden ist.

3.3.3 Bereitstellung von Daten für den Jahresabschluß

Die Kostenrechnung ist grundsätzlich eine interne Rechnung, für die es keine gesetzlichen Vorschriften gibt; das Unternehmen ist daher bei der Ausgestaltung seines internen Rechnungswesens prinzipiell frei. Wie oben gezeigt wurde, ergeben sich jedoch erhebliche Einschränkungen für die Wahl des Kostenrechnungssystems, wenn das Unternehmen öffentliche Aufträge annimmt, für die ein

Selbstkostenpreis gemäß den LSP zu ermitteln ist. Da die Selbstkosten für Angebote vor der Durchführung eines Auftrags ermittelt werden müssen, ist eine Plankostenrechnung auf Vollkostenbasis notwendig.

Weitere Einschränkungen ergeben sich aus den *Bilanzierungsvorschriften* des Handels- und Steuerrechts. Nach § 253 HGB sind in der Handelsbilanz selbsterstellte Vermögensgegenstände höchstens mit den Herstellungskosten anzusetzen, gegebenenfalls vermindert um Abschreibungen. Bei der Definition der Herstellungskosten in § 255 Abs. 2 HGB respektiert der Gesetzgeber das Recht des Unternehmens, sein internes Rechnungswesen nach den eigenen Bedürfnissen auszugestalten, und räumt ihm bei der Berechnung ein Methodenwahlrecht ein, indem er lediglich Unter- und Obergrenzen für die Höhe der Herstellungskosten festlegt: Es müssen mindestens die Materialeinzelkosten, die Fertigungseinzelkosten und die Sondereinzelkosten der Fertigung angesetzt werden, d.h. die *Einzelkosten* bilden die *Untergrenze* für den Ansatz der Herstellungskosten. Daneben dürfen auch angemessene Teile der Materialgemeinkosten und des Werteverzehrs des Anlagevermögens einbezogen werden. Kosten für die allgemeine Verwaltung brauchen ebenso wie Aufwendungen für soziale Einrichtungen des Betriebes nicht einbezogen zu werden, dürfen es aber. Fremdkapitalzinsen dürfen nur insoweit angesetzt werden, als sie dem erzeugten Vermögensgegenstand zugerechnet werden können und auf den Zeitraum seiner Herstellung entfallen. Kalkulatorische Zinsen dürfen damit nicht verrechnet werden.

Mit dieser Regelung stellt der Gesetzgeber dem Bilanzierenden die Wahl des Kostenrechnungssystems frei; insbesondere können sowohl Systeme der Teilkosten- als auch Systeme der Vollkostenrechnung benutzt werden. Die Herstellungskosten müssen allerdings wegen des Anschaffungskostenprinzips auf der Basis von Istkosten ermittelt werden.

Im Gegensatz dazu zwingt das *Einkommensteuerrecht* den Steuerpflichtigen, die Herstellungskosten auf der Grundlage einer Istkostenrechnung auf Vollkostenbasis zu berechnen. Zunächst verweist das Maßgeblichkeitsprinzip des § 5 Abs. 1 EStG darauf, daß Steuerpflichtige, die verpflichtet sind, Bücher zu führen und regelmäßige Abschlüsse zu machen, das Betriebsvermögen anzusetzen haben, das nach den handelsrechtlichen Grundsätzen ordnungsmäßiger Buchführung auszuweisen ist. § 6 Abs. 1 und 2 EStG legt ähnlich wie § 253 HGB fest, daß sich die Bewertung selbsterstellter Wirtschaftsgüter an den Herstellungskosten zu orientieren hat. Im Gegensatz zum Handelsrecht räumt das Steuerrecht aber kein Wahlrecht zwischen Vollkosten- und Teilkostenrechnung ein. Im Interesse der Gleichheit der Besteuerung aller Steuerpflichtigen werden im Steuerrecht alle handelsrechtlichen Aktivierungswahlrechte als Aktivierungspflichten angesehen; die im Handelsrecht eingeräumten Wahlrechte beim Ansatz von Gemeinkosten führen im Steuerrecht dementsprechend zu einer Ansatzpflicht. In Artikel 33 der Einkommensteuer-Richtlinien ist festgelegt, welche Gemeinkosten im einzelnen zu verrechnen sind.

Um seinen Verpflichtungen nachkommen zu können, muß jeder buchführungspflichtige Steuerpflichtige zur Ermittlung der Herstellungskosten der Lagerbestände seiner Zwischen- und Endprodukte und anderer selbsterstellter Wirtschaftsgüter eine Vollkostenrechnung auf Ist-Kostenbasis durchführen. Will er sein innerbetriebliches Rechnungswesen nach betriebswirtschaftlichen Gesichtspunkten organisieren und an den Erfordernissen einer Kontroll- und Planungsrechnung ausrichten, dann muß er eine Doppelrechnung durchführen: Für innerbetriebliche Zwecke sollte er eine Teilkostenrechnung durchführen, aus steuerrechtlichen Gründen ist eine Parallelrechnung auf Vollkostenbasis erforderlich. Da für viele Unternehmen eine solche Doppelrechnung zu aufwendig ist, verzichten sie darauf, eine Teilkostenrechnung durchzuführen.

Es ist unbestritten, daß das Steuerrecht die Steuerbemessungsgrundlage eindeutig festlegen muß. Hierzu ist es jedoch nicht erforderlich, veraltete Verfahren zu erzwingen, die den originären Zwecken der Kostenrechnung nicht gerecht werden können. Es wäre ohne weiteres möglich, Verfahren der Teilkostenrechnung zuzulassen, ohne auf die Gleichmäßigkeit der Besteuerung zu verzichten: Am einfachsten wäre es, den Steuerpflichtigen ein Methodenwahlrecht zwischen betriebswirtschaftlich anerkannten Kalkulationsverfahren einzuräumen, an das sie langfristig gebunden wären. Falls das Steuerrecht weiter auf einer Besteuerung auf der Basis von Vollkosten bestehen will, wäre ein pauschaler Gemeinkostenzuschlag zu den Teilkosten denkbar, der die Fixkosten anteilig abdeckt. Auch wenn eine differenzierte Schlüsselung den Eindruck von Genauigkeit vermittelt, ist eine solche Zurechnung von Fixkosten zu selbsterstellten Wirtschaftsgütern immer willkürlich und durch die Wahl der Zuschlagsbasen und der Schlüssel manipulierbar. Eine Bewertung der Bestände mit willkürfrei zu berechnenden Teilkosten, gegebenenfalls erhöht durch summarische Zuschläge zur anteiligen Abdeckung der Fixkosten, führt hingegen zu einer genaueren Definition und einer besseren Überprüfbarkeit der Steuerbemessungsgrundlage und würde den betriebswirtschaftlichen Anforderungen an die Kostenrechnung besser gerecht als eine traditionelle Vollkostenrechnung.

3.3.4 Ergebnis des Vergleichs

Mißt man die Verfahren der Kostenrechnung anhand der innerbetrieblichen Zwecke, die mit ihr verfolgt werden sollen – insbesondere Wirtschaftlichkeits- und Erfolgskontrolle sowie die Bereitstellung von Daten für die Produktionsplanung und die Preispolitik –, dann zeigt sich, daß die Teilkostenrechnung der Vollkostenrechnung in folgenden Punkten überlegen ist:

(1) Für *Kontrollzwecke* ist die Vollkostenrechnung ungeeignet, weil die Kontrollobjekte – die den Kostenstellen bzw. den Kostenträgern zugerechneten Kosten – durch die willkürliche Schlüsselung verzerrt werden. Die Teilkostenrechnung ordnet diesen Objekten lediglich die Kosten zu, die durch sie verursacht worden sind und liefert somit Daten für deren Kontrolle. Für eine wirksame Kostenkontrolle reicht es jedoch nicht aus, die den Kontrollobjekten zugerechneten Kosten pauschal mit den Ergebnissen früherer Perioden bzw. Durchschnittswerten der Vergangenheit zu vergleichen. Wie im nächsten Abschnitt zu zeigen ist, müssen die Istwerte Planwerten gegenübergestellt und die Abweichungen nach Abweichungsursachen differenziert werden.

(2) Für den Zweck der *Produktionsplanung* ist die Vollkostenrechnung ebenfalls ungeeignet: Die mit der Zurechnung von Fixkosten verbundene Fixkostendegression kann zu Fehlentscheidungen führen, wenn sich die Sortimentsplanung an den Stückkosten orientiert. Sortimentsentscheidungen anhand von Teilkosten sind zwar nur im Fall freier Kapazitäten möglich; die Teilkostenrechnung liefert aber auf jeden Fall die von modernen Planungsinstrumenten benötigten Informationen über die Höhe der Deckungsbeiträge der einzelnen Produkte.

(3) Eine ähnliche Situation ergibt sich für *preispolitische Entscheidungen*: Es ist nicht sinnvoll, Preise für marktgängige Güter als Selbstkosten zuzüglich eines Gewinnzuschlags festzulegen, weil der optimale Angebotspreis nicht von den Durchschnittskosten, sondern von den Grenzkosten abhängt. Die Teilkosten sind hingegen bei linearen Kostenverläufen gerade gleich den Grenzkosten. In beiden Fällen reichen allerdings die Informationen der Kostenrechnung allein nicht aus, um optimale Preise zu bestimmen, da neben den Kosten auch die Nachfragestruktur berücksichtigt werden muß.

Stückkosten sind auch nicht geeignet, Preisuntergrenzen festzulegen; diese werden allenfalls durch die Grenzkosten bestimmt. Daneben muß berücksichtigt werden, daß zwar einzelne Produkte zu Teilkosten angeboten werden können, die Deckungsbeiträge aller Erzeugnisse jedoch ausreichen müssen, um den Fixkostenblock abzudecken.

(4) Selbstkosten müssen allerdings bei der Abrechnung *öffentlicher Aufträge*, für die es keine Marktpreise gibt, zugrundegelegt werden; Regeln, wie diese zu berechnen sind, sind in den LSP niedergelegt. Ähnliche Vereinbarungen können auch zwischen Anbietern und Nachfragern individueller Leistungen vereinbart werden. Man muß sich dabei jedoch im klaren sein, daß es sich bei

solchen Selbstkostenpreisen nicht um einen objektiv richtigen Wertansatz handelt, sondern letztlich um Vereinbarungen darüber, welchen Anteil des Fixkostenblocks der Abnehmer zu tragen hat. Statt einer differenzierten Schlüsselung der Fixkosten, die letztlich nur die Kostenstruktur verschleiert, wäre ein summarischer Zuschlag zu den Teilkosten vorzuziehen.

(5) Schließlich müssen wegen der gegenwärtigen Rechtslage selbsterstellte Wirtschaftsgüter in der *Steuerbilanz* auf der Grundlage von Vollkosten bewertet werden.

Es ist also festzuhalten, daß Systeme der Teilkostenrechnung zwar besser geeignet sind, die innerbetrieblichen Zwecke der Kostenrechnung zu erfüllen, daß aber aus rechtlichen Gründen ein Zwang besteht, Vollkostenrechnungen als Nebenrechnungen oder als einzige Form der Kostenrechnung durchzuführen.

4. Die Plankostenrechnung

Während bislang Systeme der *Istkostenrechnung* behandelt wurden, die von tatsächlich gezahlten Preisen und tatsächlich verbrauchten Mengen an Einsatzfaktoren ausgehen, erfolgt nunmehr der Übergang zur *Plankostenrechnung*, die auf geplanten Werten für Verbrauchsmengen und für ihre Bewertung beruht. Um eine Einordnung der Plankostenrechnung in die verschiedenen Systeme der Kostenrechnung vornehmen zu können, wird zunächst ein kurzer Überblick über die sich in verschiedenen aufeinander folgenden Stufen vollziehende historische Entwicklung der Kostenrechnung gegeben (vgl. KILGER [1988], S. 27 - 69).

4.1 Entwicklungsstufen der Kostenrechnung

4.1.1 Die Istkostenrechnung

Als *Istkosten* werden die Kosten bezeichnet, die in der betrachteten Abrechnungsperiode tatsächlich entstanden und belegmäßig erfaßt sind. Ihr Mengengerüst besteht in den tatsächlichen Verbrauchsmengen r_i^I, $i = 1,...,n$ an Produktionsfaktoren; die Bewertung erfolgt mit den dafür tatsächlich gezahlten Preisen p_i^I, $i = 1,...,n$. Die Istkosten einer Periode ergeben sich somit als:

$$K^I = \sum_{i=1}^{n} r_i^I \cdot p_i^I$$

Das Ziel der Istkostenrechnung auf Vollkostenbasis ist die vollständige Verrechnung bzw. Überwälzung der in der Kostenartenrechnung erfaßten Kosten auf die Kostenträger bzw. bei der Teilkostenrechnung die Ermittlung der Deckungsbeiträge und des Betriebsergebnisses. Ihr Hauptanwendungsgebiet ist die *Nachkalkulation* der erstellten Produkte und Aufträge, d.h. die Ermittlung der tatsächlich entstandenen Kosten einer Einheit eines Kostenträgers. Jedoch stößt die Durchführung einer Istkostenrechnung auf eine Reihe von Problemen:

- Eine reine Istkostenrechnung ist nicht möglich, da sich nicht alle Kostenarten als Istkosten erfassen lassen. So ist bei den kalkulatorischen Kosten häufig eine Schätzung der Bemessungsgrundlage, wie z.B. der Nutzungsdauer für die kalkulatorischen Abschreibungen, erforderlich; bei den antizipativen Rechnungsabgrenzungsposten ist der später zu zahlende Betrag zu schätzen.
- Die Istkosten sind stark abhängig von Zufallsschwankungen sowohl bei den zugrunde gelegten Preisen als auch bei den Faktoreinsatzmengen. So können z.B. Schwankungen der Rohstoffpreise oder Schwankungen beim Energieverbrauch aufgrund von verschiedenen Witterungsverhältnissen zu unterschiedli-

chen Kosten für dasselbe Produkt führen, obwohl sich am Prozeß der Leistungserstellung nichts geändert hat.
- Die Istkostenrechnung erlaubt keine Kostenkontrolle, denn sie stützt sich ausschließlich auf Vergangenheitswerte und gibt keine Sollwerte vor. Es ist somit allenfalls ein Vergleich der Istkosten der aktuellen Periode mit den Istkosten der Vorperiode möglich. Weiter ist es nicht möglich, Kostenabweichungen zu analysieren und nach verschiedenen Abweichungsursachen aufzuspalten.
- Da die Istkostenrechnung ausschließlich auf historischen Anschaffungskosten aufbaut, liefert sie keine Daten für eine vorausschauende Kostenplanung, z.B. für eine Vorkalkulation von Aufträgen.
- Eine weitere Schwäche besteht in der Schwerfälligkeit der Istkostenrechnung: In der Kostenartenrechnung ist eine Einzelbewertung jeder Lieferung bei sämtlichen erfaßten Produktionsfaktoren erforderlich; bei der innerbetrieblichen Leistungsverrechnung müssen in jeder Abrechnungsperiode alle Verrechnungspreise neu ermittelt werden; ebenso sind die Kalkulationssätze der Hauptkostenstellen jeweils neu zu berechnen.

Um die genannten Probleme zu vermeiden, wurde die Istkostenrechnung in folgenden Richtungen weiterentwickelt:

- Durch die Verwendung von Wiederbeschaffungspreisen anstelle historischer Anschaffungspreise wird erreicht, daß die ermittelten Kosten verbrauchsnahe Wertverhältnisse widerspiegeln. Allerdings bleibt dabei das Problem von Kostenschwankungen aufgrund von Preisabweichungen bestehen.
- Zur rechentechnischen Vereinfachung der Materialabrechnung werden feste Verrechnungspreise entweder nur für die innerbetrieblichen Leistungen oder für alle Einsatzfaktoren eingeführt. Dies bewirkt gleichzeitig, daß der Einfluß zufälliger Preisschwankungen beim Vergleich der in verschiedenen Perioden angefallenen Kosten ausgeschaltet wird.
- Durch die Verwendung von Planwerten bei den Löhnen, insbesondere die Einführung von Vorgabezeiten für die Akkordlohnermittlung auf der Grundlage von Zeitstudien und die Vorkalkulation des Einzelmaterialverbrauchs, wird eine Kostenkontrolle möglich.

Allerdings entfernt sich die Istkostenrechnung durch diese Weiterentwicklungen von ihrer ursprünglichen Form, da sie auf geplante Preise zurückgreift; es handelt sich damit bereits um eine Istkostenrechnung mit Planpreisen.

4.1.2 Die Normalkostenrechnung

Im Gegensatz zur Istkostenrechnung, bei der jedes Kostengut mit seinen tatsächlichen Kosten bewertet wird, verwendet die *Normalkostenrechnung* feste Verrechnungssätze für die betrieblichen Leistungen. Diese Normalkosten einer Kostenstelle werden als Durchschnitt der langfristig beobachteten Istkosten gebildet, so daß sich saisonale oder zufällige Preisschwankungen ausgleichen. Die Normalkosten einer Kostenstelle ergeben sich durch Multiplikation der Istbeschäftigung mit ihrem Normalkostensatz:

Normalkosten = Istbeschäftigung · Normalkostensatz

Durch die Vorgabe von Normalkosten als Verrechnungssätzen wird zum einen die Abrechnung wesentlich vereinfacht, da die benötigten Daten vorliegen und nicht in jeder Periode sämtliche Preise erneut ermittelt werden müssen. Zum anderen wird erstmals eine Kostenkontrolle durch den Vergleich von Normal- und Istkosten und die Analyse der auftretenden Kostenabweichungen (Über- oder Unterdeckungen) möglich. Dabei werden insbesondere betriebsbedingte Verbrauchsabweichungen und auf andere Einflußgrößen zurückgehende Beschäftigungsabweichungen unterschieden. Allerdings bedeutet die Gegenüberstellung von aktuellen Verbrauchsmengen mit den Durchschnittswerten der Vergangenheit lediglich einen "Vergleich von Schlendrian mit Schlendrian" (Schmalenbach [1934], S. 263).

In Abhängigkeit davon, wie die Beschäftigungsabweichungen berücksichtigt werden, unterscheidet man die starre und die flexible Normalkostenrechnung.

4.1.2.1 Die starre Normalkostenrechnung

Die *starre Normalkostenrechnung* verzichtet darauf zu untersuchen, inwieweit die sich in einer Periode ergebenden Über- und Unterdeckungen auf Beschäftigungsschwankungen zurückzuführen sind. Sie geht vielmehr von festen Werten für den Materialverbrauch und die Arbeitszeit, den Normalmengen und -preisen, aus. Dabei geht sie in folgenden Schritten vor:

(1) Vorgabe von Normalmengen und -preisen für das Einzelmaterial

(2) Vorgabe von Normalzeiten und Lohnsätzen für die Einzellöhne

(3) Bewertung der Gemeinkostengüter in der Kostenartenrechnung mit Istpreisen

(4) Weiterverrechnung der Gemeinkosten in der Kostenstellenrechnung mit Normalsätzen, denen Durchschnittsmengen und -preise der Vergangenheit zugrunde gelegt werden
Ergebnis: verrechnete Gemeinkosten als Basis für Kostenvorgaben

(5) Ermittlung von Normalsätzen für innerbetriebliche Leistungen auf Basis der Normalbeschäftigung

(6) Ausbuchung der Kostenabweichungen:

    (a) Einzelkostenabweichungen: Verrechnung auf die Kostenträger anhand der Stückkosten als Schlüsselgrößen

    (b) Gemeinkostenabweichungen:
        per Kontenklasse 3 (Stoffe und Bestände)
            an Kontenklasse 2 (neutrale Aufwendungen und Erträge)
        per Kontenklasse 2 an Betriebsergebniskonto
        alternativ: Schlüsselung auf Kostenträger

Die starre Normalkostenrechnung führt zwar zu einer Vereinfachung der Abrechnung, dem Ziel der Kostenkontrolle wird sie hingegen nur unzureichend gerecht, da sie die ermittelten Kostenabweichungen nicht näher analysiert. Ihre Bedeutung liegt im wesentlichen darin, daß sie eine Übergangsform von der Istkostenrechnung zur Plankostenrechnung darstellt.

4.1.2.2 Die flexible Normalkostenrechnung

Das Ziel der *flexiblen Normalkostenrechnung* besteht darin, die festgestellten Kostenabweichungen in zwei Bestandteile aufzuspalten, die Beschäftigungsabweichung und die sonstige Abweichung. Während die Beschäftigungsabweichung bei einer Rechnung auf Vollkostenbasis aus der Fixkostendegression resultiert, ist für die sonstigen Abweichungen der Kostenstellenleiter verantwortlich zu machen. Daher läßt sich die Wirtschaftlichkeit der Leistungserstellung in einer Kostenstelle nur dann wirksam kontrollieren, wenn es gelingt, auch die Preisschwankungen zu eliminieren.

Das wesentliche Merkmal der flexiblen Normalkostenrechnung ist die Aufteilung der als Normalkosten vorgegebenen Gemeinkosten einer Kostenstelle in fixe und proportionale Kosten. Die flexible Normalkostenrechnung geht wie folgt vor:

(1) Aufteilung der Normal-Gemeinkosten in fixe und proportionale Bestandteile mit Hilfe der mathematischen Kostenauflösung oder eines anderen der in Abschnitt 1.2.3.1 genannten Verfahren

(2) Berechnung proportionaler Kostenstellensätze, die von der Beschäftigung abhängen

(3) Berechnung der Fixkosten bei Normalbeschäftigung

(4) Normalkostensatz = proportionaler Gemeinkostensatz
                         + Fixkostensatz bei Normalbeschäftigung

(5) verrechnete Gemeinkosten = Normalkostensatz · Istbeschäftigung

(6) Beschäftigungsabweichung = Normalkosten – verrechnete Gemeinkosten

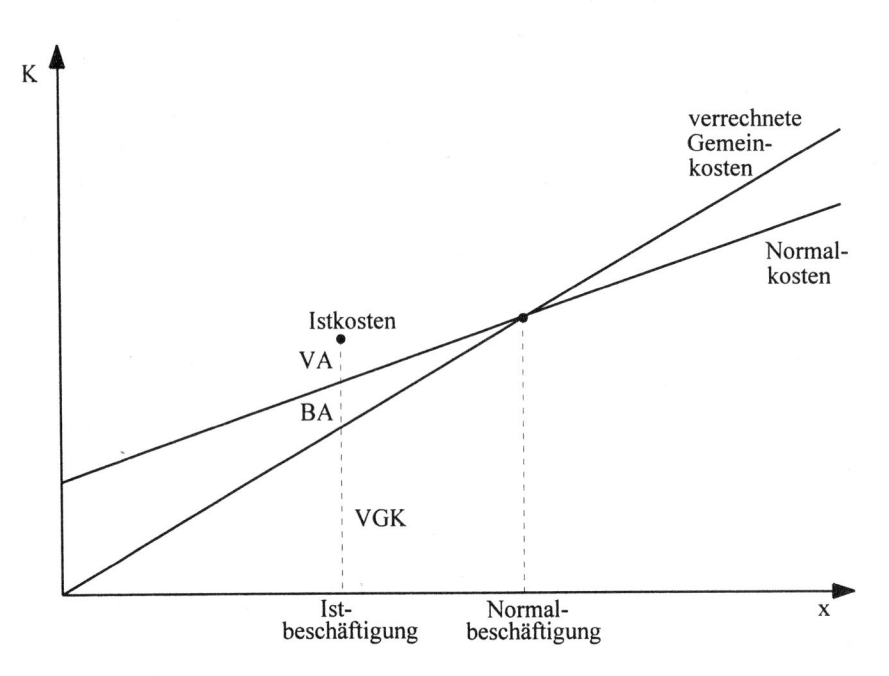

Abb. 30: Flexible Normalkostenrechnung

In Abbildung 30 ist dargestellt, wie sich die Beschäftigungsabweichung und die Verbrauchsabweichung isolieren lassen. Während durch die Funktion der verrechneten Gemeinkosten die gesamten Gemeinkosten bei Normalbeschäftigung proportional verteilt werden, berücksichtigen die Normalkosten den Fixkostenanteil der betrachteten Kostenstelle und weisen daher einen geringeren Anstieg auf. Da bei der Normalbeschäftigung beide Darstellungsweisen der Normalkosten zum gleichen Ergebnis führen sollen, schneiden sich die Graphen der beiden Funktionen an dieser Stelle. Liegt die Istbeschäftigung unterhalb der Normalbeschäftigung, so liegen die Istkosten in der Regel oberhalb der verrechneten Gemeinkosten für diesen Beschäftigungsgrad, da bei der Kostenvorgabe die Fixkosten auf eine zu große Stückzahl umgelegt wurden. Ist jedoch – wie im Beispiel dargestellt – der dem senkrechten Abstand zwischen den beiden Geraden entsprechende Kostenanteil auf die Beschäftigungsabweichung zurückzuführen, so bleibt lediglich die restliche Abweichung als Verbrauchsabweichung in der Verantwortung des Kostenstellenleiters. Die Istkosten werden damit in drei Bestandteile aufgespalten, die verrechneten Gemeinkosten (VGK), die Beschäftigungsabweichung (BA) und die Verbrauchsabweichung (VA).

Durch die Eliminierung der Beschäftigungsabweichung aus der Gesamtabweichung läßt sich zwar der Kontrollzweck der Kostenrechnung besser verfolgen, jedoch wird noch keine Aufgliederung der sonstigen Abweichungen nach Kostenarten vorgenommen. Ein weiterer Nachteil beider Formen der Normalkostenrechnung ist, daß die Vorgabe der Normalkostensätze auf der Basis von Vergangenheitsdaten erfolgt, so daß auch Unwirtschaftlichkeiten und Fehldispositionen der Vergangenheit in die Vorgabewerte eingehen. Um dieses Problem zu umgehen, wurde die Normalkostenrechnung zu der im folgenden Abschnitt dargestellten Plankostenrechnung weiterentwickelt.

4.1.3 Die Plankostenrechnung

Bei der *Plankostenrechnung* handelt es sich um eine ex-ante-Rechnung, bei der sowohl das Mengengerüst der Kosten als auch die Wertansätze geplante Größen sind. Die Plankosten ergeben sich durch Multiplikation von geplanten Mengen r_i^P mit geplanten Preisen p_i^P:

$$K^P = \sum_{i=1}^{n} r_i^P \cdot p_i^P$$

Andere gebräuchliche Bezeichnungen für die Plankosten sind Standardkosten, Normkosten, Vorgabekosten oder Budgetkosten. Im angelsächsischen Sprachraum hat sich die Bezeichnung *standard costs* durchgesetzt. Die Abgrenzung der Plankostenrechnung zur Normalkostenrechnung besteht darin, daß diese ihre Vorgaben aus Durchschnittswerten der Vergangenheit ermittelt, während die Plankostenrechnung auf zukünftige Größen abstellt. Im Verhältnis zur Istkostenrechnung gilt, daß diese durch die Plankostenrechnung nicht ersetzt, sondern ergänzt wird. Ein weiterer Unterschied zu den früheren Systemen besteht darin, daß bei der Plankostenrechnung die Planung und Kontrolle der Gemeinkosten innerhalb der Kostenstellen differenziert nach den einzelnen Kostenarten erfolgt.

4.1.3.1 Wurzeln der Plankostenrechnung

Einen wesentlichen Anstoß für die Entwicklung der Plankostenrechnung gab die Erkenntnis, daß Planung und Kontrolle der Kosten einer Kostenstelle nur dann sinnvoll sind, wenn den Verantwortlichen eindeutige Planwerte in Form von Kostenbudgets vorgegeben werden, an denen sich ihr Erfolg messen läßt, und wenn sich die Ursachen der auftretenden Kostenabweichungen analysieren lassen. Als Vorbild für die deutsche Plankostenrechnung (vgl. MATZ [1954]; PLAUT [1953]) diente die zu Beginn des Jahrhunderts entwickelte amerikanische Standardkostenrechnung.

Eine weitere Wurzel liegt in der Entwicklung in den Arbeitswissenschaften, durch die die Verfahren zur Bestimmung von Vorgabewerten für die Lohnbestimmung auf die Planung der Lohnkosten übertragen werden konnten. Für die Ermittlung von Akkordlöhnen werden Leistungsnormen zugrunde gelegt, die als geplante Vorgabezeiten in die Lohnabrechnung eingehen. Derartige Vorgaben stammen in Deutschland vor allem vom REFA (Reichsausschuß für Arbeitszeitermittlung von 1924) bzw. heute REFA-Verband für Arbeitsstudien und Betriebsorganisation e.V.

Im Laufe der Zeit haben sich verschiedene Entwicklungsformen der Plankostenrechnung herausgebildet. Bei der Plankostenrechnung auf Vollkostenbasis unterscheidet man – ähnlich wie bei der Normalkostenrechnung – eine starre und eine flexible Plankostenrechnung. Als Plankostenrechnung auf Teilkostenbasis entstand die Grenzplankostenrechnung. Weiter kann auch eine Rechnung mit relativen Einzelkosten als Plankostenrechnung durchgeführt werden.

4.1.3.2 Starre Plankostenrechnung

Die *starre Plankostenrechnung* ist ein Kostenrechnungssystem, bei dem sowohl das Mengengerüst der Kosten als auch die Wertansätze geplante Größen sind, das Mengengerüst auf der Grundlage einer geplanten Beschäftigung festgelegt wird und bei der Analyse von Kostenabweichungen keine Beschäftigungsschwankungen berücksichtigt werden. Die Vorgehensweise entspricht im Prinzip der starren Normalkostenrechnung.

Die starre Plankostenrechnung ermöglicht zwar eine differenzierte Planung der Kosten nach Kostenarten und Kostenstellen, jedoch keine Aufteilung der Kosten in ihre fixen und variablen Bestandteile. Der Einfluß der Fixkostendegression bei Abweichung der Istbeschäftigung von der Planbeschäftigung wird nicht berücksichtigt, d.h. die Plankosten können nur dann zur Kontrolle der Wirtschaftlichkeit herangezogen werden, wenn Istbeschäftigung und Planbeschäftigung übereinstimmen, da es andernfalls zu einer Überlagerung von Verbrauchs- und Beschäftigungsabweichungen kommt.

4.1.3.3 Flexible Plankostenrechnung

Bei der *flexiblen Plankostenrechnung* findet analog zur flexiblen Normalkostenrechnung eine Aufteilung der Plankosten in fixe und proportionale Bestandteile statt, so daß sich die Kostenvorgaben auf die jeweilige Istbeschäftigung umrechnen lassen. Dadurch wird es möglich, die Kostenabweichung in folgende Bestandteile aufzulösen:

- *Beschäftigungsabweichung*

  Ihre Ursache liegt darin, daß bei der Plankostenvorgabe der Einfluß der Fixkostendegression nicht berücksichtigt wurde.

- *Verbrauchsabweichung*

  Diese Abweichung läßt sich auf Unterschiede im Mengengerüst der Kosten zurückführen, die durch eine besonders wirtschaftliche bzw. unwirtschaftliche Produktion verursacht worden sind.

- *Preisabweichung*

  Auch Abweichung der tatsächlichen von den geplanten Beschaffungspreisen können zu Kostenabweichungen führen.

Während es sich bei den Beschäftigungs- und Preisabweichungen um externe Einflüsse handelt, die nicht im Einflußbereich des Kostenstellenleiters liegen, ist er für die Verbrauchsabweichung verantwortlich zu machen. Die Bedeutung der flexiblen Plankostenrechnung liegt darin, daß sich diese Verbrauchsabweichung isolieren läßt und damit erst eine Kontrolle der Kostenstellen ermöglicht. Dabei tritt allerdings das Problem auf, die Kosten in ihre fixen und variablen Bestandteile aufzuspalten, d.h. den Verlauf der Plankostenkurve korrekt zu schätzen.

4.1.3.4 Grenzplankostenrechnung

Die *Grenzplankostenrechnung* ist eine Plankostenrechnung auf Teilkostenbasis. Da nur variable Kostenbestandteile in die Kostenträgerrechnung eingehen, werden die bei der Plankostenrechnung auf Vollkostenbasis aufgrund der Proportionalisierung der Fixkosten auftretenden Probleme vermieden.

Da nur die variablen Sollkosten betrachtet werden, läßt sich die Verbrauchsabweichung direkt als Differenz von variablen Istkosten und Plankosten berechnen; ein separater Ausweis der Beschäftigungsabweichung entfällt. Die proportionalen Plankosten werden als Summe aus den jeweiligen Einzelkosten und den variablen Kostenträgergemeinkosten ermittelt; die Leistungen einer Kostenstelle werden zum Grenzplanverrechnungssatz weiterverrechnet.

4.2 Die flexible Plankostenrechnung

Nachdem im vorigen Abschnitt ein Überblick über die Entwicklungsstufen der Kostenrechnung von der Istkosten- zur Plankostenrechnung und über die Formen der Plankostenrechnung gegeben wurde, werden im folgenden die Grundzüge der flexiblen Plankostenrechnung als Beispiel für ein System der Plankostenrechnung auf Vollkostenbasis dargestellt. Hierbei werden zunächst einige theoretische

Grundlagen der flexiblen Plankostenrechnung diskutiert und anschließend die wichtigsten Aspekte der Kostenplanung und der Kostenkontrolle bei der Kostenarten-, der Kostenstellen- und der Kostenträgerrechnung behandelt. Die Darstellung stützt sich weitgehend auf das Standardwerk von KILGER [1988], in dem das System der flexiblen Plankostenrechnung in geschlossener Form entwickelt wird.

4.2.1 Theoretische Grundlagen der flexiblen Plankostenrechnung

4.2.1.1 Die Sollkosten-Kurve

Die flexible Plankostenrechnung hat das Ziel, *Abweichungen* zwischen Ist-Kosten als in einer Periode tatsächlich entstandenen Kosten und Plankosten als Vorgabewerten für Kostenstellen und Kostenträger festzustellen, deren Ursachen zu erkennen und gegebenenfalls den Verursacher zu ermitteln.

Die Ermittlung von Plankosten setzt die Kenntnis der Einflußgrößen voraus, die die Höhe der Kosten einer Abrechnungseinheit in einer Periode bestimmen. Wie in KISTNER / STEVEN ([1994], S. 105 ff.) gezeigt wurde, unterscheidet man zwischen folgenden Kosteneinflußgrößen:

(1) Faktorpreise

(2) Faktorqualität

(3) Fertigungsprogramm

(4) Beschäftigungsgrad

(5) Betriebsgröße

Neben diesen systematischen Determinanten der Kosten sind Unwirtschaftlichkeiten als weitere Einflüsse zu berücksichtigen.

Bei der Planung der Kosten wird davon ausgegangen, daß die *Betriebsgröße* als langfristig wirkende Kosteneinflußgröße konstant gehalten werden kann. Weiter wird vorausgesetzt, daß das *Fertigungsprogramm*, d.h. die Auftragszusammensetzung und die Fertigungsverfahren, sowie die *Faktorqualität* gegeben sind. Der Einfluß der *Faktorpreise* wird aus der Kostenrechnung eliminiert, indem beim Übergang von der Finanzbuchhaltung zur Betriebsbuchhaltung die Kostenarten mit Planpreisen bewertet und die Differenz zwischen Ist- und Planwerten auf Preisdifferenzen-Konten erfaßt werden. Damit wird bei der Kostenplanung lediglich die Beschäftigung als variabel angesehen.

Die Abhängigkeit der geplanten Kosten von der Beschäftigung einer Kostenstelle wird durch die *Sollkosten-Kurve* $K^S(x)$ beschrieben. Die flexible Plankostenrechnung geht dabei grundsätzlich von linearen Kostenverläufen aus:

$$K^S(x) = K_F^P + k_v^P \cdot x$$

4.2 Die flexible Plankostenrechnung

wobei K_F^P die geplanten Fixkosten und k_v^P die geplanten variablen Stückkosten sind. Das impliziert, daß sich die Kostenstelle zeitlich an die Beschäftigung anpaßt (zur zeitlichen Anpassung vgl. KISTNER / STEVEN [1994], S. 89 f.).

Im Fall der *quantitativen Anpassung* (vgl. KISTNER / STEVEN [1994], S. 91 f.) ergeben sich beim Einschalten einer weiteren Maschine sprungfixe Kosten k_f^P (vgl. Abbildung 31). Um die dadurch entstehenden Kostensprünge bei der Konstruktion der Sollkosten-Kurve zu berücksichtigen, sind nach Beschäftigungsintervallen differenzierte lineare Kostenverläufe vorzugeben:

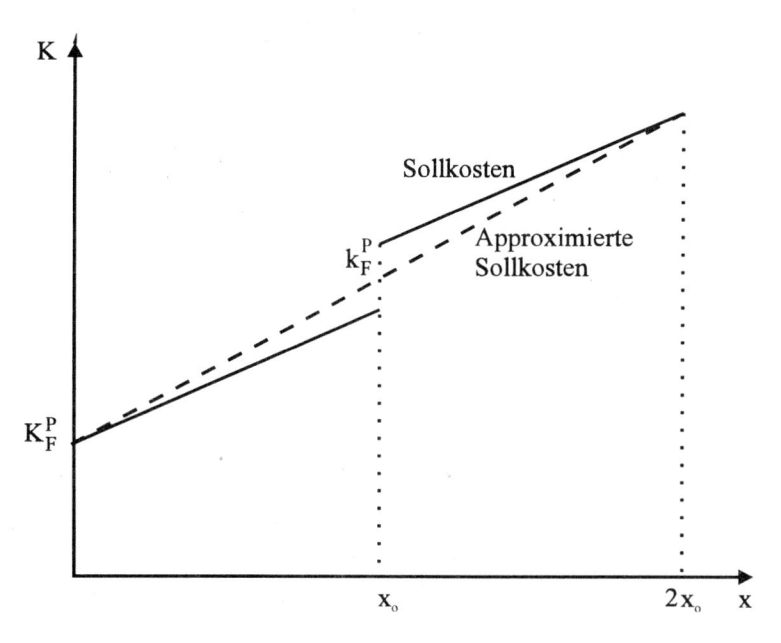

Abb. 31: Sollkosten bei quantitativer Anpassung

$$K^S(x) = \begin{cases} K_F^P + k_v^P \cdot x & \text{für } 0 < x \leq x_0 \\ K_F^P + k_f^P + k_v^P \cdot x & \text{für } x_0 < x \leq 2 \cdot x_0 \\ \vdots \\ K_F^P + z \cdot k_f^P + k_v^P \cdot x & \text{für } (z-1) \cdot x_0 < x \leq z \cdot x_0 \end{cases}$$

wobei z die Anzahl der vorhandenen Maschinen und x_0 die Kapazität der Kostenstelle bei Einsatz einer Maschine ist. In der Praxis werden die sprungfixen Kosten vielfach proportionalisiert. Bei zwei Maschinen ergibt sich dann:

$$K^S(x) \approx K_F^P + k_{v*}^P \cdot x \qquad \text{mit} \qquad k_{v*}^P = \frac{K^S(2 \cdot x_0) - K_F^P}{2 \cdot x_0}$$

Diese Approximation der Sollkostenkurve, die in Abbildung 31 gestrichelt eingezeichnet ist, ist gerechtfertigt, wenn die sprungfixen Kosten relativ niedrig sind.
Wird bei hoher Beschäftigung eine *intensitätsmäßige Anpassung* (vgl. hierzu KISTNER / STEVEN [1994], S. 95) erforderlich, dann ist die Kostenfunktion streng konvex, die Grenzkosten sind nicht mehr gleich den variablen Stückkosten und steigen mit der Beschäftigung. In diesem Fall kann man die Sollkosten durch eine stückweise lineare Funktion approximieren. Ist x_o die Kapazitätsgrenze bei zeitlicher Anpassung und x_m die Kapazitätsgrenze bei intensitätsmäßiger Anpassung, dann teilt man das Intervall $[x_o, x_m]$ in eine endliche Zahl m von Teilintervallen mit den Grenzen x_j, $(j = 0,...,m-1)$. Definiert man

$$K_j = K(x_j)$$

dann ist die Sollkostenkurve im Intervall $x_j \leq x \leq x_{j+1}$ gegeben durch

$$K^S(x) = \frac{K_{j+1} - K_j}{x_{j+1} - x_j} \cdot (x - x_j)$$

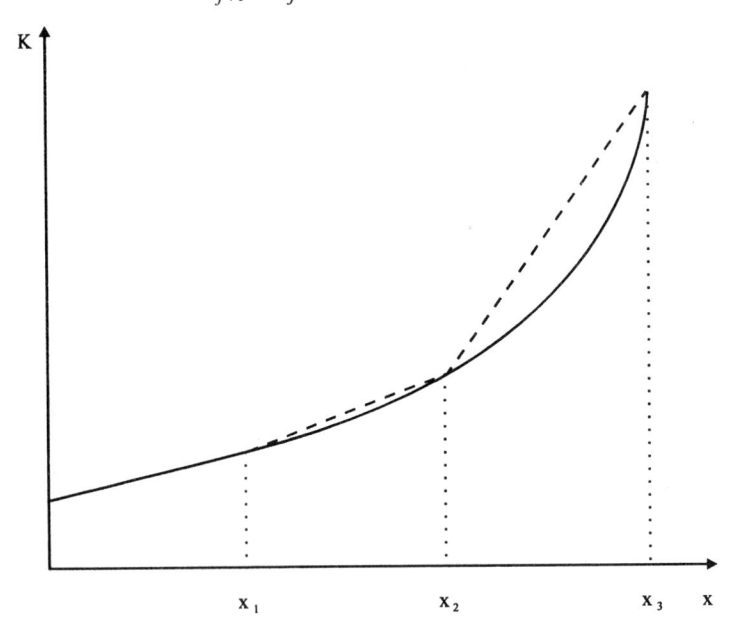

Abb. 32: Sollkostenkurve bei intensitätsmäßiger Anpassung

Die Sollkostenkurve ist in Abbildung 32 für den einfachsten Fall der Einteilung in zwei Teilintervalle gestrichelt eingezeichnet. Je größer man die Zahl der Teilintervalle wählt, desto besser gelingt die Approximation des tatsächlichen Kostenverlaufs.

4.2.1.2 Abweichungsanalyse und Abweichungsinterdependenz

Als Grundlage der Kostenkontrolle werden in der Plankostenrechnung *Kostenabweichungen* als Differenz zwischen den geplanten Kosten K^P und den tatsächlich in einer Periode entstandenen Ist-Kosten K^I ermittelt und analysiert, auf welche Ursachen diese Abweichungen zurückzuführen sind. Während bei der Ermittlung der Plankosten nur die Beschäftigung als variabel angesehen wurde, stellt sich expost meist heraus, daß neben der Beschäftigung auch die anderen Einflußgrößen von den geplanten Werten abgewichen sind. Aufgrund einer Gliederung nach Kosteneinflußgrößen ergeben sich folgende Abweichungsarten:

(1) Preisabweichungen

(2) Mengenabweichungen

    (a) Abweichungen aufgrund von Schwankungen der Faktorqualität

    (b) Abweichungen aufgrund von Änderungen des Fertigungsprogramms

    (c) Beschäftigungsabweichungen

    (d) Verbrauchsabweichungen, die auf Unwirtschaftlichkeiten bei der Leistungserstellung zurückzuführen sind

Bezeichnet man mit z_k ($k = 1,...,s$) den Wert der Kosteneinflußgröße k, dann hat die Kostenfunktion die Form:

$$K = f(z_1,...,z_s)$$

Sind die geplanten Kosteneinflußgrößen gleich z_k^P ($k = 1,...,s$) und deren Ist-Werte gleich z_k^I ($k = 1,...,s$), dann sind die Plankosten gleich:

$$K^P = f(z_1^P,...,z_s^P)$$

Die Ist-Kosten hingegen betragen:

$$K^I = f(z_1^I,...,z_s^I)$$

Die Gesamtabweichung zwischen Ist-Kosten und Plankosten ist dann gleich:

$$\Delta K = K^I - K^P = f(z_1^I,...,z_s^I) - f(z_1^P,...,z_s^P)$$

Will man nun die Kostenabweichungen nach ihrer Verursachung durch Änderung einzelner Kosteneinflußgrößen aufspalten, dann zeigt sich, daß das im allgemeinen nicht exakt möglich ist, weil zwischen den einzelnen Abweichungen Interdependenzen bestehen. (Vgl. hierzu: KILGER [1988], S. 170, MAYNARD [1927], CAMMAN [1932]). Diese *Abweichungsinterdependenz* soll nun anhand der Interdependenz zwischen Preisabweichungen und Mengenabweichungen verdeutlicht werden. Die Kosten in Abhängigkeit von den Faktorpreisen q_i und den Einsatzmengen r_i der Faktoren $i = 1,...,n$ sind gegeben durch:

$$K = \sum_{i=1}^{n} r_i \cdot q_i$$

Setzt man die Planmengen gleich r_i^P und die Ist-Mengen gleich r_i^I sowie die Planpreise gleich q_i^P und die Ist-Preise gleich q_i^I, dann ist die Gesamtabweichung gegeben durch:

$$\Delta K = \sum_{i=1}^{n} r_i^I \cdot q_i^I - \sum_{i=1}^{n} r_i^P \cdot q_i^P$$

Setzt man

$$r_i^I = r_i^P + \Delta r_i \qquad \text{und} \qquad q_i^I = q_i^P + \Delta q_i$$

dann kann man für ΔK schreiben:

$$\Delta K = \sum_{i=1}^{n} \left[(r_i^P + \Delta r_i) \cdot (q_i^P + \Delta q_i) - r_i^P \cdot q_i^P \right] =$$

$$= \sum_{i=1}^{n} \Delta r_i \cdot q_i^P + \sum_{i=1}^{n} \Delta q_i \cdot r_i^P + \sum_{i=1}^{n} \Delta r_i \cdot \Delta q_i$$

Die Gesamtabweichung setzt sich damit aus drei Komponenten zusammen.

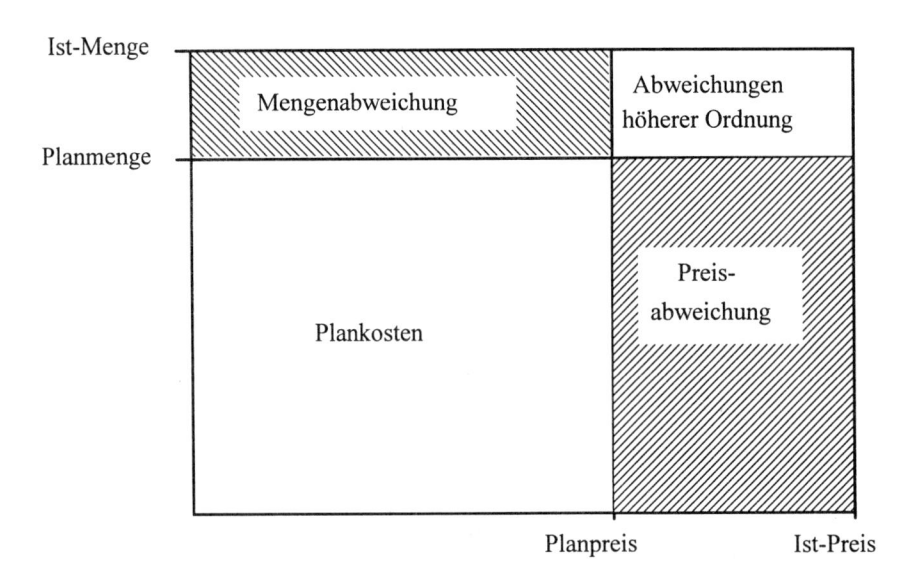

Abb. 33: Abweichungsinterdependenz

(1) *Mengenabweichungen*: $\sum_{i=1}^{n} \Delta r_i \cdot q_i^P$

4.2 Die flexible Plankostenrechnung

Summe der Abweichungen der Einsatzmengen, bewertet mit Planpreisen

(2) *Preisabweichungen*: $\sum_{i=1}^{n} \Delta q_i \cdot r_i^P$

Summe der Abweichungen der Faktorpreise, gewichtet mit geplanten Einsatzmengen

(3) *Abweichungen höherer Ordnung*: $\sum_{i=1}^{n} \Delta r_i \cdot \Delta q_i$

Diese ergeben sich aufgrund der multiplikativen Verknüpfung von Faktorpreisen und Faktoreinsatzmengen ergeben.

Eine vollständige Aufteilung der Gesamtabweichung gemäß ihrer Verursachung durch die einzelnen Kosteneinflußgrößen ist nur bei additiver Verknüpfung möglich. In allen anderen Fällen ergibt sich hingegen ein solches nicht zurechenbares Residuum. Dieser Zusammenhang läßt sich anhand der Abbildung 33 verdeutlichen.

Dennoch wird in der Praxis angestrebt, die Gesamtabweichung aufzuspalten, um alle Kostenabweichungen zuzurechnen. Hier bedient man sich unter anderem folgender Umlageverfahren:

(1) *alternative Abweichungsanalyse*

Es werden alternative Maßkosten berechnet, für die jeweils eine Einflußgröße als Planwert, alle anderen als Ist-Werte angesetzt werden.

$\Delta K_1 = K^I - f(z_1^P, z_2^I, z_3^I, ..., z_s^I)$

$\Delta K_2 = K^I - f(z_1^I, z_2^P, z_3^I, ..., z_s^I)$

$\vdots$

$\Delta K_s = K^I - f(z_1^I, z_2^I, z_3^I, ..., z_s^P)$

Bei diesem Umlageverfahren werden die Abweichungen höherer Ordnungen mehrfach verrechnet.

Für den Fall, daß nur die Preis- und Mengenabweichungen getrennt werden, erhält man:

$$\Delta K_q = \sum_{i=1}^{n} \left[r_i^I \cdot q_i^I - r_i^I \cdot q_i^P \right]$$

$$\Delta K_r = \sum_{i=1}^{n} \left[r_i^I \cdot q_i^I - r_i^P \cdot q_i^I \right]$$

(2) *kumulative Abweichungsanalyse*

Es wird zunächst die Reihenfolge festgelegt, in der die Abweichungen bestimmt werden. Die Abweichungen höherer Ordnung werden jeweils der zuerst ermittelten Abweichung zugerechnet.

$$\Delta K_1 = f(z_1^I, z_2^I, z_3^I, \ldots, z_s^I) - f(z_1^P, z_2^I, z_3^I, \ldots, z_s^I)$$

$$\Delta K_2 = f(z_1^P, z_2^I, z_3^I, \ldots, z_s^I) - f(z_1^P, z_2^P, z_3^I, \ldots, z_s^I)$$

$$\Delta K_3 = f(z_1^P, z_2^P, z_3^I, \ldots, z_s^I) - f(z_1^P, z_2^P, z_3^P, \ldots, z_s^I)$$

$$\vdots$$

$$\underline{\Delta K_s = f(z_1^P, z_2^P, z_3^P, \ldots, z_s^I) - f(z_1^P, z_2^P, z_3^P, \ldots, z_s^P)}$$

$$\Delta K = f(z_1^I, z_2^I, z_3^I, \ldots, z_s^I) - f(z_1^P, z_2^P, z_3^P, \ldots, z_s^P)$$

Wird nur zwischen Preis- und Mengenabweichungen differenziert, dann erhält man:

$$\Delta K_q = \sum_{i=1}^{n} \left[r_i^I \cdot q_i^I - r_i^I \cdot q_i^P \right]$$

$$\underline{\Delta K_r = \sum_{i=1}^{n} \left[r_i^I \cdot q_i^P - r_i^P \cdot q_i^P \right]}$$

$$\Delta K = \sum_{i=1}^{n} \left[r_i^I \cdot q_i^I - r_i^P \cdot q_i^P \right]$$

Zwar werden bei der kumulativen Abweichungsanalyse die Abweichungen höherer Ordnung vollständig auf die Einflußgrößen umgelegt; die Verteilung ist jedoch von der Reihenfolge abhängig.

(3) *summarische Abweichungsanalyse*

Hierbei werden die Abweichungen höherer Ordnung proportional zur Höhe der primären Abweichungen umgelegt. Sollen nur Preis- und Mengenabweichungen ausgewiesen werden, dann erhält man für die Preisabweichung

$$\Delta K_q = \sum_{i=1}^{n} \Delta q_i \cdot r_i^P \left[1 + \frac{\sum_{i=1}^{n} \Delta r_i \cdot \Delta q_i}{\sum_{i=1}^{n} \left[\Delta r_i \cdot q_i^P + \Delta q_i \cdot r_i^P \right]} \right]$$

und für die Mengenabweichung

4.2 Die flexible Plankostenrechnung

$$\Delta K_r = \sum_{i=1}^{n} \Delta r_i \cdot q_i^P \left[1 + \frac{\sum_{i=1}^{n} \Delta r_i \cdot \Delta q_i}{\sum_{i=1}^{n} \left[\Delta r_i \cdot q_i^P + \Delta q_i \cdot r_i^P \right]} \right]$$

Die so berechneten Abweichungen sind zwar eindeutig determiniert, es läßt sich jedoch nicht begründen, warum eine proportionale Aufteilung der Abweichungen höherer Ordnung verursachungsgerecht sein soll.

4.2.2 Planpreise und Preisabweichungen

Im Rahmen einer Plankostenrechnung hat die *Kostenartenrechnung* die Aufgabe, Planpreise für die primären Kostenarten festzulegen und Preisabweichungen, die weder durch die betriebliche Tätigkeit noch durch die Kostenträger verursacht sind, zu isolieren und auf Preisdifferenzen-Konten zu sammeln.

4.2.2.1 Planpreise und Preisabweichungen bei den Materialkosten

Bei der Festlegung der Planpreise für die *Materialkosten* ist zunächst zu klären, welche Komponenten in den Preis einbezogen werden sollen. Der mögliche Sachumfang der Planpreise ergibt sich aus dem in Abbildung 34 angegebenen Kalkulationsschema (vgl. KILGER [1988], S. 198).

Die Planpreise können grundsätzlich entweder auf der Basis von *Einstandspreisen* oder von *Verbrauchspreisen* festgelegt werden. Gegen den Ansatz von Einstandspreisen wird gelegentlich eingewandt, daß dann im Rahmen einer Vollkostenrechnung die Notwendigkeit bestehe, die Materialgemeinkosten gesondert auf das Einzelmaterial zu verrechnen. Das kann durch den Ansatz von Verbrauchspreisen vermieden werden. Es ist jedoch festzustellen, daß bei dem Ansatz von Verbrauchspreisen das Prinzip der Reinheit der Kosten verletzt wird, daß Fixkostenbestandteile in die Einzelkosten eingerechnet werden und daß die Preisabweichungen neben außerbetrieblichen Komponenten auch Kostenabweichungen des Einkaufs- und des Materialbereichs enthalten. Dem Argument, daß bei dem Ansatz von Einstandspreisen die Materialgemeinkosten dem Einzelmaterial gesondert zugerechnet werden müßten, kann keine große Bedeutung zugemessen werden, da diese Rechnung ohne große Schwierigkeiten durchgeführt werden kann und Gemeinkosten, die auf Hilfs- und Betriebsstoffe entfallen, im Rahmen einer Vollkostenrechnung ohnehin in die innerbetriebliche Leistungsverrechnung einzubeziehen sind. Schließlich wäre es bei Ansatz von Verbrauchspreisen erforderlich, die innerbetrieblichen Kostenbestandteile für die Bestandsbewertung wieder herauszurechnen.

Im folgenden wird daher nur die Bewertung anhand von Einstandspreisen weiter verfolgt.

	Einkaufspreis: Rechnungspreis ./. Rabatte und Skonti
+	Außerbetriebliche Beschaffungsnebenkosten für Transport
+	Außerbetriebliche Beschaffungsnebenkosten für Versicherungen
+	Sonstige außerbetriebliche Beschaffungsnebenkosten
=	Einstandspreis frei Lager: Außerbetriebliche Preisbestandteile
+	Innerbetriebliche Beschaffungseinzelkosten
+	Lagereinzelkosten
=	Nettoabgabepreis
+	Kosten der Kostenstellen des Einkaufsbereichs
+	Kosten der Kostenstellen des Warenbereichs
+	Kosten der Kostenstellen des Lagerbereichs
+	Sonstige Kosten des Materialbereichs
=	Brutto-Abgabepreis = Verbrauchspreis

Abb. 34: Kalkulationsschema

Bei der Festlegung der Planpreise ist weiter der *Zeitraum* zu berücksichtigen, für den sie gültig sein sollen (vgl. KILGER [1988], S. 208 f.). Für Zwecke der Kostenkontrolle ist es angebracht, die Planpreise möglichst lange konstant zu halten, um die Entwicklung des Mengengerüsts der Kosten und der Mengenabweichungen über einen längeren Zeitraum hinweg verfolgen zu können. Sollen die Plankosten hingegen in der Planung eingesetzt werden, dann kommt der Aktualität der Planpreise eine größere Bedeutung zu. Die Gültigkeitsdauer der Verrechnungspreise ist daher der Fristigkeit der Planung anzupassen. In den meisten Fällen werden die Preise – entsprechend der Fristigkeit der taktischen Planung – für die Dauer eines Jahres festgelegt. Für Entscheidungen im operativen Bereich werden hingegen Sonderrechnungen auf der Grundlage aktueller Planpreise erforderlich.

Die Planpreise können entweder aufgrund von Erfahrungen der Einkaufsabteilung geschätzt oder mit Hilfe statistischer Verfahren aus Ist-Preisen der Vergangenheit bestimmt werden. Hierzu kommen sowohl die traditionellen Verfahren der einfachen und gleitenden Mittelwertbildung sowie die Trendberechnung nach der Methode der kleinsten Quadrate als auch modernere Verfahren der Zeitreihenana-

4.2 Die flexible Plankostenrechnung

lyse wie z.B. Verfahren auf der Basis der exponentiellen Glättung in Frage (vgl. KILGER [1988], S. 212 f.).

Die *Preisabweichung* wird als Differenz zwischen den mit Ist-Preisen bzw. mit Planpreisen bewerteten Materialmengen erfaßt. Die flexible Plankostenrechnung beruht damit auf der *kumulativen Abweichungsanalyse*. Bei der Erfassung und Verbuchung dieser Differenz werden zwei Verfahren angewandt (vgl. KILGER, [1988], S. 219):

(1) Erfassung bei Zugang

(2) Erfassung bei Verwendung

Sollen die *Preisabweichungen bei Zugang* erfaßt werden, dann werden Materiallieferungen wie folgt gebucht:

per Preisdifferenzenbestand an Lieferanten (zu Ist-Preisen)

per Materialbestand an Preisdifferenzenbestand (zu Planpreisen)

Materialentnahmen werden zu Planpreisen gebucht:

per Materialkosten an Materialbestand

Beim Abschluß der Materialkonten wird zunächst der Vorsaldo des Materialbestands zu Planpreisen ermittelt. Der Preisdifferenzenbestand wird in Preisabweichungen, die auf die Materialentnahme entfallen, und die Differenz zwischen den mit Ist- und mit Planpreisen bewerteten Materialbeständen aufgespalten. Hierzu bildet man den *Preisdifferenzen-Prozentsatz* (PDP):

$$PDP = \frac{\text{Vorsaldo des Preisdifferenzenbestands}}{\text{Anfangsbestand + Materialzugang}}$$

Die Preisabweichung PA ist dann gegeben durch:

$$PA = PDP \times \text{Planwert der Materialentnahme}$$

Zum Abschluß des Preisdifferenzenbestands-Kontos wird zunächst die Preisabweichung auf das Preisdifferenzen-Konto übertragen:

per Preisdifferenzen an Preisdifferenzenbestand

Die Summe aller Preisdifferenzen wird dann von der Kostenträgerrechnung bzw. dem Betriebsergebniskonto übernommen:

per Kostenträger (bzw. BEK) an Preisdifferenzen

Der Saldo des Preisdifferenzenbestands-Kontos wird dann dem Materialbestandskonto angelastet. Unter der Voraussetzung, daß sich die im Preisdifferenzenbestand erfaßten Preisabweichungen gleichmäßig auf den Bestand und den Abgang verteilen, ist der Saldo des Materialbestandskontos gleich dem Endbestand zu Ist-Preisen.

Werden die Preisdifferenzen erst bei Abgang erfaßt, dann werden die Materiallieferungen mit Ist-Preisen auf dem Materialbestandskonto verbucht:

per Materialbestand an Lieferanten (zu Ist-Preisen)

Bei Materialentnahmen wird das Preisdifferenzenbestands-Konto mit durchschnittlichen Ist-Preisen belastet, die anhand geeigneter Annahmen über den Lagerabgang, wie z.B. das Fifo- bzw. das Lifo-Verfahren, oder anhand gleitender Durchschnitte ermittelt werden. Das Materialbestandskonto wird mit Planwerten erkannt; der Saldo wird auf dem Preisdifferenzen-Konto verbucht:

per Preisdifferenzenbestand (zu durchschnittlichen Ist-Preisen)
an Materialbestand (zu Planpreisen) und Preisdifferenzen

Beim Abschluß ist der Saldo des Materialbestandskontos gleich dem Endbestand zu Ist-Preisen; das Preisdifferenzenbestands-Konto wird über das Preisdifferenzen-Konto abgeschlossen. Der Abschluß des Preisdifferenzen-Kontos erfolgt wie bei Erfassung der Preisdifferenzen bei Zugang über die Kostenträger oder den Betriebserfolg.

Der Vorteil der Erfassung der Preisdifferenzen bei Abgang ist darin zu sehen, daß für den Abschluß keine Schlüsselung der Preisdifferenzen auf den Endbestand und den Verbrauch erforderlich ist. Dafür sind laufend die gleitenden Durchschnitte bzw. der Ist-Wert der Lagerabgänge nach einem Abgangsfolge-Verfahren erforderlich. Darüber hinaus werden in der Materialbuchführung zwei Preissysteme parallel verwendet, so daß die Übersichtlichkeit leicht verloren geht (vgl. KILGER [1988], S. 230).

Abschließend ist festzustellen, daß die Preisdifferenzenbestände und die Preisabweichungen grundsätzlich für jede Materialart getrennt berechnet werden. Es besteht allerdings die Möglichkeit, Materialarten mit gleicher Preisentwicklung zu Materialgruppen zusammenzufassen. Die Preisabweichungen aller Materialarten werden dann in einem gemeinsamen Preisdifferenzen-Konto erfaßt und den Kostenträgern bzw. dem Betriebsergebnis pauschal belastet.

4.2.2.2 Planpreise und Preisabweichungen bei den Personalkosten

Der Sachumfang der *Personalkosten* ergibt sich aus dem in Abbildung 35 dargestellten Kalkulationsschema (vgl. KILGER [1988], S. 203):

Tariflohn (zuzüglich betrieblicher Zulagen) + Gesetzliche Sozialabgaben + Gesetzlicher Soziallohn: Lohnfortzahlung bei Krankheit und Urlaubsgeld
= Tariflohn zuzüglich gesetzlicher Sozialkosten + Freiwillige primäre Sozialkosten + Freiwillige sekundäre Sozialkosten: Kosten der Sozialkostenstellen
= Gesamte Personalkosten

Abb. 35: Kalkulationsschema für Personalkosten

Als Basis der Verrechnungspreise für die Arbeitsleistungen sollten grundsätzlich die Tariflohnsätze zuzüglich der gesetzlichen und freiwilligen primären Sozialkosten angesetzt werden, da die Lohnnebenkosten ebenfalls als Lohnkosten anzusehen sind. Eine Berücksichtigung der freiwilligen sekundären Sozialkosten ist hingegen abzulehnen, weil es sich hierbei um gemischte Kosten handelt, die im Rahmen der innerbetrieblichen Leistungsverrechnung zu berücksichtigen sind.

Zur Erleichterung der Abstimmung mit der Bruttolohnabrechnung werden in der Praxis die Tariflöhne sowie die gesetzlichen und freiwilligen Sozialkosten getrennt behandelt. Zunächst werden Verrechnungssätze für Arbeitsleistungen auf der Basis der Tariflöhne (einschließlich betrieblicher Zulagen) berechnet und der weiteren Abrechnung zugrundegelegt. Die Sozialkosten werden als *kalkulatorische Sozialkostenzuschläge* mit Jahresdurchschnittssätzen geplant, um jahreszeitlich bedingte Schwankungen auszugleichen.

4.2.3 Planung und Kontrolle der Einzelkosten

Aus abrechnungstechnischen Gründen ist es nicht erforderlich, die Einzelkosten über die Kostenstellen zu verrechnen; diese können vielmehr direkt über die Kostenträger abgerechnet werden. Da die Plankostenrechnung in Deutschland – im Gegensatz zu der zentralen Bedeutung der Kontrolle der Kosten der Kostenträger im Direct Costing – primär als Instrument der abteilungsweisen Kontrolle gesehen wird, wurde die Kontrolle der Einzelkosten lange Zeit vernachlässigt; die Planung der Einzelkosten blieb vielfach auf der Stufe einer modifizierten Ist-Kostenrechnung mit Planpreisen stehen.

Es ist jedoch festzustellen, daß auch Einzelkostenabweichungen vielfach kostenstellenbedingt sind: So sind Einzelmaterialabweichungen teilweise durch die Arbeitskräfte verursacht, die in den Kostenstellen tätig sind, oder auf Verfahrensabweichungen zurückzuführen, die durch die Anpassung an die Beschäftigung hervorgerufen werden. Ebenso können Einzellohnabweichungen auftreten, die – wie bei Überstundenzuschlägen – beschäftigungsabhängig sind oder auf Verfahrensabweichungen beruhen. Um derartige kostenstellen- von kostenträgerbedingten Abweichungen zu trennen, ist eine kostenstellenweise Erfassung und Kontrolle der Einzelkosten erforderlich.

4.2.3.1 Planung und Kontrolle des Einzelmaterialverbrauchs

Grundlage für die kostenträgerbezogene Planung der Einzelmaterialkosten sind *Stücklisten*, d.h. Aufstellungen über die zur Herstellung eines Kostenträgers benötigten Einzelmaterialmengen. Diese werden aus Konstruktionsdaten und Rezepturen hergeleitet. Ausgehend von diesen Daten werden die Plankosten des Materialeinsatzes wie folgt festgesetzt:

(1) Netto-Verbrauchsmengen gemäß Stücklisten:

Diese geben die im Endprodukt enthaltenen Materialmengen an.

(2) Korrektur um Abfallmengen:

Diese werden – differenziert nach Abfallursachen – als Bruchteil des Netto-Einzelmaterialverbrauchs gemessen.

(3) Brutto-Planeinzelmaterialmengen:

Summe aus Netto-Einzelmaterialmengen und Abfallmengen

(4) Brutto-Planeinzelmaterialkosten:

Bewertung der Brutto-Einzelmaterialmengen mit Planpreisen

Um systematische Abweichungen und Unwirtschaftlichkeiten frühzeitig zu erkennen und zu beheben, sollte die Kontrollperiode möglichst kurz sein, d.h. die Kontrolle sollte bei sehr materialintensiver Fertigung täglich, andernfalls zumindest einmal wöchentlich erfolgen. Als Kontrollobjekte kommen Kostenstellen bzw. Arbeitsplätze oder bei Chargenfertigung einzelne Operationen in Frage. Um eine Weiterverrechnung der Einzelmaterial-Verbrauchsabweichungen in der Kostenträgerrechnung zu ermöglichen, sind diese nach Erzeugnisarten bzw. Aufträgen zu differenzieren.

Der Soll-Ist-Vergleich der Einzelmaterialkosten wird in folgenden Schritten durchgeführt:

(1) Der Ist-Materialverbrauch wird erfaßt und mit Planpreisen bewertet. Diese Ist-Einzelmaterialkosten werden zunächst nach Kostenträgern bzw. Auftragsnummern gegliedert.

(2) Im nächsten Schritt werden die Einzelmaterialkosten anhand von Materialentnahmescheinen den Kostenstellen zugerechnet. Um den tatsächlichen Materialverbrauch zu erfassen, werden die Entnahmen um Bestandsveränderungen korrigiert.

(3) Die Soll-Einzelmaterialkosten werden retrograd aus den Brutto-Planeinzelkosten ermittelt.

(4) Die gesamte *Einzelmaterialverbrauchsabweichung* wird ermittelt, indem die Ist-Einzelmaterialkosten den Soll-Einzelmaterialkosten gegenübergestellt werden.

(5) Abschließend erfolgt eine Abweichungsanalyse, bei der kostenträger- und kostenstellenbedingte Abweichungen von Unwirtschaftlichkeiten der Kostenstellen getrennt werden. Hierbei wird insbesondere zwischen folgenden Abweichungen unterschieden:

- auftragsbedingte Einzelmaterial-Verbrauchsabweichung:
  erhöhter Materialverbrauch aufgrund von Kundenwünschen
- materialbedingte Einzelmaterial-Verbrauchsabweichung:
  Abweichungen aufgrund von Schwankungen der Materialqualität
- mischungsbedingte Einzelmaterial-Verbrauchsabweichung
- verfahrensbedingte Einzelmaterial-Verbrauchsabweichung:
  kapazitätsbedingte Bearbeitung auf anderen Maschinen (selektive Anpassung) bzw. mit erhöhter Produktionsgeschwindigkeit (intensitätsmäßige Anpassung)
- innerbetriebliche Unwirtschaftlichkeiten:
  Überschreitung der geplanten Abfallmengen
  erhöhter Ausschuß

4.2.3.2 Planung und Kontrolle der Einzellohnkosten

Bei der Planung der Einzellohnkosten ist zunächst der erforderliche Zeitbedarf für jede Erzeugnisart, differenziert nach Einzelteilen und Arbeitsvorgängen, zu ermitteln und anschließend mit geplanten Lohnsätzen zu bewerten. Wie bei der Verrechnung der Einzelmaterialkosten werden diese über die Kostenstellen verrechnet, um deren Wirtschaftlichkeit zu kontrollieren und um Zuschlagsbasen für die Gemeinkosten zu erhalten.

Bei der Ermittlung von Standardzeiten für die Planung der Einzellöhne kann auf die Verfahren zur Ermittlung von Vorgabe- oder Sollzeiten für die Akkordentlohnung zurückgegriffen werden. Dabei ist zwischen analytischen und synthetischen Verfahren zu unterscheiden. Die *analytischen Verfahren* – wie z.B. das *REFA-Verfahren* – gehen wie folgt vor (vgl. REFA [1975], S. 79 ff.):

(1) Messen der für bestimmte Bearbeitungsvorgänge erforderlichen Verrichtungszeiten am Arbeitsplatz

(2) Beurteilung des Ist-Leistungsgrades, um bewußte Verzögerungen durch den Arbeitnehmer zu eliminieren

(3) Multiplikation der durchschnittlichen Verrichtungszeiten mit durchschnittlichen Leistungsgraden

Die *synthetischen Verfahren* bestimmen die Vorgabezeiten folgendermaßen:

(1) Zerlegung des Arbeitsablaufs in kleine Bewegungselemente

(2) Gewichtung der Bewegungselemente mit zusätzlichen Einflußgrößen wie Wegelänge und Gewicht

(3) Übernahme überbetrieblich ermittelter Verrichtungszeiten für die Grundelemente

(4) Addition der Einzelzeiten zu Vorgabezeiten

Während die synthetischen Verfahren vorwiegend im angelsächsischen Raum benutzt werden, wird das REFA-Verfahren hauptsächlich im deutschsprachigen Bereich eingesetzt.

Bei der Ermittlung von Vorgabezeiten wird im REFA-System von folgender Gliederung der *Auftragszeiten* ausgegangen (vgl. REFA [1975]):

(1) *Ausführungszeiten*

   (a) Grundzeiten: Zeit für die planmäßige Ausführung der Verrichtung
      - Tätigkeitszeiten
      - Wartezeiten

   (b) Erholzeiten (für die Arbeitnehmer)

   (c) Verteilzeiten: Vorgabezeiten, die zusätzlich zur planmäßigen Ausführung anfallen; diese können auf sachliche oder auf persönliche Ursachen zurückzuführen sein

(2) *Rüstzeiten*

Zeiten für die Vorbereitung des Arbeitssystems zur Erfüllung einer Arbeitsaufgabe und Rückversetzen des Arbeitssystems in seinen ursprünglichen Zustand:

   (a) Rüstgrundzeiten: Zeit für die planmäßige Ausführung der Rüstvorgänge

   (b) Rüsterholzeiten

4.2 Die flexible Plankostenrechnung

(c) Rüstverteilzeiten

Die für die Plankostenrechnung ermittelten *Standardzeiten* beruhen zwar auf den für die Zeitvorgaben der Akkordsysteme entwickelten Methoden, weichen jedoch von diesen ab, weil die mit der Lohnfestsetzung verbundenen Verzerrungen der Zeitvorgaben zu eliminieren sind. Darüber hinaus werden Zeitvorgaben nur für Akkordlöhne bestimmt, während Standardzeiten auch für Zeitlöhne festgelegt werden können, wenn aufgrund von Taktzeiten bzw. konstanten Maschinengeschwindigkeiten Proportionalitätsbeziehungen zwischen Arbeitszeit und Leistung bestehen. Andernfalls können Zeitlöhne nicht als Einzelkosten behandelt werden, sondern sind als Gemeinkosten in der Kostenstellenrechnung weiter zu verrechnen.

Für jeden Arbeitsvorgang und jeden Auftrag können dann die geplanten Einzellohnkosten wie folgt ermittelt werden:

Einzellohnkosten = Planrüstlöhne + Plan-Ausführungslöhne

= Planrüstzeiten × Rüstlohnsätze
+ Plan-Ausführungszeiten / Stk. × Ausführungslohnsatz × Auftragsgröße

Während die Planrüstlöhne für jeden Auftrag fix sind, sind die Ausführungslöhne proportional zur Auftragsgröße.

Bei der *Kontrolle* der Einzellohnkosten ist zwischen Akkord- und Zeitlöhnen zu unterscheiden:

Falls bei *Akkordlohn* keine Rüstzeiten zu berücksichtigen sind und einzelne Verrichtungen immer von Arbeitern der gleichen Lohngruppe verrichtet werden, dann sind die Ist-Lohnkosten grundsätzlich gleich den Soll-Lohnkosten. Abweichungen können nur dann auftreten, wenn bei einer Verrichtung Arbeiter unterschiedlicher Lohngruppen eingesetzt werden oder wenn Überstundenzuschläge zu zahlen sind.

Falls hingegen Rüstvorgänge auftreten, dann ist zu berücksichtigen, daß die Vorgabezeiten Rüstkosten enthalten, die von der Seriengröße abhängen. Bei schwankender Seriengröße bzw. einer unterschiedlichen Zahl von Rüstvorgängen können sich hingegen *Rüstkostenabweichungen* ergeben.

Haben Rüstvorgänge eine relativ große Bedeutung für eine Kostenstelle, dann sind diese als besondere Kosteneinflußgröße vorzugeben, d.h. es werden Vorgaben für Rüst- und Ausführungszeiten berücksichtigt. In diesem Fall entstehen keine Rüstkostenabweichungen in den Kostenstellen.

Schwanken die Seriengrößen hingegen nur geringfügig oder haben die Rüstkosten keine große Bedeutung, dann werden neben den Vorgabezeiten ohne Rüstkosten zusätzliche Rüstkostenzuschläge auf der Grundlage einer geplanten Auftragszusammensetzung und geplanter Seriengrößen ermittelt.

Definiert man

x_j^P - geplante Ausbringungsmenge der Produktarten $j = 1,...,m$

s_j^P - geplante Seriengröße der Produktarten $j = 1,...,m$

r_j^P - geplante Zeiten zur Umrüstung auf Produktarten $j = 1,...,m$

l_j^P - geplanter Lohnsatz pro Stück der Produktarten $j = 1,...,m$

B^P - Planbeschäftigung der Kostenstelle

B^I - Istbeschäftigung der Kostenstelle

dann sind die geplanten Rüstkosten einer Kostenstelle gegeben durch:

$$K_R^P = \sum_{j=1}^{m} \frac{x_j^P}{s_j^P} \cdot r_j^P \cdot l_j^P = \sum_{j=1}^{m} v_j^P \cdot r_j^P \cdot l_j^P$$

Dabei ist

$$v_j^P = \frac{x_j^P}{s_j^P}$$

die geplante Auflegungshäufigkeit. Weiter sei

$$v_j^I = \frac{x_j^I}{s_j^I}$$

die Ist-Auflegungshäufigkeit. Dann ist die *Rüstzeitabweichung* der Einzellöhne der Kostenstelle gegeben durch:

$$\Delta K_R = \sum_{j=1}^{m} v_j^I \cdot r_j^P \cdot l_j^P - K_R^P \cdot \frac{B^I}{B^P}$$

Ist - Rüstkosten − Soll - Rüstkosten

Um diese Abweichung in eine Seriengrößenabweichung und eine Programmabweichung aufzuspalten, definiert man die Soll-Auflegungshäufigkeit als

$$v_j^S = \frac{x_j^I}{s_j^P}$$

und erhält:

$$\Delta K_R = \sum_{j=1}^{m} (v_j^I - v_j^S) \cdot r_j^P \cdot l_j^P + \sum_{j=1}^{m} v_j^S \cdot r_j^P \cdot l_j^P - K_R^P \cdot \frac{B^I}{B^P}$$

4.2 Die flexible Plankostenrechnung

Neben den Rüstzeitabweichungen sind folgende weitere *Lohnzeitabweichungen*, die durch Zusatzlohnscheine belegt sind, zu berücksichtigen:

(1) auftragsbedingte Zusatzlöhne

(2) materialbedingte Zusatzlöhne

(3) ablaufbedingte Zusatzlöhne

(4) kostenstellenbedingte Zusatzlöhne

(5) Zusatzlöhne aufgrund fehlerhafter Vorgabezeiten

Schließlich ergeben sich *Lohnsatzmischungsabweichungen*, wenn in der Kostenstelle Arbeitskräfte aus unterschiedlichen Lohngruppen tätig sind und an von der Planung abweichenden Arbeitsplätzen eingesetzt werden.

Bei *Zeitlöhnen* werden Sollzeiten vorgegeben, die nach Arbeitsgängen und Erzeugnisarten differenziert sind. Da die Vergütung der Arbeitskräfte nach Ist-Zeiten erfolgt, ergeben sich *Fertigungslohnabweichungen*, die sich aus Fertigungszeit- und Arbeitsleistungsabweichungen ergeben. Es seien:

T^I - Lohnzeitstunden einer Kostenstelle

x_j^I - Ist-Produktionsmenge

t_j^P - geplante Bearbeitungszeit pro Stück

l^P - geplanter Lohnsatz

Dann erhält man als Fertigungslohnabweichung:

$$\Delta K_L = \left[T^I - \sum_{j=1}^{m} x_j^I \cdot t_j^P \right] \cdot l^P$$

Diese Fertigungslohnabweichung ist aufzuspalten in Überschreitungen der Vorgabezeiten, die durch die Arbeitnehmer zu vertreten sind, und solche Abweichungen, die von den Arbeitnehmern nicht zu vertreten sind. Bei Zeitlöhnen lassen sich diese beiden Abweichungen grundsätzlich nicht trennen.

4.2.4 Planung und Kontrolle der Kostenstellen

4.2.4.1 Grundsätze

Prinzipiell entspricht die *Kostenstellenrechnung* im Rahmen der flexiblen Plankostenrechnung weitgehend dem in Abschnitt 2.2 dargestellten Aufbau der Ist-Kostenrechnung: In einem ersten Teil werden die in der Kostenartenrechnung erfaßten primären Gemeinkosten auf die Kostenstellen verteilt, im zweiten Teil werden die Kosten der Hilfskostenstellen auf die Hauptkostenstellen verrechnet.

Um eine exakte Planung und eine wirksame Kontrolle der Kosten der Kostenstellen zu gewährleisten, sind jedoch einige Verfeinerungen erforderlich:

(1) Die Kostenkontrolle setzt eine Gliederung der Kostenstellen nach dem *Verantwortungsprinzip* voraus, d.h. daß für jede Kostenstelle ein Kostenstellenleiter verantwortlich ist; es ist zwar möglich, daß eine Person die Kostenverantwortung für mehrere Kostenstellen trägt, nicht jedoch, daß mehrere für eine Kostenstelle zuständig sind.

(2) Um homogene Beziehungen zwischen der Höhe der Kosten einer Kostenstelle und den Kosteneinflußgrößen herleiten zu können, ist es erforderlich, die Kostenstellen weiter zu differenzieren. Die Planung der Kosten und die Abweichungsanalyse sind daher als *Platzkostenrechnung* für einzelne Maschinen bzw. Maschinengruppen und Handarbeitsplätze durchzuführen, für die die Kostenverursachung möglichst durch eine einzige Bezugsgröße erfaßt werden kann.

(3) Die flexible Plankostenrechnung differenziert auch in der Kostenstellenrechnung nach Kostenarten, d.h. für jede Kostenstelle und für jede Kostenart werden Planwerte ermittelt und im Rahmen der Abweichungsanalyse den Ist-Werten gegenübergestellt. Wenn einzelne Kostenarten nicht oder nur schwer den Kostenplätzen zurechenbar sind, dann können diese zunächst in den den Kostenstellen zugeordneten *Bereichskostenstellen* erfaßt und dann analog dem Vorgehen bei der Abrechnung der Hilfskostenstellen auf die den Kostenstellen zugeordneten Kostenplätze umgelegt werden.

(4) Alle einer Kostenstelle zugeordneten Kostenplätze stehen unter der Verantwortung eines Kostenstellenleiters; die Kostenkontrolle kann daher auf Kostenstellenebene durchgeführt werden, indem die in den einzelnen Kostenplätzen ermittelten Abweichungen zu Gesamtabweichungen der Kostenstelle gebündelt werden.

(5) Bei der Festlegung der Planvorgaben für die Kostenstellen bzw. die Kostenplätze ergeben sich folgende Möglichkeiten:

(a) Vorgaben von *Ideal-Standardkosten*, die bei höchstmöglicher Anstrengung zu erreichen sind

(b) Kostenvorgaben, die mit normaler Anstrengung erreichbar sind

(c) "Optimale" Kostenvorgaben, die einen Ausgleich zwischen Ansporn- und Entmutigungseffekten niedriger Kostenvorgaben erreichen sollen

4.2.4.2 Planung der Gemeinkosten

4.2.4.2.1 Bezugsgrößen und Planbeschäftigung

Die flexible Plankostenrechnung geht grundsätzlich von einem linearen Zusammenhang zwischen der Höhe der Kosten einer Kostenstelle und den Kosteneinflußgrößen aus. Bei der Planung der Kosten und bei der Umlage der Kosten der Hilfskostenstellen auf die Hauptkostenstellen bzw. der Verrechnung der Kosten der Hauptkostenstellen auf die Kostenträger wird dieser Zusammenhang anhand von *Bezugsgrößen* erfaßt; dabei wird unterstellt, daß eine Proportionalitätsbeziehung zwischen der Kostenverursachung und der Bezugsgröße besteht. Es ist wünschenswert, daß für eine Kostenstelle nur eine Bezugsgröße benötigt wird, vielfach sind jedoch mehrere Bezugsgrößen erforderlich, um die Variation mehrerer Kosteneinflußgrößen zu erfassen oder um nicht-lineare Kostenverläufe durch stückweise lineare Funktionen zu approximieren.

Die Bezugsgrößen können entweder analytisch aus technischen Einflußgrößen hergeleitet werden oder mit Hilfe von statistischen Verfahren, wie z.B. der Regressionsanalyse oder der Faktorenanalyse, bestimmt werden.

Bei der Festlegung der Bezugsgrößen sind folgende Situationen zu unterscheiden (vgl. KILGER [1988]; S. 325 f.):

(1) Die Kostenstelle erbringt eine *homogene Leistung;* sie paßt sich ausschließlich zeitlich an die Beschäftigung an. Dann kann die Leistungsmenge als Bezugsgröße gewählt werden.

(2) Die Kostenstelle erbringt unterschiedliche Leistungen bzw. kann sich auf unterschiedliche Weise an die Beschäftigung anpassen. Hierbei sind zwei Fälle zu betrachten:

(a) Sind die Leistungen der Kostenstelle quantifizierbar und erfaßbar, dann können *direkte Bezugsgrößen* verwendet werden.

Bei *homogener Kostenverursachung* kann diese durch eine einzige Bezugsgröße erfaßt werden. So sind die Kosten einer Kostenstelle bei rein zeitlicher Anpassung oft proportional zu deren Arbeitszeit, so daß diese als Bezugsgröße benutzt werden kann; für Fließgüter kommt häufig das Durchsatzgewicht als Bezugsgröße in Frage. Schließlich sind die Kosten einer Kostenstelle vielfach proportional zu deren Energieverbrauch, so daß dieser als Bezugsgröße verwendet werden kann.

Bei *heterogener Kostenverursachung* sind hingegen mehrere Bezugsgrößen erforderlich, um die Kosten verursachungsgerecht zu planen und zu verrechnen. Die Heterogenität der Kostenverursachung kann auf folgende Ursachen zurückgeführt werden:

- produktbedingte Inhomogenitäten:
  - Wird eine begrenzte Zahl von Produktarten hergestellt, die unterschiedliche Materialarten und -mischungen benötigen, dann ist eine Differenzierung der Bezugsgrößen nach Produktarten erforderlich.
  - Ergeben sich bei verschiedenen Produktarten unterschiedliche Relationen zwischen Fertigungszeit und Gewicht, dann sind unter Umständen beide Einflußgrößen als Bezugsgrößen zu verwenden.
  - Andere Produkteigenschaften, wie z.b. unterschiedliches Gewicht oder unterschiedliches Volumen, können dazu führen, daß mehrere Bezugsgrößen erforderlich sind.
- Verfahrensbedingte Inhomogenitäten:
  - Bei *Sorten- und Serienfertigung* sind unterschiedliche Bezugsgrößen für Rüst- und Fertigungszeiten erforderlich.
  - Bei *Mehrstellenarbeit*, bei der ein Arbeiter mehrere Maschinen bedient, ist eine Differenzierung der Bezugsgrößen nach Fertigungsstunden der Arbeitskräfte und Maschinenstunden angebracht.
  - Bei Wechsel der *Prozeßbedingungen* sind die an die Maschinenzeit anküpfenden Bezugsgrößen nach Prozeßbedingungen zu differenzieren.
  - Insbesondere sind bei *intensitätsmäßiger Anpassung* für die einzelnen Intensitätsstufen unterschiedliche zeitbezogene Bezugsgrößen anzusetzen.
- Kombinationen von produkt- und verfahrensbedingten Inhomogenitäten

(b) Sind die Leistungen der Kostenstellen hingegen nicht quantifizierbar bzw. nicht meßbar, dann wendet die flexible Plankostenrechnung *indirekte Bezugsgrößen* an. Hierbei werden insbesondere folgende Wertgrößen benutzt:

- retrograd aus den Kosten anderer Kostenstellen hergeleitete Bezugsgrößen (DM-Deckungsbezugsgrößen):
  So werden z.B. die Kosten von Hilfskostenstellen, deren tatsächliche Inanspruchnahme durch andere Kostenstellen nur mit unverhältnismäßigem Aufwand erfaßt werden kann, im Verhältnis der geplanten Inanspruchnahme auf die empfangenden Kostenstellen verrechnet.

4.2 Die flexible Plankostenrechnung

- geplante Kostenartenbeträge:

    Als Bezugsgrößen für die Kostenstellen des Materialbereichs werden z.B. die Einzelkosten der von diesen Stellen bezogenen Materialien benutzt; die Kosten der Arbeitsvorbereitung werden gelegentlich im Verhältnis der Fertigungseinzelkosten auf die Kostenstellen des Fertigungsbereichs verteilt.

- Herstellkosten der verkauften Erzeugnisse:

    Diese werden z.B. als Bezugsgrößen für Kostenstellen der Verwaltung und des Vertriebs benutzt.

Direkte Bezugsgrößen ermöglichen eine verursachungsgemäße Verrechnung der Kosten, wenn sie proportional zu direkt nicht meßbaren Kosteneinflußgrößen sind. Indirekte Bezugsgrößen können das grundsätzlich nicht leisten, weil eine Proportionalitätsbeziehung zwischen den Kosteneinflußgrößen und solchen abgeleiteten Wertgrößen in der Regel nicht nachweisbar ist. Sie sind vielmehr Ausfluß eines nicht mit dem Verursachungsprinzip in Einklang zu bringenden Vollkostendenkens; die Übergänge zu den Zuschlagssätzen der differenzierten Zuschlagskalkulation sind bestenfalls fließend.

Für die Hauptkostenstellen des Fertigungsbereichs können weitgehend direkte Bezugsgrößen gefunden werden; sofern Hilfskostenstellen Leistungen erbringen, die mit vertretbarem Aufwand bei den empfangenden Stellen meßbar sind, lassen sich ebenfalls direkte Bezugsgrößen verwenden: Für Hilfskostenstellen, deren Leistungen nicht oder nur mit unvertretbar hohem Aufwand gemessen werden können, kann hingegen im Rahmen einer Vollkostenrechnung nicht auf indirekte Bezugsgrößen verzichtet werden.

Während die flexible Plankostenrechnung im Fertigungsbereich weitgehend direkte Bezugsgrößen bestimmen kann, ist sie im Materialbereich meistens auf indirekte Bezugsgrößen angewiesen. Hier könnte die *Prozeßkostenrechnung*, die in Abschnitt 5.1 behandelt wird, Ansätze für eine verursachungsgerechte Planung und Verrechnung der Materialgemeinkosten bieten.

Im Anschluß an die Festlegung der Bezugsgrößen ist im Rahmen einer flexiblen Plankostenrechnung für alle Kostenstellen die *Planbeschäftigung* festzulegen, d.h. es sind Werte für die Bezugsgrößen festzulegen, von denen die Kostenplanung auszugehen hat. Hierbei sind drei Ansätze zu unterscheiden:

(1) *kapazitätsorientierte Festlegung der Planbeschäftigung*

Bei der *kapazitätsorientierten* Festlegung der Planbeschäftigung setzt man die Planbeschäftigung der Kostenstellen so an, daß ihre Kapazität entweder voll oder zu einem vorgegebenen Prozentsatz ausgelastet ist. Dabei kann man folgende Kapazitätsbegriffe zugrunde legen:

(a) Die *technische Kapazität* ergibt sich aus der Zahl der in der Kostenstelle bzw. in dem Kostenplatz verfügbaren, funktionsgleichen Maschinen oder Arbeitsplätze, der Schichtzahl je Monat, der Fertigungszeit je Schicht und der Intensität bzw. dem Leistungsgrad, mit dem die Maschine eingesetzt wird. Diese Maximalkapazität ist gegebenenfalls um planmäßige Ausfallzeiten für Wartungen zu reduzieren.

(b) Die *Normalkapazität* geht hingegen von einer durchschnittlichen Auslastung und einer mittleren Nachfrage bzw. Beschäftigung der Kostenstelle aus.

(c) Die *kostenoptimale Kapazität* ergibt sich aus dem Minimum der Stückkosten der Kostenstelle in Bezug auf deren Beschäftigung (gemessen in der jeweiligen Bezugsgröße).

(2) *engpaßorientierte Festlegung der Planbeschäftigung*

Die Orientierung der Planbeschäftigung an der Kapazität der einzelnen Kostenstellen vernachlässigt die Tatsache, daß diese nicht unabhängig voneinander arbeiten und die maximal erreichbare Auslastung durch die betrieblichen Engpässe determiniert ist. Entsprechend dem *Ausgleichsgesetz der Planung* sollte sich die Planbeschäftigung an den betrieblichen Engpässen orientieren.

(3) *planungsorientierte Festlegung der Planbeschäftigung*

Auch die engpaßorientierte Festlegung der Planbeschäftigung greift zu kurz, weil sie außer acht läßt, daß die Beschäftigung der Kostenstellen nicht allein durch die Kapazitäten, sondern darüber hinaus auch durch die Nachfrage bestimmt wird. Weiter muß im Mehrproduktfall mit mehreren Engpässen gerechnet werden. Schließlich hängt in diesem Fall die Beschäftigung einzelner Kostenstellen von der Auftragszusammensetzung ab. Die Planbeschäftigung ist daher aus der betrieblichen Gesamtplanung, insbesondere der Produktionsprogrammplanung herzuleiten.

Ausgangspunkt der Bestimmung der Planbeschäftigung bei *standardisierten Produkten* ist die Planung der Jahresabsatzmenge; aus dieser werden monatliche Absatzmengen mittels Saison-Koeffizienten hergeleitet. Um die Produktionsmengen der Endprodukte festzulegen, werden die geplanten Absatzmengen um Ausschuß und geplante Änderungen des Lagerbestandes korrigiert. Ausgehend von den geplanten Endproduktmengen werden dann die erforderlichen Mengen an Zwischenprodukten und Bauteilen anhand von Stücklisten bestimmt. Diese detaillierten Bedarfsmengen werden dann entweder dem Materialbereich als Bestellmengen oder den Kostenstellen als geplante Produktionsmengen vorgegeben.

4.2 Die flexible Plankostenrechnung

Bezeichnet man die geplanten Stückzahlen des Produkts i ($i = 1,\cdots,n$), das in der Kostenstelle j bearbeitet werden soll, mit x_i^P und mit b_{ij}^P den Wert der Bezugsgröße der Kostenstelle j für die Herstellung einer Einheit des Produkts i, dann ist die Planbeschäftigung der Kostenstelle j, gemessen in Einheiten der Bezugsgröße, gegeben durch:

$$B_j^P = \sum_{i=1}^{n} x_i^P \cdot b_{ij}^P$$

Bei heterogener Kostenverursachung sind gegebenenfalls mehrere Bezugsgrößen zu berücksichtigen.

Bei *Auftrags- oder Einzelfertigung* ist die Planbeschäftigung meist nicht aus der Gesamtplanung herzuleiten. Sie muß dann geschätzt werden. Hierzu kann man z.B. von der Ist-Beschäftigung des Vorjahres ausgehen und diese durch Zu- oder Abschläge, die die voraussichtliche Beschäftigung des Unternehmens widerspiegeln, korrigieren.

4.2.4.2.2 Verfahren der Gemeinkostenplanung

Nachdem für jede Kostenstelle die Bezugsgrößen und die Planbeschäftigung festgelegt sind, werden in einem zweiten Schritt die Höhe der einzelnen Gemeinkostenarten bei Planbeschäftigung und die Sollkosten, d.h. die Abhängigkeit der Gemeinkostenarten von der Ist-Beschäftigung, bestimmt. Hierzu können grundsätzlich statistische oder analytische Verfahren benutzt werden:

Statistische Verfahren der Kostenplanung versuchen die Sollkostenfunktion aus Vergangenheitsdaten herzuleiten. Hierzu werden zunächst Ergebnisse der Ist-Kostenrechnung früherer Perioden erfaßt und von Fehlkontierungen bereinigt; weiter werden Sondereinflüsse und erkennbare Unwirtschaftlichkeiten eliminiert. Auf der Grundlage dieser korrigierten Ist-Daten wird dann mit Hilfe statistischer Methoden – insbesondere der Regressionsanalyse – die Abhängigkeit der Höhe der in den Kostenstellen anfallenden Kosten von den Bezugsgrößen bestimmt bzw. eine Sollkostenkurve geschätzt.

Neben dem grundsätzlichen Einwand, daß Vergangenheitsdaten nur bedingt als Grundlage für Planwerte geeignet sind und eine Bereinigung der Daten nur unvollkommen möglich ist, ergibt sich insbesondere das Problem der *Streupunkt-Ballung*: Häufig schwankt die Bezugsgröße einer Kostenstelle im Beobachtungszeitraum relativ wenig, so daß die Schätzung der Sollkostenkurve relativ ungenau ist. Insbesondere ist dann der Fixkostenanteil, d.h. die Höhe der Sollkostenkurve bei einer Beschäftigung von Null, nicht mit hinreichender Genauigkeit zu schätzen.

Analytische Verfahren versuchen hingegen die Höhe der Kosten bei Planbeschäftigung und den Verlauf der Sollkostenkurve mit Hilfe von Funktionsanalysen, Messungen und Berechnungen oder aufgrund von Schätzungen und Erfahrungen festzulegen.

Mehrstufige analytische Verfahren bestimmen zunächst Kostenvorgaben für unterschiedliche Beschäftigungsgrade und leiten daraus die Sollkostenkurve durch Interpolation oder mit Hilfe mathematischer Approximationsverfahren her. Der Vorteil dieses Vorgehens ist, daß auch nicht-lineare und unstetige Sollkostenverläufe erfaßt werden können.

Die *einstufigen analytischen Verfahren* gehen hingegen von linearen Verläufen der Sollkosten aus. Unter dieser Voraussetzung reicht es aus, die Mengen- und Zeitvorgaben für die einzelnen Kostenarten für einen Beschäftigungsgrad – sinnvollerweise für die Planbeschäftigung – festzulegen und diese in variable Bestandteile, die sich proportional zur der Bezugsgröße verhalten, und fixe Komponenten, die von der Bezugsgröße unabhängig sind, aufzuspalten.

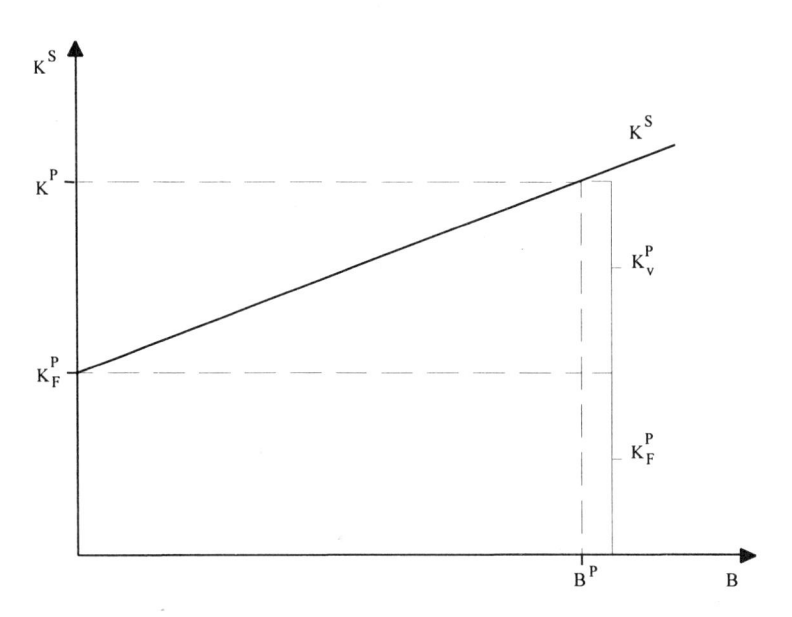

Abb. 36: Bestimmung der Sollkosten beim einstufigen analytischen Verfahren

Die *analytische Kostenauflösung* strebt im Gegensatz zur *buchhalterischen Methode* – die bereits die Kostenarten in fixe und variable einzuteilen versucht – an, jede einzelne Kostenart in diese Kostenbestandteile aufzuspalten. Hierzu wird geprüft, in welchem Umfang eine Kostenart in einer Kostenstelle reduziert werden kann, wenn die Beschäftigung auf Null zurückgeht.

4.2 Die flexible Plankostenrechnung

Bezeichnet man mit B^P die Planbeschäftigung und mit K^P die Kosten bei dieser Beschäftigung und sind K_v^P der variable und K_F^P der fixe Anteil der geplanten Kosten (einer Kostenart in einer Kostenstelle), dann erhält man die Sollkostenkurve K^S als Gerade durch die Punkte (B^P, K^P) und $(0, K_F^P)$. Dieser Sachverhalt ist in Abbildung 36 dargetellt.

Aus den geplanten Kosten K^P bei Planbeschäftigung B^P sowie den variablen bzw. fixen Anteilen K_v^P und K_F^P erhält man für die Sollkosten in Abhängigkeit von der Ist-Beschäftigung B^I:

$$K^S(B^I) = K_F^P + k_v^P \cdot B^I$$

wobei die geplanten variablen Stückkosten k_v^P gegeben sind durch

$$k_v^P = \frac{K^P - K_F}{B^P}$$

Zu beachten ist, daß die Plankosten bei Planbeschäftigung, die geplanten Fixkosten und die geplanten variablen Stückkosten für jede Kostenstelle nach Kostenarten zu differenzieren sind. Möglicherweise müssen in einer Kostenstelle auch unterschiedliche Bezugsgrößen für die einzelnen Kostenarten gewählt werden. Auf die Erweiterung der Symbole um die entsprechenden Indizes wurde wegen der Übersichtlichkeit verzichtet.

4.2.4.2.3 Die innerbetriebliche Leistungsverrechnung

Als Ergebnis der Gemeinkostenplanung erhält man für jede Kostenstelle die primären Gemeinkosten bei Planbeschäftigung gegliedert nach Kostenarten, sowie die Sollkosten in Abhängigkeit von der Ist-Beschäftigung. Die sich an die Planung der primären Gemeinkosten anschließende innerbetriebliche Leistungsverrechnung entspricht formal dem Vorgehen der Ist-Kostenrechnung. Es ist lediglich zu beachten, daß die Verrechnungssätze nicht nachträglich auf der Grundlage von Ist-Werten, sondern im voraus auf der Grundlage von Planwerten bei Vollbeschäftigung bestimmt werden. Hierzu ist es erforderlich, daß für jede Kostenstelle nicht nur die Höhe der primären Gemeinkosten, sondern auch die Inanspruchnahme der innerbetrieblichen Leistungen bei Planbeschäftigung festgelegt wird.

Es seien

$i = 1, ..., n$ - Kostenstellen

$i \leq n$ - Hilfskostenstellen

$i > n$ - Hauptkostenstellen

b_{ij}^P — geplante Inanspruchnahme der Leistungen der Hilfskostenstelle i durch die Kostenstelle j (gemessen in Bezugsgrößeneinheiten der Hilfskostenstelle i)

$B_i^P = \sum_{j=1}^{m} b_{ij}^P$ — Planbeschäftigung der Hilfskostenstelle i

K_i^P — Summe der geplanten primären Gemeinkosten der Hilfskostenstelle i

q_i^P — geplante Verrechnungspreise für die Leistungen der Hilfskostenstellen

Die geplanten Verrechnungspreise lassen sich wie im Rahmen der Ist-Kostenrechnung mit Hilfe des Gleichungsverfahrens bestimmen: Arbeitet die Hilfskostenstelle mit Planbeschäftigung, dann müssen die mit Planverrechnungspreisen bewerteten Leistungen der Hilfskostenstelle j gleich dem Wert der empfangenen Leistungen zuzüglich den primären Gemeinkosten dieser Kostenstelle sein:

$$B_j^P \cdot q_j^P = K_j^P + \sum_{i=1}^{n} b_{ij}^P \cdot q_i^P \qquad (j = 1, \ldots, n)$$

Die geplanten Verrechnungspreise ergeben sich als eindeutige Lösung dieses linearen Gleichungssystems. Wie bei einer Ist-Kostenrechnung können diese auch mit Hilfe geeigneter Näherungsverfahren – wie z. B. dem Stufenleiterverfahren oder dem Anbauverfahren – approximiert werden.

4.2.4.2.4 Ergebnis der Gemeinkostenplanung

Als Ergebnis der Gemeinkostenplanung erhält man für jede Kostenstelle:

(1) Planwerte für die primären Gemeinkosten bei Planbeschäftigung, gegliedert nach Kostenarten

(2) Sollkosten für die primären Gemeinkosten in Abhängigkeit von der Ist-Beschäftigung bzw. von den Ist-Werten der jeweiligen Bezugsgrößen, gegliedert nach Kostenarten

(3) geplante Verrechnungspreise für die innerbetrieblichen Leistungen, berechnet auf der Basis einer geplanten Beschäftigung der Hilfskostenstellen

Zur Vorbereitung der Kostenträgerrechnung können für die Hauptkostenstellen ebenfalls geplante Verrechnungspreise q_j^P berechnet werden. Falls die Leistungen der Hauptkostenstellen an die Kostenträger direkt meßbar sind, erhält man diese Verrechnungspreise, indem man die geplanten primären und sekundären Gemeinkosten der Hauptkostenstellen mit dem Verrechnungssatz

4.2 Die flexible Plankostenrechnung

$$q_j^P = \frac{K_j^P + \sum_{i=1}^{n} b_{ij}^P \cdot q_i^P}{B_j^P} \qquad (j = n+1,...,N)$$

multipliziert.

Bei komplexen Produktionsstrukturen mit sich gegenseitig beliefernden Hauptkostenstellen können deren geplante Verrechnungspreise mit Hilfe des Gleichungsverfahrens simultan mit den Verrechnungspreisen der Hilfskostenstellen bestimmt werden. Hierzu ist das Gleichungssystem zur Bestimmung der Verrechnungspreise lediglich um die Hauptkostenstellen $i = n+1,...,N$ zu erweitern:

$$B_j^P \cdot q_j^P = K_j^P + \sum_{i=1}^{N} b_{ij}^P \cdot q_i^P \qquad (j = 1,...,N)$$

4.2.4.3 Kontrolle der Gemeinkosten und Abweichungsanalyse

Ziel der Kontrolle der Kostenstellen ist es, Unwirtschaftlichkeiten aufzudecken, ihre Ursachen zu analysieren und dafür Sorge zu tragen, daß sie in Zukunft vermieden werden. Hierzu werden für alle Kostenstellen die in einer Periode tatsächlich entstandenen Ist-Kosten erfaßt und mit den Plankosten verglichen. Hierbei ergibt sich das Problem, daß den Kostenstellen nur solche Abweichungen angelastet werden sollen, die durch diese verursacht worden sind, bzw. die auf Einflüsse zurückzuführen sind, die durch die Kostenstellen kontrolliert werden können. Voraussetzung für eine wirksame Kontrolle der Wirtschaftlichkeit der Kostenstellen ist daher, daß diejenigen Abweichungen eliminiert werden, die nicht durch die Kostenstelle verursacht worden sind. Daher werden Preisabweichungen bereits in der Kostenartenrechnung eliminiert, indem die Faktoreinsatzmengen mit Planpreisen bewertet werden. Ebenso wie in der flexiblen Normalkostenrechnung müssen vor der Analyse der mengenmäßigen Abweichungen in den Kostenstellen die Beschäftigungsabweichungen eliminiert werden, weil diese durch die Fixkostendegression verursachten Abweichungen auf Beschäftigungsschwankungen zurückzuführen sind, die nicht durch die Kostenstelle zu verantworten sind und von dieser auch nicht abgestellt werden können.

Im Rahmen einer *globalen Abweichungsanalyse* werden zunächst die Ist-Kosten (zu Planpreisen) K_k^I einer Kostenstelle k deren verrechneten Gemeinkosten K_k^V gegenübergestellt. Die Differenz bezeichnet man als *Kostenstellenabweichung*:

$$\Delta K_k = K_k^I - K_k^V$$

Die *verrechneten Gemeinkosten* einer Hilfskostenstelle i sind gleich dem Wert der von dieser erbrachten innerbetrieblichen Leistungen; man erhält sie, indem man die Ist-Leistungen B_i^I – gemessen in Bezugsgrößeneinheiten – der Kostenstelle mit dem Plan-Verrechnungspreis q_i^P multipliziert:

$$K_i^V = B_i^I \cdot q_i^P$$

Analog erhält man die verrechneten Gemeinkosten der Hauptkostenstelle j, indem man deren Ist-Beschäftigung B_j^I mit dem Verrechnungssatz multipliziert:

$$q_j^P = \frac{K_j^P + \sum_{i=1}^{n} b_{ij}^P \cdot q_i^P}{B_j^P}$$

Die verrechneten Gemeinkosten einer Kostenstelle k können graphisch als Gerade durch den Nullpunkt und die Plankosten K_k^P dargestellt werden. Sie enthalten neben den variablen Kosten der Kostenstelle Fixkostenanteile im Umfang von:

$$K_{Fk}^V = \frac{B_k^I}{B_k^P} \cdot K_{Fk}^P$$

Wegen der Proportionalisierung der geplanten Fixkosten wird bei Unterbeschäftigung nur ein Teil der Fixkosten verrechnet, bei Überbeschäftigung ergibt sich hingegen eine Überdeckung der geplanten Fixkosten (vgl. Abbildung 37).

Um diese durch die Umlage der Fixkosten verursachte *Beschäftigungsabweichung*, die nicht durch die Kostenstelle verursacht ist, von den anderen *Verbrauchsabweichungen* zu trennen, stellt man die verrechneten Kosten bei Ist-Beschäftigung den Sollkosten bei Ist-Beschäftigung gegenüber. Die sind gegeben durch

$$K_k^S(B_k^I) = \frac{K_k^P - K_{Fk}^P}{B_k^P} \cdot B_k^I + K_{Fk}^P$$

wobei

K_k^P - Plankosten der Kostenstelle k

K_{Fk}^P - geplante Fixkosten der Kostenstelle k

B_k^P - geplante Beschäftigung der Kostenstelle k

B_k^I - Ist-Beschäftigung der Kostenstelle k

Dann erhält man als Beschäftigungsabweichung:

$$BA_k = K_k^S(B_k^I) - K_k^V(B_k^I)$$

4.2 Die flexible Plankostenrechnung

Die Verbrauchsabweichung ergibt sich als Differenz zwischen Ist-Kosten und Sollkosten bei Istbeschäftigung:

$$VA_k = K_k^I - K_k^S(B_k^I)$$

Beschäftigungsabweichungen und Verbrauchsabweichungen ergänzen sich zur gesamten Kostenstellenabweichung:

$$\Delta K_k = VA_k + BA_k = (K_k^I - K_k^S) + (K_k^S - K_k^V) = K_k^I - K_k^V$$

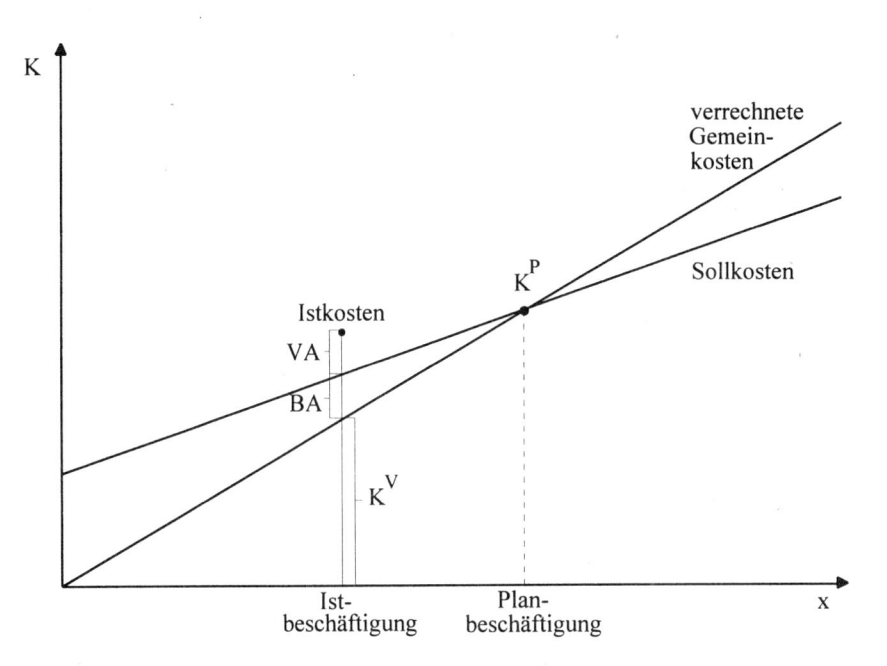

Abb. 37: Sollkosten, verrechnete Gemeinkosten und Kostenabweichungen

Für eine weitere Analyse der Kostenstellenabweichungen werden diese nach Kostenarten differenziert. Während die Abweichungen der primären Kostenarten analog dem Vorgehen bei der Analyse der globalen Abweichungen in Verbrauchs- und Beschäftigungsabweichungen aufgespalten werden, verrechnet man die sekundären Gemeinkostenarten, d.h. die Kosten der Hilfskostenstellen, mit geplanten Verrechnungspreisen auf die Hauptkostenstellen, ohne daß hierbei Beschäftigungsabweichungen berücksichtigt werden. Für die nach Kostenarten differenzierten Verbrauchsabweichungen der Kostenstellen ist dann eine Ursachenanalyse durchzuführen; insbesondere ist zu prüfen, ob die Abweichungen kostenstellenbedingt und durch den Kostenstellenleiter zu verantworten sind, oder ob sie auf kundenbedingte oder betriebsbedingte Gründe zurückzuführen sind.

Die Abweichungen zwischen Ist-Kosten und verrechneten Plankosten lassen sich wie folgt klassifizieren:

(1) Abweichungen des Wertansatzes
- Preisabweichungen
- Lohntarifabweichungen

Diese werden bereits in der Kostenartenrechnung erfaßt und über das Preisdifferenzen-Konto abgerechnet. Dessen Saldo wird entweder auf das Betriebsergebniskonto verrechnet oder auf die Kostenträger verteilt.

(2) mengenmäßige Abweichungen bei den Einzelkosten
- Einzelmaterialverbrauchsabweichungen
- Einzellohnzeitabweichungen

Beide Abweichungen können entweder kostenträger- oder kostenstellenbedingt sein. Im ersten Fall werden sie über die Kostenträgerrechnung abgerechnet; im zweiten Fall werden sie entweder über das Betriebsergebniskonto abgerechnet oder – für Zwecke des externen Rechnungswesens – auf die Kostenträger umgelegt.

(3) mengenmäßige Abweichungen bei den Gemeinkosten als Differenz zwischen verrechneten Plankosten und Ist-Kosten zu Planpreisen
- Beschäftigungsabweichungen
- Verbrauchsabweichungen

Während die Verbrauchsabweichungen kostenstellenbedingt sind, sind die Beschäftigungsabweichungen auf das Abrechnungsverfahren (Schlüsselung von Fixkosten) zurückzuführen. In beiden Fällen sollten sie über das Betriebsergebnis abgerechnet werden. Vielfach werden sie jedoch ebenfalls auf die Kostenträger umgelegt.

(4) sonstige Abweichungen
- Verfahrensabweichungen
- Abweichungen in der Auftragszusammensetzung
- Verrechnungsabweichungen

4.2.5 Kostenträgerrechnung

Für die Kostenträgerrechnung sind im Rahmen der flexiblen Plankostenrechnung zwei Grundsituationen zu unterscheiden:

(1) Kalkulation standardisierter Erzeugnisse

4.2 Die flexible Plankostenrechnung 217

(2) Kalkulation bei Auftrags- und Einzelfertigung.

Bei der Kalkulation standardisierter Erzeugnisse können die im Rahmen der Ist-Kostenrechnung entwickelten Kalkulationsverfahren weitgehend übertragen werden, indem für die Einzel- und Gemeinkosten Planwerte anstelle von Ist-Kosten angesetzt werden. Bei der Auftrags- und Einzelfertigung ist hingegen eine für einen längeren Zeitraum geltende Planung der Kostenträger nicht möglich, da diese fertigungstechnische Individuen mit weitgehend unterschiedlichen Kostenstrukturen sind. Ihre Kosten sind daher für jeden einzelnen Auftrag im Rahmen einer *Vorkalkulation* individuell zu ermitteln. Eine Kostenplanung ist in diesem Zusammenhang allenfalls für standardisierte Bauteile, die bei der Durchführung der Fertigungsaufträge verwendet werden, möglich.

4.2.5.1 Kalkulation von standardisierten Erzeugnissen

Die Plankalkulation für standardisierte Erzeugnisse legt die geplanten Herstellungskosten als Standardkosten fest, die während der Planungsperiode nicht geändert werden. Grundsätzlich kann sie mit allen für die Ist-Kostenrechnung entwickelten Kalkulationsverfahren durchgeführt werden; da im Rahmen einer flexiblen Plankostenrechnung auf die Ergebnisse einer ausgebauten Kostenstellenrechnung zurückgegriffen werden kann, werden jedoch in der Regel Verfahren der Bezugsgrößenkalkulation verwendet. Diese gehen von folgenden Daten aus, die aus der Kostenarten- bzw. der Kostenstellenrechnung übernommen werden:

(1) geplante Preise für alle von außen bezogenen Güter und Dienstleistungen sowie geplante Lohnsätze und Gehälter

(2) Planvorgaben für die Einzelkosten je Erzeugniseinheit, insbesondere für die Einzelmaterialkosten und die Sondereinzelkosten

(3) geplante Bezugsgrößen für die Leistungen der Kostenstellen

(4) geplante Verrechnungspreise für die Leistungen der Kostenstellen

Es seien:

$j = 1, \ldots, m$ - Erzeugnisarten

$i = 1, \ldots, n$ - Materialarten

$s = 1, \ldots, z$ - Kostenstellen

p_i - Planpreis für die Materialart i

m_{ij} - Einsatzmenge der Materialart i zur Herstellung einer Einheit des Erzeugnisses j

d_i^M - Zuschlagssatz für die Materialgemeinkosten der Materialart i

q_s — geplanter Verrechnungspreis für die Leistungen der Kostenstelle s

h_{sj} — Bezugsgröße: geplante Leistung der Kostenstelle s zur Erzeugung einer Einheit des Produkts j

E_j^F — Sondereinzelkosten der Fertigung des Produkts j

E_j^V — Sondereinzelkosten des Vertriebs des Produkts j

d_j^{Vw} — Zuschlagssatz für die Verwaltungskosten

d_j^{Vt} — Zuschlagssatz für die Vertriebskosten

Werden die Leistungen aller Kostenstellen jeweils anhand einer einzigen Bezugsgröße gemessen und liegt eine einfache Veredlungsfertigung vor, dann lassen sich die Herstellkosten wie folgt berechnen:

Als Materialkosten M_j werden die Einzelmaterialkosten zuzüglich einem zu diesen proportionalen Zuschlag für die Materialgemeinkosten angesetzt:

$$M_j = \sum_{i=1}^{n} m_{ij} \cdot p_i \cdot \left[1 + d_i^M\right]$$

Die Fertigungskosten F_j ergeben sich als Summe der mit den Verrechnungspreisen multiplizierten Bezugsgrößen je Erzeugniseinheit der Kostenstellen:

$$F_j = \sum_{s=1}^{z} h_{sj} \cdot q_s$$

Die Plan-Herstellkosten K_j^H pro Stück ergeben sich dann als Summe aus den Materialkosten, den Fertigungskosten und den Sondereinzelkosten der Fertigung:

$$K_j^H = M_j + F_j + E_j^F = \sum_{i=1}^{n} m_{ij} \cdot p_i \cdot \left[1 + d_i^M\right] + \sum_{s=1}^{z} h_{sj} \cdot q_s + E_j^F$$

Zur Berechnung der Selbstkosten K_j^S werden die Herstellkosten um Zuschläge für die Verwaltungs- und die Vertriebskosten sowie um die Sondereinzelkosten des Vertriebs erhöht:

$$K_j^S = K_j^H \cdot \left[1 + d_j^{Vw} + d_j^{Vt}\right] + E_j^V$$

Diese Grundformel der Bezugsgrößenkalkulation kann verfeinert werden, indem man für einzelne Kostenstellen mehrere Bezugsgrößen berücksichtigt. Es seien $u = 1,...,v_s$ die Bezugsgrößen für die Kostenstelle s, h_{sj}^u die Leistung der Kostenstelle s zur Bearbeitung einer Einheit des Produkts j (gemessen in Einheiten der Bezugsgröße u) und q_s^u der Planverrechnungssatz für die Bezugsgröße u der Kostenstelle s, dann erhält man für die Fertigungskosten:

4.2 Die flexible Plankostenrechnung

$$F_j = \sum_{s=1}^{z} \sum_{u=1}^{v_s} h_{sj}^u \cdot q_s^u$$

Im Fall der mehrteiligen Fertigung, bei der ein Produkt aus mehreren selbsterstellten und fremdbezogenen Teilen hergestellt wird, erfolgt zunächst die Berechnung der Herstellkosten für jedes einzelne Bauteil; anschließend werden diese zu den Herstellkosten für das Produkt zusammengefaßt.

4.2.5.2 Kalkulation von Einzelaufträgen

Bei der Einzelfertigung ist eine individuelle Kalkulation für jeden einzelnen Auftrag erforderlich. Hierbei werden drei Stufen unterschieden:

(1) Die Angebotsvorkalkulation wird vor der Auftragserteilung durchgeführt; sie dient hauptsächlich als Grundlage für Preisverhandlungen bzw. für die Festlegung eines Angebotspreises.

(2) Die Auftragsvorkalkulation erfolgt nach der Erteilung des Auftrags; sie konkretisiert die Angebotsvorkalkulation.

(3) Die Nachkalkulation erfolgt nach Abwicklung des Auftrags.

Eine *Angebotsvorkalkulation* kann wie folgt aufgebaut werden (vgl. KILGER [1988], S. 651):

(a) Herstellkosten für selbsterstellte Positionen; hierbei kann gegebenenfalls auf Ergebnisse einer Plankostenrechnung für standardisierte Teile und Baugruppen zurückgegriffen werden. Die Herstellkosten nicht standardisierter Positionen müssen geschätzt werden; hierbei wird vielfach auf Kennziffern zurückgegriffen, die aus globalen Einflußgrößen – wie z.B. Gewicht, umbauter Raum bzw. Flächen oder technische Leistung – und Kostensätzen aus der Nachkalkulation ähnlicher Aufträge hergeleitet werden.

(b) Beschaffungskosten für fremdbezogene Positionen; die Wertansätze beruhen entweder auf Rahmenverträgen für Standardteile oder auf Einzelangeboten von Zulieferern, die im Rahmen der Angebotskalkulation eingeholt werden.

(c) Kosten der Endmontage

(d) Gewährleistungsrisiken

(e) Kosten der Projektbearbeitung, der Verwaltung und des Vertriebs

(f) Finanzierungskosten

Da nur ein Teil der Angebote zur Erteilung eines Auftrags führt, muß der Aufwand bei der Erstellung einer Angebotsvorkalkulation begrenzt werden; sie kann daher nur eine grobe Schätzung der Selbstkosten als Grundlage für Preisverhandlungen liefern. Nach Erteilung des Auftrags sind die Ergebnisse im Rahmen einer *Auftragskalkulation* zu verfeinern. Hierbei sind insbesondere die vor der Durchführung des Auftrags zu erstellenden Stücklisten, Konstruktionszeichnungen und Arbeitspläne zu berücksichtigen. In dieser Phase ist verstärkt auf Plankosten für selbsterstellte Teile zurückzugreifen.

Nach Abwicklung des Auftrags erfolgt eine *Standard-Nachkalkulation*, bei der die den Aufträgen zuzurechnenden Ist-Verbrauchsmengen, Ist-Arbeitszeiten und Ist-Bezugsgrößen mit Planpreisen bzw. Plan-Kostensätzen bewertet werden. Um Abweichungen zwischen Auftragsvorkalkulation und Standard-Nachkalkulation ermitteln zu können, sollten beide Rechnungen analog aufgebaut sein; insbesondere sollte die Positionsgliederung der Auftragsvorkalkulation beibehalten werden.

4.2.5.3 Kurzfristige Erfolgsrechnung

Den Abschluß der flexiblen Plankostenrechnung bildet die kurzfristige Erfolgsrechnung in der Form einer Umsatzkostenrechnung. Sieht man davon ab, daß Plankosten, d.h. geplante Preise und geplante Mengen angesetzt werden, dann ergeben sich keine wesentlichen Unterschiede zur kurzfristigen Erfolgsrechnung im Rahmen einer Ist-Kostenrechnung. Auf eine detaillierte Darstellung kann daher verzichtet werden.

4.2.6 Beurteilung der flexiblen Plankostenrechnung

Mit der flexiblen Plankostenrechnung wurden erhebliche Fortschritte gegenüber älteren Kostenrechnungssystemen erreicht:

(1) Während die *Ist-Kostenrechnung* lediglich die Ergebnisse der Abrechnungsperiode mit den Kosten früheren Perioden vergleichen kann, ermöglicht die flexible Plankostenrechnung einen Vergleich der Ist-Kosten einer Periode mit systematisch ermittelten Planvorgaben für Kostenstellen und Kostenträger.

(2) Im Unterschied zur *Normalkostenrechnung*, die eine Kostenkontrolle auf der Grundlage eines Vergleichs der tatsächlich entstandenen Kosten mit Durchschnittswerten der Vergangenheit durchführt, strebt die flexible Plankostenrechnung als Vergleichsbasis Planwerte an, die analytisch aus produktionstheoretischen Überlegungen und technologischen Gegebenheiten hergeleitet werden. Zwar muß auch hier gelegentlich auf Ist-Werte der Vergangenheit zurückgegriffen werden; dabei werden allerdings weniger Durchschnittswerte für Kostengrößen als vielmehr Daten zur Schätzung der Beziehungen zwischen Bezugsgrößen und der Höhe der Kosten benutzt.

4.2 Die flexible Plankostenrechnung

(3) Gegenüber der *starren Plankostenrechnung* hat die flexible Plankostenrechnung den Vorteil, daß sie eine Trennung zwischen den auf Unwirtschaftlichkeit der Kostenstellen beruhenden Abweichungen zwischen Normal- und Ist-Kosten und den auf die Proportionalisierung von Fixkosten zurückzuführenden Beschäftigungsabweichungen ermöglicht.

(4) Ein weiterer Fortschritt der flexiblen Plankostenrechnung gegenüber früheren Systemen der Kostenrechnung ist darin zu sehen, daß bei der Kontrolle der Kostenstellen eine nach Kostenarten differenzierte Abweichungsanalyse angestrebt wird. Im Gegensatz zu herkömmlichen Systemen der Kostenrechnung werden deshalb nicht nur die Gemeinkostenarten, sondern auch die Einzelkosten in der Kostenstellenrechnung erfaßt, obwohl das abrechnungstechnisch nicht erforderlich wäre. Dadurch wird eine Trennung kostenstellenbedingter und kostenträgerbedingter Abweichungen der Einzelkosten ermöglicht.

Die flexible Plankostenrechnung weist jedoch zwei Schwächen auf, die darauf zurückzuführen sind, daß sie als System der Vollkostenrechnung konzipiert ist:

(1) Wie in jedem System der Vollkostenrechnung erfolgt auch in der flexiblen Plankostenrechnung eine dreifache Schlüsselung von Fixkosten:

(a) Bei der Verrechnung der Kostenarten werden den Kostenstellen die Kostenstellengemeinkosten willkürlich zugerechnet.

(b) Bei der innerbetrieblichen Leistungsverrechnung werden den Hauptkostenstellen willkürlich fixe Kosten der Hilfskostenstellen angelastet.

(c) Bei der Kostenträgerrechnung auf der Grundlage der Bezugsgrößenkalkulation werden die Kostenträger auch mit solchen Kosten der Hauptkostenstellen belastet, die nicht proportional zu den Bezugsgrößen der Kostenstellen sind.

Diese Proportionalisierung von Fixkosten wird im Rahmen der *Grenzplankostenrechnung* vermieden.

(2) Die flexible Plankostenrechnung ermöglicht eine detaillierte Planung und Verrechnung der in den Kostenstellen des Fertigungsbereichs verursachten Kosten. Die Kosten der indirekten Bereiche – d.h. des Materialbereichs und der Verwaltung – werden grundsätzlich in Form von Zuschlägen zu den Materialkosten bzw. den Herstellkosten proportionalisiert.

Einen Ansatz zur Identifikation variabler Teile dieser Gemeinkostenarten und zu deren verursachungsgerechter Verrechnung bietet die *Prozeßkostenrechnung*. Bei der Beurteilung diese Ansatzes ist strikt zwischen zwei Grundpositionen zu unterscheiden: Einerseits wird versucht, das Konzept der Prozeßkostenrechnung dazu zu mißbrauchen, vorzuspiegeln, daß es möglich ist, durch eine weitere Differenzierung der Schlüsselgrößen fixe Kostenbestandteile verursachungsgerecht zu verrechnen. Andererseits können mit Hilfe dieser Konzeption weitere Kostenbestandteile als variabel, d.h. von Entscheidungen über die Beschäftigung des Betriebs abhängig, identifiziert und den Kostenträgern zugerechnet werden.

4.3 Die Grenzplankostenrechnung

Die Grenzplankostenrechnung begegnet der Kritik an der flexiblen Plankostenrechnung auf Vollkostenbasis, daß Fixkosten willkürlich geschlüsselt werden, indem sie dieses System mit dem Prinzip der Teilkostenrechnung verbindet, den einzelnen Zurechnungseinheiten nur diejenigen Kosten zuzurechnen, die durch diese verursacht werden. Die Grenzplankostenrechnung ist damit ein System der flexiblen Plankostenrechnung auf Teilkostenbasis.

Die Grenzplankostenrechnung ist analog der flexiblen Plankostenrechnung aufgebaut; sie unterscheidet sich allein in der Behandlung der Fixkosten. Entsprechend der Vorgehensweise der Teilkostenrechnung werden fixe Kostenbestandteile an drei Stellen aus der Kostenverrechnung herausgenommen und als Fixkostenblock im Betriebsergebnis gesammelt:

(1) Bei der Verrechnung der primären Gemeinkosten werden den Kostenstellen nur die Kostenstelleneinzelkosten zugerechnet; die Kostenstellengemeinkosten werden hingegen nicht weiterverrechnet.

(2) Bei der innerbetrieblichen Leistungsverrechnung werden die Hauptkostenstellen nur mit den variablen Kosten der Kostenstellen, nicht aber mit deren Fixkosten belastet.

(3) In der Kostenträgerrechnung werden den Erzeugnissen nur die variablen Kosten der Hauptkostenstellen zugerechnet.

Weil die Fixkosten aus der Kostenstellenrechnung herausgenommen werden, treten bei der Grenzplankostenrechnung keine Beschäftigungsabweichungen auf; die Plankosten bzw. die verrechneten Gemeinkosten sind gleich den Sollkosten. Die übrigen Abweichungen werden analog dem Vorgehen der flexiblen Plankostenrechnung ermittelt.

Die auf dem Betriebsergebniskonto gesammelten geplanten Fixkosten können mit Hilfe der im Rahmen der Teilkostenrechnung behandelten Verfahren analysiert werden. Hierbei kommen insbesondere die stufenweise Fixkostendeckung und die differenzierte Deckungsbeitragsrechnung in Frage.

5. Weiterentwicklungen der Kostenrechnung
5.1 Die Prozeßkostenrechnung
5.1.1 Problemstellung

Ausgangspunkt für die Entwicklung der Prozeßkostenrechnung ist die Tatsache, daß der Anteil der Gemeinkosten an den Fertigungskosten in den letzten Jahrzehnten stetig angestiegen ist. Dies wird einerseits durch die steigende Anlagenintensität der Produktion, andererseits aber auch durch den steigenden Anteil der indirekten Bereiche des Betriebes, insbesondere des Materialbereichs, des Vertriebsbereichs, der Verwaltung und der Forschung und Entwicklung an den Kosten verursacht. Im Rahmen einer einfachen Zuschlagskalkulation führt das dazu, daß selbst Vertreter einer Vollkostenrechnung akzeptieren müssen, daß die Zuschlagssätze zu den Fertigungs- und Materialeinzelkosten, die oft mehrere tausend Prozent betragen, nicht mehr in einem vernünftigen Verhältnis zu der Zuschlagsbasis stehen.

Die Prozeßkostenrechnung wurde ursprünglich in den Vereinigten Staaten als *Activity Based Costing* (COOPER / KAPLAN [1988], COOPER [1990], KAPLAN [1991]) mit der Zielsetzung entwickelt, die Mängel der dort vorherrschenden Zuschlagskalkulation auf der Basis von Fertigungszeiten, Fertigungslöhnen oder Materialkosten zu beseitigen. Obwohl auf einer einfachen Zuschlagskalkulation beruhende Kostenrechnungssysteme in Deutschland nur noch geringe Bedeutung haben, werden die Grundideen des Activity Based Costing auch hier diskutiert. Das insbesondere von HORVÁTH propagierte System der *Prozeßkostenrechnung* (vgl. z.B. HORVÁTH / MAYER [1989, 1995]) hat allerdings nicht wie das Activity Based Costing den Fertigungsbereich zum Gegenstand; es wird vielmehr versucht, mit Hilfe der Ideen des Activity Based Costing die Gemeinkosten der indirekten Bereiche zu analysieren und zu verrechnen. Die Prozeßkostenrechnung ist in den letzten Jahren auf Zustimmung, aber auch auf heftige Kritik gestoßen (vgl. z.B. PFOHL / STÖLZLE [1990], KLOOCK [1992], GLASER [1992, 1995]).

Im folgenden sollen daher zunächst der Grundgedanke der Prozeßkostenrechnung und die Kritik an diesem Ansatz der Kostenrechnung dargestellt werden. (Vgl. hierzu insbesondere HORVÁTH / MAYER [1989, 1995], COENENBERG / FISCHER [1991]; FRANZ [1991], PFOHL / STÖLZLE [1990].) Da der wesentliche Einwand gegen die Prozeßkostenrechnung an deren Vollkostencharakter anknüpft, werden abschließend Ansätze zur Integration der Prozeßkostenrechnung in Systeme der Teilkostenrechnung dargestellt.

5.1.2 Ziele und Vorgehensweise der Prozeßkostenrechnung

Oberste Zielsetzung der Prozeßkostenrechnung ist eine verursachungsgerechte Verrechnung der Gemeinkosten der indirekten Bereiche sowie eine effiziente Planung und Kontrolle dieser Kosten. Dabei soll die Kostentransparenz in den indirekten Kostenstellen erhöht und die Inanspruchnahme der Kapazitäten dieser Bereiche offengelegt werden. Die Prozeßkostenrechnung soll weniger einer kurzfristigen, als eher einer mittelfristigen Planung und Kontrolle mit einem Horizont von einem Jahr dienen.

Dabei sollen insbesondere folgende Auswirkungen einer summarischen Verteilung der in den Gemeinkosten verursachenden Bereichen entstehenden Kosten vermieden werden:

(1) Die durch die *Komplexität* von Produkten verursachten zusätzlichen Gemeinkosten – z.B. zusätzliche Kosten bei der Materialbeschaffung, der Konstruktion und der Arbeitsvorbereitung – werden nicht diesen Produkten zugerechnet, sondern von anderen Produkten mitgetragen, so daß die Kosten komplexer Produkte im Verhältnis zu einfachen Produkten zu niedrig ausgewiesen werden.

(2) Ein ähnlicher Effekt ergibt sich aufgrund zusätzlicher Gemeinkosten, die durch die *Variantenvielfalt* einzelner Erzeugnisse hervorgerufen werden: Je größer die Variantenvielfalt, desto höher sind die mit der Materialbestellung und -verwaltung, der Auftragsverwaltung sowie der Konstruktion und der Arbeitsvorbereitung verbundenen Kosten. Diese variantenbedingten Gemeinkosten werden bei einer summarischen Verrechnung der Material-, der Verwaltungs- und der Vertriebskosten nicht in angemessener Weise berücksichtigt.

(3) Von Vertretern des Activity Based Costing wird weiter der *Allokationseffekt* betont: Bei einer Lohnzuschlagskalkulation werden maschinenintensive Produkte durch lohnintensive Produkte *quersubventioniert*, weil letzteren ein überhöhter Anteil an maschinenbedingten Kosten zugerechnet wird: Dieser Effekt ist für die Prozeßkostenrechnung von geringerer Bedeutung, weil sie auf eine genauere Verrechnung der Gemeinkosten auf der Grundlage einer ausgebauten Kostenstellenrechnung aufbauen kann.

Um diese Effekte zu vermeiden, geht die Prozeßkostenrechnung wie folgt vor:

(1) Identifikation von elementaren *Operationen*, d.h. nicht weiter zerlegbaren repetitiven Vorgängen in den indirekten Bereichen, und deren Zusammenfassung zu Prozessen:

In der Materialbeschaffung können z.B. folgende elementare Operationen auftreten:

5.1 Die Prozeßkostenrechnung

- Einholen eines Angebots für ein Standardteil von einem Lieferanten, mit dem eine ständige Geschäftsbeziehung besteht
- Bearbeiten des Angebots und Ausstellung der Bestellpapiere, Absenden der Bestellpapiere
- Überprüfung des Eingangs der Bestellung
- Weitergabe der Rechnung an die Buchhaltung

Diese elementaren Operationen werden dann zu *Prozessen*, d.h. Folgen von Operationen, die immer wieder durchgeführt werden, zusammengefaßt. So könnten z.b. die angegebenen Operationen zu einem Prozeß "Beschaffung von Standardteilen" zusammengefaßt werden. Die Prozesse entsprechen formal den Kostenplätzen bzw. den Kostenstellen der Kostenstellenrechnung.

HORVÁTH / MAYER ([1995], S. 63) unterscheiden folgende Klassen von Prozessen:

- *Vorleistungsprozesse* betreffen administrativ-planerische Aktivitäten in der Produktentwicklungsphase wie z.b. den Prozeß "Neuteile einführen".

- *Betreuungsprozesse* sind Aktivitäten, die durch die Existenz eines Produktes, eines Teiles, eines Lieferanten oder eines Kunden anfallen, ohne daß diese verkauft, beschafft, beauftragt oder beliefert werden.

- *Abwicklungsprozesse* umfassen alle logistischen und administrativen Aktivitäten, um Teile zu beschaffen, Erzeugnisse zu produzieren und Kundenaufträge abzuwickeln.

(2) Bestimmung der *Kostentreiber* der Prozesse: Diese sind Größen, mit denen die durch den Prozeß verursachten Kosten gemessen werden können. Sie entsprechen formal den Bezugsgrößen der Kostenstellenrechnung. Bei der Bildung der Prozesse ist zu beachten, daß für alle einem Prozeß zugeordneten Operationen derselbe Kostentreiber gelten muß. Als Kostentreiber für das Beschaffen von Standardteilen könnte z.B. die Zahl der Bestellvorgänge gewählt werden.

Bei den einzelnen Prozessen unterscheidet man zwischen:

- *leistungsmengeninduzierten Kosten*, bei denen eine proportionale Beziehung zwischen der Höhe der Kosten und der Leistung des Prozesses besteht

- *leistungsmengenneutralen Kosten*, bei denen keine mengenmäßige Bezugsgröße für das Verhältnis der Kosten und die Inanspruchnahme des Prozesses gefunden werden kann

In der Regel treten bei einzelnen Prozessen sowohl leistungsmengenindizierte als auch leistungsmengenneutrale Kosten auf.

(3) Bestimmung von *Prozeßkostensätzen*: Für die leistungsmengeninduzierten Anteile der Gemeinkosten erhält man diese, indem man die leistungsmengeninduzierten Kosten durch die Prozeßmenge, d.h. die gesamte Leistung – gemessen durch den Kostentreiber – dividiert. Diese Prozeßkostensätze entsprechen formal den Kostenstellensätzen in der Kostenstellenrechnung. Für leistungsmengenneutrale Kosten wird vorgeschlagen, diese proportional zur Kostenhöhe der leistungsmengeninduzierten Kosten umzulegen.

(4) Analog dem Vorgehen der Bezugsgrößenkalkulation werden dann die Kosten der Inanspruchnahme eines Prozesses durch ein Zurechnungsobjekt – wie z.B. eine Einheit eines Produkts, einen Auftrag oder die Produktion eines Produkts während einer Periode – berechnet, indem man die in Anspruch genommene Prozeßmenge mit dem Prozeßkostensatz multipliziert.

(5) Vielfach wird vorgeschlagen, mehrere in sachlogischem Zusammenhang stehende Prozesse zu *Hauptprozessen* zusammenzufassen. Hierbei ist jedoch zu beachten, daß durch eine derartige Aggregation auch bei leistungsmengeninduzierten Prozessen die Proportionalitätsbeziehung zwischen Kostentreiber und den durch die Prozesse verursachten Kosten verloren gehen kann.

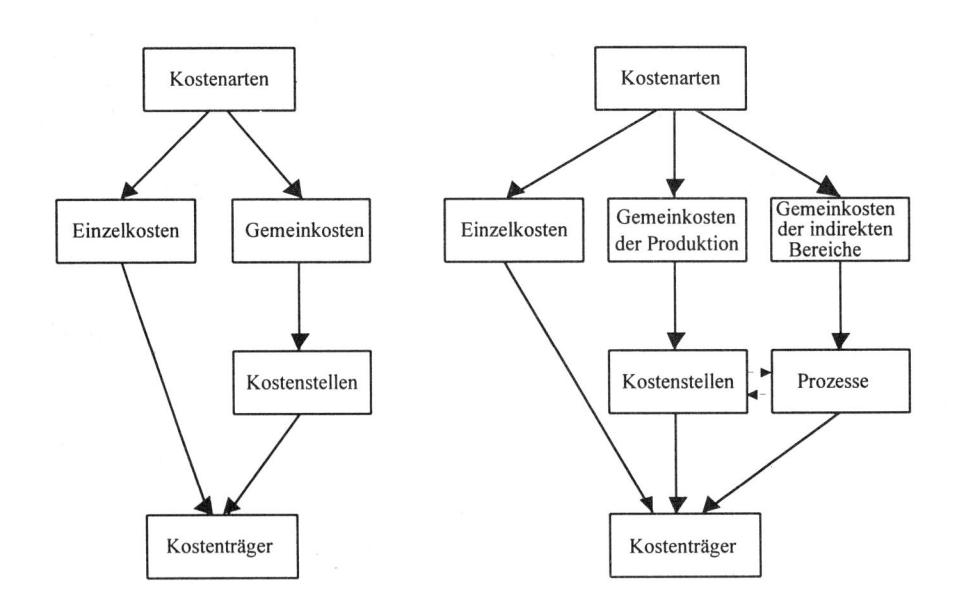

Abb. 38: Traditionelle Kostenrechnungssysteme und Prozeßkostenrechnung

Die Vorgehensweise der traditionellen Kostenrechnungssysteme und der Prozeßkostenrechnung werden in Abbildung 38 miteinander verglichen.

Die traditionellen Kostenrechnungssysteme spalten die Kostenarten in Einzelkosten und Gemeinkosten auf. Während die Einzelkosten direkt auf die Kostenträger verrechnet werden, werden die Gemeinkosten über die Kostenstellen auf die Kostenträger verrechnet. Im Gegensatz dazu werden im Rahmen der Prozeßkostenrechnung die Kostenarten in Einzelkosten, Gemeinkosten der Produktion und Gemeinkosten der indirekten Bereiche aufgeteilt. Die Gemeinkosten der indirekten Bereiche werden zunächst den Prozessen und dann den Kostenträgern zugerechnet. Die Gemeinkosten der Produktion werden wie in den traditionellen Systemen über die Kostenstellen den Kostenträgern zugerechnet, die Einzelkosten werden diesen direkt zugerechnet.

5.1.3 Beurteilung der Prozeßkostenrechnung

Von den Verfechtern der Prozeßkostenrechnung wird diese als ein wesentlicher Fortschritt der Kostenrechnung gepriesen. So sehen COENENBERG / FISCHER [1991] darin eine "strategische Neuorientierung in der Kostenrechnung". HORVÁTH / MAYER ([1995], S. 59) charakterisieren sie als "ein wirkungsvolles Instrument zur Effizienzverbesserung der Unternehmensprozesse und zur Planung und Steuerung der Gemeinkostenbereiche". Aus streng betriebswirtschaftlicher Sicht wird sie hingegen eher zurückhaltend beurteilt; insbesondere wird vielfach bestritten, daß es sich tatsächlich um ein neues System der Kostenrechnung handelt: KLOOCK [1992] sieht in der Prozeßkostenrechnung lediglich einen Spezialfall der flexiblen Plankostenrechnung. Ebenso weisen PFOHL / STÖLZLE [1992] darauf hin, daß wesentliche Aspekte bereits in den Arbeiten von RUMMEL [1949], KILGER [1988], PLAUT [1953] und RIEBEL [1990] angesprochen wurden. HORNGREN ([1992, S. 292]) geißelt in diesem Zusammenhang die Vernachlässigung der Literatur wie folgt: "Viele Wissenschaftler haben weder die Zeit noch die Lust, sich mit der Geistesgeschichte (ihres Faches) zu befassen...Wenn sie diese schon nicht berücksichtigen, dann sollten sie besonders darauf achten, die Behauptung zu vermeiden, daß ihre Ideen neu sind."

Sieht man von dem Einwand ab, daß es sich bei der Prozeßkostenrechnung um nichts wesentlich Neues handelt, dann sind folgende Aspekte beachtenswert:
- Die Prozeßkostenrechnung bezieht betriebliche Bereiche in die Kostenstellenrechnung ein, deren Kosten bislang meist pauschal abgerechnet wurden, und versucht, weitere Gemeinkosten verursachungsgemäß zu verrechnen. Auch wenn sich bei KILGER [1988] Hinweise zu einem ähnlichen Vorgehen finden,

so ist es als Verdienst der Prozeßkostenrechnung anzusehen, die Aufmerksamkeit auf die Gemeinkosten der indirekten Bereiche gelenkt zu haben.

- Die Prozeßkostenrechnung kann als Erweiterung der herkömmlichen Systeme der Kostenrechnung angesehen werden, die die indirekten Bereiche in die Kostenstellenrechnung einbezieht. Trotz inhaltlicher Unterschiede zwischen der Verrechnung der Gemeinkosten der Kostenstellen des Produktionsbereichs und der indirekten Bereiche ergibt sich eine formale Übereinstimmung zwischen der Kostenstellenrechnung und der Prozeßkostenrechnung, die eine Integration beider Systeme erleichtert.

- Ein schwerwiegender Einwand gegen die Prozeßkostenrechnung ist jedoch darin zu sehen, daß sie weitgehend als Vollkostenrechnung konzipiert ist. Trotz der Zielsetzung, die durch die indirekten Bereiche verursachten Kosten verursachungsgerecht weiterzuverrechnen, werden nicht nur die leistungsmengeninduzierten, sondern auch die leistungsmengenneutralen Kosten weiterverrechnet. Darüber hinaus wird nicht geprüft, ob und inwieweit die leistungsmengeninduzierten Kosten tatsächlich durch die Zurechnungsobjekte, d.h. insbesondere einzelne Produkte oder Aufträge, verursacht werden.

5.1.4 Prozeßkostenrechnung als Teilkostenrechnung

Die Prozeßkostenrechnung bietet allerdings durchaus die Möglichkeit, sie als Teilkostenrechnung aufzubauen und damit der Forderung nach einer verursachungsgerechten Verrechnung der Kosten der indirekten Bereiche nachzukommen. Ohne daß sie an ein System der Teilkostenrechnung denken, geben COENENBERG / FISCHER ([1991, S. 30]) einen Hinweis, wie das Konzept der Prozeßkostenrechnung im Rahmen einer Teilkostenrechnung verwirklicht werden könnte: Um zu vermeiden, daß die Prozeßkostensätze durch Zuschläge für administrative Tätigkeiten zwangsläufig verzerrt werden, wird vorgeschlagen, diese in kostenstellenübergreifenden Sammelpositionen zusammenzufassen. Dieser Kostenpool ist aber nichts anderes als der Fixkostenblock der Blockkostenrechnung. Um zu einer echten Teilkostenrechnung zu kommen, müßte sichergestellt werden, daß nicht nur die Zuschläge für die administrativen Tätigkeiten für die Prozesse, sondern alle leistungsmengenneutralen Kosten aus der weiteren Verrechnung herausgenommen und in einem Posten für nicht leistungsabhängige Prozeßkosten gesammelt werden. Weiter ist sicherzustellen, daß nur solche Kosten als leistungsmengeninduziert angesehen werden, die tatsächlich durch das Abrechnungsobjekt, z.B. das Produkt oder den Auftrag, verursacht worden sind. Dieser Posten könnte dann analog dem Vorgehen von AGTHE [1959] einer stufenweisen Fixkostenanalyse unterzogen werden.

Ein Vorschlag, wie das System der Grenzplankostenrechnung durch eine Grenzprozeßkostenrechnung auf Teilkostenbasis ergänzt werden könnte, findet sich bei KLOOCK ([1992], Teil 2). ROGALSKI [1996] zeigt, wie Prozeßkosteninformationen auf der Basis von relativen Einzelkosten im Sinne RIEBELs in ein hierarchisches System der Deckungsbeitragsrechnung einbezogen werden können.

5.2 Das Target Costing

5.2.1 Problemstellung

Eine völlig andersartige Weiterentwicklung der Kostenrechnung ist das aus der japanischen Managementlehre stammende *Target Costing*, das auch unter seiner japanischen Bezeichnung "Genka Kikaku" oder als *Zielkostenrechnung* bekannt ist (vgl. z.B. SAKURAI [1989], HORVÁTH / SEIDENSCHWARZ [1992]; SEIDENSCHWARZ [1993]). Während das Konzept bereits seit den 70er Jahren in Japan bekannt ist, taucht es im deutschen Sprachraum erstmals Ende der 80er Jahre auf. Die *Zielkosten* sind produktbezogene Kostenvorgaben, die ein Produkt in der Fertigung und beim Vertrieb maximal verursachen darf, wenn ein vom Unternehmen vorgegebenes ökonomisches Ziel erreicht werden soll.

Der *Ausgangspunkt* des Target Costing ist das Bestreben nach einer stärker marktorientierten Ausrichtung des internen Rechnungswesens, die es dem Unternehmen erlauben soll, trotz steigenden Konkurrenzdrucks seine Wettbewerbsfähigkeit und Rentabilität zu erhalten oder sogar zu steigern, indem die produktbezogenen Kosten soweit wie möglich reduziert werden. Hierbei liegt der Schwerpunkt auf den frühen Phasen des Produktlebenszyklus, vor allem der Konstruktion. Als geeigneter *Einsatzbereich* für das Target Costing gilt die verarbeitende Industrie, insbesondere die Herstellung von Kraftfahrzeugen, elektronischen Geräten und Werkzeugmaschinen, aber es sind auch Anwendungen aus der Großserienfertigung und der Softwareherstellung bekannt. Seine Bedeutung ist umso größer, je kürzer die Produktlebenszyklen in den relevanten Märkten sind.

5.2.2 Vorgehensweise des Target Costing

Die *grundsätzliche Vorgehensweise* des Target Costing ist recht einfach; es handelt sich im Prinzip um eine retrograd aufgebaute Kosten-plus-Kalkulation: Angenommen, der am Markt erzielbare Preis eines neuen Produktes betrage 19,95 DM. Nach Abzug von 2,60 DM Umsatzsteuer und 3,50 DM Handelsspanne verbleibt für das Unternehmen ein Stückerlös von 13,85 DM. Falls das Unternehmen eine Gewinnspanne von 2,00 DM erwartet, so lautet die Kostenvorgabe für die Konstruktionsabteilung 11,85 DM. Durch Ausnutzung von Rationalisierungsmöglichkeiten und Kostensenkungspotentialen bei den verschiedenen Produktkomponenten muß diese nun versuchen, das Produkt zu diesen *Zielkosten* herzustellen. Falls die Fertigungskosten anfänglich noch über der Vorgabe liegen, so läßt sich für eine gewisse Zeit eine reduzierte Gewinnspanne in Kauf nehmen. Es muß jedoch aufgrund der erwarteten Absatzentwicklung absehbar sein, daß durch Ausnutzung von Erfahrungskurveneffekten in angemessener Zeit die Fertigungskosten auf Werte nahe an den Zielkosten sinken werden.

Diese Vorgehensweise an sich ist nicht neu, sondern wurde im Prinzip schon in den 30er Jahren bei der Entwicklung des Volkswagen "Käfer" zugrunde gelegt, für den ein Marktpreis von 990 Reichsmark nicht überschritten werden durfte. Um dieses Preislimit einzuhalten zu können, wurden verschiedene technische Komponenten daraufhin untersucht, ob sie sich nicht zu geringeren Kosten realisieren lassen und z.B. hydraulische Bremsen durch Seilzugbremsen ersetzt, da dadurch 25 Reichsmark eingespart werden konnten (vgl. FRANZ [1993], S. 124). Als neu ist hingegen die im folgenden dargestellte systematische Vorgehensweise und die konsequente Umsetzung des Target Costing anzusehen.

Ansatzpunkte zur Kostenreduktion bestehen zwar in sämtlichen Phasen des Produktlebenszyklus, vor allem jedoch im Bereich der Konstruktion im Rahmen der Neuproduktentwicklung. Da die Einführung und die Gestaltung neuer Produkte in besonderem Maße die Anforderungen der relevanten Märkte berücksichtigen muß, besteht eine starke Interdependenz des Target Costing zum Marketing. Ausgehend von dem am Markt durchsetzbaren Preis und unter Berücksichtigung des erwarteten Marktvolumens ist durch eine intensive Kostenplanung, -steuerung und -kontrolle sicherzustellen, daß ein Produkt langfristig zufriedenstellende Deckungsbeiträge erwirtschaftet.

Der Prozeß der Kostenreduktion darf sich jedoch nicht auf die Produktentwicklungsphase beschränken, sondern muß regelmäßig fortgesetzt und im Idealfall auch auf die Zulieferer des Unternehmens ausgedehnt werden. So können z.B. bei der Just-in-Time-Zulieferung die für ein bestimmtes Teil geltenden Kostenvorgaben gemeinsam vom Lieferanten und dem Abnehmer ausgehandelt werden.

Das Target Costing wird in der Regel als eine Sonderform der *Vollkostenrechnung* dargestellt, die außerhalb der regelmäßigen Kostenrechnung im Bedarfsfall durchgeführt wird, jedoch auf deren Daten, insbesondere aus der Plan- und der Prozeßkostenrechnung, aufbaut. Sinnvoller wäre es jedoch, von einer Teilkostenrechnung auszugehen, da durch konstruktive Maßnahmen lediglich die variablen Kosten der Produkte, nicht jedoch die Fixkostenzuschläge abgebaut werden können. Anstelle eines Wertes für die Gesamtkosten wäre dann ein Soll-Deckungsbeitrag vorzugeben, der bei gegebenem Marktpreis nur dann erreicht wird, wenn die variablen Kosten hinreichend reduziert werden.

5.2 Das Target Costing

Organisatorisch ist das Target Costing im strategischen Kostenmanagement angesiedelt, da hierbei fast alle Kosten als variabel bzw. abbaubar angesehen werden. Es wird insbesondere häufig im Zusammenhang mit anderen Konzepten der strategischen Planung – wie der Wertanalyse und dem Qualitätsmanagement – gesehen.

Der erste Schritt beim Target Costing besteht in der Entwicklung eines neuen Produktes entsprechend den Marktbedürfnissen und der gleichzeitigen Festsetzung seiner Zielkosten. Zur Bestimmung der Zielkosten werden unterschiedliche Vorgehensweisen vorgeschlagen (vgl. SEIDENSCHWARZ [1993], S. 116 ff.):

- *Market into Company*

  Bei dieser am häufigsten angewendeten Methode werden die Zielkosten, wie in dem oben angeführten Beispiel beschrieben, aus dem am Markt voraussichtlich erzielbaren Preis und den Gewinnerwartungen des Unternehmens hergeleitet. Problematisch hierbei ist allerdings die gerade bei neuen Produkten auftretende Tendenz zu Preissenkungen nach der Einführungsphase. Eine solche dynamische Marktentwicklung kann dazu führen, daß sich die Kostenplanung bereits nach kurzer Zeit als obsolet herausstellt und anhand der aktualisierten Daten erneut durchgeführt werden muß.

- *Out of Company*

  Als Zielkosten werden die aufgrund der im Unternehmen vorhandenen Produktionsmöglichkeiten und der fertigungstechnischen Anforderungen des Produktes als realistisch angesehenen Kosten vorgegeben. In einem zweiten Schritt wird untersucht, ob sich das Produkt zu diesen Kosten überhaupt am Markt absetzen läßt. Diese Methode eignet sich vor allem in der Konstruktionsphase von Produktinnovationen, mit denen noch keinerlei Markterfahrungen vorliegen.

- *Into and out of Company*

  Diese Methode nimmt eine Kombination der beiden zuvor genannten Verfahren vor. In einer Zielvereinbarungsdiskussion gelangen der Marketing- und der Produktionsbereich zu einer Kompromißlösung, die sowohl die Anforderungen des Marktes als auch die gegebenen Produktionsmöglichkeiten des Unternehmens angemessen berücksichtigt.

- *Out of Competitor*

  Die Zielkosten werden aus den Kosten der Konkurrenz hergeleitet. Da diese in der Regel nicht exakt bekannt sind, kann es sich hierbei nur um eine Näherungslösung handeln. Bei dieser Methode steht nicht die Marktorientierung, sondern vielmehr die Wettbewerbsorientierung im Vordergrund; sie eignet sich daher in erster Linie für bereits im Markt etablierte Produkte

- *Out of Standard Costs*

Die Zielkosten werden festgelegt, indem ein Abschlag auf die in der eigenen Kostenrechnung ermittelten Sollkosten vorgenommen wird. Diese Methode läßt sich demnach nur dann einsetzen, wenn das Produkt bereits produziert wird, nicht jedoch für neuentwickelte Produkte.

Stellt sich nun heraus, daß sich das ursprünglich konzipierte Produkt nicht zu den Zielkosten herstellen läßt, so hat die Produktentwicklung die Aufgabe, durch konstruktive Änderungen beim Produkt dessen Stückkosten zu senken. Ansatzpunkt hierfür sind die vom Kunden wahrgenommenen *Produktfunktionen*. Diese lassen sich einteilen in

- *harte Funktionen*, die auf der technischen Leistungsfähigkeit beruhen, und
- *weiche Funktionen*, die zur Benutzerfreundlichkeit beitragen und damit den Wert des Produktes wesentlich bestimmen.

Mit Hilfe der Wertanalyse oder auch des Conjoint Measurement werden *Gewichtungsfaktoren* bestimmt, die angeben, in welchem Maße die einzelnen Funktionen zum Kundennutzen beitragen. Ausgehend von diesen Gewichten lassen sich mit Hilfe einer geeigneten Dekompositionsmethode die zulässigen Kostenanteile der Produktkomponenten, die die jeweilige Funktion realisieren, ableiten (vgl. hierzu HIEKE [1994], S. 499 ff.). Dadurch ist es letztlich möglich, die Zielkostenvorgabe für das Produkt auf seine Komponenten aufzuteilen.

Setzt man nun den Nutzenanteil N_{hi} bzw. N_{wi} einer Komponente i ins Verhältnis zu ihrem Anteil an den Kosten K_i bei der vorläufigen Produktgestaltung, so erhält man – zunächst separat für die harten und die weichen Funktionen – ihren *Zielkostenindex* ZK_{hi} bzw. ZK_{wi}.

Zielkostenindex für eine harte Funktion:

$$ZK_{hi} = \frac{N_{ki}}{K_i} \qquad i = 1,...,n$$

Zielkostenindex für eine weiche Funktion:

$$ZK_{wi} = \frac{N_{wi}}{K_i} \qquad i = 1,...,n$$

Im Idealfall beträgt der Zielkostenindex einer Komponente 1. Nimmt er Werte kleiner als 1 an, so ist die Ausgestaltung der Komponente als im Verhältnis zu ihrem vom Kunden wahrgenommenen Nutzen zu aufwendig anzusehen; es liegt also ein Kostensenkungspotential vor. Bei Werten größer als 1 hingegen ist die

5.2 Das Target Costing

Komponente zu einfach ausgestaltet und es sollte über eine Funktionsverbesserung nachgedacht werden.

Da in die Bestimmung der Nutzenanteile eine Reihe von unsicheren Informationen eingeht, wird vorgeschlagen, eine zulässige Zone für den Zielkostenindex vorzugeben, vgl. Abbildung 39 Dabei ist für Komponenten mit geringen Kostenanteilen eine höhere Abweichung vom Idealwert 1 zulässig als bei den teureren Komponenten. Weiter wird für alle Komponenten eine Integration der Zielkostenindizes für die harten und die weichen Funktionen vorgenommen, indem ihre Konvexkombination gebildet wird. Die Gewichtungsfaktoren g bzw. $(1-g)$ geben dabei an, mit welchem Anteil die harten bzw. weichen Funktionen in die Gesamtbewertung einer Komponente i eingehen:

$$ZK_i = g \cdot ZK_{hi} + (1-g) \cdot ZK_{wi} \qquad i = 1,\ldots,n$$

Diese graphische Darstellung bietet den Vorteil, daß sich durch Eintragen der Positionen der Zielkostenindizes der einzelnen Komponenten eines Produktes recht einfach erkennen läßt, in welcher Richtung ein Änderungsbedarf besteht. Weiter läßt sich durch Fortschreiben des Diagramms im Zeitablauf verfolgen, in welchem Maße die angestrebten Veränderungen erreicht wurden.

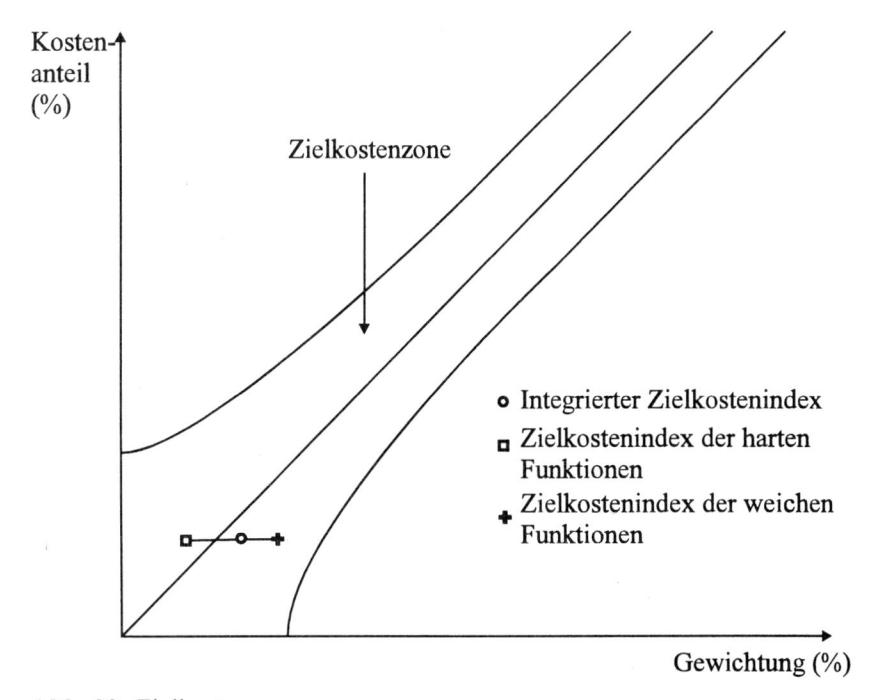

Abb. 39: Zielkostenzone

5.2.3 Beurteilung des Target Costing

Der wesentliche Vorteil des Target Costing ist darin zu sehen, daß durch die konsequente Orientierung der Produktkosten am erzielbaren Preis die Mißerfolgswahrscheinlichkeit eines neuen Produktes erheblich reduziert wird. Problematisch ist dabei allerdings, daß die Zielkosten aufgrund der langfristig erwarteten Preise zu bilden sind, so daß eine zuverlässige Markt- und Preisprognose eine unabdingbare Voraussetzung für die erfolgreiche Umsetzung des Konzeptes bildet.

6. Literaturempfehlungen

Böhm, H.-H., Deckungsbeitragsrechnung, Grenzpreisrechnung und Optimierung, 5. Aufl. München (Moderne Industrie) 1974

Coenenberg, A.G., Kostenrechnung und Kostenanalyse, Landsberg (Moderne Industrie) 1992

Däumler, K.-D., Grabe, J., Kostenrechnung 1: Grundlagen, 6. Aufl. Herne / Berlin (Neue Wirtschafts-Briefe), 1993

Däumler, K.-D., Grabe, J., Kostenrechnung 2: Deckungsbeitragsrechnung, 4. Aufl. Herne / Berlin (Neue Wirtschafts-Briefe) 1991

Däumler, K.-D., Grabe, J., Kostenrechnung 3: Plankostenrechnung, 4. Aufl. Herne / Berlin (Neue Wirtschafts-Briefe) 1993

Fischer, R., Rolgalski, M., Datenbankgestütztes Kosten- und Erlöscontrolling, 2. Aufl. Wiesbaden (Gabler) 1995

Haberstock, L., Kostenrechnung I: Einführung mit Fragen, Aufgaben und Lösungen, 8. Aufl. Hamburg (S+W Steuer- und Wirtschaftsverlag) 1987

Hummel, S., Männel, W., Kostenrechnung, Kostenrechnung 1: Grundlagen, Aufbau und Anwendung, 4. Aufl. Wiesbaden (Gabler) 1986

Kilger, W., Einführung in die Kostenrechnung, 3. Aufl. Wiesbaden (Gabler) 1987

Kilger, W., Flexible Plankostenrechnung und Deckungsbeitragsrechnung, 9. Aufl. Wiesbaden (Gabler) 1988

Kilger, W., Kurzfristige Erfolgsrechnung, Wiesbaden (Gabler) 1962

Kloock, J., Sieben, G., Schildbach, Th., Kosten- und Leistungsrechnung, 3. Aufl. Düsseldorf (Werner) 1984

Loos, G., Betriebsabrechnung und Kalkulation, 4. Aufl. Herne / Berlin (Neue Wirtschafts-Briefe) 1993

Männel, W., Prozeßkostenrechnung, Wiesbaden (Gabler) 1995

Matz, A., Plankostenrechnung, Wiesbaden (Gabler) 1954

Plaut, H. G., Die Grenzplankostenrechnung, in: Zeitschrift für Betriebswirtschaft 23, (1953) S. 347 ff., S. 402 ff.

Riebel, P., Einzelkosten- und Deckungsbeitragsrechnung, 6. Aufl. Wiesbaden (Gabler) 1990

Schmalenbach, E., Kostenrechnung und Preispolitik, 8. Aufl. Köln / Opladen (Westdeutscher Verlag) 1963

Schweitzer, M., Küpper, H.-U., Systeme der Kostenrechnung, 4. Aufl. München (Moderne Industrie) 1986

Seidenschwarz, W., Target Costing, München (Vahlen) 1993

Weber, J., Einführung in das Rechnungswesen II: Kostenrechnung, Stuttgart (Poeschel) 1990

Wenz, E., Kosten- und Leistungsrechnung, Herne / Berlin (Neue Wirtschafts-Briefe) 1992

Wöhe, G., Das betriebliche Rechnungswesen, München (Vahlen) 1990

Zimmermann, G., Grundzüge der Kostenrechnung, 5. Aufl. München (Oldenbourg) 1993

Dritter Teil

Der Jahresabschluß

1. Einleitung

1.1 Aufgaben und Ziele des Jahresabschlusses

Während die Aufgabe der im ersten Teil dieses Bandes dargestellten *kaufmännischen Buchführung* darin besteht, die Beziehungen des Unternehmens zu seiner Außenwelt durch die systematische Aufzeichnung von Geschäftsvorfällen und der dadurch ausgelösten Zahlungen zu dokumentieren, und der im zweiten Teil behandelten *Kostenrechnung* als internem Rechnungswesen die detaillierte Erfassung und Gliederung der Kosten sowie die Planung und Kontrolle des betrieblichen Geschehens obliegt, soll der *Jahresabschluß* als externes Rechnungswesen die Vermögens-, Ertrags- und Finanzlage des Unternehmens an einem bestimmten Stichtag festhalten. Dabei greift er auf die in der Buchführung gesammelten Daten und Informationen zurück.

Die Aufstellung eines Jahresabschlusses ist für Kaufleute im dritten Buch des Handelsgesetzbuches (§§ 238 - 340 HGB) vorgeschrieben. Die mit der gesetzlichen Verpflichtung zur Aufstellung eines Jahresabschlusses verfolgten *Ziele* lassen sich wie folgt systematisieren (vgl. STÜTZEL [1967]):

(1) *Dokumentationsfunktion*

Bündelung von Buchführungsdaten zum Schutz gegen nachträgliche Veränderungen

- nachvollziehbare Aufzeichnungen
- wirtschaftliche Lage des Unternehmens

(2) *Informationsfunktion*

Bereitstellung von Informationen über die Vermögens-, Ertrags- und Finanzlage des Unternehmens

- Selbstinformation der Geschäftsleitung
- Information der Anteilseigner sowie potentieller Anleger
- Information Dritter, z.B. Gläubiger, Arbeitnehmer, Konkurrenten, Öffentlichkeit

(3) Bestimmung von *Bemessungsgrundlagen*, die am Bilanzgewinn anknüpfen

- ausschüttungsfähiger Gewinn
- Mindestausschüttung
- Gewinnaufteilung
- besteuerbarer Gewinn

(4) *Gläubigerschutz* bei Kapitalgesellschaften
- Publizitätspflicht
- Kapitalerhaltung
- Ausschüttungssperre bei Verlust
- Überschuldung als Konkurstatbestand

(5) *Anlegerschutz*
- Bemessungsgrundlage für eine Mindestausschüttung an die Anteilseigner von Kapitalgesellschaften

Ein besonders wichtiges Element des Gläubigerschutzes ist die Ausschüttungssperrfunktion des festen Nennkapitals bei Kapitalgesellschaften. Dadurch wird verhindert, daß durch Gewinnausschüttungen an die Anteilseigner die Haftungsmasse des Unternehmens unter den Betrag des Nennkapitals absinkt (vgl. nochmals die Darstellung bei KISTNER / STEVEN [1994], S. 293 ff.).

Der Gesetzgeber will durch diese Vorschriften offensichtlich die Interessen ganz unterschiedlicher Adressaten des Jahresabschlusses berücksichtigen und im gesamtwirtschaftlichen Interesse zur Erreichung allgemeiner *Unternehmensziele* wie der Kapitalerhaltung und der Sicherung des Unternehmensbestandes beitragen. Insbesondere wenn eine Trennung von Eigentum und Geschäftsleitung vorliegt, wie sie vor allem in großen, im Publikumsbesitz befindlichen Kapitalgesellschaften üblich ist, ist eine solche umfassende Pflicht zur Rechenschaftslegung von großer Bedeutung.

Es stellt sich allerdings die Frage, ob diese Vielfalt von sehr verschiedenen Zielen mit einem einzigen Rechenwerk überhaupt erreicht werden kann. Probleme können sich insbesondere bei der Interpretation und der Bewertung einzelner Bilanzpositionen ergeben.

1.2 Aufbau und Inhalt des Jahresabschlusses

Formal gesehen bildet der Jahresabschluß den Abschluß der laufenden Buchhaltung. Man versteht darunter zum einen die gesetzlich vorgeschriebenen Arbeiten zur Feststellung des Periodenerfolgs eines Unternehmens. Durch die Zusammenführung der Salden der *Bestandskonten* in der Bilanz erhält der Kaufmann einen Überblick über sein Vermögen und seine Schulden am Bilanzstichtag, während der Abschluß der *Erfolgskonten* in der Gewinn- und Verlustrechnung einen Einblick in die Ertragslage des Unternehmens gibt.

Auch das als Ergebnis dieser Arbeiten entstehende Rechenwerk wird als Jahresabschluß bezeichnet. Er umfaßt folgende Bestandteile:

1.2 Aufbau und Inhalt des Jahresabschlusses

- Bilanz
- Gewinn- und Verlustrechnung
- bei Kapitalgesellschaften: Anhang mit Erläuterungen zu bestimmten Bilanzpositionen sowie Lagebericht

Die Grundstruktur der Handelsbilanz einer (kleinen) Kapitalgesellschaft nach § 266 HGB ist in Abbildung 40 dargestellt.

Aktiva	Passiva
A. Anlagevermögen	A. Eigenkapital
I. Immaterielle Vermögensgegenstände	I. Gezeichnetes Kapital
II. Sachanlagen	II. Kapitalrücklage
III. Finanzanlagen	III. Gewinnrücklagen
B. Umlaufvermögen	IV. Gewinn- / Verlustvortrag
I: Vorräte	V. Jahresüberschuß / -fehlbetrag
II. Forderungen	B. Rückstellungen
III. Wertpapiere	C. Verbindlichkeiten
IV. Zahlungsmittel	D. Rechnungsabgrenzungsposten
C. Rechnungsabgrenzungsposten	

Abb. 40: Grundstruktur einer Handelsbilanz

Auf der *Aktivseite* der Bilanz werden die Positionen Anlagevermögen, Umlaufvermögen und (aktive) Rechnungsabgrenzungsposten unterschieden. Als *Anlagevermögen* bezeichnet man solche Vermögensgegenstände, die dazu bestimmt sind, dem Betrieb für eine längere Zeit als ein Jahr zu dienen, während die durchschnittliche Bindungsdauer der Gegenstände des *Umlaufvermögens* üblicherweise weniger als ein Jahr beträgt. So hängt es z.B. bei Wertpapieren von der Intention der Unternehmensleitung ab, ob sie zu den Finanzanlagen im Anlagevermögen oder zu den Wertpapieren des Umlaufvermögens zählen.

Die Position *Eigenkapital* auf der Passivseite der Bilanz setzt sich aus dem hier als *gezeichnetes Kapital* bezeichneten, in der Satzung festgelegten Nennkapital als festem und weiteren, variablen Bestandteilen zusammen, die zum Teil freiwillig, zum Teil aufgrund einer gesetzlichen Verpflichtung gebildet werden. So sind nach § 272 Abs. 2 HGB in die *Kapitalrücklage* die bei der Emission von Gesellschaftsanteilen über den Nennbetrag hinaus erlösten Beträge einzustellen, die *Gewinnrücklage* wird aus im Rahmen der Selbstfinanzierung einbehaltenen Gewinnanteilen gespeist. Die bei Aktiengesellschaften gem. § 150 AktG bestehende Verpflichtung zur Bildung einer gesetzlichen Rücklage von mindestens 10% des Grundkapitals bildet ein weiteres Element des Gläubigerschutzes.

Weitere Positionen auf der *Passivseite* sind die *Rückstellungen*, die für solche Verbindlichkeiten gebildet werden, deren Betrag oder Fälligkeitszeitpunkt noch ungewiß ist, die exakt bestimmbaren *Verbindlichkeiten* und die (passiven) *Rechnungsabgrenzungsposten*.

Bei großen und mittelgroßen Kapitalgesellschaften sind die einzelnen Positionen weiter zu untergliedern, um einen exakteren Einblick in die Struktur des Vermögens und der Schulden zu geben. Die Zuordnung zu den Größenklassen, von der auch an anderen Stellen bestimmte Erleichterungen abhängig gemacht werden, erfolgt nach § 267 HGB anhand von Kriterien, die an der Bilanzsumme, dem Umsatz und der Anzahl der Arbeitnehmer anknüpfen.

So liegt eine *kleine Kapitalgesellschaft* vor, wenn mindestens zwei der folgenden drei Merkmale erfüllt sind:

(1) Die Bilanzsumme beträgt weniger als 5.310.000 DM.

(2) Der Umsatz des letzten Geschäftsjahres beträgt weniger als 10.620.000 DM.

(3) Im Jahresdurchschnitt werden weniger als 50 Arbeitnehmer beschäftigt.

Es handelt sich um eine *große Kapitalgesellschaft*, wenn mindestens zwei der folgenden drei Merkmale erfüllt sind:

(1) Die Bilanzsumme beträgt mehr als 21.240.000 DM.

(2) Der Umsatz des letzten Geschäftsjahres beträgt mehr als 42.480.000 DM.

(3) Im Jahresdurchschnitt werden mehr als 250 Arbeitnehmer beschäftigt.

Darüber hinaus gilt eine Aktiengesellschaft, deren Aktien an einer Börse gehandelt werden oder für die die Zulassung zum Börsenhandel beantragt ist, unabhängig von den Größenkriterien stets als große Kapitalgesellschaft. Eine *mittelgroße Kapitalgesellschaft* liegt vor, wenn weder die Kriterien für die kleine noch für die große Kapitalgesellschaft erfüllt werden.

Die Verpflichtung zur Aufstellung eines Jahresabschlusses ist sowohl handels- als auch steuerrechtlich begründet: So enthält § 242 HGB die Pflicht eines jeden Kaufmanns, bei der Eröffnung seines Geschäfts sowie zum Ende jedes Geschäftsjahres eine Bilanz und eine Gewinn- und Verlustrechnung zu erstellen. In § 264 HGB werden zusätzliche Anforderungen an Kapitalgesellschaften erhoben: Diese müssen den Jahresabschluß innerhalb bestimmter Fristen vorlegen und ihn um einen *Anhang* erweitern, der die stark formalisierten Informationen der anderen Bestandteile ergänzt und erläutert. Darüber hinaus müssen große und mittelgroße Kapitalgesellschaften einen zusätzlichen *Lagebericht* aufstellen, der gem. § 289 HGB den Jahresabschluß in zeitlicher und sachlicher Hinsicht ergänzt, indem z.B. nach dem Bilanzstichtag eingetretene Entwicklungen kommentiert oder Prognosen über die zukünftige Unternehmensentwicklung abgegeben werden.

Für große und mittelgroße Kapitalgesellschaften besteht nach § 316 HGB zusätzlich die Verpflichtung, den Jahresabschluß durch einen Wirtschaftsprüfer oder einen vereidigten Buchprüfer *prüfen* zu lassen. Dabei soll festgestellt werden, ob die einzelnen Bestandteile – Buchführung, Jahresabschluß und Lagebericht – den gesetzlichen Vorschriften entsprechen. Bei ordnungsgemäßen Unterlagen erteilt der Prüfer einen *Bestätigungsvermerk*.

Durch § 325 HGB wird die Pflicht zur *Offenlegung* des Jahresabschlusses und des Lageberichts von Kapitalgesellschaften begründet. Diese wird für kleine Kapitalgesellschaften durch die Einreichung zum Handelsregister, für große und mittelgroße Kapitalgesellschaften durch die zusätzliche Veröffentlichung im Bundesanzeiger und in den Gesellschaftsblättern erfüllt. Große Personengesellschaften sind nach § 9 PublG ebenfalls zur Offenlegung ihres Jahresabschlusses verpflichtet. Durch die Pflicht zur Veröffentlichung stellt der Jahresabschluß eine bedeutende Informationsquelle für am Unternehmen interessierte Außenstehende dar.

§ 140 der Abgabenordnung überträgt die für die Handelsbilanz geltenden Vorschriften auf die Erstellung der Steuerbilanz, so daß eine einheitliche Rechnungslegung ermöglicht wird. Durch § 5 Abs. 1 Satz 1 EStG wird die *Maßgeblichkeit* der handelsrechtlichen Ansätze für die Steuerbilanz begründet, soweit nicht abweichende steuerrechtliche Regelungen gelten.

1.3 Probleme bei der Aufstellung des Jahresabschlusses

Ausgangspunkt des Jahresabschlusses ist die laufende Buchführung, in der systematisch die während eines Geschäftsjahres auftretenden Geschäftsvorfälle erfaßt werden. Diese spiegeln die Beziehungen des Unternehmens zu seiner Außenwelt wider. Dabei erfolgt eine Messung von realwirtschaftlichen Vorgängen anhand der Höhe der von ihnen ausgelösten Zahlungen.

Der Jahresabschluß ist jedoch nicht nur ein vergangenheitsorientiertes Abrechnungsinstrument, sondern dient gleichzeitig als Basis für die Buchführung im folgenden Geschäftsjahr. Der *Bilanzstichtag* stellt einen willkürlichen Einschnitt in die Geschäftstätigkeit des Unternehmens dar, zu dem bei weitem nicht alle Geschäfte abgeschlossen sind. Dies ist bei der Ermittlung des Periodenerfolgs angemessen zu berücksichtigen.

Eine exakte Erfolgsermittlung ausschließlich anhand von Zahlungsströmen ist mit Hilfe der *Totalrechnung* möglich, wie sie z.B. im mittelalterlichen Fernhandel angewendet wurde. Erst wenn alle Geschäfte, die während einer bestimmten Reise getätigt wurden, abgeschlossen sind, wird eine Abrechnung nach folgendem Schema vorgenommen: Am Anfang der Reise wird Kapital in Form eines bestimmten Geldbestandes eingeschossen. Für dieses Geld werden Waren eingekauft, die in einer Eröffnungsbilanz festgehalten werden. Am Ende der Reise noch vorhandene Warenbestände werden in einer Schlußbilanz erfaßt. Der Geldbestand am Ende der Reise läßt sich als Summe der Veräußerungserlöse während der Reise ermitteln. Die Summe der Endbestände an Geld und Waren abzüglich des eingeschossenen Kapitals gibt den Totalerfolg der Reise an.

Für die industrielle Produktion ist eine solche Totalrechnung nicht mehr möglich, da sie sich kontinuierlich vollzieht und mit der Anschaffung von Maschinen eine Kapitalbindung über längere Zeiträume hinweg eingegangen wird. Ein Totalerfolg könnte allenfalls bei der Liquidation des Unternehmens ermittelt werden, bei der Aufstellung der regelmäßigen Jahresabschlüsse ist jedoch von der Fortführung des Unternehmens auszugehen. Diese Annahme bezeichnet man als das *Going-Concern-Prinzip*.

Zum Zwecke der regelmäßigen Erfolgsermittlung sind daher *fiktive Geschäftsvorfälle* einzuführen, mit deren Hilfe noch nicht abgeschlossene Vorgänge anteilig den Perioden zugerechnet werden, auf die sie sich auswirken. Dies erfolgt mit Hilfe der *Rechnungsabgrenzungsposten*, die periodenübergreifende Zahlungsvorgänge verursachungsgerecht aufteilen, sowie der *Abschreibungen*, die eine Verteilung der Anschaffungskosten von Anlagegütern auf die Perioden ihrer Nutzung vornehmen.

Weiter ist am Bilanzstichtag eine Bewertung von bestimmten *Beständen* erforderlich. Insbesondere ist ein realistischer Wert für Maschinen und Gebäude, die bereits vor sehr langer Zeit gekauft wurden, sowie für selbsterstellte Güter wie Halbfertigwaren und selbsterstellte Anlagen, denen (noch) keine Zahlungen zugeordnet werden können, zu ermitteln.

Da sich die den fiktiven Geschäftsvorfällen zugeordneten Werte nicht eindeutig anhand von Zahlungen ermitteln lassen, besteht hier ein gewisser *Bewertungsspielraum*, der bei der Aufstellung des Jahresabschlusses ausgenutzt werden kann.

1.4 Fragestellungen der Bilanzlehre

In der Bilanzlehre herrschen zwei Sichtweisen vor:

(1) die positivistische Bilanzlehre

(2) die Bilanztheorie

Die *positivistische Bilanzlehre* befaßt sich mit der Frage, wie Bilanzen in der betrieblichen Praxis erstellt werden; insbesondere wird untersucht, welche rechtlichen Vorschriften bei der Aufstellung des Jahresabschlusses zu beachten sind. Weiter wird im Rahmen der *Bilanzanalyse* gezeigt, wie die im Jahresabschluß

1.4 Fragestellungen der Bilanzlehre

veröffentlichten Daten aufgearbeitet werden müssen, um einen möglichst guten Einblick in die Vermögens-, Finanz- und Ertragslage des bilanzierenden Unternehmens zu gewinnen.

Die *Bilanztheorie* versucht hingegen, unabhängig von der konkreten Bilanzierungspraxis und den vorgegebenen rechtlichen Regeln aufzuzeigen, wie die Bilanz und die Gewinn- und Verlustrechnung aufgestellt werden müssen, wenn mit dem Jahresabschluß bestimmte *Zwecke* erreicht werden sollen. Sie befaßt sich insbesondere mit folgenden Fragen:

- *Theorie der Bilanzziele*

  Welche Aufgaben hat die Bilanz bzw. der Jahresabschluß, und welche Ziele werden mit diesem Rechenwerk verfolgt?

- *Theorie der Bilanzpositionen*

  Welche Sachverhalte sind im Jahresabschluß darzustellen und wie sind die einzelnen Positionen der Bilanz und der Gewinn- und Verlustrechnung zu interpretieren?

- *Bewertungstheorie*

  Mit welchen Wertansätzen sind die im Jahresabschluß darzustellenden Sachverhalte zu bewerten, um diese miteinander vergleichbar zu machen?

Die Bedeutung der Bilanztheorie für die Betriebswirtschaftslehre liegt in folgenden Aspekten:

- *historisches Interesse*

  Die Bilanztheorie ist eines der ältesten Teilgebiete der Betriebswirtschaftslehre; an der Lösung der Frage nach dem Bilanzinhalt und der Bewertung in der Bilanz ist diese erst zur Wissenschaft gereift (vgl. GUTENBERG [1957], S. 15).

- *Bewertungsproblematik*

  Die Bilanztheorie verdeutlicht das zentrale betriebswirtschaftliche Problem der Bewertung und zeigt die Möglichkeiten und Grenzen des Vergleichs und der Zusammenfassung heterogener Sachverhalte durch in einer gemeinsamen Dimension gemessene Zahlen auf.

- *Interdependenz zwischen Bilanztheorie und Bilanzierungspraxis*

  Auch wenn die positivistische Bilanzlehre diesem Aspekt gelegentlich nur eine geringe Bedeutung zumißt, ist festzustellen, daß Wechselwirkungen zwischen Bilanztheorie und Bilanzierungspraxis bestehen. Einerseits ist die Bilanzierungspraxis immer Ausgangspunkt der Bilanztheorie, zum anderen beeinflußt die Bilanztheorie die Rechtsprechung und die Gesetzgebung und wirkt damit auf die Bilanzierungspraxis zurück. Schließlich relativiert die Bilanztheorie die

Bedeutung des Jahresabschlusses, indem sie auf die begrenzte Aussagekraft von Bilanzzahlen hinweist.

Entsprechend diesen Problemkreisen der Bilanzlehre wird zunächst im zweiten Kapitel die Bilanztheorie dargestellt. In den beiden folgenden Kapiteln werden die rechtlichen Grundlagen des Jahresabschlusses von Einzelunternehmen und von Unternehmenszusammenschlüssen behandelt. Das letzte Kapitel befaßt sich dann mit Fragen der Bilanzanalyse.

2. Bilanztheorie
2.1 Formale Theorie der Bilanzen

Unter einer *Bilanz* versteht man ein zweiseitiges Rechenwerk zur Darstellung und Gliederung eines Sachverhalts, insbesondere von Bestands- oder Stromgrößen, unter zwei Aspekten. Der Bilanzbegriff ist nicht auf die Handelsbilanz, bei der Kapitalherkunft und Kapitalverwendung dargestellt werden, und die Gewinn- und Verlustrechnung, bei der Aufwendungen und Erträge gegenübergestellt werden, beschränkt, sondern wird auch in anderen Bereichen verwendet. So werden z.B. bei *Energiebilanzen* die Energieerzeugung und der Energieverbrauch dargestellt, bei der *Zahlungsbilanz* eines Landes die Zu- und Abflüsse von Devisen erfaßt. Bevor die Theorie des Jahresabschlusses als Theorie spezieller Bilanzen behandelt wird, sollen daher zunächst einige allgemeine Aspekte von Bilanzen untersucht werden. Hierbei ist insbesondere auf formale und materielle Eigenschaften von Bilanzen sowie auf die Funktionen von Bilanzen einzugehen.

Bilanzen sind allgemein durch die folgenden *formalen Eigenschaften* charakterisiert:

(1) *Zweiteiligkeit*

In Bilanzen wird ein Sachverhalt unter zwei Aspekten dargestellt.

(2) *Bezeichnung* der Bilanzseiten und Definition ihres Inhalts

Bei Energiebilanzen z.B. werden auf der einen Seite der Bilanz die Energieerzeugung, auf der anderen Seite der Energieverbrauch dargestellt.

(3) *Gliederung* der Bilanzseiten und Bezeichnung der Bilanzglieder

In einer Energiebilanz wird z.B. die Energieerzeugung nach einzelnen Erzeugern, der Energieverbrauch nach unterschiedlichen Verbrauchergruppen aufgegliedert.

(4) Beschreibung der Bilanzglieder durch eine *Maßzahl*.

(5) *Bilanzgleichung*

Die Summe der Maßzahlen auf der einen Seite der Bilanz ist immer gleich der Summe der Maßzahlen auf der anderen Seite.

(6) *Zeitbezug*: Die in einer Bilanz dargestellten Sachverhalte haben immer einen Zeitbezug. Man unterschiedet zwischen Zeitpunktbilanzen, bei denen Bestände, und Zeitraumbilanzen, bei denen Bewegungen dargestellt und aufgegliedert werden.

Bilanzen lassen sich regelmäßig nach dem in Abbildung 41 wiedergegebenen Grundschema darstellen.

Bezeichnung der linken Bilanzseite		Bezeichnung der rechten Bilanzseite	
Bezeichnung	Maßzahl	Bezeichnung	Maßzahl
N_1	a_1	M_1	b_1
N_2	a_2	M_2	b_2
$\vdots$	$\vdots$	$\vdots$	$\vdots$
N_i	a_i	M_j	b_j
$\vdots$	$\vdots$	$\vdots$	$\vdots$
N_n	a_n	M_m	b_m
Bilanzsumme	$S = \sum_{i=1}^{n} a_i$	Bilanzsumme	$S = \sum_{j=1}^{m} b_j$

Abb. 41: Grundschema der Bilanz

Neben diesen formalen Eigenschaften lassen sich Bilanzen durch die folgenden *materiellen Eigenschaften* charakterisieren:

(1) *heterogene Beschaffenheit* des Bilanzinhalts

   Möglichkeit der Aufgliederung nach verschiedenen Bilanzpositionen

(2) *Meßbarkeit* der Bilanzglieder mit einem Maßstab

   Um die Bilanzglieder addieren zu können, müssen sie in einer einheitlichen Dimension gemessen werden.

   - *Mengenbilanzen* werden mit einem quantitativen Maßstab gemessen; so werden z.B. alle Glieder einer Energiebilanz in Kilowattstunden gemessen.
   - Bei *Wertbilanzen* werden hingegen die unterschiedlichen Maßstäbe, mit denen die Bilanzglieder gemessen werden, durch Bewertung in einen einzigen Maßstab transformiert; die Bilanzglieder werden mit Geldeinheiten gemessen.

(3) *gleicher Zeitbezug* aller Bilanzglieder:

   - Alle Glieder von Beständebilanzen beziehen sich auf den gleichen Zeitpunkt.
   - Bewegungsbilanzen stellen die Veränderungen der Bilanzglieder in einem Zeitraum dar.

Bilanzen haben zwei wesentliche *Funktionen*, die Darstellungsfunktion und die Berechnungsfunktion: Mit Hilfe einer Bilanz kann ein bestimmter Sachverhalt dargestellt und nach zwei verschiedenen Gesichtspunkten untergliedert werden.

2.1 Formale Theorie der Bilanzen

Da der in der Bilanz dargestellte Sachverhalt auf jeder der beiden Bilanzseiten nach demselben Gesichtspunkt gegliedert wird, lassen sich die Zahlen auf einer Seite der Bilanz zueinander ins *Verhältnis* setzen. So kann man z.B. in einer Energiebilanz die Anteile einzelner Erzeuger an der gesamten Energieerzeugung und ebenso die Anteile einzelner Verbrauchergruppen am gesamten Energieverbrauch berechnen. Da die beiden Bilanzseiten nach unterschiedlichen Gesichtspunkten gegliedert sind, ist es im allgemeinen nicht möglich, Zahlen verschiedener Bilanzseiten in Beziehung zu setzen; so ist es z.B. in einer Energiebilanz im allgemeinen nicht sinnvoll, das Verhältnis zwischen dem Energieverbrauch einer Verbrauchergruppe und der Lieferung eines Erzeugers zu berechnen. Diese Verhältniszahl wäre allenfalls dann aussagekräftig, wenn ein bestimmter Lieferant ausschließlich eine Verbrauchergruppe beliefert und festgestellt werden soll, welcher Anteil des Verbrauchs von diesem abgedeckt wird.

Neben der Darstellung und Gliederung eines Sachverhalts haben Bilanzen auch die Aufgabe, bestimmte Größen zu berechnen. Zum einen kann man die *Bilanzsumme* berechnen; so läßt sich z.B. die gesamte Energieerzeugung als Summe der Lieferungen aller Energieerzeuger ermitteln. Weiter kann man aufgrund der Bilanzgleichung ein fehlendes Bilanzglied bestimmen. So kann z.B. der Übertragungsverlust als Differenz zwischen der Energieerzeugung und dem Energieverbrauch aller Verbrauchergruppen berechnet werden. Vielfach ist dieser Saldo lediglich ein *definitorischer Ausgleichsposten*, der die Bilanzgleichung sicherstellt. So ist z.B. das Eigenkapital eines Unternehmens als Differenz zwischen dem Wert der auf der Aktivseite der Bilanz aufgeführten Vermögensgegenstände und der Summe der auf der Passivseite ausgewiesenen Schulden definiert. Bei der Interpretation derartiger Ausgleichsposten ist zu beachten, daß sich in dieser Position alle Fehler bei der Messung der anderen Bilanzpositionen niederschlagen.

Wie im ersten Band festgestellt wurde (S. 6 ff.), versteht man unter *Messen* den Vergleich eines Objekts mit einem Maßstab. Um die Bilanzsumme und gegebenenfalls einen Saldo als definitorischen Ausgleichsposten berechnen zu können, müssen alle Bilanzglieder zumindest mit einer Intervallskala gemessen werden. Will man darüber hinaus aus Bilanzzahlen Kennziffern berechnen, dann ist die Messung mit einer Verhältnisskala erforderlich.

Bei *Mengenbilanzen* können alle Bilanzglieder mit dem gleichen quantitativen Maßstab gemessen werden; so lassen sich z.B. alle Glieder von Energiebilanzen in dem einheitlichem Maßstab Kilowattstunden messen. Bei *Wertbilanzen* ist es hingegen erforderlich, Bilanzglieder, die ursprünglich mit unterschiedlichen Maßstäben gemessen werden, durch Bewertung miteinander vergleichbar zu machen. Beim handelsrechtlichen Jahresabschluß werden – wie im gesamten kaufmännischen Rechnungswesen – alle Positionen anhand von Zahlungsvorgängen gemessen. Hierbei kommen grundsätzlich folgende *Wertansätze* in Frage, die sich nach dem Zeitbezug unterscheiden:

(1) *Historische Preise* lassen sich aus tatsächlichen Zahlungen, die in der Vergangenheit geleistet worden sind, herleiten. Sie werden insbesondere bei der Abrechnung über den Einsatz finanzieller Mittel verwendet. Dabei können folgende Ansätze zugrunde gelegt werden:

- *Anschaffungspreise* werden aus tatsächlichen Zahlungen bei der Anschaffung von Gegenständen hergeleitet. Sie sind objektiv feststellbar und lassen sich anhand der Unterlagen der laufenden Buchführung überprüfen. Sie spiegeln gesamtwirtschaftliche Wertrelationen im Anschaffungszeitpunkt wider und geben eine Untergrenze für die innerbetrieblichen Opportunitätskosten in diesem Zeitpunkt an, weil die Gegenstände nicht angeschafft worden wären, wenn ihre innerbetrieblichen Knappheitspreise unter den Anschaffungskosten gelegen hätten. Sie verlieren jedoch ihre Aussagekraft, wenn sich bei langfristigen Betrachtungen z.B. aufgrund von Preissteigerungen die aktuellen Preise immer weiter von den Anschaffungskosten entfernen.

- *Herstellungskosten* werden aus den tatsächlichen Zahlungen für die Beschaffung der in der Produktion eingesetzten Faktoren hergeleitet. Sieht man von der Problematik der Zurechnung der fixen Kosten ab, dann ist der Ansatz von Herstellungskosten ähnlich wie die Bewertung mit Anschaffungskosten zu beurteilen.

- *Korrigierte Anschaffungs- oder Herstellungskosten* werden angesetzt, um Wertveränderungen durch Abnutzung zu erfassen.

(2) *aktuelle Preise*

- *Wiederbeschaffungspreise* werden aus fiktiven Zahlungen hergeleitet, die am Bilanzstichtag bzw. an dem Tag, an dem die Güter eingesetzt werden, zu leisten wären. Auf vollkommenen Märkten geben sie die volkswirtschaftlichen Knappheitsrelationen wieder; sie entsprechen innerbetrieblichen Knappheitspreisen für verwendete Güter, wenn diese zu den Wiederbeschaffungspreisen in beliebigem Umfang beschafft werden können. Der Ansatz von Wiederbeschaffungspreisen ist mit hohem Ermittlungsaufwand verbunden; sie sind nicht für alle Güter, insbesondere nicht für Grundstücke und Gebäude sowie für Spezialmaschinen, definiert.

- *Veräußerungspreise* geben an, welche Erlöse bei einer Veräußerung am Bilanzstichtag erzielt werden können. Hierbei ist zwischen dem bei regulärem Verkauf der Gegenstände erreichbaren Preis und dem Erlös, der im

Rahmen einer Liquidation erzielt werden kann, zu unterscheiden. Werden alle Gegenstände, über die das bilanzierende Unternehmen verfügen kann, mit Veräußerungspreisen bewertet, dann liefert die Bilanz Anhaltspunkte für das Schuldendeckungspotential, d.h. die zur Sicherung der Schulden verfügbaren Werte. Ein spezieller Veräußerungspreis ist der *gemeine Wert*, der durch den Preis bestimmt ist, der im gewöhnlichen Geschäftsverkehr bei einer Veräußerung eines Gegenstandes erzielt werden kann.

(3) *künftige Preise*

Eine Bewertung mit künftigen Preisen liegt vor, wenn bei der Bewertung von Vermögensgegenständen ein Preis zugrundegelegt wird, der voraussichtlich bei der einer Veräußerung in der Zukunft erzielt werden kann. Eine Orientierung der Bewertung an künftigen Preisen, die bei der Nutzung der Vermögensgegenstände und der Veräußerung im normalen Geschäftsbetrieb erzielt werden können, ist auch dann erforderlich, wenn der *Ertragswert* des Unternehmens als Barwert der künftigen Einzahlungsüberschüsse bestimmt werden soll.

2.2 Theorie des handelsrechtlichen Jahresabschlusses

Die betriebswirtschaftliche Bilanztheorie hat den Abschluß der doppelten Buchführung, der am Ende jedes Geschäftsjahrs durchzuführen ist, zum Gegenstand. Sie befaßt sich insbesondere mit der Frage, wie die einzelnen Positionen der Bilanz und der Gewinn- und Verlustrechnung zu erklären sind und in welchem Verhältnis diese beiden Teile des Jahresabschlusses zueinander stehen. Während sich die Zahlen der laufenden Buchführung genau aus mit Geschäftsvorfällen verbundenen Zahlungen herleiten lassen, sind beim Jahresabschluß Korrekturbuchungen erforderlich, die nicht eindeutig auf Zahlungen zurückgeführt werden können, sondern eine Bewertung von Beständen erforderlich machen bzw. mit einer nicht willkürfreien Periodisierung von Aufwendungen und Erträgen verbunden sind. Die Lösung dieser Bewertungsproblematik setzt voraus, daß man sich über die Ziele und Aufgaben des Jahresabschlusses klar wird.

Zur Lösung dieser Probleme wurden von der Betriebswirtschaftslehre drei klassische Lösungsansätze entwickelt:

(1) Die statische Bilanztheorie

(2) Die dynamische Bilanztheorie

(3) Die organische Bilanztheorie

Im folgenden werden zunächst diese Ansätze dargestellt, im Anschluß daran werden zwei neuere Ansätze der Bilanztheorie behandelt, die Konsequenzen aus den

Schwächen der klassischen Bilanztheorie ziehen und in gewisser Hinsicht zu einem Abschluß der bilanztheoretischen Diskussion geführt haben.

2.2.1 Die klassischen Ansätze der Bilanztheorie

2.2.1.1 Die statische Bilanzauffassung

Die statischen Bilanztheorien sehen den Jahresabschluß als eine *Bestandsrechnung* an: In der Bilanz werden Bestände dargestellt und gegliedert; die Gewinn- und Verlustrechnung ist der Bilanz untergeordnet, sie dient der Erfassung von Bestandsveränderungen. Im Hinblick auf die darzustellenden Bestände sind zwei Grundauffassungen zu unterscheiden: Nach Meinung der Vertreter der *älteren Statik* dient die Bilanz der Darstellung des Vermögens und der Schulden eines Unternehmens, nach *neostatischer* Ansicht wird im Jahresabschluß hingegen über die Kapitalherkunft und die Kapitalverwendung berichtet.

2.2.1.1.1 Die ältere Statik

Die statische Bilanzauffassung wurde ursprünglich durch juristische Autoren und die Rechtsprechung des Reichoberhandelsgerichts entwickelt, später von betriebswirtschaftlichen Autoren übernommen und modifiziert.

2.2.1.1.1.1 Juristische Aspekte der statischen Bilanztheorie

Nach statischer Bilanzauffassung versteht man unter dem Vermögen die Summe der Werte aller materiellen und immateriellen Gegenstände, über die ein Unternehmen verfügt. Das Vermögen wird damit als Substanzwert interpretiert. *Vermögensgegenstände* sind in statischer Sicht durch zwei Eigenschaften charakterisiert: Sie sind

(1) einzeln veräußerbar und

(2) einzeln bewertbar.

Sachverhalte, die diesen Bedingungen nicht genügen, sind nicht als Vermögensgegenstände anzusehen und können damit auch nicht in der Bilanz erfaßt werden. *Schulden* sind Verpflichtungen des Unternehmens, Zahlungen an Dritte zu leisten. Das Eigenkapital bzw. das *Reinvermögen* ist als Differenz zwischen Vermögen und Schulden definiert.

Ausgangspunkt der statischen Bilanztheorie ist die *Abwicklungsbilanz*, eine Bilanz, die im Zeitpunkt des wirtschaftlichen Endes eines Unternehmens – bei der freiwilligen Beendigung eines Unternehmens, bei seinem Konkurs oder bei seiner Integration in ein anderes Unternehmen – aufgestellt wird. Der Zweck einer Ab-

2.2 Theorie des handelsrechtlichen Jahresabschlusses

wicklungsbilanz besteht darin, eine Übersicht über die Ansprüche der Kapitalgeber des Unternehmens und der zur ihrer Deckung verfügbaren Mittel zu geben. Eine Abwicklungsbilanz setzt sich aus folgenden Elementen zusammen:

(1) *Aktiva*: Quellen, aus denen die Ansprüche der Kapitalgeber befriedigt werden können.

- Bargeld
- Forderungen des Unternehmens
- Sachwerte

(2) *Passiva*: Forderungen gegenüber der Liquidationsmasse, geordnet nach der Reihenfolge, in der sie befriedigt werden müssen.

- bevorrechtigte Forderungen Außenstehender gegenüber dem Unternehmen
- sonstige Forderungen Außenstehender gegenüber dem Unternehmen
- Ansprüche der Eigentümer bzw. der Anteilseigner

Ehe die Forderungen gegenüber der Liquidationsmasse befriedigt werden können, müssen die Aktiva des Unternehmens liquidiert werden, d.h. die Forderungen müssen eingezogen oder abgetreten und die Sachwerte veräußert werden; der Wert der Aktiva ist damit gleich dem Liquidationserlös. Dieser dient zunächst dazu, die Forderungen gegenüber dem Unternehmen zu befriedigen; der nach Befriedigung dieser Forderungen verbleibende Restbetrag ist dann an die Eigentümer bzw. die Anteilseigner auszuschütten.

Die statische Bilanztheorie überträgt das Konzept der Abwicklungsbilanzen auf die im Rahmen des Jahresabschlusses aufzustellenden regelmäßigen Bilanzen und interpretiert diese als eine Darstellung der Schulden des Unternehmens und des Deckungspotentials, das zu deren Abdeckung verfügbar ist. Obwohl bei der Aufstellung eines regelmäßigen Abschlusses beabsichtigt ist, das Unternehmen fortzuführen, wird bei der Bestimmung dieses Schuldendeckungspotentials eine fiktive Abwicklung des Unternehmens unterstellt. Diese Vorstellung wird in dem Urteil des Reichsoberhandelsgerichts vom 3.12.1873 deutlich:

> "Der Bilanz liegt demnach in der That die Idee einer fingirten augenblicklichen Realisirung sämmtlicher Activa und Passiva zugrunde, wobei jedoch davon ausgegangen werden muß, daß in Wirklichkeit nicht die Liquidation, sondern vielmehr der Fortbestand des Geschäftes beabsichtigt wird und daß daher bei der Ermittlung und Festlegung der einzelnen Werthe derjenige Einfluß unberücksichtigt zu lassen ist, welchen eine Liquidation auf dieselben ausüben würde."

Wenn sichergestellt werden soll, daß die Schulden des Unternehmens gegebenenfalls durch Veräußerung von Teilen des Vermögens bezahlt werden können, dann sind zum Vermögen nur solche Gegenstände zu zählen, die selbständig veräußerbar sind. Die Bewertung der Vermögensgegenstände hat sich aufgrund dieser Vorstellungen am *gemeinen Wert* zu orientieren. Dieser entspricht dem Preis, der bei Veräußerung eines Gegenstandes im gewöhnlichen Geschäftsverkehr zu erzielen ist. Auch wenn davon ausgegangen wird, daß der Erlös aus der Veräußerung von Vermögensgegenständen dazu dienen soll, die Schulden des Unternehmens zu begleichen, ist bei der Bestimmung des gemeinen Werts von Einflüssen abzusehen, die sich aus einem Notverkauf ergeben.

Hiergegen ist einzuwenden, daß das Schuldendeckungspotential für eine Ausnahmesituation bestimmt wird, in der die Gläubiger nicht aus den laufenden Erlösen des Unternehmens befriedigt werden können, sondern daß hierzu eine Zerschlagung des Unternehmens und eine Einzelveräußerung der Vermögensgegenstände erforderlich ist. In dieser Situation kann aber nicht damit gerechnet werden, daß für alle Vermögensgegenstände der gemeine Wert erzielt werden kann.

Gegen diese Vorstellungen der "Zerschlagungsstatik" hat bereits VEIT SIMON [1886] eingewandt, daß das Schuldendeckungspotential nicht durch den Veräußerungswert, sondern durch einen individuellen *Fortführungswert* definiert ist, weil Schulden in der Regel mit den Erlösen aus dem laufenden Geschäftsverkehr des Unternehmens getilgt werden. Um einen richtigen Einblick in das Schuldendeckungspotential zu geben, sind zur Veräußerung bestimmte Gegenstände mit ihrem *Realisationswert*, d.h. dem voraussichtlichen Verkaufspreis, zu bewerten. Gegenstände, die dauernd dem Gebrauch im Unternehmen dienen, haben für den Kaufmann einen *Gebrauchswert*, der unabhängig von dem Verkaufswert ist. Ohne direkte Begründung schlägt SIMON vor, diese Gegenstände mit dem "Erwerbspreis", d.h. den Anschaffungskosten zu bewerten, bei abnutzbaren Gebrauchsgegenständen ist dieser um Abschreibungen zu korrigieren. (Vgl. hierzu: MOXTER [1974, S. 219ff.]).

Die Bedeutung der bilanztheoretischen Überlegungen SIMONS ist nicht nur in dem Hinweis zu sehen, daß Vermögen und Schuldendeckungspotential nicht mit Hilfe des Zerschlagungswerts, sondern anhand des Fortführungswert zu bestimmen sind. Diese Vorstellung nimmt vielmehr in gewisser Hinsicht neuere Konzepte, die das Vermögen nicht aus dem *Substanzwert,* d.h. der Sumem der Aktiva abzüglich der Verbindlichkeiten, sondern aus dem *Ertragswert* bestimmen, vorweg. Der erwartete Verkaufswert kann als Schätzung für den Ertragswert von Gegenständen angesehen werden, die zur Veräußerung bestimmt sind. Der Ansatz von Anschaffungskosten kann als Untergrenze für den Ertragswert von Gegenständen angesehen werden, die im Unternehmen eingesetzt oder genutzt werden sollen: Das Unternehmen hat diese Gegenstände nur deshalb angeschafft, weil es im Anschaffungszeitpunkt davon ausgegangen ist, daß der mit dem Gegenstand zu erwirtschaftende Ertrag über den Anschaffungskosten liegt. Dieser Wert ist entsprechend den durch die Nutzung des Gegenstandes bereits realisierten Erträgen durch Abschreibungen zu korrigieren; weitere Abschreibungen sind erforderlich, sobald sich herausstellt, daß der bei der Anschaffung des Gegenstandes erwartete Ertrag nicht erzielt werden kann.

Mit dem Konzept eines individuellen Fortführungswerts, der durch die Einbindung der Vermögensgegenstände in das Unternehmen bestimmt ist, zeichnet SIMON eine weitere Entwicklungslinie der Bilanztheorie vor: Der individuelle Fortführungswert ist ein *subjektiver Wertansatz*, der die Bedeutung eines Vermögensgegenstandes für das Unternehmen widerspiegeln soll. Im Gegensatz dazu soll der gemeine Wert, der der Rechtsprechung des Reichsoberhandelsgerichts zugrunde liegt, eine *objektive Bewertung* ermöglichen. Es ist allerdings zu bezweifeln, daß der gemeine Wert der Anforderung genügen kann, für jeden Vermögensgegenstand jederzeit feststellbar und nachprüfbar zu sein. Das mag für solche Güter der Fall sein, die regelmäßig gehandelt werden, so daß für diese ein Marktpreis festgestellt werden kann; für nicht verkehrsgängige Güter, wie z.B. speziell für die Bedürfnisse eines Unternehmens konstruierte Spezialmaschinen, dürfte das jedoch kaum möglich sein.

Nicht zuletzt aus diesem Grund hat der Gesetzgeber bei den Bilanzierungsvorschriften für Aktiengesellschaften bereits seit 1884 den Begriff des gemeinen Werts aufgegeben und ihn durch den *Erwerbspreis* – d.h. im heutigen Sprachgebrauch die Anschaffungs- bzw. Herstellungskosten – als Obergrenze für die Bewertung von Vermögensgegenständen ersetzt. Die Anschaffungskosten von käuflich erworbenen Vermögensgegenständen lassen sich anhand der Buchhaltung feststellen und überprüfen; trotz einer gewissen Willkür bei der Wahl des Kalkulationsverfahrens läßt sich die Ermittlung der Herstellungskosten jederzeit von einem sachkundigen Dritten nachvollziehen.

2.2.1.1.1.2 Betriebswirtschaftliche Aspekte der statischen Bilanztheorie

Die Diskussion über den Inhalt der Bilanz und die Bewertung der Vermögensgegenstände wurde Ende des 19. Jahrhunderts zunächst von juristischen Autoren – neben V. SIMON sind hier H. REHM und H. STAUB zu erwähnen – geführt. Mit der Gründung der Handelshochschulen zu Beginn des 20. Jahrhunderts entwickelte sich in Mitteleuropa eine eigenständige Betriebswirtschaftslehre, die sich der Bilanztheorie als einem ihrer zentralen Themen zuwand. Hierbei wurde zunächst die statische Auffassung übernommen, daß auf der Aktivseite der Bilanz die Vermögensbestände des Unternehmens dargestellt werden sollen; die Passivseite zeigt hingegen die Kapitalbestände des Unternehmens auf. Als betriebswirtschaftliche Vertreter der älteren Statik sind insbesondere H. NICKLISCH, W. OSBAHR und F. J. SCHÄR zu nennen. Während aus juristischer Sicht die Bilanz weitgehend als selbständiges Rechenwerk gesehen wird, das durch die Gewinn- und Verlustrechnung ergänzt wird, betonen die betriebswirtschaftlichen Vertreter der älteren Statik den Zusammenhang zwischen der Bilanz und der doppelten Buchführung. Dieser wird hergestellt, indem – wie im Abschnitt 2.2 des ersten Teils gezeigt wurde – die Bilanz in zwei Kontenreihen, die aktivischen und die passivischen Konten, aufgelöst wird und die Veränderungen der einzelnen Bilanzpositionen durch Buchungen auf den entsprechenden Konten erfaßt werden (SCHÄR [1914]). Dabei ergeben sich die im ersten Teil dargestellten vier Typen von Geschäftsvorfällen:

(1) Aktivtausch

(2) Passivtausch

(3) Bilanzverkürzung

(4) Bilanzverlängerung

Die Gewinn- und Verlustrechnung wird als Unterkonto des Eigenkapitalkontos interpretiert. Aus der Bilanzgleichung folgt, daß jeder Geschäftsvorfall Soll- und Haben-Buchungen in gleicher Höhe auslöst.

Nach NICKLISCH [1932], der die Kontentheorie SCHÄRS weitgehend übernimmt, werden auf den Aktivkonten die Vermögensgegenstände, auf den Passivkonten die Eigen- und Fremdkapitalanteile erfaßt. Die Gewinn- und Verlustrechnung wird in die Vermögensrechnung einbezogen, indem die Aufwendungen als in der Abrechnungsperiode eingesetzte Bestände, die Erträge als Abgänge von in der Periode transformierten Beständen interpretiert werden.

Während die Bilanz aus juristischer Sicht in erster Linie externe Aufgaben zu erfüllen hat, insbesondere die Gläubiger des Unternehmens über das Schuldendeckungspotential zu informieren, stehen im Mittelpunkt der klassischen betriebswirtschaftlichen Bilanztheorie *unternehmensinterne Zwecke*: Sie soll dem Unternehmen als Instrument der Kontrolle und Planung dienen. Nach OSBAHR [1923] ist die Bilanz generell vom Standpunkt der Unternehmung aus zu sehen. Sie dient der Darstellung seines geldlich-wirtschaftlichen Aufbaus. Bilanz und Buchführung sind nicht voneinander zu trennen, sie bilden zusammen eine "Statistik über die geldlich-wirtschaftlichen Vorgänge einer Unternehmung" und unterrichten sehr detailliert über Art und Höhe der Umsätze, über die Verhältnisse zu den Kunden und Lieferanten, über die Finanzierung sowie über den Reingewinn und seine Komponenten. Nach NICKLISCH [1932] hat die Bilanz zwei Aufgaben, die "wertpolizeiliche" Funktion der Passivseite ist in der Kontrolle des investierten Kapitals zu sehen; die Aktivseite hat die "Wertscheidefunktion", den Einsatz und Ausgang der Bestände den einzelnen Abrechnungsperioden zuzurechnen, d.h. sie dient der Periodenabgrenzung.

2.2 Theorie des handelsrechtlichen Jahresabschlusses

Allerdings wurden Möglichkeiten der Bilanz, diesen internen Zwecken zu dienen, vielfach recht skeptisch beurteilt: So stellt z.B. NICKLISCH [1932a] in dem Aufsatz "Die Entthronung der Bilanz" fest, es sei eine betriebswirtschaftliche Tragödie, daß das innere Kräftespiel des Betriebes durch die Bilanz nicht dargestellt werden könne.

Soweit die betriebswirtschaftlichen Vertreter der älteren Statik der Bilanz primär innerbetriebliche Aufgaben zuweisen, befürworten sie eine Bewertung mit *betriebsindividuellen Wertansätzen*. OSBAHR ([1923], S. 182) stellt z.B. hinsichtlich der Bewertung in der Bilanz fest: "Es verträgt sich mit ihr vor allem keine Verallgemeinerung irgendeines Bewertungsmaßstabes. Dieselbe Güterart kann in dem einen Unternehmen zum Veräußerungswert, in anderen zum Selbstkostenwert bilanziert werden müssen. Innerhalb derselben Gruppe von Vermögensgütern können entsprechend den betrieblichen Sonderaufgaben der Güter verschiedenartige Werte maßgebend sein, und es kann erforderlich werden, in einer Bilanz für ein und dasselbe Gut zwei Werte anzugeben." NICKLISCH [1932] schlägt für Vermögensgegenstände, die veräußert werden sollen, den Selbstkostenwert, für Gebrauchsgegenstände hingegen den Gebrauchs- oder den Ertragswert vor. Dieser Vorschlag, der an die Bewertungslehre von V. SIMON erinnert, wird nicht näher begründet.

2.2.1.1.1.3 Die nominalistische Bilanztheorie

Die *nominalistische Bilanztheorie* von RIEGER [1928] wird meist ebenfalls zu den statischen Ansätzen der Bilanztheorie gezählt. Ihr Grundansatz unterschiedet sich allerdings wesentlich von den anderen, juristisch oder betriebswirtschaftlich geprägten Ansätzen der älteren Statik. Diese gehen in der Regel davon aus, daß in der Bilanz Güterbestände und in der Gewinn- und Verlustrechnungen Güterbewegungen erfaßt werden, die lediglich anhand von Preisen bewertet werden, um sie vergleichbar zu machen.

Im Gegensatz dazu geht RIEGER davon aus, daß die Zielsetzung der kapitalistischen Unternehmung die Maximierung des Gewinns ist und daß dieser in der Geldwirtschaft ausschließlich als ein Mehr an Geld anzusehen ist. Der Jahresabschluß ist damit ebenso wie die laufende Buchführung dem Wesen nach eine Geldrechnung, d.h. eine Abrechnung über Geldtransaktionen. Aufwendungen in Geld – d.h. Auszahlungen in heutiger Terminologie – sind Ausgangspunkt jedes Geschäfts, an dessen Ende stehen wiederum Einnahmen in Form von Geld. Der Erfolg ist ausschließlich als Differenz zwischen dem erlösten und dem eingesetzten Geld bestimmt; er kann letztlich erst dann ermittelt werden, wenn alle mit dem Geschäft verbundenen Transaktionen abgewickelt sind und alle Güterbestände, die während der Transaktionen beschafft, eingesetzt und erzeugt worden sind, wieder in Geld transformiert worden sind. Bei Partie- oder Gelegenheitsgeschäften, die innerhalb einer kurzen Periode vollständig abgewickelt werden, ist ein *Totalabschluß* möglich, bei dem der Geldbestand am Anfang mit dem Geldbestand am Ende des Geschäfts miteinander verglichen wird.

Unternehmen sind jedoch in der Regel auf Dauer angelegt; es wird eine Vielfalt von parallelen Aktivitäten durchgeführt, die zu unterschiedlichen Zeitpunkten beendet und gegebenenfalls durch andere ersetzt werden. Während der gesamten Lebensdauer des Unternehmens werden niemals alle Geschäfte gleichzeitig abgewickelt sein, es wird daher auch zu keinem Zeitpunkt allein über Geld, sondern immer auch über andere Aktiva verfügen. Dann ist es aber auch während der gesamten Lebensdauer eines Unternehmens nicht möglich, einen Totalabschluß vorzunehmen, in dem allein ein verfügbarer mit einem eingesetzten Geldbestand verglichen werden kann. Da aber die ganze Buchführung eine reine Geldrechnung ist, kann sie nur in Geld abgeschlossen werden. Ein Abschluß in irgendwelchen Sachwerten ist unmöglich. Der regelmäßige Jahresabschluß eines Unternehmens, bei dem nicht alle Aktivitäten des Unternehmens abgeschlossen sind, ist daher eine Fiktion, bei der unterstellt wird, daß die Unternehmung beendet würde und daß alle noch ausstehenden Einnahmen und Ausgaben zu ermitteln sind, ohne neu abzuschließende Geschäfte zu berücksichtigen. Im Anklang an das Urteil des ROHG von 1873 stellt RIEGER ([1959], S. 212) fest: "Es handelt sich bei der Jahresbilanz wirklich um eine vorgetäuschte Liquidation, aber unter der Annahme des Weiterarbeitens."

Diese fiktive Umwandlung aller Bestände in ihre Geldform soll nach RIEGER durch eine Bewertung mit dem *heutigen Wert* erreicht werde. Hierbei handelt sich nicht um Wertansätze, die wie der gemeine Wert oder der Wiederbeschaffungswert auf aktuellen Preisen beruhen. Sie müssen vielmehr aus den in der Zukunft durch die Verwertung der Bestände zu erzielenden Erlösen hergeleitet werden: "Bewerten heißt nichts anderes als: Das geldliche Schicksal vorausnehmen und auf den Bilanzstichtag umrechnen" (RIEGER [1959], S. 213). "Für unsere Bilanz gilt nun der Wert, der das geldliche Schicksal für unsere Güter wiedergibt und zwar eskomptiert - *d.h. diskontiert (Anm. der Verfasser)* - auf den Bilanzstichtag." Mit dem heutigen Wert geht Rieger über den Fortführungswert von SIMON hinaus: Nicht nur die Güter, die künftig verkauft werden sollen, sind mit den zu erwartenden Erlösen zu bewerten, auch den Gebrauchsgütern sind die mit ihrer Nutzung verbundenen Einzahlungen zuzurechnen.

Dieser theoretisch richtige Wertansatz ist allerdings in der Praxis nicht anwendbar, weil die mit Hilfe eines Bestandes in Zukunft erzielbaren Erlöse mit Unsicherheit verbunden sind und weil diese nicht immer einzelnen Vermögensgegenständen zugerechnet werden können. RIEGER schlägt daher vor, die Bestände in

2.2 Theorie des handelsrechtlichen Jahresabschlusses

den regelmäßig zu erstellenden Bilanzen rein pragmatisch mit Anschaffungskosten zu bewerten. Dieser Wertansatz wird ebenfalls damit begründet, daß das Rechnungswesen eine reine Geldrechnung sei. Ein Vermögensgegenstand sei durch zwei Geldzahlungen charakterisiert: Die Auszahlungen bei seiner Anschaffung und die ihm in der Zukunft zuzurechnenden Einzahlungen. Wenn es schon nicht möglich ist, einem Bestand die künftigen Einzahlungen mit hinreichender Sicherheit zuzurechnen, dann ist hilfsweise auf die Auszahlungen bei der Anschaffung zurückzugreifen.

Die Bedeutung des Ansatzes von RIEGER ist in folgenden Ergebnissen zu sehen:

(1) Es ist theoretisch nicht möglich, das Vermögen eines Unternehmens mit Hilfe von regelmäßigen Bilanzen als Summe der Werte einzelner Vermögensgegenstände exakt zu bestimmen, weil

- sich die Bewertung an künftigen Zahlungen orientieren muß, die mit Unsicherheit verbunden sind und daher weder objektiv meßbar noch überprüfbar sind,

- sich die künftigen Einzahlungen nicht immer einzelnen Vermögensgegenständen zurechnen lassen.

(2) Mit seinem Hinweis, daß die zur Bewertung der Bestände heranzuziehenden künftigen Zahlungen zu diskontieren sind, nimmt Rieger das Ergebnis der modernen Theorie vorweg, daß sich die Bewertung von Unternehmen am *Ertragswert*, d.h. am Kapitalwert der in Zukunft zu erzielenden Nettoeinkünfte zu orientieren hat.

2.2.1.1.1.1.4 Ergebnisse

Die wesentlichen Ergebnisse der älteren statischen Bilanztheorie lassen sich wie folgt zusammenfassen und beurteilen:

(1) Die Bilanz hat die Aufgabe, das Vermögen des Unternehmens in einem Zeitpunkt als Summe der Werte der einzelnen Vermögensgegenstände darzustellen.

(2) Im Rahmen der statischen Bilanzauffassung wurde keine einheitliche Bewertungslehre entwickelt. Es sind vielmehr zwei Grundkonzeptionen zu unterscheiden:

- Die "*Zerschlagungsstatik*" orientiert sich bei der Bewertung an dem gemeinen Wert, d.h. an dem Preis, der bei der Veräußerung der Vermögensgegenstände im üblichen Geschäftsverkehr erzielt werden kann.

- Die "*Fortführungsstatik*" legt hingegen den unternehmensinternen Wert zugrunde, den die Vermögensgegenstände bei deren Nutzung durch das Unternehmen besitzen. Hierbei wird vielfach zwischen Gegenständen unterschieden, die zur Veräußerung bestimmt sind, und solchen Gegenständen, die im Betrieb genutzt werden sollen. Die Veräußerungsgüter sind daher mit dem zu erwartenden Verkaufspreis zu bewerten, für die übrigen Vermögensgegenstände wird meist eine Bewertung auf der Grundlage der Anschaffungskosten vorgeschlagen; RIEGER schlägt für diese Gegenstände einen Ertragswert vor.

Unter dem Einfluß der seit 1884 für Aktiengesellschaften geltenden Bewertungsvorschriften oder auch aus rein pragmatischen Gründen wird vielfach eine Bewertung aller Vermögensgegenstände auf der Grundlage von Anschaffungskosten vorgeschlagen.

(3) Es ist jedoch fraglich, ob es überhaupt möglich ist, das Vermögen eines Unternehmens als Summe der Einzelwerte von Vermögensgegenständen zu bestimmen. Zum einen ist zu beachten, daß sich durch die sinnvolle Kombination der Vermögensgegenstände im Unternehmen Synergieeffekte ergeben können, die dazu führen, daß der Gesamtwert höher ist als die Summe der Einzelwerte. Zum anderen gibt es Tatbestände wie z.B. technische und organisatorische Erfahrungen (Know How), der Kundenstamm und der Ruf eines Unternehmens (Good Will), die dessen Wert beeinflussen, ohne daß sie an bestimmte Vermögensgegenstände gebunden sind und diesen zugerechnet werden können. Der Versuch, diese Einflüsse in einem eigenen Vermögensgegenstand, dem Firmenwert, zu erfassen, scheitert daran, daß dieser weder einzeln veräußerbar noch einzeln bewertbar ist.

2.2.1.1.2 Die Neostatik

Im Gegensatz zu den älteren statischen Bilanzauffassungen versucht die *neostatische Bilanzauffassung* nicht, die Bilanz aus Elementen der Liquidationsbilanz herzuleiten; sie interpretiert sie vielmehr als *fortgeführte Gründungsbilanz*. Eine Gründungsbilanz ist eine Zeitpunktbilanz, die im Zeitpunkt der Gründung eines Unternehmens aufgestellt wird. Sie hat den Zweck, die ursprünglichen Geldquellen und die Verwendung des Geldes darzustellen. Die Elemente der Gründungsbilanz sind Geldbestände, gekaufte bzw. in das Unternehmen eingebrachte Güter und Forderungen auf der Aktivseite sowie Eigen- und Fremdkapital auf der Passivseite.

Nach LE COUTRE [1949] hat die Bilanz die Aufgabe, die Kapitalherkunft und die Kapitalverwendung nachzuweisen, d.h. die Herkunft des dem Unternehmen von

2.2 Theorie des handelsrechtlichen Jahresabschlusses

den Kapitalgebern zur Verfügung gestellten Kapitals und dessen Verwendung im Rahmen der betrieblichen Tätigkeit. Die Passivseite der Bilanz stellt die *Geldform* des Kapitals als den dem Unternehmen von Eigen- und Fremdkapitalgebern zur Verfügung gestellten Geldbetrag dar; die Aktivseite zeigt die *Sachform* des Kapitals auf, d.h. die für die Anschaffung der dem Unternehmen gehörenden Güter aufgewandten Geldbeträge. Während bei den Vertretern der älteren Statik die lanz als Instrument zur Darstellung des Vermögens im Vordergrund steht, sieht LE COUTRE Bilanz und Gewinn- und Verlustrechnung als zwei gleichberechtigt nebeneinander stehende Rechenwerke. Die Bilanz dient der Darstellung von Kapitalbeständen, die Gewinn- und Verlustrechung ist eine Kapitaleinsatzrechnung; Aufwendungen werden als Kapitalverzehr, Erträge als Kapitalersatz interpretiert.

Aus der Aufgabe der Bilanz, die Herkunft des Kapitals des Unternehmens aufzuzeigen und über dessen Verwendung abzurechnen, folgt, daß sich die Bewertung an tatsächlichen Zahlungen zu orientieren hat. Insbesondere sind der Bewertung der Aktiva die Anschaffungskosten, d.h. die durch die Anschaffung ausgelösten Auszahlungen zugrunde zu legen.

LE COUTRE ([1956, Sp. 2555 ff.]) weist dem Jahresabschluß in seiner *totalen Bilanz* eine Fülle von Aufgaben zu, die er wie folgt gliedert:

(1) *elementar-organisatorische Aufgaben*: Die Vermögens- und Kapitalbestände sollen nach Art, Herkunft und Verbleib geordnet und übersichtlich dargestellt werden.

(2) *verwaltungsmäßige Aufgaben*: Es sollen folgende Tatbestände ersichtlich gemacht werden:

- Aufbau des Betriebs- und Unternehmensorganismus in materieller und finanzieller Hinsicht
- Elementarer Lebensablauf in Gestalt der Bestandsbewegungen
- Fundamentaler Lebensablauf in Gestalt von Aufwendungen als Substanzverbrauch und Erträgen als Substanzersatz
- Betriebserfolg durch Substanzzuwachs (Gewinn) oder Substanzverminderung (Verlust)

(3) *wirtschaftserkenntnismäßige Aufgaben*: Offenlegung

- der Leistungen
- der Risiken
- der Wirtschaftlichkeit
- der Rentabilität
- des Gesundheitszustands

- der Entwicklung des Betriebes

Bei der Beurteilung der neostatischen Bilanzauffassung ist zunächst festzustellen, daß der bereits von SCHÄR und anderen betriebswirtschaftlichen Vertretern der älteren Statik betonte Zusammenhang zwischen Jahresabschluß und laufender Buchführung konsequent weiter verfolgt wird; die Erklärung des Jahresabschlusses als eine Abrechnung über die Kapitalherkunft und -verwendung folgt unmittelbar aus den Kontrollaufgaben der laufenden Buchführung. Mit der Orientierung der Bewertung an den Anschaffungskosten scheint eine mit dieser Sichtweise konsistente Lösung des Bewertungsproblems gefunden zu sein, die ohne gesonderten Erhebungsaufwand unmittelbar aus den Daten der Buchführung übernommen werden kann und jederzeit genau überprüfbar ist.

Eine solche Sicht der Bilanz und des Bewertungsproblems ist jedoch rein vergangenheitsbezogen; eine Reihe der von LE COUTRE der Bilanz zugewiesenen Aufgaben – wie z.B. die Darstellung der Vermögensbestände und des Betriebserfolgs, der Risiken und der Entwicklung des Betriebes – lassen sich nicht allein aufgrund der in der Bilanz enthaltenen Informationen darüber, welche finanziellen Mittel dem Betrieb in der Vergangenheit zur Verfügung gestellt worden sind und welche Vermögensgegenstände er damit erworben hat, herleiten, weil sich der Tageswert im Zeitablauf ändern kann. Darüber hinaus wird das Eigenkapital in der Bilanz nicht als ein dem Unternehmen in der Vergangenheit von den Eigenkapitalgebern zur Verfügung gestellter Betrag ausgewiesen, sondern als definitorischer Ausgleichsposten berechnet, der sich aufgrund der Bilanzgleichung als Differenz zwischen der Summe der Aktiva und dem Fremdkapital ergibt.

Die Bewertung anhand objektiv feststellbarer Auszahlungen läßt sich nur für einen Teil der Vermögensgegenstände konsequent durchführen; sie scheitert jedoch bei Gegenständen, die vom Unternehmen hergestellt worden sind, weil für diese keine unmittelbar zurechenbaren Anschaffungskosten entstanden sind, und bei abnutzbaren Gegenständen des Anlagevermögens, weil dem mit deren Nutzung verbundenen Aufwand keine den Perioden objektiv zurechenbaren Ausgaben zuordnet werden können. Soll die neostatische Bilanz den Kapitalbestand und den Kapitalverzehr richtig erfassen, dann muß sie um eine Theorie der Abschreibungen und um eine Theorie der Kostenrechnung ergänzt werden, die die Höhe der Abschreibungen und der Herstellungskosten eindeutig aus Zahlungen herleiten. Wie im zweiten Teil gezeigt wurde, gibt es aber weder ein generell anerkanntes Verfahren der Kostenrechnung noch eine allgemeingültige Abschreibungsmethode. Damit ist es nicht möglich, den Wert der selbsterstellten Vermögensgegenstände und der abnutzbaren Anlagen objektiv aufgrund von Auszahlungen für deren Erwerb herzuleiten. Trotz der Orientierung an Anschaffungskosten ist die Bewertung wegen der Methodenwahlrechte bei der Bestimmung der Herstellungskosten und der Abschreibungen nicht eindeutig.

2.2.1.1.3 Beurteilung der statischen Bilanztheorie

Zusammenfassend ist festzustellen, daß die statischen Ansätze der Bilanztheorie davon ausgehen, daß mit Hilfe der Bilanz das Vermögen bzw. das Kapital des Unternehmens dargestellt werden soll. Es hat sich allerdings gezeigt, daß es nicht möglich ist, diese Bestandsgrößen am Bilanzstichtag "richtig" zu ermitteln. Unabhängig davon, ob man das Vermögen als Schuldendeckungspotential oder als Ertragskraft des Unternehmens sieht, kann man keinen objektiv meßbaren und nachprüfbaren Wertansatz für die Bewertung der Vermögensgegenstände angeben, da sowohl die Fähigkeit, in Zukunft seine Schulden zu decken, als auch künftige Erträge von durch die Nutzung der Gegenstände in der Zukunft ausgelösten, im Zeitpunkt der Bilanzierung noch nicht genau bekannten Zahlungen abhängen. Darüber hinaus können nicht alle künftigen Zahlungen zugerechnet werden, so daß das Vermögen grundsätzlich nicht als Summe der Werte einzelner Vermögensgegenstände ermittelt werden kann.

Auch der Versuch der neostatischen Bilanzauffassung, die Bilanzsumme als Maßstab für das dem Unternehmen zur Verfügung stehende Kapital anzusehen und den Jahresabschluß als eine Abrechnung über die Herkunft und die Verwendung des Kapitals des Unternehmens zu interpretieren, scheitert letztlich daran, daß es nicht möglich ist, die Kosten der selbst hergestellten Güter und den Einsatz abnutzbarer Anlagegegenstände willkürfrei zu bestimmen.

Wenn es schon nicht möglich ist, den Bestand des Vermögens bzw. des Kapitals an einem Stichtag willkürfrei zu bestimmen, dann ist es erst recht nicht möglich, den Jahreserfolg bzw. den Gewinn oder den Verlust durch den Vergleich dieser Bestände am Anfang und am Ende eines Geschäftsjahres "richtig" zu berechnen.

2.2.1.2 Die dynamische Bilanzauffassung

Die *dynamische Bilanzauffassung*, die auf SCHMALENBACH [1926] zurückgeht, verzichtet daher darauf, mit Hilfe der Bilanz das Vermögen oder das Kapital des Unternehmens an einem Bilanzstichtag zu bestimmen. Sie sieht die Aufgabe des Jahresabschlusses vielmehr darin, den Erfolg des Geschäftsjahres zu ermitteln, indem sie den Erträgen eines Geschäftsjahres die damit verbundenen Aufwendungen gegenüberstellt. Wegen der mit einer richtigen Periodenabgrenzung verbundenen Schwierigkeiten wird darauf verzichtet, einen "richtigen" Periodenerfolg zu ermitteln; es soll vielmehr nur ein "vergleichbarer" Gewinn berechnet werden, der dem Unternehmen als Grundlage für die Kontrolle der Wirtschaftlichkeit und zur Steuerung der künftigen Entwicklung dienen soll.

Nach dynamischer Auffassung kann der Jahresabschluß aus Zahlungs- und Leistungsströmen erklärt werden. Als *Leistungsströme* werden Veränderungen des Reinvermögens angesehen: Erträge erhöhen das Reinvermögen, Aufwendungen führen zu seiner Verringerung. *Zahlungsströme* verändern das Geldvermögen des Unternehmens; es wird durch Einzahlungen erhöht und durch Auszahlungen verringert. Im Gegensatz zur heutigen Terminologie unterscheidet SCHMALENBACH noch nicht zwischen den Zahlungsströmen Einzahlungen und Auszahlungen als Veränderungen des Zahlungsmittelbestandes und den Einnahmen und Ausgaben als Veränderungen des Geldvermögens (vgl. Teil 2, Abschnitt 1.2.1). Aufgrund der heute üblichen Abgrenzung der Wertflüsse im Unternehmen werden hier anstelle von Ausgaben und Einnahmen die Begriffe Auszahlungen und Einzahlungen verwendet.

Die Gewinn- und Verlustrechnung enthält nach dynamischer Auffassung die in Abbildung 42 zusammengestellten Elemente. Zu jeder Position wird ein Beispiel angegeben.

Aufwand		Ertrag	
(a) Aufwand jetzt, Auszahlung		(a) Ertrag jetzt, Einzahlung	
(1) jetzt	Personalaufwand	(1) jetzt	Barverkauf
(2) früher	Verbrauch bezahlter Vorräte	(2) früher	Lieferung auf Vorauszahlung
(3) später	Einsatz kreditierter Vorräte	(3) später	Lieferung auf Kredit
(b) Aufwand jetzt, Ertrag		(b) Ertrag jetzt, Aufwand	
(1) jetzt	Kosten von Produkten	(1) jetzt	Aktivierung von Produkten
(2) früher	Abschreibungen auf selbsterstellte Anlagen	(2) früher	nachgeholte Wartungen
(3) später	Kosten selbsterstellter Anlagen	(3) später	Aktivierung selbsterstellter Anlagen
(c) Gewinn		(c) Verlust	

Abb. 42: Schema der Gewinn- und Verlustrechnung nach SCHMALENBACH

2.2 Theorie des handelsrechtlichen Jahresabschlusses

Weiter erklärt SCHMALENBACH die Bilanz aus Elementen der Gewinn- und Verlustrechnung, indem er die Bilanzpositionen als schwebende Geschäfte interpretiert. Die Bilanz ist nach seiner Auffassung ein großes *Abgrenzungskonto*, in dem noch nicht abgeschlossene Transaktionen erfaßt werden.

Dementsprechend setzt sich die Bilanz aus folgenden Elementen zusammen:

(1) *transitorische Posten*
- Auszahlungen jetzt, Aufwand später
- Einzahlungen jetzt, Ertrag später

(2) *antizipative Posten*
- Erträge jetzt, Einzahlungen später
- Aufwand jetzt, Auszahlungen später

Das dieser Interpretation der Bilanz entsprechende Schema ist in Abbildung 43 dargestellt.

Aktiva			Passiva		
(a) Auszahlung, noch nicht			(a) Einzahlung, noch nicht		
	(1) Aufwand	Sachanlagen		(1) Ertrag	Kundenanzahlung
	(2) Einzahlung	gewährtes Darlehen		(2) Auszahlung	aufgenommenes Darlehen
(b) Ertrag, noch nicht			(b) Aufwand, noch nicht		
	(1) Aufwand	selbsterstellte Anlagen		(1) Ertrag	zurückgestellte Wartung
	(2) Einzahlung	Erzeugnisse		(2) Auszahlung	Lieferantenkredit
(c) Kasse			(c) Eigenkapital		

Abb. 43: Bilanz nach Schmalenbach

Die Einordnung der Kasse und des Eigenkapitals in dieses Schema ist allerdings mit gewissen Schwierigkeiten verbunden: Die Kasse kann allenfalls als Forderungen gegenüber der Notenbank angesehen werden; das Eigenkapital ist entweder als definitorischer Ausgleichsposten, der die Bilanzgleichung sicherstellt, anzusehen oder kann als Ansprüche der Anteilseigner gegenüber einem künftigen Liquidationserlös interpretiert werden.

Beachtet man, daß Erträge und Aufwendungen bei der Periodenabgrenzung aus Einzahlungen und Auszahlungen hergeleitet werden; dann lassen sich diese Erfolgsströme wieder aus Zahlungsströme herleiten. Mit Ausnahme der Bargeldbestände lassen sich daher alle Bilanzpositionen auf folgende zwei Fälle zurückführen:

(1) *Aktiva*

Auszahlungen in der Vergangenheit, die zu künftigen Einzahlungen führen sollen.

(2) *Passiva*

Einzahlungen in der Vergangenheit, die mit zukünftigen Auszahlungen verbunden sind.

Insbesondere gilt:

Auszahlungen noch nicht Aufwand: Es wurden in der Vergangenheit Auszahlungen getätigt, um Vermögensgegenstände zu erwerben; diese Auszahlungen werden den Perioden als Aufwand zugerechnet, in denen die Gegenstände genutzt werden sollen. Diese Nutzung soll zu Erträgen, d.h. zur Entstehung von anderen Vermögensgegenständen führen, durch deren Veräußerung später Einzahlungen erzielt werden sollen.

Ertrag noch nicht Einzahlung: In der Vergangenheit wurde ein Ertrag erwirtschaftet, d.h. ein Vermögensgegenstand hergestellt; dieses war mit Aufwendungen verbunden, die wiederum auf Auszahlungen beruhen. Es wird erwartet, daß dieser Gegenstand veräußert werden kann und damit Einzahlungen erzielt werden können.

Ertrag noch nicht Aufwand: Ein in der Vergangenheit erwirtschafteter Ertrag soll nicht durch Veräußerung, sondern durch Nutzung im Unternehmen verwertet werden. Es wird erwartet, daß diese Nutzung mit einem Ertrag verbunden ist, der zu künftigen Einzahlungen führen soll.

Einzahlungen noch nicht Ertrag: Durch Verwertung eines Vermögensgegenstandes, der erst in der Zukunft fertiggestellt werden soll, wurden bereits Einzahlungen erzielt, obwohl der Ertrag erst bei der Fertigstellung des Gegenstandes realisiert wird.

Aufwand noch nicht Auszahlungen: Durch den Einsatz von gekauften Vermögensgegenständen, die noch nicht bezahlt sind, entsteht ein Aufwand, der erst später zu Auszahlungen führen wird.

2.2 Theorie des handelsrechtlichen Jahresabschlusses

Aufwand noch nicht Ertrag: Mit der Nutzung von Anlagen ist Aufwand für Instandhaltungsmaßnahmen verbunden; werden diese Maßnahmen innerhalb des Betriebs durchgeführt, dann wird einerseits ein Ertrag erwirtschaftet, andererseits ist dieser mit Auszahlungen für Löhne, Material und Energie verbunden.

Eigenkapital: Einlagen sind Einzahlungen, die die Eigenkapitalgeber in Erwartung von künftigen Gewinnausschüttungen und Beteiligung am Liquidationserlös geleistet haben; ihnen stehen damit künftige Auszahlungen des Unternehmens gegenüber. Einbehaltenen Gewinne stehen einerseits realisierte Erträge des Unternehmens und damit verbundene Einzahlungen gegenüber, andererseits erwarten die Anteilseigner, daß die Selbstfinanzierung eine Steigerung künftiger Gewinne und künftiger Ausschüttungen ermöglichen und damit zu höheren Auszahlungen in der Zukunft führen wird.

In der Bilanz werden damit zeitliche Verwerfungen zwischen Ein- und Auszahlungen erfaßt. Daraus folgt, daß ein Sachverhalt nur dann bilanzierungsfähig ist, wenn ihm einerseits Zahlungen in der Vergangenheit zugeordnet werden können, andererseits künftige Zahlungen mit genügender Sicherheit zurechenbar sind.

Für die Bewertung ergibt sich aus dieser Systematik der dynamischen Bilanz, daß transitorische Posten anhand tatsächlich geleisteter Zahlungen, d.h. den tatsächlichen oder weitergeführten Anschaffungskosten zu bewerten sind. Antizipatorische Posten müßten grundsätzlich anhand der in Zukunft zu erwartenden Zahlungen bewertet werden. Wegen der mit der Prognose künftiger Zahlungen verbundenen Unsicherheiten geht SCHMALENBACH jedoch einen anderen Weg: Er versucht die Bewertung der Bilanzpositionen aus drei grundlegenden, lediglich pragmatisch begründeten *Bilanzierungsprinzipien* herzuleiten:

(1) *Periodenabgrenzung*

Jeder Periode sind die Aufwendungen und Erträge zuzurechnen, die durch diese verursacht worden sind.

(2) *Sicherheit der Rechnung*

Um Rechnungswillkür und die Manipulation des Jahresabschlusses zu verhindern, soll sich die Bewertung an objektiv meßbaren und überprüfbaren Ansätzen orientieren.

(3) *Konstanz der Erfolgsermittlung*

Da eine korrekte Erfolgsermittlung ohnehin nur im Rahmen einer Totalrechnung möglich ist und lediglich die Berechnung eines vergleichbaren Erfolges angestrebt wird, hat die Vergleichbarkeit der Ergebnisse Vorrang vor einer genaueren Rechnung.

Aufgrund dieser Bilanzierungsprinzipien schlägt SCHMALENBACH folgende *Bewertungsprinzipien* vor, die weitgehend mit der seinerzeit vorherrschenden Bilanzierungspraxis übereinstimmen:

(1) *Anschaffungskostenprinzip*

Dieses Prinzip wird weitgehend mit dem Prinzip der Sicherheit der Rechnung begründet. Für abnutzbare Gegenstände des Anlagevermögens, die dem Unternehmen für mehrere Perioden dienen, sind die Anschaffungskosten im Sinne der Periodenabgrenzung durch planmäßige Abschreibungen zu korrigieren. Vom Unternehmen selbst hergestellte Gegenstände sind mit den Herstellungskosten als aus Anschaffungskosten hergeleiteten Wertansätzen zu bilanzieren.

(2) *Vorsichtsprinzip*

Der Kaufmann soll sich grundsätzlich nicht reicher rechnen, als er tatsächlich ist. Hieraus werden folgende Folgerungen gezogen:

- *Realisationsprinzip*

    Gewinne dürfen erst dann ausgewiesen werden, wenn sie realisiert sind, d.h. durch einen Marktvorgang bestätigt werden.

- *Imparitätsprinzip*

    Verluste sind bereits dann auszuweisen, wenn sie absehbar sind.

Hieraus folgt das *Niederstwertprinzip*: Wenn der Börsen- oder Marktpreis – oder ein anderer relevanter Wertansatz – unter den Anschaffungskosten eines Gegenstandes liegt, dann ist aufgrund des Vorsichtsprinzips vom Anschaffungskostenprinzip abzuweichen und der niedrigere Wertansatz zu wählen.

Neben diesen allgemeinen Bewertungsprinzipien werden kasuistische Bilanzierungsregeln vorgeschlagen, die die Bilanzierungspraxis und die Gesetzgebung beeinflußt haben, ohne daß sie aus allgemeinen Prinzipien hergeleitet werden können.

Die Bedeutung der dynamischen Bilanztheorie SCHMALENBACHS ist darin zu sehen, daß die Erklärung der Bilanz als Instrument der Periodenabgrenzung Anhaltspunkte für die *Bilanzierungsfähigkeit* gibt: Ein Sachverhalt kann nur dann bilanziert werden, wenn ihm mit hinreichender Genauigkeit Zahlungen in der Vergangenheit zugeordnet werden können, denen künftige Zahlungen zumindest dem Grunde nach zugeordnet werden können. Die Bewertungslehre SCHMALENBACHS leidet letztlich unter den gleichen Schwierigkeiten, an denen auch die statische Bilanz gescheitert ist: Will man die Bilanz zur Erfolgsermittlung verwenden, dann müssen für die Bewertung antizipativer Posten künftige Zahlungen herangezogen werden, die nur subjektiv geschätzt werden können und sich daher

2.2 Theorie des handelsrechtlichen Jahresabschlusses

einer objektiven Kontrolle entziehen. Letztlich verlagert SCHMALENBACH das Problem der Bewertung von Vermögensgegenständen auf die richtige Periodenabgrenzung.

Das Realisationsprinzip ist nur in Teilaspekten operationalisiert: Mangels einer Theorie der Abschreibungen wird auf die Abschreibungsverfahren der Praxis verwiesen. Für Gegenstände, die im Unternehmen hergestellt werden, wird eine Bewertung anhand der Herstellungskosten vorgeschlagen. Beim damaligen Stand der Kostenrechnung konnte SCHMALENBACH noch davon ausgehen, daß damit das Bewertungsproblem für diese Gegenstände gelöst ist. Wie jedoch die Diskussion über die Teilkostenrechnung zeigt, kann man heute nicht mehr voraussetzen, daß es möglich ist, mit den Herstellungskosten die Anschaffungskosten der in der Produktion eingesetzten Güter und Dienstleistungen eindeutig den Produkten zuzurechnen.

Insgesamt ist festzustellen, daß es sich bei den Bilanzierungs- und Bewertungsregeln SCHMALENBACHS nicht um eine geschlossene Theorie handelt, die aus übergeordneten Sätzen hergeleitet werden kann, sondern daß vielmehr weitgehend Lösungen der Praxis aufgegriffen und in den Systemzusammenhang der dynamischen Bilanz gestellt werden. Der Vorwurf, daß das Schema der dynamischen Bilanz nicht mit der üblichen Gliederung von Bilanzen übereinstimme, ist hingegen nicht erheblich, weil es SCHMALENBACH nicht um eine Gliederungslehre, sondern um eine Erklärung des Bilanzinhalts geht. Weiter ist festzustellen, daß die bilanztheoretischen Überlegungen SCHMALENBACHS großen Einfluß auf die Bilanzierungspraxis, die Rechtsprechung und die Gesetzgebung gehabt haben.

Die Grundgedanken der dynamischen Bilanz wurden von einer Reihe von Autoren aufgegriffen und weiter ausgebaut. Ohne näher darauf eingehen zu können, seien insbesondere die finanzwirtschaftliche Bilanz von WALB [1926] und die pagatorische Bilanz von KOSIOL [1940] erwähnt, die die Orientierung der Bewertung an tatsächlichen Zahlungen noch stärker betonen.

2.2.1.3 Die organische Bilanzauffassung

Im Gegensatz zu RIEGER, der zeigt, daß ein richtiger Gewinn nur im Rahmen einer *Totalrechnung* am Ende des Unternehmens ermittelt werden kann, und zu SCHMALENBACH, der dem Jahresabschluß die Aufgabe zuweist, lediglich einen *vergleichbaren Gewinn* zu ermitteln, strebt F. SCHMIDT mit seiner organischen Bilanz [1921] an, daß mit Hilfe des Jahresabschlusses das Vermögen des Unternehmens am Bilanzstichtag und der in der Abrechnungsperiode erzielte Gewinn *richtig* ermittelt werden sollen. Die Bilanz soll dem Unternehmen, das als Organ der Volkswirtschaft aufgefaßt wird, als Steuerungsinstrument dienen.

Um den *richtigen Gewinn* zu ermitteln, ist die Bewertung mit aktuellen Wiederbeschaffungspreisen als Ausdruck gesamtwirtschaftlicher Knappheit der Güter vorzunehmen. Da die historischen Anschaffungspreise die Knappheitsrelationen nicht richtig wiedergeben, führt die Bewertung mit diesen Wertansätzen zum Ausweis von *Scheingewinnen* und *Scheinverlusten* und zu Fehleinschätzungen der wirtschaftlichen Lage der Betriebe. SCHMIDT geht soweit, daß er in seinem Aufsatz "Die Industriekonjunktur – ein Rechenfehler" [1927] behauptet, die konjunkturelle Entwicklung sei auf die Bewertung anhand von Anschaffungskosten zurückzuführen: In der Hochkonjunktur mit steigenden Preisen werden Scheingewinne ausgewiesen, die die Unternehmen zu weiteren Investitionen anregen; es erweist sich jedoch, daß die dadurch geschaffenen Kapazitäten zu groß sind, und es kommt zu einer konjunkturellen Wende. Da mit der Verschlechterung der gesamtwirtschaftlichen Lage die Preise sinken, werden Scheinverluste ausgewiesen, die die Unternehmen wiederum veranlassen, ihre Investitionstätigkeit unter das volkswirtschaftlich sinnvolle Niveau zu senken.

Neben dem Ausweis des richtigen Gewinns hat die Bilanz nach SCHMIDT die Aufgabe, das Vermögen des Unternehmens richtig zu berechnen. Hierdurch soll sichergestellt werden, daß der Betrieb seine relative Stellung in der Volkswirtschaft erhalten kann. Insbesondere soll die *reale Substanz* des Betriebs erhalten bleiben und verhindert werden, daß das Realvermögen des Unternehmens durch Ausschüttung von Scheingewinnen verringert wird. Die Substanzerhaltung wird von SCHMIDT relativ gesehen: Das betriebliche Leistungspotential soll sich proportional zu dem der Volkswirtschaft verändern.

Ziel der *Erfolgsermittlung* ist es, echte Umsatzgewinne zu ermitteln. Hierzu sollen Wertveränderungen am ruhenden Vermögen, die durch Veränderungen der Preise verursacht sind, als Scheingewinne bzw. Scheinverluste gesondert ausgewiesen werden. Als Umsatzgewinn wird der Teil der Erlöse angesehen, der den Wiederbeschaffungspreis der veräußerten Waren bzw. die auf der Grundlage von Wiederbeschaffungspreisen ermittelten Herstellungskosten der Erzeugnisse übersteigt.

Um dieses Ziel zu erreichen, wird die Anwendung der folgenden *Bewertungsregeln* gefordert:

(1) In der Gewinn- und Verlustrechnung sind die Aufwendungen für die eingesetzte Bestände und die verkauften Erzeugnisse mit Wiederbeschaffungspreisen am Umsatztag zu bewerten.

(2) Für die Bewertung in der Bilanz gilt:

- Realgüter sind mit dem Wiederbeschaffungspreis am Bilanzstichtag zu bewerten.

2.2 Theorie des handelsrechtlichen Jahresabschlusses

- Abschreibungen sind entsprechend dem Wiederbeschaffungspreis von Anlagen auf dem neuesten Stand der technischen Entwicklung anzusetzen. Die Abschreibung "muß den Reproduktionswert der Abnutzung darstellen, will der Betrieb in der nächsten Periode nicht schlechter oder besser darstehen als vorher" (SCHMIDT [1951], S. 194).
- Nominalgüter sind zu ihrem Nominalwert anzusetzen.

Die durch die Bilanzierung zu Wiederbeschaffungspreisen verursachten Wertveränderungen der Vermögensgegenstände werden in dem Konto "Wertveränderungen am ruhenden Vermögen", einem Unterkonto des Eigenkapialkontos, als Scheingewinne bzw. -verluste erfaßt und so aus der Gewinn- und Verlustrechung herausgenommen.

Auf diese Weise können zwar die Auswirkungen von Veränderungen des Preisniveaus auf die Realgüter eliminiert werden, nicht aber deren Konsequenzen für die Nominalgüter: Bei einer Erhöhung des Preisniveaus fällt deren Wert, sinkt das Preisniveau, dann steigt ihr Wert. Um diese Effekte auszuschalten, sollen die folgenden *Kapitaldispositionsregeln* eingehalten werden:

(1) Bestände an Nominalgütern sollen durch Fremdkapital in der Bilanz abgedeckt werden; das Eigenkapital soll den Beständen an Realgütern entsprechen.

(2) Abschreibungsgegenwerte sollen in Anlagegegenständen gleicher Wertentwicklung angelegt werden. Um weiter sicherzustellen, daß die relative Stellung des Betriebs in der Volkswirtschaft erhalten bleibt, sind hierbei Anlagen auf dem neuesten Stand der Technik zu erwerben.

Gegen den Ansatz der organischen Bilanztheorie und insbesondere gegen die von Schmidt vorgeschlagenen Bilanzierungs- und Kapitaldispositionsregeln ist folgendes einzuwenden:

(1) Es ist technisch unmöglich, in der Gewinn- und Verlustrechnung den Einsatz von Vorräten mit Wiederbeschaffungspreisen am Einsatztag zu bewerten; selbst wenn das für Waren möglich wäre, wäre die Kostenrechnung überfordert, weil dann für jeden Einsatz von Vorräten in der Produktion die aktuellen Wiederbeschaffungspreise ermittelt werden müssen.

(2) In einer dynamischen Wirtschaft ist es nicht möglich, Geldwertschwankungen und Veränderungen von Preisen aufgrund des technischen Fortschritts zu trennen.

(3) Es kann nicht sinnvoll sein, die unternehmerische Finanzpolitik durch Kapitaldispositionsregeln einzuschränken, die lediglich dazu dienen, einen "richtigen" Jahresabschluß aufzustellen.

(4) Es ist zweifelhaft, ob eine reale Kapitalerhaltung, die bezweckt, die relative Stellung des Unternehmens in der Volkswirtschaft zu erhalten, ein unternehmerisches Ziel sein kann. Es ist nicht einzusehen, warum ein Unternehmen seine relative Stellung nicht verändern soll, indem es stärker als der Durchschnitt der Unternehmen wächst oder sich anderen Tätigkeitsfeldern zuwendet. Es kann auch sinnvoll sein, dem Unternehmen Eigenkapital zu entziehen, um es in anderen Unternehmen zu investieren. Das Recht der Anteilseigner, dem Unternehmen Eigenkapital zu entziehen, ist zwar dadurch eingeschränkt, daß bei Unternehmen mit Haftungsbeschränkungen ein bestimmtes Schuldendeckungspotential nicht durch Ausschüttungen oder Entnahmen verringert werden darf. Darüber hinaus können Aktionäre ihre Anteile nicht zurückgeben. Wie im ersten Band gezeigt wurde, sind die Möglichkeit zur Veräußerung und zum Ankauf von Anteilen und die dadurch bewirkten Änderungen des Kurswerts des Unternehmens ein wesentliches Instrument der Anteilseigner, Einfluß auf die Geschäftsführung zu nehmen.

2.2.1.4 Das Inflationsproblem in der Bilanz

Die betriebswirtschaftliche Bilanztheorie ist unter dem Eindruck der Inflation entstanden, die nach dem ersten Weltkrieg die Wirtschaft in Deutschland erschütterte. Die Frage, ob der Jahresabschluß unter diesen Bedingungen überhaupt noch sinnvoll ist und wie er gegebenenfalls an eine solche Entwicklung anzupassen ist, war ein zentrales Thema der betriebswirtschaftlichen Diskussion in den zwanziger Jahren. Zum Abschluß der Darstellung der klassischen Bilanztheorien sollen daher im folgenden die wesentlichen Positionen, die in dieser Diskussion vertreten wurden, dargestellt werden.

Für F. SCHMIDT ist das Problem mit seiner organischen Tageswertbilanz gelöst: Alle Bilanzpositionen werden mit den aktuellen Wiederbeschaffungspreisen bewertet, die auf Preissteigerungen bzw. inflatorische Entwicklungen zurückzuführenden Verzerrungen des Gewinnausweises werden als Wertänderungen am ruhenden Vermögen ausgewiesen und damit neutralisiert; Verschiebungen der Wertrelationen zwischen Real- und Nominalgütern werden durch die Kapitaldispositionsregeln aufgefangen. Seine Tageswertbilanz gilt nicht nur bei schwankendem Geldwert, sondern auch bei einer inflatorischen Entwicklung: "Alles was gesagt wird, gilt für jede Wertänderung, einerlei ob sie zum Billionenfachen der Inflation oder nur zu Verschiebungen um Einzelprobleme führt" (Aus dem Vorwort zur 3. Auflage der Organischen Tageswertbilanz [1924]).

Die Gegenposition wurde von W. RIEGER vertreten. Dieser geht von der nominalistischen Geldtheorie von F. KNAPP aus; dessen *staatliche Theorie des Geldes* [1924] beruht auf dem Grundgedanken, daß das Geld ein gesetzliches Zahlungsmittel ist, dessen Wert vom Staat festgelegt wird. Da der Geldwert vom Staat gesetzlich festgelegt ist, gibt es keine Geldwertschwankungen, sondern nur Preisschwankungen. Wenn – wie in der deutschen Inflation – der feste Wert des Geldes fortgefallen ist, dann ist nach RIEGER ein Rechnungswesen als Geldrechnung überhaupt nicht möglich; in diesem Fall kann nicht einmal eine Totalrechnung und erst recht kein Jahresabschluß zur Gewinnermittlung durchgeführt werden. Folglich ist es auch nicht sinnvoll, zu versuchen, die Konsequenzen der Geldwertschwankungen aus dem Jahresabschluß zu eliminieren. RIEGER geht sogar noch weiter und behauptet, daß eine Ausschaltung von Preisschwankungen aus dem Rechnungswesen unerwünscht ist: Die Inflation sei eine vom Staat bewußt inszenierte Veranstaltung, um die Tilgung der Kriegsschulden des Ersten Weltkrieges zu erreichen. Jeder Versuch, diese Politik zu konterkarieren, führe lediglich zu einer Verzögerung der erforderlichen Anpassungsprozesse.

SCHMALENBACH schlägt eine pragmatische Lösung zur Milderung der Auswirkungen inflatorischer Entwicklungen auf die Bilanz vor, die es ermöglichen soll, einen vergleichbaren Gewinn zu ermitteln:

(1) Rechnen mit einem *eisernen Bestand*

Die für einen ungestörten Betriebsablauf benötigten Bestände werden mit einem konstanten Festwert bilanziert. Dadurch erreicht SCHMALENBACH, daß der Materialeinsatz mit aktuellen Preisen bewertet wird, ohne daß von dem Anschaffungskostenprinzip abgewichen werden muß. Eine ähnliche Wirkung wird durch Lifo-Verfahren bei der Bewertung des Materialbestandes erreicht, bei dem unterstellt wird, daß jeweils die zuletzt gekauften Teile der Materialbestände zuerst eingesetzt werden.

(2) *Indexrechnung*

Hierbei sollen die Anschaffungskosten für die Gegenstände des Anlagevermögens durch einen Preisindex für das Jahr ihrer Anschaffung dividiert werden. Dadurch werden die Wertansätze auf das Basisjahr des Index umgerechnet. Als Index schlägt Schmalenbach den Preisindex für Großhandelspreise oder spezielle Branchenindices vor.

Wird der eiserne Bestand ebenfalls mit den Preisen des Basisjahrs des Index bewertet, für die Umrechnung der Wertansätze der Anlagegegenstände benutzt wird, dann werden zumindest die Bestände der wichtigsten Einsatzgüter näherungsweise zu konstanten Preisen bewertet, die Einsatzmengen werden hingegen zu aktuellen Preisen bewertet.

Die Diskussion über die Berücksichtigung inflatorischer Entwicklungen in der Bilanz wurde durch die starken Preissteigerungen in den *siebziger Jahren* erneut geführt. Interessanterweise wurden hier weitgehend die gleichen Positionen eingenommen, die von der Betriebswirtschaftslehre in den zwanziger Jahren vertreten wurden: In Deutschland wurde –insbesondere unter dem Einfluß der Bundesbank – ein strikter *Nominalismus* vertreten. Das hat dazu geführt, daß bei der Reform der deutschen Rechnungslegungsvorschriften darauf verzichtet wurde, die Einflüsse inflatorischer Entwicklungen auf den Jahresabschluß zu berücksichtigen.

Im Gegensatz dazu wurde im *angelsächsischen Bereich* versucht, die Einflüsse von Preissteigerungen im Rahmen des *Inflation Accounting* aus dem Jahresabschluß zu eliminieren bzw. diese im Rahmen von Parallelrechnungen zum Jahresabschluß aufzuzeigen. Hierbei wurden zwei Vorschläge entwickelt, die – meist ohne Bezug auf die frühere Diskussion in Deutschland – weitgehend mit den Vorschlägen von F. SCHMIDT und SCHMALENBACH übereinstimmen:

(1) Von den Vertretern des *Current Cost Accounting* wird gefordert, daß alle Gegenstände in der Bilanz zu Preisen des Bilanzstichtags, alle Aufwendungen mit Preisen am Einsatztag zu bewerten sind.

(2) Das *General Price Level Accounting* schlägt hingegen vor, alle Wertansätze im Jahresabschluß mit Hilfe eines Preisindex auf den Bilanzstichtag umzurechnen. Im Gegensatz zu dem Vorschlag SCHMALENBACHS sollen allerdings die Wertansätze nicht auf das Preisniveau des Basisjahrs, sondern auf das aktuelle Preisniveau umgerechnet werden.

Die Umrechnung erfolgt auf der Grundlage folgender Formel:

$$W_B = \frac{A \cdot I_B}{I_A}$$

Dabei sind:

W_B - Wert am Bilanzstichtag

A - historische Anschaffungskosten

I_A - Index am Anschaffungstag

I_B - Index am Bilanzstichtag

Als Index für die Umrechnung werden entweder der Index der Lebenshaltungskosten oder der Index der Produktionswerte vorgeschlagen.

Nachdem sich die Preissteigerungen in den achtziger Jahren verringert haben, verstummte die Diskussion über das Inflation Accounting in den angelsächsischen Ländern weitgehend, entsprechende Empfehlungen bzw. Vorschriften der Wirtschaftsprüferverbände und der Börsenaufsicht wurden zurückgezogen. Heute ist das Inflation Accounting lediglich für die Bilanzierung in Hochinflationsländern von Bedeutung.

2.2.1.5 Ergebnis der klassischen Bilanztheorie

An der bilanztheoretischen Diskussion beteiligten sich vor dem zweiten Weltkrieg sowohl Juristen als auch Betriebswirte. Während für die juristischen Autoren Fragen des Gläubigerschutzes im Vordergrund stehen und die Aufgabe der Bilanz darin gesehen wird, das Vermögen als *Schuldendeckungspotential* zu bestimmen, sehen die betriebswirtschaftlichen Bilanztheoretiker deren Aufgabe weiter: Sie soll dem Unternehmen als Steuerungsinstrument dienen; neben die Ermittlung des Vermögens oder an dessen Stelle tritt die Ermittlung des Periodenerfolgs.

Bei beiden Grundauffassungen über die Aufgaben der Bilanz finden sich hinsichtlich der Bewertung zwei Positionen: Die eine stellt die Sicherheit der Rechnung in den Vordergrund und orientiert die Bewertung an *objektiv feststellbaren Preisen*, die andere betont hingegen die Tatsache, daß die Vermögensgegenstände im Unternehmen genutzt werden und dazu dienen sollen, künftige Erträge zu erzielen. Sie gehen daher davon aus, daß das Vermögen weder aus den in der Vergangenheit gezahlten Anschaffungspreisen, noch aus den am Bilanzstichtag für die Wiederbeschaffung zu zahlende Preisen oder den beim Verkauf zu erzielenden Preisen hergeleitet werden kann und orientieren die Bewertung an *subjektiven Schätzungen* für die künftigen Erträge (vgl. MOXTER [1974], S. 228).

Die Möglichkeit, mit Hilfe der Bilanz das Vermögen oder den Erfolg zu bestimmen, wird bereits von den betriebswirtschaftlichen Vertretern der Bilanztheorie skeptisch beurteilt. NICKLISCH [1932a] stellt fest, daß das innere Kräftespiel des Betriebes durch die Bilanz nicht dargestellt werden könne. SCHMALENBACH geht davon aus, daß es zwar nicht möglich ist, einen "richtigen" Gewinn zu ermitteln, daß aber ein "vergleichbarer" Gewinn für die Steuerung des Unternehmen ausreicht. RIEGER kommt hingegen zu dem Ergebnis, daß der richtige Erfolg erst im Rahmen einer Totalrechnung am Ende des Unternehmens festgestellt werden kann, und daß der Periodenabschluß daher eine Fiktion sei, der keine große betriebswirtschaftliche Bedeutung zugemessen werden kann.

2.2.2 Neuere bilanztheoretische Ansätze

Diese skeptische Beurteilung der Möglichkeiten der Bilanz wird auch in der neueren bilanztheoretischen Diskussion vertreten: Die Bilanz ist einerseits nicht als Instrument zur Vorbereitung betrieblicher Entscheidungen geeignet, andererseits ist sie hierzu auch nicht erforderlich, weil es bessere Instrumente zur Entscheidungsvorbereitung gibt.

Da es nicht möglich ist, hier auf alle neueren Vorschläge zur Bilanztheorie einzugehen, sollen nur zwei Ansätze vorgestellt werden, die an die im vorigen Abschnitt angesprochenen anknüpfen und in gewisser Hinsicht zu einem Abschluß der bilanztheoretischen Diskussion geführt haben.

2.2.2.1 Die synthetische Bilanz

Die synthetische Bilanz (ALBACH [1965]) knüpft an die Vorstellung RIEGERS an, daß der Wert das geldliche Schicksal der Vermögensgegenstände diskontiert auf die Gegenwart wiedergeben soll (RIEGER [1959], S. 213), und verknüpft diese Idee mit dem Ansatz der Investitionstheorie, die Wirtschaftlichkeit von Investitionsobjekten anhand des Kapitalwerts zu bestimmen.

Es seien:

e_{jt}^V - dem Vermögensgegenstand j zuzurechnende künftige Einzahlungen in der Periode t

a_{jt}^V - durch den Vermögensgegenstand j verursachte künftige Auszahlungen in der Periode t

$j = 1,...,m$ - Index der Vermögensgegenstände

T - Planungshorizont

q - Diskontfaktor

Dann beträgt der Kapitalwert der durch den Vermögensgegenstand ausgelösten Ein- und Auszahlungen:

$$C_j^V = \sum_{t=0}^{T} (e_{jt}^V - a_{jt}^V) \cdot q^{-t}$$

Die synthetische Bilanztheorie interpretiert diesen als Wert des Vermögensgegenstandes j. Der Wert aller Vermögensgegenstände ist gegeben durch:

$$C^V = \sum_{j=1}^{m} \sum_{t=0}^{T} (e_{jt}^V - a_{jt}^V) \cdot q^{-1}$$

Ebenso ist der Kapitalwert aller Schulden gegeben durch:

$$C_i^S = \sum_{t=0}^{T} (a_{it}^S - e_{it}^S) \cdot q^{-t}$$

wobei

a_{it}^S - der Verbindlichkeit i zuzurechnende künftige Auszahlungen in der Periode t

e_{it}^S - mit der Verbindlichkeit j verbundene künftige Einzahlungen in der Periode t

2.2 Theorie des handelsrechtlichen Jahresabschlusses

$i = 1,...,n$ - Index der Verbindlichkeiten

Die synthetische Bilanz hat dann die in Abbildung 44 dargestellte Form.

Aktiva	Passiva
$C_1^V = \sum_{t=0}^{T}(e_{1t}^V - a_{1t}^V) \cdot q^{-t}$	$C_1^S = \sum_{t=0}^{T}(a_{1t}^S - e_{1t}^S) \cdot q^{-t}$
$C_2^V = \sum_{t=0}^{T}(e_{2t}^V - a_{2t}^V) \cdot q^{-t}$	$C_2^S = \sum_{t=0}^{T}(a_{2t}^S - e_{2t}^S) \cdot q^{-t}$
$\vdots$	$\vdots$
	$C_n^S = \sum_{t=0}^{T}(a_{nt}^S - e_{nt}^S) \cdot q^{-t}$
$C_m^V = \sum_{t=0}^{T}(e_{mt}^V - a_{mt}^V) \cdot q^{-t}$	Eigenkapital $= C^V - C^S$
$C^V = \sum_{j=1}^{m} C_j^V$	$C^V = \sum_{j=1}^{m} C_j^V$

Abb. 44: Schema der synthetischen Bilanz

Die synthetische Bilanz entspricht formal einer Handelsbilanz: Auf der Aktivseite werden die Werte der einzelnen Vermögensgegenstände dargestellt, auf der Passivseite die einzelnen Verbindlichkeiten und das Eigenkapital als Differenz der Summe der Werte aller Vermögensgegenstände und der Summe aller Verbindlichkeiten. Sie unterscheidet sich jedoch von traditionellen Bilanzen dadurch, daß sie konsequent *zukunftsbezogen* ist und für alle Bilanzpositionen die Kapitalwerte der durch sie ausgelösten künftigen Zahlungen ansetzt.

Der Gewinn ergibt sich entsprechend dem Konzept der statischen Bilanztheorie als Differenz der Eigenkapitalbeträge von zwei aufeinander folgenden Perioden. Im Gegensatz zur traditionellen Bilanzierung ergibt er sich jedoch nicht als Differenz zwischen Erträgen und Aufwendungen der vergangenen Periode, weil im Kapitalwert der einzelnen Bilanzpositionen bereits die durch sie ausgelösten Zahlungen der Periode erfaßt sind. Der Gewinn wird vielmehr durch folgende Tatbestände beeinflußt:

(1) Fortfall der in der Abrechnungsperiode anfallenden Zahlungen

(2) Zinseffekte, die darauf zurückzuführen sind, daß die künftigen Zahlungen um ein Jahr weniger diskontiert werden

(3) Korrekturen aufgrund veränderter Prognosen künftiger Zahlungen

(4) Die Kapitalwerte im Abrechnungsjahr neu hinzugekommener Vermögensgegenstände und Verbindlichkeiten

Diese Aufzählung zeigt, daß ein über die Verzinsung des Eigenkapitals hinausgehender Gewinn nur dann erwirtschaftet werden kann, wenn das Unternehmen neue Projekte findet und durchführt.

Die synthetische Bilanz zeigt, wie im Lichte der modernen Betriebswirtschaftslehre eine Rechnung aussehen müßte, die das betriebliche Vermögen als Summe der Werte einzelner Vermögensgegenstände ansieht. Ein solcher Ansatz muß jedoch – wie bereits Rieger festgestellt hat – daran scheitern, daß nicht nur künftige Zahlungen mit hinreichender Genauigkeit prognostiziert werden müssen, sondern daß sie auch noch einzelnen Vermögensgegenständen und Verbindlichkeiten zugerechnet werden müssen.

Dieser Einwand ist jedoch nicht allein gegen die synthetische Bilanz zu erheben, sondern gegen das Konzept, mit Hilfe der Bilanz das Vermögen eines Unternehmens darzustellen. Aus dem gleichen Grund scheitert aber auch der Versuch, mit Hilfe der Bilanz einen ökonomischen Gewinn zu begründen: Der Erfolg eines Unternehmens ergibt sich nicht aus der Nutzung einzelner Vermögensgegenstände, er beruht vielmehr weitgehend darauf, daß diese in einer sinnvollen Weise kombiniert werden. Nicht einzelne Vermögensgegenstände, sondern die sich aus ihrer Kombination ergebenden Synergieeffekte bestimmen den Wert eines Unternehmens.

2.2.2.2 Theorie der Bilanzzwecke

Wenn es weder möglich ist, mit Hilfe der Bilanz das Vermögen und den Periodengewinn zu ermitteln, noch die Bilanz als Instrument zur Steuerung betrieblicher Entscheidungen zu verwenden, dann stellt sich die Frage, warum überhaupt Bilanzen bzw. Jahresabschlüsse aufgestellt werden. Tatsächlich wird gelegentlich gefordert, den traditionellen Jahresabschluß durch andere Rechenwerke zu ersetzen, die ausschließlich auf objektiv meßbaren Finanzflüssen beruhen (vgl. z.B. MOXTER [1966], BUSSE V. COLBE [1966]).

STÜTZEL [1967] geht einen anderen Weg und weist primäre Jahresabschlußziele nach, die mit Hilfe der Bilanz und der Gewinn- und Verlustrechnung erfüllt werden können. Obwohl die Bilanzzwecke bereits im Abschnitt 1.1 angesprochen

2.2 Theorie des handelsrechtlichen Jahresabschlusses

worden sind, soll hier wegen der Bedeutung des Beitrags für die Bilanztheorie nochmals auf diesen Ansatz eingegangen werden.

(1) *Bündelung von Urkundenbeständen* zur Sicherung der Daten der Buchführung gegenüber nachträglichen Änderungen

Die Bilanz dient damit der Sicherung von Buchführungsdaten gegenüber einer nachträglichen Verfälschung; das Inventar erschwert es, Vermögensgegenstände arglistig dem Gläubigerschutz zu entziehen.

(2) Schutz von Gläubigern durch *Zwang zur Selbstinformation* des Unternehmers über seinen Vermögensstand

Der Unternehmer soll sich zumindest einmal im Jahr über den Stand und die Zusammensetzung seines Vermögens informieren und gegebenenfalls kritische Veränderungen zur Kenntnis nehmen.

(3) *Ausschüttungssperrfunktion*

Automatischen Transformation gläubigergefährdender Sachverhalte in Tatbestände gläubigerschützender Rechtsfolgen: So dürfen z.B. in Aktiengesellschaften Dividenden nur dann ausgeschüttet werden, wenn ein Bilanzgewinn ausgewiesen wird.

(4) *Konkretisierung der Begriffe* "Gewinn" oder "Verlust" und "Kapitalanteil" in Gesellschaftsverträgen

In den Vorschriften des HGB über die Offene Handelsgesellschaft bzw. in davon abweichenden Gesellschaftsverträgen wird z.B. die Gewinnverteilung und die Entnahme an den mit Hilfe der Bilanz ermittelten Gewinn geknüpft.

(5) *Kompetenzverteilung* innerhalb von Körperschaften mit mehreren Organen über die Verwendung des Gewinns

So entscheidet z.B. der Vorstand einer Aktiengesellschaft im allgemeinen gemeinsam mit dem Aufsichtsrat über die Einstellung von bis zu 50% des Jahresüberschusses in die Gewinnrücklagen, über die Verwendung des restlichen Teils entscheidet die Hauptversammlung.

Diese primären Bilanzziele bestimmen allein Inhalt und Gestaltung des Jahresabschlusses. Daneben führt STÜTZEL eine Reihe weiterer *sekundärer* Bilanzziele auf:

(1) Rechnungslegung im Sinne eines Rechenschaftsberichts

(2) Rechenschaftslegung der Leitenden für sich selbst

(3) Bereitstellung von Daten, die unmittelbar in Entscheidungen der Unternehmensleitung eingehen

(4) Beurteilung der Kreditwürdigkeit durch Kreditgeber

(5) Bewertung von Gesellschaftsanteilen durch aktuelle und potentielle Gesellschafter für Entscheidung über Erwerb und Veräußerung von Anteilen

Diese Zwecke haben sich den primären Zwecken unterzuordnen; im Konfliktfall können sie allenfalls durch ergänzende Angaben in einem Anhang zum Jahresabschluß erreicht werden.

Bei der Verwirklichung dieser Zwecke kommt es nicht darauf an, im Jahresabschluß richtige Wertansätze zu finden. Es ist lediglich erforderlich, daß diese nach bestimmten Regeln, die im Rechtsstreit überprüft werden können, ermittelt werden. Im Gegensatz zu der Auffassung, daß sich eine so verstandene Bilanztheorie auf die Auslegung der bilanzrechtlichen Gesetze zu beschränken habe, ist festzustellen, daß es sehr wohl die Aufgabe einer betriebswirtschaftlichen Bilanztheorie ist, der Gesetzgebung und der Rechtsprechung aufzuzeigen, wie Bilanzierungsvorschriften auszusehen haben, die diesen Zwecken möglichst gut entsprechen sollen, die allgemein anerkannt werden und deren Einhaltung objektiv überprüft werden kann.

2.3 Ergebnis

Die bilanztheoretische Diskussion in Deutschland ist durch zwei Strömunegn charakterisiert, die sich teilweise überlagert haben: Ausgangspunkt der Bilanztheorie sind juristische Ansätze, die von der Frage ausgehen, welche Zwecke der Jahresabschluß aus juristischer Sicht zu erfüllen hat und wie diese Zwecke zu erreichen sind. Die ältere Statik, die sich insbesondere in der Rechtsprechung des Reichsoberhandelsgerichts und in den Arbeiten von V. SIMON niedergeschlagen hat, stellt den Gläubigerschutz in den Vordergrund. Hierbei vertritt das ROHG den Standpunkt, daß man vom Zerschlagungswert auszugehen hat, während SIMON den Gedanken eines Fortführungswerts in den Vordergrund stellt. Im Gegensatz dazu stehen betriebswirtschaftliche Ansätze, die versuchen, den Jahresabschluß als ein Instrument der betrieblichen Steuerung zu sehen. Hierbei wird meist die Idee des Fortführungswerts aufgenommen. Wie die Kritik RIEGERS und in ihrer Fortführung die investitionstheoretisch begründeter Ansätze der neueren Bilanztheorie zeigen, ist der Jahresabschluß dazu jedoch nur bedingt geeignet, weil betriebliche Entscheidungen eine zukunftsorientierte Betrachtung erfordern, während die Bilanz im Prinzip eine zeitpunktbezogene Darstellung der Lage des Unternehmens und die Gewinn- und Verlustrechnung eine Abrechnung über eine im Bilanzstichtag endende Periode ist. Für Planungszwecke haben die moderne Investitionsrechnung und die Finanzplanung überlegenere Instrumente entwik-

2.3 Ergebnis

kelt, die zukunftsorientiert sind und auf nicht mit der Problematik der Rechnungsabgrenzung verbundenen Zahlungsströmen aufbauen.

Dementsprechend liegt der Schwerpunkt neuerer bilanztheoretischer Überlegungen wieder bei juristischen Fragestellungen. Insbesondere die Auffassung STÜTZELs über den Jahresabschlusses hat die bilanztheoretische Diskussion in Deutschland erheblich beeinflußt. An die Stelle des Versuchs, die Gesetzgebung im Sinne einer problemadäquaten Ausgestaltung des Bilanzrechts zu beeinflussen, ist vielfach eine sich stark am bestehenden Recht orientierende Diskussion über die Auslegung bilanzrechtlicher Vorschriften getreten.

Daneben ist unter angelsächsischem Einfluß eine Auffassung vom Zweck und Aufgaben des Jahresabschlusses getreten, welche die Information der Anleger über die Ertragskraft und die Finanzlage des Unternehmens in den Vordergrund stellt.

3. Grundzüge des Bilanzrechts
3.1 Rechtsquellen
3.1.1 Gesetzliche Regelungen

Während sich die *Kostenrechnung* als Kontrollrechnung und als Grundlage für betriebliche Entscheidungen primär an interne Adressaten richtet, dient der *Jahresabschluß* auch der Information außenstehender Dritter – der Gläubiger und der Anteilseigner, aber auch der Arbeitnehmer und der Öffentlichkeit – über die wirtschaftliche Lage des Unternehmens. Weiter werden an Zahlen des Jahresabschlusses bestimmte Rechtsfolgen geknüpft, die Entscheidungsspielräume der Unternehmensleitung im Interesse externer Mitglieder der Koalition "Unternehmen" einschränken oder Verpflichtungen gegenüber Dritten begründen: So dürfen z.B. Kapitalgesellschaften im Interesse des *Gläubigerschutzes* nur dann Dividenden auszahlen, wenn in der Bilanz ein Gewinn ausgewiesen ist. Um sicherzustellen, daß ein angemessener Teil des Gewinns an die Aktionäre ausgeschüttet wird, dürfen Vorstand und Aufsichtsrat gemäß § 58 Abs. 2 AktG bei der Feststellung des Jahresabschlusses vorab höchstens die Hälfte des in der Gewinn- und Verlustrechnung ausgewiesenen Jahresüberschusses in die *Rücklagen* einstellen; die Hauptversammlung entscheidet dann über die Verwendung des Restbetrags, wobei durchaus eine weitere Zuweisung zu den Rücklagen vorgenommen werden kann. Weiter knüpft das Steuerrecht an den Jahresüberschuß als *Steuerbemessungsgrundlage* für die Einkommen-, die Körperschaft- und die Gewerbeertragsteuer an.

Trotz dieser Bedeutung des Jahresabschlusses für die Öffentlichkeit hat der Gesetzgeber ursprünglich darauf verzichtet, ihn in allen Einzelheiten gesetzlich zu regeln. Wie bereits in Abschnitt 1.3 des ersten Teils gezeigt, wurde in § 38 der ursprünglichen Fassung des Handelsgesetzbuchs von 1897 lediglich festgelegt, daß jeder Kaufmann zur Buchführung verpflichtet ist und seine Handelsgeschäfte und die Lage seines Vermögens nach den Grundsätzen ordnungsgemäßer Buchführung ersichtlich zu machen hat. Gemäß § 39 hat er für den Schluß eines jeden Geschäftsjahrs ein Inventar und eine Bilanz aufzustellen. Bezüglich der Bewertung wurde in § 40 lediglich festgelegt, daß die Vermögensgegenstände und Schulden mit dem Wert anzusetzen sind, der ihnen an dem Zeitpunkt beizulegen ist, für den die Bilanz aufgestellt wird. Welche Positionen in die Bilanz aufzunehmen sind, wie diese zu bewerten sind und wie die Bilanz zu gliedern ist, wurde dem Bilanzierenden überlassen, der sich dabei an den Grundsätzen ordnungsmäßiger Buchführung – das heißt dem Vorgehen ordentlicher Kaufleute – zu orientieren hat.

3.1 Rechtsquellen

Detailliertere Regelungen wurden zunächst nur im *Aktienrecht* getroffen: Im Aktiengesetz von 1937 finden sich neben Vorschriften für die Gliederung der Bilanz im Interesse des *Gläubigerschutzes* lediglich *Höchstwerte* für die Bewertung der Aktiva, die sich am Anschaffungswert bzw. den Herstellungskosten oder einem niedrigeren Börsen- oder Marktpreis orientieren (*Niederstwertprinzip*). Mit der Reform des Aktienrechts von 1965 wurde im Interesse des *Aktionärsschutzes* das *Festwertprinzip* eingeführt. Danach sind die Aktiva mit Anschaffungs- oder Herstellungskosten – bei Gegenständen des Anlagevermögens vermindert um planmäßige Abschreibungen – zu bewerten; diese Wertansätze sind gegebenenfalls aufgrund des Niederstwertprinzips auf einen niedrigeren Börsen- oder Marktpreis bzw. einen niedrigeren Wert, der ihnen am Bilanzstichtag beizulegen ist, abzuschreiben. Das Festwertprinzip des AktG 1965 wurde jedoch durch eine Reihe von Ansatz-, Bewertungs- und Methodenwahlrechten durchbrochen.

Eine detaillierte gesetzliche Regelung des Jahresabschlusses, die unabhängig von der Rechtsform des Unternehmens ist, wurde erst durch das Bilanzrichtliniengesetz von 1985 getroffen, in dem die §§ 39 - 44 des alten HGB durch den neu eingefügten Teil über die Handelsbücher (§§ 230 - 339) ersetzt wurden.

Gegenwärtig sind bei der Aufstellung des Jahresabschlusses folgende *handelsrechtlichen Vorschriften* zu beachten:

(1) Vorschriften, die von *allen Kaufleuten* zu beachten sind: §§ 238 - 263 HGB

- Vorschriften über die Buchführung und die Inventur: §§ 238 - 241 HGB
- allgemeine Bilanzierungsgrundsätze: §§ 242 - 245 HGB
- Ansatzvorschriften: §§ 246 - 251 HGB
- Bewertungsvorschriften: §§ 252 - 256 HGB
- Aufbewahrung und Vorlage der Bücher: §§ 257 - 263 HGB

(2) besondere Vorschriften für *Kapitalgesellschaften*: §§ 264 - 289 HGB

Diese Regelungen setzen die Vorgaben der 4. EG-Richtlinie zur Vereinheitlichung der Rechnungslegung von Kapitalgesellschaften in der Europäischen Gemeinschaft in deutsches Recht um. Neben den vom AktG 1965 weitgehend übernommenen Zielen des Gläubiger- und Aktionärsschutzes sollen diese Vorschriften insbesondere dazu dienen, ein den tatsächlichen Verhältnissen entsprechendes Bild der Vermögens-, Finanz- und Ertragslage der Kapitalgesellschaften zu vermitteln (§ 264 Abs. 2 HGB).

Sie enthalten insbesondere Regelungen folgender Problemkreise:

- Gliederung von Bilanz und Gewinn- und Verlustrechnung, Fragen des Bilanzansatzes dem Grunde nach, d.h. welche Positionen in die Bilanz aufgenommen werden dürfen bzw. aufgenommen werden müssen (§§ 265 - 278 HGB).

- Verschärfungen der Bewertungsvorschriften, insbesondere Einschränkungen von Bewertungswahlrechten (§§ 279 - 283 HGB)
- Vorschriften über einen Anhang, in dem einzelne Positionen des Jahresabschlusses zu erläutern sind, sowie über einen mit dem Jahresabschluß zu veröffentlichenden Lagebericht (§§ 284 - 289 HGB)

(3) Vorschriften über die Aufstellung eines *Konzernabschlusses* (§§ 290 - 315 HGB)

(4) Vorschriften über die *Prüfung des Jahresabschlusses* durch einen Abschlußprüfer (§§ 316 - 324 HGB)

Neben Vorschriften über die Aufstellung des Jahresabschlusses sind folgende Vorschriften zu beachten, die die *Publizität des Jahresabschlusses*, d.h. die Veröffentlichung der Bilanz, der Gewinn- und Verlustrechnung sowie des Anhangs und des Lageberichts, betreffen.

Aufgrund der Vorschriften des HGB sind grundsätzlich alle *Kapitalgesellschaften* zur Veröffentlichung ihres Jahresabschlusses verpflichtet. Der Umfang der zu veröffentlichenden Informationen und die Form der Publikation sind jedoch nach Unternehmensgröße differenziert. Als Kriterien zur Messung der Unternehmensgröße dienen folgende Größen (§ 267 HGB):

(1) Bilanzsumme, abzüglich eines eventuell auf der Aktivseite ausgewiesenen Fehlbetrags

(2) Umsatzerlöse des Geschäftsjahres

(3) Jahresdurchschnitt der Zahl der Arbeitnehmer

Aufgrund dieser Merkmale wird zwischen folgenden Kapitalgesellschaften unterschieden:

(1) *große Kapitalgesellschaften*

Eine Kapitalgesellschaft wird als groß angesehen, falls in mindestens zwei aufeinanderfolgenden Jahren mindestens zwei der folgenden Kriterien erfüllt sind:

(a) Die Bilanzsumme ist größer als 21,24 Mio. DM.

(b) Die Umsatzerlöse sind größer als 42,48 Mio. DM.

(c) Die Zahl der Arbeitnehmer ist größer als 250.

3.1 Rechtsquellen

Eine Kapitalgesellschaft gilt unabhängig von diesen Kriterien als groß, wenn Aktien oder andere von ihr ausgegebene Wertpapiere zum Handel an einer Börse eines Mitgliedsstaates der Europäischen Union zugelassen sind.

Große Kapitalgesellschaften müssen ihren Jahresabschluß – d.h. die Bilanz, die Gewinn- und Verlustrechnung, den Anhang sowie den Lagebericht – zum Handelsregister einreichen. Wegen der Publizität des Handelsregisters (§ 15 HGB) kann damit jeder Kaufmann Einblick in den Jahresabschluß nehmen. Darüber hinaus ist der Jahresabschluß im Bundesanzeiger zu veröffentlichen (§ 325 Abs. 2 HGB).

(2) *mittelgroße Kapitalgesellschaften*

Eine Kapitalgesellschaft ist mittelgroß, wenn sie in mindestens zwei aufeinanderfolgenden Jahren mindestens zwei der folgenden Kriterien erfüllt, ohne daß sie als große Kapitalgesellschaft anzusehen ist:

(a) Die Bilanzsumme ist größer als 5,31 Mio. DM.

(b) Ihr Umsatz ist größer als 10,62 Mio. DM.

(c) Die Zahl der Arbeitnehmer übersteigt 50.

Mittelgroße Kapitalgesellschaften müssen den Jahresabschluß zum zuständigen Handelsregister einreichen (§ 325 Abs. 1 HGB) und haben im Bundesanzeiger lediglich zu veröffentlichen, bei welchem Handelsregister er eingereicht wurde. Als weitere Erleichterung kann die Bilanz in einer verkürzten Form vorgelegt werden (§ 327 HGB).

(3) *kleine Kapitalgesellschaften*

Für kleine Kapitalgesellschaften gilt, daß in zwei aufeinanderfolgenden Jahren mindestens zwei der folgenden Kriterien erfüllt sind:

(a) Die Bilanzsumme beträgt höchstens 5,31 Mio. DM.

(b) Die Umsatzerlöse sind höchstens gleich 10,62 Mio. DM.

(c) Es werden im Jahresdurchschnitt höchstens 50 Arbeitnehmer beschäftigt.

Kleine Kapitalgesellschaften müssen gemäß § 326 HGB nicht den gesamten Jahresabschluß, sondern nur eine verkürzte Bilanz und den Anhang, nicht aber die Gewinn- und Verlustrechnung und Erläuterungen zu dieser zum Handelsregister einreichen. Eine weitergehende Veröffentlichungspflicht besteht nicht.

Neben der Publizitätspflicht von Kapitalgesellschaften besteht für *Großunternehmen* unabhängig von ihrer Rechtsform eine Pflicht zur Veröffentlichung des Jahresabschlusses aufgrund des Publizitätsgesetzes. Voraussetzung für diese rechtsformunabhängige Publizitätspflicht ist, daß in drei aufeinander folgenden

Jahren mindestens zwei der folgenden Kriterien erfüllt worden sind (§ 1 Abs. 1 PublG):

(a) Die Bilanzsumme ist mindestens gleich 125 Mio. DM.

(b) Die Umsatzerlöse sind mindestens gleich 250 Mio. DM.

(c) Es werden mehr als 5000 Arbeitnehmer beschäftigt.

Weil das Steuerrecht an den Jahresüberschuß als Steuerbemessungsgrundlage für die Einkommensteuer, die Körperschaftsteuer und die Gewerbeertragsteuer anknüpft, sind neben diesen handelsrechtlichen Vorschriften bei der Erstellung des Jahresabschlusses auch *steuerrechtliche Vorschriften* zu beachten. Gemäß § 140 Abgabenordnung sind Unternehmen, die aufgrund handelsrechtlicher Vorschriften zur Führung von Büchern verpflichtet sind, hierzu auch für Zwecke der Besteuerung verpflichtet. Neben formalen Vorschriften für die Buchführung in §§ 145 - 148 Abgabenordnung ergeben sich aus dem Einkommensteuergesetz (EStG) materielle Regelungen für die Ermittlung des steuerpflichtigen Gewinns:

- In § 4 EStG wird der steuerrechtliche Gewinnbegriff als "der Unterschiedsbetrag zwischen dem Betriebsvermögen am Schluß des Wirtschaftsjahrs und dem Betriebsvermögen am Schluß des vorangegangenen Wirtschaftsjahrs, vermehrt um den Wert der Entnahmen und vermindert um den Wert der Einlagen" definiert.

- In § 5 Abs. 1 Satz 1 EStG wird das *Prinzip der Maßgeblichkeit* der Handelsbilanz für die Steuerbilanz festgelegt: "Bei Gewerbetreibenden, die aufgrund gesetzlicher Vorschriften verpflichtet sind, Bücher zu führen und regelmäßige Abschlüsse zu machen, ... ist für den Schluß des Wirtschaftsjahres das Betriebsvermögen anzusetzen, das nach den handelsrechtlichen Grundsätzen ordnungsmäßiger Buchführung auszuweisen ist."

- § 5 Abs. 2 - 5 EStG regelt Zweifelsfälle für den Ansatz von Bilanzpositionen.

- § 6 EStG gibt Vorschriften für die Bewertung der Bilanzpositionen.

- §§ 7 - 7k EStG enthalten Vorschriften für die Abschreibungen von Gegenständen des Anlagevermögens.

Das Körperschaftsteuergesetz (KStG) verweist in § 8 Abs. 1 für die Ermittlung des steuerpflichtigen Einkommens eines körperschaftsteuerpflichtigen Unternehmens unmittelbar auf das Einkommensteuergesetz: "Was als Einkommen gilt und wie das Einkommen zu ermitteln ist, bestimmt sich nach den Vorschriften des Einkommensteuergesetzes und dieses Gesetzes", d.h. besonderer Regelungen des Körperschaftsteuergesetzes.

Ebenso verweist das Gewerbesteuergesetz (GewStG) auf die Bilanzierungsvorschriften des Einkommensteuergesetzes: "Der Gewerbeertrag ist der nach den

Vorschriften des Einkommensteuergesetzes oder des Körperschaftsteuergesetzes zu ermittelnde Gewinn aus dem Gewerbebetrieb ... vermehrt und vermindert um die in den §§ 8 und 9 bezeichneten Beträge." (§ 7 GewStG).

Durch das Prinzip der Maßgeblichkeit wird vermieden, daß neben dem Jahresabschluß nach handelsrechtlichen Vorschriften ein weiterer selbständiger Jahresabschluß für steuerrechtliche Zwecke aufgestellt werden muß.

Das Maßgeblichkeitsprinzip ging ursprünglich vom Primat der Handelsbilanz aus, d.h. der nach handelsrechtlichen Vorschriften aufzustellende Jahresabschluß ist Ausgangspunkt für die steuerrechtliche Gewinnermittlung; er ist gegebenenfalls aufgrund steuerrechtlicher Vorschriften zu modifizieren und zu ergänzen. Dieses Primat der Handelsbilanz wurde jedoch durch die Entwicklung des Steuerrechts und der Rechtsprechung, die zu einer *Umkehrung des Maßgeblichkeitsprinzips* führte, durchbrochen: Steuervorteile durch erhöhte Abschreibungen und Rückstellungen können nur dann in Anspruch genommen werden, wenn auch in der Handelsbilanz entsprechende Abschreibungen durchgeführt bzw. Rückstellungen gebildet werden. Die umgekehrte Maßgeblichkeit wurde 1965 bei der Reform der aktienrechtlichen Bilanzierungsvorschriften durch § 154 Abs. 2 AktG sanktioniert: "Bei Gegenständen des Anlagevermögens können außerplanmäßige Abschreibungen oder Wertberichtigungen vorgenommen werden, um die Gegenstände ... mit dem niedrigeren Wert, der für Zwecke der Steuern vom Einkommen und vom Ertrag für zulässig gehalten wird, anzusetzen."

Gegenwärtig ergibt sich die Umkehrung der Maßgeblichkeit aus § 5 Abs. 1 Satz 2 EStG: "Steuerrechtliche Wahlrechte bei der Gewinnermittlung sind in Übereinstimmung mit der handelsrechtlichen Jahresbilanz auszuüben". Sie wird handelsrechtlich durch § 254 HGB für alle Rechtsformen sanktioniert: "Abschreibungen können auch dann vorgenommen werden, um einen Vermögensgegenstand des Anlagevermögens mit dem niedrigeren Wert ansetzen zu können, der auf einer nur steuerrechtlich zulässigen Abschreibung beruht". Nach § 279 Abs. 2 HGB dürfen Kapitalgesellschaften zwar Abschreibungen nach § 254 HGB nur insoweit vornehmen, als das Steuerrecht ihre Anerkennung bei der steuerrechtlichen Gewinnermittlung davon abhängig macht, daß sie sich aus der Handelsbilanz ergeben. Diese Vorschrift wurde jedoch 1990 durch die Neufassung des § 5 Abs. 1 Satz 2 EStG, nach der steuerrechtliche Wahlrechte immer in Übereinstimmung mit der handelsrechtlichen Jahresbilanz auszuüben sind, unterlaufen, weil nunmehr die Bedingung für den Ansatz rein steuerrechtlich bedingter Abschreibungen immer erfüllt ist.

Solange das *Primat der Handelsbilanz* beachtet wird, ist das Maßgeblichkeitsprinzip zu begrüßen, da es den mit der Aufstellung einer Steuerbilanz zur Ermittlung des steuerpflichtigen Gewinns verbundenen Aufwand reduziert. Die

Umkehrung der Maßgeblichkeit ist jedoch aus betriebswirtschaftlicher Sicht abzulehnen. Erhöhte Abschreibungen und Rückstellungen, die der Steuerpflichtige aus wirtschaftspolitischen Gründen in der Steuerbilanz geltend machen kann, verfälschen die Wertansätze in der Handelsbilanz und verzerren das – zumindest für Kapitalgesellschaften geforderte – "den tatsächlichen Verhältnissen entsprechende Bild der Vermögens-, Finanz- und Ertragslage der Kapitalgesellschaft" (§ 264 Abs. 2 HGB). Darüber hinaus erschweren das Maßgeblichkeitsprinzip und dessen Umkehrung, die im angelsächsischen Rechtskreis unbekannt sind, die Vergleichbarkeit deutscher Jahresabschlüsse mit den Abschlüssen ausländischer Unternehmen und behindern damit den Zugang deutscher Unternehmen zu den internationalen Finanzmärkten. Wie die Einführung der Aktien der Daimler-Benz AG an der New York Stock Exchange gezeigt hat, hat das zur Folge, daß der Jahresabschluß eines Unternehmens nach deutschem Handelsrecht nicht einmal den Bedingungen für die Zulassung seiner Aktien zum Handel an den Börsen der Vereinigten Staaten genügt.

Die Umkehrung der Maßgeblichkeit beeinträchtigt die Aufgaben der Handelsbilanz, Gläubiger- und Aktionärsschutz einerseits, realistischer Einblick in die Vermögens-, Finanz- und Ertragslage andererseits. Diese unerwünschten Konsequenzen müssen nicht in Kauf genommen werden, um die beiden Ziele der Maßgeblichkeit – Verringerung des Aufwands bei der Erstellung der Steuerbilanz und willkürfreie Ermittlung der Steuerbemessungsgrundlage – miteinander in Einklang zu bringen.

Trotz der Umkehrung der Maßgeblichkeit werden die handelsrechtlichen Bilanzierungsvorschriften ohnehin nicht allgemein vom Steuerrecht akzeptiert. Das Bilanzsteuerrecht durchbricht vielmehr vielfach das Prinzip der Maßgeblichkeit; es weicht an mehreren Stellen von den handelsrechtlichen Vorschriften ab und verlangt entsprechende Modifikationen der Steuerbilanz. Neben unterschiedlichen gesetzlichen Regelungen hat auch die Rechtsprechung zu Diskrepanzen zwischen Handels- und Steuerbilanz geführt. Hierbei ist insbesondere auf den vom Bundesfinanzhof entwickelten Grundsatz zu verweisen, daß Wahlrechte, die das Handelsrecht gewährt, im Steuerrecht nicht anerkannt werden können, weil dadurch der Grundsatz der Gleichheit der Besteuerung verletzt würde. Gegen diese ausschließlich fiskalisch begründete Argumentation ist einzuwenden, daß der Gleichheitsgrundsatz nicht schon dadurch durchbrochen wird, daß dem Steuerpflichtigen Wahlrechte bei der Bilanzierung eingeräumt werden; diese können schließlich von jedem Steuerpflichtigen ausgenutzt werden.

Will man Steuervergünstigungen an ökonomisch nicht zu begründende Modifikationen von Bilanzansätzen knüpfen, dann kann das auch erreicht werden, ohne das Primat der Handelsbilanz durch die Umkehrung der Maßgeblichkeit einzuschränken: Wenn das Steuerrecht schon eine Korrektur der Handelsbilanz erzwingt, um handelsrechtlich zulässige Wahlrechte einzuschränken und einen zu niedrigen Ausweis des steuerpflichtigen Gewinns zu verhindern, dann muß eine solche Modifikation auch möglich sein, wenn der nach handelsrechtlichen Grundsätzen zu ermittelnde Erfolg niedriger ist als der steuerpflichtige Gewinn, ohne die Aufgaben der Ziele der Handelsbilanz zu beeinträchtigen.

Die negativen Auswirkungen der Maßgeblichkeit auf die Aussagekraft der Handelsbilanz werden durch die Tendenz zur *Einheitsbilanz* verstärkt: Zur Verringerung des Aufwandes bei der Erstellung des Jahresabschlusses orientieren sich zumindest kleinere und mittlere Unternehmen soweit wie möglich an steuerrechtlichen Vorschriften. Diese Entwicklung wird dadurch verstärkt, daß unabhängig von der Umkehrung der Maßgeblichkeit viele steuerrechtliche Regelungen auch für die Handelsbilanz anerkannt werden, obwohl sie im Widerspruch zu deren Zielen stehen. Damit wird das Maßgeblichkeitsprinzip endgültig umgekehrt: Die Steuerbilanz wird nicht mehr aus der Handelsbilanz hergeleitet, diese ergibt sich vielmehr aus der Steuerbilanz.

3.1.2 Grundsätze ordnungsmäßiger Bilanzierung

Gemäß § 243 HGB ist der Jahresabschluß nach den *Grundsätzen ordnungsmäßiger Buchführung* (GoB) aufzustellen. Das HGB verweist mit dieser Generalnorm auf Bilanzierungsgrundsätze, die ursprünglich aus Handelsbräuchen ehrenwerter Kaufleute entstanden sind, durch die wissenschaftliche Diskussion und die Rechtsprechung konkretisiert wurden und teilweise im Handelsrecht kodifiziert sind. Dieser Rückgriff auf einen unbestimmten Rechtsbegriff ermöglicht es, die handelsrechtlichen Bilanzierungsvorschriften auf wenige Grundsätze zu beschränken und die Bilanzierung flexibel an neue oder veränderte Gegebenheiten anzupassen. Die Grundsätze ordnungsmäßiger Buchführung betreffen nicht nur den Jahresabschluß sondern die Buchführung im allgemeinen. Den Teil, der sich auf die Bilanz und die Gewinn- und Verlustrechnung bezieht, bezeichnet man als Grundsätze ordnungsmäßiger Bilanzierung (GoBil).

Während durch das Aktiengesetz von 1937 bzw. 1965 einzelne Grundsätze ordnungsmäßiger Bilanzierung für Aktiengesellschaften kodifiziert wurden, wurden erst mit der Neufassung des HGB durch das Bilanzrichtliniengesetz von 1985 neben besonderen Vorschriften für Kapitalgesellschaften auch detaillierte Bilanzierungsvorschriften, die unabhängig von der Rechtsform von allen Kaufleuten zu beachten sind, eingefügt. Obwohl damit viele Grundsätze ordnungsmäßiger Bilanzierung kodifiziert sind, zeigt der immer noch vorhandene Verweis des § 243 HGB auf diese Prinzipien, daß weder eine abschließende Regelung gefunden werden konnte noch eine solche anzustreben ist.

Damit stellt sich die Frage, wie für ein bestimmtes Bilanzierungsproblem, für das es keine gesetzliche Regelung gibt und noch keine Lösung durch die Rechtsprechung gefunden wurde, die ordnungsmäßige Bilanzierung ermittelt werden kann. Hierzu können zwei Wege beschritten werden:

(1) das induktive Vorgehen

(2) das deduktive Vorgehen

Bei dem *induktiven Vorgehen* werden Erhebungen über das Vorgehen anderer Unternehmen durchgeführt und daraus Rückschlüsse auf die ordnungsmäßige Bilanzierung gezogen. Dieses Verfahren wurde z.b. vom Bundesgerichtshof in seinem Urteil vom 27.2.1961 zur Behandlung von Pensionszusagen im Jahresabschluß angewendet: In einer Erhebung des Deutschen Industrie- und Handelstages über das Vorgehen seiner Mitglieder wurde festgestellt, daß im wesentlichen zwei Verfahren benutzt wurden: Ein Teil der Mitglieder bildete eine Rückstellung für Pensionsverpflichtungen, andere teilten die Höhe des erwarteten Barwerts der künftigen Verpflichtungen als Fußnote zur Bilanz mit. Aufgrund dieser Ergebnisse ließ der BGH beide Verfahren als ordnungsmäßige Bilanzierung zu. Im Aktiengesetz 1965 wurde dieses Wahlrecht kodifiziert; im HGB 1985 wurde es jedoch aufgehoben und eine Passivierungspflicht von Rückstellungen für Pensionsverpflichtungen eingeführt.

Mit dem induktiven Verfahren sind zwei Schwächen verbunden: Zum einen bietet es den Unternehmen keine Anhaltspunkte für das Vorgehen bei neu auftretenden Problemen. Zum anderen fällt es schwer, auf rein empirischer Basis zwischen "guten" Handelsbräuchen, die zu Grundsätzen ordnungsmäßiger Bilanzierung werden können, und "schlechten" Handelsbräuchen, die nicht ordnungsgemäß sind, zu differenzieren.

Bei dem *deduktiven Verfahren* wird untersucht, welche Vorgehensweise zu einer zweckentsprechenden Rechnungslegung führt. So war z.B. bei der Einführung neuer Buchungstechniken – der Loseblatt-Buchführung, der EDV-Buchhaltung und der Offene-Posten-Buchhaltung – zu prüfen, ob und wie die Lückenlosigkeit und Fälschungssicherheit der Buchungen sichergestellt werden kann. Als Quellen kommen insbesondere wissenschaftliche Erkenntnisse, wie z.B. Ergebnisse der Bilanztheorie, und Rechtsgutachten von Verbänden der Wirtschaft, insbesondere des Deutschen Industrie- und Handelstags und des Instituts der Wirtschaftsprüfer, in Frage.

Bei beiden Verfahren wird die Ordnungsmäßigkeit einer bestimmten Vorgehensweise letztlich durch die Rechtsprechung festgestellt.

Neben speziellen Regelungen für Einzelfälle der Bilanzierung, die mit Hilfe des induktiven oder des deduktiven Vorgehens ermittelt und durch die Rechtspre-

3.1 Rechtsquellen

chung bzw. den Gesetzgeber sanktioniert werden, umfassen die Grundsätze ordnungsmäßiger Bilanzierung *generelle Prinzipien*, die weitgehend im HGB kodifiziert sind. Dabei ist zwischen formellen und materiellen Ordnungsprinzipien zu unterscheiden.

Die *formellen Ordnungsprinzipien* teilt man ein in:

(1) *Bilanzklarheit*

Das Prinzip der Bilanzklarheit ist im § 243 HGB niedergelegt: "Er (der Jahresabschluß) muß klar und übersichtlich sein".

Es verlangt insbesondere, daß die Bilanz klar und übersichtlich gegliedert werden muß. Während das HGB für Kapitalgesellschaften im § 266 feste Gliederungsschemata vorgibt, ergibt sich für andere Unternehmen aus § 247 HGB lediglich die in Abbildung 45 wiedergegebene Mindestgliederung. Darüber hinaus verbietet das Prinzip der Bilanzklarheit eine Verschleierung durch eine übertriebene Aufgliederung der Positionen der Bilanz und der Gewinn- und Verlustrechnung.

Aktiva	Passiva
Anlagevermögen	Eigenkapital
Umlaufvermögen	Fremdkapital
Rechnungsabgrenzungsposten	Rechnungsabgrenzungsposten
	Bilanzgewinn

Abb. 45: Mindestgliederung der Bilanz gemäß § 247 HGB

(2) *Vollständigkeit*

Nach § 246 Abs. 1 HGB hat der Jahresabschluß sämtliche Vermögensgegenstände, Schulden, Rechnungsabgrenzungsposten, Aufwendungen und Erträge zu enthalten, soweit gesetzlich nichts anderes bestimmt ist. Daraus folgt, daß grundsätzlich alles, was bilanzierungsfähig ist, auch bilanziert werden muß.

Aus dem Prinzip der Vollständigkeit ergibt sich das *Bruttoprinzip*, das für die Bilanz die Saldierung von Forderungen und Schulden, für die Gewinn- und Verlustrechnung die Saldierung von Aufwendungen und Erträgen verbietet und einen gesonderten Ausweis von außerordentlichen Erträgen fordert.

(3) *Bilanzverknüpfung*

Dieses Prinzip stellt die Beziehungen zwischen der Schlußbilanz des Vorjahres und der Eröffnungsbilanz des folgenden Jahres her. Die Bilanzverknüpfung hat drei Aspekte:

(a) *Bilanzidentität*

Die Eröffnungsbilanz eines Jahres ist identisch mit der Schlußbilanz des Vorjahres. Von diesem Prinzip darf nur in gesetzlich geregelten Ausnahmefällen, insbesondere beim Übergang zu einer anderen Währung, abgewichen werden. In der Bundesrepublik Deutschland war dieses dreimal erforderlich: Das DM-Eröffnungsbilanzgesetz von 1951 regelte den Übergang von der Reichsmarkwährung zur Deutschen Mark, das DM-Bilanzgesetz von 1991 ordnete die Erstellung der ersten DM-Bilanz für Betriebe im Gebiet der ehemaligen DDR. Während in diesen beiden Fällen eine Neubewertung aller Bilanzpositionen erforderlich war, konnte sich bei der Eingliederung des Saarlandes 1959 in die Bundesrepublik Deutschland und dem damit verbundenen Übergang von der Franken-Währung zur Deutschen Mark die Durchbrechung des Prinzips der Bilanzidentität weitgehend darauf beschränken, die Wertansätze in der letzten in Franken erstellten Bilanz in der DM-Eröffnungsbilanz aufgrund eines vorgegebenen Wechselkurses umzurechnen. Bei der Einführung der europäischen Währungsunion wird ebenfalls das Prinzip der Bilanzidentität durchbrochen werden müssen, um die Bilanzen europäischer Unternehmen an die neue Währungseinheit anzupassen.

Streng genommen führen auch Änderungen der Bilanzgliederung, die durch Reformen des Bilanzrechts – wie z.B. durch die Aktienrechtsreform von 1965 und das Bilanzrichtliniengesetz von 1985 – angeordnet werden, zu einer Durchbrechung der Bilanzidentität: Die Eröffnungsbilanz enthält zwar dieselben Vermögensgegenstände und Schulden wie die Schlußbilanz des Vorjahres, auch die Wertansätze stimmen in beiden Bilanzen überein, so daß auch das Eigenkapital gleich ist. Die einzelnen Vermögensgegenstände und Schulden sind jedoch teilweise anderen Bilanzpositionen zugeordnet.

(b) *Bilanzkongruenz*

Der Totalerfolg ist gleich der Summe der Periodenerfolge. Dieses Prinzip folgt unmittelbar aus der Bilanzidentität und der Verknüpfung von Eröffnungsbilanz und Schlußbilanz eines Jahres durch die doppelte Buchführung.

(c) *Bilanzkontinuität*

Dieses Prinzip soll die Vergleichbarkeit aufeinander folgender Jahresabschlüsse sicherstellen; die Bilanzkontinuität erfordert formal, daß die Gliederung der Bilanz und der Gewinn- und Verlustrechnung nicht von Jahr zu Jahr geändert wird und die Zuordnung einzelner Vermögensgegenstände und Schulden zu bestimmten Bilanzpositionen beibehalten wird. Die Bilanzkontinuität bedeutet materiell, daß einmal ausgeübte Ansatzwahlrechte und gewählte Bewertungsgrundsätze und -methoden beibehalten werden (§ 252 Abs. 1 Nr. 6 HGB).

Das Prinzip der Bilanzkontinuität wird im deutschen Bilanzrecht nur begrenzt berücksichtigt. Zum einen hat der Gesetzgeber mehrfach die Gliederungs- und Bewertungsvorschriften verändert und damit einen langfristigen Vergleich von Bilanzen unmöglich gemacht, zum anderen ist § 252 Abs. 1 Nr. 6 HGB lediglich eine Soll-Vorschrift, von der in begründeten Ausnahmefällen abgewichen werden kann.

(4) *Stichtagsprinzip*

Die Bilanz stellt die Bestände der Aktiva und der Passiva am Bilanzstichtag dar (§ 242 Abs. 1 HGB). Bei der Erstellung der Bilanz sind alle Umstände zu berücksichtigen, die bis zum Bilanzstichtag eingetreten sind. Grundlage der Bilanz ist die Inventur, bei der die Bestände aller Vermögensgegenstände und aller Schulden am Bilanzstichtag erfaßt werden. Zu Einzelheiten der körperlichen Erfassung bei der Stichtagsinventur und zu Vereinfachungsverfahren siehe Abschnitt 2.2.1 des ersten Teils dieses Buches.

Die Bilanzierungspflicht tritt mit dem Realisationszeitpunkt ein; eine Forderung ist z.B. im Zeitpunkt der Gegenleistung bzw. in dem Zeitpunkt, in dem die Rechnung erteilt wird, zu aktivieren. Verträge werden hingegen in der Bilanz nicht erfaßt. Ebenso sind schwebende Geschäfte, wie z.B. langfristige Lieferverträge im Großmaschinenbau, grundsätzlich nicht bilanzierungsfähig; sie sind ausnahmsweise zu bilanzieren, wenn drohende Verluste aus diesen Geschäften abzusehen sind. Das Stichtagsprinzip gilt grundsätzlich auch für die Bewertung; als Abweichung ist lediglich ein niedrigerer Wertansatz zulässig, wenn zum Zeitpunkt der Erstellung der Bilanz ein Sinken des Wertes in naher Zukunft abzusehen ist.

Die *materiellen Ordnungsprinzipien* haben die Wertansätze in der Bilanz zum Gegenstand. Hierbei sind folgende Prinzipien zu unterscheiden:

(1) *Nominalwertrechnung*

Die Bewertung orientiert sich an tatsächlichen Zahlungen, d.h. Ausgangspunkt für die Wertansätze in der Bilanz sind die Anschaffungs- oder Herstellungskosten. Die Wertansätze sind in Deutscher Mark auszudrücken (§ 244 HGB). Es gilt der Grundsatz, daß der Wert der Geldeinheit konstant ist ("DM ist gleich DM"); ein Inflationsausgleich ist weder in Form einer Indexrechnung noch in Form einer Bewertung zu Wiederbeschaffungspreisen zulässig. Dieses strikte Nominalwertprinzip dient der Sicherheit der Rechnung.

(2) *Periodenabgrenzung*

Aufwendungen und Erträge sind den Perioden zuzurechnen, in denen sie entstanden sind (§ 252 Abs. 1 Nr. 5 HGB).

(3) *Vorsichtsprinzip*

Das Nominalwertprinzip und das Prinzip der Periodenabgrenzung werden durch das Vorsichtsprinzip modifiziert; bei der Bewertung von Aktiva sind im Zweifelsfall niedrigere Wertansätze, bei der Bewertung der Schulden höhere Wertansätze zu wählen (§ 252 Abs. 1 Nr. 4 HGB). Das Vorsichtsprinzip hat zwei Aspekte:

(a) Das *Realisationsprinzip*

Ein Erfolg ist erst dann auszuweisen, wenn er tatsächlich entstanden ist.

(b) Das *Imparitätsprinzip*

Ein Verlust ist bereits dann auszuweisen, wenn er abzusehen ist. Das Imparitätsprinzip geht soweit, daß selbst Risiken und Verluste, die erst in der Zeit zwischen Bilanzstichtag und Zeitpunkt der Erstellung der Bilanz bekannt werden, zu berücksichtigen sind (*Wertaufhellung*).

Aus dem Vorsichtsprinzip folgt weiter das *Niederstwertprinzip*: Kommen für die Bewertung eines Vermögensgegenstandes mehrere Wertansätze in Frage, dann ist der niedrigste zu wählen.

(4) *Going Concern Prinzip*

Bei der Bewertung ist von der Fortführung des Unternehmens auszugehen, soweit dem nicht tatsächliche oder rechtliche Gegebenheiten entgegenstehen (§ 252 Abs. 1 Nr. 2 HGB).

Obwohl dieses Prinzip in der Bilanztheorie, insbesondere von SIMON, SCHMALENBACH und RIEGER, herausgestellt wurde, ist es lange Zeit nicht als Grundsatz ordnungsmäßiger Bilanzierung anerkannt und erst mit dem Bilanzrichtliniengesetz unter angelsächsischem Einfluß in das deutsche Bilanzrecht aufgenommen worden.

In § 252 Abs. 1 HGB werden folgende formelle und materielle Ordnungsprinzipien zusammengefaßt:

(1) *Bilanzidentität*: "Die Wertansätze in der Eröffnungsbilanz des Geschäftsjahres müssen mit denen der Schlußbilanz des vorhergehenden Jahres übereinstimmen."

(2) *Going Concern:* "Bei der Bewertung ist von der Fortführung der Unternehmenstätigkeit auszugehen, sofern dem nicht tatsächliche oder rechtliche Gegebenheiten entgegenstehen."

(3) *Prinzip der Einzelbewertung*: "Die Vermögensgegenstände sind zum Abschlußstichtag einzeln zu bewerten."

(4) *Vorsichtsprinzip*: "Es ist vorsichtig zu bewerten, namentlich sind alle vorhersehbaren Risiken und Verluste, die bis zum Abschlußstichtag entstanden sind, zu berücksichtigen, selbst wenn diese erst zwischen dem Abschlußstichtag und dem Tag der Aufstellung des Jahresabschlusses bekannt geworden sind; Gewinne sind erst dann zu berücksichtigen, wenn sie am Abschlußstichtag realisiert sind."

(5) *Periodenabgrenzung*: "Aufwendungen und Erträge des Geschäftsjahres sind unabhängig von den Zeitpunkten der entsprechenden Zahlungen im Jahresabschluß zu berücksichtigen."

(6) *Bilanzkongruenz*: "Die auf den vorhergehenden Jahresabschluß angewandten Bewertungsmethoden sollen beibehalten werden."

3.1.3 Generally Accepted Accounting Principles

Die *Generally Accepted Accounting Principles* (GAAP), das angelsächsische Analogon zu den Grundsätzen ordnungsmäßiger Bilanzierung, haben für die Bilanzierung in den Vereinigten Staaten eine größere Bedeutung als die Grundsätze ordnungsmäßiger Bilanzierung in Deutschland, da es dort einerseits keine gesetzlichen Vorschriften für den Jahresabschluß gibt, andererseits die die Abschlüsse prüfenden Wirtschaftsprüfer – und bei börsennotierten Gesellschaften die Börsenaufsicht – stärker auf ihre Einhaltung dringen. Auch wenn in Großbritannien mit der Umsetzung der EG-Richtlinien zur Rechnungslegung das Bilanzrecht kodifiziert wurde, haben die GAAP dort immer noch eine relativ große Bedeutung, weil sich die gesetzlichen Regelungen stark an diese anlehnen. Mit der Internationalisierung der Kapitalmärkte werden die GAAP auch Einfluß auf die Bilanzierungspraxis deutscher Kapitalgesellschaften und möglicherweise auch auf die deutsche Gesetzgebung erlangen, weil insbesondere die Börsenzulassung in den Vereinigten Staaten von der Einhaltung der GAAP abhängig gemacht wird. Im folgenden soll daher ein kurzer Überblick über diese Prinzipien gegeben werden (vgl. ANTHONY / REECE [1989, S. 14 ff.], FÖRSCHLE / KRONER / MANDLER [1994]).

Im angelsächsischen Bereich steht die Information der Kapitalgeber im Vordergrund: Der Jahresabschluß soll ihnen entscheidungsrelevante Informationen zur Verfügung stellen (decision usefulness); er soll einen möglichst sicheren Einblick in die Ertrags- und Finanzlage des Unternehmens geben. Die Zielsetzung des Gläubigerschutzes, der im deutschen Bilanzrecht eine große Bedeutung zugemessen wird, tritt gegenüber der *fair presentation* bzw. dem *true and fair view* der Lage des Unternehmens zurück.

Ähnlich wie die Grundsätze ordnungsmäßiger Bilanzierung sind die GAAP allgemeine Regeln, die als Leitlinien für die Bilanzierung ausgeführt werden. Sie setzen lediglich Rahmenbedingungen, die nicht im einzelnen vorschreiben, wie ein bestimmter Tatbestand erfaßt werden soll. Die GAAP müssen drei Bedingungen genügen:

(1) *Relevance*

Ein Rechnungslegungsprinzip ist relevant, wenn es zu Informationen führt, die für diejenigen sinnvoll und nützlich sind, die etwas über ein bestimmtes Geschäft wissen wollen.

(2) *Objectivity*

Ein Rechnungslegungsprinzip ist objektiv, wenn es dazu führt, daß die Informationen nicht durch persönliche Ansichten oder Vorurteile derer, die die Informationen liefern, beeinflußt werden können.

(3) *Feasibility*

Ein Rechnungslegungsprinzip ist angemessen, wenn es nicht kompliziert ist und ohne unverhältnismäßigen Aufwand eingehalten werden kann.

Die Generally Accepted Accounting Principles umfassen folgende Grundkonzepte:

(1) *Money Measurement Concept*

Im Jahresabschluß werden nur solche Tatsachen erfaßt, die sich in Geldbeträgen ausdrücken lassen. Betriebliche Tatbestände werden anhand monetärer Transaktionen gemessen. Das ursprünglich hinter diesem Konzept stehende Nominalwertprinzip wurde teilweise durch Ansätze zur Berücksichtigung inflatorischer Auswirkungen (*Inflation Accounting*) aufgeweicht.

(2) *Entity Concept*

Das Rechnungswesen und der Jahresabschluß haben wirtschaftliche Einheiten, Unternehmen, Zusammenschlüsse von Unternehmen, aber auch Teile von Unternehmen zum Gegenstand, nicht aber die persönlichen Verhältnisse ihrer Eigentümer oder Anteilseigner. Es werden nur diejenigen Transaktionen erfaßt, die der betrachteten Wirtschaftseinheit zugerechnet werden können.

(3) *Going Concern Principle*

Beim Jahresabschluß ist davon auszugehen, daß das Unternehmen für einen unbestimmten Zeitraum fortgeführt werden soll. Der Jahresabschluß hat nicht die Aufgabe festzustellen, welchen Wert ein Unternehmen für einen poten-

3.1 Rechtsquellen

tiellen Käufer hat. Das Unternehmen wird vielmehr als eine Institution zur Wertschöpfung angesehen; das Rechnungswesen hat die Aufgabe, diesen Prozeß abzubilden und die Aufwendungen zu ermitteln, die erforderlich waren, um die Erträge der Abrechnungsperiode zu erwirtschaften.

(4) *Cost Concept*

Aktiva werden auf der Grundlage der Anschaffungs- oder Herstellungskosten bewertet. Abschreibungen erfolgen indirekt, d.h. sie werden als Wertberichtigungen passiviert. Das Anschaffungskostenprinzip ist Ausfluß des *Money Measurement Concepts*; es genügt den Anforderungen der *Objectivity* und der *Feasibility*, steht jedoch in einem gewissen Gegensatz zur Forderung der *Relevance*, da die historischen Anschaffungskosten vielfach nur geringe Bedeutung für den Leser der Bilanz haben.

(5) *Dual Aspect Concept*

Entsprechend dem System der doppelten Buchführung betreffen alle Geschäftsvorfälle mindestens zwei Konten; die Summe der Sollbuchungen ist immer gleich der Summe der Habenbuchungen. Die Bilanz stellt die Situation des Unternehmens unter zwei Aspekten dar, dem Wert der Vermögensgegenstände auf der Aktivseite, der Kapitalherkunft (Fremdkapital und Eigenkapital) auf der Passivseite; die Gewinn- und Verlustrechnung stellt den Erfolg unter den beiden Aspekten Erträge und Aufwendungen dar.

(6) *Accounting Period Concept*

Ziel der Erfolgsrechnung ist es, den Gewinn einer Abrechnungsperiode zu ermitteln. Hierzu sind die einer Periode zuzurechnenden Erträge den diesem Zeitraum anzulastenden Aufwendungen gegenüberzustellen. Die folgenden Prinzipien verdeutlichen, welche Erträge und welche Aufwendungen einer Periode zuzurechnen sind.

(7) *Conservatism Concept*

Ähnlich wie das Vorsichtsprinzip der Grundsätze ordnungsmäßiger Bilanzierung hat das *Conservatism Concept* zwei Aspekte:

- Erträge sind erst dann zu verbuchen, wenn sie hinreichend sicher sind.
- Aufwendungen sind bereits dann zu verbuchen, wenn abzusehen ist, daß sie durch die Betätigung des Unternehmens in der Abrechnungsperiode verursacht worden sind.

Im Unterschied zum Vorsichtsprinzip wird mit Hilfe des *Conservatism* primär die Periode bestimmt, der einzelne Aufwendungen und Erträge zuzuordnen sind.

(8) *Realization Concept*

Nach diesem Prinzip wird der Betrag als Ertrag ausgewiesen, der mit hinreichender Sicherheit erzielt werden kann. Im allgemeinen werden die Erträge in der Höhe der zu erwartenden Zahlungen des Abnehmers angesetzt. Aus dem *Realization Concept* wird zwar für Gegenstände des Umlaufvermögens das Niederstwertprinzip gefolgert, es läßt jedoch mit der *percentage-of-age method* eine Teilgewinnrealisierung zu, d.h. Erträge aus Aufträgen, deren Fertigungszeitraum die Abrechnungsperiode überschreitet, dürfen dieser anteilig zugerechnet werden, wenn der Betrag mit hinreichender Sicherheit feststeht.

(9) *Matching Principle*

Hierdurch wird die Periodenabgrenzung für Aufwendungen erreicht. Diese werden in folgenden Fällen der Abrechnungsperiode zugerechnet:

- Es besteht ein direkter Bezug zwischen Aufwendungen und Erträgen (Cost of goods sold).
- Es besteht zwar ein Bezug zwischen Aufwendungen und der Tätigkeit der Periode, aber kein direkter Bezug zu deren Erträgen (Overheads).
- Es besteht kein Bezug zu Erträgen späterer Perioden (Sunk cost).

(10) *Consistency*

Falls eine Bilanzierungsmethode einmal gewählt wurde, muß diese auch in Zukunft angewendet werden, falls keine zwingenden Gründe dagegen sprechen.

(11) *Materiality*

Unwichtige Tatbestände, die das Ergebnis verschleiern, sind im Jahresabschluß nicht zu berücksichtigen.

Vergleicht man die Generally Accepted Accounting Principles mit den Grundsätzen ordnungsmäßiger Bilanzierung, dann ist festzustellen, daß sie – wie z.B. das Money Measurement Concept und das Nominalwertprinzip oder Consistency und Bilanzkongruenz – teilweise übereinstimmen; andere GAAP finden – wie z.B. das Entity Concept – keine Entsprechung in den GoBil. Einige GAAP stehen sogar in einem gewissen Gegensatz zu diesen; so kann die Materiality im Gegensatz zum Prinzip der Vollständigkeit stehen. Das Going Concern Prinzip wurde erst 1985 mit dem Bilanzrichtliniengesetz in das deutsche Bilanzrecht eingeführt.

Materielle Unterschiede bestehen insbesondere zwischen dem Realisationsprinzip einerseits und dem Realization Principle sowie dem Matching Principle andererseits sowie in einer unterschiedlichen Auslegung des Vorsichtsprinzips und des Conservativism. Die Grundsätze ordnungsmäßiger Bilanzierung und das deutsche

3.1 Rechtsquellen

Bilanzrecht kennen nur das Realisationsprinzip, aber nicht das Matching Principle; seit dem Bilanzrichtliniengesetz kann zwar das Umsatzkostenverfahren, das eine Zuordnung von Umsatzerlösen und den darauf entfallenden Kosten ermöglicht, benutzt werden, dieses ist aber weder Grundsatz ordnungsmäßiger Bilanzierung, noch ist es rechtlich vorgeschrieben. Vorsichtsprinzip und Conservatism entsprechen sich im Hinblick auf das strenge Niederstwertprinzip beim Umlaufvermögen weitgehend; die durch das gemilderte Niederstwertprinzip beim Anlagevermögen geschaffenen Wahlrechte stehen ebenso wie andere Bewertungswahlrechte im Widerspruch zu den GAAP.

Der wesentliche Unterschied zwischen Generally Accepted Accounting Principles und Grundsätzen ordnungsmäßiger Bilanzierung liegen jedoch in ihrer Bindungswirkung: Die Grundsätze ordnungsmäßiger Bilanzierung sind allgemeine Grundsätze, deren Bedeutung durch die Kodifizierung des Bilanzrechts zurückgegangen ist und die vielfach durch rechtliche Vorschriften gelockert oder durchbrochen worden sind. Das deutsche Bilanzrecht – das sich weitgehend aus Regelungen für Aktiengesellschaften entwickelt hat – orientiert sich stark an der Zielsetzung, einen ausschüttungsfähigen Gewinn zu ermitteln. Ursprünglich wurden im Interesse des Gläubigerschutzes lediglich Obergrenzen für die Bewertung der Aktiva angegeben; das mit der Aktienrechtsreform von 1965 eingeführte Festwertprinzip, das in erster Linie die willkürliche Bildung stiller Reserven verhindern soll, um die Mitwirkungsrechte der Hauptversammlung bei der Gewinnverteilung zu gewährleisten, ist durch eine Vielzahl von Wahlrechten eingeschränkt. Durch das Bilanzrichtliniengesetz von 1985 wurden die ursprünglich für Aktiengesellschaften entwickelten Vorschriften auf alle Unternehmen übertragen. Die Sondervorschriften für Kapitalgesellschaften dienen ausschließlich der Umsetzung von Vorgaben der EG-Richtlinien, die nicht mit den aktienrechtlichen Vorschriften in Einklang standen.

Die Generally Accepted Accounting Principles sind hingegen allgemeingültige Normen, die von den Bilanzierenden strikt einzuhalten sind und grundsätzliche keine Wahlmöglichkeiten bieten. Sie orientieren sich am Prinzip des *True and Fair View*, d.h. der Jahresabschluß soll Anteilseignern und Investoren entscheidungsrelevante Informationen bieten und einen möglichst sicheren Einblick in die Finanzlage des Unternehmens geben. Da das angelsächsische Steuerrecht das Maßgeblichkeitsprinzip nicht kennt und die Steuerbemessungsgrundlage für die Income Tax aus einer eigenständigen Steuerbilanz herleitet, werden die GAAP nicht durch steuerrechtliche Vorschriften durchbrochen. Allerdings ist eine Verschiebung des Gewichts einzelner GAAP zu beobachten: So verlieren z.B. bei der inflationsbereinigten Rechnung (Inflation Accounting) die Objectivity und das Money Measurement Concept zugunsten der Relevance an Bedeutung.

Um Lösungen für spezielle Bilanzierungsprobleme zu finden, müssen die Grundkonzepte der Generally Accepted Accounting Principles ebenso wie die Grundsätze ordnungsmäßiger Bilanzierung konkretisiert werden. Während das im deutschen Bilanzrecht letztlich durch die Rechtsprechung und den Gesetzgeber erfolgt, geschieht es in den Vereinigten Staaten wesentlich durch nicht-staatliche Organisationen:

Das *Financial Accounting Standards Board* ist eine nicht-staatliche Organisation, die durch Unternehmen und den Berufsstand der Buchhalter und Wirtschaftsprüfer finanziert wird. Diese entwickelt *Opinions* mit Lösungen für spezielle Probleme der Buchführung und Bilanzierung sowie Kommentare zu vorgesehenen Lösungen. Die Unternehmen sind zwar gesetzlich nicht dazu verpflichtet, die GAAP und die Opinions zu befolgen, die Mitglieder des American Institute of Certified Accountants sind jedoch dazu verpflichtet, Abweichungen von diesen Prinzipien der Öffentlichkeit zur Kenntnis zu bringen. Daneben entwickelt die *American Accounting Association* Statements of Accounting Principles, in denen normative Richtlinien festgelegt werden, wie Buchhaltungsgrundsätze aussehen sollten.

Ein bedeutender Einfluß auf die Weiterentwicklung der GAAP geht von der *Security and Exchange Commission*, der Börsenaufsichtsbehörde der Vereinigten Staaten, aus. Diese verlangt von den Unternehmen, deren Wertpapiere zum Börsenhandel in den Vereinigten Staaten zugelassen sind, die Vorlage von Jahresabschlüssen und verweigert die Genehmigung, falls diese nicht den Generally Accepted Accounting Principles genügen. In Regulations und Accounting Series Releases werden detaillierte Lösungen für Einzelprobleme der Bilanzierung entwickelt.

3.2 Handelsrechtliche Bilanzierungsvorschriften

Neben der Verpflichtung zur Aufstellung des Jahresabschlusses und zu dessen Publikation, die bereits im vorigen Abschnitt angesprochen wurden, regelt das Bilanzrecht insbesondere folgende Problemkreise:

(1) Die *Gliederung der Bilanz*, d.h. welche Positionen sind in der Bilanz in welcher Reihenfolge aufzuführen

(2) Der *Bilanzansatz dem Grunde* nach, d.h. welche betrieblichen Sachverhalte sind bilanzierungsfähig und welche nicht

(3) Die *Bewertung*, d.h. mit welchen Wertansätzen sind die in der Bilanz darzustellenden Sachverhalte zu bewerten

3.2.1 Die Gliederung der Bilanz

3.2.1.1 Gliederungsgrundsätze

Nach dem Prinzip der Vollständigkeit hat die Bilanz alle Vermögensgegenstände und alle Schulden sowie das Eigenkapital des Unternehmens vollständig zu erfassen. Nach dem Prinzip der Bilanzklarheit sind diese so darzustellen, daß sie ein sachkundiger Leser verstehen und auswerten kann. Bei der Gliederung der Bilanz kommen drei Grundsätze zum Tragen:

(1) *Liquidität und Fälligkeit*

Die Vermögensgegenstände werden nach der Umschlaghäufigkeit bzw. ihrer Liquidierbarkeit eingeteilt:

- Gegenstände des *Anlagevermögens* sind dazu bestimmt, dem Unternehmen für einen längeren Zeitraum zu dienen. Sie haben eine durchschnittliche Bindungsdauer von mehr als einem Jahr.

- Gegenstände des *Umlaufvermögens* haben hingegen eine durchschnittliche Bindungsdauer von weniger als einem Jahr.

- *Verbindlichkeiten* werden ebenso wie das *Geldvermögen*, das heißt Vermögensgegenstände, deren Bestände in Geldbeträgen ausgedrückt werden, nach ihrer Fälligkeit gegliedert.

(2) *Rechtsverhältnisse*

Die Passiva werden nach den Rechtsverhältnissen zwischen Unternehmen und Kapitalgebern gegliedert:

- *Verbindlichkeiten* sind zu einem fest vereinbarten Termin an den Kapitalgeber zurückzuzahlen und mit einem festen Zinssatz zu verzinsen.

- *Verbindlichkeitsrückstellungen* sind Schulden, die im Bilanzstichtag dem Grunde nach bestehen, bei denen aber Unsicherheit über den Gläubiger, die Höhe oder den Zeitpunkt der Fälligkeit vorhanden ist.

- Das *Eigenkapital* umfaßt Beträge, die dem Unternehmen von seinen Eigentümern oder Anteilseignern zur Verfügung gestellt wurden, ohne daß ein fester Rückzahlungstermin vereinbart wurde, und einbehaltene Gewinne.

Die Gliederung nach Rechtsbeziehungen wird insbesondere bei Unternehmenszusammenschlüssen und Beteiligungen deutlich: In diesen Fällen müssen große und mittelgroße Kapitalgesellschaften nicht nur ihre Beteiligungen, sondern auch die Forderungen und Verbindlichkeiten, die zwischen den betroffenen Unternehmen bestehen, offenlegen.

(3) *Ablaufgliederung*

Dieses Prinzip kommt z.B. in der Gliederung der Vorräte in Roh-, Hilfs- und Betriebsstoffe, in unfertige Erzeugnisse bzw. unfertige Leistungen sowie in fertige Erzeugnisse und Waren zum Ausdruck.

3.2.1.2 Die Gliederungsvorschriften des HGB

Während die Gliederung der Bilanz bei personenbezogenen Unternehmen keinen gesetzlichen Bestimmungen unterliegt, ist für Kapitalgesellschaften in § 266 Abs. 2 HGB ein Gliederungsschema vorgegeben. Dieses ist für große und mittelgroße Kapitalgesellschaften als *Mindestgliederung* zwingend vorgeschrieben; für kleine Kapitalgesellschaften gibt § 266 Abs. 1 HGB hingegen die Möglichkeit, ein vereinfachtes Schema zugrundezulegen. Da dieses die Struktur der Bilanz besser erkennen läßt, werden zunächst die wichtigsten Bilanzpositionen anhand der in Abbildung 46 dargestellten Gliederung für kleine Kapitalgesellschaften erläutert; das verfeinerte Gliederungsschema für große und mittlere Kapitalgesellschaften wird im Anschluß daran behandelt.

Die Bilanz ist in Kontenform darzustellen. Die *Aktivseite* besteht aus den Hauptpositionen Anlagevermögen, Umlaufvermögen und Rechnungsabgrenzungsposten. Bei den Gegenständen des *Anlagevermögens* unterscheidet man:

(1) Zu den *immateriellen Vermögensgegenständen* gehören insbesondere Rechte wie Patente und Lizenzen, sowie ein entgeltlich erworbener Firmenwert.

(2) *Sachanlagen* sind materielle Vermögensgegenstände wie Grundstücke und Gebäude, technische Anlagen und Maschinen sowie die Betriebs- und Geschäftsausstattung.

(3) *Finanzanlagen* sind langfristige Kredite, die das Unternehmen gewährt hat, und Wertpapiere des Anlagevermögens, d.h. Aktien und Schuldverschreibungen, die für einen längeren Zeitraum gehalten werden sollen. Weiter gehören dazu Beteiligungen an anderen Unternehmen.

Zum *Umlaufvermögen* gehören folgende Positionen:

(1) *Vorräte* sind Bestände von Roh-, Hilfs- und Betriebsstoffen, von unfertigen Erzeugnissen sowie von fertigen Erzeugnissen und Waren.

(2) *Forderungen aus Lieferungen und Leistungen* entstehen, wenn das bilanzierende Unternehmen Leistungen an Kunden bereits erbracht haben, das vereinbarte Entgelt von diesen jedoch noch nicht gezahlt worden ist. Als *sonstige Vermögensgegenstände* werden solche Gegenstände des Umlaufvermögens verbucht, die keiner anderen Position zuzuordnen sind. Hierzu zählen u.a. Darlehen, Gehaltsvorschüsse, Schadensersatzansprüche, Kautionen sowie

3.2 Handelsrechtliche Bilanzierungsvorschriften

GmbH- und Genossenschaftsanteile, die nicht auf Dauer gehalten werden sollen. Der Betrag von Forderungen mit einer Restlaufzeit von mehr als einem Jahr ist wegen der geringeren Liquidität gemäß § 268 Abs. 1 HGB getrennt auszuweisen.

Aktivseite:

A. Anlagevermögen
    I. Immaterielle Vermögensgegenstände
    II. Sachanlagen
    III. Finanzanlagen

B. Umlaufvermögen
    I. Vorräte
    II. Forderungen und sonstige Vermögensgegenstände
    III. Wertpapiere
    IV. Schecks, Kassenbestand, Bundesbank- und Postgiroguthaben, Guthaben bei Kreditinstituten

C. Rechnungsabgrenzungsposten

Passivseite:

A. Eigenkapital
    I. Gezeichnetes Kapital
    II. Kapitalrücklage
    III. Gewinnrücklage
    IV. Gewinnvortrag/Verlustvortrag
    V. Jahresüberschuß/Jahresfehlbetrag

B. Rückstellungen

C. Verbindlichkeiten

D. Rechnungsabgrenzungsposten

Abb. 46: Bilanzgliederung für kleine Kapitalgesellschaften

(3) Zu den *Wertpapieren* zählen neben Anteilen an verbundenen Unternehmen, die nicht auf Dauer gehalten werden sollen, und eigenen Anteilen insbesondere Wertpapiere, die zur kurzfristigen Anlage liquider Mittel gehalten werden.

(4) Als *liquide Mittel* werden Bargeldbestände, Guthaben bei der Bundesbank bzw. den Landeszentralbanken, bei der Postbank und bei Kreditinstituten sowie zahlungshalber erhaltene Schecks angesehen.

Auf der Aktivseite der Bilanz sind als *Rechnungsabgrenzungsposten* Ausgaben vor dem Bilanzstichtag auszuweisen, die Aufwand für eine bestimmte Zeit nach diesem darstellen (§ 250 Abs. 1 HGB), d.h. transitorische Posten. Hierzu zählen auch als Aufwand zu berücksichtigende Zölle, Verbrauchssteuern und Umsatzsteuern, soweit sie auf die am Abschlußstichtag auszuweisenden Vermögensgegenstände entfallen, sowie das Disagio bei der Aufnahme einer Verbindlichkeit.

Unter den Positionen "Immaterielle Vermögensgegenstände des Anlagevermögens", "Sachanlagen" und "Vorräte" sind auch *Anzahlungen* auszuweisen, die zum Erwerb derartiger Vermögensgegenstände geleistet worden sind.

Die *Passivseite* umfaßt als Hauptpositionen Eigenkapital, Rückstellungen, Verbindlichkeiten und Rechnungsabgrenzungsposten.

Während sich das *Eigenkapital* bei personenbezogenen Unternehmen als Saldo zwischen der Summe der Aktiva und der Summe der Schulden ergibt, ist diese Position bei Kapitalgesellschaften in feste und variable Bestandteile aufgegliedert: Als fester Eigenkapitalbestandteil ist das *gezeichnete Kapital* auszuweisen, das in der Satzung der Gesellschaft festgelegt und in das Handelsregister eingetragen ist. Bei Aktiengesellschaften wird das gezeichnete Kapital als Grundkapital, bei Gesellschaften mit beschränkter Haftung als Stammkapital bezeichnet. Das variable Eigenkapital umfaßt die Rücklagen, den Gewinnvortrag und den Jahresüberschuß. Bei den *Rücklagen* unterscheidet man zwischen Kapitalrücklagen und Gewinnrücklagen. Unter Kapitalrücklagen werden Beträge erfaßt, die die Anteilseigner einer Kapitalgesellschaft über das gezeichnete Kapital hinaus an das Unternehmen ohne Anspruch auf Rückzahlung leisten. Hierzu gehören das Agio bei der Ausgabe von Anteilen, das Agio bei der Ausgabe von Wandelschuldverschreibungen und Optionsanleihen und Zuzahlungen, die Gesellschafter in das Eigenkapital leisten.

Während die Kapitalrücklage durch Zahlungen der Gesellschafter gespeist wird, werden die *Gewinnrücklagen* aus einbehaltenen Gewinnen gebildet. Hierbei sind vier Fälle zu unterscheiden:

(1) Bei Aktiengesellschaften ist aufgrund von § 150 Abs. 1 u. 2 AktG eine *gesetzliche Rücklage* zu bilden, in die fünf Prozent des Jahresüberschusses (verringert um einen Verlustvortrag aus dem Vorjahr) einzustellen sind, bis die gesetzliche Rücklage und die Kapitalrücklage zusammen zehn Prozent des Grundkapitals erreichen.

3.2 Handelsrechtliche Bilanzierungsvorschriften

(2) Hält eine Kapitalgesellschaft eigene Anteile, dann ist für diese gemäß § 272 Abs. 4 HGB eine *Rücklage für eigene Anteile* in Höhe des auf der Aktivseite für die eigenen Anteile anzusetzenden Betrags auszuweisen. Eine solche Rücklage ist auch dann zu bilden, wenn eine Gesellschaft Anteile an einem herrschenden oder mit Mehrheit beteiligten Unternehmen besitzt.

(3) Die Bildung weiterer Rücklagen, die aus dem Ergebnis des Geschäftsjahres zu speisen sind, kann in der Satzung der Gesellschaft vorgeschrieben werden (*satzungsmäßige Rücklagen*).

(4) *Freie Rücklagen* werden durch Beschluß der zuständigen Organe der Gesellschaft bei der Entscheidung über die Verwendung des Jahresüberschusses gebildet.

Neben dem Grundkapital und den Rücklagen gehören zu den Eigenkapitalpositionen der Kapitalgesellschaften noch der *Gewinnvortrag* und der *Jahresüberschuß*. Während sich das Grundkapital, die Rücklagen und der Gewinnvortrag aus den entsprechenden Positionen der Eröffnungsbilanz ergeben, ist der Jahresüberschuß bzw. der Verlust ein sich aus der Bilanzgleichung ergebender definitorischer Ausgleichsposten, der sicherstellt, daß die Summe der Aktiva gleich der Summe der Passiva ist.

Stellen Vorstand und Aufsichtsrat gemäß § 57 AktG bei der Feststellung des Jahresabschlusses einen Teil des Jahresüberschusses in die Rücklagen ein, dann ist die Gliederung der Eigenkapitalpositionen zu modifizieren: Die Einstellungen in die Rücklagen werden dann bereits bei der Aufstellung der Bilanz berücksichtigt, in diesem Fall tritt an die Stelle des Jahresüberschusses und des Gewinnvortrags der Bilanzgewinn. Dieser ist wie folgt definiert:

	Jahresüberschuß
./.	Einstellung in die Rücklagen
±	Gewinn- bzw. Verlustvortrag
=	Bilanzgewinn

Während Rücklagen Teil des Eigenkapitals einer Kapitalgesellschaft sind, handelt es sich bei *Rückstellungen* um Bilanzpositionen, die der periodengerechten Verrechnung von Aufwendungen dienen; sie ordnen der Abrechnungsperiode künftige Belastungen zu, die durch die Tätigkeit in diesem oder einem früheren Geschäftsjahr verursacht worden sind und hinsichtlich ihres Eintretens oder ihrer Höhe nicht völlig sicher sind. Obwohl sich das nicht in den Gliederungsvorschriften niederschlägt, kennt das deutsche Bilanzrecht zwei Klassen von Rückstellungen, Verbindlichkeitsrückstellungen und Aufwandrückstellungen.

Aktivseite:
A. Anlagevermögen
   I. Immaterielle Vermögensgegenstände
      1. Konzessionen, gewerbliche Schutzrechte und ähnliche Rechte und Werte sowie Lizenzen an solchen Rechten und Werten
      2. Geschäfts- und Firmenwert
      3. Geleistete Anzahlungen
   II. Sachanlagen
      1. Grundstücke, grundstücksgleiche Rechte und Bauten einschließlich der Bauten auf fremden Grundstücken
      2. Technische Anlagen und Maschinen
      3. Andere Anlagen, Betriebs- und Geschäftsausstattung
      4. Geleistete Anzahlungen und Anlagen im Bau
   III. Finanzanlagen
      1. Anteile an verbundenen Unternehmen
      2. Ausleihungen an verbundene Unternehmen
      3. Beteiligungen
      4. Ausleihungen an Unternehmen, mit denen ein Beteiligungsverhältnis besteht
      5. Wertpapiere des Anlagevermögens
      6. Sonstige Ausleihungen
B. Umlaufvermögen
   I. Vorräte
      1. Roh-, Hilfs- und Betriebsstoffe
      2. Unfertige Erzeugnisse, unfertige Leistungen
      3. Fertige Erzeugnisse und Waren
      4. Geleistete Anzahlungen
   II. Forderungen und sonstige Vermögensgegenstände
      1. Forderungen aus Lieferungen und Leistungen
      2. Forderungen gegen verbundene Unternehmen
      3. Forderungen gegen Unternehmen, mit denen ein Beteiligungsverhältnis besteht
      4. Sonstige Vermögensgegenstände
   III. Wertpapiere
      1. Anteile an verbundenen Unternehmen
      2. Eigene Anteile
      3. Sonstige Wertpapiere
   IV. Schecks, Kassenbestand, Bundesbank- und Postgiroguthaben, Guthaben bei Kreditinstituten
C. Rechnungsabgrenzungsposten

Abb. 47: Bilanzgliederung für große und mittelgroße Kapitalgesellschaften

Passivseite
A. Eigenkapital
   I. Gezeichnetes Kapital
   II. Kapitalrücklage
   III. Gewinnrücklage
      1. Gesetzliche Rücklage
      2. Rücklage für eigene Anteile
      3. Satzungsmäßige Rücklage
      4. Andere Gewinnrücklagen
   IV. Gewinnvortrag/Verlustvortrag
   V. Jahresüberschuß/Jahresfehlbetrag
B. Rückstellungen:
   1. Rückstellungen für Pensionen und ähnliche Verpflichtungen
   2. Steuerrückstellungen
   3. Sonstige Rückstellungen
C. Verbindlichkeiten
   1. Anleihen, davon konvertibel
   2. Verbindlichkeiten gegenüber Kreditinstituten
   3. Erhaltene Anzahlungen auf Bestellungen
   4. Verbindlichkeiten aus Lieferungen und Leistungen
   5. Verbindlichkeiten aus der Annahme gezogener Wechsel und der Ausstellung eigener Wechsel
   6. Verbindlichkeiten gegenüber verbundenen Unternehmen
   7. Verbindlichkeiten gegenüber Unternehmen, mit denen ein Beteiligungsverhältnis besteht
   8. Sonstige Verbindlichkeiten
      - davon aus Steuern
      - davon im Rahmen der sozialen Sicherheit
D. Rechnungsabgrenzungsposten

Abb. 47: (Fortsetzung)

- *Verbindlichkeitsrückstellungen* sind Schulden des Unternehmens, die dem Grunde nach bestehen oder mit deren Eintritt mit einer gewissen Wahrscheinlichkeit zu rechnen ist, bei denen aber Unsicherheit über den Gläubiger, den Zeitpunkt der Fälligkeit oder ihre Höhe bestehen. Beispiele für Verbindlichkeitsrückstellungen sind Rückstellungen für Pensionsverpflichtungen und Rückstellungen für Garantieleistungen und Gewährleistungen, die ohne rechtliche Verpflichtung erbracht werden. Zu den Verbindlichkeitsrückstellungen sind auch Rückstellungen für drohende Verluste zu zählen.

- *Aufwandrückstellungen* sind antizipatorische Rechnungsabgrenzungsposten, die für Aufwendungen gebildet werden, die dem laufenden oder einem früheren Geschäftsjahr zuzuordnen sind, aber erst später zu Auszahlungen oder Kosten führen, und hinsichtlich ihrer Höhe oder des Zeitpunkts ihres Eintritts unbestimmt sind. Zu den Aufwandrückstellungen zählen auch die Aufwendungen für unterlassene Instandhaltung oder Abraumbeseitigung.

Verbindlichkeiten sind rechtliche Verpflichtungen, bestimmte Beträge zu bestimmten Zeitpunkten an bestimmte Gläubiger zu zahlen. Gemäß § 268 Abs. 5 HGB ist der Betrag von Verbindlichkeiten mit einer Restlaufzeit unter einem Jahr gesondert auszuweisen.

Schließlich sind als *passive Rechnungsabgrenzungsposten* Einzahlungen der Periode, die erst in der Folgeperiode zu Erträgen werden, auszuweisen.

Während für kleine Kapitalgesellschaften die in Abbildung 46 wiedergegebene Gliederung ausreicht, müssen *große und mittelgroße Kapitalgesellschaften* die einzelnen Bilanzpositionen entsprechend dem in Abbildung 47 wiedergegebenen Schema weiter aufgliedern.

Insbesondere ist bei den *Sachanlagen* zwischen Grundstücken und Gebäuden, technischen Anlagen und Maschinen sowie anderen Anlagen und der Betriebs- und Geschäftsausstattung zu differenzieren. *Vorräte* sind nach dem Ablaufprinzip in Roh-, Hilfs- und Betriebsstoffe, in unfertige Erzeugnisse und Leistungen sowie in Erzeugnisse und Waren zu gliedern. *Anzahlungen* auf Sachanlagen, immaterielle Vermögensgegenstände und Vorräte sind unter den betreffenden Positionen gesondert auszuweisen. Bei Finanzanlagen, Forderungen, Wertpapieren und bei Verbindlichkeiten sind die finanziellen Beziehungen zu verbundenen Unternehmen und zu Unternehmen, mit denen ein Beteiligungsverhältnis besteht, offenzulegen. Wird ein *derivativer Firmenwert*, d.h. die Differenz zwischen dem Kaufpreis eines Unternehmens und dem Buchwert der Aktiva vermindert um die übernommenen Schulden, aktiviert, dann ist dieser bei den immateriellen Vermögensgegenständen getrennt von den Konzessionen, Patenten und Lizenzen aufzuführen.

3.2 Handelsrechtliche Bilanzierungsvorschriften

Bei den *Rückstellungen* ist zwischen Rückstellungen für Pensionsverpflichtungen, Steuerrückstellungen und sonstigen Rückstellungen zu differenzieren. Steuerrückstellungen sind z.b. für Steuern und Abgaben zu bilden, die für das Geschäftsjahr zu zahlen sind, deren Höhe aber noch nicht feststeht, weil der Gewinnverteilungsbeschluß noch nicht gefaßt wurde; sie sind ebenfalls für das Risiko zu bilden, daß bei einer Betriebsprüfung mit Steuernachzahlungen zu rechnen ist. Unter sonstigen Rückstellungen sind sowohl Aufwandrückstellungen als auch die übrigen Verbindlichkeitsrückstellungen zu erfassen.

Unter Verbindlichkeiten sind Anleihen, die sich aus Kapitalverflechtungen ergebenden Verbindlichkeiten, Verbindlichkeiten gegenüber Kreditinstituten, erhaltene Anzahlungen, Wechselverbindlichkeiten, Verbindlichkeiten aus Lieferungen und Leistungen sowie sonstige Verbindlichkeiten gesondert auszuweisen. Unter den onstigen Verbindlichkeiten sind auch Steuerverbindlichkeiten und Verbindlichkeiten im Rahmen der sozialen Sicherheit, d.h. Verbindlichkeiten gegenüber den Sozialversicherungsträgern, gesondert aufzuführen.

Aufgrund von § 266 Abs. 1 HGB ist für Gegenstände des Anlagevermögens nicht nur der Bestand am Bilanzstichtag, sondern auch die Entwicklung der einzelnen Posten auszuweisen. Dieser *Anlagenspiegel* ist für jede einzelne Position wie folgt aufgebaut:

    Anschaffungs- und Herstellungskosten
+   Zugänge
./. Abgänge
±   Umbuchungen
./. kumulierte Abschreibungen
─────────────────────────────────────
=   Bestand

Daneben müssen die *Abschreibungen* des Geschäftsjahrs gesondert ausgewiesen werden. Der Anlagenspiegel kann entweder in der Bilanz neben den einzelnen Positionen des Anlagevermögens oder tabellarisch im Anhang wiedergegeben werden.

Das Gliederungsschema des § 266 HGB für große und mittelgroße Kapitalgesellschaften bzw. das vereinfachte Schema für kleine Kapitalgesellschaften fordert lediglich eine *Mindestgliederung*; eine tiefere Gliederung ist zulässig, falls nicht durch eine zu breite Auffächerung das Prinzip der Bilanzklarheit verletzt wird. Darüber hinaus können sich aus Ansatzwahlrechten, die das Handelsrecht ausdrücklich gewährt, weitere Bilanzpositionen ergeben, auf die in Abschnitt 3.2.2 über den Bilanzansatz dem Grunde nach eingegangen wird.

3.2.1.3 Das angelsächsische Gliederungsschema

Zunächst wird ergänzend ein Überblick über die Bilanzgliederung nach den Generally Accepted Accounting Principles gegeben, die in der Abbildung 48 wiedergegeben ist (vgl. FÖRSCHLE / KRONER / MANDLER [1994]; S. 9).

Entsprechend dem Grundsatz, daß der Inhalt der Bilanz wichtiger als deren äußere Form ist (*substance over form*), kennen die GAAP im Gegensatz zum deutschen Bilanzrecht keine bindenden Gliederungsvorschriften.

Allgemein ist festzustellen, daß das Balance Sheet weniger aufgegliedert wird als die Bilanz deutscher Kapitalgesellschaften. Sowohl die Aktiva (Assets) als auch die Passiva (Liabilities and Stockholders' Equity) werden strikt nach abnehmender Liquidierbarkeit bzw. Fälligkeit angeordnet; auf den Ausweis von Kapitalverflechtungen wird verzichtet.

Die Aktiva werden in *Current Assets* (Umlaufvermögen), *Non-Current Assets* bzw. *Fixed Assets* (Anlagevermögen) und *Other Assets* (Andere Vermögensgegenstände) gegliedert. Als Abgrenzung zwischen "Current Assets" und "Fixed Assets" dient ausschließlich die Bindungsdauer: Zu den Fixed Assets zählen alle materiellen Gegenstände, die der betrieblichen Tätigkeit länger als ein Geschäftsjahr dienen. Alle nicht-betriebsnotwendigen Vermögensgegenstände sind unter "Other Assets" auszuweisen.

Auf der Passivseite werden zunächst die Verbindlichkeiten, gegliedert in "*Current Liabilities*" (Kurzfristige Verbindlichkeiten) mit einer Laufzeit von weniger als einem Geschäftsjahr und "*Long-term Liabilities*" (langfristige Verbindlichkeiten) aufgeführt; langfristige Verbindlichkeiten müssen im Jahr vor ihrer Fälligkeit umgebucht und als kurzfristige Verbindlichkeiten ausgewiesen werden.

Den Rückstellungen entsprechen *Accrued Liabilities* und *Contingent Liabilities*. Während bei "Accrued Liabilities" wie bei Verbindlichkeitsrückstellungen eine Verbindlichkeit bereits dem Grunde nach besteht, jedoch Unsicherheit über deren Höhe oder deren Gläubiger besteht, entsprechen "Contingent Liabilities" den Rückstellungen für drohende Verluste. Accrued Liabilities dürfen nur dann ausgewiesen werden, wenn eine Verpflichtung gegenüber Dritten besteht oder mit hinreichender Sicherheit zu erwarten ist. Da betriebliche Zusagen zur Altersversorgung in den Vereinigten Staaten meist über rechtlich selbständige Pensionsfonds finanziert werden, sind in der Regel keine Rückstellungen für Pensionsverpflichtungen zu bilden. Über Pensionszusagen hinausgehende Pensionsnebenpflichten – wie z.B. Verpflichtungen zur betrieblichen Gesundheitsfürsorge (post retirement health care costs) – sind hingegen als *Postretirement benefits* gesondert auszuweisen.

Assets	Aktiva (Vermögensgegenstände)
Current assets	Umlaufvermögen
Cash and cash equivalents	Liquide Mittel
Marketable securities	Wertpapiere des Umlaufvermögens
Accounts receivable	Forderungen
Inventories	Lagerbestände
Deferred income tax asset	Aktive latente Steuern
Prepaid expenses	Vorauszahlungen
Non-current assets	Anlagevermögen
Property, plant and equipment	Materielle Vemögensgegenstände
Land and land improvements	Grundstücke
Buildings	Gebäude
Machinery and equipment	Maschinen, Geschäftsausstattung
Intangible assets	Immaterielle Vermögensgegenstände
Long term investments	Langfristige Beteiligungen
Other assets	Andere Vermögensgegenstände
Liabilities and Stockholders' Equity	**Passiva (Schulden und Eigenkapital)**
Liabilities	Verbindlichkeiten
Current liabilities	Kurzfristige Verbindlichkeiten
Short term borrowings	Kurzfristige Kredite
Current portion of long-term dept	Kurzfristig fälliger Teil langfristiger Schulden
Accounts payable	Lieferantenkredite
Income taxes	Einkommensteuern
Accrued & contingent liabilities	Rückstellungen
Long term debts (less current portion)	Langfristige Schulden (ohne kurzfristigen Anteil)
Deferred income tax	Passive latente Steuern
Post retirement benefits other than pensions	Pensionsnebenleistungen
Other liabilities	Sonstige Verbindlichkeiten
Stockholders' equity	Eigenkapital
Preferred stock	Vorzugsaktienkapital
Common stock	Grundkapital
Additional paid-in capital	Kapitalrücklagen
Retained Earnings	Gewinnrücklagen

Abb. 48: Balance Sheet nach GAAP

Die Positionen *Deferred income taxes* auf der Aktiv- und der Passivseite ergeben sich aus Unterschieden im Gewinnausweis der Handels- und der Steuerbilanz. Auf diese *latenten Steuern,* die durch das Bilanzrichtliniengesetz von 1985 auch in das deutsche Bilanzrecht übernommen wurden, wird im folgenden Abschnitt bei der Behandlung der Bilanzierungsfähigkeit eingegangen.

3.2.2 Der Bilanzansatz dem Grunde nach

Nachdem im vorigen Abschnitt der formale Aufbau der Bilanz dargestellt wurde, ist nun die Frage zu klären, welche Sachverhalte in der Bilanz darzustellen sind und welcher der vorgegebenen Bilanzpositionen sie zuzurechnen sind. Dieses Problem des *Bilanzansatzes dem Grunde* nach zerfällt in folgende Teilprobleme:

(1) *Bilanzierungsfähigkeit*: Welche Tatbestände *können* in die Bilanz aufgenommen werden?

(2) *Bilanzierungspflicht*: Welche Sachverhalte *müssen* in der Bilanz dargestellt werden?

(3) *Bilanzierungsverbot*: Welche Tatbestände *dürfen nicht* in der Bilanz erfaßt werden?

(4) *Bilanzierungswahlrecht*: Bei welchen Sachverhalten darf der Bilanzierende *entscheiden*, ob er sie in die Bilanz aufnimmt oder nicht?

3.2.2.1 Bilanzierungsfähigkeit

3.2.2.1.1 Bilanztheoretische Grundlagen

Wie im Abschnitt 2.2.2.1 dargelegt wurde, geht die *statische Bilanztheorie* davon aus, daß in der Bilanz das Vermögen des Unternehmens seinen Schulden gegenübergestellt und das Eigenkapital als Saldo berechnet wird. Schulden werden als künftige Zahlungsverpflichtungen angesehen. *Verbindlichkeiten* sind Zahlungen, die in der Zukunft mit Sicherheit an bestimmte Gläubiger geleistet werden; *Rückstellungen* sind hingegen künftige Zahlungsverpflichtungen, die zwar im Bilanzierungszeitpunkt bereits dem Grunde nach bestehen, bei denen jedoch noch Unsicherheit bezüglich der Höhe, der Fälligkeit oder der Gläubiger besteht.

Das *Vermögen* wird als *Deckungspotential* angesehen, das die Tilgung der Schulden gewährleisten soll. Geht man davon aus, daß die Rückzahlung der Schulden im ungünstigsten Fall durch Veräußerung einzelner Vermögensgegenstände erfolgen soll, dann müssen diese einzeln veräußerbar sein. Will man das Schuldendeckungspotential in einer einzigen Zahl, dem Wert aller Vermögensgegenstände, ausdrücken, dann muß man diese bewerten. Die Statik fordert daher, daß Vermö-

3.2 Handelsrechtliche Bilanzierungsvorschriften

gensgegenstände verkehrsfähig sind und daß sie einzeln bewertet werden können. Diese Kriterien sind unabhängig von dem rechtlichen Eigentum an einem Gegenstand. Das Unternehmen muß ihn lediglich veräußern oder zumindest nutzen können, d.h. er muß in seinem wirtschaftlichen Eigentum stehen. So ist z.B. der Verpächter rechtlich Eigentümer eines Gebäudes, das auf einem verpachteten Grundstück errichtet ist, da Bauten wesentliche Bestandteile der Grundstücke sind, auf denen sie stehen (§ 93f. BGB). Das Gebäude gehört jedoch zu dem wirtschaftlichen Eigentum des pachtenden Unternehmens und ist von diesem zu aktivieren, wenn es berechtigt ist, das Gebäude während der Pachtdauer uneingeschränkt zu nutzen. Ebenso ist beim Operate Leasing der Leasingnehmer wirtschaftlicher Eigentümer des Leasing-Gegenstandes und hat diesen zu aktivieren.

Wie im Abschnitt 2.2.3 gezeigt wurde, hat die Bilanz nach der *dynamischen Bilanzauffassung* die Aufgabe, zeitliche Verwerfungen zwischen Zahlungs- und Erfolgsströmen zu erfassen, um Aufwendungen und Erträge den Perioden zurechnen zu können, in denen sie entstanden sind. Aktiva werden als Auszahlungen oder Aufwendungen der Vergangenheit angesehen, denen zukünftige Einzahlungen oder Erträge gegenüberstehen. Ebenso werden Passiva als Einzahlungen oder Aufwendungen der Vergangenheit interpretiert, die in Zukunft zu Auszahlungen oder Erträgen führen. Weiter wurde dargelegt, daß Aktiva dadurch charakterisiert sind, daß ihnen prinzipiell Auszahlungen in der Vergangenheit und Einzahlungen in der Zukunft zugeordnet werden können. Ebenso kann man den Passiva grundsätzlich Einzahlungen in der Vergangenheit zuordnen, denen künftige Auszahlungen gegenüberstehen.

Daraus folgt für die Frage, ob ein Sachverhalt zu bilanzieren ist, daß

(1) die Bilanzierung der Periodenabgrenzung dienen muß,

(2) die Aktivierung erfordert, daß grundsätzlich Auszahlungen in der Vergangenheit und Einzahlungen in der Zukunft zurechenbar sind, die Passivierung hingegen voraussetzt, daß prinzipiell Einzahlungen in der Vergangenheit künftige Auszahlungen gegenüberstehen.

Nach dem Vorsichtsprinzip ist eine Aktivierung nur dann möglich, wenn einem Aktivposten künftige Einzahlungen mit hinreichender Sicherheit zugeordnet werden können; eine Passivierung ist bereits dann angebracht, wenn künftige Auszahlungen absehbar sind. Diese Interpretation der Aktiva und der Passiva ist weiter als die statischen Begriffe des Vermögensgegenstandes und der Schulden. Nach dynamischer Auffassung können zusätzlich folgende Positionen bilanziert werden:

- Rechnungsabgrenzungsposten
- Aufwandrückstellungen

- Wertberichtigungen
- derivativer Firmenwert
- Kosten der Ingangsetzung und Erweiterung des Geschäftsbetriebs

3.2.2.1.2 Bilanzierungsfähigkeit nach Handelsrecht

Bei genauer Betrachtung ist festzustellen, daß das HGB sich nicht eindeutig für die statische Interpretation der Bilanz entscheidet: Einerseits wird die Bilanz in § 242 Abs. 1 HGB im statischen Sinne als eine Aufstellung des Vermögens und der Schulden definiert, andererseits werden explizit einige Positionen als bilanzierungsfähig aufgeführt, obwohl deren Bilanzierungsfähigkeit bei statischer Interpretation zweifelhaft ist oder nur mit Hilfe dynamischer Überlegungen gerechtfertigt werden kann. So werden im Rahmen der *rechtsformunabhängigen Vorschriften* folgende Fälle geregelt:

(1) Rechnungsabgrenzungsposten: § 250 HGB

(2) Rückstellungen: § 249 HGB

(3) derivativer Firmenwert: § 255 Abs. 4 HGB

(4) Sonderposten mit Rücklageanteil: § 247 Abs. 3 HGB

Nach § 250 HGB sind sowohl aktive als auch passive *transitorische Rechnungsabgrenzungsposten* auszuweisen. Aktive Rechnungsabgrenzungsposten sind Auszahlungen vor dem Abschlußstichtag, die Aufwand für eine bestimmte Zeit nach diesem Tag darstellen, d.h. Anfang und Ende des Zeitraums, in dem die Aufwendungen anfallen, müssen prinzipiell kalendermäßig bestimmt sein.

In § 250 HGB wird klargestellt, daß auch folgende Fälle als Rechnungsabgrenzungsposten anzusehen sind:

- als Aufwand verbuchte Zölle und Verbrauchsteuern, soweit sie auf zu aktivierende Vermögensgegenstände des Vorratsvermögens entfallen (§ 250 Abs. 1 Satz 3 Nr. 1 HGB)
- als Aufwand berücksichtigte Umsatzsteuer auf erhaltene Anzahlungen (§ 250 Abs. 1 Satz 3 Nr. 2 HGB)
- das Agio auf Verbindlichkeiten (§ 250 Abs. 3 HGB)

In den beiden ersten Fällen ist diese Klarstellung erforderlich, weil am Bilanzstichtag nicht genau feststeht, wann die Vorräte eingesetzt werden und damit deren Anschaffungskosten – sowie die damit verbundenen Steuerzahlungen – zu Aufwand werden. Auf die Möglichkeit, das Agio als Rechnungsabgrenzungsposten zu aktivieren, wird deshalb ausdrücklich verwiesen, weil sich der entsprechende Aufwand in der Regel über mehrere Abrechnungsperioden erstreckt.

Als passive Rechnungsabgrenzungsposten sind gemäß § 250 Abs. 2 HGB Einzahlungen auszuweisen, die vor dem Bilanzstichtag erfolgt sind, denen ein Ertrag aber erst nach einem bestimmten Zeitraum gegenübersteht.

Antizipatorische Posten sind nicht als Rechnungsabgrenzungsposten, sondern als sonstige Forderungen, sonstige Verbindlichkeiten oder Rückstellungen zu bilanzieren.

Da Rechnungsabgrenzungsposten ausschließlich der Periodenabgrenzung dienen und ihnen keine selbständig verwertbaren Vermögensgegenstände bzw. Zahlungsverpflichtungen gegenüberstehen, lassen sie sich nicht statisch, sondern ausschließlich dynamisch erklären.

Rückstellungen lassen sich immer dynamisch interpretieren, weil sie künftige Auszahlungen als Aufwendungen der Periode zurechnen, in denen sie verursacht wurden. Nach statischer Auffassung sind Rückstellungen hingegen Schulden, bei denen Unsicherheit über die Höhe, den Gläubiger oder den Zeitpunkt der Fälligkeit besteht. Von den in § 249 HGB aufgezählten Fällen von Rückstellungen können lediglich die folgenden in Abs. 1 Satz 1 aufgeführten als ungewisse Schulden angesehen werden:

- *Rückstellungen für ungewisse Verbindlichkeiten*

  Zu diesen zählen z.B. Rückstellungen für Pensionsverpflichtungen, Rückstellungen für Garantieleistungen oder Rückstellungen für Bergschäden.

- *Rückstellungen für drohende Verluste aus schwebenden Geschäften*

  Verträge sind grundsätzlich nicht bilanzierungsfähig, da davon ausgegangen werden kann, daß Leistungen und Gegenleistungen in einem ausgewogenen Verhältnis zueinander stehen. Wird im Laufe der Abwicklung langfristiger Geschäfte diese Ausgeglichenheit durch Lieferstörungen oder Wertveränderungen gestört, dann ist wegen des Vorsichtsprinzips ein daraus resultierender Verpflichtungsüberschuß zu passivieren, indem eine Rückstellung für drohende Verluste aus schwebenden Geschäften gebildet wird.

Neben diesen Rückstellungen, denen rechtliche Verpflichtungen gegenüberstehen, können folgende Rückstellungen gebildet werden, die nur dynamisch zu interpretieren sind, weil ihnen am Bilanzstichtag keine rechtliche Verpflichtung entspricht:

- Rückstellungen für Gewährleistungen, die ohne rechtliche Verpflichtung erbracht werden (§ 249 Abs. 1 Satz 2 Nr. 2 HGB)

Derartige Gewährleistungen sind z.b. freiwillige Kulanzleistungen eines Herstellers oder Lieferanten von dauerhaften Konsumgütern oder Maschinen und Anlagen bei Störungen und Reparaturen, die nach Ablauf einer Garantiefrist auftreten.

Rückstellungen für im Geschäftsjahr unterlassene Aufwendungen für Instandhaltung oder Abraumbeseitigung (§ 249 Abs. 1 Satz 2 Nr. 1 und Abs. 1 Satz 3) HGB.

Diesen stehen am Bilanzstichtag keine Zahlungsverpflichtungen gegenüber; sie dienen vielmehr der Rechnungsabgrenzung, da die Instandhaltungsmaßnahmen bzw. die Abraumbeseitigung durch die betriebliche Tätigkeit des Geschäftsjahrs verursacht sind, auch wenn sie erst im kommenden Geschäftsjahr zu Auszahlungen bei Durchführung durch Dritte oder zu Kosten bei innerbetrieblichen Maßnahmen führen.

- Rückstellungen für ihrer Eigenart nach genau umschriebene Aufwendungen, die dem Geschäftsjahr oder früheren Perioden zuzurechnen sind und die am Bilanzstichtag wahrscheinlich oder sicher, aber hinsichtlich ihrer Höhe oder des Zeitpunkts ihres Eintritts unbestimmt sind. Als Beispiele hierfür sind Rückstellungen für Großreparaturen oder für den Abbruch von Anlagen zu nennen.

Nach § 255 Abs. 4 HGB darf die Differenz zwischen der bei dem Kauf eines ganzen Unternehmens vereinbarten Gegenleistung und dem Buchwert des Unternehmens als *Geschäfts- oder Firmenwert* aktiviert werden. In statischer Sicht werden bei der Veräußerung ganzer Unternehmen stille Reserven aufgedeckt und objektiviert, wenn der Kaufpreis des Unternehmens über dem nach handelsrechtlichen Grundsätzen ermittelten Buchwert liegt. Wegen der Bilanzidentität ist eine Neubewertung der Bilanzpositionen, durch die der Wert der Aktiva so erhöht wird bzw. die Rückstellungen so reduziert werden, daß der Buchwert des Unternehmens mit dem Kaufpreis übereinstimmt, nicht zulässig; darüber hinaus wäre eine Aufteilung des Firmenwerts auf die einzelnen Bilanzpositionen faktisch nicht möglich. Das Gesamtvermögen wird daher durch einen eigenen Aktivposten "Geschäfts- oder Firmenwert" an den Kaufpreis angeglichen. Gegen eine solche Auffassung ist jedoch einzuwenden, daß der Firmenwert nicht einzeln veräußerbar ist und damit kein Vermögensgegenstand sein kann.

Nach dynamischer Auffassung wäre der Firmenwert ein transitorischer Abgrenzungsposten: Die Auszahlungen bei Erwerb des Unternehmens sollen künftige Erträge ermöglichen. Ein Teil dieser Erträge wird den einzelnen Bilanzpositionen nach den handelsrechtlichen Bewertungsvorschriften zugeordnet, der verbleibende Teil wird selbständig aktiviert. Damit wird ein Konzept, das ursprünglich zur

Erklärung einzelner Positionen der Bilanz entwickelt wurde, auf die Bewertung des gesamten Unternehmens übertragen.

Da sich die Aktivierung des derivativen Firmenwerts weder mit der statischen noch mit der dynamischen Bilanztheorie befriedigend begründen läßt, wird sie in § 255 Abs. 4 HGB ausdrücklich zugelassen.

Sonderposten mit Rücklageanteil sind Positionen, die weder bilanztheoretisch zu begründen sind noch aus den Grundsätzen ordnungsmäßiger Bilanzierung hergeleitet werden können, sie dienen ausschließlich steuerrechtlichen Zwecken, insbesondere der Umkehrung der Maßgeblichkeit: Um bestimmte steuerliche Vergünstigungen in Anspruch nehmen zu können, die an die Bildung von Rücklagen oder Wertberichtigungen in der Steuerbilanz geknüpft sind, müssen entsprechende Positionen auch in der Handelsbilanz ausgewiesen werden. Das wird durch § 247 Abs. 3 HGB ermöglicht: "Passivposten, die für Zwecke der Steuern vom Einkommen und vom Ertrag zulässig sind, dürfen in der Bilanz gebildet werden. Sie sind als Sonderposten mit Rücklageanteil auszuweisen und nach Maßgabe des Steuerrechts aufzulösen."

Um die Bedeutung dieser Position klar zu machen, werden zunächst die Auswirkungen von "steuerfreien" oder genauer *unversteuerten Rücklagen* betrachtet: In dem Jahr, in dem die Rücklage gebildet wird, verringert sich die Steuerbemessungsgrundlage für die Einkommensteuer bzw. die Körperschaftssteuer und die Gewerbeertragsteuer um den Betrag der Rücklagen; die Steuerschuld geht entsprechend zurück. Wird die Rücklage in einem der folgenden Jahre aufgelöst, dann erhöht sich der steuerpflichtige Gewinn um den gleichen Betrag. Sind bei einem linearen Tarif die Steuersätze im Jahr der Bildung und im Jahr der Auflösung gleich, dann ist die Summe der in beiden Jahren zu zahlenden Steuern gleich. Steuerfreie Rücklagen führen dann zu keiner Reduktion der gesamten Steuerschuld, sondern nur zu einer zeitlichen Verlagerung der Steuerzahlungen und damit zu einem zinslosen Steuerkredit. Das gleiche gilt, wenn die Rücklage nicht in einem Jahr aufgelöst wird, sondern die Auflösung über mehrere Jahre hinweg verteilt wird. Die in den Jahren von der Bildung bis zur Auflösung zu zahlenden Steuern können sich hingegen ändern, wenn der Steuertarif progressiv ist oder wenn in diesem Zeitraum der Steuersatz verändert wird.

Die steuerfreien Rücklagen setzen sich aus zwei Komponenten zusammen, der bei der Auflösung der Rücklage entstehenden Steuerschuld und einem Eigenkapitalanteil. Da die Höhe des Steuersatzes für die Körperschaftsteuer von der Aufteilung des Jahresüberschusses auf Ausschüttung und Rücklagenbildung abhängt, sind beide Komponenten im Zeitpunkt der Bildung der Rücklage nicht zu trennen; sie werden daher in einem Mischposten "Sonderposten mit Rücklageanteil", der zwischen den Eigenkapitalpositionen und den Rückstellungen steht, ausgewiesen. Für Kapitalgesellschaften ist die Bildung von Sonderposten mit Rücklageanteil durch § 273 HGB auf die Fälle beschränkt, in denen das Steuerrecht die Anerkennung davon abhängig macht, daß der Sonderposten in der Bilanz gebildet wird. Diese Einschränkung wird jedoch durch die Verschärfung der Umkehrung der Maßgeblichkeit durch die Neufassung des § 5 Abs. 1 Satz 2 EStG, wonach steuerrechtliche Wahlrechte immer in Übereinstimmung mit der handelsrechtlichen Jahresbilanz auszuüben sind, unterlaufen.

Ohne auf steuerrechtliche Einzelheiten einzugehen, soll die Bildung und Auflösung steuerfreier Rücklagen am Beispiel der Rücklage für Veräußerungsgewinne bei bestimmten Gütern des Anlagevermögens (§ 6b EStG) und der Rücklage für Ersatzbeschaffung (EStR R35) dargestellt werden.

Werden Gegenstände des Anlagevermögens veräußert oder scheiden sie wegen höherer Gewalt – z.B. wegen Diebstahl, wegen Brand-, Sturm- oder Wasserschäden – aus dem Betriebsvermögen aus, dann liegt der Verkaufspreis bzw. die Versicherungsleistung vielfach über dem Buchwert; dieser außerordentliche Ertrag erhöht den Bilanzgewinn und damit die Steuerbemessungsgrundlage. Um die daraus resultierende Steuerbelastung zu mildern, können diese stillen Reserven in Höhe der Differenz zwischen Verkaufspreis bzw. Entschädigung und Buchwert unter bestimmten Voraussetzungen auf einen Ersatzgegenstand übertragen werden, indem sie von dessen Anschaffungs- oder Herstellungskosten abgezogen werden. Ist die Beschaffung eines Ersatzgegenstands ernsthaft geplant, jedoch nicht innerhalb des Geschäftsjahres durchgeführt, dann kann eine steuerfreie Rücklage für Ersatzbeschaffung in Höhe der stillen Reserven bzw. eines Teils dieses Betrags gebildet werden, die unter den Sonderposten auszuweisen ist. Diese ist im Zeitpunkt der Anschaffung des Ersatzgegenstandes aufzulösen, indem sie von dessen Anschaffungs- oder Herstellungskosten abgesetzt wird. Wird der Ersatzgegenstand nicht binnen einer angemessenen Frist beschafft, dann ist die Rückstellung erfolgswirksam aufzulösen, d.h. sie ist als außerordentlicher Ertrag in die Gewinn- und Verlustrechnung zu übernehmen.

Auf weitere steuerfreie Rücklagen, die meist wirtschaftspolitischen Zwecken dienen sollen, wird hier nicht eingegangen, da sich die entsprechenden steuerrechtlichen Regelungen sehr schnell ändern.

Auf die ebenfalls unter den Sonderposten auszuweisenden Wertberichtigungen aufgrund steuerlicher Sonderabschreibungen ist bei der Behandlung der Bewertung der Vermögensgegenstände im Abschnitt 3.2.3 einzugehen.

Für Kapitalgesellschaften sind zwei weitere Bilanzpositionen zu berücksichtigen, die ebenfalls nur dynamisch zu erklären sind:

3.2 Handelsrechtliche Bilanzierungsvorschriften

(1) Aufwendungen für die Ingangsetzung und Erweiterung des Geschäftsbetriebs (§ 269 HGB)

(2) latente Steuern (§ 273 HGB)

Während die Gründungskosten einer Kapitalgesellschaft nicht aktiviert werden dürfen, erlaubt § 269 HGB ausdrücklich die Aktivierung der *Aufwendungen für die Ingangsetzung und Erweiterung des Geschäftsbetriebs*. Nach statischer Auffassung sind diese Aufwendungen nicht aktivierungsfähig, weil keine selbständig veräußerbaren und verwertbaren Vermögensgegenstände entstehen. Im Sinne der dynamischen Bilanzauffassung soll jedoch eine Periodisierung der mit diesen Maßnahmen verbundenen Auszahlungen ermöglicht werden, weil ihnen künftige Erträge gegenüberstehen; bei der Aufnahme des Geschäftsbetriebs wird erwartet, daß das Unternehmen entsprechende Erträge erwirtschaften wird; bei einer Erweiterung des Geschäftsbetriebs wird unterstellt, daß die durch diese Maßnahme ausgelösten Auszahlungen durch eine entsprechende Vergrößerung des Ertragspotentials des Unternehmens kompensiert werden.

Die Aufwendungen für die Ingangsetzung und Erweiterung des Geschäftsbetriebs sind in der Bilanz vor dem Anlagevermögen auszuweisen. Sie tragen nicht zum Schuldendeckungspotential des Unternehmens bei, sondern dienen der periodengerechten Aufwandverrechnung. Sie werden daher nicht zu den Vermögensgegenständen gezählt, sondern als *Bilanzierungshilfe* bezeichnet und sind mit einer Ausschüttungssperre verbunden: Wenn derartige Aufwendungen aktiviert sind, dürfen Gewinne nur dann ausgeschüttet werden, wenn die jederzeit auflösbaren Gewinnrücklagen die Ausschüttung übersteigen.

Latente Steuern sind darauf zurückzuführen, daß der Jahresüberschuß in der Handelsbilanz und der steuerpflichtige Gewinn voneinander abweichen können. Diese Abweichungen entstehen trotz der Maßgeblichkeit der Handelsbilanz für die Steuerbilanz und ihrer Umkehrung, weil das Steuerrecht in einzelnen Fällen zwingend vorschreibt, in der Steuerbilanz von den Ansätzen in der Handelsbilanz abzuweichen. In diesen Fällen läßt sich kein sinnvoller und erklärbarer Zusammenhang zwischen dem handelsrechtlichen Erfolg und den Ertragsteuern herleiten; durch den Ansatz latenter Steuern in der Handelsbilanz soll erreicht werden, daß eine dem Jahresüberschuß entsprechende Steuerbelastung ausgewiesen wird. Dadurch sollen die zu zahlenden Ertragssteuern so umperiodisiert werden, als wären für deren Ermittlung die handelsrechtlichen Vorschriften maßgeblich.

Bei *temporären Abweichungen* erfassen Handels- und Steuerbilanz Aufwendungen und Erträge in gleicher Höhe, ordnen sie jedoch unterschiedlichen Perioden zu. Dann kommt es zu einer zeitlichen Verlagerung des Gewinnausweises, die Differenzen im Erfolgsausweis gleichen sich jedoch im Zeitablauf aus. Nach dynamischer Auffassung ist in diesen Fällen eine Periodenabgrenzung erforderlich, welche die im handelsrechtlichen Jahresabschluß auszuweisenden Steuerschulden den in den einzelnen Geschäftsjahren erwirtschafteten Gewinnen zuordnet. Die Differenz zwischen der tatsächlichen Steuerschuld und der fiktiven Steuerschuld, die sich bei einem nicht durch steuerrechtliche Vorschriften verfälschten handelsrechtlichen Erfolgsausweis ergeben würde, bezeichnet man als *latente Steuern*. Übersteigt die tatsächliche Steuerschuld einer Periode die Steuer auf den nach handelsrechtlichen Grundsätzen zu ermittelnden Gewinn, dann ist die Differenz als latente Steuern zu aktivieren, weil sich künftige Steuerschulden entsprechend verringern; die Differenz ist zu passivieren, wenn die Steuerschuld niedriger ist als die fiktiven Steuern auf den Jahresüberschuß nach Handelsrecht. Da sich bei temporären Differenzen die Unterschiede zwischen steuerpflichtigen Gewinnen und handelsrechtlichen Jahresüberschüssen im Zeitablauf ausgleichen, sind die entsprechenden latenten Steuern erfolgswirksam aufzulösen, sobald die Differenz zwischen handels- und steuerrechtlichem Bilanzansatz verschwindet.

Latente Steuern sind auf folgende Ursachen zurückzuführen:

(1) Passive latente Steuern:

- Erträge werden im Handelsrecht früher als im Steuerrecht erfaßt
- Aufwendungen werden im Steuerrecht früher anerkannt als im Handelsrecht

(2) Aktive latente Steuern:

- Erträge sind im Steuerrecht früher auszuweisen als im Handelsrecht
- Aufwendungen werden im Handelsrecht früher anerkannt als im Steuerrecht

Wie oben erwähnt, sind gemäß § 274 Abs. 1 HGB für passive latente Steuern Rückstellungen für ungewisse Verbindlichkeiten zu bilden. Für aktive latente Steuern darf nach § 274 Abs. 2 HGB ein gesonderter Abgrenzungsposten als Bilanzierungshilfe gebildet werden. Diese ist – wie die Aufwendungen für die Ingangsetzung und Erweiterung des Geschäftsbetriebs – mit einer Ausschüttungssperre verbunden.

Permanente Abweichungen, d.h. Erhöhungen der Steuerschuld, die sich daraus ergeben, daß bestimmte Aufwendungen – wie z.B. nicht als Betriebsausgaben anzuerkennende Bewirtungskosten – nach steuerrechtlichen Vorschriften anders als im handelsrechtlichen Jahresabschluß behandelt werden, sind nicht als latente Steuern, sondern als Aufwand der Periode zu verbuchen.

3.2.2.1.3 Der steuerrechtliche Begriff des Wirtschaftsguts

Aus der Maßgeblichkeit der Handelsbilanz für die Steuerbilanz folgt eigentlich, daß die Fragen der Bilanzierungsfähigkeit prinzipiell anhand der Grundsätze ordnungsmäßiger Bilanzierung und der besonderen Ansatzvorschriften des Handelsgesetzbuchs zu entscheiden sind; Abweichungen können nur auftreten, wenn sich dieses ausdrücklich aus steuerrechtlichen Vorschriften ergibt.

Tatsächlich haben aber Steuerrecht und Steuerrechtsprechung eine eigene Interpretation der Bilanzpositionen entwickelt; an die Stelle des Vermögensgegenstandes tritt das *Wirtschaftsgut*. § 6 Abs. 1 EStG verweist auf diesen Begriff, ohne ihn zu definieren: "Für die Bewertung einzelner Wirtschaftsgüter, die nach § 4 Abs. 1 oder nach § 5 als Betriebsvermögen anzusetzen sind, gilt das Folgende:..." § 5 Abs. 2 EStG bezieht sich auf "immaterielle Wirtschaftsgüter des Anlagevermögens". Dieser unbestimmte Rechtsbegriff geht auf ein Urteil des Reichsfinanzhofs vom 21.10.1931 zurück: "Unter dem Begriff Wirtschaftsgut ist ein im wirtschaftlichen Verkehr nach der Verkehrsauffassung selbständig bewertbares Gut jeder Art zu verstehen, das in irgendeiner Art dem Betrieb dient oder zu dienen bestimmt ist."

Als wesentliche Definitionsmerkmale ergeben sich:

(1) Verkehrsfähigkeit

(2) selbständige Bewertbarkeit

(3) Betriebsbezug

Auch wenn die Definition des Vermögensgegenstandes das letzte Merkmal nicht ausdrücklich enthält, stimmt dieser Begriff weitgehend mit dem des Wirtschaftsguts überein, weil sich der Betriebsbezug implizit aus den Grundsätzen ordnungsmäßiger Bilanzierung ergibt. Das Einkommensteuergesetz gibt daher keinen Anhaltspunkt dafür, daß bei Fragen der Bilanzierungsfähigkeit vom Maßgeblichkeitsprinzip abzuweichen ist. Tatsächlich geht die Steuerrechtsprechung jedoch davon aus, daß der Begriff des Wirtschaftsguts weiter zu fassen sei, als es den handelsrechtlichen Grundsätzen ordnungsmäßiger Bilanzierung entspricht. Die Steuerverwaltung weitet ihn sogar noch weiter aus und verwendet – sprachlich äußerst unschön – die Bezeichnung "negatives Wirtschaftsgut" als Oberbegriff für Rückstellungen und Verbindlichkeiten.

3.2.2.2 Bilanzierungspflicht

Aus dem Grundsatz der Vollständigkeit folgt, daß grundsätzlich *alle* bilanzierungsfähigen Bilanzpositionen in der Bilanz ausgewiesen werden müssen. Dieses Prinzip ist – unabhängig von der Rechtsform – für den handelsrechtlichen Jahresabschluß in § 246 HGB festgeschrieben: "Der Jahresabschluß hat sämtliche Vermögensgegenstände, Schulden, Rechnungsabgrenzungsposten, Aufwendungen und Erträge zu enthalten."

Daraus folgt auch, daß Rückstellungen nicht nur vollständig auszuweisen sind, sondern daß sie auch erst dann aufgelöst werden dürfen, wenn der Grund für ihre Bildung weggefallen ist.

Ausnahmen vom Grundsatz der Vollständigkeit sind nur dann zulässig, wenn dies ausdrücklich durch das Handelsrecht angeordnet ist. Für die Steuerbilanz folgt aus der Maßgeblichkeit, daß alle handelsrechtlich aktivierungspflichtigen Positionen grundsätzlich auch in der Steuerbilanz auszuweisen sind.

In der Bilanz sind nur Vermögensgegenstände, Schulden, Rechnungsabgrenzungsposten und das Eigenkapital auszuweisen; in einigen zweifelhaften Fällen, in denen zumindest nach dynamischer Auffassung eine Bilanzierung angebracht ist, stellt das Handelsgesetzbuch klar, daß diese bilanzierungsfähig sind und räumt dem Bilanzierenden ein *Bilanzierungswahlrecht* ein; für einige andere Sachverhalte wird ausdrücklich bestimmt, daß diese nicht bilanziert werden dürfen.

3.2.2.3 Bilanzierungsverbote

§ 248 HGB enthält folgende Bilanzierungsverbote:

(1) *Aufwendungen für die Gründung und die Beschaffung des Eigenkapitals*

Die Gründungsaufwendungen einer Kapitalgesellschaft können nicht bilanziert werden, weil das Unternehmen in dem Zeitpunkt, in dem sie entstehen, noch nicht existiert. Die Kosten für die Beschaffung von Eigenkapital dürfen nicht aktiviert werden, weil kein hinreichend sicherer Bezug zu künftigen Erträgen gegeben ist.

(2) *unentgeltlich erworbene immaterielle Gegenstände des Anlagevermögens*

Hierbei handelt es sich insbesondere um Aufwendungen für Forschung und Entwicklung. Selbst wenn diese zu einem selbständig verwertbaren Patent oder anderen gewerblichen Schutzrechten führen, sind sie nicht aktivierbar, weil sich einerseits diese Aufwendungen nicht eindeutig bestimmten Vermögensgegenständen zurechnen lassen, andererseits der Bezug zu künftigen Erträgen nicht mit hinreichender Sicherheit hergestellt werden kann. Dieses Verbot umfaßt auch den Firmenwert, soweit sich dieser nicht im Rahmen einer Veräußerung des Unternehmens konkretisiert hat.

(3) *Rückstellungen, die nicht ausdrücklich durch das HGB zugelassen sind*

Schließlich dürfen gemäß § 249 Abs. 3 HGB Rückstellungen nur in den in Abs. 1 - 2 angegebenen Fällen gebildet werden. Dieser Grundsatz wird allerdings durch § 274 Abs. 1 HGB relativiert, der Kapitalgesellschaften dazu verpflichtet, eine weitere Rückstellung für passive latente Steuern zu bilden.

3.2.2.4 Bilanzierungswahlrechte

Im Gegensatz zum Prinzip der Vollständigkeit, nach dem alle bilanzierungsfähigen Sachverhalte ihren Niederschlag in der Bilanz finden sollen, räumt das Handelsgesetzbuch eine Reihe von *Ansatzwahlrechten* ein, d.h. es gewährt dem Bilanzierenden das Recht zu entscheiden, ob ein bestimmter Tatbestand in die Bilanz aufgenommen wird oder nicht. Diese Bilanzierungswahlrechte werden insbesondere in den Fällen eingeräumt, bei denen ein Ansatz aus dynamischer Sicht angezeigt ist, während die Bilanzierungsfähigkeit aus statischer Sicht nicht gegeben ist, weil es sich nicht um Vermögensgegenstände oder Schulden handelt.

Das Handelsgesetzbuch räumt folgende Ansatzwahlrechte ein:

(1) *Rückstellungen*

Während Rückstellungen für ungewisse Verbindlichkeiten und drohende Verluste ebenso gebildet werden müssen wie Rückstellungen für unterlassene Instandhaltungsmaßnahmen, wenn sie innerhalb des ersten Vierteljahres des folgenden Geschäftsjahrs nachgeholt werden sollen, besteht nach § 249 Abs. 1 Satz 3 HGB ein Ansatzwahlrecht, wenn die Instandhaltungsmaßnahmen nicht innerhalb von drei Monaten, jedoch innerhalb des nächsten Jahres nachgeholt werden. Ebenso besteht ein Ansatzwahlrecht für Aufwandrückstellungen gemäß § 249 Abs. 2 HGB.

(2) *Rechnungsabgrenzungsposten*

Während transitorische Rechnungsabgrenzungsposten grundsätzlich bilanzierungspflichtig sind, wird in folgenden Fällen ein Ansatzwahlrecht gewährt:

- Aufwand für Zölle, Verbrauchsteuern und Umsatzsteuer auf Vorräte und Anzahlung (§ 250 Abs. 1 Satz 2 HGB)
- Disagio bei langfristigen Krediten (§ 250 Abs. 3 HGB)

(3) Aufwendungen von Kapitalgesellschaften für die Ingangsetzung und Erweiterung des Geschäftsbetriebs (§ 269 HGB)

(4) derivativer Firmenwert (§ 255 Abs. 4 HGB)

(5) Sonderposten mit Rücklagenanteil (§ 247 Abs. 3 HGB)

(6) aktive latente Steuern bei Kapitalgesellschaften (§ 274 Abs. 2 HGB)

(7) Ansatzwahlrechte bei Vermögensgegenständen, bei denen wie beim Anlagenleasing die wirtschaftliche Zugehörigkeit rechtlich unklar ist

(8) Geringwertige Wirtschaftsgüter

(9) Freiheiten bei der Abgrenzung von Betriebs- und Privatvermögen bei personenbezogenen Unternehmen

Um eine einheitliche Ermittlung der Steuerbemessungsgrundlage sicherzustellen, läßt das Steuerrecht keine Ansatzwahlrechte zu, d.h. wenn das Handelsrecht ein Aktivierungswahlrecht einräumt, dann besteht grundsätzlich für die Steuerbilanz eine Aktivierungspflicht. Einem handelsrechtlichen Passivierungswahlrecht entspricht ein steuerrechtliches Passivierungsverbot.

3.2.2.5 Bilanztheoretische Konsequenzen

In Hinblick auf die Frage, welches bilanztheoretische Konzept hinter den handelsrechtlichen Bilanzierungsvorschriften steht ist zusammenfassend das Folgende festzustellen: Aus dem Wortlaut des § 242 HGB läßt sich schließen, daß die Handelsbilanz statisch zu interpretieren ist, da es sich dabei um einen "das Verhältnis seines Vermögens und seiner Schulden darstellenden Abschluß" des Unternehmens handelt.

Dieser Auffassung steht jedoch entgegen, daß das Handelsrecht ausdrücklich eine Reihe von Positionen als bilanzierungsfähig anerkennt, die nur dynamisch interpretierbar sind. Bei den rechtsformunabhängigen Vorschriften sind das:

- Rechnungsabgrenzungsposten
- Aufwandrückstellungen
- derivativer Firmenwert
- Sonderposten mit Rücklageanteil

Bei Kapitalgesellschaften sind das zusätzlich die Positionen:

- Aufwendungen für die Ingangsetzung und Erweiterung des Geschäftsbetriebs
- latente Steuern

Die Handelsbilanz ist also offensichtlich sowohl durch statische als auch durch dynamische Elemente charakterisiert. Aus dem Wortlaut des § 242 HGB kann daher keinesfalls geschlossen werden, daß in Zweifelsfragen des Bilanzansatzes ausschließlich die statische Bilanztheorie herangezogen werden kann bzw. daß bestimmte Tatbestände allein deshalb nicht bilanzierungsfähig sind, weil der Ansatz der statischen Bilanzauffassung widersprechen würde.

3.2.3 Wertansätze in der Bilanz

3.2.3.1 Das Prinzip der Einzelbewertung

Durch die Bewertung werden die unterschiedlichen Maßeinheiten, mit denen die Vermögensgegenstände und die Schulden bei der Inventur gemessen und im Inventar erfaßt werden, in einen einheitlichen Maßstab, die Geldeinheit, transformiert. Hierbei gilt das *Prinzip der Einzelbewertung*: Im Inventar sind gemäß § 240 HGB die Vermögensgegenstände und Schulden genau zu verzeichnen; dabei ist der Wert der einzelnen Vermögensgegenstände und Schulden anzugeben. Zur Vereinfachung sind jedoch bestimmte Ausnahmen zugelassen.

Der *Inventurvereinfachung* dienen folgende Instrumente:

(1) *Gruppenbewertung*

Gleichartige Gegenstände des Vorratsvermögens sowie andere gleichartige oder annähernd gleichwertige bewegliche Vermögensgegenstände und Schulden können nach § 240 Abs. 4 HGB zu einer Gruppe zusammengefaßt und mit einem gewogenen Durchschnittswert angesetzt werden.

(2) *Festbewertung*

Vermögensgegenstände des Sachanlagevermögens sowie Roh-, Hilfs- und Betriebsstoffe können unter folgenden Bedingungen mit einer gleichbleibenden Menge und einem gleichbleibenden Wert angesetzt werden:

- Sie werden regelmäßig ersetzt.
- Der Bestand unterliegt in seiner Größe, seinem Wert und in seiner Zusammensetzung nur geringen Veränderungen.
- Der Gesamtwert der Gegenstände ist von nachrangiger Bedeutung für das Unternehmen.
- Es findet mindestens alle drei Jahre eine körperliche Bestandsaufnahme statt.

Bei häufig umgeschlagenen Gegenständen des Umlaufvermögens fordert das Prinzip der Einzelbewertung eigentlich, daß erfaßt werden muß, aus welchen Lieferungen die Lagerbestände stammen und zu welchem Preis sie erworben wurden. Zur *Vereinfachung der Bewertung* läßt § 256 HGB zu, daß für den Wertansatz gleichartiger Vermögensgegenstände eine bestimmte *Verbrauchsfolge* unterstellt wird. Hierbei kommen insbesondere folgende Verfahren in Frage (vgl. auch Abschnitt 2.1.2.1 des zweiten Teils dieses Buches):

- *Fifo (First-in-first-out):* Die zuerst gelieferten Güter werden als erstes verbraucht.

- *Lifo (Last-in-first-out)*: Die als letztes gelieferten Güter werden als erstes verbraucht. Beim Lifo-Verfahren lassen sich zwei Ausprägungen unterscheiden. Beim *permanenten Lifo* wird der Verbrauch laufend erfaßt und jeweils mit den Preisen der letzten Lieferung bewertet. Bei *Perioden-Lifo* wird lediglich der Bestand am Ende der Periode bewertet. Dabei sind drei Möglichkeiten zu unterscheiden:
  - Der Endbestand ist mengenmäßig gleich dem Anfangsbestand: Es ist der Bilanzansatz des Vorjahres zu übernehmen.
  - Der Endbestand ist größer als der Anfangsbestand: Der dem Anfangsbestand entsprechende Teil des Endbestandes ist mit dem Wertansatz des Anfangsbestandes zu bewerten; der Mehrbestand ist entsprechend dem permanenten Lifo mit den Anschaffungskosten der letzten Lieferungen zu bewerten. Andere Bewertungsverfahren für den Mehrbestand stehen im Widerspruch zu der Verbrauchsannahme des Lifo-Verfahrens.
  - Der Endbestand ist kleiner als der Anfangsbestand: Der Restbestand ist mit dem Wertansatz des Anfangsbestandes zu bewerten.
- *gleitende Durchschnitte*: Die Güter aus verschiedenen Lieferungen werden gleichmäßig gemischt; die Bestände und Entnahmen werden mit einem gewogenen Durchschnittspreis bewertet.

Es ist zu bezweifeln, daß das in der Praxis häufig angewandte *Hifo-Verfahren* (Highest-in-first-out), bei dem unterstellt wird, daß die Güter aus der Lieferung mit dem höchsten Preis als erstes verbraucht werden, den Grundsätzen ordnungsmäßiger Buchführung entspricht, weil eine derartige Abgangsordnung nur mit hohem Erfassungsaufwand realisiert werden kann, der durch die Bewertungsvereinfachungen gerade vermieden werden soll. Im Steuerrecht wird das Hifo-Verfahren nicht anerkannt, weil es systematisch zu einer Unterbewertung der Vorräte führt.

3.2.3.2 Wertmaßstäbe

Das HGB kennt mehrere Bewertungsmaßstäbe. Für die Bewertung der Aktiva kommen folgende Maßstäbe in Frage:

(1) Anschaffungskosten oder Herstellungskosten (§ 253 Abs. 1 Satz 1 HGB)

(2) um planmäßige Abschreibungen verringerte Anschaffungs- oder Herstellungskosten (§ 253 Abs. 2 Satz 1 und 2 HGB)

(3) Börsen- oder Marktpreis (§ 253 Abs. 3 Satz 1 HGB)

3.2 Handelsrechtliche Bilanzierungsvorschriften

(4) der den Vermögensgegenständen am Abschlußstichtag beizulegende Wert (§ 253 Abs. 2 Satz 3 bzw. Abs. 3 Satz 2 HGB)

(5) der im Rahmen vernünftiger kaufmännischer Beurteilung ermäßigte Wert (§ 253 Abs. 4 HGB)

(6) der im Hinblick auf künftige Wertschwankungen ermäßigte Wert (§ 253 Abs. 3 Satz 3 HGB)

(7) ein steuerrechtlich zulässiger Wertansatz (§ 254 Satz 1 HGB)

Für die Bewertung der Passiva sind folgende Wertansätze zu wählen:

(1) Rückzahlungsbetrag für Verbindlichkeiten

(2) Rentenbarwert für Pensionsrückstellungen

(3) ein nach vernünftiger kaufmännischer Beurteilung notwendiger Betrag für Rückstellungen

(4) Nennbetrag für das gezeichnete Kapital von Kapitalgesellschaften

Im folgenden wird auf einzelne Wertansätze und die mit ihnen verbundenen Probleme eingegangen.

Die *Anschaffungskosten* sind in § 255 Abs. 1 HGB wie folgt definiert: Anschaffungskosten sind die Aufwendungen, die geleistet werden, um einen Vermögensgegenstand zu erwerben und ihn in einen betriebsbereiten Zustand zu versetzen, soweit sie dem Vermögensgegenstand einzeln zugeordnet werden können.

Zu den Anschaffungskosten zählen insbesondere

(1) Anschaffungspreis

(2) Anschaffungsnebenkosten, d.h. Transportkosten, Installationskosten und Kosten einer Transportversicherung

(3) nachträgliche Anschaffungskosten für Reparaturen und Umbauten, die im Zusammenhang mit der Anschaffung stehen

Vom Anschaffungspreis abzusetzen sind Skonti, Rabatte und andere Preisnachlässe. Gemeinkosten, die der Anschaffung des Vermögensgegenstandes nicht direkt zugerechnet werden können, zählen nicht zu den Anschaffungskosten.

Die *Herstellungskosten* werden in § 255 Abs. 2 HGB wie folgt definiert: Herstellungskosten sind die Aufwendungen, die durch den Verbrauch von Gütern und die Inanspruchnahme von Diensten für die Herstellung eines Vermögensgegenstandes, seine Erweiterung oder für eine über den ursprünglichen Zustand hinausgehende wesentliche Verbesserung entstehen.

Bei der Berechnung der Herstellungskosten müssen die Einzelkosten berücksichtigt werden:

- Materialeinzelkosten
- Fertigungseinzelkosten
- Sondereinzelkosten der Fertigung

Daneben dürfen folgende *Gemeinkosten* verrechnet werden:

- angemessene Teile der notwendigen Material- und Fertigungsgemeinkosten und des Werteverzehrs des Anlagevermögens, soweit er durch die Fertigung veranlaßt ist
- allgemeine Verwaltungskosten sowie die Kosten für soziale Einrichtungen, für freiwillige soziale Leistungen und für betriebliche Altersversorgung

Diese Gemeinkosten dürfen nur insoweit berücksichtigt werden, als sie auf den Zeitraum der Herstellung entfallen. Fremdkapitalzinsen gehören grundsätzlich nicht zu den Herstellungskosten. Zinsen für Fremdkapital, das zur Finanzierung der Herstellung eines Vermögensgegenstandes aufgenommen worden ist, dürfen jedoch angesetzt werden, soweit sie auf den Zeitraum der Herstellung entfallen (§ 255 Abs. 3 HGB).

Der *Börsenpreis* ist der an einer Börse bei tatsächlichen Umsätzen im amtlichen Handel bzw. im Freiverkehr festgelegte Kurs. Der *Marktpreis* ist der an einem bestimmten Ort zu einem bestimmten Zeitpunkt für Waren einer bestimmten Art und Güte geforderte Betrag. Für den Bilanzansatz ist der Börsen- oder Marktpreis um Anschaffungsnebenkosten zu erhöhen.

Der einem Vermögensgegenstand am Abschlußstichtag *beizulegende Wert* entspricht in der Regel dem Wiederbeschaffungspreis oder dem Reproduktionswert. Der nach *vernünftigem kaufmännischen Ermessen* zu erniedrigende Wert ist dann anzusetzen, wenn der Vermögensgegenstand nur noch zu diesem verwertet werden kann. Der Ansatz des im Hinblick auf *künftige Wertschwankungen* ermäßigten Werts ermöglicht es, künftige Wertverluste eines Vermögensgegenstandes zu antipizieren. Die in diesem Absatz angesprochenen Wertansätze sind Ausfluß des Vorsichtsprinzips; während die Anschaffungs- bzw. Herstellkosten sowie der Börsen- oder Marktpreis objektiv feststellbar und nachprüfbar sind, entziehen sich die anderen Wertansätze weitgehend einer Überprüfung.

§ 254 Satz 1 HGB ermöglicht es, handelsrechtlich nicht begründbare und betriebswirtschaftlich unsinnige Wertansätze, die in der Steuerbilanz erforderlich sind, um steuerliche Vergünstigungen wahrzunehmen, in die Handelsbilanz zu übernehmen und damit der Umkehrung der Maßgeblichkeit nachzukommen. Der Vorbehalt des § 279 Abs. 2 HGB, daß ein derartiger Wertansatz für Kapitalgesellschaften nur dann zulässig ist, wenn die steuerrechtliche Anerkennung dieses Wertansatzes den gleichen Ansatz in der Handelsbilanz erfordert, ist durch die Generalnorm des § 5 Abs. 1 Satz 2 EStG bedeutungslos geworden.

Die Anpassung der Anschaffungs- oder Herstellungskosten bzw. des Buchwerts von Vermögensgegenständen an einen am Bilanzstichtag anzusetzenden niedrigeren Wert erfolgt durch *Abschreibungen*. Durch diese wird die Differenz zwischen dem Buchwert und dem niedrigeren anzusetzenden Wert als Aufwand der Periode in der Gewinn- und Verlustrechnung verrechnet. Dabei ist zwischen planmäßigen und außerplanmäßigen Abschreibungen zu unterscheiden.

Durch *planmäßige Abschreibungen* wird in statischer Sicht die Verringerung des Wertes eines abnutzbaren Vermögensgegenstands durch Nutzung oder Zeitablauf erfaßt; in dynamischer Sicht dienen sie der Verteilung der Anschaffungs- oder Herstellungskosten auf die Nutzungsdauer und damit der Periodenabgrenzung und der Aufwandsverrechnung. Planmäßig abzuschreiben sind nicht nur abnutzbare Sachanlagen wie Gebäude, maschinelle Anlagen und die Betriebs- und Geschäftsausstattung, sondern auch immaterielle Vermögensgegenstände wie Konzessionen, gewerbliche Schutzrechte und Lizenzen, soweit sie zeitlich befristet sind, und das Disagio bei langfristigen Verbindlichkeiten.

Ebenso ist der derivative Firmenwert planmäßig abzuschreiben. Gemäß § 255 Abs. 4 Satz 2 HGB ist er jährlich mit mindestens einem Viertel durch Abschreibungen zu tilgen; nach § 255 Abs. 4 Satz 3 HGB kann er jedoch auch planmäßig auf die Geschäftsjahre verteilt werden, in denen er voraussichtlich genutzt wird. In der Steuerbilanz ist von einer betriebsüblichen Nutzungsdauer von 15 Jahren auszugehen (§ 7 Abs. 1 Satz 3 EStG).

Handelsrechtlich sind grundsätzlich alle Abschreibungsverfahren zulässig, die die Anschaffungskosten auf die Nutzungsdauer verteilen. Insbesondere kommen die in zweiten Teil dieses Buches (Abschnitt 2.1.2.5) näher beschriebenen Verfahren in Frage:

(1) verbrauchsabhängige Abschreibungen

(2) zeitabhängige Abschreibungen
- lineare Abschreibungen
- geometrisch-degressive Abschreibungen
- digitale Abschreibungen
- gemischt degressiv-lineare Abschreibungen

Außerplanmäßige Abschreibungen sind erforderlich, um die durch das Niederstwertprinzip geforderte Anpassung des Buchwerts von Vermögensgegenständen an einen niedrigeren Börsen- oder Marktpreis bzw. beizulegenden Wert oder einen anderen niedrigeren Wertansatz zu erreichen. Außerplanmäßige Abschreibungen sind in der Regel als außerordentliche Aufwendungen in der Gewinn- und Verlustrechnung zu verbuchen.

Durch *Zuschreibungen* können außerplanmäßige Abschreibungen rückgängig gemacht werden, wenn der Grund für sie entfallen ist.

In der *Steuerbilanz* sind gemäß § 6 Abs. 1 EStG die Anschaffungs- oder Herstellungskosten – gegebenenfalls vermindert um Absetzungen für Abnutzungen – oder ein niedrigerer Teilwert anzusetzen.

Teilweise abweichend von § 155 Abs. 2 HGB legt die Einkommensteuerrichtlinie R33 fest, daß zu den *Herstellungskosten* folgende Kostenbestandteile gehören: Die Materialkosten einschließlich der notwendigen Materialgemeinkosten, die Fertigungskosten, insbesondere die Fertigungslöhne, einschließlich der notwendigen Fertigungsgemeinkosten, die Sondereinzelkosten der Fertigung und der Wertverzehr von Anlagevermögen, soweit er durch die Herstellung des Wirtschaftsguts veranlaßt ist. Die Kosten der allgemeinen Verwaltung, die Aufwendungen für soziale Einrichtungen des Betriebes, für freiwillige soziale Leistungen und betriebliche Altersversorgungen brauchen nicht in die Herstellungskosten einbezogen werden.

Absetzungen für Abnutzung (AfA) ist die steuerrechtliche Bezeichnung für planmäßige Abschreibungen. Nach § 7 Abs. 1 Satz 1 EStG ist grundsätzlich linear abzuschreiben. Bei beweglichen Wirtschaftsgütern des Anlagevermögens sind nutzungsabhängige Abschreibungen zulässig, falls der auf die einzelnen Jahre entfallende Umfang der Leistungen nachgewiesen wird. Außerdem können bewegliche Wirtschaftsgüter des Anlagevermögens gemäß § 7 Abs. 2 EStG geometrisch-degressiv abgeschrieben werden; dabei darf der Abschreibungssatz höchstens das Dreifache des bei linearer Abschreibung anzusetzenden Satzes betragen und 30 Prozent nicht überschreiten. Der Übergang von der geometrisch-degressiven Abschreibung zur linearen Abschreibung ist jederzeit möglich. Andere Abschreibungsmethoden sind im Steuerrecht nicht zulässig.

Der *Teilwert* wird in § 6 Abs. 1 Nr.1 Satz 3 EStG wie folgt definiert: "Teilwert ist der Betrag, den der Erwerber des ganzen Betriebs im Rahmen des Gesamtkaufpreises für das einzelne Wirtschaftsgut zahlen würde. Dabei ist davon auszugehen, daß der Erwerber den Betrieb fortführt".

Der Begriff des Teilwerts wurde ursprünglich vom Reichsfinanzhof entwickelt, um den Firmenwert auf einzelne Wirtschaftsgüter aufzuteilen. In konsequenter Fortführung der Idee der statischen Bilanz, das Vermögen eines Unternehmens als Summe der Werte seiner Vermögensgegenstände zu ermitteln, wurden folgende Methoden vorgeschlagen:

3.2 Handelsrechtliche Bilanzierungsvorschriften

(1) *Differenzmethode*

Der Teilwert ist der Betrag, den ein potentieller Käufer weniger zahlen würde, wenn der Gegenstand nicht im Unternehmen wäre.

Dieses Verfahren ist letztlich an der Komplementarität der im Unternehmen gebundenen Gegenstände gescheitert. Bei der Bewertung ohne Zurücklegen wird der Teilwert so ermittelt, daß zunächst ein Wirtschaftsgut entnommen wird und sein Wert als Differenz zwischen dem Kaufpreis für das Unternehmen mit und ohne diesen Gegenstand ermittelt. Dann wird ein zweites Wirtschaftsgut ausgewählt und die Differenz zwischen dem fiktiven Kaufpreis nach Entnahme des ersten Wirtschaftsguts und dem fiktiven Kaufpreis nach Entnahme der ersten beiden Wirtschaftsgüter bestimmt usw. Bei dieser Vorgehensweise hängen die Teilwerte der einzelnen Wirtschaftsgüter von der Reihenfolge ab, in der sie bewertet werden. Erfolgt die Ermittlung des Teilwerts hingegen mit Zurücklegen eines bewerteten Gegenstandes, dann ist die Summe der Teilwerte größer als der Gesamtwert des Unternehmens. Beide Verfahren führen also zu unsinnigen Ergebnissen. Die theoretisch zufriedenstellende Lösung, den Teilwert eines Vermögensgegenstandes als Mittelwert über alle Reihenfolgen, in der die Bewertung mit Zurücklegen erfolgt, zu bestimmen (LUHMER [1992]), scheitert an dem damit verbundenen Erhebungsaufwand.

(2) *Repartitionswert*

Der Teilwert wird ermittelt, indem der Firmenwert proportional dem Buchwert auf die einzelnen Wirtschaftsgüter aufgeteilt wird.

Nachdem der Versuch, den Firmenwert den einzelnen Wirtschaftsgütern zuzurechnen, gescheitert ist und das Steuerrecht den derivativen Firmenwert als selbständiges Wirtschaftsgut ansieht, hat der Begriff des Teilwerts nur noch die Funktion, den Wertansatz in der Steuerbilanz von dem handelsrechtlichen Wertansatz begrifflich zu unterscheiden und dem Steuerrecht striktere Bewertungsvorschriften zu ermöglichen.

Auch wenn sie in der Höhe nicht immer mit den außerplanmäßigen Abschreibungen des Handelsrechts übereinstimmen, haben die *Teilwertabschreibungen* im Steuerrecht die gleiche Funktion: Sie ermöglichen es, ein Wirtschaftsgut mit dem Teilwert anzusetzen, wenn dieser niedriger ist als die – gegebenenfalls um Absetzungen für Abnutzungen verringerten – Anschaffungs- oder Herstellungskosten.

3.2.3.3 Festwertprinzip und Wahlrechte

Es stellt sich nun die Frage, in welchem Verhältnis die möglichen Wertansätze zueinander stehen. Nach dem *Festwertprinzip* sind die durch das Handelsrecht vorgegebenen Wertansätze grundsätzlich zwingend. Die Anschaffungs- oder Herstellungskosten bzw. bei abnutzbaren Gegenständen des Anlagevermögens die um planmäßige Abschreibungen verminderten Anschaffungs- oder Herstellungskosten sind immer die Obergrenze für den Wertansatz.

Für Gegenstände des Umlaufvermögens gilt das *strenge Niederstwertprinzip* (§ 253 Abs. 2 HGB): Ist der Börsen- oder Marktpreis oder, falls ein solcher Preis nicht feststellbar ist, der am Abschlußstichtag beizulegende Wert niedriger als die Anschaffungs- oder Herstellungskosten, dann ist dieser niedrigere Wertansatz zu wählen.

Für Gegenstände des Anlagevermögens gilt das *gemilderte Niederstwertprinzip*: Anstelle der Anschaffungs- oder Herstellungskosten bei nicht-abnutzbaren Gegenständen des Anlagevermögens bzw. der um planmäßige Abschreibungen verringerten Anschaffungs- oder Herstellungskosten bei abnutzbaren Gegenständen des Anlagevermögens muß bei einer voraussichtlich dauernden Wertminderung ein niedrigerer am Abschlußstichtag beizulegender Wert angesetzt werden.

Dieses Festwertprinzip wird durch Wahlrechte, die das HGB dem Bilanzierenden ausdrücklich gewährt, durchbrochen. Hierbei ist zwischen Bewertungswahlrechten, die eine Wahl zwischen mehreren zulässigen Wertansätzen ermöglichen, und Methodenwahlrechten, die unterschiedliche Bewertungsmethoden zulassen, zu unterscheiden.

Das HGB gewährt folgende *Bewertungswahlrechte*:

- Für Gegenstände des Anlagevermögens darf nach § 253 Abs. 2 Satz 3 HGB ein niedrigerer am Abschlußstichtag beizulegender Wert unabhängig davon, daß die Wertwertminderung dauerhaft ist, angesetzt werden.

- Beim Umlaufvermögen darf ein im Hinblick auf künftige Wertveränderungen ermäßigter Wert angesetzt werden, wenn dieser niedriger als die Anschaffungs- oder Herstellungskosten bzw. der Börsen- oder Marktpreis ist (§ 253 Abs. 3 Satz 3 HGB).

- Ein im Rahmen vernünftiger kaufmännischer Beurteilung ermäßigter Wert darf von Einzelkaufleuten und Personengesellschaften (§ 253 Abs. 4 HGB) sowohl für Gegenstände des Anlagevermögens als auch für Gegenstände des Umlaufvermögens angesetzt werden.

3.2 Handelsrechtliche Bilanzierungsvorschriften

- § 254 HGB läßt außerplanmäßige Abschreibungen zu, um Vermögensgegenstände mit dem Wert anzusetzen, der auf einer nur steuerrechtlich zulässigen Abschreibung beruht.
- Nach § 253 Abs. 5 HGB darf ein niedrigerer Wertansatz auch dann beibehalten werden, wenn die Gründe dafür nicht mehr bestehen. Aus der Formulierung kann geschlossen werden, daß bei einer solchen *Wertaufholung* ein Wahlrecht für Zuschreibungen besteht.

Diese Bewertungswahlrechte werden für Kapitalgesellschaften durch § 279 und § 280 HGB teilweise eingeschränkt:

- Abschreibungen auf einen nach vernünftiger kaufmännischer Beurteilung ermäßigten Wert (§ 253 Abs. 4 HGB) sind nicht zulässig.
- Das Wahlrecht, für Gegenstände des Anlagevermögens einen niedrigeren beizulegenden Wert anzusetzen, ist auf Finanzanlagen beschränkt.
- Abschreibungen auf einen nur aufgrund steuerrechtlicher Vorschriften zulässigen Wert (§ 254 HGB) sind nur dann zulässig, wenn das Steuerrecht die Anerkennung dieses Werts davon abhängig macht, daß er auch in der Handelsbilanz angesetzt wird. Diese Einschränkung ist durch die Neufassung der Maßgeblichkeit durch § 5 Abs. 1 Satz 2 EStG gegenstandslos geworden.
- Für Kapitalgesellschaften gilt zwar das Wertaufholungsgebot des § 280 Abs. 1 HGB, d.h. bei Fortfall des Grundes für außerplanmäßige Abschreibungen sind entsprechende Zuschreibungen geboten. § 280 Abs. 2 HGB läßt aber zu, daß von den Zuschreibungen abgesehen werden kann, falls bei der steuerrechtlichen Gewinnermittlung der niedrigere Wertansatz nur dann zulässig ist, wenn er auch in der Handelsbilanz gewählt wird. Damit ist das Wertaufholungsgebot für Kapitalgesellschaften weitgehend ausgehöhlt.

Im Steuerrecht besteht gemäß § 6 Abs. 1 und 2 EStG ein Wahlrecht zwischen den gegebenenfalls durch Absetzungen für Abnutzung verringerten Anschaffungs- oder Herstellungskosten und einem niedrigeren Teilwert. Die Beweislast dafür, daß der Teilwert niedriger ist, liegt beim Steuerpflichtigen. Nach § 5 Abs. 1 Satz 2 EStG muß gegebenenfalls der niedrigere Teilwert auch in der Handelsbilanz angesetzt werden.

Neben den Bewertungswahlrechten gewährt das Handelsrecht bei der Bewertung der Aktiva *Methodenwahlrechte* bei der Berechnung der Herstellungskosten und der planmäßigen Abschreibungen.

Wie bereits bei der Behandlung der *Abschreibungen* dargelegt, sind handelsrechtlich alle planmäßigen Verfahren der Abschreibung zulässig. Aus der Umkehrung der Maßgeblichkeit ergibt sich allerdings, daß die geometrisch-degressive bzw. die gemischt geometrisch-lineare Abschreibung auch in der Handelsbilanz gewählt werden müssen, wenn sie bei der steuerrechtlichen Gewinnermittlung anerkannt werden sollen.

Auch bei der Berechnung der *Herstellungskosten* besteht ein weitgehendes Methodenwahlrecht. Wie bereits bei der Definition der Herstellungskosten festgestellt wurde, setzt § 255 Abs. 2 HGB die Einzelkosten als Untergrenze, die Vollkosten als Obergrenze für die Herstellungskosten an. Innerhalb dieser Grenzen ist grundsätzlich jedes Verfahren der Kostenrechnung zulässig. Insbesondere können die Gemeinkosten sowohl im Rahmen einer Zuschlagskalkulation proportional zu den Einzelkosten geschlüsselt als auch mit Hilfe einer Bezugsgrößenkalkulation entsprechend der Inanspruchnahme der Kostenstellen verrechnet werden. Aus dem Nominalwertprinzip kann allenfalls gefolgert werden, daß die Herstellungskosten auf Ist-Kostenbasis bestimmt werden müssen bzw. bei einer Plankostenrechnung Preis- und Verbrauchsabweichungen auf die Kostenträger verrechnet werden müssen.

Im Steuerrecht ist das Methodenwahlrecht bei der Bestimmung der Herstellungskosten eingeschränkt: Der Steuerpflichtige kann zwar das Kalkulationsverfahren sowie die Zuschlagssätze bzw. Bezugsgrößen für die Verrechnung der Gemeinkosten frei bestimmen, er muß jedoch nach herrschender Rechtsprechung eine Vollkostenkalkulation durchführen, weil Materialgemeinkosten und Fertigungsgemeinkosten zusätzlich zu den Einzelkosten in die Untergrenze der Herstellungskosten einbezogen werden müssen. Bei den Verwaltungskosten und den Kosten der sozialen Sicherheit wird hingegen ein Ansatzwahlrecht gewährt.

Eine Grenze für die handelsrechtlichen Methodenwahlrechte ergibt sich lediglich aus der in § 252 Abs. 1 Satz 6 HGB festgelegten Bewertungsstetigkeit: Die bei dem vorhergehenden Jahresabschluß angewandten Bewertungsmethoden sollen beibehalten werden. Kapitalgesellschaften müssen gegebenenfalls Abweichungen von diesem Prinzip mit ihren Auswirkungen auf die Vermögens-, Ertrags- und Finanzlage im Anhang erläutern.

3.2.4 Einzelprobleme der Bilanzierung

Nachdem in den beiden letzten Abschnitten allgemeine Fragen des Bilanzansatzes und der Bewertung behandelt wurden, sollen nun einige Einzelprobleme der Bilanzierung dargestellt werden. Dabei muß sich die Darstellung auf einige wenige Beispiele beschränken, anhand derer das Zusammenwirken zwischen bilanztheoretischen Überlegungen und handelsrechtlichen bzw. steuerrechtlichen Vorschriften sowie deren Auslegung durch Rechtsprechung und Kommentierung dargelegt werden kann.

3.2.4.1 Anschaffungskosten bei anschaffungsähnlichen Vorgängen

Bei *anschaffungsähnlichen Vorgängen* werden dem Unternehmen – wie bei Schenkung oder Erbschaft sowie bei Tausch – Vermögensgegenstände übertragen, ohne daß dieses dafür eine Zahlung an den Übertragenden leistet. In diesen Fällen stellt sich die Frage, welcher Wertansatz in der Bilanz anzusetzen ist, da keine Auszahlungen stattfinden, an denen die Anschaffungskosten gemessen werden können.

Aus der dynamischen Bilanztheorie folgt, daß bei *unentgeltlichem Erwerb* eines Vermögensgegenstandes diesem keine Zahlungen zugeordnet werden können, so daß die Anschaffungskosten gleich Null sind und lediglich die Anschaffungsnebenkosten angesetzt werden können. Auch bei strikter Anwendung des Grundsatzes der Nominalwertrechnung, nach dem die Wertansätze in der Bilanz aus Zahlungen herzuleiten sind, ergibt sich in Verbindung mit § 253 Abs. 1 Satz 1 HGB ebenfalls, daß höchstens die Anschaffungsnebenkosten anzusetzen sind.

Bei Erbschaft oder Schenkung eines immateriellen Gegenstands des Anlagevermögens greift das Bilanzierungsverbot des § 248 Abs. 2 HGB. Für andere Vermögensgegenstände wird hingegen angeführt, daß es in der Absicht des Zuwenders liegen kann, dem bilanzierenden Unternehmen durch Verzicht auf ein Entgelt einen Vermögensvorteil zu verschaffen, der sich auch bilanziell auswirken soll. Dann würde der Zweck der Zuwendung den Ansatz fiktiver Anschaffungskosten erfordern, die sich nach Möglichkeit an einem Börsen- oder Marktpreis orientieren sollten (ADLER / DÜRING / SCHMALTZ [1987] § 255 Tz. 96).

In der Steuerbilanz sind unentgeltlich übertragene einzelne Wirtschaftsgüter mit dem Betrag zu bewerten, den der Erwerber im Zeitpunkt des Erwerbs hätte aufwenden müssen. Beim unentgeltlichen Erwerb eines Betriebs, eines Teilbetriebs oder des Anteils eines Mitunternehmers an einem Betrieb ist hingegen nach § 7 Abs. 1 EStDV der Buchwert des Rechtsvorgängers anzusetzen. Bei Erbschaft und Schenkung an Einzelunternehmen und Personengesellschaften ist zu beachten, daß sich diese Vorgänge grundsätzlich in der Privatsphäre abspielen, d.h. die Vermögensgegenstände gehen zunächst in das Privatvermögen ein und werden dann in das Unternehmen eingebracht. Nach § 6 Abs. 1 EStG sind sie dann zum Teilwert, aber höchstens zu Anschaffungs- oder Herstellungskosten, gegebenenfalls vermindert um planmäßige Abschreibungen anzusetzen. Gemäß § 4 Abs. 1 Satz 1 EStG kann dann das Eigenkapital gewinneutral um den entsprechenden Betrag erhöht werden.

Beim reinen *Tausch* von Vermögensgegenständen finden ebenfalls keine Zahlungen statt, an denen der Wert gemessen werden kann. Deshalb könnten bei strikter Anwendung der Prinzipien der dynamischen Bilanz bzw. der Nominalwertrechnung wie bei Erbschaft und Schenkung grundsätzlich nur Anschaffungsnebenkosten angesetzt werden.

Dem ist jedoch entgegenzuhalten, daß sich im wirtschaftlichen Verkehr in der Regel Leistung und Gegenleistung ausgleichen. Danach ist in der Handelsbilanz der empfangene Vermögensgegenstand grundsätzlich mit dem Buchwert des hingegebenen zu bewerten. Es würde dem Vorsichtsprinzip widersprechen, wenn man bei einem Tausch von einer Gewinnrealisierung ausgehen würde, da sich die Höhe des realisierten Gewinns nicht anhand von Zahlungen messen läßt.

Trotzdem verlangt das Steuerrecht, daß ein Tauschgewinn bzw. -verlust offengelegt wird: Aufgrund der Rechtsprechung des Bundesfinanzhofs legt die Einkommensteuer-Richtlinie R32a Abs. 2 Satz 3 fest, daß bei einem Tausch der gemeine Wert des Tauschgegenstandes, d.h. der Betrag, der für den hingegebenen Gegenstand als Preis gezahlt worden wäre, anzusetzen ist.

Unter dem Einfluß des Steuerrechts werden im Handelsrecht drei Methoden zur Ermittlung fiktiver Anschaffungskosten bei Tausch von Vermögensgegenständen als zulässig angesehen (ADLER/DÜRING/SCHMALTZ [1987] § 255 Tz 102f.):

(1) Buchwertfortführung

(2) Gewinnrealisierung, d.h. Ansatz des Zeitwerts des hingegebenen Gegenstandes, jedoch höchstens des vorsichtig geschätzten Zeitwerts des eingetauschten Vermögensgegenstandes

(3) ergebnisneutrale Behandlung, d.h. Korrektur des Buchwerts des hingegebenen Vermögensgegenstandes um die Ertragsteuerbelastung aufgrund der im Steuerrecht unterstellten Gewinnrealisation.

3.2.4.2 Abgrenzung von Anschaffungs-, Herstellungs- und Erhaltungsaufwand

Während die Herstellungskosten aktivierungspflichtig sind, kann der *Erhaltungsaufwand*, d.h. Aufwendungen für die Mängelbeseitigung und die Instandhaltung materieller Vermögensgegenstände, als Aufwand der Periode verrechnet werden. Erhaltungsaufwand ist dadurch charakterisiert, daß

- keine Erweiterung oder über den ursprünglichen Zustand hinausgehende wesentliche Verbesserung stattfindet (§ 255 Abs. 2 HGB),
- die Maßnahmen regelmäßig im gleichen Umfang durchgeführt werden,
- eine Modernisierung vorgenommen wird.

Als Beispiele für Erhaltungsaufwand sind der Einbau eines Austauschmotors in einen LKW (BFH vom 2.12.58) und die Umstellung einer technisch abgenutzten Koksheizung auf Ölfeuerung (BFH vom 23.6.61) zu nennen.

Herstellungsaufwand liegt hingegen vor, wenn ein Vermögensgegenstand

- in seiner Substanz vermehrt wird,
- sein Wert nach der Maßnahme erheblich über seinem ursprünglichen Wert liegt.

Herstellungsaufwand liegt z.B. bei Umbau und Modernisierung eines Ladengeschäfts vor (BFH vom 14.8.56),

Unter *anschaffungsnahem Erhaltungsaufwand* versteht man erhebliche Aufwendungen, die zeitlich im Zusammenhang mit dem Erwerb eines Vermögensgegenstandes anfallen. Diese sind Herstellungskosten, nicht Anschaffungskosten des Gegenstandes. Als Beispiel ist die Renovierung eines Einfamilienhauses unmittelbar nach Kauf anzuführen.

Da Grundstücke als nichtabnutzbare Gegenstände des Anlagevermögens nicht planmäßig abgeschrieben werden können, ist schließlich die Abgrenzung von Anschaffungskosten eines Grundstücks und den Herstellungskosten eines darauf errichteten Gebäudes wichtig. Wurde bei Kauf eines Grundstücks geplant, einen darauf stehenden Altbau abzureißen und einen Neubau zu errichten, dann sind die Abbruchkosten Anschaffungskosten des Grundstücks. Stellt sich hingegen erst nach Erwerb heraus, daß der Altbau untauglich und durch einen Neubau zu ersetzen ist, dann handelt es sich bei den Abbruchkosten grundsätzlich um Herstellungskosten des Neubaus.

3.2.4.3 Bewertung von Forderungen und Verbindlichkeiten

Forderungen sind grundsätzlich mit ihren Anschaffungskosten zu bewerten. Beruhen Forderungen auf Leistungen des bilanzierenden Unternehmens, dann sind sie in Höhe des Rechnungsbetrags anzusetzen. Bei *dubiosen Forderungen* sind Korrekturen des Wertansatzes erforderlich: Uneinbringliche Forderungen sind abzuschreiben, zweifelhafte Forderungen sind mit dem wahrscheinlichen Rückzahlungsbetrag anzusetzen. Neben der Einzelabschreibung sind handelsrechtlich Pauschalwertberichtigungen möglich, die das allgemeine Risiko, daß Forderungen ausfallen, berücksichtigen.

Problematisch ist die Bewertung von Forderungen, bei denen bei Rückzahlungen nicht nur der Nennbetrag der Forderungen, sondern auch ein Zinsanteil fällig wird. Nach dem Anschaffungskostenprinzip wäre hier grundsätzlich der für den Erwerb der Forderung zu zahlende Betrag anzusetzen; eine anteilige Verteilung des Zinsanteils am Rückzahlungsbetrag widerspricht jedoch dem Realisationsprinzip.

Entsprechend diesem Grundsatz ist bei *Wechselforderungen* der Wechselbetrag abzüglich des Diskonts anzusetzen.

Schuldverschreibungen, die mit einem Disagio ausgegeben werden, sind grundsätzlich mit dem Ausgabekurs zu bewerten; eine Verteilung des Disagios auf die Laufzeit der Schuldverschreibung würde dem Realisationsprinzip widersprechen.

Dieser Grundsatz wird jedoch aufgrund des Einflusses des Steuerrechts bei *Zero-Bonds* durchbrochen. Hierbei handelt es sich um Schuldverschreibungen ohne laufende Zinszahlungen. Beim Abzinsungstyp werden bei Ausgabe Zinsen und Zinseszinsen abgezogen; der Ausgabekurs ist gleich dem um das Disagio verminderten Nennbetrag; beim Aufzinsungstyp wird bei Rückzahlung der Nennbetrag zuzüglich der Zinsen und Zinseszinsen ausgezahlt. Bei derartigen Forderungen ist der anteilige Zinsertrag des Geschäftsjahrs dem Wert der Forderung zuzuschreiben. Damit wird fingiert, daß die anteiligen Zinsen bereits im Geschäftsjahr realisiert sind. Diese Durchbrechung des Realisationsprinzips wird im Steuerrecht mit der "wirtschaftlichen Betrachtungsweise" begründet: Da für Kredite üblicherweise Zinsen gezahlt werden, sind auch für unverzinsliche Darlehen fiktive Zinserträge zu versteuern. Handelsrechtlich wird die Fiktion der Realisation von Zwischenzinsen damit begründet, daß andernfalls der Einblick in die Ertrags- und Finanzlage des Unternehmens beeinträchtigt würde.

Ähnliche Überlegungen gelten auch für langfristige Forderungen, deren Verzinsung bei Entstehung der Forderung erheblich unter der marktüblichen Verzinsung liegt.

Forderungen in *fremden Währungen (Valuta-Forderungen)* sind grundsätzlich mit dem Geldkurs am Tag ihrer Entstehung zu bewerten, wenn kein anderer Wertansatz geboten ist. Ausgangspunkt für die Bewertung von Valutaforderungen, die von Dritten erworben wurden, sind deren Anschaffungskosten. Sinkt der Geldkurs unter den Kurs am Entstehungstag oder unter die Anschaffungskosten, dann ist wegen des Vorsichtsprinzips der Geldkurs am Bilanzstichtag anzusetzen. Die Realisation von Kurssteigerungen ist wegen des Realisationsprinzips prinzipiell nicht zulässig. Nach ADLER/DÜRING/SCHMALTZ [1987], § 153 Tz 85 ist eine Bewertung kurzfristiger Valutaforderungen mit dem Geldkurs am Bilanzstichtag (Stichtagsumrechnung) zulässig. Eine Stichtagsumrechnung ist auch bei geschlossenen Devisenpositionen zulässig, bei denen sich Forderungen und Verbindlichkeiten in einer Währung betragsmäßig ausgleichen (ADLER/DÜRING/SCHMALTZ [1987], § 153 Tz 92 ff).

3.2 Handelsrechtliche Bilanzierungsvorschriften

Verbindlichkeiten sind mit ihrem Rückzahlungsbetrag anzusetzen (§ 253 Abs. 1 Satz 2); für ein *Disagio* darf ein aktiver Rechnungsabgrenzungsposten gebildet werden, der während der Laufzeit der Verbindlichkeit abzuschreiben ist.

Valuta-Verbindlichkeiten sind grundsätzlich mit dem Briefkurs im Zeitpunkt ihrer ersten Verbuchung umzurechnen. Ist der Briefkurs am Abschlußstichtag höher, dann muß die Umrechnung nach dem Imparitätsprinzip zu diesem höheren Kurs erfolgen; bei Kursrückgängen darf hingegen der Briefkurs bei Erstverbuchung nicht unterschritten werden.

3.2.4.4 Rückstellungen für Pensionsverpflichtungen

Rückstellungen für Pensionsverpflichtungen sind zu ihrem Barwert zu passivieren (§ 253 Abs. 1 Satz 2 HGB). Nach dem Prinzip der Einzelbewertung (§ 252 Abs. 1 Nr. 3) sind Rückstellungen für jede Pensionszusage einzeln zu bilden und in ihrer Höhe nach den individuellen Gegebenheiten – Höhe der Zusage, Lebensdauer, Laufzeit etc. – einzeln zu ermitteln. Hierbei sind zwei Fälle zu unterscheiden:

Bei *laufenden Pensionen* ist der Barwert dieser Rente zu bilden. Dieser ist gleich dem Kapitalwert der mit der Überlebenswahrscheinlichkeit gewichteten Rentenzahlungen. Bei der Diskontierung ist in der Handelsbilanz ein Zinsfuß zwischen drei und sechs Prozent anzusetzen; in der Steuerbilanz muß nach § 6a Abs. 3 ein Zinssatz von 6% zugrunde gelegt werden. Die vom Alter und Geschlecht des Begünstigten abhängigen Überlebenswahrscheinlichkeiten sind den Amtlichen Deutschen Sterbetafeln zu entnehmen.

Bei Rückstellungen für *Pensionsanwartschaften*, d.h. Pensionszusagen, bei denen der Versorgungsfall noch nicht eingetreten ist, sind die Zuweisungen zu den Rückstellungen unter Berücksichtigung versicherungsmathematischer Grundsätze so zu bestimmen, daß der kumulierte Rückstellungsbetrag in dem Jahr, in dem der Versicherte die Altersgrenze erreicht, gleich dem Barwert der zu erwartenden Pensionsleistungen ist. Dabei setzt sich die jährliche Zuführung zu den Rückstellungen aus einer gleichbleibenden Prämie, die nach versicherungsmathematischen Grundsätzen zu ermitteln ist, und den Zinsen auf den angesammelten Rückstellungsbetrag zusammen.

Bei der Ermittlung der Höhe der jährlichen Rückstellungen können zwei Methoden angewendet werden, die sich darin unterscheiden, über welchen Zeitraum der Barwert der Rentenanwartschaft verteilt wird:

Bei der *Teilwertmethode* wird dieser auf den Zeitraum vom Dienstantritt des Begünstigten bis zum voraussichtlichen Eintritt des Versorgungsfalls verteilt. Für den auf die Zeit zwischen Dienstantritt und der Zusage entfallenden Anteil an der Rentenanwartschaft muß eine einmalige Rückstellung in Höhe des Anwartschaftsbarwerts gebildet werden; ebenso ist bei einer Erhöhung der Pensionszusage neben den laufenden Rückstellungen eine einmalige Rückstellung erforderlich, die dem auf die Zeit vom Dienstantritt entsprechenden Anteil an der Erhöhung des Barwerts der Anwartschaft entspricht.

Bei der *Gegenwartswertmethode* wird lediglich der Zeitraum von der Zusage bis zum Zeitpunkt des voraussichtlichen Eintritts des Versorgungsfalls zugrunde gelegt. Jede Erhöhung der Pensionszusage wird als selbständige Zusage angesehen, für die eigene Rückstellungen akkumuliert werden, die insgesamt dem Barwert der Erhöhung der Anwartschaft entsprechen.

Während im Handelsrecht beide Methoden zulässig sind, ist die Höhe der Pensionsrückstellungen im Steuerrecht ausschließlich nach dem Teilwertverfahren zu ermitteln.

Pensionsrückstellungen sind nach Eintritt des Versicherungsfalls aufzulösen. Nach der *versicherungsmathematischen Auflösungsmethode* ist die Rückstellung um den Differenzbetrag zwischen dem Barwert der Rente am Beginn und am Ende des Geschäftsjahrs zu reduzieren. Bei der *buchhalterischen Auflösungsmethode* werden hingegen die Pensionszahlungen solange erfolgsneutral mit den Pensionsrückstellung verrechnet, bis diese aufgebraucht sind; die dann folgenden Zahlungen werden hingegen als Aufwand verbucht. Diese Methode ist zulässig, wenn die verbleibenden Rücklagen um Zinsen auf den Restbetrag erhöht werden.

Üblicherweise werden die Auflösungen der Rückstellungen mit den Zuführungen zu den Anwartschaften verrechnet und in der Gewinn- und Verlustrechnung nur der Saldo ausgewiesen. Bei Wegfalls des Risikos und bei Herabsetzung des Pensionsanspruches werden Pensionsrückstellungen erfolgswirksam aufgelöst.

3.3 Die Gewinn- und Verlustrechnung

3.3.1 Aufgaben der Gewinn- und Verlustrechnung

Der Jahresabschluß umfaßt neben der Bilanz die Gewinn- und Verlustrechnung. Diese hat zwei Funktionen, die Berechnungsfunktion, d.h. die Berechnung des Periodenerfolgs, und die Darstellungsfunktion, d.h. die Aufspaltung des Erfolgs in seine Komponenten.

(1) *Berechnungsfunktion*

Im System der doppelten Buchführung wird der Periodenerfolg in zweifacher Weise berechnet: In der Bilanz ergibt er sich als Veränderung des Eigenkapitals, in der Gewinn- und Verlustrechung wird er als Differenz der Aufwendungen und Erträge bestimmt.

3.3 Die Gewinn- und Verlustrechnung

Wie bereits im ersten Teil gezeigt wurde, sind die Erfolgskonten als Unterkonten des Eigenkapitalkontos anzusehen, in denen dessen Veränderungen durch Aufwendungen und Erträge während der Abrechnungsperiode erfaßt werden. Beim Jahresabschluß erfolgt die Gegenbuchung für die Salden der Erfolgskonten zunächst auf dem Gewinn- und Verlustkonto, das wiederum über das Eigenkapitalkonto abgeschlossen wird. Der mit Hilfe der Gewinn- und Verlustrechnung bestimmte Periodengewinn ist daher identisch mit der mit Hilfe der Bilanz bestimmten Veränderung des Eigenkapitals.

Wegen der aktienrechtlichen Vorschriften über die Gewinnverteilung wird allerdings von Aktiengesellschaften der Periodenerfolg lediglich in der Gewinn- und Verlustrechnung ausgewiesen. Da die vom Vorstand beschlossenen Zuweisungen zu den Rücklagen bereits bei der Feststellung der Bilanz den Rücklagen zugerechnet werden, ist aus der Bilanz lediglich der Bilanzgewinn ersichtlich, über dessen Verteilung die Hauptversammlung zu beschließen hat.

(2) *Darstellungsfunktion*

In der Gewinn- und Verlustrechnung werden die Salden der Erfolgskonten vom Gewinn- und Verlustkonto übernommen und zusammengefaßt dargestellt. Dabei wird der Erfolg nach seinen Quellen aufgegliedert, und die einzelnen Ertrags- und Aufwandsarten werden gesondert ausgewiesen.

Die Gewinn- und Verlustrechnung ist keine Einnahmen-Ausgabenrechnung, in der die Zahlungsströme einer Abrechnungsperiode erfaßt werden, sondern eine Erfolgsrechnung, in der durch Periodenabgrenzung die Zahlungen den Perioden zugerechnet werden, in denen sie erfolgswirksam werden.

Bei der Aufstellung der Gewinn- und Verlustrechnung sind zwei Prinzipien zu beachten:

(1) *Bruttoprinzip*

In der Gewinn- und Verlustrechnung sind der Erfolg sowie alle Aufwendungen und Erträge detailliert auszuweisen. Eine Saldierung zwischen einander entsprechenden Aufwands- und Ertragspositionen – wie z.B. die Aufrechnung von Zinserträgen mit Zinsaufwendungen – ist nicht zulässig.

(2) *Erfolgsspaltung*

Der Erfolg des Unternehmens ist nach Erfolgsquellen und nach Leistungsbereichen aufzugliedern; hierbei sind insbesondere die Erträge denjenigen Aufwendungen gegenüberzustellen, die erforderlich waren, um sie zu erzielen.

Dabei ist der Erfolg in folgende Komponenten aufzuspalten:
- ordentliches Betriebsergebnis, d.h. die mit der betrieblichen Leistungserstellung verbundenen Aufwendungen und Erträge
- ordentliches betriebsfremdes Ergebnis, insbesondere die Aufwendungen und Erträge des Finanzbereichs
- außerordentliches Ergebnis, d.h. nicht regelmäßig anfallende sowie periodenfremde Aufwendungen und Erträge

Nach der Behandlung von Bestandsveränderungen sind zwei Formen der Gewinn- und Verlustrechnung zu unterscheiden (vgl. hierzu auch Abschnitt 2.4 des zweiten Teils):

(1) Gesamtkostenverfahren

(2) Umsatzkostenverfahren

Beim *Gesamtkostenverfahren* ist die Produktion der Periode die relevante Bezugsgröße für die Zuordnung von Aufwendungen und Erträgen; bei der Berechnung des ordentlichen Betriebsergebnisses werden der Betriebsleistung die ordentlichen betriebsbezogenen Aufwendungen der Periode gegenübergestellt. Die Betriebsleistung ergibt sich aus den um Bestandsveränderungen korrigierten Umsätzen; die betriebsbezogenen Aufwendungen werden in Löhne und Gehälter, Materialaufwand und Abschreibungen differenziert.

Beim *Umsatzkostenverfahren* wird hingegen der Umsatz der Periode als Bezugsgröße für die Zurechnung den Aufwendungen gegenübergestellt. Die ordentlichen betrieblichen Aufwendungen werden daher in die Kosten der verkauften Güter und in Bestandsverminderungen aufgespalten. Prinzipiell wäre hier eine weitere Differenzierung der Kosten der verkauften Güter in Löhne und Gehälter und Materialkosten sowie der gesonderte Ausweis von Fixkosten erforderlich, eine derartige Offenlegung der Kostenstruktur wird jedoch von deutschen Unternehmen in der Regel abgelehnt.

Da lediglich die Bestandsveränderungen an anderen Stellen ausgewiesen werden, kommen beide Verfahren zum gleichen Betriebsergebnis. Beim Ausweis des ordentlichen betriebsfremden Ergebnisses und beim außerordentlichen Ergebnis ergeben sich ohnehin keine Unterschiede zwischen den beiden Verfahren.

Der Vorteil des Gesamtkostenverfahrens ist darin zu sehen, daß sich die Daten unmittelbar aus der Finanzbuchhaltung ergeben, so daß nicht auf die Ergebnisse der Kostenrechnung zurückgegriffen werden muß. Nachteilig ist jedoch, daß bei diesem Verfahren Umsatzerlöse und Aufwendungen für Bestandsveränderungen miteinander vermischt werden. Das wird zwar beim Umsatzkostenverfahren vermieden, dafür werden aber alle bei der Zurechnung der Kosten auf Kostenträger auftretenden Probleme und insbesondere die gesamte Fixkostenproblematik relevant. Solange auf die Aufspaltung der auf den Umsatz entfallenden Kosten in ihre Bestandteile verzichtet wird, verbessert sich die Aussagekraft der Gewinn- und Verlustrechnung mit dem Übergang vom Gesamtkostenverfahren zum Umsatzkostenverfahren nur in beschränktem Umfang.

3.3.2 Die Gliederung der Gewinn- und Verlustrechnung nach dem HGB

Bis 1985 waren Aktiengesellschaften verpflichtet, die Gewinn- und Verlustrechnung nach dem Gesamtkostenverfahren aufzustellen; erst mit dem Bilanzrichtliniengesetz wurde auch das Umsatzkostenverfahren als Wahlmöglichkeit zugelassen.

Ursprünglich wurde die Gewinn- und Verlustrechnung in Deutschland ebenso wie die Bilanz in Kontoform aufgestellt; dabei wurden entsprechend dem Gewinn- und Verlustkonto der Buchführung Aufwendungen im Soll, Erträge im Haben ausgewiesen. Seit dem Bilanzrichtliniengesetz von 1985 ist hingegen für den Jahresabschluß von Kapitalgesellschaften die *Staffelform*, die seit der Aktienrechtsreform von 1965 von Aktiengesellschaften alternativ zur Kontoform gewählt werden konnte, zwingend vorgeschrieben.

Die Gewinn- und Verlustrechnung nach dem Gesamtkostenverfahren hat die folgende Grundstruktur:

```
     Umsatzerlöse
±    Bestandsveränderungen
+    aktivierte Eigenleistungen
+    sonstige betriebliche Erträge
./.  Materialaufwand
./.  Personalaufwand
./.  Abschreibungen
./.  sonstige betriebliche Aufwendungen
=    Betriebsergebnis
+    Erträge aus dem Finanzbereich
./.  Aufwendungen aus dem Finanzbereich
=    Ergebnis aus dem gewöhnlichen Geschäftsbetrieb
+    außerordentliche Erträge
./.  außerordentliche Aufwendungen
./.  Steuern
=    Jahresüberschuß
```

Bei Anwendung des Umsatzkostenverfahrens wird das Betriebsergebnis nach folgendem Schema berechnet:

    Umsatzerlöse
./. Herstellungskosten der abgesetzten Leistungen
_____
= Bruttoergebnis vom Umsatz
./. Vertriebskosten
./. Verwaltungskosten
+ sonstige betriebliche Erträge
./. sonstige betriebliche Aufwendungen
_____
= Betriebsergebnis

Die übrigen Positionen der Gewinn- und Verlustrechnung nach dem Umsatzkostenverfahren stimmen mit denen des Gesamtkostenverfahrens überein.

In § 275 HGB wird von Kapitalgesellschaften eine *weitergehende Aufgliederung* der Gewinn- und Verlustrechnung verlangt. Insbesondere sind bei Anwendung des Gesamtkostenverfahrens die ordentlichen Aufwendungen weiter zu untergliedern; darüber hinaus sind bei dem betriebsfremden ordentlichen Ergebnis konzerninterne Ertragskomponenten gesondert auszuweisen.

Die für Kapitalgesellschaften vorgeschriebenen Gliederungsschemata für das Gesamtkosten- und das Umsatzkostenverfahren sind in den Abbildungen 49 und 50 wiedergegeben. Bei Anwendung des Umsatzkostenverfahrens fordert § 285 Nr. 8 HGB zusätzlich zu den Angaben in der Gewinn- und Verlustrechnung eine Aufgliederung des ordentlichen betriebswirtschaftlichen Aufwands entsprechend Nr. 5 und 6 des Schemas für das Gesamtkostenverfahren im Anhang zum Jahresabschluß.

Diese umfassende Aufgliederung der Erfolgskomponenten ist jedoch nur bei großen Kapitalgesellschaften erforderlich, kleine und mittelgroße Kapitalgesellschaften dürfen bei Anwendung des Gesamtkostenverfahrens die in Nr. 1 - 5 bzw. bei Anwendung des Umsatzkostenverfahrens die unter Nr. 1 - 3 und Nr. 6 auszuweisenden Positionen zu einem Posten "Rohertrag" zusammenfassen.

Als außerordentliche Aufwendungen und Erträge sind solche Vorgänge auszuweisen, die außerhalb der gewöhnlichen Geschäftstätigkeit des Unternehmens anfallen. Diese Posten sind von großen und mittleren Kapitalgesellschaften im Anhang zum Jahresabschluß hinsichtlich ihrer Art und ihres Betrags zu erläutern, soweit sie nicht von untergeordneter Bedeutung für die Ertragslage des Unternehmens sind (§ 277 Abs. 4 HGB).

1. Umsatzerlöse
2. Erhöhungen oder Verminderungen des Bestands an fertigen und unfertigen Erzeugnissen
3. andere aktivierte Eigenleistungen
4. sonstige betriebliche Erträge
5. Materialaufwand
   a) Aufwendungen für Roh-, Hilfs- und Betriebsstoffe u. für bezogene Waren
   b) Aufwendungen für bezogene Leistungen
6. Personalaufwand
   a) Löhne und Gehälter
   b) soziale Abgaben und Aufwendungen für Altersversorgung und Unterstützung
      davon: für Altersversorgung
7. Abschreibungen:
   a) auf immaterielle Vermögensgegenstände des Anlagevermögens und Sachanlagen sowie auf aktivierte Aufwendungen für die Ingangsetzung und Erweiterung des Geschäftsbetriebs
   b) auf Vermögensgegenstände des Umlaufvermögens, soweit diese die in der Kapitalgesellschaft üblichen Abschreibungen überschreiten
8. sonstige betriebliche Aufwendungen
9. Erträge aus Beteiligungen
   davon aus verbundenen Unternehmen
10. Erträge aus anderen Wertpapieren und Ausleihungen des Finanzanlagevermögens
    davon aus verbundenen Unternehmen
11. sonstige Zinsen und ähnliche Erträge
    davon aus verbundenen Unternehmen
12. Abschreibungen auf Finanzanlagen und auf Wertpapiere des Umlaufvermögens
13. Zinsen und ähnliche Aufwendungen
    davon an verbundene Unternehmen
14. Ergebnis der gewöhnlichen Geschäftstätigkeit
15. außerordentliche Erträge
16. außerordentliche Aufwendungen
17. außerordentliches Ergebnis
18. Steuern vom Einkommen und vom Ertrag
19. sonstige Steuern
20. Jahresüberschuß / Jahresfehlbetrag

Abb. 49: Gliederung der Gewinn- und Verlustrechnung von großen Kapitalgesellschaften nach dem Gesamtkostenverfahren gemäß § 275 Abs. 2 HGB

1. Umsatzerlöse
2. Herstellungskosten der zur Erzielung der Umsatzerlöse erbrachten Leistung
3. Bruttoergebnis vom Umsatz
4. Vertriebskosten
5. allgemeine Verwaltungskosten
6. sonstige betriebliche Erträge
7. sonstige betriebliche Aufwendungen
8. Erträge aus Beteiligungen
   davon aus verbundenen Unternehmen
9. Erträge aus anderen Wertpapieren und Ausleihungen des Finanzanlagevermögens
   davon aus verbundenen Unternehmen
10. sonstige Zinsen und ähnliche Erträge
    davon aus verbundenen Unternehmen
11. Abschreibungen auf Finanzanlagen und auf Wertpapiere des Umlaufvermögens
12. Zinsen und ähnliche Aufwendungen
    davon an verbundene Unternehmen
13. Ergebnis der gewöhnlichen Geschäftstätigkeit
14. außerordentliche Erträge
15. außerordentliche Aufwendungen
16. außerordentliches Ergebnis
17. Steuern vom Einkommen und vom Ertrag
18. sonstige Steuern
19. Jahresüberschuß / Jahresfehlbetrag

Abb. 50: Gliederung der Gewinn- und Verlustrechnung von großen Kapitalgesellschaften nach dem Umsatzkostenverfahren gem. § 275 Abs. 3 HGB

3.3.3 Die Gliederung des Income Statement im angelsächsischen Bereich

Im angelsächsischen Bereich wird das der Gewinn- und Verlustrechnung entsprechende *Income Statement* ausschließlich in Staffelform nach dem Umsatzkostenverfahren erstellt. Gemäß den Generally Accepted Accounting Principles sind neben den auf das Unternehmen bezogenen Gesamtdaten auch die auf eine Aktie (share) entfallenden Anteile auszuweisen.

Die Grundstruktur eines Income Statement ist in der Abbildung 51 dargestellt. Alternative Bezeichnungsweisen sind in Klammern angegeben.

	Net sales (Operating revenues)	Nettoumsatz
./.	Cost of sales (Cost of goods sold)	Kosten der verkauften Güter
=	Gross profit (Gross margin)	Bruttoergebnis vom Umsatz
./.	Selling, general and administrative expenses	Vertriebs- und Verwaltungskosten
=	Operating income / loss	Betriebsergebnis
+	Interest income	Zinserträge
./.	Interest expenses	Zinsaufwand
+	Other income	Sonstige ordentliche Erträge
./.	Other expenses	Sonstiger ordentlicher Aufwand
=	Income / loss from continuing operations before taxes	Ergebnis aus dem gewöhnlichen Geschäftsbetrieb (vor Steuern)
./.	Provisions for income taxes (Income taxes)	Steuerrückstellungen
=	Income / loss from continuing operations	Ergebnis aus dem gewöhnlichen Geschäftsbetrieb
±	Non continuing items (net of taxes)	Außerordentlicher Ertrag/Aufwand
	- Discontinued operations	- Periodenfremde Positionen
	- Extraordinary items	- Außerordentliche Positionen
	- Cumulative effect of changes in accounting principles	- Kumulierte Auswirkungen von Änderungen der Bilanzierung
=	Net income / loss (net earnings)	Jahresüberschuß
	Per share data:	
	Income from continuing operations	
	Non continuing items	
	- Extraordinary items	
	- Discontinued operations	
	- Cumulated effects of changes in accounting principles	
	Net income (net earnings)	

Abb. 51: Income Statement (vgl. FÖRSCHLE / KRONER / MANDLER [1994], S.49)

3.4 Anhang und Lagebericht

Wie im ersten Teil gezeigt wurde, erfaßt die doppelte Buchführung grundsätzlich nur Geschäftsvorfälle, d.h. solche betrieblichen Vorgänge, die Zahlungen auslösen und anhand dieser gemessen werden können. Formal werden in der Bilanz und in der Gewinn- und Verlustrechnung die Konten der doppelten Buchführung abgeschlossen: Die Bilanz faßt die Salden der Bestandskonten zusammen; in der

Gewinn- und Verlustrechnung werden zunächst die Salden der Erfolgskonten zusammengestellt; der Saldo der Gewinn- und Verlustrechnung wird in der Bilanz als Veränderung der Eigenkapitalkonten verbucht. Der Jahresabschluß dient damit zunächst der Dokumentation und der Kontrolle des Zahlungsverkehrs des Unternehmens.

Die handelsrechtlichen Vorschriften weisen dem Jahresabschluß weitere Aufgaben zu, die über diese abrechnungstechnischen Zwecke hinausgehen: Das HGB fordert insbesondere in § 264 Abs. 2, daß der Jahresabschluß von Kapitalgesellschaften ein den tatsächlichen Verhältnissen entsprechendes Bild von der Vermögens-, Finanz- und Ertragslage des Unternehmens vermitteln soll. Um diese Aufgaben erfüllen zu können, ist eine zeitliche Abgrenzung der in der doppelten Buchführung erfaßten Zahlungen erforderlich. Während die in der laufenden Buchführung erfaßten Geschäftsvorfälle objektiv anhand von Zahlungen meßbar sind, erfordert die Rechnungsabgrenzung zusätzliche fiktive Geschäftsvorfälle, die vielfach nicht willkürfrei erfaßt werden können, weil ihnen keine Zahlungen zugrunde liegen. Das Handelsrecht konnte daher keine eindeutigen Vorschriften für den Jahresabschluß entwickeln, es bietet vielmehr eine Reihe von Methodenwahlrechten, Ansatzwahlrechten und Bewertungswahlrechten, die die Aussagekraft des Jahresabschlusses beeinträchtigen.

Darüber hinaus werden die Vermögens-, Finanz- und Ertragslage eines Unternehmens nicht nur durch die in der Buchhaltung und im Jahresabschluß erfaßbaren Größen beeinflußt, die weitgehend aus Zahlungen der Vergangenheit hergeleitet sind, sondern auch durch Daten und Entwicklungen, die sich nicht in der Buchhaltung sowie in der Bilanz und der Gewinn- und Verlustrechnung erfassen lassen.

Um die Auswirkungen von Wahlrechten und nicht in der Bilanz und der Gewinn- und Verlustrechnung darstellbaren Einflüssen auf die Vermögens-, Finanz- und Ertragslage zumindest teilweise aufzuzeigen, sind Kapitalgesellschaften gemäß § 264 Abs. 1 HGB verpflichtet, die Bilanz und die Gewinn- und Verlustrechnung durch einen *Anhang*, der mit diesen eine Einheit bildet, und den *Lagebericht* zu ergänzen.

3.4.1 Der Anhang

Der Anhang ist ein wesentlicher Bestandteil des Jahresabschlusses und erweitert die Zahlen der Bilanz und der Gewinn- und Verlustrechung um Informationen, die den Einblick in die Vermögens-, Ertrags- und Finanzlage des Unternehmens verbessern. Er hat folgende Aufgaben:

(1) Interpretation

(2) Korrektur

(3) Entlastung

(4) Ergänzung

der Bilanz und der Gewinn- und Verlustrechnung.

Der Anhang soll zunächst die *Interpretation* des Jahresabschlusses durch zusätzliche Informationen über die Bewertungsmethoden erleichtern. Hierzu dienen insbesondere folgende Angaben über die bei der Aufstellung der Gewinn- und Verlustrechnung angewandten Bilanzierungs- und Bewertungsmethoden (§ 284 Abs. 2 HGB):

- Die bei der planmäßigen Abschreibung der Gegenstände des Anlagevermögens angewandten Methoden und die Höhe der Abschreibungssätze
- Das bei der Bewertung selbsterstellter Gegenstände verwendete Kalkulationsverfahren, einschließlich Angaben über die Einbeziehung von Fremdkapitalzinsen
- Verfahren der Währungsumrechnung bei Valutaforderungen und -verbindlichkeiten
- Angaben darüber, in welcher Weise bei der Aufstellung des Jahresabschlusses von den handelsrechtlichen Ansatz- und Bewertungswahlrechten Gebrauch gemacht wurde
- Erläuterung und Begründung eines Wechsels der Bilanzierungs- und Bewertungsmethode

Schließlich sind gem. § 277 Abs. 4 Satz 2 HGB außerordentliche Aufwendungen und Erträge hinsichtlich ihrer Art und ihres Betrages zu erläutern.

Der Anhang dient weiter der *Korrektur* von Zahlen in der Bilanz oder der Gewinn- und Verlustrechnung. Dabei sind insbesondere darzulegen:

- Der Einfluß von Änderungen der Bewertungs- und Bilanzierungsmethoden auf die Vermögens-, Finanz- und Ertragslage (§ 284 Abs. 2 Nr. 3 HGB)
- Erhebliche Abweichungen, die sich bei Anwendung von Bewertungsvereinfachungen (Gruppenbewertung gem. § 240 Abs. 4 HGB bzw. bestimmte Annahmen über die Abgangsordnung gem. § 256 HGB) im Vergleich zu einer Bewertung mit aktuellen Börsen- oder Marktpreisen ergeben
- Die Auswirkungen der Umkehrung der Maßgeblichkeit auf des Ergebnis: Wurden im laufenden Geschäftsjahr oder in der Vergangenheit außerplanmäßige Abschreibungen gemäß § 254 HGB vorgenommen, um Vermögensge-

genstände mit einem nur aus steuerrechtlichen Gründen zulässigen niedrigeren Wert anzusetzen, oder wurden nach § 273 HGB Sonderposten gebildet, dann ist anzugeben, in welchem Ausmaß diese Maßnahmen das Jahresergebnis beeinflussen.

Darüber hinaus ermöglicht der Anhang die *Entlastung* der Bilanz sowie der Gewinn- und Verlustrechnung: Ohne die Übersichtlichkeit des Jahresabschlusses zu beeinträchtigen, sind einzelne Positionen des Jahresabschlusses weiter aufzugliedern oder nach zusätzlichen Gesichtspunkten aufzuschlüsseln:

- Der Gesamtbetrag der Verbindlichkeiten mit einer Restlaufzeit von mehr als fünf Jahren und der durch Pfandrechte oder ähnliche Rechte gesicherten Verbindlichkeiten sowie die Art und die Form der Sicherheiten sind gesondert auszuweisen und entsprechend entsprechend dem Gliederungsschema für die Bilanz von Kapitalgesellschaften weiter aufzuschlüseln (§ 285 Nr. 1 und 2 HGB).

- Bei Anwendung des Umsatzkostenverfahrens sind der Material- und Personalaufwand entsprechend dem Gliederungsschema der Gewinn- und Verlustrechnung nach dem Gesamtkostenverfahren aufzuspalten (§ 285 Nr. 8 HGB).

- Die Umsätze von großen Kapitalgesellschaften sind nach Tätigkeitsbereichen und nach geographischen Märkten aufzuspalten, soweit sich die für das Unternehmen typischen Erzeugnisse bzw. Dienstleistungen, die Tätigkeitsbereiche und die geographischen Märkte erheblich voneinander unterscheiden (§ 285 Nr. 4 HGB).

- Die Gesamtbezüge der Geschäftsführungsorgane und des Aufsichtsrat sowie die entsprechenden Aufwendungen für frühere Mitglieder dieser Organe sind getrennt nach Personengruppen anzugeben (§ 285 Nr. 9 HGB).

- Weiter sind der Umfang der Belastung des Ergebnisses aus der gewöhnlichen Geschäftstätigkeit bzw. des außerordentlichen Ergebnisses mit Steuern vom Einkommen und vom Ertrag anzugeben (§ 285 Nr. 6 HGB).

Andere Angaben können wahlweise aus der Bilanz in den Anhang verlagert werden. So kann insbesondere der Anlagenspiegel, in dem die Entwicklung des Anlagevermögens dargestellt wird, entweder in der Bilanz oder im Anhang wiedergegeben werden (§ 268 Abs. 1 HGB).

Als *Ergänzung* sind schließlich im Anhang nicht bilanzierungsfähige Sachverhalte darzustellen, die die Vermögens-, Finanz- und Ertragslage des Unternehmens beeinflussen können. Hierzu zählen:

- Finanzielle Verpflichtungen, die nicht in der Bilanz auszuweisen sind, die aber für die Beurteilung der Finanzlage von Bedeutung sind (§ 285 Nr. 3 HGB),

3.4 Anhang und Lagebericht

insbesondere Verpflichtungen aus abgeschlossenen Verträgen, aus öffentlich-rechtlichen Rechtsverhältnissen sowie andere Verpflichtungen zu künftigen Aufwendungen

- Die durchschnittliche Zahl der beschäftigten Arbeitnehmer (§ 285 Nr. 7 HGB)
- Die Namen der Mitglieder der Geschäftsführungsorgane (§ 285 Nr. 10 HGB)
- Für Unternehmen, an denen die Kapitalgesellschaft mindestens ein Fünftel der Anteile besitzt, der Name, der Sitz, das Eigenkapital, die Höhe der Kapitalbeteiligung und das Ergebnis des letzten Geschäftsjahrs (§ 285 Nr. 11 HGB)
- Bei Konzernunternehmen Name und Sitz des Unternehmens, das den Konzernabschluß für den Gesamtkonzern aufstellt (§ 285 Nr. 14 HGB)

Von der Berichterstattung im Anhang kann unter den in § 286 HGB genannten Bedingungen abgesehen werden. Hiervon wird von den publizitätspflichtigen Unternehmen in großem Umfang Gebrauch gemacht.

Für kleine Kapitalgesellschaften ergeben sich aus § 288 HGB weitere Erleichterungen für den Anhang.

3.4.2 Der Lagebericht

Neben dem die Bilanz und die Gewinn- und Verlustrechnung ergänzenden Anhang müssen Kapitalgesellschaften gemäß § 264 Abs. 1 Satz 1 HGB in Verbindung mit § 289 HGB einen *Lagebericht* erstellen. Dieser umfaßt vier Teilberichte:

(1) *Darstellung des Geschäftsverlaufs* und der Lage des Unternehmens (§ 289 Abs. 1 HGB): In diesem ist die Entwicklung des Unternehmens und seiner Umwelt im vergangenen Geschäftsjahr darzulegen und über künftige Entwicklungen, die die Lage des Unternehmens beeinflussen, zu berichten.

(2) Der *Nachtragsbericht* (§ 289 Abs. 2 Nr. 1 HGB) soll Tatbestände enthalten, die der Geschäftsleitung in der Zeit zwischen dem Bilanzstichtag und der Erstellung des Jahresabschlusses bekannt geworden sind, die aber nicht in der Bilanz erfaßt sind.

(3) Der *Prognosebericht* (§ 289 Abs. 2 Nr. 2) soll über die voraussichtliche Entwicklung der Gesellschaft informieren.

(4) Im *Forschungs- und Entwicklungsbericht* (§ 289 Abs. 2 Nr. 3) sollen die Grundlagenforschung, die angewandte Forschung und die experimentelle Entwicklung erläutert werden.

Der Lagebericht wird vielfach um einen *Sozialbericht* ergänzt, in dem u.a. über die Zahl und die Zusammensetzung der Belegschaft, deren Veränderungen, über

Löhne und Arbeitszeiten, Weiterbildung, Werkswohnungen und Maßnahmen auf dem Gebiet des Gesundheitswesens und des Unfallschutzes informiert wird.

Trotz der großen Bedeutung, die der Anhang und der Lagebericht für die Darstellung der Vermögens-, Finanz- und Ertragslage des Unternehmens haben, sind diese bei vielen Unternehmen recht dürftig, insbesondere wird bei der Erstellung dieser Bericht vielfach exzessiv von den gesetzlichen Ausnahmeregeln Gebrauch gemacht.

4. Konzernbilanzen
4.1 Konzerne und Konzernbilanzen
4.1.1 Konzernbegriff

Unter einem Konzern versteht man den Zusammenschluß von mehreren rechtlich selbständigen Unternehmen, die unter einheitlicher Leitung stehen. Das Aktienrecht unterscheidet zwei Formen des Konzerns:

(1) Bei einem *Unterordnungskonzern* (§ 18 Abs. 1 Satz 1 AktG) sind ein herrschendes und ein oder mehrere rechtlich selbständige, abhängige Unternehmen unter einheitlicher Leitung zusammengefaßt.

(2) Sind mehrere rechtlich selbständige Unternehmen unter einheitlicher Leitung zusammengefaßt, ohne daß ein Unternehmen von dem anderen abhängt, dann liegt ein *Gleichordnungskonzern* gemäß § 18 Abs. 2 AktG vor.

Obwohl die Konzernunternehmen ihre rechtliche Selbständigkeit behalten, bilden sie eine *wirtschaftliche Einheit*. Insbesondere ist es der Konzernleitung möglich, durch konzerninterne Geschäfte Positionen der Bilanzen der einzelnen Konzerngesellschaften willkürlich zu beeinflussen. So kann z.B. die Konzernleitung eine Konzerngesellschaft A anweisen, einer anderen Konzerngesellschaft B einen Kredit zu gewähren, um deren Liquiditätslage am Bilanzstichtag zu verbessern. Darüber hinaus beruhen Transaktionen zwischen Konzernunternehmen nicht auf Marktvorgängen; aus wirtschaftlicher Sicht sind sie vielmehr ähnlich wie innerbetriebliche Leistungen anzusehen. Gewinne aus derartigen Geschäften sind nach dem Vorsichtsprinzip noch nicht realisiert. Um der wirtschaftlichen Unselbständigkeit der Konzernunternehmen, die sich aus der einheitlichen Leitung ergibt, Rechnung zu tragen, hat der Gesetzgeber zwei sich gegenseitig ergänzende Maßnahmen getroffen:

(1) Wie bei der Behandlung der Bilanzgliederung gezeigt wurde (Abschnitt 3.2.1.2), sind in den Bilanzen der einzelnen Unternehmen *Kredit- und Beteiligungsbeziehungen* mit verbundenen Unternehmen gesondert auszuweisen.

Zu beachten ist, daß der Begriff des *verbundenen Unternehmens* weiter gefaßt ist als der aktienrechtliche Konzernbegriff; neben rechtlich selbständigen Unternehmen, die unter einheitlicher Leitung zusammengefaßt sind, fallen folgende Unternehmensverbindungen unter diesen Begriff:

- rechtlich selbständige Unternehmen, die im Mehrheitsbesitz stehen, und mit Mehrheit beteiligte Unternehmen (§ 16 Abs. 1 AktG)
- abhängige und herrschende Unternehmen (§ 17 AktG)
- wechselseitig beteiligte Unternehmen (§ 19 AktG)

- Vertragspartner eines Unternehmensvertrags (§§ 291-292 AktG), die nicht unter einer einheitlichen Leitung stehen

(2) Seit 1965 müssen neben den Einzelbilanzen der Konzernunternehmen *Konzernbilanzen* für den gesamten Konzern aufgestellt werden. Während nach den Vorschriften des Aktiengesetzes von 1965 die Konzernbilanz aus den Einzelbilanzen hergeleitet wurde, ohne daß die Ansätze der Einzelbilanzen verändert wurden (Maßgeblichkeit der Einzelbilanzen für die Konzernbilanz), müssen nach den Vorschriften des Handelsgesetzbuchs von 1985 der Konzernbilanz einheitliche Bilanzierungsgrundsätze zugrunde gelegt werden, so daß gegebenenfalls eine Modifikation der Einzelbilanzen erforderlich ist.

Der Konzernbilanz liegt die *Einheitstheorie* zugrunde, nach der diese Bilanz ein zutreffendes Bild von der Vermögens-, Finanz- und Ertragslage des Konzerns als wirtschaftlicher Einheit vermitteln soll. Alle konzerninternen Vorgänge sollen so dargestellt werden, als ob sie nicht zwischen zwei rechtlich selbständigen Unternehmen, sondern innerhalb einer wirtschaftlichen Einheit stattfinden. Die Vorschriften zu den Konsolidierungsvorgängen sind mit wenigen Ausnahmen, die der Vereinfachung dienen, sind Ausfluß dieses Prinzips.

Der Konzernbegriff des HGB, an den die Pflicht zur Erstellung eines Konzernabschlusses geknüpft wird, weicht in zwei Punkten von dem aktienrechtlichen Konzernbegriff ab:

(1) Zur Erstellung eines Konzernabschlusses sind nur die Mutterunternehmen von Unterordnungskonzernen verpflichtet; für Gleichordnungskonzerne gelten die Vorschriften über die Erstellung von Konzernbilanzen nicht.

(2) Zwar knüpft § 290 Abs. 1 HGB bei der Verpflichtung zur Erstellung eines Konzernabschlusses entsprechend § 18 Abs. 1 AktG an die einheitliche Leitung an, in § 290 Abs. 2 HGB wird diese jedoch durch Aufzählung von Tatbeständen ergänzt: Eine Verpflichtung zur Aufstellung eines Konzernabschlusses liegt immer dann vor, wenn einer Kapitalgesellschaft mit Sitz im Inland (*Mutterunternehmen*) bei einem anderen Unternehmen (*Tochterunternehmen*) mindestens eines der folgenden Kontrollrechte zusteht:

- die Mehrheit der Stimmrechte der Gesellschafter
- das Recht, die Mehrheit der Mitglieder der Verwaltungs-, Leitungs- oder Aufsichtsgremien zu bestellen
- das Recht, aufgrund eines mit dem Unternehmen geschlossenen Beherrschungsvertrags oder aufgrund von Satzungsbestimmungen dieses Unternehmens einen beherrschenden Einfluß auf das Unternehmen auszuüben

4.1 Konzerne und Konzernbilanzen

Der Konzernabschluß umfaßt neben der Konzernbilanz und der Konzern-Gewinn- und Verlustrechnung einen Konzernanhang (§ 297 HGB); der Konzernabschluß ist durch einen Konzernabschlußprüfer zu prüfen (§ 316 ff. HGB).

4.1.2 Konsolidierung

4.1.2.1 Konsolidierungspflicht

Die Herleitung einer Konzernbilanz aus den Einzelbilanzen der Konzernunternehmen bezeichnet man als *Konsolidierung*.

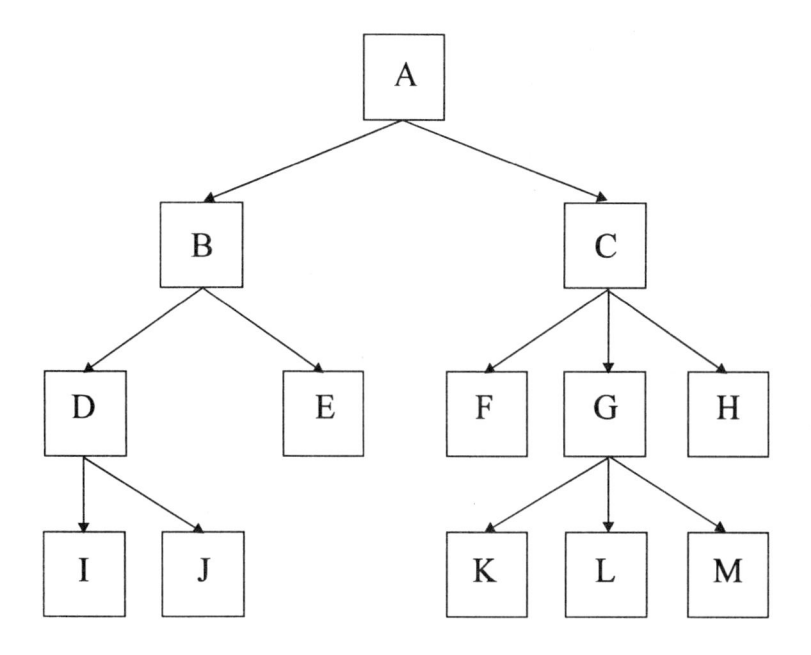

Abb. 52: Mehrstufige Konzernstruktur

Grundsätzlich hat jedes Mutterunternehmen einen Konzernabschluß zu erstellen, der alle Tochterunternehmen einbezieht. Hat ein Mutterunternehmen Töchter, die wiederum Mutterunternehmen sind, dann müssen prinzipiell die Töchter ihrerseits Konzernabschlüsse erstellen. Zur Verdeutlichung dieses Sachverhalts ist in der Abbildung 52 ein mehrstufiger Konzern dargestellt, in dem ein Mutterunternehmen A zwei Töchter B und C hat, die wiederum Töchter D und E bzw. F, G und H haben. Einzelne dieser Tochterunternehmen, wie z.B. die Gesellschaften D und G haben wiederum Töchter I und J bzw. K, L und M. Dann müssen grundsätzlich die Unternehmen A sowie B, C und deren Töchter D und G Konzernabschlüsse erstellen. Die Konzernabschlüsse der Töchter bezeichnet man als Teilkonzernabschlüsse. Übergeordnete Unternehmen sind nicht in den Konzernabschluß einzubeziehen; so ist z.B. die Konzernmutter A nicht in die Konzernabschlüsse der Töchter B und C einzubeziehen.

Um diesen Tannenbaum-Effekt zu vermeiden, besteht unter bestimmten Voraussetzungen die Möglichkeit, daß ein Mutterunternehmen einen *befreienden Konzernabschluß* erstellt der dessen Töchter von der Verpflichtung entbindet, ebenfalls einen Konzernabschluß zu erstellen. Dann wird z.B. das Konzernunternehmen D durch einen Konzernabschluß der Mutter B davon befreit, einen konsolidierten Abschluß für die Unternehmen D, I, J zu erstellen; ebenso befreit ein Konzernabschluß der Mutter C das Unternehmen G davon, einen Konzernabschluß für die Unternehmen G, K, L und M zu erstellen. Insbesondere befreit ein Konzernabschluß des Unternehmens A die Unternehmen B, C, D und G von der Pflicht, Teilkonzernabschlüsse zu erstellen.

Ein befreiender Abschluß ist möglich, wenn das Mutterunternehmen eines grundsätzlich zu einem Konzernabschluß verpflichteten Tochterunternehmens einen Konzernabschluß in deutscher Sprache vorlegt und folgende Bedingungen erfüllt sind (§ 291 Abs. 2 HGB):

(1) Das Mutterunternehmen hat seinen Sitz in einem Mitgliedsland der Europäischen Union.

(2) Das Mutterunternehmen muß in seinen Konzernabschluß sowohl das zu befreiende Unternehmen als auch diejenigen Töchter einbeziehen, die in dessen Konzernabschluß einzubeziehen wären.

(3) Der Konzernabschluß des Mutterunternehmens entspricht dem Recht des Mitgliedstaates, in dem dieses seinen Sitz hat, sowie den Vorschriften der 7. EG-Richtlinie über die Erstellung von Konzernabschlüssen und wurde in diesem Staat geprüft und offengelegt.

(4) Im Anhang des Jahresabschlusses des zu befreienden Unternehmens wird Name und Sitz des Mutterunternehmens, das den befreienden Abschluß erstellt, angegeben und auf die Befreiung vom Teilkonzernabschluß hingewiesen.

Hat das Mutterunternehmen seinen Sitz in einem Staat, der nicht der Europäischen Union angehört, dann ist ein befreiender Abschluß möglich, falls dieser dem mit der 7. EG-Richtlinie übereinstimmenden Recht eines Mitgliedstaates entspricht oder einem solchen Abschluß gleichwertig ist und in diesem Land offengelegt worden ist.

Trotz eines befreienden Konzernabschlusses ist ein Teilkonzernabschluß vorzulegen, falls dieses von einer qualifizierten Minderheit der Anteilseigner gefordert wird. Bei einer Aktiengesellschaft oder einer Kommanditgesellschaft auf Aktien

4.1 Konzerne und Konzernbilanzen

sind dieses mindestens 10% der Aktien, bei einer Gesellschaft mit beschränkter Haftung mindestens 20% des Stammkapitals (§ 291 Abs. 3 HGB).

Ähnlich wie bei der Erstellung des Jahresabschlusses von Einzelunternehmen sind kleine Konzerne von der Erstellung eines Konzernabschlusses befreit. Als kleine Konzerne werden nach der *Nettomethode* (§ 293 Abs. 1 Nr. 2 HGB) solche angesehen, bei denen bei dem aktuellen und dem davor liegenden Konzernabschluß zwei der drei folgenden Bedingungen erfüllt sind:

(1) Die Konzernbilanzsumme ist nicht größer als 53,3 Mio. DM.

(2) Der Umsatzerlös des Konzerns ist nicht größer als 106,2 Mio. DM.

(3) Die Zahl der Beschäftigten ist im Jahresdurchschnitt nicht größer als 500.

Die Erfassung der beiden ersten Kriterien setzt voraus, daß ein vorläufiger Konzernabschluß erstellt wird. Damit würde aber einer der wesentlichen Zwecke für die Befreiung, die Vermeidung des mit der Konsolidierung verbundenen Aufwands, verfehlt. Anstelle der Nettomethode können die kritischen Werte daher auch nach der *Bruttomethode* (§ 293 Abs. 1 Nr. 1 HGB) ermittelt werden, die an die Summe der entsprechenden Werte der Einzelabschlüsse anknüpft. Danach ergeben sich die folgenden kritischen Werte:

(1) Die addierten Bilanzsummen aller Konzernunternehmen sind nicht größer als 63,72 Mio. DM.

(2) Die addierten Umsatzerlöse sind nicht größer als 127,44 Mio DM.

(3) Die Zahl der Beschäftigten ist im Jahresdurchschnitt nicht größer als 500.

Während nach HGB nur Kapitalgesellschaften verpflichtet sind, Konzernabschlüsse aufzustellen, müssen aufgrund von § 11 Publizitätsgesetz auch große Unternehmen, die nicht in der Rechtsform einer Kapitalgesellschaft organisiert sind, Konzernabschlüsse aufstellen, wenn sie unter der einheitlichen Leitung eines Mutterunternehmens stehen. Wie bei Kapitalgesellschaften sind nur Unterordnungskonzerne, nicht aber Gleichordnungskonzerne zu Konzernabschlüssen verpflichtet; im Unterschied zum HGB stellt das Publizitätsgesetz nur auf die einheitliche Leitung ab und ergänzt diese nicht wie § 290 Abs. 2 HGB durch bestimmte, objektiv bestimmbare Tatbestände. Große Konzerne nach § 1 Publizitätsgesetz sind solche, bei denen für drei aufeinander folgende Bilanzstichtage mindestens zwei der folgenden Merkmale zutreffen:

(1) Die Konzern-Bilanzsumme ist größer als 125 Mio. DM.

(2) Der Konzern-Umsatz ist größer als 250 Mio. DM.

(3) Die Beschäftigtenzahl des Konzerns ist im Jahresdurchschnitt größer als 5000.

Auch wenn das Mutterunternehmen keine Kapitalgesellschaft ist, kann es einen für die Töchter befreienden Konzernabschluß vorlegen.

4.1.2.2 Konsolidierungskreis

Unter dem *Konsolidierungskreis* versteht man die Gesamtheit aller in den Konzernabschluß eines Mutterunternehmens einzubeziehenden Unternehmen. Im Beispiel der Abbildung 42 umfaßt der Konsolidierungskreis das Mutterunternehmen A, dessen Töchter B und C sowie deren Töchter D, E, F, G und H wie auch die Töchter der Gesellschaften D und G, d.h. die Unternehmen I, J, K, L, M.

Grundsätzlich umfaßt der Konsolidierungskreis eines Mutterunternehmens alle unmittelbaren Tochterunternehmen sowie alle mittelbaren Töchter unabhängig von deren Rechtsform und dem Sitz dieser Unternehmen; in den Konzernabschluß müssen also sowohl ausländische Töchter als auch Töchter, die in der Rechtsform einer Personengesellschaft organisiert sind, einbezogen werden. Von diesem Grundsatz der Vollständigkeit des Konsolidierungskreises sind jedoch folgende Ausnahmen vorgesehen:

(1) Einbeziehungsverbote: § 295 HGB

   Gemäß § 295 Abs. 1 HGB darf ein Tochterunternehmen nicht in den Konsolidierungskreis aufgenommen werden, wenn sich seine Tätigkeit von der Tätigkeit der anderen einbezogenen Unternehmen derart unterscheidet, daß die Einbeziehung in den Konzernabschluß mit der Verpflichtung, ein den tatsächlichen Verhältnissen entsprechendes Bild von der Vermögens-, Finanz- und Ertragslage des Konzerns zu vermitteln, unvereinbar ist. Diese Vorschrift ist eng auszulegen: In § 295 Abs. 2 HGB wird festgelegt, daß das Einbeziehungsverbot nicht greift, wenn die in den Konzernabschluß einzubeziehenden Unternehmen teilweise Industrie-, Handels- oder Dienstleistungsunternehmen sind. Als wesentliches Beispiel für nicht zu konsolidierende Tochterunternehmen sind rechtlich selbständige gemeinnützige Unterstützungskassen zu nennen.

(2) Konsolidierungswahlrechte: § 296 HGB

   Ein *Konsolidierungswahlrecht* besteht in folgenden Fällen: Ein Tochterunternehmen braucht nicht in den Konzernabschluß einbezogen werden, wenn

   - es für die Vermögens-, Finanz- und Ertragslage des Konzerns von untergeordneter Bedeutung ist (§ 296 Abs. 2 HGB),

   - erhebliche und andauernde Beschränkungen die Ausübung der Rechte des Mutterunternehmens in bezug auf das Vermögen oder die Geschäftsführung nachhaltig beeinträchtigen (§ 296 Abs. 1 Nr. 1 HGB),

- die für die Aufstellung des Konzernabschlusses erforderlichen Angaben nicht ohne unverhältnismäßig hohe Kosten oder Verzögerungen zu erhalten sind (§ 296 Abs. 1 Nr. 2 HGB),
- die Anteile des Tochterunternehmens ausschließlich zu Zwecken ihrer Weiterveräußerung gehalten werden (§ 296 Abs. 1 Nr. 3 HGB).

Wird ein Tochterunternehmen wegen eines Einbeziehungsverbots oder aufgrund eines Konsolidierungswahlrechts nicht in den Konzernabschluß einbezogen, so ist dieses im Konzernabschluß anzugeben und zu begründen.

4.2 Die Handelsbilanz II

4.2.1 Notwendigkeit der Handelsbilanz II

Nach der Einheitstheorie soll der Konzernabschluß ein Bild von der Vermögens-, Finanz- und Ertragslage des Konzerns als einer wirtschaftlichen Einheit geben. Hierzu ist es erforderlich, daß von allen Konzernunternehmen die gleichen Bilanzierungsgrundsätze angewendet werden. Insbesondere müssen bei der Erstellung der Einzelbilanzen, aus denen die Konzernbilanz abgeleitet werden soll,

- die Stichtage übereinstimmen,
- einheitliche Grundsätze für den Bilanzansatz angewendet werden,
- einheitliche Bewertungsgrundsätze zugrunde gelegt werden.

Gemäß § 300 und § 308 HGB sind jeweils die bei der Erstellung der Einzelbilanz der Muttergesellschaft angewandten Grundsätze maßgeblich.

In der Regel genügen nicht alle Handelsbilanzen der Tochterunternehmen diesen Bedingungen. Die Abweichungen können auf folgende Ursachen zurückgeführt werden:

(1) Der Bilanzstichtag eines Tochterunternehmens weicht von dem des Mutterunternehmens ab, weil sich z.B. das Geschäftsjahr der Tochter an einer ausgeprägten Saisonstruktur orientiert.

(2) Ansätze in den Einzelbilanzen müssen insbesondere in folgenden Fällen korrigiert werden:

- Ansatzwahlrechte des HGB werden in den Handelsbilanzen einzelner Tochterunternehmen nach anderen Grundsätzen als bei dem Mutterunternehmen genutzt. So bildet z.B. eine Tochter T keine Rücklagen für unterlassene Instandhaltung, wenn diese nicht innerhalb eines Vierteljahres nachgeholt werden, während das Mutterunternehmen M Rückstellungen für unterlassene Instandhaltung bildet, wenn diese innerhalb eines Jahres nachgeholt werden sollen.

- Der Bilanzansatz für bestimmte Positionen in der Handelsbilanz ausländischer Töchter ist in den für diese maßgeblichen Vorschriften abweichend von den für das Mutterunternehmen geltenden Vorschriften geregelt. So aktiviert z.B. eine ausländische Tochter A aufgrund von für ihre Handelsbilanz geltenden Vorschriften ein selbsterstelltes Patent mit den Herstellungskosten, während dessen Bilanzierung nach dem für das Mutterunternehmen geltenden Recht verboten ist.

- In der Handelsbilanz einer Konzerngesellschaft wird ein von einer anderen Tochter erworbener immaterieller Gegenstand des Anlagevermögens aktiviert. In der Konzernbilanz ist dieses Patent nicht aktivierbar, da es sich aus der Sicht des Konzerns nicht um einen entgeltlichen Erwerb gehandelt hat.

(3) Einzelne Positionen werden in der Einzelbilanz einer Tochter anders bewertet als gleichartige Positionen in der Bilanz des Mutterunternehmens:

- Methodenwahlrechte werden in der Handelsbilanz einer Tochter anders ausgeübt als in der Handelsbilanz des Mutterunternehmens: Eine Tochter T schreibt abnutzbare Gegenstände des Anlagevermögens grundsätzlich linear ab, während die Mutter diese grundsätzlich geometrisch-degressiv abschreibt.

- Bewertungswahlrechte werden unterschiedlich wahrgenommen: Eine Tochter hat eine Finanzanlage nicht außerplanmäßig abgeschrieben, obwohl der Börsenkurs deutlich unter die Anschaffungskosten gesunken ist; das Mutterunternehmen folgt hingegen in diesen Fällen grundsätzlich dem gemilderten Niederstwertprinzip.

- Bewertungsvorschriften, die für eine ausländische Tochter gelten, entsprechen nicht den von dem Mutterunternehmen angewandten Bewertungsgrundsätzen: Eine ausländische Tochter bewertet z.B. Gegenstände des Umlaufvermögens mit Wiederbeschaffungspreisen, die über den Anschaffungskosten liegen; für die inländische Mutter sind hingegen die Anschaffungskosten Obergrenze für den Wertansatz in der Einzelbilanz.

- Konzerninterne Lieferungen sind in der Konzernbilanz nach dem Konzern-Niederstwertprinzip zu bewerten, d.h. sie können höchstens mit den Anschaffungs- oder Herstellungskosten des liefernden Unternehmens bewertet werden. In den Einzelbilanzen können sie hingegen mit einem höheren Lieferpreis bewertet werden.

- Für ausländische Töchter, die ihre Handelsbilanz in fremder Währung erstellen, ist eine Währungsumrechnung erforderlich.

Würden die von der Bilanz des Mutterunternehmens abweichenden Bilanzansätze und Bewertungen nicht vor der Konsolidierung eliminiert, dann würde die Konzernbilanz nicht der Einheitstheorie genügen und kein den tatsächlichen Verhältnissen entsprechendes Bild der Vermögens-, Finanz- und Ertragslage des Konzerns geben. Es ist daher erforderlich, die Einzelbilanzen zu korrigieren und der Konsolidierung nach einheitlichen Ansatz- und Bewertungsgrundsätzen erstellte *Handelsbilanzen II* zu Grunde zu legen.

Konzerne werden zwar versuchen, den mit der Aufstellung einer Handelsbilanz II verbundenen Aufwand zu minimieren und durch konzernweite Richtlinien für den Bilanzansatz sowie für die Wahl der Bewertungsmethoden und die Nutzung von Bewertungswahlrechten in den Einzelbilanzen zu einer konzerneinheitlichen Bilanzierung zu kommen. Zumindest für international tätige Konzerne wird sich die Aufstellung von Handelsbilanzen II wegen unterschiedlicher Bilanzierungsvorschriften und der Notwendigkeit der Währungsumrechnung jedoch nicht vermeiden lassen.

4.2.2 Aufstellung der Handelsbilanz II

Bei der Aufstellung der Handelsbilanz II eines Konzernunternehmens sind folgende Grundsätze zu beachten:

(1) Weicht der Stichtag der Einzelbilanz eines Tochterunternehmens von dem des Mutterunternehmens ab, dann ist eine auf diesen bezogene Zwischenbilanz zu erstellen. Das HGB (§ 299 Abs. 2) läßt allerdings zu, daß auf eine solche verzichtet werden kann, wenn der Einzelabschluß um nicht mehr als drei Monate von dem Stichtag der Bilanz des Mutterunternehmens abweicht. Wird von dieser Ausnahmeregelung Gebrauch gemacht, dann sind Vorgänge von besonderer Bedeutung für die Vermögens-, Finanz- und Ertragslage des Einzelunternehmens, die zwischenzeitlich eingetreten sind, im Konzernanhang anzugeben.

(2) Nach dem Prinzip der Vollständigkeit sind alle Positionen, die in der Konzernbilanz bilanzierungsfähig sind, in die Handelsbilanz II aufzunehmen. Bei ausländischen Tochterunternehmen sind Bilanzierungsverbote, die für die Mutterunternehmen gelten, auch in der Handelsbilanz II der Tochter zu beachten. Bilanzierungswahlrechte sind für alle Konzerngesellschaften in gleicher Weise auszuüben. Dabei ist zu beachten, daß Bilanzierungswahlrechte für die Konzernbilanz abweichend von der Einzelbilanz des Mutterunternehmens ausgeübt werden können.

(3) Die Bewertung hat nach konzerneinheitlichen Prinzipien zu erfolgen. Insbesondere sind einheitliche Bewertungsmethoden anzuwenden. Abweichungen

sind nur dann zulässig, wenn sie durch tatsächliche Unterschiede gerechtfertigt sind; so dürfen z.B. in einem Tochterunternehmen Bestände verderblicher Waren nach der Fifo-Methode bewertet werden, obgleich konzerneinheitlich das Lifo-Verfahren angewendet wird. Ebenso sind Bewertungswahlrechte grundsätzlich konzernweit wie in der Bilanz des Mutterunternehmens auszuüben.

Die Bewertungsvorschriften der §§ 252-256 und 279-283 HGB sind auch für den befreienden Abschluß zu beachten, wenn die Mutterunternehmens keine Kapitalgesellschaft ist.

(4) Ausnahmen von dem Prinzip der konzerneinheitlichen Bewertung sind in folgenden Fällen zugelassen:

- Versicherungen und Kreditinstitute, die besonderen Bewertungsvorschriften unterliegen

- Steuerlich bedingte Wertansätze; damit wirkt sich das Prinzip der umgekehrten Maßgeblichkeit auch auf Konzernbilanzen aus, obwohl die Konzernbilanz keine steuerlichen Konsequenzen hat, so daß die durch das Steuerrecht erzwungenen Verzerrungen der Handelsbilanz vermieden werden könnten.

- Unwesentliche Wertabweichungen, die den Einblick in die Vermögens-, Finanz- und Ertragslage nicht beeinflussen; auf diese Abweichungen ist im Konzernanhang hinzuweisen.

4.2.3 Verrechnung der Korrekturen in der Handelsbilanz II

Wird bei der Aufstellung der Handelsbilanz II ein Vermögensgegenstand oder eine Verbindlichkeit aufgenommen, ohne in der Handelsbilanz ausgewiesen zu sein, oder erfolgen Umbewertungen von Aktiva oder Passiva, dann entsteht aufgrund der Bilanzgleichung notwendigerweise ein Saldo, der durch eine Veränderung einer der Eigenkapitalpositionen ausgeglichen werden muß. Hierbei sind zwei Möglichkeiten gegeben:

(1) Bei der *erfolgsneutralen Verrechnung* wird die Differenz direkt mit einer Eigenkapitalposition, insbesondere der Gewinnrücklage, saldiert, ohne daß der Jahresüberschuß davon betroffen ist.

(2) Bei der *erfolgswirksamen Verrechnung* wird die Differenz als Ertrag oder Aufwand in die Gewinn- und Verlustrechnung übernommen; dadurch wird der Jahresüberschuß entsprechend verändert. Diese Veränderung des Jahresüberschusses wird durch eine entsprechende Veränderung der Einstellungen in die Rücklagen bzw. in die Rücklagen ausgeglichen werden. Die Position

4.2 Die Handelsbilanz II

Rücklagen muß deshalb angesprochen werden, weil die Position Bilanzgewinn unverändert gelassen werden soll, obwohl der Jahresüberschuß durch eine erfolgswirksame Verbuchung verändert wird.

Beispiel:

Ein Tochterunternehmen hat für eine unterlassene Instandhaltungsmaßnahme, die erst in der zweiten Hälfte des Folgejahres nachgeholt worden ist, keine Rückstellung gebildet. In der Bilanz des Mutterunternehmens wird hingegen in vergleichbaren Fällen eine Rückstellung gebildet. Die geschätzten Kosten der Instandhaltungsmaßnahme seien 50.000 DM. Die Einzelbilanz des Tochterunternehmens (in zusammengefaßter Form) ist in Abbildung 53 dargestellt.

Aktiva	Einzelbilanz		Passiva
Anlagevermögen	2.500.000	Grundkapital	1.000.000
Umlaufvermögen	2.150.000	Rücklagen	1.500.000
		Verbindlichkeiten	2.000.000
		Bilanzgewinn	150.000
Bilanzsumme	4.650.000	Bilanzsumme	4.650.000

Abb. 53: Einzelbilanz des Tochterunternehmens

Bei *erfolgsneutraler* Verrechnung sind in der Handelsbilanz II die Rückstellungen um 50.000 zu erhöhen, die Rücklagen sind um den gleichen Betrag zurückgegangen (vgl. Abbildung 54). Diese Korrektur findet keinen Niederschlag in der Gewinn- und Verlustrechnung.

Aktiva	Handelsbilanz II		Passiva
Anlagevermögen	2.500.000	Grundkapital	1.000.000
Umlaufvermögen	2.150.000	Rücklagen	1.450.000
		Rückstellungen	50.000
		Verbindlichkeiten	2.000.000
		Bilanzgewinn	150.000
Bilanzsumme	4.650.000	Bilanzsumme	4.650.000

Abb. 54: Handelsbilanz II

Bei *erfolgswirksamer* Verbuchung sind die ordentlichen Aufwendungen um 50.000 DM zu erhöhen, der Jahresüberschuß ist entsprechend um 50.000 DM zu kürzen. Bei entsprechender Reduktion der Einstellung in die Rücklagen verändert sich die Handelsbilanz II nicht.

Die (zusammengefaßte) Gewinn- und Verlustrechnung des Tochterunternehmens und die entsprechend angepaßte GuV II sind in Tabelle 13 wiedergegeben.

Da die Einheitstheorie den Konzern als eine wirtschaftliche Einheit sieht, sind die Anpassungsdifferenzen grundsätzlich erfolgswirksam zu verrechnen.

Tabelle 13: Gewinn- und Verlustrechnung in verkürzter Form

		GuV	GuV II
	Betriebserträge	1.000.000	1.000.000
./.	Betriebsaufwand	700.000	750.000
+	Sonstige Erträge	100.000	100.000
./.	Sonstige Aufwendungen	100.000	100.000
=	Jahresüberschuß	300.000	250.000
./.	Einstellung in die Rücklagen	150.000	100.000
=	Bilanzgewinn	150.000	150.000

4.2.4 Währungsumrechnung

Bei ausländischen Tochterunternehmen, die ihren Jahresabschluß in einer Fremdwährung erstellen, besteht die Notwendigkeit, die Wertansätze in die Währung des Mutterunternehmens umzurechnen. Da das HGB keine Vorschriften über die Form der Währungsumrechnung enthält, besteht grundsätzlich ein Methodenwahlrecht; allerdings muß eine einmal gewählte Umrechnungsmethode beibehalten werden.

Aus der Vielfalt der Methoden der Währungsumrechnung sollen hier lediglich zwei vorgestellt werden, die u.a. vom Institut der Wirtschaftsprüfer (IdW [1986]) vorgeschlagen werden:

(1) Stichtagskursmethode

(2) Zeitbezugsmethode

Bei der *Stichtagskursmethode* werden grundsätzlich alle Positionen der Bilanz und der Gewinn- und Verlustrechnung der ausländischen Tochterunternehmen mit dem Devisen-Mittelkurs am Bilanzstichtag umgerechnet.

Der Vorteil dieser Methode ist darin zu sehen, daß die Währungsumrechnung einfach ist, daß sie mit geringem Rechenaufwand verbunden ist und daß sich weder in der Bilanz noch in der Gewinn- und Verlustrechnung Differenzen aus der Währungsumrechnung ergeben. Nachteilig ist jedoch, daß die DM-Werte der Vermögensgegenstände mit den Wechselkursen schwanken und die durch Wertänderungen ausgelösten Schwankungen unmittelbar durch Schwankungen des Eigenkapitals ausgeglichen werden.

Um diese Nachteile zu mildern, wird bei der *modifizierten Stichtagskursmethode* das Eigenkapital mit dem historischen Kurs am Tag des Erwerbs des Unternehmens bzw. am Tag von Kapitalerhöhungen umgerechnet. Die übrigen Bilanzpositionen werden hingegen wie bei der einfachen Stichtagskursmethode mit dem Kurs am Bilanzstichtag umgerechnet. Die sich aus Kursänderungen ergebende Umrechnungsdifferenz wird als Sonderposten beim Eigenkapital ausgewiesen. Damit werden die Auswirkungen von Wechselkursänderungen auf das Eigenkapital der Tochterunternehmung erkennbar.

Die Stichtagskursmethode unterstellt implizit, daß die ausländischen Tochterunternehmen lokal tätig sind und Währungsparitäten keinen Einfluß auf Entscheidungen im Konzern haben. Die Einheitstheorie geht jedoch davon aus, daß es sich bei einem Konzern um eine wirtschaftliche Einheit handelt. Dementsprechend sollte bei der Währungsumrechnung eine bilanzierungs- und bewertungspolitisch neutrale Transformation der Wertansätze in der Bilanz der ausländischen Tochter durchgeführt werden. Das führt konsequenterweise zum *Zeitbezugsprinzip* der Währungsumstellung.

Bei dem Zeitbezugsprinzip sind "historische Werte ... mit dem historischen Kurs und Gegenwartswerte mit dem Stichtagskurs umzurechnen" (COENENBERG [1994] S. 382). Sind in der Handelsbilanz des Tochterunternehmens Anschaffungs- oder Herstellungskosten bzw. daraus abgeleitete Werte anzusetzen, dann sind diese mit dem Kurs im Anschaffungs- oder Herstellungszeitpunkt umzurechnen. Ist hingegen aufgrund des Niederstwertprinzips in der Bilanz der Tochter ein niedrigerer Wertansatz, der sich am aktuellen Wert des Gegenstandes orientiert, anzusetzen, dann ist dieser aufgrund des erweiterten Niederstwertprinzips (BUSSE VON COLBE [1972], S. 306 ff.) mit dem Kurs am Bilanzstichtag umzurechnen.

Die sich bei der Zeitbezugsmethode ergebende bilanzielle Umrechnungsdifferenz sollte nach der Empfehlung des Hauptfachausschusses des IdW [1986]) grundsätzlich erfolgswirksam verbucht werden. Falls daraus eine Erhöhung des Ergebnisses resultiert, sollte diese allerdings durch eine Rückstellung für Währungsrisiken kompensiert werden.

4.3 Die Bilanzkonsolidierung

Unter Konsolidierung versteht man die Zusammenfassung der Einzelbilanzen (bzw. der Handelsbilanzen II) der Konzernunternehmen zu einer Konzernbilanz. Nach der Aufstellung einer *Summenbilanz*, in der die Einzelbilanzen positionsweise addiert werden, vollzieht sich die Konsolidierung in drei Schritten:

(1) *Kapitalkonsolidierung*

Die Beteiligungen des Mutterunternehmens werden mit dem Eigenkapital der Tochterunternehmen verrechnet.

(2) *Schuldenkonsolidierung*

Forderungen und Verbindlichkeiten der Konzernunternehmen untereinander werden aufgerechnet.

(3) *Zwischenerfolgskonsolidierung*

Bei Beständen, die auf konzerninternen Lieferungen beruhen, ist eine Umbewertung durchzuführen, um konzerninterne Gewinnrealisationen zu eliminieren.

4.3.1. Die Kapitalkonsolidierung

Die Form, in der die Konsolidierung durchzuführen ist, hängt ab von den Beziehungen zwischen dem Mutterunternehmen und dem in den Konzernabschluß einzubeziehenden Tochterunternehmen:

(1) Steht das Tochterunternehmen unter der *einheitlichen Leitung* eines einzigen Mutterunternehmens, dann ist eine *Vollkonsolidierung* durchzuführen.

- Die Vollkonsolidierung erfolgt grundsätzlich nach der *Erwerbsmethode* (§ 301 HGB). Hierbei wird davon ausgegangen, daß bei dem Erwerb eines Tochterunternehmens die stillen Reserven der Tochter aufgedeckt werden. Daher werden bei der Erstkonsolidierung die Bilanzpositionen auf der Grundlage aktueller Wertansätze neubewertet.

- In den in § 302 HGB aufgeführten Fällen kann der Konsolidierung die Methode der *Interessenzusammenführung* (Pooling of Interests) zugrundegelegt werden, bei der eine Neubewertung der Bilanzpositionen des Tochterunternehmens nicht erforderlich ist.

(2) Bei *assoziierten Unternehmen*, an denen das Mutterunternehmen eine maßgebliche Beteiligung hat, ohne diese zu beherrschen, ist bei der Konsolidierung die *Equity-Methode* zugrundezulegen. Bei dieser wird der Wert der Beteiligung laufend an das Eigenkapital des assoziierten Unternehmens angepaßt (§ 311 HGB). Die Equity-Methode entspricht nicht der Einheitstheorie,

sondern der Interessentheorie, nach der die Aktiva von Unternehmen, an denen mehrere beteiligt sind, nach deren Anteilen auf Konzenbilanzen der Anteilseigner aufzuteilen sind.

(3) Bei *Gemeinschaftsunternehmen*, die unter der *gemeinschaftlichen Leitung* mehrerer Mutterunternehmen stehen, darf eine *Quotenkonsolidierung* durchgeführt werden (§ 310 HGB), bei der die Bilanzpositionen der Tochterunternehmen gemäß der Beteiligungsquote auf die konsolidierten Bilanzen des Mutterunternehmens aufgeteilt werden. Wahlweise kann auch die *Equity-Methode* angewandt werden.

Auf die einzelnen Formen der Konsolidierung wird im folgenden näher eingegangen.

4.3.1.1 Die Vollkonsolidierung

4.3.1.1.1 Die erfolgswirksame Erstkonsolidierung

Die *Erwerbsmethode* geht von der Fiktion aus, daß beim Erwerb einer Beteiligung die Vermögensgegenstände einzeln erworben werden und daß dabei stille Reserven - oder gegebenenfalls auch verdeckte Verluste - aufgedeckt werden. Stille Reserven zeigen sich, wenn das Eigenkapital des neu erworbenen Tochterunternehmens unter den Anschaffungskosten bzw. dem Buchwert der Beteiligung liegt. Verdeckte Verluste liegen vor, wenn das Eigenkapital der Tochter höher als der Buchwert der Beteiligung ist.

Rechnet man das in der Handelsbilanz II des Tochterunternehmens ausgewiesene Eigenkapital gegen die Anschaffungskosten der Beteiligung in der Bilanz des Mutterunternehmens auf, dann können folgende Situationen auftreten:

(1) Die Anschaffungskosten der Beteiligung des Mutterunternehmens entsprechen genau dem Eigenkapital des Tochterunternehmens. In diesem Fall sind keine Korrekturen erforderlich.

(2) Die Anschaffungskosten der Beteiligung des Mutterunternehmens liegen über dem Eigenkapital des Tochterunternehmens. Diese Differenz kann auf folgende Ursachen zurückgeführt werden:

- Der Buchwert einzelner Vermögensgegenstände des Tochterunternehmens liegt unter dem ihnen im Zeitpunkt des Erwerbs beizulegenden Wert.
- Der Buchwert einzelner Passivposten des Tochterunternehmens liegt über dem ihnen im Zeitpunkt des Erwerbs beizulegenden Wert.
- Es liegt ein positiver Geschäftswert vor.

- Einzelne Vermögensgegenstände wurden in der Bilanz des Tochterunternehmens nicht aktiviert, weil ein Aktivierungsverbot oder ein Aktivierungswahlrecht besteht.

In diesem Fall ergibt sich ein *aktiver Ausgleichsposten* aus der Kapitalkonsolidierung.

(3) Die Anschaffungskosten der Beteiligung des Mutterunternehmens liegen unter dem Eigenkapital des Tochterunternehmens. Diese Differenz kann auf folgende Ursachen zurückzuführen sein:

- In der Handelsbilanz II des Tochterunternehmens sind einzelne Aktiva überbewertet oder einzelne Passiva unterbewertet.
- Das Tochterunternehmen wurde unter seinem tatsächlichen Wert erworben (günstiger Einkauf).
- Im Kaufpreis wurden negative Zukunftserwartungen (Badwill) berücksichtigt.

In diesem Fall ergibt sich ein *passiver Ausgleichsposten* aus der Kapitalkonsolidierung.

Diese beim Erwerb der Beteiligung aufgedeckten stillen Reserven bzw. verdeckten Verluste sollen im Rahmen der erfolgswirksamen Erstkonsolidierung soweit wie möglich den einzelnen Vermögensgegenständen und Passiva zugerechnet werden. Hierzu sieht das HGB zwei Methoden vor:

(1) Die Buchwertmethode (§ 301 Abs. 1 Satz 1 Nr. 1)

(2) Die Neubewertungsmethode (§ 301 Abs. 1 Satz 2 Nr. 2)

Hat das Mutterunternehmen alle Anteile an dem Tochterunternehmen erworben, dann führen beide Verfahren zum gleichen Ergebnis.

Ausgangspunkt der Buchwertmethode ist die Handelsbilanz II des Tochterunternehmens. Ergibt sich bei der Aufrechnung des Eigenkapitals des Tochterunternehmens mit der Beteiligung des Mutterunternehmens ein aktiver Ausgleichsposten, dann sind die Vermögensgegenstände und die Rückstellungen mit den ihnen am Tag des Erwerbs beizulegenden Werten neu zu bewerten. Dabei ist zu beachten, daß bei der Neubewertung die Summe der Erhöhung der Aktiva und der Verringerung der Passiva die Höhe des Ausgleichspostens nicht überschreiten darf. Hierbei sind drei Fälle zu unterscheiden:

(1) Durch die Umbewertung wird der Ausgleichsposten genau ausgeschöpft.

(2) Auch nach der Neubewertung ist ein aktiver Ausgleichsposten vorhanden. Dieser wird in die Konzernbilanz als Geschäftswert bzw. als Goodwill übernommen.

4.3 Die Bilanzkonsolidierung

(3) Reicht der aktive Ausgleichsposten nicht aus, um die durch die Neubewertung verursachte Erhöhung der Aktiva bzw. Verringerung der Passiva abzudecken, dann sind diese Posten anteilig zu kürzen, weil stille Reserven nur im Umfang des Ausgleichspostens aufgedeckt worden sind.

Bei einem passiven Ausgleichsposten sind die Ansätze überbewerteter Aktiva zu reduzieren bzw. die Werte unterbewerteter Passiva entsprechend zu erhöhen. Wurde der Kaufpreis wegen negativer Zukunftserwartungen (Badwill) reduziert, dann ist eine entsprechende Rückstellung zu bilden; im Fall eines günstigen Einkaufs ist der Unterschiedsbetrag gesondert bei den Kapitalrücklagen auszuweisen.

Um das Vorgehen bei der Kapitalkonsolidierung nach der Buchwertmethode zu verdeutlichen, wird folgendes Beispiel betrachtet: In Tabelle 14 sind die zusammengefaßte Bilanz des Mutterunternehmens M, die Handelsbilanz II der Tochter T und die Bilanz der Tochter T zu Zeitwerten (HB III) wiedergegeben.

Tabelle 14: Zusammengefaßte Bilanzen

Bilanzposition	Bilanz Mutter	HB II Tochter	HB III Tochter zu Zeitwerten
Aktiva			
Sonstige Aktiva	10.000	4.000	4.500
Beteiligung	3.000	---	---
Passiva			
Gezeichnetes Kapital	2.000	1.000	1.000
Rücklagen/Gewinn	5.000	1.000	1.000
Neubewertungsdiff.	---	---	700
Rückstellungen	2.000	1.000	800
Verbindlichkeiten	4.000	1.000	1.000
Bilanzsumme	13.000	4.000	4.500

In Tabelle 15 wird die Kapitalkonsolidierung nach der Buchwertmethode durchgeführt: In den beiden ersten Spalten sind nochmals die Einzelbilanzen des Mutter- und des Tochterunternehmens wiedergegeben. Die dritte Spalte enthält die Summenbilanz, in der die einzelnen Bilanzpositionen von M und T addiert sind.

Tabelle 15: Erstkonsolidierung nach der Buchwertmethode

Bilanzposition	HB-Mutter	HB II Tochter	Summenbilanz	Konsolidierte Bilanz
Aktiva				
Sonstige Aktiva	10.000	4.000	14.000	14.500
Geschäftswert	---	---	---	300
Beteiligung	3.000	---	3.000	---
Passiva				
Gezeichnetes Kapital	2.000	1.000	3.000	2.000
Rücklagen/Gewinn	5.000	1.000	6.000	5.000
Rückstellungen	2.000	1.000	3.000	2.800
Verbindlichkeiten	4.000	1.000	5.000	5.000
Summe	13.000	4.000	17.000	14.800

Die Kapitalkonsolidierung nach der Buchwertmethode erfolgt nach folgendem Schema:

	Beteiligungsbuchwert	3.000
./.	Gezeichnetes Kapital der Tochter	1.000
./.	Rücklagen der Tochter	1.000
=	Ausgleichsposten aus Kapitalkonsolidierung	1.000
./.	Erhöhung der sonstigen Aktiva	500
./.	Verringerung der Rückstellungen	200
=	Geschäftswert	300

Da der Beteiligungsbuchwert höher ist als das Eigenkapital der Tochter nach Aufdeckung der stillen Reserven, können diese in vollem Umfang aufgelöst werden. Es ergibt sich ein Geschäftswert in Höhe von 300.

Die letzte Spalte der Tabelle 15 enthält die konsolidierte Bilanz. In dieser ist entsprechend dem o.a. Schema die Beteiligung gegen das gezeichnete Kapital der Tochter und deren Rücklagen aufgerechnet. Der sich als Saldo ergebende Ausgleichsposten aus der Kapitalkonsolidierung wird gegen die Erhöhung der sonstigen Aktiva, die Verringerung der Verbindlichkeiten und den Geschäftswert als Restposten verrechnet.

Während die Buchwertmethode von den Buchwerten ausgeht und diese bei der Konsolidierung entsprechend dem Ausgleichsposten modifiziert werden, werden bei der *Neubewertungsmethode* die Aktiva und Passiva bereits in einer Handelsbilanz III der Tochter mit den ihnen bei Erwerb der Beteiligung zugrunde zu legenden Werten neu bewertet. Ist das Eigenkapital des Tochterunternehmens nach der Neubewertung höher als die Anschaffungskosten der Beteiligung, dann sind die

4.3 Die Bilanzkonsolidierung

aufgedeckten stillen Reserven solange zu reduzieren, bis die Differenz ausgeglichen ist.

Tabelle 16: Erstkonsolidierung nach der Neubewertungsmethode (Beispiel I)

Bilanzposition	HB-Mutter	HB-III Tochter	Summenbilanz	Konsolidierte Bilanz
Aktiva				
Sonstige Aktiva	10.000	4.500	14.500	14.500
Geschäftswert	---	---	---	300
Beteiligungen	3.000	---	3.000	---
Passiva				
Gezeichnetes Kapital	2.000	1.000	3.000	2.000
Rücklagen/Gewinn	5.000	1.000	6.000	5.000
Neubewertungsdiff.	---	700	700	---
Rückstellungen	2.000	800	2.800	2.800
Verbindlichkeiten	4.000	1.000	5.000	5.000
Summe	13.000	4.500	17.500	14.800

Bei der Neubewertungsmethode ergibt sich ein Goodwill, wenn das Eigenkapital der Tochter nach Neubewertung kleiner als die Anschaffungskosten der Beteiligung ist. Ein passiver Ausgleichsposten (Badwill oder günstiger Einkauf) ergibt sich, wenn die durch die Neubewertung aufgedeckten stillen Reserven nicht ausreichen, um eine positive Differenz zwischen Eigenkapital des Tochterunternehmens und den Anschaffungskosten der Beteiligung auszugleichen.

Das Vorgehen bei der Erstkonsolidierung nach der Neubewertungsmethode wird ebenfalls anhand des Beispiels der Tabelle 16 verdeutlicht. Das Vorgehen ist in der Tabelle 16 dargestellt. Im Gegensatz zu der Buchwertmethode geht in die Summenbilanz nicht die Handelsbilanz II, sondern die Zeitwertbilanz der Tochter (Handelsbilanz III) ein. In dieser ist die Neubewertungsdifferenz bereits mit den Rücklagen verrechnet.

Das Eigenkapital des Tochterunternehmens ist im Beispiel nach der Neubewertung nicht größer als der Buchwert der Beteiligung. Die aufgedeckten stillen Reserven können daher in vollem Umfang in die konsolidierte Bilanz übernommen werden. Nach Aufrechnung des Eigenkapitals der Tochter mit dem Buchwert der Beteiligung verbleibt ein positiver Saldo in Höhe von 300. Dieser wird als Geschäftswert in die konsolidierte Bilanz übernommen. Die übrigen Positionen der Summenbilanz werden direkt in die konsolidierte Bilanz übernommen. Diese stimmt mit der durch die Buchwertmethode erhaltenen konsolidierten Bilanz überein.

Beträgt der Buchwert der Beteiligung nur 2.500 und sind dementsprechend die Rücklagen des Mutterunternehmens nur 4.500, während die übrigen Bilanzpositionen gleich bleiben, dann ergeben sich bei der Erstkonsolidierung nach der Neubewertungsmethode die in Tabelle 17 zusammengestellten Bilanzen.

Tabelle 17: Erstkonsolidierung nach der Neubewertungsmethode (Beispiel II)

Bilanzposition	HB-Mutter	HB III Tochter	Summenbilanz	Konsolidierte Bilanz
Aktiva				
Sonstige Aktiva	10.000	4.400	14.400	14.400
Geschäftswert	---	---	---	---
Beteiligung	2.500	---	2.500	---
Passiva				
Gezeichnetes Kapital	2.000	1.000	3.000	2.000
Rücklagen/Gewinn	4.500	1.000	5.500	4.500
Neubewertungsdiff.	---	500	500	---
Rückstellungen	2.000	900	2.900	2.900
Verbindlichkeiten	4.000	1.000	5.000	5.000
Summe	12.500	4.400	16.900	14.400

In diesem Fall übersteigen die stillen Reserven in Höhe von 700 den aktiven Konsolidierungsausgleichsposten in Höhe von 500. Sie dürfen daher nur im Umfang von 500 aufgelöst werden. Verteilt man sie anteilig nach der Höhe der betroffenen Bilanzpositionen, dann ergibt sich für die Erhöhung des Werts der sonstigen Aktiva A bzw. für die Verringerung der Rückstellungen R:

$$A = \frac{500 \cdot 4.000}{4.000 + 1.000} = 400 \qquad R = \frac{500 \cdot 1.000}{4.000 + 1.000} = 100$$

Befinden sich *Anteile im Fremdbesitz*, d.h. besitzt die Konzernmutter keine hundertprozentige Beteiligung an der Tochter, dann werden bei der Vollkonsolidierung dennoch alle Bilanzpositionen in die Konsolidierung einbezogen; der Beteiligungsbuchwert wird gegen das auf den Konzern entfallende anteilige Eigenkapital aufgerechnet. Der auf die außenstehenden Gesellschafter entfallende Anteil am Eigenkapital wird als "Anteile im Fremdbesitz" in die Konzernbilanz aufgenommen.

4.3 Die Bilanzkonsolidierung

Stehen Anteile im Fremdbesitz, dann werden bei Anwendung der *Buchwertmethode* die stillen Reserven nur entsprechend dem Anteil der Konzernmutter aufgelöst, die verbleibenden stillen Reserven werden als Geschäftswert ausgewiesen.

Das Beispiel der Tabelle 14 wird insoweit modifiziert, als das Mutterunternehmen nur mit 80% an der Tochter beteiligt ist. Die übrigen Daten des Beispiels werden übernommen. Der Kaufpreis für den Anteil sei 3.000, so daß die Höhe der Beteiligung in der Bilanz des Mutterunternehmens erhalten bleibt. Die Handelsbilanz des Mutterunternehmens und die Handelsbilanz II der Tochter zu Buchwerten sind in den beiden ersten Spalten der Tabelle 18 zusammengestellt.

Tabelle 18: Konsolidierung nach der Buchwertmethode bei Anteilen im Fremdbesitz

Bilanzposition	Handelsbilanz Mutter	HB-II Tochter Buchwerte	Konsolidierte Bilanz
Aktiva			
Sonstige Aktiva	10.000	4.000	14.400
Geschäftswert	---	---	840
Beteiligung	3.000	---	---
Passiva			
Gezeichnetes Kapital	2.000	1.000	2.000
Rücklagen/Gewinn	5.000	1.000	5.000
Anteile im Fremdbesitz	---	---	400
Rückstellungen	2.000	1.000	2.840
Verbindlichkeiten	4.000	1.000	5.000
Summe	13.000	4.000	15.240

Bei der Konsolidierung wird im ersten Schritt die Beteiligung in Höhe von 3.000 gegen das anteilige Eigenkapital der Tochter, d.h. 80% von 2.000 (1.600) verrechnet. Die Differenz zwischen dem Eigenkapital der Tochter (2.000) und dem anteiligen Eigenkapital (1.600) wird als Anteile im Fremdbesitz (400) ausgewiesen.

Es verbleibt ein aktiver Ausgleichsposten aus der Kapitalkonsolidierung in Höhe von 1.400. Von den stillen Reserven in Höhe von 700 können $0{,}8 \cdot 700 = 560$ aufgelöst werden; davon führen $0{,}8 \cdot 500 = 400$ zur Erhöhung der Sonstigen Aktiva und $0{,}8 \cdot 200 = 160$ zu einer Reduktion der Rückstellungen. Nach Verrechnung der auflösbaren stillen Reserven mit dem Ausgleichsposten verbleibt als Saldo ein Geschäftswert in Höhe von 840; dieser setzt sich zusammen aus dem auf die Fremdbesitzer entfallenden Anteil an den stillen Reserven in Höhe von 140 und

700 nicht zurechenbare stille Reserven. Die nach der Buchwertmethode konsolidierte Bilanz ist in der dritten Spalte der Tabelle 18 wiedergegeben.

Während bei der Buchwertmethode die stillen Reserven erst bei der Konsolidierung aufgelöst werden, erfolgt bei der Neubewertungsmethode deren Auflösung bereits vor der Erstellung der Summenbilanz. In diesem Stadium ist es nicht mehr möglich, die stillen Reserven in einen auf das anteilige Eigenkapital des Konzerns und in einen auf die Anteile im Fremdbesitz entfallenden Teil aufzuspalten. Die stillen Reserven werden daher grundsätzlich insgesamt aufgelöst. Allerdings ist dabei zu beachten, daß das anteilige Eigenkapital nach der Neubewertung nicht den Buchwert der Beteiligung überschreiten darf.

In Fortführung des Beispiels wird zunächst das maximale Eigenkapital Y nach Auflösung der stillen Reserven bestimmt. Da 80% des Eigenkapitals der Tochter durch den Buchwert $B=3000$ der Beteiligung abgedeckt werden müssen, gilt

$$0{,}8 \cdot Y = 3.000 \quad \text{bzw.} \quad Y = 3.750$$

Da das Eigenkapital der Tochter nach Neubewertung lediglich auf 2.700 gestiegen ist, können die stillen Reserven in vollem Umgang aufgelöst werden. Die Ausgangsdaten und die konsolidierte Bilanz sind in Tabelle 19 zusammengestellt.

Tabelle 19: Konsolidierung nach der Neubewertungsmethode bei Anteilen im Fremdbesitz

Bilanzposition	HB-Mutter	HB-III Tochter	Summenbilanz	Konsolidierte Bilanz
Aktiva				
Sonstige Aktiva	10.000	4.500	14.500	14.500
Beteiligung	3.000	---	3.000	---
Geschäftswert	---	---	---	700
Passiva				
Gezeichnetes Kapital	2.000	1.000	3.000	2.000
Rücklagen / Gewinn	5.000	1.000	6.000	5.000
Anteile im Fremdbesitz	---	---	---	400
Neubewertungsdifferenz	---	700	700	---
Rückstellungen	2.000	800	2.800	2.800
Verbindlichkeiten	4.000	1.000	5.000	5.000
Summe	13.000	4.500	17.500	15.200

Vergleicht man die konsolidierten Bilanzen in Tabelle 18 und 19, dann stellt man fest, daß sich beide in den Sonstigen Aktiva, den Rückstellungen und den stillen Reserven unterscheiden. Da bei der Neubewertungsmethode alle stillen Reserven, die zurechenbar sind, aufgelöst werden, während sie bei der Buchwertmethode nur anteilig aufgelöst werden, unterscheiden sich die konsolidierten Bilanzen um den auf den Fremdbesitz entfallenden Anteil an den aufgelösten stillen Reserven.

4.3.1.1.2 Folgekonsolidierung nach der Erwerbsmethode

Bei der Aufstellung der *folgenden Konzernabschlüsse* werden alle Veränderungen des Eigenkapitals des Mutterunternehmens und des Tochterunternehmens dem Eigenkapital des Konzerns zugerechnet, d.h. die Beteiligung wird jeweils nur mit dem bei der Erstkonsolidierung vorhandenen Eigenkapital der Tochter verrechnet. Weiter ist zu beachten, daß die Wertansätze bei der Erstkonsolidierung als Anschaffungskosten für Vermögensgegenstände anzusehen sind. Ebenso sind Wertansätze, die für die Verbindlichkeiten und Rückstellungen angesetzt wurden, Ausgangspunkt für den Ansatz in den Folgebilanzen. Diese Wertansätze werden entsprechend den für die einzelnen Positionen angewandten Verfahren fortgeführt. Wurden stille Reserven bei Beständen aufgedeckt, die innerhalb der Folgeperiode verbraucht werden, dann geht der Aufwand mit den erhöhten Ansätzen in die Gewinn- und Verlustrechnung ein. Erfolgte eine Erhöhung des Ansatzes bei den abnutzbaren Gegenständen des Anlagevermögens, dann ist diese mit den für den Konzern üblichen Abschreibungsmethoden abzuschreiben. Ebenso sind die bei den Rückstellungen aufgedeckten stillen Reserven mit diesen aufzulösen.

Die Konzernabschlüsse der Folgejahre beruhen nicht auf den Abschlüssen der Vorjahre, sie werden vielmehr aus den Einzelabschlüssen des jeweiligen Jahres hergeleitet. Da die bei der Erstkonsolidierung aufgedeckten stillen Reserven keinen Niederschlag in den Einzelbilanzen bzw. den Handelsbilanzen II gefunden haben, müssen bei der Folgekonsolidierung entsprechende Korrekturen vorgenommen werden und die bei der Erstkonsolidierung aufgedeckten stillen Reserven im Laufe der Zeit erfolgswirksam aufgelöst werden.

Ausgehend von dem Beispiel der Tabelle 14 wird angenommen, daß das Mutterunternehmen in der auf die Erstkonsolidierung folgenden Periode einen Bruttogewinn von 500 erwirtschaftet hat. Dem entspricht eine Erhöhung ihrer Sonstigen Aktiva um den gleichen Betrag. Bei dem Tochterunternehmen haben sich die Sonstigen Aktiva um 200 erhöht. Darüber hinaus wurden Rückstellungen in Höhe von 500 für unterlassene Instandhaltungsmaßnahmen aufgelöst, so daß die Position Rücklagen / Gewinn um 700 gestiegen ist.

Die Einzelbilanzen des Mutter- und des Tochterunternehmens sind in der Tabelle 20 wiedergegeben. In der konsolidierten Bilanz des Vorjahrs sind folgende durch die Erstkonsolidierung offengelegten stillen Reserven enthalten:

sonstige Aktiva   500
Rückstellungen   200
Geschäftswert   300

Tabelle 20: Folgekonsolidierung

Bilanzposition	HB-Mutter	HB-II Tochter	Summenbilanz	Konsolidierte Bilanz
Aktiva				
Sonstige Aktiva	10.500	4.200	14.700	15.100
Geschäftswert	---	---	---	225
Beteiligung	3.000	---	3.000	---
Passiva				
Gezeichnetes Kapital	2.000	1.000	3.000	2.000
Rücklagen/Gewinn	5.500	1.700	7.200	5.825
Rückstellungen	2.000	500	2.500	2.500
Verbindlichkeiten	4.000	1.000	5.000	5.000
Summe	13.500	4.200	17.700	15.325

Unter der Voraussetzung, daß der Firmenwert konzerneinheitlich über vier Jahre abgeschrieben wird, verringert sich dieser auf 225; die Abschreibungen auf den Firmenwert werden in der Gewinn- und Verlustrechnung als betriebsfremder Aufwand verrechnet. Die bei den Sonstigen Aktiva offengelegten stillen Reserven seien abnutzbaren Gegenständen des Anlagevermögens zuzurechnen, die noch über fünf Jahre linear abzuschreiben sind. Diese verringern sich daher um 100 auf 400, die Abschreibungen in Höhe von 100 sind in der Gewinn- und Verlustrechnung als Betriebsaufwand zu verrechnen. Im Geschäftsjahr hat das Tochterunternehmen Rückstellungen für unterlassene Instandhaltungsmaßnahmen im Umfang von 500 aufgelöst. Mit diesen zu verrechnen sind bei der Erstkonsolidierung aufgedeckte stille Reserven, die gleichzeitig erfolgswirksam aufgelöst werden müssen.

Erhöht man die sich aus der Summenbilanz nach Verrechnung der Beteiligung mit dem gezeichneten Kapital des Tochterunternehmen ergebenden Werte um den Rest der durch die Erstkonsolidierung aufgedeckten stillen Reserven, dann erhält man die in der letzten Spalte der Tabelle 20 wiedergegebene konsolidierte Bilanz.

Die Erhöhung der Position Rücklagen / Gewinn in der konsolidierten Bilanz in Höhe von 825 ist auf folgende Einflüsse zurückzuführen:

	Gewinn aus Einzelbilanzen	1.200
./.	Abschreibungen auf stille Reserven bei sonstigen Aktiva	100
./.	Abschreibungen auf Geschäftswert	75
./.	Korrektur der aufgelösten Rückstellungen um stille Reserven	200
=	Veränderung der Rücklagen / Gewinn	825

4.3.1.1.3 Die Interessenzusammenführung (Pooling of Interests)

Der Methode der Interessenzusammenführung liegt die Annahme zugrunde, daß bei dem Zusammenschluß von zwei Unternehmen ein Tausch von Anteilen stattgefunden hat und daß durch diesen Vorgang keine stillen Reserven offengelegt worden sind. Nach § 302 HGB ist die Anwendung dieser Methode an folgende Voraussetzungen gebunden:

(1) Dem Mutterunternehmen gehören mindestens 90% der Anteile der Tochter.

(2) Die Gegenleistung bei dem Erwerb der Tochter bestand im wesentlichen aus Anteilen am Mutterunternehmen oder anderer Konzernunternehmen.

(3) Eine zusätzliche Barabfindung darf 10% des Nennbetrags oder des rechnerischen Werts der ausgegebenen Anteile nicht übersteigen.

Bei der Interessenzusammenführung wird der Buchwert der Beteiligung mit dem gezeichneten Kapital der Tochter verrechnet; die Rücklagen der Tochter werden in die konsolidierte Bilanz übernommen. Die Aufrechnungsdifferenz wird gegen die Rücklagen verrechnet, d.h. ein aktiver Ausgleichsposten führt zu einer Verringerung der Rücklagen, ein passiver führt zu einer Erhöhung der Rücklagen. Bei der Interessenzusammenführung erfolgt keine Neubewertung und kein Ausweis von Goodwill oder Badwill. Eine erfolgswirksame Auflösung stiller Reserven findet nicht statt.

Im Fall der Kapitalkonsolidierung bei Interessenzusammenführung sind im Anhang anzugeben:

(1) Die Anwendung der Methode

(2) Die Veränderung der Rücklagen durch die Konsolidierung

(3) Name und Sitz des einbezogenen Unternehmens

In Tabelle 21 wird die Konsolidierung bei Interessenzusammenführung anhand des in Tabelle 14 eingeführten Zahlenbeispiels dargestellt.

Tabelle 21: Kapitalkonsolidierung bei Interessenzusammenführung

Bilanzposition	HB-Mutter	HB II Tochter	Summenbilanz	Konsolidierte Bilanz
Aktiva				
Sonstige Aktiva	10.000	4.000	14.000	14.000
Beteiligung	3.000	---	3.000	---
Passiva				
Gezeichnetes Kapital	2.000	1.000	3.000	2.000
Rücklagen/Gewinn	5.000	1.000	6.000	4.000
Rückstellungen	2.000	1.000	3.000	3.000
Verbindlichkeiten	4.000	1.000	5.000	5.000
Summe	13.000	4.000	17.000	14.000

Beim Übergang von der Summenbilanz zur konsolidierten Bilanz werden 1.000 der Beteiligung gegen das gezeichnete Kapital der Tochter und 2.000 gegen die Rücklagen verrechnet.

4.3.1.2 Einbeziehung gemeinschaftlich geführter und assoziierter Unternehmen

Für gemeinschaftlich geführte Unternehmen, bei denen ein in den Konzernabschluß einbezogenes Unternehmen ein anderes Unternehmen gemeinsam mit einem oder mehreren nicht in den Konzernabschluß einbezogenen Unternehmen führt, und für assoziierte Unternehmen, bei denen von einem in den Konzernabschluß einbezogenen Unternehmen lediglich ein maßgeblicher Einfluß auf die Geschäftspolitik ausgeübt wird, sieht das HGB besondere Formen der Berücksichtigung in der konsolidierten Bilanz vor.

4.3.1.2.1 Die Quotenkonsolidierung

Da gemeinschaftlich geführte Unternehmen nicht unter der einheitlichen Leistung eines anderen Konzernunternehmens stehen, sind sie grundsätzlich nicht im Rahmen einer Vollkonsolidierung in den Konzernabschluß einzubeziehen. Sie dürfen jedoch gemäß § 310 HGB im Rahmen einer *Quotenkonsolidierung* in den Konzernabschluß einbezogen werden.

Die Quotenkonsolidierung beruht auf der *Interessentheorie*, nach der die Anteilseigner eines Unternehmens jeweils im Verhältnis ihrer Kapitalanteile an den

Vermögensgegenständen und den Schulden des Unternehmens beteiligt sind. Daraus folgt, daß bei der Einbeziehung eines gemeinschaftlich geführten Unternehmens die Vermögensgegenstände und Schulden nur mit dem Anteil in die Konzernbilanz aufzunehmen sind, der der Beteiligungsquote entspricht (§ 310 Abs. 1 HGB). Nach § 310 Abs. 2 HGB sind die Vorschriften über die Vollkonsolidierung entsprechend anzuwenden.

Die Quotenkonsolidierung läßt sich wie folgt charakterisieren:

(1) Die Vermögensgegenstände und Schulden müssen nach konzerneinheitlichen Bilanzierungs- und Bewertungsgrundsätzen ermittelt werden. Grundlage der Konsolidierung ist also die Handelsbilanz II.

(2) Die Vermögensgegenstände und Schulden werden im Verhältnis zur Beteiligungsquote in die konsolidierte Bilanz aufgenommen.

(3) Das anteilige Eigenkapital wird mit dem Beteiligungswert aufgerechnet.

(4) Ein dabei entstehender Ausgleichsposten wird wie bei der Erwerbsmethode behandelt: Bei der Erstkonsolidierung werden die aufgedeckten stillen Reserven nach Möglichkeit einzelnen Bilanzpositionen zugerechnet. Ein nicht zurechenbarer Restbetrag wird als Geschäftswert ausgewiesen. Bei den Folgekonsolidierungen teilen die stillen Reserven das Schicksal der Positionen, denen sie zugerechnet worden sind, d.h. sie werden mit diesen abgeschrieben oder aufgelöst.

Für gemeinschaftlich geführte Unternehmen kann wahlweise auch die Equity Methode angewendet werden.

4.3.1.2.2 Die Equity-Methode

Bei assoziierten Unternehmen ist die Equity-Methode anzuwenden. Hierunter versteht man ein nicht in den Konsolidierungskreis einbezogenes Unternehmen, an dem ein Konzernunternehmen beteiligt ist und auf dessen Geschäfts- und Finanzpolitik es einen maßgeblichen Einfluß ausübt (§ 311 HGB). Eine widerlegbare Vermutung für einen maßgeblichen Einfluß ist, daß eine Beteiligung von mindestens 20% vorliegt.

Im Gegensatz zur Vollkonsolidierung und zur Quotenkonsolidierung werden die Vermögensgegenstände und die Schulden des assoziierten Unternehmens nicht in die konsolidierte Bilanz aufgenommen, vielmehr wird in dieser der Buchwert der Beteiligung laufend an die Entwicklung des Eigenkapitals des assoziierten Unternehmens angepaßt.

Hierbei wird bei der erstmaligen Berücksichtigung der Beteiligung eine Nebenrechnung durchgeführt, in der die durch den Kaufpreis aufgedeckten stillen Reserven in einem dem Vorgehen bei der Erwerbsmethode entsprechenden Verfahren auf die Vermögensgegenstände, die Rückstellungen und einen Goodwill oder gegebenenfalls einen Badwill verteilt werden. Diese Werte werden zwar nicht in der konsolidierten Bilanz ausgewiesen, sie werden jedoch wie bei der Erwerbsmethode in den Folgejahren erfolgswirksam aufgelöst und modifizieren so den Wert der Beteiligung. Der dem Anteil an dem Unternehmen entsprechende Teil des so modifizierten Eigenkapitals wird dann als Wert der Beteiligung angesetzt. Dieser Ansatz wird fortgeführt, indem die in der Nebenrechnung ermittelten Wertansätze für die Vermögensgegenstände und Schulden fortgeschrieben werden.

Weiter wird der Wert der Beteiligung in den folgenden konsolidierten Bilanzen an die Entwicklung des Eigenkapitals des assoziierten Unternehmens angepaßt, indem die mit Hilfe der Nebenrechnung modifizierten Anschaffungskosten um Veränderungen des Eigenkapitals korrigiert werden. Dabei ergibt sich im Anschluß an HAVERMANN [1975, S. 235] das folgende Schema:

	modifizierte Anschaffungskosten
+	anteiliger Jahresüberschuß des assoziierten Unternehmens
./.	anteiliger Jahresfehlbetrag des assoziierten Unternehmens
./.	vereinnahmte Gewinnausschüttung des assoziierten Unternehmens
./.	außerplanmäßige Abschreibungen
+	Zuschreibungen
=	Wertansatz der Beteiligung

4.3.2 Die Schuldenkonsolidierung

Sieht man den Konzern im Sinne der Einheitstheorie als eine einheitliche wirtschaftliche Einheit, dann können zwischen einzelnen Konzernunternehmen keine Schuldverhältnisse bestehen. Dementsprechend sind nach § 303 HGB Forderungen und Verbindlichkeiten zwischen den in den Konzernabschluß einbezogenen Unternehmen sowie entsprechende Rechnungsabgrenzungsposten fortzulassen.

Stehen sich zwischen zwei Konzernunternehmen Forderungen und Verbindlichkeiten in gleicher Höhe gegenüber, dann erfolgt die Schuldenkonsolidierung problemlos, indem die entsprechenden Posten der Summenbilanz saldiert werden.

Vielfach entsprechen sich jedoch Forderungen und Verbindlichkeiten in den Einzelbilanzen nicht. Das kann zum einen auf rein *formale Ursachen* zurückzuführen sein, weil z.B. aufgrund von Lieferzeiten eine Forderung aus Lieferungen bei dem liefernden Konzernunternehmen bereits verbucht worden ist, während die entsprechende Verbindlichkeit bei dem empfangenden Unternehmen am Bilanzstichtag noch nicht erfaßt worden ist. Ebenso können Überweisungen zur Tilgung

4.3 Die Bilanzkonsolidierung

einer Verbindlichkeit beim überweisenden Unternehmen bereits verbucht sein, während die Zahlung beim Empfänger am Bilanzstichtag noch nicht eingegangen ist. Diese rein buchungstechnischen Differenzen können – ebenso wie Buchungsfehler – bei der Erstellung der Handelsbilanzen II abgeglichen werden.

Neben diesen formalen Differenzen können sich jedoch auch *materielle Unterschiede* ergeben. Diese sind insbesondere auf folgende Ursachen zurückzuführen (vgl. COENENBERG [1994], S. 444):

- Bildung einer Rückstellung für ungewisse Verbindlichkeiten gegenüber einem Konzernunternehmen, das seinerseits wegen der Unsicherheit noch keine Forderung ausweist
- Abzinsung einer Forderung gegenüber einem Konzernunternehmen, dessen Verbindlichkeit mit dem Rückzahlungsbetrag angesetzt wird
- Abschreibung einer zweifelhaften Forderung gegenüber einem Konzernunternehmen, dessen Verbindlichkeit zum Rückzahlungsbetrag bilanziert wird
- Darlehen mit Disagio zwischen Konzernunternehmen, falls das verpflichtete Konzernunternehmen das Disagio nicht aktiviert hat

Bei der Erstkonsolidierung ist diese Aufrechungsdifferenz in vollem Umfang erfolgswirksam aufzulösen. In den Folgejahren ist hingegen zu beachten, daß die Aufrechnungsdifferenz aus früheren Jahren bereits erfolgswirksam wurde; würde nun der gesamte Aufrechnungsdifferenzbestand erneut erfolgswirksam verrechnet, dann käme es zu Mehrfachbelastungen. Es sind daher lediglich die Veränderung des Aufrechnungsdifferenzbestandes, d.h. Aufrechnungsdifferenzen aus neu entstandenen Schuldverhältnissen zwischen Konzernunternehmen und Veränderungen in den Aufrechnungsdifferenzen alter Schuldverhältnisse erfolgswirksam zu verrechnen. Der Bestand wird erfolgsneutral unter dem Bilanzgewinn oder unter "Sonstige Ausgleichsposten" erfaßt.

Das Vorgehen wird anhand des folgenden Beispiels verdeutlicht (vgl. COENENBERG [1994], S. 445 f.):

Die Konzernmutter M gewährt der Tochter T zum Beginn des Geschäftsjahrs ein Darlehen in Höhe von 1.000 mit einer Laufzeit von fünf Jahren. Das Darlehen wird mit einem Disagio von 10% ausgezahlt. Die Tochter verbucht das Disagio sofort als Aufwand, die Mutter verteilt den Betrag über die Laufzeit. Die Einflüsse auf Bilanzen und die Gewinn- und Verlustrechnungen der Einzelgesellschaft sowie die Konzern-Gewinn- und Verlustrechnung sind in Tabelle 22 dargestellt.

Bei der Tochter steht die Verbindlichkeit während der gesamten Laufzeit mit 1.000 zu Buche; bei dem Mutterunternehmen wird der Wert der Forderung zum

Ende jedes Geschäftsjahrs um das anteilige Agio in Höhe von 20 erhöht; dieser Betrag wird in der Gewinn- und Verlustrechnung erfolgswirksam verbucht und erhöht den Jahresüberschuß der Mutter. In der Gewinn- und Verlustrechnung der Tochter entsteht im ersten Jahr ein einmaliger Aufwand von 100. In der Konzern-Gewinn- und Verlustrechnung muß der Jahresüberschuß um 80 erhöht werden, da aus Konzernsicht weder das von der Tochter als Aufwand verbuchte Disagio in Höhe von 100 noch der von der Mutter als Ertrag verbuchte Betrag von 20 erfolgswirksam sind.

Tabelle 22: Aufrechnungsdifferenz bei Konzernverbindlichkeiten

Geschäftsjahr	1	2	3	4	5
Bilanz					
M: Forderungen	920	940	960	980	1.000
T: Verbindlichkeiten	1.000	1.000	1.000	1.000	1.000
Differenz	80	60	40	20	0
GuV					
M	+20	+20	+20	+20	+20
T	−100	---	---	---	---
Konzern-GuV					
Jahresüberschuß	+80	−20	−20	−20	−20
Gewinnvortrag	---	+80	+60	+40	+20
Bilanzgewinn	+80	+60	+40	+20	+0

Diese Korrektur wird als Gewinnvortrag auf das nächste Jahr vorgetragen. Im zweiten Jahr verringert sich die Aufrechnungsdifferenz um 20, der Konzernjahresüberschuß geht um diesen Betrag zurück. Rechnet man diesen Rückgang gegen den Gewinnvortrag auf, dann verbleibt ein zusätzlicher Bilanzgewinn in Höhe von 60 usw. Am Ende der Laufzeit ist die im Bilanzgewinn enthaltene Aufrechnungsdifferenz aufgelöst.

4.3.3 Die Konsolidierung des Zwischenerfolgs

4.3.3.1 Grundlagen

Zwischenerfolge entstehen bei Lieferungen zwischen zwei Konzernunternehmen. Aus der Sicht des liefernden Einzelunternehmens ist mit der Auslieferung ein Erfolg realisiert; aus der Sicht des empfangenden Unternehmens ist der in Rechnung gestellte Kaufpreis Grundlage für die Berechnung der Anschaffungskosten. Aus der Sicht des Konzerns als wirtschaftlicher Einheit ist der im Kaufpreis enthaltene Erfolg jedoch noch nicht realisiert. Um ein zutreffendes Bild von der

Vermögens-, Finanz- und Ertragslage des Konzern zu erhalten, sind die aus konzerninternen Lieferungen stammenden Zwischengewinne zu eliminieren und die gelieferten Vermögensgegenstände mit einem Betrag anzusetzen, zu dem sie in der Bilanz anzusetzen wären, wenn der Konzern auch eine rechtliche Einheit wäre (§ 304 Abs. 1 HGB).

Daraus folgt, daß zum einen die Wertansätze in der Konzernbilanz angepaßt werden müssen, zum anderen aber auch in der Konzern-Gewinn- und Verlustrechnung die der Lieferung entsprechenden Zwischenerfolge eliminiert werden müssen. Bei abnutzbaren Gegenständen des Anlagevermögens ist schließlich zu beachten, daß auch die künftigen Abschreibungen an den geänderten Wertansatz in der Konzernbilanz anzupassen sind.

Stammen die konzerninternen Lieferungen aus Beständen, die das liefernde Unternehmen von außen bezogen hat, dann sind dessen Anschaffungskosten die in der Konzernbilanz anzusetzenden *Konzernanschaffungskosten*. Wurden die an ein anderes Konzernunternehmen gelieferten Vermögensgegenstände von dem liefernden Konzernunternehmen hergestellt oder bearbeitet, dann sind die *Konzernherstellungskosten* gleich dessen Herstellungskosten. Für die Bestimmung der Konzernanschaffungs- und Herstellungskosten gelten die Vorschriften für die Ermittlung der Anschaffungs- und Herstellungskosten für die Einzelbilanz. Während die Konzernanschaffungskosten eindeutig definiert sind, bestehen für die Konzernherstellungskosten die gleichen Bewertungswahlrechte wie für die Herstellungskosten in der Einzelbilanz: Untergrenze für die Konzernherstellungskosten sind die Einzelkosten des herstellenden Konzernunternehmens, Obergrenze ist die Summe aus dessen Einzel- und Gemeinkosten.

Die Differenz zwischen dem Buchwert der konzernintern gelieferten Vermögensgegenstände in der Einzelbilanz des empfangenden Unternehmens und den Konzernanschaffungs- oder -herstellungskosten bezeichnet man als *Zwischenerfolg*.

Bei der Ermittlung des *Mengengerüsts* der konzerninternen Lieferungen ergeben sich keine Probleme, wenn es sich um Einzellieferungen handelt, bei denen die Identität der gelieferten Gegenstände feststellbar ist, oder wenn bestimmte Gütergruppen ausschließlich aus konzerninternen Lieferungen stammen. Stammen hingegen Bestände von Massengütern teilweise aus externen, teilweise aus konzerninternen Lieferungen, dann muß die Zuordnung der Bestände durch Fiktionen über die Abgangsordnung erfolgen. Neben den herkömmlichen Fiktionen – wie z.B. Fifo, Lifo, Hifo und gleitende Durchschnitte – werden bei der Zwischenerfolgskonsolidierung zwei konzerntypische Verbrauchsordnungen unterstellt:

Bei der *Kifo-Methode* (Konzern in–First out) wird unterstellt, daß Bestände aus konzerninternen Lieferungen als erstes verbraucht werden, bei der *Kilo-Methode* (Konzern in–Last out) wird fingiert, daß diese als letzte eingesetzt werden. Das

Kifo-Verfahren hat den Vorteil, daß bei überwiegendem Bezug von außen am Bilanzstichtag keine Bestände aus konzerninternen Lieferungen vorhanden sind; bei der Kilo-Methode sind keine Bestände aus externen Lieferungen vorhanden, wenn die betreffenden Güter vorwiegend von konzerninternen Lieferanten bezogen worden sind.

Um den Aufwand bei der Eliminierung des Zwischenerfolgs bei Massengütern in Grenzen zu halten, werden bei der Ermittlung der Konzernherstellungskosten ebenfalls pauschalierende Annahmen getroffen, indem durchschnittliche Zwischenerfolge auf der Grundlage durchschnittlicher Herstellungskosten der liefernden Unternehmen berechnet werden, und Güter zu Gütergruppen zusammengefaßt werden, für die der gleiche Zwischenerfolgssatz oder eine konstante Spanne angesetzt werden.

Bei der Eliminierung des Zwischenerfolgs ergibt sich ein ähnliches Phänomen wie bei der Schuldenkonsolidierung: Nur bei der erstmaligen Konsolidierung ist der gesamte Zwischenerfolg erfolgswirksam zu verrechnen. In den Folgeperioden dürfen hingegen nur die Veränderungen des Zwischenerfolgsbestandes erfolgswirksam verrechnet werden, der Bestand ist hingegen erfolgsneutral zu behandeln und als "Sonstiger Ausgleichsposten" oder als Erhöhung des Bilanzgewinns zu verbuchen.

Das Vorgehen bei der Verrechnung des Zwischenerfolgs wird anhand des folgenden Beispiels (vgl. COENENBERG [1994], S. 436 f.) verdeutlicht:

Fall 1:
Aus dem Vorjahr wird ein Zwischengewinn in Höhe von 30.000 übernommen, der in der Abrechnungsperiode in einen Zwischenverlust von 50.000 umgeschlagen ist. Damit ergibt sich eine Veränderung des Zwischenerfolgsbestandes in Höhe von 80.000. Der vorläufige Konzernjahresüberschuß sei gleich 180.000, der Konzerngewinnvortrag sei gleich 10.000.

Die Konsolidierung des Zwischenerfolgs wird in der zweiten Spalte der Tabelle 23 durchgeführt. Zunächst wird der vorläufige Konzernjahresüberschuß um den Betrag die Verringerung des Zwischenerfolgsbestandes (80.000) erhöht. Wird der Zwischenerfolgsbestand als "Sonstiger Ausgleichsposten" verbucht, dann ist der entsprechende Betrag vor Ermittlung des Bilanzgewinns wieder von dem Jahresüberschuß abzuziehen, um die Bilanz auszugleichen (vgl. Tabelle 23).

Fall 2:
Während sich im ersten Fall ein Zwischenverlust ergab, wird nun der Fall eines Zwischengewinns betrachtet. Hierzu wird angenommen, daß sich der aus der Vorperiode übernommene Zwischenerfolgsbestand um 50.000 erhöht hat (Spalte 3). Dann muß der vorläufige Jahresüberschuß zunächst um diesen Betrag redu-

ziert werden, um den endgültigen Jahresüberschuß zu erhalten. Um die Konzernbilanz auszugleichen, muß ein entsprechender Betrag aus den "Sonstigen Ausgleichsposten" entnommen werden.

Tabelle 23: Eliminierung des Zwischenerfolgs

	Fall 1	Fall 2
vorläufiger Konzernjahresüberschuß	180.000	180.000
Änderung des Zwischenerfolgsbestandes	+80.000	−50.000
Konzernjahresüberschuß	260.000	30.000
Konzerngewinnvortrag	10.000	10.000
Einstellung in "Sonstige Ausgleichsposten"	−80.000	---
Entnahme aus "Sonstige Ausgleichsposten"	---	+50.000
Konzernbilanzgewinn	190.000	190.000

4.4 Die Konsolidierung der Gewinn- und Verlustrechnung

Neben der Konsolidierung der Bilanz ist gemäß § 305 HGB auch eine Konsolidierung der Gewinn- und Verlustrechnung durchzuführen, soweit die Aufwendungen und Erträge für die Vermittlung eines den tatsächlichen Verhältnissen entsprechenden Bildes der Vermögens-, Finanz- und Ertragslage nicht nur von untergeordneter Bedeutung sind. Hierbei sind nach § 305 Abs. 1 Nr. 1 HGB bei den Umsatzerlösen die *Erlöse aus Lieferungen und Leistungen* zwischen den in den Konzernabschluß einzubeziehenden Unternehmen mit den auf sie entfallenden Aufwendungen zu verrechnen, soweit sie nicht als eine Erhöhung des Bestandes an fertigen und unfertigen Erzeugnissen oder als andere aktivierte Eigenleistungen auszuweisen sind. Weiter sind gemäß § 305 Abs. 1 Nr. 2 HGB *andere Erträge aus Lieferungen und Leistungen* zwischen den in den Konzernabschluß einbezogenen Unternehmen mit den auf sie entfallenden Aufwendungen zu verrechnen, soweit sie nicht als andere aktivierte Eigenleistungen auszuweisen sind.

Nach der auch dem § 305 HGB zugrunde liegenden Einheitstheorie sollen sich konzerninterne Transaktionen in der Konzern-Gewinn- und Verlustrechnung so niederschlagen, wie sie in der Gewinn- und Verlustrechnung eines Einzelunternehmens dargestellt würden. Dies wird zum einen dadurch erreicht, daß in der Summen-Gewinn- und Verlustrechnung sich entsprechende Aufwendungen und Erträge saldiert werden, zum anderen sind Umgruppierungen zwischen einzelnen Positionen der Gewinn- und Verlustrechnung vorzunehmen. So sind z.B. die

Aufwendungen für die konzerninterne Lieferung einer Maschine nicht als aktivierte Eigenleistungen zu erfassen. Weiter ist eine Anpassung des Wertansatzes an die Konzern-Herstellungskosten vorzunehmen.

Bei der Konsolidierung der Gewinn- und Verlustrechnung ist zu beachten, daß Bestandsveränderungen, die auf konzerninternen Lieferungen beruhen, bereits bei der Eliminierung der Zwischenerfolge im Rahmen der Bilanzkonsolidierung als erfolgswirksame Vorgänge zu einer Modifikation der Gewinn- und Verlustrechnung geführt haben. Um Doppelerfassungen zu vermeiden, schließt § 305 Abs. 1 Nr. 1 HGB Lieferungen, die zu einer Erhöhung des Bestandes geführt haben, ausdrücklich von der Aufrechnung aus. Das gleiche gilt für aktivierte Eigenleistungen.

4.5 Konzernanhang und Konzernlagebericht

Gemäß § 313 Abs. 1 HGB umfaßt der Konzern-Jahresabschluß neben der Konzernbilanz und der Konzern-Gewinn- und Verlustrechnung den *Konzernanhang*. In diesen sind wie im Anhang zum Einzelabschluß Erläuterungen der Konzernbilanz und der Konzern-Gewinn- und Verlustrechnung und zum Beteiligungsbesitz aufzunehmen. Insbesondere sind gemäß § 313 Abs. 1 HGB die bei der Konsolidierung angewandten Verfahren, die Ausübung von Wahlrechten und die im Konzernabschluß angewandten Bilanzierungs- und Bewertungsmethoden anzugeben. Daneben ist wie bei dem Anhang zum Einzelabschluß auf Abweichungen in den Bilanzierungs-, Bewertungs- und Konsolidierungsmethoden sowie deren Einfluß auf die Vermögens-, Finanz- und Ertragslage des Konzerns hinzuweisen. Weiter ist bei internationalen Konzernen das Verfahren zur Umrechnung in Deutsche Mark anzugeben.

Schließlich sind gemäß § 313 Abs. 2 HGB Informationen über den Namen und den Sitz der einbezogenen, der assoziierten und anderer Unternehmen, an denen Konzernunternehmen mit mehr als 20% beteiligt sind, anzugeben.

Neben dem Konzernanhang ist gemäß § 315 HGB ein *Konzernlagebericht* zu erstellen. Dieser soll den Geschäftsverlauf und die Lage des Konzerns darstellen. Er soll auch eingehen auf

(1) Vorgänge von besonderer Bedeutung, die nach dem Schluß des Geschäftsjahrs eingetreten sind,

(2) die voraussichtliche Entwicklung des Konzerns,

(3) den Bereich Forschung- und Entwicklung des Konzerns.

Schließlich ist der Konzernabschluß gemäß § 316 Abs. 2 HGB wie die Einzelabschlüsse von Kapitalgesellschaften durch einen Abschlußprüfer zu prüfen; er ist gemäß § 325 Abs. 3 HGB im Bundesanzeiger zu veröffentlichen und zum Eintrag in das Handelsregister einzureichen.

5. Bilanzanalyse

5.1 Problemstellung

Die *Bilanzanalyse* hat die Aufgabe, durch Aufbereitung und Strukturierung ausgewählter Daten aus dem Jahresabschluß sowie unter Heranziehung zusätzlicher Informationen Erkenntnisse zu gewinnen, die für die Beurteilung des Unternehmens durch die verschiedenen Interessengruppen – Unternehmensleitung, Anteilseigner, Arbeitnehmer, Kreditgeber, Öffentlichkeit – von Bedeutung sind. Man unterscheidet nach dem Adressaten der Informationen die interne und die externe Bilanzanalyse. Da nur der interne Interessent auch auf Daten zugreifen kann, die der Öffentlichkeit nicht zur Verfügung stehen, beschränken sich die folgenden Ausführungen auf die allgemein nachvollziehbare externe Bilanzanalyse. Dabei stehen dem Bilanzanalytiker als prinzipielle *Informationsquellen* zur Verfügung:

- Bilanz
- Gewinn- und Verlustrechnung
- Anhang und Lagebericht
- Entwicklung des Aktienkurses
- unternehmensbezogene Veröffentlichungen in den Medien

Je nach Größe und Rechtsform des Unternehmens können nicht sämtliche dieser Informationsquellen im gleichen Umfang genutzt werden. So existiert z.B. ein Aktienkurs nur bei börsennotierten Aktiengesellschaften, Jahresabschlüsse von nicht publizitätspflichtigen Unternehmen stehen allenfalls den Kreditabteilungen von Banken zur Verfügung; bei beschränkt publizitätspflichtigen Unternehmen ist zudem ihr Informationsgehalt stark eingeschränkt.

Als *Ziele* der Bilanzanalyse werden u.a. genannt:

- zusätzliche Erkenntnisse über die wirtschaftliche Lage des Unternehmens
- Beurteilung der finanzwirtschaftlichen Stabilität des Unternehmens
- Beurteilung der gegenwärtigen und zukünftigen Ertragskraft des Unternehmens
- Einschätzung des Erfolgspotentials des Unternehmens

Daraus ergeben sich vier wesentliche Bereiche der Bilanzanalyse, die in den folgenden Unterabschnitten behandelt werden:

5.1 Problemstellung

(1) *Strukturanalyse*

Durch die Untersuchung der Zusammensetzung der in der Bilanz ausgewiesenen Aktiva und Passiva werden Erkenntnisse über die Vermögens- und Kapitalstruktur des Unternehmens gewonnen (Abschnitt 5.3.1).

(2) *Liquiditätsanalyse*

Aus der Berechnung und Interpretation unterschiedlicher Liquiditätsgrade lassen sich Aussagen über die finanzwirtschaftliche Situation des Unternehmens ableiten (Abschnitt 5.3.2).

(3) *Erfolgsanalyse*

Ausgehend von den Daten des Jahresabschlusses werden Erfolgsindikatoren berechnet, die ein differenziertes und aussagekräftiges Bild von der Ertragslage des Unternehmens abgeben (Abschnitt 5.3.3).

(4) *Wertschöpfungsanalyse*

Hierbei wird untersucht, welchen Anteil die verschiedenen Produktionsfaktoren an der betrieblichen Wertschöpfung haben und wie sich die Produktivitätskennziffern als wesentliche Kennzahlen entwickeln (Abschnitt 5.3.4).

Die *Vorgehensweise* der Bilanzanalyse besteht im wesentlichen darin, daß die zur Verfügung stehenden Daten zunächst aufbereitet, d.h. bereinigt, zerlegt, umgruppiert, verdichtet oder saldiert werden (Abschnitt 5.2). Anschließend werden durch Gegenüberstellung oder Vergleich von ausgewählten Daten Kennzahlen gebildet, die näheren Aufschluß über den jeweils interessierenden Sachverhalt geben.

Bei einer *Kennzahl* handelt es sich um eine absolute oder relative Zahl, durch die einerseits Sachverhalte, die direkt anhand der Bilanzdaten nur schwer erkennbar sind, aufgedeckt werden, andererseits komplexe Sachverhalte durch Verdichtung auf eine einzige Zahl transparenter gemacht werden sollen. Da absolute Zahlen wegen fehlender Vergleichsmaßstäbe nur eine begrenzte Aussagekraft haben, sind sie für die Bilanzanalyse von untergeordneter Bedeutung. Relative Kennzahlen treten in folgenden Ausprägungen auf:

- *Gliederungszahlen* geben das relative Gewicht einer Teilgröße in bezug auf die zugehörige Gesamtgröße an, z.B. das Verhältnis des Anlagevermögens zum Gesamtvermögen.

- *Beziehungszahlen* entstehen durch Gegenüberstellung von verschiedenen Größen, die in einem sachlogischen Zusammenhang, z.B. einer Zweck-Mittel-Relation, stehen; so gibt z.B. die Kapitalrentabilität das Verhältnis von Gewinn und Kapitaleinsatz an. Beziehungszahlen sind nur dann sinnvoll, wenn ein ursächlicher Zusammenhang zwischen den Werten im Zähler und im Nenner

besteht. Diese Voraussetzung ist bei vielen in der Bilanzanalyse üblicherweise verwendeten Kennzahlen nicht erfüllt.
- *Meß- oder Indexzahlen* geben Aufschluß über zeitliche Entwicklung der betrachteten Größe. Ausgehend von einem Basisjahr werden alle weiteren Werte als Prozentgröße des Basiswertes angegeben, wie es z.B. bei der Berechnung eines Aktienindex der Fall ist.

Diese Kennzahlen sind jedoch nicht nur isoliert von Interesse, sondern werden auch benutzt, um einerseits die Entwicklung des Unternehmens in mehreren aufeinanderfolgenden Jahren zu verfolgen (*Zeitvergleich*) und andererseits einen Vergleich des analysierten Unternehmens mit ähnlich strukturierten Unternehmen der gleichen Branche vornehmen zu können (*Betriebsvergleich*). Weiter ist ein *Soll-Ist-Vergleich* möglich, indem die berechneten Kennzahlen vorgegebenen Normgrößen gegenübergestellt werden. Allerdings stehen nur in Ausnahmefällen sinnvolle, theoretisch fundierte Normgrößen zur Verfügung.

In engem Zusammenhang mit der Bilanzanalyse ist die *Bilanzpolitik* zu sehen, die die Aufgabe hat, durch eine den jeweils verfolgten Zielsetzungen entsprechende Gestaltung von Bilanzpositionen im Rahmen der rechtlich zulässigen Spielräume dafür zu sorgen, daß die später ermittelten Bilanzkennzahlen ein vorteilhaftes Bild des Unternehmens zeigen. Somit stehen Bilanzpolitik und Bilanzanalyse in einer wechselseitigen Beziehung; die Bilanzanalyse muß ihrerseits versuchen, Maßnahmen der Bilanzpolitik zu erkennen und bei der Aufbereitung der Bilanzdaten zu berücksichtigen.

Generell ist die Aussagekraft der aus der Bilanzanalyse erhaltenen Informationen mit Vorsicht zu beurteilen. Über die bereits angesprochenen Schwierigkeiten bei der Informationsbeschaffung hinaus treten folgende Probleme auf:

- Der Jahresabschluß stellt eine *Momentaufnahme* der Situation des Unternehmens am Bilanzstichtag dar. Im Zeitpunkt der Analyse handelt es sich um vergangenheitsbezogene Daten, die aufgrund der aktienrechtlichen Vorlagefristen für den Jahresabschluß bereits einige Monate alt sind und somit nur einen begrenzten Wert für die Prognose der zukünftigen Unternehmensentwicklung haben.
- Die Bilanzanalyse muß sich aufgrund ihrer beschränkten Informationsbasis auf *monetär erfaßbare Tatbestände* beschränken; insbesondere qualitative Informationen können keinen Eingang finden. Durch die starke Aggregation der Daten im Jahresabschluß besteht die Gefahr, daß gegenläufige Entwicklungen einander kompensieren und somit für den Bilanzanalytiker nicht mehr ersichtlich sind.

- Durch Ausnutzung von *Bewertungs- und Bilanzierungswahlrechten* im Zuge der Bilanzpolitik, durch die in erster Linie bestimmte steuerliche Wirkungen erzielt werden sollen, können die im Jahresabschluß ausgewiesenen Werte die tatsächliche Lage des Unternehmens ungenau wiedergeben. Auch vorgeschriebene Wertansätze, wie die tendenzielle Unterbewertung von Vermögensgegenständen aufgrund des Niederstwertprinzips und der Ansatz historischer Anschaffungskosten, die z.b. bei Grundstücken nach einigen Jahren jeglichen Bezug zu den aktuellen Marktpreisen verloren haben, können diesen Effekt verstärken.

5.2 Aufbereitung der Bilanzdaten

Der erste Schritt der Bilanzanalyse besteht in der *Aufbereitung der Daten* des Jahresabschlusses sowie der sonstigen zur Verfügung stehenden Informationen, um sie in eine Form zu bringen, die dem jeweiligen Erkenntnisziel entspricht. Dementsprechend hängen Art und Umfang der Aufbereitung von der jeweils untersuchten Fragestellung ab, es läßt sich jedoch auch eine stark standardisierte Vorgehensweise vertreten.

Im Rahmen der Aufbereitung werden die *Bilanzpositionen* so zusammengefaßt, wie sie für die weitere Analyse benötigt werden. Die Angaben der im folgenden in Klammern genannten Bilanzpositionen beziehen sich auf das in Abbildung 47 angegebene Gliederungsschema für die Bilanz großer und mittelgroßer Kapitalgesellschaften nach § 266 HGB. Üblicherweise werden folgende Schritte durchgeführt:

(1) *Saldierung der Wertberichtigungen* mit den entsprechenden Posten auf der Aktivseite der Bilanz, um die aktuellen Vermögensbestände zu erhalten

(2) *Saldierung von ausstehenden Einlagen* mit dem ausgewiesenen Nennkapital, um die tatsächlich vorhandenen Eigenmittel zu erkennen

(3) Zusammenfassung von *Vermögensgegenständen des Anlagevermögens* (Aktiva A) zu aussagekräftigen Positionen:

- Es wird ein Posten *immaterielle Vermögensgegenstände* (Aktiva A I.) gebildet. Dabei ist zu berücksichtigen, daß nur die derivativen, d.h. käuflich erworbenen, immateriellen Vermögensgegenstände aktivierbar sind. Vielfach erfolgt hier im Rahmen der verfügbaren Informationen eine Korrektur um den Wert originärer Vermögensgegenstände, wie z.B. selbsterstellte Patente, um damit stille Reserven aufzudecken.

- Sämtliche Positionen des *Sachanlagevermögens* (Aktiva A II.), d.h. Grundstücke und Gebäude, Anlagen, Geschäftsausstattung und geleistete

Anzahlungen auf derartige Güter, werden zu einem Posten "Sachanlagen" zusammengefaßt.

- Bei den *Finanzanlagen* (Aktiva A III.) wird zunächst zwischen Anteilen und Ausleihungen an verbundene Unternehmen, die im Rahmen des Konzernabschlusses eine besondere Rolle spielen, und den sonstigen Finanzanlagen unterschieden. Auch hier sollte für eine Analyse, die nicht auf die Besonderheiten von Konzernverflechtungen abstellt, eine Zusammenfassung erfolgen.

(4) Zusammenfassungen im *Umlaufvermögen*, zu dem für Analysezwecke neben den Vorräten, den Forderungen, den Wertpapieren und den liquiden Mitteln (Aktiva B) auch die aktivischen Rechnungsabgrenzungsposten (Aktiva C) gerechnet werden (vgl. COENENBERG [1992], S. 553):

- Als *monetäres Umlaufvermögen* bezeichnet man die Summe aller Positionen des Umlaufvermögens mit Ausnahme der Vorräte (Aktiva B I.). Es umfaßt alle Beträge, die dem Unternehmen kurz- bis mittelfristig zufließen werden.

- Die Position *Warenforderungen* umfaßt neben den Forderungen aus Lieferungen und Leistungen auch die Forderungen gegen verbundene Unternehmen sowie gegen Unternehmen, mit denen ein Beteiligungsverhältnis besteht. Sie entspricht somit der Position Aktiva B II. mit Ausnahme der sonstigen Vermögensgegenstände (Aktiva B II. 4).

(5) Für die Bildung einiger Kennzahlen wird das *betriebsnotwendige Vermögen* benötigt. Da dem externen Bilanzanalytiker in der Regel keine Informationen darüber vorliegen, ob ein Vermögensgegenstand für betriebliche oder außerbetriebliche Zwecke eingesetzt wird, hat sich für die Ermittlung des betriebsnotwendigen Vermögens folgende Definition durchgesetzt:

Gesamtvermögen
./. Finanzanlagen (Aktiva A III.)
./. sonstige Vermögensgegenstände (Aktiva B II.4)
./. <u>Wertpapiere des Umlaufvermögens (Aktiva B III.)</u>
= betriebsnotwendiges Vermögen

Von dem als Bilanzsumme ausgewiesenen Gesamtvermögen wird demnach der Wert solcher Vermögensgegenstände abgezogen, bei denen die Vermutung naheliegt, daß eine außerbetriebliche Nutzung überwiegt.

(6) Zusammenfassung der *Eigenkapitalpositionen* (Passiva A):

5.2 Aufbereitung der Bilanzdaten

      Gezeichnetes Kapital
./. ausstehende Einlagen
\+ Rücklagen
./. eigene Anteile (Aktiva B III. 2)
\+ 50% der Sonderposten mit Rücklageanteil
± Gewinn-/Verlustvortrag
± Jahresüberschuß/-fehlbetrag
= bilanziertes Eigenkapital

Der hälftige Ansatz der Sonderposten mit Rücklageanteil erfolgt, um damit in einer groben Schätzung der durchschnittlichen Belastung dieser noch unversteuerten Position mit Steuern vom Ertrag Rechnung zu tragen.

Das bilanzierte Eigenkapital läßt sich um verschiedene Kürzungen und Hinzurechnungen bereinigen, um zu dem im Hinblick auf die Zwecke der Bilanzanalyse relevanten Eigenkapitalbegriff zu gelangen. Insbesondere können, falls die entsprechenden Informationen verfügbar sind, für folgende Tatbestände *Kürzungen* vorgenommen werden:

- Angaben über *unterlassene Rückstellungen* können dem Geschäftsbericht entnommen werden.
- Der Betrag *aktivischer latenter Steuern* wird in der Bilanz ausgewiesen.
- Der Eigenkapitalanteil von außerplanmäßigen Abschreibungen gem. § 254 HGB ist ebenfalls aus der Bilanz ersichtlich.

Hinzurechnungen erfolgen z.B. für:

- unterlassene Zuschreibungen, die im Geschäftsbericht begründet werden
- Abschreibungen auf Wertpapiere bei nur vorübergehender Wertminderung
- aus dem Anhang ersichtliche Unterbewertungen von Aktiva

(7) Zusammenfassungen beim *Fremdkapital*, das sich aus den Rückstellungen (Passiva B), den Verbindlichkeiten (Passiva C) und den passivischen Rechnungsabgrenzungsposten (Passiva D) zusammensetzt, erfolgen nach dem Kriterium der Fristigkeit:

- Zum *kurzfristigen Fremdkapital* zählen sämtliche Verbindlichkeiten mit einer (Rest-)Laufzeit von weniger als einem Jahr, die Steuerrückstellungen (Passiva B 2), die sonstigen Rückstellungen (Passiva B 3), die passivischen Rechnungsabgrenzungsposten (Passiva D) und die vorgesehenen Ausschüttungen.

- Das *mittelfristige Fremdkapital* umfaßt die Verbindlichkeiten, deren Fälligkeit zwischen einem und fünf Jahren liegt, sowie den Fremdkapitalanteil der Sonderposten mit Rücklageanteil.

- Als *langfristiges Fremdkapital* werden die Pensionsrückstellungen (Passiva B 1) sowie die Verbindlichkeiten bezeichnet, die eine Restlaufzeit von mehr als fünf Jahren aufweisen.

Hinweise auf die Fristigkeit der einzelnen Positionen finden sich zum Teil in der Bilanz, zum Teil im Anhang, der allerdings mehr oder weniger informativ ausfallen kann. In Zweifelsfällen sollte eine Position entweder nach Erfahrungswerten aufgeteilt oder gemäß dem Vorsichtsprinzip der jeweils kürzeren Frist zugeordnet werden. Auch beim Fremdkapital sollte, wie schon beim Eigenkapital, eine Zusammenfassung von konzerninternen und anderen Verbindlichkeiten erfolgen.

(8) Das *Gesamtkapital* ergibt sich als Summe aus dem bereinigten Eigenkapital und den Fremdkapitalpositionen. Gemäß der Bilanzgleichung entspricht es dem Gesamtvermögen.

Um Aussagen über das Wachstum des Unternehmens zu treffen, sind die *Nettoinvestitionen* des betrachteten Geschäftsjahres zu berechnen. Diese erhält man, indem man vom Betrag der Zugänge im Anlagevermögen, den Investitionen, die zu Restbuchwerten bewerteten Abgänge bzw. die Desinvestitionen abzieht. Während sich die Zugänge direkt dem Anlagespiegel im Anhang entnehmen lassen, müssen die Abgänge mit Hilfe der Vorjahresrestbuchwerte berechnet werden, falls das Unternehmen nicht auch einen Abschreibungsspiegel veröffentlicht.

Bei der *Gewinn- und Verlustrechnung* ist eine Aufteilung des Gesamterfolgs in folgende Positionen erforderlich:

(1) Das *Betriebsergebnis* umfaßt sämtliche Aufwendungen und Erträge, die aus der normalen betrieblichen Tätigkeit resultieren. Es ergibt sich bei Verwendung des Gesamtkostenverfahrens aus den Positionen 1 bis 8 des Gliederungsschemas für große Kapitalgesellschaften (vgl. Abb. 49 und 50), bei Verwendung des Umsatzkostenverfahrens aus den Positionen 1 bis 7.

(2) Das *betriebsfremde Ergebnis* umfaßt die Erträge und Aufwendungen aus dem Finanzbereich, d.h. Erträge aus Beteiligungen und aus anderen Wertpapieren, Zinsaufwendungen und -erträge und Abschreibungen auf Finanzanlagen. Es läßt sich bei Verwendung des Gesamtkostenverfahrens aus den Positionen 9 bis 13, beim Umsatzkostenverfahren aus den Positionen 8 bis 12 des Gliederungsschemas berechnen.

(3) Das *außerordentliche Ergebnis* schließlich ergibt sich aus den Positionen 15 und 16 bzw. 14 und 15 des Gliederungsschemas; es resultiert aus Vorgängen,

die außerhalb der gewöhnlichen Geschäftstätigkeit des Unternehmens anfallen, z.B. Buchgewinne bei Anlagenabgängen, Erträge aus der Auflösung von Rückstellungen.

Problematisch ist hierbei die Zuordnung der Positionen "sonstige betriebliche Erträge" bzw. "sonstige betriebliche Aufwendungen", denen sowohl ordentliche als auch außerordentliche Vorgänge zugrunde liegen können. Falls weder Erläuterungen im Anhang Aufschluß liefern noch sonstige Informationen vorliegen, sollten diese Positionen eher dem außerordentlichen als dem ordentlichen Ergebnis zugerechnet werden.

Als weitere Position sollten für die spätere Analyse aus einer nach dem Gesamtkostenverfahren aufgestellten Gewinn- und Verlustrechnung die *Personalkosten* berechnet werden. Sie ergeben sich als Summe der Löhne und Gehälter, der Sozialabgaben und der Aufwendungen für Altersversorgung, d.h. sie entsprechen der GuV-Position 6.

In Abhängigkeit davon, welche zusätzlichen Informationen dem Bilanzanalytiker zur Verfügung stehen und welche Hinzurechnungen und Kürzungen in Zweifelsfällen tatsächlich vorgenommen werden, haben die bei der jeweiligen Aufbereitung der Bilanzdaten erhaltenen Positionen keine eindeutig feststehenden Werte, sondern können durchaus in gewissen Grenzen schwanken. Diese Schwankungen setzen sich in den daraus berechneten Kennzahlen fort, was bei deren Interpretation berücksichtigt werden sollte. Insbesondere ist ein Vergleich von Kennzahlen verschiedener Unternehmen nur dann sinnvoll möglich, wenn diese Zahlen nach dem gleichen Verfahren und mit dem gleichen Informationsstand ermittelt worden sind.

5.3 Durchführung der Bilanzanalyse

5.3.1 Strukturanalyse

Gegenstand der *Strukturanalyse* ist die Zusammensetzung der Aktiva und Passiva des untersuchten Unternehmens. Da die Aktivseite der Bilanz nach neostatischer Bilanzauffassung Auskunft über die Kapitalverwendung gibt, wird ihre Untersuchung auch als *Investitionsanalyse* bezeichnet; dementsprechend gibt die Passivseite der Bilanz die Kapitalherkunft an, und ihre Untersuchung wird als *Finanzierungsanalyse* bezeichnet.

In Abhängigkeit von der Richtung, in der die Struktur der Bilanz näher untersucht wird, unterscheidet man:

(1) *vertikale Strukturanalyse*

Hierbei werden in erster Linie Gliederungszahlen zwischen verschiedenen Positionen auf der Aktiv- bzw. der Passivseite der Bilanz ermittelt, die Auskunft über die Zusammensetzung von Vermögen und Kapital der Unternehmung geben.

(2) *horizontale Strukturanalyse*

Diese stützt sich auf Beziehungszahlen, die zwischen je einem Posten der Aktiv- und der Passivseite der Bilanz aufgestellt werden.

Wichtige Kennzahlen hinsichtlich der Vermögensstruktur des Unternehmens, die im Rahmen der vertikalen Strukturanalyse aus der *Aktivseite* der Bilanz abgeleitet werden, sind:

- $\dfrac{\text{Anlagevermögen}}{\text{Gesamtvermögen}}$

- $\dfrac{\text{Umlaufvermögen}}{\text{Gesamtvermögen}}$

- $\dfrac{\text{Anlagevermögen}}{\text{Umlaufvermögen}}$

Diese drei Kennzahlen geben Auskunft über den Anteil von eher langfristig bzw. kurzfristig gebundenen Vermögensgegenständen am Gesamtvermögen. Generell kann man feststellen, daß mit zunehmendem Anteil des Umlaufvermögens die Flexibilität des Unternehmens zunimmt. Gleichzeitig steigt durch den abnehmenden Anteil des Anlagevermögens die Kapazitätsnutzung. Da die Werte in Abhängigkeit von der jeweiligen Branche sowie von der aktuellen Unternehmenssituation stark schwanken können, lassen sie sich ohne einen adäquaten Vergleichsmaßstab oder zusätzliche Informationen nicht sinnvoll interpretieren.

Informationen über den altersmäßigen Zustand des *Anlagevermögens* geben die folgenden Kennzahlen:

- Investitionsquote $= \dfrac{\text{Zugang zu Sachanlagen}}{\text{Bestand an Sachanlagen}}$

Die Investitionsquote kann als Anhaltspunkt für das Unternehmenswachstum interpretiert werden. Insbesondere ihre Entwicklung im Zeitablauf gibt Aufschluß über die wirtschaftliche Lage und die Zukunftsaussichten des Unternehmens: Eine sinkende Investitionsquote deutet darauf hin, daß dem Unternehmen entweder die finanziellen Mittel für weitere Anschaffungen oder der Ansporn zur Besetzung neuer Geschäftsfelder fehlen, eine steigende Investitionsquote läßt auf eine expansive Geschäftspolitik schließen.

5.3 Durchführung der Bilanzanalyse

- Anlagenabnutzungsgrad = $\dfrac{\text{kumulierte Abschreibungen auf Sachanlagen}}{\text{Bestand an Sachanlagen}}$

Je größer diese Kennzahl ausfällt, desto älter sind die Sachanlagen des Unternehmens und umgekehrt. Ein hoher Anlagenabnutzungsgrad läßt daher auf einen großen Nachholbedarf bei Ersatz-, Erweiterungs- und Modernisierungsinvestitionen schließen.

- Abschreibungsquote = $\dfrac{\text{Abschreibungen auf Sachanlagen}}{\text{Bestand an Sachanlagen}}$

Während beim Anlagenabnutzungsgrad die kumulierten Abschreibungen im Verhältnis zum Anlagenbestand betrachtet werden, werden bei der Abschreibungsquote die aktuellen Abschreibungen des Geschäftsjahres herangezogen, die die Abschreibungspolitik des Unternehmens erkennen lassen. Steigt die Abschreibungsquote im Zeitablauf an, so deutet dies auf die Bildung stiller Reserven z.B. durch Ausnutzung der degressiven Abschreibung oder von Sonderabschreibungsmöglichkeiten hin. Eine fallende Abschreibungsquote läßt hingegen auf die Auflösung stiller Reserven schließen.

Die *Passivseite* der Bilanz liefert im Rahmen der vertikalen Strukturanalyse einige Kennzahlen, die Auskunft über die *Kapitalstruktur* des Unternehmens geben:

- Eigenkapitalquote = $\dfrac{\text{Eigenkapital}}{\text{Gesamtkapital}}$

- Fremdkapitalquote = $\dfrac{\text{Fremdkapital}}{\text{Gesamtkapital}}$

- Verschuldungsgrad = $\dfrac{\text{Eigenkapital}}{\text{Fremdkapital}}$

Anhand dieser inhaltlich äquivalenten Kennziffern lassen sich die Zusammensetzung des Kapitals erkennen und damit eventuell aus der Art der Finanzierung erwachsende Risiken abschätzen. Bezüglich ihrer optimalen Höhe gibt es eine – theoretisch nicht fundierte – Normvorstellung: Die "goldene Finanzierungsregel" besagt, daß für Industrieunternehmen das Verhältnis von Eigen- zu Fremdkapital 1:1 betragen soll. Dies ist genau dann erfüllt, wenn sowohl die Eigenkapitalquote als auch die Fremdkapitalquote 0,5 betragen. Jedoch zeigt ein Blick in die Bilanzierungspraxis, daß diese Norm von fast keinem Unternehmen erfüllt wird; vielmehr sind individuelle und branchenabhängige Abweichungen die Regel. So ist es z.B. nicht sinnvoll, für Handelsunternehmen, in denen die zum Umlaufvermögen zählenden Warenvorräte eindeutig die Aktivseite der Bilanz dominieren, die Einhaltung der goldenen Bilanzregel zu fordern.

Ebenfalls aus der Passivseite der Bilanz läßt sich der *Bilanzkurs* ableiten:

- Bilanzkurs = $\dfrac{\text{bilanzielles Eigenkapital}}{\text{gezeichnetes Kapital}} \cdot$ Nennwert der Aktie

Im Unterschied zu dem sich täglich ändernden Börsenkurs gibt der Bilanzkurs den *Substanzwert* einer Aktie an. Durch den Vergleich dieser beiden Werte läßt sich erkennen, in welcher Höhe stille Reserven, der Goodwill und aktuelle Informationen über das Unternehmen im Börsenkurs ihren Niederschlag gefunden haben. Dies ermöglicht weiter eine Aussage, inwieweit die Aktien des Unternehmens zum Bilanzstichtag im Vergleich zum Bilanzkurs über- oder unterbewertet sind.

Im Rahmen der horizontalen Strukturanalyse werden Kennzahlen aus Werten der der Aktiv- und der Passivseite gebildet, die Auskunft darüber geben, inwieweit die *Fristenkongruenz* zwischen der Kapitalherkunft und der Kapitalverwendung gewährleistet ist:

- Anlagendeckungsgrad I = $\dfrac{\text{Eigenkapital}}{\text{Anlagevermögen}}$

- Anlagendeckungsgrad II = $\dfrac{\text{Eigenkapital} + \text{langfristiges Fremdkapital}}{\text{Anlagevermögen}}$

Der Grundsatz der Fristenkongruenz besagt in seiner strengen Auslegung, daß das Anlagevermögen ausschließlich durch Eigenkapital finanziert werden darf, d.h. der Anlagendeckungsgrad I soll den Wert 1 annehmen. In der abgeschwächten Variante, die im Anlagendeckungsgrad II zum Ausdruck kommt, soll das Anlagevermögen durch Eigenkapital und langfristiges Fremdkapital finanziert werden. Eine Finanzierung des Anlagevermögens durch kurzfristige Kredite kann insofern zu Schwierigkeiten führen, als daß bei deren Fälligkeit die Anlagegüter verkauft werden müßten, falls nicht ausreichend liquide Mittel zur Begleichung der Verbindlichkeiten zur Verfügung stehen.

Aus theoretischer Sicht werden Bedenken gegen die horizontale Bilanzanalyse erhoben, weil kein inhaltlicher Bezug zwischen den Größen der Aktiv- bzw. Passivseite der Bilanz besteht, die hierbei zueinander ins Verhältnis gesetzt werden.

5.3.2 Liquiditätsanalyse

Als *Liquidität* bezeichnet man die Fähigkeit des Unternehmens, jederzeit seinen fälligen Zahlungsverpflichtungen nachkommen zu können. Da es sich bei der Liquidität um eine existentielle Nebenbedingung der betrieblichen Tätigkeit handelt, ist ihre ständige Überwachung und Sicherstellung eine wichtige Aufgabe. Im Rahmen der Bilanzanalyse kann lediglich die Liquidität des Unternehmens am

5.3 Durchführung der Bilanzanalyse

Bilanzstichtag beurteilt werden, die nur begrenzte Rückschlüsse auf die tatsächliche Zahlungsfähigkeit in der Zukunft erlaubt.

Die Liquiditätsanalyse soll die Wahrscheinlichkeit abschätzen, daß das Unternehmen illiquide bzw. zahlungsunfähig wird. Diese ist umso geringer, je später die Verbindlichkeiten fällig werden und je kürzer die Kapitalbindung ist, d.h. je früher sich die Vermögensgegenstände in liquide Mittel überführen lassen. Um diesen Tatbestand abzubilden, werden durch Gegenüberstellung von Vermögens- und Kapitalpositionen mit unterschiedlicher Fristigkeit verschiedene *Liquiditätsgrade* berechnet:

- Liquidität 1. Grades $= \dfrac{\text{liquide Mittel}}{\text{kurzfristige Verbindlichkeiten}}$

Bei dieser auch als Barliquidität bezeichneten Kennzahl werden als liquide Mittel die in der Aktivposition B IV. genannten Zahlungsmittelbestände (Kassenbestand, Schecks, Bundesbank-, Postgiro- und Bankguthaben) sowie der Teil der Wertpapiere des Umlaufvermögens, der kurzfristig liquidierbar ist, zusammengefaßt und den Verbindlichkeiten mit Fälligkeitstermin innerhalb des nächsten Jahres gegenübergestellt.

- Liquidität 2. Grades $= \dfrac{\text{monetäres Umlaufvermögen}}{\text{kurzfristige Verbindlichkeiten}}$

- Liquidität 3. Grades $= \dfrac{\text{monetäres Umlaufvermögen} + \text{Vorräte}}{\text{kurzfristige Verbindlichkeiten}}$

Während die Barliquidität in der Regel Werte kleiner als 1 annimmt, sollten die Liquidität 2. und 3. Grades deutlich über 1 liegen. Es existieren jedoch weder eine theoretische Begründung noch feste Normvorstellungen über die jeweils anzustrebenden Werte. Interessant ist daher vor allem die Analyse der Liquidität über mehrere Perioden hinweg sowie der Vergleich von Liquiditätsgraden verschiedener Unternehmen einer Branche.

Neben der bereits genannten Vergangenheitsorientierung tritt bei der Unternehmensbeurteilung anhand von Liquiditätsgraden das Problem auf, daß diese lediglich die am Bilanzstichtag ausgewiesenen Forderungen und Verbindlichkeiten berücksichtigen können, während das Zahlungsgeschehen des Unternehmens wesentlich durch laufende Zahlungen z.B. für Löhne, Mieten, Zinsen usw. bestimmt wird. Weiter kann trotz einer zufriedenstellenden Liquidität 3. Grades Zahlungsunfähigkeit eintreten, wenn die Fristigkeiten der Forderungen und Verbindlichkeiten innerhalb der folgenden Periode ungünstig verteilt sind, z.B. der Großteil der Verbindlichkeiten am Anfang des Jahres fällig wird, der Eingang der Forderungen jedoch erst zu einem späteren Zeitpunkt erfolgt.

Weitere *Liquiditätskennzahlen*, die ergänzend für die Analyse herangezogen werden können, sind:

- working capital = Umlaufvermögen − kurz- und mittelfristiges Fremdkapital
- working capital ratio = $\dfrac{\text{Umlaufvermögen}}{\text{kurz- und mittelfristiges Fremdkapital}}$

Auch hier gilt, daß die Liquiditätslage umso besser eingeschätzt wird, je höher der Wert dieser Kennzahlen ist.

- Effektivverschuldung = langfristiges Fremdkapital
  + kurz- und mittelfristiges Fremdkapital
  − monetäres Umlaufvermögen

Die Effektivverschuldung gibt an, welcher Teil des Fremdkapitals auch nach Liquidierung des gesamten monetären Umlaufvermögens noch bestehen würde, d.h. welche Schulden dem Unternehmen dauerhaft zuzurechnen sind.

Ein Nachteil aller genannten Liquiditätskennzahlen besteht darin, daß sie eine statische Aussage aufgrund von Bestandsgrößen vornehmen über einen Tatbestand, der durch eine hohe Dynamik geprägt ist. Ihre Aussagekraft ist daher mit großer Vorsicht zu beurteilen.

Besser geeignet, die dynamischen Vorgänge im Zahlungsbereich zu erfassen, sind *Kapitalflußrechnungen*, die das Ziel verfolgen, Herkunft und Verwendung der liquiden Mittel während des betrachteten Zeitraums darzustellen, d.h. die wesentlichen Investitions- und Finanzierungsvorgänge zu dokumentieren. Hierbei ist nach dem Informationsstand zu unterscheiden zwischen einer externen Kapitalflußrechnung, die vom Bilanzanalytiker auf der Basis der verfügbaren Informationen nachträglich erstellt wird, und einer durch das bilanzierende Unternehmen selbst aufgestellten Rechnung, wie sie z.B. in den USA in der Regel freiwillig mit dem Jahresabschluß publiziert wird. Die Forderung nach einer durch das Unternehmen erstellten Kapitalflußrechnung wurde in Deutschland bereits durch BUSSE VON COLBE [1966] erhoben.

Die erste Stufe einer Kapitalflußrechnung besteht in der Aufstellung einer *Beständedifferenzenbilanz*, in der die Veränderungen der Bilanzpositionen von einem Bilanzstichtag zum nächsten ausgewiesen werden. Dabei muß gemäß der Bilanzgleichung die Summe der Änderungen auf der Aktivseite der Summe der Änderungen auf der Passivseite entsprechen:

$$A^+ - A^- = P^+ - P^-$$

mit: A^+ - Aktivmehrungen, Zunahmen bei Aktivpositionen

A^- - Aktivminderungen, Abnahmen bei Aktivpositionen

5.3 Durchführung der Bilanzanalyse

P^+ - Passivmehrungen, Zunahmen bei Passivpositionen

P^- - Passivminderungen, Abnahmen bei Passivpositionen

Da in der Beständedifferenzbilanz auf jeder Bilanzseite sowohl positive als auch negative Werte auftreten, erfolgt im nächsten Schritt bei der Aufstellung der *Veränderungsbilanz* eine Umgruppierung nach den Kriterien Mittelverwendung und Mittelherkunft. Die oben angegebene Gleichung ist dabei wie folgt umzustellen:

$$A^+ + P^- = P^+ + A^-$$

Es werden sowohl die Aktivmehrungen, z.B. die Anschaffung einer Maschine, als auch die Passivminderungen, z.B. die Tilgung eines Kredits, zu der Mittelverwendung gerechnet, während die Passivmehrungen, z.B. die Erhöhung des Eigenkapitals, und die Aktivminderungen, z.B. der Verkauf von Fertigwarenbeständen, die Quellen der Mittelherkunft angeben. Das Schema einer Veränderungsbilanz bzw. einer einfachen Kapitalflußrechnung ist in Abbildung 55 angegeben.

Mittelverwendung	Mittelherkunft
Aktivmehrungen	Passivmehrungen
Passivminderungen	Aktivminderungen

Abb. 55: Veränderungsbilanz

Bei der Interpretation der Veränderungsbilanz treten folgende Probleme auf:

- Es werden lediglich die Veränderungen von Beständen bei den Aktiv- und Passivpositionen erfaßt, nicht jedoch die Kapitalbewegungen innerhalb der Periode, soweit sie sich kompensieren.
- Auch eine Zu- bzw. Abnahme des Bilanzgewinns wird als Mittelherkunft bzw. Mittelverwendung interpretiert.

Daher wird im nächsten Schritt die Veränderungsbilanz durch weitere Modifikationen in eine *Bewegungsbilanz*, die auch als *erweiterte Kapitalflußrechnung* bezeichnet wird, überführt.

- Anstelle der saldierten Bestandsveränderung des Anlagevermögens, wie sie aus der Veränderungsbilanz hervorgeht, werden die einzelnen Zu- und Abgänge separat erfaßt. Als Datengrundlage kann der Anlagenspiegel herangezogen werden.

- Um die Aussagekraft zu erhöhen, sollten auf sämtlichen Bestandskonten die unsaldierten Bewegungen während der Periode erfaßt werden. Da dies dem externen Bilanzanalytiker allerdings nur für das Anlagevermögen möglich sein wird, werden die sonstigen Bewegungen wie in der Veränderungsbilanz saldiert ausgewiesen.
- Die zahlungswirksamen Aufwendungen und Erträge werden auf der Aktiv- bzw. Passivseite ausgewiesen, dabei werden insbesondere die Abschreibungen als großer zahlungsunwirksamer Posten aus den Angaben der Gewinn- und Verlustrechnung entnommen. Dabei werden die aktivierten Eigenleistungen mit den Zugängen zum Anlagevermögen saldiert, da es sich nicht um finanzwirksame Erträge handelt. Weiter findet eine Saldierung von Erträgen aus Bestandsveränderungen mit dem entsprechenden Zugang bei den Halb- und Fertigfabrikaten statt.
- Die während der Periode getätigten Dividendenzahlungen werden aus dem Zahlungsmittelsaldo herausgenommen und als Kapitalabfluß auf der Aktivseite separat ausgewiesen.

In Abbildung 56 ist das Schema einer Bewegungsbilanz dargestellt.

Mittelverwendung	Mittelherkunft
Zugänge zum Anlagevermögen	Abgänge im Anlagevermögen
sonstige Aktivmehrungen	sonstige Passivmehrungen
Passivminderungen	Aktivminderungen
Aufwendungen (ohne Abschreibungen)	Erträge (ohne Zuschreibungen)
Dividendenzahlungen	

Abb. 56: Bewegungsbilanz

Die Bewegungsbilanz gibt detaillierter darüber Auskunft, aus welchen Quellen die finanziellen Mittel während der Periode stammten und für welche Zwecke sie verwendet wurden. Z.B. wird ersichtlich, in welchem Umfang die Aufwendungen der Periode durch Erträge abgedeckt sind bzw. durch den Verkauf von Vermögensgegenständen kompensiert wurden. Weiter läßt sich erkennen, inwieweit sich die Fristigkeit der Aktiv- und Passivpositionen verändert hat und in welchem Umfang tatsächlich finanzwirtschaftliche Aktivitäten abgewickelt worden sind.

Bei speziellem Informationsbedarf lassen sich Kapitalflußrechnungen auch für bestimmte Gruppen von Bilanzpositionen in Form von *Fondsrechnungen* aufstel-

5.3 Durchführung der Bilanzanalyse

len (vgl. KÄFER [1984]). Ein Fonds umfaßt bestimmte Aktivpositionen und die ihnen von der Fristigkeit her zuzuordnenden Passivpositionen. Gebräuchlich sind z.B. folgende Fondstypen:

(1) Fonds des *Netto-Umlaufvermögens*:

> Umlaufvermögen
> ./. kurzfristige Verbindlichkeiten

(2) Fonds des *monetären Umlaufvermögens*:

> entspricht dem monetären Geldvermögen

(3) Fonds des *Netto-Geldvermögens*:

> monetäres Umlaufvermögen
> ./. kurzfristige Verbindlichkeiten

(4) Fonds der *liquiden Mittel*:

> Netto-Geldvermögen
> ./. kurzfristige Forderungen

Die in der Veränderungsbilanz aufgeführten Bilanzpositionen werden nun aufgespalten in Veränderungen von Positionen, die zum jeweils betrachteten Fonds gehören (Index F), und solche, die nicht zum Fonds gehören (Index N):

$$A_F^+ + A_N^+ + P_F^- + P_N^- = P_F^+ + P_N^+ + A_F^- + A_N^-$$

Stellt man diese Gleichung so um, daß auf der linken Seite die Positionen stehen, die zum betrachteten Fonds gehören und auf der rechten Seite die restlichen Bilanzpositionen, so stellt diese Bilanzgleichung die Veränderungen in der Fondszusammensetzung während der betrachteten Periode und ihre Erklärung durch Veränderungen der jeweiligen Gegenkonten dar.

$$A_F^+ - A_F^- - P_F^+ + P_F^- = P_N^+ - P_N^- - A_N^+ + A_N^-$$

Die Positionen auf der linken Seite dieser Gleichung dokumentieren die Entwicklung der im Fonds enthaltenen liquiden Mittel (*Liquiditätsrechnung*), auf der rechten Seite findet sich die zugehörige *Kapitalflußrechnung*, die angibt, welche Veränderungen in der Vermögens- und Kapitalstruktur durch die Fondsbewegungen ausgelöst wurden. Die fondsbezogene Liquiditätsrechnung ist in Abbildung 57 dargestellt.

Der Saldo aus Fondsmittelzuflüssen und -abflüssen

$$\Delta F = A_F^+ - A_F^- - P_F^+ + P_F^-$$

ergibt sich entweder auf der linken Seite des Schemas als Erhöhung der Fondsmittel oder auf der linken Seite als Verringerung der Fondsmittel.

Fondsmittelzufluß	Fondsmittelabfluß
Zunahme von Aktiva, die Teil des Fonds sind A_F^+	Zunahme von Passiva, die Teil des Fonds sind P_F^+
Abnahme von Passiva, die Teil des Fonds sind P_F^-	Abnahme von Aktiva, die Teil des Fonds sind A_F^-
$\Delta F > 0$: Erhöhung des Fonds	$\Delta F < 0$: Verringerung des Fonds

Abb. 57: Fondsbezogene Liquiditätsrechnung

Die zugehörige fondsbezogene Kapitalflußrechnung ist, wie Abbildung 58 zeigt, spiegelbildlich zur Liquiditätsrechnung aufgebaut. Hier ergibt sich ein negativer Saldo als Verringerung der Fondsmittel auf der linken Seite, ein positiver Saldo als Zunahme der Fondsmittel hingegen auf der rechten Seite des Schemas.

Fondsmittelverwendung	Fondsmittelbeschaffung
Zunahme von Aktiva, die nicht Teil des Fonds sind A_N^+	Zunahme von Passiva, die nicht Teil des Fonds sind P_N^+
Abnahme von Passiva, die nicht Teil des Fonds sind P_N^-	Abnahme von Aktiva, die nicht Teil des Fonds sind A_N^-
$\Delta F < 0$: Verringerung des Fonds	$\Delta F > 0$: Erhöhung des Fonds

Abb. 58: Fondsbezogene Kapitalflußrechnung

Zu Kontrollzwecken, aber auch, um den Zusammenhang mit den in der Bilanz ausgewiesenen Positionen herzustellen, ist es sinnvoll, im Rahmen der Bilanzanalyse sowohl die Liquiditäts- als auch die Kapitalflußrechnung für den betrachteten Fonds aufzustellen.

5.3.3 Erfolgsanalyse

Ausgangspunkt der *Erfolgsanalyse* ist die Tatsache, daß das im Jahresabschluß ausgewiesene Ergebnis als Erfolgsindikator weitgehend ungeeignet ist, da es eine Reihe von Verzerrungen z.B. in Form von Steuervoraus- und -rückzahlungen, Bildung und Auflösung von stillen Reserven durch Ausnutzung von Bilanzierungswahlrechten, außerordentlichen und betriebsfremden Aufwendungen und Erträgen enthält. Daher ist nach anderen, aussagekräftigeren Kennzahlen zu su-

5.3 Durchführung der Bilanzanalyse

chen, die eher dem Ziel gerecht werden, eine tragfähige Prognose über die Entwicklung des zukünftigen Unternehmenserfolgs vorzunehmen.

Eine solche Kennzahl, die neben der erfolgswirtschaftlichen auch eine finanzwirtschaftliche Bedeutung hat, ist der *Cash-Flow*, der den aus der laufenden betrieblichen Tätigkeit resultierenden Überschuß der Einnahmen über die Ausgaben darstellt. Er gibt den finanzpolitischen Spielraum an, den sich das Unternehmen während des Geschäftsjahres erwirtschaftet hat und den es z.B. zur Tilgung von Verbindlichkeiten, für Investitionen oder für Ausschüttungen an die Anteilseigner nutzen kann. Im Gegensatz zum Jahresüberschuß erweist sich der Cash-Flow als weniger leicht manipulierbar.

Im Prinzip läßt sich der Cash-Flow – entsprechend seiner Definition – *direkt* als Differenz der zahlungswirksamen Erträge und Aufwendungen herleiten:

Cash-Flow =   Einzahlungen der Periode, die gleichzeitig Ertrag sind
./. Auszahlungen der Periode, die gleichzeitig Aufwand sind

Da diese Größen aus den Daten des Jahresabschlusses jedoch recht schwierig zu bestimmen sind, verwendet man in der Regel hilfsweise eine *indirekte Definition* mit Hilfe von besser zu identifizierenden Größen: Ausgangspunkt ist der in der Gewinn- und Verlustrechnung ausgewiesene Jahresüberschuß, dieser wird um Aufwendungen, die nicht zu Auszahlungen geführt haben, sowie um Erträge, die nicht zu Einzahlungen geführt haben, korrigiert. Die Gefahr bei dieser Darstellung besteht darin, daß die zur Korrektur des Jahresüberschusses herangezogenen nicht zahlungswirksamen Erfolgsgrößen als Finanzierungspotentiale interpretiert werden.

Die einfachste Formel zur indirekten Ermittlung des Cash-Flow ist die folgende:

- Cash-Flow =   Jahresüberschuß
  + Abschreibungen
  ± Veränderung der langfristigen Rückstellungen

Eine detailliertere und damit auch exaktere Definition des Cash-Flow läßt sich wie folgt angeben:

- Cash-Flow =   Jahresüberschuß
  + Abschreibungen
  ./. Zuschreibungen
  ± Veränderung der langfristigen Rückstellungen
  ± Einstellung in bzw. Auflösung von Sonderposten mit
      Rücklageanteil
  ± periodenfremde Aufwendungen und Erträge

Generell gilt, daß ein hoher Cash-Flow als Indiz für eine hohe Finanzkraft des Unternehmens anzusehen ist. Er gibt den Innenfinanzierungsspielraum an, den das Unternehmen während des Geschäftsjahres hatte, und kann als Maßstab für seine *Verschuldungsfähigkeit* interpretiert werden.

Mit Hilfe des Cash-Flow lassen sich eine Reihe weiterer Kennzahlen bilden, die Aufschluß über die Ertragslage des Unternehmens geben:

- Cash-Flow-Umsatzrate $= \dfrac{\text{Cash-Flow}}{\text{Umsatz}}$

Mit Hilfe dieser Kennzahl läßt sich abschätzen, wie sich in Zukunft der Cash-Flow in Abhängigkeit vom Umsatz entwickeln wird.

- dynamischer Verschuldungsgrad $= \dfrac{\text{Effektivverschuldung}}{\text{Cash-Flow}}$

Der dynamische Verschuldungsgrad gibt an, nach wie vielen Jahren das Unternehmen bei gleichbleibender Entwicklung seine langfristigen Schulden aus den selbst erwirtschafteten Mitteln getilgt haben würde.

- Innenfinanzierungsgrad der Investitionen $= \dfrac{\text{Cash-Flow}}{\text{Zugänge zum Anlagevermögen}}$

Diese Kennzahl gibt an, welcher Anteil der Investitionen des Geschäftsjahres durch den Cash-Flow abgedeckt ist. Allerdings bedarf man zu ihrer Interpretation zusätzlicher Informationen, denn ein hoher Innenfinanzierungsgrad ist nicht generell als positiv anzusehen, sondern z.B. dann als nachteilig zu beurteilen, wenn er dadurch zustande kommt, daß notwendige Investitionen unterlassen wurden.

Während der Cash-Flow als Erfolgsindikator eine absolute Zahl ist und daher nur bedingt zum Vergleich von Unternehmen herangezogen werden kann, setzen die im folgenden angegebenen *Rentabilitätskennziffern* den absoluten Erfolg in Beziehung zu einer Größe, die in einem ursächlichen Zusammenhang mit dem Erfolg gesehen wird.

Bei der Bestimmung der Rentabilität des Eigenkapitals wird als Erfolg der Jahresüberschuß, das Ergebnis vor Steuern, der Bilanzgewinn oder auch der Cash-Flow angesehen.

- Eigenkapitalrentabilität $= \dfrac{\text{Erfolg}}{\text{Eigenkapital}}$

Weitere auf das Eigenkapital bezogene Kennzahlen sind:

- Gewinn je Aktie $= \dfrac{\text{Gewinn} \cdot \text{Nennbetrag einer Aktie}}{\text{Grundkapital}}$

5.3 Durchführung der Bilanzanalyse

- Price - Earnings - Ratio $= \dfrac{\text{Aktienkurs}}{\text{Gewinn je Aktie}}$

Die Rentabilität des Gesamtkapitals ergibt sich, indem man – ausgehend von der Eigenkapitalrentabilität – im Zähler die Fremdkapitalzinsen hinzufügt und im Nenner das Gesamtkapital des Unternehmens einsetzt:

- Gesamtkapitalrentabilität $= \dfrac{\text{Erfolg} + \text{Zinsen}}{\text{Gesamtkapital}}$

Die Umsatzrentabilität gibt an, wie groß der Erfolg des Unternehmens bezogen auf seinen Umsatz ist. Diese Größe ist vor allem im Branchenvergleich von Interesse.

- Umsatzrentabilität $= \dfrac{\text{ordentliches Betriebsergebnis}}{\text{Umsatz}}$

Eine sehr bekannte Erfolgsgröße ist der *Return on Investment* (ROI), der die Verzinsung des für den eigentlichen Betriebszweck eingesetzten Vermögens bzw. Kapitals mißt:

- ROI $= \dfrac{\text{ordentliches Betriebsergebnis}}{\text{betriebsnotwendiges Vermögen}}$

Aufbauend auf dem ROI wurde ein *Kennzahlensystem* entwickelt, das diesen in mehreren Stufen in seine Bestandteile zerlegt und dadurch Einblick in die wesentlichen Einflußgrößen gibt, von denen der ROI abhängt. Da dieses System erstmals im Jahre 1919 von der Firma DuPont in Delaware eingesetzt wurde, ist es bis heute unter dem Namen *DuPont-System* bekannt.

Erweitert man die oben angegebene Definition des ROI mit dem Umsatz, so ergibt sich folgende Beziehung:

$$\text{ROI} = \dfrac{\text{ordentliches Betriebsergebnis}}{\text{betriebsnotwendiges Vermögen}} \cdot \dfrac{\text{Umsatz}}{\text{Umsatz}}$$

$$= \dfrac{\text{ordentliches Betriebsergebnis}}{\text{Umsatz}} \cdot \dfrac{\text{Umsatz}}{\text{betriebsnotwendiges Vermögen}}$$

$$= \text{Umsatzrendite} \cdot \text{Umschlaghäufigkeit des Kapitals}$$

Damit ist der ROI auf einer ersten Stufe in zwei multiplikativ verknüpfte Komponenten zerlegt worden, die Umsatzrendite und die Umschlaghäufigkeit des Kapitals. Durch immer weitere Aufschlüsselung dieser und der sich auf den folgenden Stufen ergebenden Einflußgrößen gelangt man zu dem in Abbildung 59 dargestellten Kennzahlensystem (vgl. BAETGE [1979], S. 13), in dem der ROI letztlich auf Größen zurückgeführt wird, die direkt aus der Bilanz bzw. der Gewinn- und Verlustrechnung entnommen werden können.

```
                                    ROI
                           /                 \
              Umsatzrentabilität    ×    Umschlaghäufigkeit
                /        \                   /            \
          Gewinn    :   Umsatz         Umsatz    :   investiertes Kapital
           /    \                                       /            \
    Deckungs-   fixe                              Anlage-    +    Umlauf-
    beitrag  −  Kosten                            vermögen        vermögen
     /   \      /    \                             /     \              |
Umsatz− variable  Zinsen+ Abschrei-+ sonstige  Sach-  + Finanz-    Vorräte
        Kosten           bungen    Fixkosten  anlagen  anlagen  + liquide Mittel
                                                                + Forderungen
```

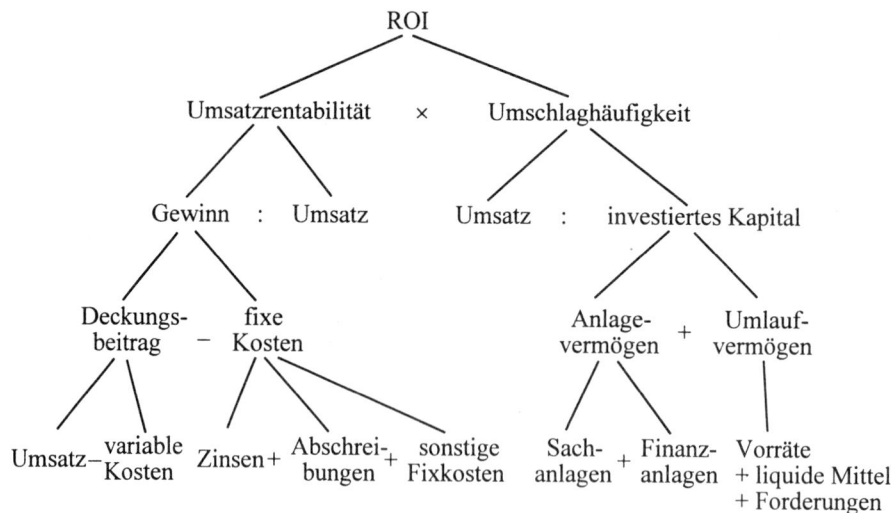

Abb. 59: DuPont-Kennzahlensystem

Dieses Schema erlaubt eine differenzierte Betrachtung der verschiedenen Einflußgrößen des ROI als Erfolgsindikator. Man kann zum einen in einer *analytischen Betrachtungsweise* bei einer festgestellten Veränderung des ROI über alle Stufen hinweg untersuchen, welche Änderungen der einzelnen Bilanz- und GuV-Positionen in ihrem Zusammenspiel dafür verantwortlich sind. Zum anderen kann man bei der *synthetischen Betrachtungsweise* im Rahmen der betrieblichen Planung abschätzen, wie sich eine bestimmte Änderung eines Vemögenspostens, einer Aufwands- oder einer Ertragsposition auf die verschiedenen Kennzahlen sowie letztlich auf den ROI als Spitzenkennzahl auswirken wird.

5.3.4 Wertschöpfungsanalyse

Im Gegensatz zur Rentabilitätsanalyse, die sich ausschließlich mit der Erklärung des dem Produktionsfaktor Kapital zuzurechnenden Erfolges befaßt, wird bei der *Wertschöpfungsanalyse* ein umfassenderer Erfolgsbegriff verwendet, der auch die anderen Produktionsfaktoren hinreichend berücksichtigt. Der ursprünglich für gesamtwirtschaftliche Entwicklungen verwendete Begriff der *Wertschöpfung* gibt in diesem Zusammenhang den während des Abrechnungszeitraums erwirtschafteten Beitrag des Unternehmens zum Bruttoinlandsprodukt an. Die Berechnung der Wertschöpfung kann auf zwei verschiedene Arten erfolgen, die zum selben Ergebnis führen sollten:

(1) *Entstehungsrechnung*

5.3 Durchführung der Bilanzanalyse

Die Wertschöpfung ergibt sich auf indirekte Weise, indem man von der Summe der von dem Unternehmen in der Periode erschaffenen Produktionswerte die von außen bezogenen Vorleistungen subtrahiert:

Wertschöpfung = Produktionswert – Vorleistungen

Beide Größen werden aus den in der Gewinn- und Verlustrechnung enthaltenen Positionen ermittelt, obwohl in diesen häufig Beträge enthalten sind, die nicht zur betrieblichen Wertschöpfung gehören, z.B. betriebsfremde Erträge, die als Wertschöpfung anderer Unternehmen anzusehen sind, oder außerordentliche Erträge, die auf Preisänderungen oder auf die Veräußerung von Vermögensgegenständen zurückzuführen sind.

Der *Produktionswert* umfaßt die Umsatzerlöse, die Bestandsveränderungen an fertigen und unfertigen Produkten, die aktivierten Eigenleistungen und die sonstigen betrieblichen Erträge, soweit sie nicht aus der Auflösung von Sonderposten mit Rücklageanteil stammen oder Bewertungs- und Liquidationserträge darstellen. Da beim Umsatzkostenverfahren die Bestandsänderungen allenfalls freiwillig im Anhang ausgewiesen werden, ist hierbei die Berechnung des Produktionswertes mit größerer Ungenauigkeit behaftet als beim Gesamtkostenverfahren.

Die *Vorleistungen* setzen sich aus dem Materialaufwand, den Abschreibungen auf Sachanlagen und immaterielle Vermögensgegenstände und den sonstigen betrieblichen Aufwendungen zusammen, wobei letztere um Einstellungen in den Sonderposten mit Rücklageanteil, Bewertungs- und Liquidationsverluste sowie um Vergütungen für die Mitglieder des Aufsichtsrates gekürzt werden müssen. Auch hier ergibt sich bei Anwendung des Umsatzkostenverfahrens das Problem, daß weder der Materialaufwand noch die Abschreibungen explizit in der Gewinn- und Verlustrechnung ausgewiesen werden, sondern dem Anhang bzw. der Bilanz entnommen werden müssen.

(2) *Verteilungsrechnung*

Die Wertschöpfung wird direkt als Summe der den verschiedenen am Produktionsprozeß beteiligten Gruppen zufließenden Einkommen berechnet:

Wertschöpfung = Arbeitserträge + Kapitalerträge + Gemeinerträge

Die *Arbeitserträge* umfassen einerseits mit den Löhnen und Gehältern sowie den Sozialabgaben und -leistungen die den Arbeitnehmern zufließenden Beträge, andererseits die Vergütungen für die Mitglieder des Aufsichtsrates. Beim Gesamtkostenverfahren lassen sich die Arbeitsentgelte der Gewinn- und Verlustrechnung entnehmen, bei Anwendung des Umsatzkostenverfahrens ist man auf freiwillige Angaben im Anhang angewiesen, dem auch die dem Aufsichtsrat zufließenden Beträge entnommen werden können.

Zu den *Kapitalerträgen* zählen alle Beträge, die den Eigen- und Fremdkapitalgebern zufließen, also die GuV-Positionen "Zinsen und ähnliche Aufwendungen" und "Jahresüberschuß".

Unter die *Gemeinerträge* fallen alle Zahlungen, die dem Staat zufließen, also die in der Gewinn- und Verlustrechnung ausgewiesenen Steuern vom Einkommen und Ertrag und die sonstigen Steuern.

Mit Hilfe der Wertschöpfung lassen sich im Rahmen der Bilanzanalyse folgende Kennzahlen berechnen:

Produktivitätskennzahlen geben das Verhältnis der Wertschöpfung zum jeweiligen Produktionsfaktoreinsatz an:

- $\text{Arbeitsproduktivität} = \dfrac{\text{Wertschöpfung}}{\text{Zahl der Arbeitnehmer}}$

- $\text{Kapitalproduktivität} = \dfrac{\text{Wertschöpfung}}{\text{Gesamtkapital}}$

Weiter sind die *Wertschöpfungsanteile* von Interesse, die die prozentuale Verteilung der Wertschöpfung auf die Einkommensarten angeben:

- $\text{Lohnquote} = \dfrac{\text{Arbeitserträge}}{\text{Wertschöpfung}}$

- $\text{Kapitalquote} = \dfrac{\text{Kapitalerträge}}{\text{Wertschöpfung}}$

- $\text{Steuerquote} = \dfrac{\text{direkte Steuern}}{\text{Wertschöpfung}}$

Eine weitere Kennzahl ist die *Wertschöpfungsquote*, die Auskunft über die im Unternehmen realisierte Fertigungstiefe gibt:

- $\text{Wertschöpfungsquote} = \dfrac{\text{Wertschöpfung}}{\text{Gesamtleistung}}$

Die Wertschöpfungsanalyse erlaubt eine Aussage über die Leistungsfähigkeit des Unternehmens innerhalb der Gesamtwirtschaft; mit ihrer Hilfe lassen sich z.B. Erkenntnisse über Konzentrationsvorgänge gewinnen (vgl. COENENBERG [1992], S. 706).

5.4 Beurteilung der Bilanzanalyse

Die Bilanzanalyse mit ihren vorgestellten Teilbereichen erlaubt eine nähere Untersuchung derjenigen Aspekte der Unternehmenstätigkeit, die für den Betrachter jeweils von besonderem Interesse sind. Dabei ist in Abhängigkeit von der Interes-

5.4 Beurteilung der Bilanzanalyse

sen- und der Datenlage eine mehr oder weniger detaillierte Analyse möglich. Über die hier explizit dargestellten Kennzahlen hinaus ist eine große Anzahl weiterer Kenngrößen entwickelt worden, die im Einzelfall herangezogen werden können.

Die *Bedeutung* der Bilanzanalyse ist in erster Linie darin zu sehen, daß sie ein sehr weit verbreitetes Instrument ist, um eine Beurteilung von Unternehmen durch Außenstehende vorzunehmen. Insbesondere in Kreditinstituten wird regelmäßig eine Bilanzanalyse in standardisierter Form durchgeführt, um die Risiken der einzelnen Kreditengagements abschätzen zu können. Ein weiterer Einsatzbereich der Bilanzanalyse besteht bei Anlageentscheidungen z.B. von Investmentfonds oder Großanlegern, die mit ihrer Hilfe die Werthaltigkeit der Aktien eines Unternehmens einschätzen. Auch im Vorfeld von Unternehmenszusammenschlüssen und bei dem Erwerb von Beteiligungen wird die Bilanzanalyse eingesetzt.

Jedoch tritt bei der Unternehmensbeurteilung mit Hilfe der Bilanzanalyse eine Reihe von – zum Teil bereits angesprochenen – *Problemen* auf: (Zur Kritik an der Bilanzanalyse vgl. auch LEFFSON [1984].)

- Bei der Interpretation der Kennzahlen ist zu berücksichtigen, daß der externe Bilanzanalytiker in der Regel nicht über hinreichend detaillierte Informationen verfügt, um sämtliche Größen exakt bestimmen zu können.

- Durch den Vergangenheitsbezug der der Analyse zugrunde liegenden Daten ist die prognostische Kraft der Bilanzanalyse hinsichtlich der zukünftigen Unternehmensentwicklung mit Vorsicht zu beurteilen.

- Bei vielen Kennzahlen handelt es sich um Konstrukte, die sich im praktischen Einsatz zwar bewährt haben, denen jedoch keine hinreichende theoretische Fundierung zugrunde liegt. Daher existieren häufig auch nur ungenaue Vorstellungen über den idealen Wert einer Kennzahl, und es treten Probleme bei ihrer Interpretation auf.

- Das Argument des fehlenden theoretischen Hintergrundes gilt insbesondere für die im Rahmen der der horizontalen Strukturanalyse erhobenen Kennzahlen, bei der Größen zueinander in Beziehung gesetzt werden, denen jeglicher inhaltliche Zusammenhang fehlt.

- Die der Bilanzanalyse zugrunde liegenden Daten des Jahresabschlusses spiegeln vielfach nicht die tatsächliche Situation des Unternehmens wieder, sondern unterliegen einer – bewußten oder unbewußten – Verzerrung durch die Anwendung von Bilanzierungsvorschriften und -wahlrechten, die der Gesetzgeber einräumt.

Die aus diesen Kritikpunkten resultierende eingeschränkte Aussagekraft der Bilanzanalyse sollte man bei der Interpretation ihrer Ergebnisse stets berücksichtigen. Insbesondere sollte eine Aussage über eine Trendumkehr aufgrund einer Zeitreihe oder über die Rangfolge von verschiedenen Unternehmen nur dann erfolgen, wenn sie auch unter Berücksichtigung einer gewissen Unschärfe in den Ausgangsdaten noch aufrechterhalten werden kann.

5.5 Beispiel: Bilanzanalyse der Bayer AG

Zur Veranschaulichung der bisherigen Ausführungen wird nun am Beispiel der Jahresabschlüsse der Bayer AG, Leverkusen aus den Jahren 1991 bis 1995 aufgezeigt, wie die in den vorgehenden Abschnitten behandelten Kennzahlen erhoben und interpretiert werden können.[1]

5.5.1 Darstellung des Unternehmens

Die Bayer AG zählt zu den führenden Konzernen der deutschen und europäischen Chemischen Industrie. Ihre Wurzeln liegen in der nach dem zweiten Weltkrieg aufgelösten IG Farbenindustrie AG, aus der auch die BASF AG und die Hoechst AG hervorgegangen sind. Die Geschichte der Bayer AG reicht zurück bis in das 19. Jahrhundert. Am 01.08.1863 wurde in Barmen die Firma "Friedrich Bayer & Comp." als offene Handelsgesellschaft durch den Kaufmann Friedrich Bayer und den Färber Friedrich Weskott gegründet. Der Betrieb diente zunächst nur der Herstellung und dem Vertrieb der wenige Jahre zuvor entwickelten Teerfarbstoffe. Später kamen zunächst die Arzneimittelproduktion, dann die Kunststoffherstellung und schließlich in den letzten beiden Jahrzehnten im Rahmen einer Diversifikation des Unternehmens eine Reihe weiterer Geschäftszweige hinzu.

Heute ist die Bayer AG die Konzernmutter eines der weltweit größten Unternehmen der chemisch-pharmazeutischen Industrie. Der Konzern besteht aus über 350 Tochterunternehmen und Beteiligungen in aller Welt, so daß das Unternehmen direkt oder indirekt auf allen bedeutenden Märkten vertreten ist. Nach wie vor stellt Europa den wichtigsten Absatzmarkt dar – hier werden über 50% des Konzernumsatzes erwirtschaftet. Es folgt die Region Nordamerika, in der ca. 22% des Konzernumsatzes erzielt werden. Steigende Bedeutung wird der Region Asien / Afrika / Australien aufgrund der dynamischen Entwicklung der Märkte in Fernost

---

[1] Die Verfasser danken an dieser Stelle der Bayer AG für die Bereitschaft, die Daten ihrer Geschäftsberichte für die Behandlung und Veröffentlichung im Rahmen dieses Lehrbuchs zur Verfügung zu stellen.

5.5 Beispiel: Bilanzanalyse der Bayer AG 413

beigemessen; derzeit beträgt der Anteil am Konzernumsatz ca. 19%. Seine Aktivitäten gliedert der Konzern in die Arbeitsgebiete Polymere, Organica, Industrieprodukte, Gesundheit, Landwirtschaft und Agfa-Gruppe (Informationstechnik).

Im Jahr 1995 beschäftigte der Konzern insgesamt 142.900 Mitarbeiter. Der Bayer-Konzern erzielte im Geschäftsjahr 1995 Umsatzerlöse in Höhe von 42,5 Mrd. DM, der Jahresüberschuß des Konzerns lag bei 2.421 Mio. DM.

5.5.2 Aufbereitung der Bilanzdaten der Bayer AG

Die nachfolgende Bilanzanalyse wird nicht für die Bayer AG, sondern für den Konzern vorgenommen. Hierfür lassen sich zwei Gründe anführen: Zum einen ist es bei einem international tätigen Unternehmen sinnvoll, die Analyse nicht auf einen Teilbereich seiner Aktivitäten zu beschränken, sondern so weit wie möglich auszudehnen. Zum anderen beziehen sich die in den veröffentlichten Geschäftsberichten angegebenen Daten seit 1993 in erster Linie auf den Bayer-Konzern, so daß für diesen umfangreichere Analysen möglich sind als für die Muttergesellschaft allein.

Da die Bilanzanalyse nicht nur als Momentaufnahme durchgeführt werden, sondern auch Zeitreihenvergleiche ermöglichen soll, wurden die Daten der letzten fünf von der Bayer AG veröffentlichten Geschäftsberichte herangezogen, so daß der betrachtete Zeitraum die Jahre 1991 bis 1995 umfaßt. Die Aufbereitung der verfügbaren Angaben führte zu den in Tabelle 24 dargestellten Werten. Alle Werte sind dabei in Mio. DM angegeben. Die Aufstellung ist gegliedert nach Werten, die sich aus der Aktiv- bzw. Passivseite der Bilanz ableiten lassen, Werten, die sich aus der Gewinn- und Verlustrechnung ergeben sowie Werten, die dem Anhang entnommen werden können.

Die Ermittlung der Werte war zum Teil mit Schwierigkeiten verbunden: Aufgrund von Veränderungen bei dem Umfang der veröffentlichten Angaben, die sich zum Beispiel durch den Übergang zu international einheitlichen Rechnungslegungsvorschriften (International Acccounting Standards) begründen lassen, sind in den Jahren 1991 und 1992 noch nicht sämtliche interessierenden Daten für den Bayer-Konzern eindeutig verfügbar. Um nicht durch willkürliche Abschätzungen zu verzerrten Kennzahlen zu gelangen, wurde an diesen Stellen auf eine Angabe verzichtet. Bedingt durch andere Berechnungsverfahren und Zusammenfassungen weichen zum Teil gleichartige Werte in aufeinander folgenden Geschäftsberichten voneinander ab; hier wurde im Sinne einer konsistenten Vorgehensweise regelmäßig der aktuellste Wert genommen.

Tabelle 24: Bilanzdaten der Bayer AG

Jahr (alle Angaben in Mio. DM)	1991	1992	1993	1994	1995
Bilanz Aktivseite					
Anlagevermögen	15.383	15.621	16.147	16.748	18.458
• immaterielle Vermögensgegenst.	322	314	321	756	955
• Sachanlagevermögen	14.112	14.203	14.681	14.762	15.580
• Finanzanlagen	949	1.104	1.145	1.230	1.923
Umlaufvermögen	22.534	22.707	24.024	25.615	25.838
• Vorräte	8.345	8.517	8.167	8.333	9.314
• monetäres Umlaufvermögen	14.189	14.190	15.857	17.282	16.524
- Warenforderungen	7.967	7.874	8.448	8.600	8.499
- liquide Mittel	3.465	3.754	5.242	5.780	5.206
betriebsnotwendiges Vermögen	33.889	34.229	35.771	35.767	37.024
Bilanz Passivseite					
gezeichnetes Kapital	3.225	3.287	3.354	3.465	3.527
bilanzielles Eigenkapital	16.743	17.545	18.206	17.055	18.301
Fremdkapital	21.174	20.783	21.965	25.308	25.995
• kurzfristiges Fremdkapital	k.A.	k.A.	11.588	14.075	13.971
• mittelfristiges Fremdkapital	k.A.	k.A.	1.845	2.038	1.709
• langfristiges Fremdkapital	k.A.	k.A.	8.532	9.195	10.315
kurzfristige Verbindlichkeiten	k.A.	k.A.	7.411	7.931	9.179
Gesamtkapital	37.917	38.328	40.171	42.363	44.296
Gewinn- und Verlustrechnung					
Umsatz	42.401	41.195	41.007	43.420	44.580
Jahresüberschuß	1.853	1.563	1.372	2.012	2.421
Betriebsergebnis	3.178	2.776	2.347	3.238	4.111
Fremdkapitalzinsen	k.A.	602	558	472	583
Anhang					
Nettoinvestitionen	-169	238	257	601	1.701
Zugang zum Anlagevermögen	k.A.	3.097	3.441	3.844	3.527
Zugang zu Sachanlagen	3.074	2.859	3.156	3.509	3.169
Abschreibungen Anlagevermögen	k.A.	2.547	2.701	2.438	2.348
Abschreibungen Sachanlagen	2.683	2.552	2.688	2.431	2.315
kum. Abschreibungen Sachanlagen	k.A.	k.A.	34.124	33.844	34.110
Veränderung langfr. Rückstellungen	k.A.	586	789	561	365
Aktienkurs zum 31.12. (in DM)	277,60	267,00	362,80	356,00	383,80

5.5.3 Ermittlung und Interpretation der Kennzahlen

Die Durchführung der Bilanzanalyse für den Bayer-Konzern erfolgt auf Basis der zuvor aufbereiteten Bilanzdaten. Die Ermittlung von Kennzahlen orientiert sich an der in Abschnitt 5.3 erarbeiteten Struktur und umfaßt die Strukturanalyse, die Liquiditätsanalyse und die Erfolgsanalyse. Auf die Wertschöpfungsanalyse wurde verzichtet, da die hierfür erforderlichen Daten nicht in hinreichender Genauigkeit zur Verfügung stehen.

5.5.3.1 Strukturanalyse

Zunächst wird die *vertikale Strukturanalyse* vorgenommen, bei der Kennzahlen aus Werten auf einer Seite der Bilanz gebildet werden.

Hinsichtlich des Aufbaus der *Vermögensstruktur* auf der Aktivseite der Bilanz zeigt sich bei dem Bayer-Konzern die folgende Entwicklung (vgl. Tabelle 25).

Tabelle 25: Vermögensstruktur der Bayer AG

Jahr (Angaben in Mio. DM bzw. %)	1991	1992	1993	1994	1995
Anlagevermögen	15.383	15.621	16.147	16.748	18.458
Umlaufvermögen	22.534	22.707	24.024	25.615	25.838
Gesamtvermögen	37.917	38.328	40.171	42.363	44.296
Anlagevermögen / Gesamtvermögen	40,57	40,76	40,20	39,53	41,67
Umlaufvermögen / Gesamtvermögen	59,43	59,24	59,80	60,47	58,33
Anlagevermögen / Umlaufvermögen	68,27	68,79	67,21	65,38	71,44

Es läßt sich feststellen, daß im betrachteten Zeitraum sowohl das Anlage- als auch das Umlaufvermögen absolut zugenommen haben. Dies läßt auf eine kontinuierliche Expansion der gesamten Geschäftätigkeit des Unternehmens schließen. Das Verhältnis von Anlage- zu Umlaufvermögen schwankt im Zeitablauf um einen Mittelwert von 68,22%, so daß hier keine eindeutige Tendenz erkennbar ist. Der hohe Anteil des Anlagevermögens am Gesamtvermögen von ca. 40% läßt sich damit begründen, daß der Bayer-Konzern im Kerngeschäft der anlagenintensiven chemischen und pharmazeutischen Industrie tätig ist.

Nun werden die auf das *Sachanlagevermögen* bezogenen Kennzahlen untersucht (vgl. Tabelle 26).

Die Entwicklung des Sachanlagevermögens weist einen kontinuierlichen Anstieg auf. Dieser resultiert daraus, daß der Betrag der jährlichen Abschreibungen tendenziell sinkt und der jährliche Zugang zu den Sachanlagen um einen Mittelwert von 3.153 Mio. DM schwankt, mit Anstiegen in den Jahren 1992 bis 1994 und einem deutlichen Rückgang in 1995. Die Investitionsquote zeigt die gleiche Entwicklung wie der Zugang zu den Sachanlagen: Sie schwankt um einen Mittelwert von 21,50%, steigt in den Jahren 1992 bis 1994 von 20,13% auf 23,77% an, geht jedoch in 1995 auf 20,34% zurück.

Tabelle 26: Sachanlagevermögen der Bayer AG

Jahr (Angaben in Mio. DM bzw. %)	1991	1992	1993	1994	1995
Sachanlagevermögen	14.112	14.203	14.681	14.762	15.580
Zugang zu Sachanlagen	3.074	2.859	3.156	3.509	3.169
Abschreibungen Sachanlagen	2.683	2.552	2.688	2.431	2.315
kum. Abschreibungen Sachanlagen	k.A.	k.A.	34.124	33.844	34.110
Investitionsquote	21,78	20,13	21,50	23,77	20,34
Anlagenabnutzungsgrad	k.A.	k.A.	232,44	229,26	218,93
Abschreibungsquote	19,01	17,97	18,31	16,47	14,86

Sowohl der Anlagenabnutzungsgrad als auch die Abschreibungsquote gehen im betrachteten Zeitraum kontinuierlich zurück. Dies läßt darauf schließen, daß das Unternehmen seine zukünftige Wettbewerbsfähigkeit sichert, indem ein relativ alter Bestand an Sachanlagen sukzessive abgebaut bzw. durch moderne Anlagen ersetzt wird. Weiter deutet die sinkende Abschreibungsquote darauf hin, daß durch das Ausscheiden alter Anlagen stille Reserven aufgelöst werden.

Der Aufbau der *Kapitalstruktur* sowie die zugehörigen Kennzahlen lassen sich der Passivseite der Bilanz entnehmen (vgl. Tabelle 27).

Tabelle 27: Kapitalstruktur der Bayer AG

Jahr (Angaben in Mio. DM bzw. %)	1991	1992	1993	1994	1995
bilanzielles Eigenkapital	16.743	17.545	18.206	17.055	18.301
Fremdkapital	21.174	20.783	21.965	25.308	25.995
Gesamtkapital	37.917	38.328	40.171	42.363	44.296
Eigenkapitalquote	44,16	45,78	45,32	40,26	41,32
Fremdkapitalquote	55,84	54,22	54,68	59,74	58,68
Verschuldungsgrad	79,07	84,42	82,89	67,39	70,40

Die Entwicklung der Passivseite der Bilanz zeigt bei kontinuierlich ansteigender Bilanzsumme relativ geringe Verschiebungen in der Kapitalstruktur. Die Eigenkapitalquote schwankt um 43,37%, die Fremdkapitalquote dementsprechend um 56,63%. Der Verschuldungsgrad weist rechentechnisch bedingt größere Schwan-

5.5 Beispiel: Bilanzanalyse der Bayer AG

kungen zwischen 67,39% in 1994 und 84,42% in 1992 auf. Damit wird die "goldene Finanzierungsregel" vom Bayer-Konzern annähernd erfüllt. Der für deutsche Unternehmen relativ geringe Verschuldungsgrad besagt, daß ein Engagement beim Bayer-Konzern sowohl für Eigenkapital- als auch für Fremdkapitalgeber nur geringe Risiken birgt. Die Aufnahme von weiterem Fremdkapital dürfte für den Konzern im Bedarfsfall ohne Schwierigkeiten möglich sein.

Der Bilanzkurs der Bayer-Aktie ergibt sich aus dem Vergleich von bilanziellem Eigenkapital und gezeichnetem Kapital, indem man die Verhältniszahl auf den Nennbetrag einer Aktie von 50,- DM bezieht (vgl. Tabelle 28). Dabei ist allerdings zu berücksichtigen, daß der hier ermittelte Bilanzkurs sich auf die Daten des Bayer-Konzerns bezieht, so daß er nur bedingt geeignet ist, Aussagen über den Substanzwert der Aktien der Bayer AG abzuleiten.

Tabelle 28: Bilanzkurs der Bayer-Aktie

Jahr	1991	1992	1993	1994	1995
gezeichnetes Kapital	3.225	3.287	3.354	3.465	3.527
bilanzielles Eigenkapital	16.743	17.545	18.206	17.055	18.301
Bilanzkurs (DM)	259,58	266,88	271,41	246,10	259,44
Aktienkurs zum 31.12. (DM)	277,60	267,00	362,80	356,00	383,80

Aufgrund des unterschiedlichen Verlaufs des Anstiegs des gezeichneten Kapitals und der ausgewiesenen Rücklagen weist der Bilanzkurs geringfügige Schwankungen um einen Mittelwert von 260,68 DM auf; der Substanzwert der Aktie ist im betrachteten Zeitraum somit nahezu unverändert geblieben. Völlig anders stellt sich die Entwicklung des Börsenkurses dar: Während er in 1991 und 1992 annähernd mit dem Bilanzkurs übereinstimmt, weicht er in den folgenden Jahren um bis zu 48% nach oben ab. Damit ist die Bayer-Aktie seit 1993 als fundamental überbewertet anzusehen. Diese Entwicklung läßt sich u.a. mit dem allgemeinen Aufwärtstrend des deutschen Aktienmarktes in den letzten Jahren begründen. Inwieweit stille Reserven oder Zukunftserwartungen den Kursanstieg bewirkt haben, läßt sich anhand des verfügbaren Datenmaterials nicht ersehen.

Trotz theoretischer Einwände (vgl. nochmals die Kritik in Abschnitt 5.4) wird auch eine horizontale Strukturanalyse für den Bayer-Konzern vorgenommen(vgl. Tabelle 29). Dabei werden durch Vergleich von Aktiv- und Passivpositionen die Anlagendeckungsgrade ermittelt.

Der Anlagendeckungsgrad I steigt zunächst bis 1993 leicht an, um dann – wie auch der Anlagendeckungsgrad II – deutlich zurückzugehen. Dennoch ist festzustellen, daß der Bayer-Konzern den Grundsatz der Fristenkongruenz (Deckung des Anlagevermögens durch Eigenkapital) in seiner strengen Form erfüllt, so daß keine Gefahren bei Auslaufen von Finanzierungsverträgen zu erwarten sind.

Tabelle 29: Horizontale Strukturanalyse der Bayer AG

Jahr (Angaben in %)	1991	1992	1993	1994	1995
bilanzielles Eigenkapital	16.743	17.545	18.206	17.055	18.301
langfristiges Fremdkapital	k.A.	k.A.	8.532	9.195	10.315
Anlagevermögen	15.383	15.621	16.147	16.748	18.458
Anlagendeckungsgrad I (%)	108,84	112,32	112,75	101,83	99,15
Anlagendeckungsgrad II (%)	k.A.	k.A.	165,59	156,74	155,03

Insgesamt ist festzustellen, daß der Bayer-Konzern über eine solide Vermögens- und Kapitalstruktur verfügt. Die ermittelten Strukturkennzahlen weisen weitaus bessere Werte auf als beim Durchschnitt der deutschen Unternehmen.

5.5.3.2 Liquiditätsanalyse

Im Rahmen der Liquiditätsanalyse werden zunächst die *Liquiditätsgrade* verschiedener Ordnung ermittelt (vgl. Tabelle 30).

Tabelle 30: Liquidität der Bayer AG

Jahr	1991	1992	1993	1994	1995
liquide Mittel	3.465	3.754	5.242	5.780	5.206
monetäres Umlaufvermögen	14.189	14.190	15.857	17.282	16.524
Vorräte	8.345	8.517	8.167	8.333	9.314
kurzfristige Verbindlichkeiten	k.A.	k.A.	7.411	7.931	9.179
Liquidität 1. Grades	k.A.	k.A.	0,701	0,729	0,567
Liquidität 2. Grades	k.A.	k.A.	2,139	2,179	1,800
Liquidität 3. Grades	k.A.	k.A.	3,242	3,229	2,815

Sämtliche Liquiditätsgrade sind während des betrachteten Zeitraums als zufriedenstellend anzusehen. Insbesondere stellt die Liquidität 2. Grades von ca. 2 einen recht guten Wert dar. Jedoch ist festzustellen, daß die Liquidität von 1994 nach 1995 stark zurückgeht, was sich auf die in 1995 vorgenommenen Netto-Investitionen zurückführen läßt.

Weiter werden die Kennzahlen working capital und working capital ratio sowie die Effektivverschuldung berechnet (vgl. Tabelle 31).

5.5 Beispiel: Bilanzanalyse der Bayer AG

Tabelle 31: Working capital und Effektivverschuldung

Jahr	1991	1992	1993	1994	1995
Umlaufvermögen	22.534	22.707	24.024	25.615	25.838
monetäres Umlaufvermögen	14.189	14.190	15.857	17.282	16.524
kurzfristiges Fremdkapital	k.A.	k.A.	11.588	14.075	13.971
mittelfristiges Fremdkapital	k.A.	k.A.	1.845	2.038	1.709
langfristiges Fremdkapital	k.A.	k.A.	8.532	9.195	10.315
working capital (Mio. DM)	k.A.	k.A.	10.591	9.502	10.158
working capital ratio (%)	k.A.	k.A.	178,84	158,97	164,78
Effektivverschuldung (Mio. DM)	k.A.	k.A.	6.108	8.026	9.471

Das working capital von jeweils ca. 10 Mio. DM bzw. die working capital ratio von mehr als 100% besagt, daß der Bayer-Konzern jeweils in der Lage wäre, sein kurz- und mittelfristiges Fremdkapital durch Liquidierung des Umlaufvermögens zu bedienen. Die im betrachteten Zeitraum stark ansteigende Effektivverschuldung wird im wesentlichen durch die Zunahme des langfristigen Fremdkapitals verursacht. Diese läßt sich auf die bereits bei der Analyse des Anlagevermögens festgestellte starke Investitionstätigkeit vor allem im Jahr 1995 zurückführen.

Insgesamt führt die Liquiditätsanalyse zu dem Ergebnis, daß die Zahlungsfähigkeit des Bayer-Konzerns als gesichert anzusehen ist.

5.5.3.3 Erfolgsanalyse

Zunächst werden die auf dem *Cash-Flow* basierenden Kennziffern analysiert. Um die Vorgehensweise nachvollziehbar zu machen, wurde die Berechnung des Cash-Flow nach der in Abschnitt 5.3.3 angegebenen indirekten Methode vorgenommen. Dieser Wert weicht jeweils geringfügig von dem im Jahresabschluß nach der Methode DVFA/SG ermittelten Cash-Flow ab.

Es läßt sich feststellen, daß im betrachteten Zeitraum der Cash-Flow und damit der Innenfinanzierungsspielraum des Bayer-Konzerns kontinuierlich ansteigen. Das bedeutet eine größere Unabhängigkeit gegenüber den Fremdkapitalgebern, wenn die Durchführung neuer Investitionsprojekte ansteht. Die Cash-Flow-Umsatzrate bleibt hingegen mit ca. 11,6% nahezu unverändert, da sich Umsatz und Cash-Flow annähernd gleichförmig entwickelt haben (vgl. Tabelle 32).

Der Anstieg des dynamischen Verschuldungsgrades von 1,26 Jahren in 1993 auf 1,84 Jahre in 1995 läßt sich darauf zurückführen, daß zur Durchführung der in 1995 realisierten Investitionen zusätzliches Fremdkapital aufgenommen wurde. Der Innenfinanzierungsgrad der Investitionen schwankt zwischen 130,36% in

1994 und 151,63% in 1991, zum Schluß des betrachteten Zeitraums liegt er bei 145,56%. Das bedeutet, daß der Bayer-Konzern in jedem der betrachteten Geschäftsjahre in der Lage gewesen wäre, die Zugänge zum Anlagevermögen aus den Umsatzerlösen zu finanzieren.

Tabelle 32: Cash-Flow und Cash-Flow-Umsatzrate des Bayer-Konzerns

Jahr	1991	1992	1993	1994	1995
Jahresüberschuß	1.853	1.563	1.372	2.012	2.421
Abschreibungen Anlagevermögen	k.A.	2.547	2.701	2.438	2.348
Veränderung langfr. Rückstellungen	k.A.	586	789	561	365
Cash-Flow (Mio. DM)	k.A.	4.696	4.862	5.011	5.134
Umsatz	42.401	41.195	41.007	43.420	44.580
Effektivverschuldung	k.A.	k.A.	6.108	8.026	9.471
Zugang zum Anlagevermögen	k.A.	3.097	3.441	3.844	3.527
Cash-Flow-Umsatzrate (%)	k.A.	11,40	11,86	11,54	11,52
dynam. Verschuldungsgrad (Jahre)	k.A.	k.A.	1,26	1,60	1,84
Innenfinanz.grad der Investitionen (%)	k.A.	151,63	141,30	130,36	145,56

Schließlich sind noch die *Rentabilitätskennziffern* zu bestimmen und zu interpretieren (vgl. Tabelle 33).

Tabelle 33: Rentabilitätskennziffern der Bayer AG

Jahr	1991	1992	1993	1994	1995
Jahresüberschuß	1.853	1.563	1.372	2.012	2.421
bilanzielles Eigenkapital	16.743	17.545	18.206	17.055	18.301
Fremdkapitalzinsen	k.A.	602	558	472	583
Gesamtkapital	37.917	38.328	40.171	42.363	44.296
Eigenkapitalrentabilität (%)	11,07	8,91	7,54	11,80	13,23
Gesamtkapitalrentabilität (%)	k.A.	5,65	4,80	5,86	6,78
Betriebsergebnis	3.178	2.776	2.347	3.238	4.111
Umsatz	42.401	41.195	41.007	43.420	44.580
betriebsnotwendiges Vermögen	33.889	34.229	35.771	35.767	37.024
Umsatzrentabilität (%)	7,50	6,74	5,72	7,46	9,22
Return on Investment (%)	9,38	8,11	6,56	9,05	11,10

Hinsichtlich der Rentabilitätskennzahlen sind stark schwankende Werte zu beobachten. Eigenkapital,- Gesamtkapital- und Umsatzrentabilität sowie der ROI spiegeln die zunächst rückläufige und ab 1993 ansteigende Entwicklung von Umsatzerlösen und Betriebsergebnis wider. Dennoch ist die Eigenkapitalrentabilität in jedem der betrachteten Geschäftsjahre als zufriedenstellend anzusehen, da sie regelmäßig über dem Marktzins für sichere Anlagen liegt und somit den Anlegern über die Verzinsung hinaus eine Risikoprämie bietet.

5.5.4 Zusammenfassung der Ergebnisse

Die verschiedenen Ebenen der Bilanzanalyse haben gezeigt, daß es sich bei dem Bayer-Konzern um ein gesundes, ertragsstarkes Unternehmen handelt, das eine zukunftsorientierte Investitionstätigkeit aufweist. Aufgrund der guten Liquiditätslage sind die Ansprüche der Fremdkapitalgeber hinreichend gesichert, die Eigenkapitalgeber können mit der erzielten Rendite zufrieden sein.

6. Literaturempfehlungen

Baetge, J., Bilanzen, 3. Aufl. Düsseldorf (IDW-Verlag) 1994

Baetge, J., Erfolgskontrolle mit Kennzahlen, in: FB/IE 1979, Heft 6, S. 375 - 379 u. 1980, Heft 1, S. 13 - 17

Bieg, H., Kußmaul, H., Externes Rechnunsgwesen, München (Oldenbourg) 1996

Busse von Colbe, W., Chmielewicz, K., Das neue Bilanzrichtliniengesetz, in: Die Betriebswirtschaft 46, 1986, S. 189 - 347

Busse von Colbe, W., Ordelheide, D., Konzernabschlüsse, 5. Aufl. Wiesbaden (Gabler) 1984

Coenenberg, A.G., Jahresabschluß und Jahresabschlußanalyse, 15. Aufl. Landsberg (Moderne Industrie) 1994

Gräfer, H., Bilanzanalyse, 6. Aufl. Herne / Berlin (Neue Wirtschafts-Briefe) 1994

Gräfer, H., Bilanzanalyse, 6. Aufl. Herne / Berlin (Neue Wirtschafts-Briefe)1994

Harrmann, A., Bilanzanalyse für die Praxis unter Berücksichtigung moderner Kennzahlen, Herne / Berlin (Neue Wirtschafts-Briefe) 1977

Heinen, E., Handelsbilanzen, 12. Aufl. Wiesbaden (Gabler) 1986

Küting, K., Betriebswirtschaftliche Steuerberatung: Jahresabschlußanalyse mit Hilfe betriebswirtschaftlicher Kennzahlen, in: Deutsches Steuerrecht 24, 1986, Beihefter zu Heft 15

Leffson, U., Bilanzanalyse, 3. Aufl. Stuttgart (Poeschel) 1984

Meyer, C., Bilanzierung nach Handels- und Steuerrecht, 10. Aufl. Herne / Berlin (Neue Wirtschafts-Briefe) 1994

Moxter, A., Bilanzlehre, 2 Bde., 3. Aufl. Wiesbaden (Gabler) 1984/86

Riebell, C., Die Praxis der Bilanzauswertung, 4. Aufl. Stuttgart (Deutscher Sparkassenverlag) 1988

Schmalenbach, E., Dynamische Bilanz, 13. Aufl. Köln / Opladen (Westdeutscher Verlag) 1962

Schmidt, F., Die organische Tageswertbilanz, 4. Aufl. Wiesbaden (Gabler) 1951

Schneider, D., Betriebswirtschaftslehre, Band 2: Rechnungswesen, München / Wien (Oldenbourg) 1994

Schult, E., Bilanzanalyse, 4. Aufl. Freiburg i. Br. (Haufe) 1980

Simon, H.V., Die Bilanzen der Aktiengesellschaft, 3. Aufl. Berlin 1899 von Wysocki, K., Das Bilanzrichtlinien-Gesetz aus der Sicht der Betriebswirtschaftslehre, in: Zeitschrift für betriebswirtschaftliche Forschung 37, 1985, S. 735 - 741

Wöhe, G., Bilanzierung und Bilanzpolitik, 8. Aufl. München (Vahlen) 1992

Wöhe, G., Das betriebliche Rechnungswesen, München (Vahlen) 1990

Literaturverzeichnis

Adler, H., Düring, W., Schmaltz, K., Rechungslegung und Prüfung der Unternehmen, Bearbeitet von Forster, K. H. u. a., 6. Aufl., Stuttgart (Schäffer-Poeschel) 1987 - 1992

Agthe, K., Stufenweise Fixkostenrechnung im System des Direct Costing, Zeitschrift für Betriebswirtschaft 29 (1959), S. 404 - 418

Baetge, J., Bilanzen, 4. Aufl., Düsseldorf (IDW-Verlag) 1996

Baetge, J., Erfolgskontrolle mit Kennzahlen, Fortschrittliche Betriebsführung und Industrial engineering 28 (1979), Heft 6, S. 375 - 379 u. 29 (1980), Heft 1, S. 13 - 17

Bähr, G., Fischer-Winkelmann, W., Buchführung und Jahresabschluß, 5. Aufl., Wiesbaden (Gabler) 1996

Ballwieser, W., (Hrsg.), US-amerikanische Rechnungslegung, 2. Aufl., Stuttgart (Schäffer-Poeschel) 1996

Bieg, H., Kußmaul, H., Externes Rechnungswesen, München / Wien (Oldenbourg) 1996

Bitz, M., Schneeloch, D., Wittstock, W., Der Jahresabschluß, 2. Aufl., München (Vahlen) 1995

Böhm, H.-H., Wille, F., Deckungsbeitragsrechnung, Grenzplankostenrechnung und Optimierung, 6. Aufl., München (Verlag Moderne Industrie) 1977

Bott, K., (Hrsg.), Lexikon des kaufmännischen Rechnungswesens Bd. 4, 2. Aufl., Stuttgart (Schäffer - Poeschel) 1957

Brock, H. R., Palmer, Ch. E., Herrington L. A., Cost Accounting, 5. Aufl., New York (McGraw-Hill) 1989

Buchner, R., Buchführung und Jahresabschluß, 4. Aufl., München (Vahlen) 1993

Busse von Colbe, W., Aufbau und Informationsgehalt von Kapitalflußrechnungen, Zeitschrift für Betriebswirtschaft 36,2 1966, E I S. 82 - 114

Busse von Colbe, W., Zur Umrechnung der Jahresabschlüsse ausländischer Konzernunternehmen für die Aufstellung von Konzernabschlüssen bei Wechselkursänderungen, The Finnish Journal of Business Economics 1972, S. 306 - 333

Busse von Colbe, W., Chmielewicz, K., Das neue Bilanzrichtlinien-Gesetz, Die Betriebswirtschaft 46 (1986), S. 289 - 347

Busse von Colbe, W., Ordelheide, D., Konzernabschlüsse, 6. Aufl., Wiesbaden (Gabler) 1993

Camman, A., Basic Standard Costs, New York, 1932

Coenenberg, A. G., Jahresabschluß und Jahresabschlußanalyse, 15. Aufl., Landsberg (Verlag Moderne Industrie) 1994

Coenenberg, A. G., Kostenrechnung und Kostenrechnungsanalyse, 2. Aufl. Landsberg (Verlag Moderne Industrie) 1993

Coenenberg, A. G., Fischer, T.M., Prozeßkostenrechnung - Strategische Neuorientierung in der Kostenrechnung, Die Betriebswirtschaft 51 (1991), S. 21 - 38

Cooper, R., Activity-Based-Costing - Was ist ein Activity-Based-Costing-System? Kostenrechnungspraxis 1990, S. 210 - 226, S. 271 - 279, S. 345 - 351

Cooper, R., Kaplan, R.S., How Cost Accounting Distorts Product Costs, Management Accounting 69 (1988), S. 20 - 27

Däumler, K.-D., Grabe, J., Kostenrechnung 1: Grundlagen, 7. Aufl., Herne / Berlin (Verlag Neue Wirtschafts-Briefe) 1996

Däumler, K.-D., Grabe, J., Kostenrechnung 2: Deckungsbeitragsrechnung, 5. Aufl., Herne / Berlin (Verlag Neue Wirtschafts-Briefe) 1994

Däumler, K.-D., Grabe, J., Kostenrechnung 3: Plankostenrechnung, 5. Aufl., Herne / Berlin (Verlag Neue Wirtschafts-Briefe) 1995

Döring, U., Buchholz, R., Buchhaltung und Jahresabschluß, 5. Aufl., Hamburg (Steuer- und Wirtschaftsverlag) 1995

Egner, H., Bilanzen, 2. Aufl. München (Vahlen) 1974

Eisele, W., Technik des betrieblichen Rechnungswesens, 5. Aufl., München (Vahlen) 1993

Engelhardt, W., Raffée, H., Wischermann, B., Grundzüge der doppelten Buchhaltung, 3. Aufl., Wiesbaden (Gabler) 1996

Federmann, R., Die Bilanzierung nach Handelsrecht und Steuerrecht, 10. Aufl., Berlin (Schmidt) 1994

Fischer, R., Rogalski, M., Datenbankgestütztes Kosten- und Erlöscontrolling, 2. Aufl. Wiesbaden (Gabler) 1995

Fischer, R., Rogalski, M., Von der primären zur sekundären Grundrechnung, Das Wirtschaftsstudium 22 Nr. 2 (1993), S. 121 - 126

Förschle, G., Kroner, M., Mandler, U., Internationale Rechnungslegung: US-GAAP, HGB und IAS, Bonn (Economica) 1994

Franz, K.-P., Prozeßkostenrechnung - Renaissance der Vollkostenidee?, Die Betriebswirtschaft 51 (1991), S. 536 - 540

Franz, K.-P., Target Costing - Konzept und kritische Bereiche, Controlling 5, 1993, S. 124 - 130

Gabele, E., Buchführung, 6. Aufl., München / Wien (Oldenbourg) 1996

Glaser, H., Prozeßkostenrechnung - Darstellung und Kritik, Zeitschrift für betriebswirtschaftliche Forschung N.F. 44,1 (1992), S. 275 - 288

Gräfer, H., Bilanzanalyse, 6. Aufl., Herne / Berlin (Verlag Neue Wirtschafts-Briefe) 1994

Gutenberg, E., Grundlagen der Betriebswirtschaftslehre Bd I: Die Produktion, 24. Aufl., Berlin / Heidelberg / New York (Springer) 1983

Haberstock, L., Grundzüge der Kosten- und Erfolgsrechnung, 3. Aufl., München (Vahlen) 1982

Haberstock, L., Kostenrechnung I: Einführung mit Fragen, Aufgaben und Lösungen, 8. Aufl., Hamburg (S+W Steuer- und Wirtschaftsverlag) 1987

Harrmann, A., Bilanzanalyse für die Praxis unter Berücksichtigung moderner Kennzahlen, 3. Aufl. Herne / Berlin (Verlage Neue Wirtschafts-Briefe) 1988

Havermann, H., Zur Bilanzierung von Beteiligungen an Kapitalgesellschaften in Einzel- ud Konzernabschlüssen, Die Wirtschaftprüfung 28 (1975), S. 233 - 242

Heinen, E., Handelsbilanzen, 12. Aufl., Wiesbaden (Gabler) 1986

Heinhold, M., Buchführung in Fallbeispielen, 6. Aufl., Stuttgart (Schäffer-Poeschel) 1996

Henzel, F., Die Kostenrechnung, 4. Aufl., Essen (Girardet) 1964

Hieke, H., Rechnen mit Zielkosten als Controllinginstrument, Wirtschaftswissenschaftliches Studium 23, 1994, S. 498 - 502

Horngren, Ch. T., Foster, G., Datar, S. M., Cost Accounting, 8. Aufl., Englewood Cliffs (Prentice Hall) 1994

Horngren, Ch. T., Reflections on Activity Based Accounting in the United States, Zeitschrift für betriebswirtschaftliche Forschung N.F. 44,1 (1992), S. 289 - 293

Horváth, P., Mayer, R., Prozeßkostenrechnung - Der neue Weg zu mehr Kostentransparenz und wirkungsvolleren Unternehmensstrategien, Controlling 1 (1989), S. 214 - 219

Horváth, P., Mayer, R., Konzeption und Entwicklungen der Prozeßkostenrechnung, in: Männel, W., Prozeßkostenrechnung, Wiesbaden (Gabler) 1995, S. 59 - 86

Horváth, P., Petsch, M., Weihe, M., Standard- Anwendungssoftware für das Rechnungswesen, 2. Aufl., München (Vahlen) 1986

Horváth, P., Seidenschwarz, W., Zielkostenmanagement, Controlling 4, 1992, S. 142 - 150

Huch, B., Einführung in die Kostenrechnung, 8. Aufl. Heidelberg (Physica) 1986

Hummel, S., Männel, W., Kostenrechnung , 1. Bd.: Grundlagen, Aufbau und Anwendungen 4. Aufl., Wiesbaden (Gabler) 1986; 2. Bd.:Moderne Verfahren und Anwendungen, 3. Aufl., Wiesbaden (Gabler) 1983

IDW, Geänderter Entwurf einer Verlautbarung des HFA: Zur Währungsumrechnung im Jahres- und Konzernabschluß, Die Wirtschaftsprüfung 39 (1986), S. 664 - 667

IFUA Horváth & Partner GmbH (Hrsg.), Prozeßkosten-Management, München (Vahlen) 1991

Kaplan, R.S., Das Vier-Stufen-Modell der Entwicklung von Kostenrechnungssystemen, in: IFUA Horváth & Partner GmbH (Hrsg.), München (Vahlen) 1991, S. 13 - 48

Kilger, W.,Einführung in die Kostenrechnung, 3. Aufl., Wiesbaden (Gabler) 1987

Kilger, W., Vikas, K., Flexible Plankostenrechnung und Deckungsbeitragsrechnung, 10. Aufl., Wiesbaden (Gabler) 1993

Kilger, W., Kurzfristige Erfolgsrechnung, Wiesbaden (Gabler) 1962

Kistner, K.-P., Optimierungsmethoden, 2. Aufl., Heidelberg (Physica) 1992

Kloock, J., Betriebswirtschaftliche Input-Output-Modelle, Wiesbaden (Gabler) 1969

Kloock, J., Prozeßkostenrechnung als Rückschritt und als Fortschritt der Kostenrechnung, Kostenrechnungspraxis (1992), S. 183 - 191 und 237 - 245

Kloock, J., Sieben, G., Schildbach, T., Kosten- und Leistungsrechnung, 7. Aufl., Düsseldorf (Werner) 1993

Kloock, J., Betriebliches Rechnungswesen, Lohmar (Josef Eul) 1996

Knapp, G. F., Staatliche Theorie des Geldes, 4. Aufl., München (Duncker & Humblot) 1923

Koch, H., Zur Diskussion über den Kostenbegriff, Zeitschrift für handelswissenschaftliche Forschung N.F. 10 (1958), S. 355 - 399

Kosiol, E., Formalaufbau und Sachinhalt der Bilanz. Ein Beitrag zur Bilanztheorie, in: Wirtschaftslenkung und Betriebswirtschaftslehre, Festschrift zum 60. Geburtstage von Ernst Walb, Leipzig (Gloeckner) 1940

Kosiol, E., Kostenrechnung und Kalkulation, 2. Aufl. Wiesbaden (Gabler) 1972

Kosiol, E., Chmielewicz, K., Schweitzer, M., (Hrsg.), Handwörterbuch des Rechnungswesens, 2. Aufl., Stuttgart (Poeschel) 1981

Küting, K., Betriebswirtschaftliche Steuerberatung: Jahresabschlußanalyse mit Hilfe betriebswirtschaftlicher Kennzahlen, Deutsches Steuerrecht 24, 1986, Beihefter zu Heft 15

Küting, K., Weber, C.-P., Der Konzernabschluß, 4. Aufl., Stuttgart (Schäffer - Poeschel) 1996

Küting, K., Weber, C.-P., (Hrsg.), Handbuch der Rechnungslegung, 4. Aufl., Stuttgart (Schäffer - Poeschel) 1995

Le Coutre, W., Grundzüge der Bilanzkunde, Teil 1, 4. Aufl., Wolfenbüttel (Heckner) 1949

Le Coutre, W., Totale Bilanz, in: Bott, K. (Hrsg.); Lexikon des kaufmännischen Rechnungswesens Bd. 4, 2. Aufl., Stuttgart (Poeschel) 1957, Sp. 2555 ff.

Lehmann, M., Moog, H., Betriebswirtschaftliches Rechnungswesen Bd. 1: Real-, wert- und rechenökonomische Grundlagen, Berlin-Heidelberg (Springer) 1996

Leffson, U., Bilanzanalyse, 3. Aufl., Stuttgart (Poeschel) 1984

Leffson, U. Die Grundsätze ordnungsmäßiger Buchführung, 7. Aufl. Düsseldorf (IDW - Verlag) 1987

Loos, G.: Betriebsabrechnung und Kalkulation, 4. Aufl., Herne / Berlin (Verlag Neue Wirtschafts-Briefe) 1993

Lück, W., Rechnungslegung im Konzern, Stuttgart (Schaeffer - Poeschel) 1994

Männel, W., Handbuch Kostenrechnung, Wiesbaden (Gabler) 1992

Männel, W., Prozeßkostenrechnung, Wiesbaden (Gabler) 1995

Matz, A., Plankostenrechnung, Wiesbaden (Gabler) 1954

Matz, A., Plankosten, Deckungsbeiträge und Budgets, Wiesbaden (Gabler) 1975

Maynard, H. W., The Accounting Technique for Standard Costs, N.A.C.A.-Bulletin 12, 1927, S. 550 ff.

Meyer, C., Bilanzierung nach Handelsrecht und Steuerrecht, 11. Aufl., Herne / Berlin (Verlag Neue Wirtschafts-Briefe) 1996

Michel, R., Torspecken, H.-D., Großmann, W., Grundlagen der Kostenrechnung, 2 Bde., 4. Aufl. München (Hanser) 1992

Möllers, P., Kosten- und Leistungsrechnung, 5. Aufl. Bochum (Brockmeyer) 1988

Moxter, A., Bilanzlehre, 1. Aufl., Wiesbaden (Gabler) 1974

Moxter, A., Bilanzlehre, Bd. 1: Einführung in die Bilanztheorie, 3. Aufl., Wiesbaden (Gabler) 1984, Bd. 2: Einführung in das neue Bilanzrecht, 4. Aufl., Wiesbaden (Gabler) 1986

Moxter, A., Bilanztheorien, statische, in: Kosiol, E., Chmielewicz, K., Schweitzer, M. (Hrsg.), Handwörterbuch des Rechnungswesens, 2. Aufl., Stuttgart (Poeschel) 1981, Sp. 294 - 303

Moxter, A., Die Grundsätze ordnungsmäßiger Bilanzierung und der Stand der Bilanztheorie, Zeitschrift für betriebswirtschaftliche Forschung 38, 1966, S. 28 - 59

Mus, G., Hanschmann, R., Buchführung, Wiesbaden (Gabler) 1992

Nicklisch, H., Die Betriebswirtschaft, 7. Aufl.,Stuttgart (Poeschel)1932

Nicklisch, H., Die Entthronung der Bilanz, Die Betriebswirtschaft 25 (1932), S. 2 - 5

Olfert, K., Körner, W., Langenbeck, J., Bilanzen, 7. Aufl., Ludwigshafen (Kiehl) 1995

Osbahr, W., Die Bilanz vom Standpunkt der Unternehmung, 3. Aufl., Berlin / Leipzig (Haude und Spener) 1923

Pfohl, H.-Ch., Stölzle, W., Anwendungsbedingungen, Verfahren und Beurteilung der Prozeßkostenrechnung in industriellen Unternehmen, Zeitschrift für Betriebswirtschaft 61,2 (1991), S. 1281 - 1305

Plaut, H. G., Die Grenz-Plankostenrechnung, Zeitschrift für Betriebswirtschaft 23 (1953), S. 347 - 363, S. 402 -413

REFA Verband für Arbeitsstudien e.V., Methodenlehre des Arbeitsstudiums, Teil 2, 4. Aufl., Darmstadt 1975

Rehkugler, H., Podding, Th., Bilanzanalyse, 3. Aufl., München / Wien (Oldenbourg) 1993

Rehm, H., Die Bilanzen der Aktiengesellschaften und Gesellschaften m.b.H, Kommanditgesellschaften auf Aktien, eingetragene Genossenschaften Versicherungsvereine auf Gegenseitigkeit, Hypotheken und Notenbanken und Handelsgesellschaften überhaupt nach deutschem und österreichischem Handels-, Steuer-, Verwaltungs- und Strafrecht, 2. Aufl., München / Berlin / Leipzig (Schweitzer) 1914

Riebel, P., Das Rechnen mit Einzelkosten und Deckungsbeiträgen, Zeitschrift für handelswissenschaftliche Forschung N.F. 11 (1959), S. 213 - 238; abgedruckt in: Riebel, P., Einzelkosten und Deckungsbeitragsrechnung, Köln / Opladen (Westdeutscher Verlag) 1972, S. 35 - 59

Riebel, P., Einzelkosten- und Deckungsbeitragsrechnung, 7. Aufl., Wiesbaden (Gabler) 1994

Rieger, W., Einführung in die Privatwirtschaftslehre, 1. Aufl., Nürnberg (Krische)1928; 3. unveränderte Aufl., Erlangen (Palm & Enke) 1964

Rummel, K., Einheitliche Kostenrechnung auf der Grundlage einer vorausgesetzten Proportionalität der Kosten zu betrieblichen Größen, 3. Aufl., Düsseldorf (Stahleisen) 1967

Sakurai, M., Target Costing and how to use it, Journal of Cost Management, Summer 1989, S. 39 - 50

Schär, J. H., Buchhaltung und Bilanz, 1. Aufl., Berlin (Springer) 1914, 5. Aufl., Berlin (Springer) 1922

Schildbach, Th., Der handelsrechtliche Jahresabschluß, 4. Aufl., Herne / Berlin (Neue Wirtschaftsbriefe) 1995

Schildbach, Th., Der handelsrechtliche Konzernabschluß, 4. Aufl., München / Wien (Oldenbourg) 1996

Schmalenbach, E., Dynamische Bilanz, 13. Aufl., Köln / Opladen (Westdeutscher Verlag) 1962

Schmalenbach, E., Kostenrechnung und Preispolitik, 8. Aufl., Köln / Opladen (Westdeutscher Verlag) 1963

Schmalenbach, E., Selbstkostenrechnung und Preispolitik, 6. Aufl., Leipzig (Gloeckner) 1934

Schmidt, F., Die organische Bilanz im Rahmen der Wirtschaft, Leipzig (Gloeckner) 1951

Schmidt, F., Die Industriekonjunktur - ein Rechenfehler, Zeitschrift für Betriebswirtschaft 4 (1927), S. 1 - 29, S. 87 -114, S. 165 - 199

Schmidt, F., Die organische Tageswertbilanz, 1. Aufl., Leipzig (Gloeckner) 1929; 3. Aufl. unveränderter Nachdruck Wiesbaden (Gabler) 1951

Schmolke, S., Deitermann, M., Industrielles Rechnungswesen IKR, 24. Aufl., Darmstadt (Winklers Verlag) 1996

Schneider, D., Betriebswirtschaftslehre, Bd.. 2: Rechnungswesen, München / Wien (Oldenbourg) 1996

Schneider, E., Industrielles Rechnungswesen, 5. Aufl., Tübingen (Mohr / Siebeck) 1969

Schönfeld, H. M., Möller, H. P., Kostenrechnung, 8. Aufl.,, Stuttgart (Schäffer-Poeschel) 1995

Schöttler, J., Spulak, R., Technik des betrieblichen Rechnungswesens, 8. Aufl., München / Wien (Oldenbourg) 1996

Schult, E., Bilanzanalyse, 8. Aufl., Freiburg i. Br. (Haufe) 1991

Schuppenhauer, R., Grundsätze für eine ordnungsmäßige Datenverarbeitung, 4. Aufl., Düsseldorf (IdW-Verlag) 1992

Schweitzer, M., Küpper, H. U., Systeme der Kosten- und Erlösrechnung, 6. Aufl., München (Vahlen) 1995

Seicht, G., Bilanztheorien, Heidelberg (Physica) 1982

Seidenschwarz, W., Target Costing, München (Vahlen) 1993

Simon, H. V., Die Bilanz der Aktiengesellschaften und der Kommanditgesellschaften auf Aktien, 3. Aufl. Berlin (Guttentag) 1899

Staub, H., Kommentar zum Allgemeinen Deutschen Handelsgesetzbuch,6. und 7. Aufl. Berlin (Guttentag) 1899

Stützel, W., Entscheidungstheoretische Elementarkategorien als Grundlage einer Begegnung von Wirtschaftswissenschaft und Rechtswissenschaft, Zeitschrift für Betriebswirtschaft 36,2 (1966), S. 769 -789

Stützel, W., Bemerkungen zur Bilanztheorie, Zeitschrift für Betriebswirtschaft 37,1 (1967), S. 314 -340

von Wysocki, K., Das Bilanzrichtlinien-Gesetz aus der Sicht der Betriebswirtschaftslehre, Zeitschrift für betriebswirtschaftliche Forschung 37,2 (1985), S. 735 - 741

Vormbaum, H., Grundlagen des betrieblichen Rechnungswesens, 6. Aufl., Stuttgart (VDI-Verlag) 1992

Walb, E., Finanzwirtschaftliche Bilanz, 3. Aufl., Wiesbaden (Gabler) 1966

Weber, J., Einführung in das Rechnungswesen I: Bilanzierung, Stuttgart (Schäffer - Poeschel) 1989

Weber, J., Einführung in das Rechnungswesen II: Kostenrechnung, 5. Aufl. Stuttgart (Schäffer - Poeschel) 1996

Wedell, H., Grundlagen des betriebswirtschaftlichen Rechnungswesens, 6. Aufl., Herne / Berlin (Verlag Neue Wirtschafts-Briefe) 1993

Wenz, E., Kosten- und Leistungsrechnung, Herne / Berlin (Verlag Neue Wirtschafts-Briefe) 1992

Wöhe, G., Bilanzierung und Bilanzpolitik, 8. Aufl., München (Vahlen) 1992

Wöhe, G., Das betriebliche Rechnungswesen, München (Vahlen) 1990

Wöhe, G., Kußmaul, H., Grundzüge der Buchführung und Bilanztechnik, 2. Aufl. München (Vahlen) 1996

Zimmermann, G., Grundzüge der Kostenrechnung, 6. Aufl., München / Wien (Oldenbourg) 1996

Zimmermann, W., Fries, H.-P., Betriebliches Rechnungswesen, 6. Aufl., München / Wien (Oldenbourg) 1996

Sichwortverzeichnis

Abfallmengen 198
Abgaben 81
Abgrenzung, zeitliche 79
Ablauf der Betriebsabrechnung 120
Ablaufgliederung 302
Abrechnung der Hauptkostenstellen 127
Abrechnung der Hilfskostenstellen 127
Absatzbeschränkungen 152
Absatzmöglichkeiten 140
Abschluß, befreiender 356
Abschlußbuchungen 22
Abschreibungen 26, 54, 81, 134, 244, 271, 309, 329, 333
Abschreibungen, arithmetisch-degressive 83
Abschreibungen, außerplanmäßige 329, 333
Abschreibungen, digitale 83, 329
Abschreibungen, direkte 27
Abschreibungen, einmalige 26
Abschreibungen, gemischt degressiv-lineare 329
Abschreibungen, gemischte 83
Abschreibungen, geometrisch-degressive 83, 329
Abschreibungen, indirekte 27
Abschreibungen, kalkulatorische 81
Abschreibungen, lineare 82, 329
Abschreibungen, periodische 26
Abschreibungen, planmäßige 326, 329
Abschreibungen, steuerrechtlich zulässige 333
Abschreibungen, verbrauchs-abhängige 82, 329
Abschreibungen, verbrauchs-bedingte 81
Abschreibungen, wirtschaftlich-bedingte 81

Abschreibungen, zeitabhängige 82, 329
Abschreibungen, zeitlichbedingte 81
Abschreibungsquote 397
Abschreibungsursachen 81
Abschreibungsverfahren 329
Absetzung für Abnutzung 330
Abweichungen 186
Abweichungen bei den Einzelkosten 216
Abweichungen bei den Gemeinko-sten 216
Abweichungen des Wertansatzes 216
Abweichungen höherer Ordnung 191
Abweichungen in der Auftragszu-sammensetzung 216
Abweichungen, permanente 320
Abweichungen, temporäre 319
Abweichungsanalyse, alternative 191
Abweichungsanalyse, globale 213
Abweichungsanalyse, kumulative 192
Abweichungsanalyse, summarische 192
Abweichungsinterdependenz 189
Abwicklungsbilanz 252
Abwicklungsprozesse 225
Accounting Period Concept 297
Accrued Liabilities 310
Activity Based Costing 223
AfA-Tabellen 82
Agio 314
Akkordlohn 78, 129, 201
Aktienrecht 283
Aktionärsschutz 283
Aktiva 13, 253, 266
Aktivseite 241
Aktivtausch 15, 256
Aktuelle Preise 250

Allokationseffekt 224
American Accounting Association 300
Analytische Verfahren 200, 210
Anbauverfahren 96
Anderskosten 72
Angebotspreise 171
Angebotsvorkalkulation 219
Anhang 242, 348
Anlagegegenstände gleicher Wertentwicklung 271
Anlagenabnutzungsgrad 397
Anlagendeckungsgrad I 417
Anlagendeckungsgrad II 417
Anlagenspiegel 309
Anlagevermögen 241, 301f., 396
Anlegerschutz 240
Anpassung, intensitätsmäßige 188, 206
Anpassung, quantitative 187
Ansatzwahlrechte 323
Anschaffungskosten 326f., 375
Anschaffungskosten, nachträgliche 327
Anschaffungskostenprinzip 268
Anschaffungsnebenkosten 327
Anschaffungspreis 250, 327
Anteile im Fremdbesitz 372
Anzahlungen auf Sachanlagen 308
Äquivalenzziffer 106, 116
Äquivalenzziffernkalkulation 105
Arbeitserträge 409
Arbeitsproduktivität 410
Arbeitswissenschaften 184
Art der Verrechnung 73
Assets 310
Auf künftige Wertänderungen ermäßigter Wert 332
Aufbereitung der Daten 391
Auflösungsmethode, buchhalterische 340
Auflösungsmethode, versicherungsmathematische 340
Aufragsfertigung 209

Aufrechnungsdifferenz 377
Aufträge, öffentliche 176
Auftragskalkulation 220
Auftragsvorkalkulation 219
Aufwand noch nicht Auszahlung 266
Aufwand noch nicht Ertrag 267
Aufwand, neutraler 51
Aufwandskonten 21
Aufwandsrückstellungen 324, 308, 313
Aufwendungen 20, 50
Aufwendungen für die Gründung und die Beschaffung des Eigenkapitals 322
Aufwendungen für die Ingangsetzung und Erweiterung des Geschäftsbetriebs 319, 323f.
Aufwendungen, außerordentliche 72
Aufwendungen, betriebsfremde 72
Aufwendungen, periodenfremde 72
Ausführungszeiten 200
Ausgaben 49
Ausgaben, antizipative 25
Ausgaben, transitorische 24
Ausgabenwirksamkeit 144
Ausgleichsgesetz der Planung 151
Ausgleichsposten aus der Kapitalkonsolidierung 368
Ausgleichsposten, definitorischer 249
Ausschüttungssperrfunktion 240, 279
Auszahlungen 49
Auszahlungen in der Vergangenheit 313
Auszahlungen noch nicht Aufwand 266
Auszahlungen, künftige 313

Barliquidität 399
Befreiung vom Konzernabschluß 357
Behandlung, ergebnisneutrale 336

Beizulegender Wert 327f.
Belege 32
Belegprinzip 9
Bemessungsgrundlage 239
Berechnungsfunktion 340
Bereiche, indirekte 223f., 228
Bereichskostenstellen 204
Bereitschaftskosten 131, 147
Bereitstellung von Daten 279
Beschaffenheit, heterogene 248
Beschäftigungsabweichung 182, 185, 214, 216, 222
Beständedifferenzenbilanz 400
Beständewagnis 87
Bestandskonten 17, 240
Bestandsrechnung 6, 252
Bestandsveränderung 103
Bestätigungsvermerk 243
Beteiligungsbuchwert 370
Betreuungsprozesse 225
Betriebsabrechnungsbogen 99
Betriebsbezug 321
Betriebserfolg 116
Betriebsergebnis 129, 342, 394
Betriebsgröße 186
Betriebsstatistik 43
Betriebsstoffe 134
Betriebsvergleich 390
Betriebsvermögen 49
Bewegungsbilanz 401
Bewegungskonten 21
Bewertbarkeit, selbständige 321
Bewertung 76, 262, 275, 282, 300
Bewertung innerbetrieblicher Leistungen 93
Bewertung nach konzerneinheitlichen Prinzipien 361
Bewertung von Beständen 244
Bewertung von Gesellschaftsanteilen 280
Bewertung, objektive 255
Bewertungsmaßstäbe 326
Bewertungsmodell 154
Bewertungsprinzipien 268

Bewertungsproblematik 245
Bewertungsregeln 270
Bewertungsspielraum 244
Bewertungsstetigkeit 334
Bewertungstheorie 245
Bewertungswahlrechte 332, 391
Bezeichnung der Bilanzseiten 247
Beziehungszahlen 389
Bezugsgrößen 205, 225
Bezugsgrößen, direkte 205
Bezugsgrößen, indirekte 206
Bezugsgrößenkalkulation 108, 111, 221
Bilanz 13, 247, 282
Bilanz, synthetische 276
Bilanz, totale 261
Bilanzanalyse 244, 388
Bilanzansatz dem Grunde nach 300
Bilanzauffassung, dynamische 263, 313
Bilanzauffassung, neostatische 260
Bilanzgewinn 28
Bilanzgleichung 14, 247
Bilanzidentität 292, 294
Bilanzierungsfähigkeit 268, 312
Bilanzierungshilfe 319
Bilanzierungspflicht 312
Bilanzierungsverbot 312, 322
Bilanzierungsvorschrift 174
Bilanzierungswahlrecht 312, 322, 391
Bilanzklarheit 291
Bilanzkongruenz 292, 295
Bilanzkontinuität 292
Bilanzkonto 17
Bilanzkurs 398
Bilanzlehre, positivistische 244
Bilanzpolitik 390
Bilanzpositionen 391
Bilanzstichtag 243
Bilanzsumme 249
Bilanztheorie 245
Bilanztheorie, nominalistische 257
Bilanztheorie, statische 312

Bilanzverknüpfung 291
Bilanzverkürzung 15, 256
Bilanzverlängerung 15, 256
Bilanzverlust 28
Bilanzziele, sekundäre 279
Blockkostenrechnung 136
Börsenpreis 283, 328
Break-Even-Analyse 136
Brutto-Methode 357
Brutto-Planeinzelmaterialkosten 198
Brutto-Planeinzelmaterialmengen 198
Bruttoprinzip 341
Buchführung 3
Buchführung, doppelte 6
Buchführung, einfache 6
Buchführung, fehlerhafte 10
Buchführung, kaufmännische 239
Buchführungspflicht 7, 282
Buchhalterische Methode 210
Buchinventur 12
Buchungen, einfache 19
Buchungen, zusammengesetzte 19
Buchungssatz 19
Buchwert der Beteiligung 377
Buchwertfortführung 336
Buchwertmethode 368, 374
Bündelung von Urkundenbeständen 279

Cash-Flow 405, 419
Cash-Flow-Umsatzrate 406
Causa efficiens (Wirkursache) 66
Causa finalis (Zweckursache) 66
Conservatism Concept 297
Consistency 298
Contingent Liabilities 310
Cost Concept 297
Current Assets 310
Current Cost Accounting 274
Current Liabilities 310

Darstellung des Geschäftsverlaufs 351
Darstellungsfunktion 341
Deckungsbeitrag 55, 140, 158, 162
Deckungsbeitrag, spezifischer 138, 151
Deckungsbeitragsrechnung, analytische 142
Deckungsbeitragsrechnung, differenzierte 144
Deferred income taxes 312
Derivativer Firmenwert 216, 308, 323f.
Dienstleistungskosten 79
Differentialer Satz 168
Differenzmethode 331
Disagio 338f.
Divisionskalkulation 101f.,
Divisionskalkulation, einfache 102
Divisionskalkulation, mehrstufige 103
DM-Deckungsbezugsgröße 206
Dokumentationsfunktion 3, 239
Dual Aspect Concept 297
DuPont-System 407
Durchführungskontrolle 48
Durchschnitte, gleitende 76
Durchschnittskosten 60
Durchschnittskosten, variable 61
Durchschnittsprinzip 67, 90
Durchschreibebuchführung 34
Durchwälzmethode 104

EDV-Buchführung 6, 35
Effektivverschuldung 400
Eigenkapital 13, 241, 267, 301, 304
Eigenkapitalpositionen 392
Eigenkapitalquote 397
Eigenkapitalrentabilität 406
Eigenschaften, formale 247
Eigenschaften, materielle 248
Einbeziehungsverbote 358
Einfache Divisionskalkulation 102
Einflußgrößen 186

Einflußgrößen, technische 205
Einheitliche Leitung 354, 357, 366
Einheitsbilanz 289
Einheitstheorie 354, 385
Einkommensteuerrecht 174
Einkreissystem 45
Einnahmen 49
Einnahmen, antizipative 25
Einnahmen, transitorische 24
Einstandspreis 193
Einstufige analytische Verfahren 210
Einzahlungen 49
Einzahlungen noch nicht Ertrag 266
Einzahlungen in der Vergangenheit 313
Einzahlungen in der Zukunft 313
Einzelfertigung 102, 107, 209, 219
Einzelkosten 45, 64, 88, 125
Einzelkosten, relative 129f., 144, 161
Einzellohnkosten 199
Einzellohnzeitabweichung 216
Einzelmaterialkosten 218
Einzelmaterialverbrauchsabweichung 199, 216
Energiebilanzen 247
Energieverbrauch 134
Engpaßorientierte Festlegung der Planbeschäftigung 208
Entity Concept 296
Entlastung der Bilanz 350
Entscheidungen, betriebliche 275
Entscheidungen, langfristige 164
Entscheidungen, preispolitische 176
Entscheidungsabhängigkeit 73
Entscheidungsabhängigkeit der Kosten 59
Entstehungsrechnung 408
Entwicklungswagnis 87
Equity-Methode 366, 379
Erfassung der Preisabweichung bei Abgang 196

Erfassung der Preisabweichung bei Zugang 195
Erfolg 20
Erfolgsanalyse 389, 404
Erfolgsermittlung 270
Erfolgskonto 21, 240
Erfolgskontrolle 48, 161
Erfolgsrechnung, kurzfristige 43, 71, 116, 123
Erfolgsspaltung 341
Ergebnis, außerordentliches 342, 394
Ergebnis, betriebsfremdes 342, 394
Erhaltungsaufwand 336f.
Erholzeiten 200
Erlöse 116
Erlöse aus Lieferungen und Leistungen 385
Eröffnungsbilanz 14
Eröffnungsbilanzkonto 22
Eröffnungsbuchungen 22
Erstkonsolidierung 375, 381
Ertrag 20, 50
Ertrag, neutraler 51
Ertrag noch nicht Aufwand 266
Ertrag noch nicht Einzahlung 266
Erträge aus Lieferungen und Leistungen 385
Ertragskonten 21
Ertragskraft 263
Ertragslage 348, 354
Ertragswert 254, 259
Erwerb, unentgeltlicher 335
Erwerbsmethode 366, 367
Erwerbspreis 255

Fair presentation 296
Faktorpreise 186
Faktorqualität 186
Fälligkeit 301
Feasibility 296
Fertigungseinzelkosten 328
Fertigungsgemeinkosten 328
Fertigungskosten 110

Fertigungslohnabweichung 203
Fertigungsprogramm 186
Fertigungswagnis 87
Festbewertung 325
Festpreise 77
Festwertprinzip 283, 332
FIFO-Methode 76, 325
Financial Accounting Standards 300
Finanzanlagen 302, 392
Finanzbuchhaltung 43
Finanzflüsse 278
Finanzierungsanalyse 395
Finanzlage 348, 354
Firmenwert 316, 376
Firmenwert, derivativer 216, 308, 323f.
Fixed Assets 310
Fixkosten 127f., 136, 140, 222
Fixkosten, liquiditätswirksame, 149
Fixkostenblock 162
Fixkostendeckung, stufenweise 142, 149
Fixkostendegression 102, 150, 162, 172
Flexible Normalkostenrechnung 181
Flexible Plankostenrechnung 184f., 220
Folgekonsolidierung 375
Fonds der liquiden Mittel 403
Fonds des monetären Umlaufvermögens 403
Fonds des Netto-Geldvermögens 403
Fonds des Netto-Umlaufvermögens 403
Fondsrechnungen 402
Forderungen aus Lieferungen und Leistungen 302
Forderungen, dubiose 337
Forschungs- und Entwicklungsbericht 351
Fortführungsstatik 260
Fortführungswert 254, 280
Fortschritt, technischer 271

Fremdkapital 393
Fremdkapital, kurzfristiges 393
Fremdkapital, langfristiges 394
Fremdkapital, mittelfristiges 394
Fremdkapitalquote 397
Fristenkongruenz 398
Funktionen, betriebliche 73
Funktionen von Bilanzen 248

Garantielöhne 129
Gebrauchswert 254
Gegenwartsmethode 340
Gehälter 78, 134f.
Geldform des Kapitals 13, 261
Geldrechnung 257, 273
Geldtheorie, nominalistische 272
Geldvermögen 49, 301
Gemeinerträge 410
Gemeinkosten 45, 64f., 88, 90f., 96, 131, 209, 223f., 328
Gemeinkosten, fixe 65
Gemeinkosten, primäre 90, 96, 127
Gemeinkosten, sekundäre 90
Gemeinkosten, unechte 64, 91, 131
Gemeinkosten, variable 65
Gemeinkosten, verrechnete 182, 214
Gemeinschaftliche Leitung 367
Gemeinschaftskontenrahmen der Industrie 37, 44, 73
Gemeinschaftsunternehmen 367
General Price Level Accounting 274
Generally Accepted Accounting Principles 295, 346
Geringwertige Wirtschaftsgüter 324
Gesamtkapital 394
Gesamtkapitalrentabilität 407
Gesamtkostenverfahren 117, 342f.
Geschäftsvorfälle 3
Geschäftsvorfälle, erfolgsneutrale 19
Geschäftsvorfälle, fiktive 22, 244
Geschäftswert 316
Gesetzliche Rücklage 304
Gewinn 277
Gewinn je Aktie 406

Gewinn, ökonomische 278
Gewinn, richtiger 269
Gewinn, vergleichbarer 263, 269, 275
Gewinn- und Verlustkonto 28
Gewinn- und Verlustrechnung 340, 394
Gewinnrealisierung 336
Gewinnrücklage 241, 304
Gewinnschwellenanalyse 136
Gewinnvortrag 305
Gewinnzone 137
Gezeichnetes Kapital 241, 304
Gläubigerschutz 240, 282f.
Gleichordnungskonzern 353f.
Gleichungsverfahren 93
Gleitende Durchschnitte 326
Gliederung der Auftragszeiten 200
Gliederung der Bilanz 13, 300f.
Gliederung der Bilanzseiten 247
Gliederung der Kostenstellen 204
Gliederungszahlen 389
Going Concern 294
Going Concern Principle 296
Going Concern-Prinzip 244, 294
Grenzerfolgskalkulation 150, 157f.
Grenzerfolgssätze 153f., 157
Grenzkosten 60, 128
Grenzplankostenrechnung 185, 221f.
Großunternehmen 285
Grundbuch 32
Grundkapital 304
Grundkosten 72
Grundrechnung 130f.
Grundsatz der Einheitlichkeit 74
Grundsatz der Klarheit 9
Grundsatz der Reinheit 74
Grundsatz der Richtigkeit 8
Grundsatz der Sicherheit 9
Grundsatz der Vollständigkeit 8, 322
Grundsatz der Wirtschaftlichkeit 9
Grundsätze ordnungsmäßiger Bilanzierung 289

Grundsätze ordnungsmäßiger Buchführung 8, 282, 289
Grundsätze ordnungsmäßiger Datenverarbeitung 35
Grundstruktur der Handelsbilanz 241
Gründungsbilanz 260
Grundzeiten 200
Gruppenbewertung 325

Habensaldo 19
Habenseite 17
Handelsbilanz II 359, 361
Hauptbuch 33
Hauptkostenstellen 47, 90
Hauptprozesse 226
Herstellkosten 110
Herstellungskosten 101, 110, 250, 326f., 330, 334
Hierarchie von Entscheidungen 130
HIFO-Methode 76, 326
Hilfskostenstellen 47, 90
Höchstwert 283

Ideal-Standardkosten 204
Identitätsprinzip 130
Im Hinblick auf künftige Wertschwankungen ermäßigter Wert 327
Im Rahmen vernünftiger kaufmännischer Beurteilung ermäßigter Wert 327, 332
Imparitätsprinzip 268, 294
Income Statement 346
Indexrechnung 273
Indexzahlen 390
Industriekontenrahmen 37
Inflation 272
Inflation Accounting 274
Information außenstehender Dritter 282
Informationsfunktion 4, 239
Informationsinstrument 48

Informationsquellen 388
Innenfinanzierungsgrad 406
Innerbetriebliche Leistungsverrechnung 92
Interessentheorie 378
Interessenzusammenführung 366, 377
Interpretation des Jahresabschlusses 349
Into and out of Company 231
Inventar 11f., 282
Inventur 11
Inventur, nachverlegte 11
Inventur, permanente 11
Inventur, vorverlegte 11
Inventurmethode 75
Inventurvereinfachung 325
Investitionsanalyse 395
Investitionsquote 396
Investitionsrechnung 164
Ist-Materialverbrauch 198
Istkostenrechnung 66, 69, 178, 220

Jahresabschluß 14, 239, 281f., 282, 349
Jahresabschlußziele, primäre 278
Jahresüberschuß 305
Journal 34

Kalkulation 101, 166, 219
Kalkulation bei Auftrags- und Einzelfertigung 217
Kalkulation eines Zusatzauftrages 56
Kalkulation öffentlicher Aufträge 172
Kalkulation standardisierter Erzeugnisse 216
Kalkulationssätze 89
Kalkulationsverfahren 334
Kalkulatorische Abschreibungen 81
Kalkulatorische Miete 86

Kalkulatorische Sozialkostenzuschläge 197
Kalkulatorische Wagnisse 86
Kalkulatorischer Unternehmerlohn 86
Kalkulatorische Zinsen 85
Kameralistik 6
Kapazität, kostenoptimale 208
Kapazität, technische 208
Kapazitäten, knappe 163f.
Kapazitätsorientierte Festlegung der Planbeschäftigung 207
Kapital 263
Kapital, betriebsnotwendiges 85
Kapitalbestände 255
Kapitaldispositionsregeln 271
Kapitalerhaltung, reale 272
Kapitalerträge 410
Kapitalflußrechnung 400, 403
Kapitalflußrechnung, erweiterte 401
Kapitalgesellschaften 344
Kapitalgesellschaften, große 242, 284, 344
Kapitalgesellschaften, kleine 242, 285, 344
Kapitalgesellschaften, mittelgroße 242, 285, 344
Kapitalherkunft 260
Kapitalkonsolidierung 366
Kapitalproduktivität 410
Kapitalquote 410
Kapitalrücklage 241, 304
Kapitalstruktur 416
Kapitalverwendung 260
Kapitalwert 276
Kennzahl 389
Kennzahlensystem 407
KIFO-Methode 383
KILO-Methode 383
Knappheitspreise 55
Kompetenzverteilung 279
Komplexität von Produkten 224
Konkretisierung 279
Konsolidierung 355

Konsolidierung des Zwischenerfolgs 366, 382
Konsolidierungskreis 358
Konsolidierungswahlrechte 358
Konstanz der Erfolgsermittlung 267
Kontenklassen 36
Kontenplan 36
Kontenrahmen 36
Kontenreihen 256
Konto 5, 17
Kontokorrentkonten 19
Kontrolle der Einzelkosten 197
Kontrollfunktion 4
Kontrollinstrument 149
Kontrollzwecke 176
Konzern 353, 355
Konzern-Gewinn- und Verlustrechnung 385
Konzernabschluß 284
Konzernabschluß, befreiender 356
Konzernanhang 386
Konzernanschaffungskosten 383
Konzernbilanzen 354
Konzernherstellungskosten 383
Konzernlagebericht 386
Kopplung, feste 114
Kopplung, lose 114
Korrektur 349
Korrigierte Anschaffungskosten 250
Korrigierte Herstellungskosten 250
Kosten 53
Kosten der Betriebsbereitschaft 150
Kosten der Ingangsetzung und Erweiterung des Geschäftsbetriebs 314
Kosten, aufwandsgleiche 73, 80
Kosten, bereichsfixe 143
Kosten, erzeugnisfixe 142
Kosten, erzeugnisgruppenfixe 142
Kosten, fixe 59
Kosten, intervallfixe 59
Kosten, kalkulatorische 51, 72f., 80
Kosten, kostenstellenfixe 142

Kosten, leistungsmengeninduzierte 225
Kosten, leistungsmengenneutrale 225
Kosten, primäre 73
Kosten, sekundäre 73
Kosten, variable 59, 157, 222
Kostenabweichungen 189
Kostenarten, gemischte 74
Kostenarten, primäre 74
Kostenarten, reine 74
Kostenarten, sekundäre 74
Kostenartenplan 73
Kostenartenrechnung 43, 71, 120
Kostenauflösung 62, 128
Kostenauflösung, buchtechnische 63
Kostenauflösung, mathematische 62
Kostenauflösung, planmäßige 64
Kostenauflösung, statistische 63
Kostenbegriff, pagatorischer 52, 54, 149
Kostenbegriff, realwirtschaftlicher 51
Kostenbegriff, wertmäßiger 55
Kostenbestandteile, fixe 135
Kostendeckungsprinzip 172
Kostenerfassung 73
Kostenfunktion 59
Kostenfunktion, lineare 62, 128
Kostenkontrolle 48, 89
Kostenmachen 172
Kostenplätze 89
Kostenrechnung 43, 159, 239
Kostenstellen 88
Kostenstellenabweichung 213
Kostenstellenbereiche 89
Kostenstelleneinzelkosten 64, 88, 91, 125, 134, 160
Kostenstellengemeinkosten 64, 88, 91, 125, 160, 221
Kostenstellenplan 89
Kostenstellenrechnung 43, 71, 88, 120, 203
Kostensteuern 80

Kostenträger 88
Kostenträgerrechnung 43, 71, 101, 121, 216
Kostentragfähigkeitsprinzip 67
Kostentreiber 225
Kostenverlauf, konkaver 61
Kostenverlauf, konvexer 61
Kostenverlauf, linearer
Kostenverursachung, heterogene 205
Kostenverursachung, homogene 205
Kreditvorgänge 50
Kreditwürdigkeit 280
Kritik an der Vollkostenrechnung 123
Kuppelprodukte 101
Kuppelproduktion 114

Lagebericht 242, 351
Lagervorgänge 50
Latente Steuern 312, 319f., 324 393
Latente Steuern, aktive 324, 393
Leistung, homogene 205
Leistungsbezug 53
Leistungskosten 131
Leistungsströme 264
Leistungsverrechnung, innerbetriebliche 92, 211
Leitsätze für die Preisermittlung auf der Grundlage von Selbstkosten 172
Liabilities and Stockholders' Equity 310
Lieferbeziehungen 112
LIFO-Methode 76, 273, 326
Lineare Programmierung 142, 153
Liquide Mittel 304
Liquidität 1. Grades 399
Liquidität 2. Grades 399
Liquidität 3. Grades 399
Liquidität 301
Liquiditätsanalyse 389
Liquiditätsgrade 399, 418
Liquiditätskennzahlen 400

Liquiditätsrechnung 403
Löhne 134f.
Lohnfortzahlung im Krankheitsfall 79
Lohnquote 410
Lohnsatzmischabweichungen 203
Lohntarifabweichungen 216
Lohnzeitabweichungen 203
Long-term Liabilities 310
Loseblattbuchführung 6, 34

Market into company 231
Marktpreis 283, 326, 328
Massenfertigung 101
Maßgeblichkeit der Handelsbilanz 321
Maßgeblichkeitsprinzip 286
Matching Principle 298
Materialeinzelkosten 328
Materialentnahmescheine 199
Materialgemeinkosten 218, 328
Materiality 298
Materialkosten 74, 77, 109, 193, 218
Materielle Ordnungsprinzipien 293
Mehrheitsbesitz 353
Mehrproduktfall 137
Mehrstellenarbeit 206
Mehrstufige analytische Verfahren 210
Mehrstufige Divisionskalkulation 103
Meisterlöhne 78
Mengenabweichung 189, 190
Mengenbilanzen 248
Mengengerüst 53, 93, 116
Meßbarkeit 248
Messen 249
Meßzahlen 390
Methode, amerikanische 34
Methode, deutsche 33
Methode, englische 33
Methode, französische 34
Methode, italienische 33
Methodenwahlrecht 263, 333, 364

Miete, kalkulatorische 86
Mindestgliederung 302, 309
Money Measurement Concept 296
Montagestruktur 97, 148
Mutterunternehmen 354

Nach vernünftiger kaufmännischer Beurteilung notwendiger Betrag 327
Nachkalkulation 178, 219
Nachtragsbericht 351
Nebenbücher 33
Nennbetrag 327
Nettoinvestition 394
Netto-Methode 357
Neubewertungsmethode 368, 370, 374
Nichtnegativitätsbedingungen 140
Niederstwertprinzip 268, 283
Niederstwertprinzip, gemildertes 332
Niederstwertprinzip, strenges 332
Niedrigerer am Abschlußstichtag beizulegender Wert 332
Nominalgüter 271
Nominalismus 274
Nominalistische Geldtheorie 272
Nominalwertrechnung 293
Non-Current Assets 310
Normalkapazität 208
Normalkostenrechnung 66, 69, 180, 220
Normalkostenrechnung, flexible 181
Normalkostenrechnung, starre 180
Nutzungsdauer 82, 84, 329
Nutzungspotential 84

Objectivity 296
Offene-Posten-Buchführung 34
Offenlegung 243
Operationen, elementare 224
Opportunitätskosten 55, 57, 150, 154

Ordnungsprinzipien, formelle 291
Ordnungsprinzipien, materielle 293
Other Assets 310
Out of Company 231
Out of Competitor 231
Out of Standard costs 232

Pagatorisch 134
Partialer Satz 168
Partierrechnung 5
Passiva 13, 253, 266
Passivierung 313
Passivseite 304
Passivtausch 15, 256
Pensionen 339
Perioden-Lifo 326
Periodenabgrenzung 267, 294f., 313, 329
Periodenbezug 53
Periodenerfolg 6, 28
Periodenerfolgsermittlung 5
Permanentes Lifo 328
Personalkosten 78f., 196, 395
Plan-Herstellkosten 218
Planbeschäftigung 207, 209
Plankalkulation 217
Plankostenrechnung 66, 178, 183
Plankostenrechnung, flexible 184f.
Plankostenrechnung, starre 184, 221
Planpreise 58, 77, 179
Planungsfunktion 4
Planung 163
Planungsinstrument 149
Planungsorientierte Festlegung der Planbeschäftigung 208
Platzkostenrechnung 204
Pooling of Interests 377
Posten, antizipative 265
Posten, antizipatorische 315
Posten, transitorische 265
Postretirement benefits 310
Preis, aktueller 250
Preis, gerechter 171
Preis, historischer 250

Preis, künftiger 251
Preis, objektiv feststellbarer 275
Preisabweichung 185, 189, 191, 195, 216
Preisdifferenzenbestand 195
Preisdifferenzenkonto 78
Preisdifferenzen-Prozentsatz 195
Preistheorem 155
Preisuntergrenze 168
Price-Earnings-Ratio 407
Primat der Handelsbilanz 287
Prinzip der Einzelbewertung 295, 325
Prinzip der Vollständigkeit 361
Prinzip, generelles 291
Prinzip, pagatorisches 158
Produkte, standardisierte 208
Produktfunktionen 232
Produktion, mittelständisch-handwerkliche 171
Produktionskapazitäten 140
Produktionsplanung 163, 176
Produktionsprogrammplanung 139
Produktionsrechnung 117
Produktionsstruktur, divergierende 147
Produktionsstruktur, komplexe 213
Produktionsstruktur, zyklenfreie 97
Produktionswert 409
Produktivitätskennzahlen 410
Prognosebericht 351
Prognosen künftiger Zahlungen 278
Programm, duales 153
Programmierung, lineare 142, 153
Proportionaler Satz 168
Proportionalitätsbeziehungen 130, 205
Prozentualer Satz 168
Prozesse 225
Prozeßbedingungen 206
Prozeßkostenrechnung 207, 221, 223
Prozeßkostensätze 226
Prüfung des Jahresabschlusses 284

Publizität des Jahresabschlusses 284
Publizitätsgesetz 357

Quersubventionierung 224
Quotenkonsolidierung 367, 378

Realisationsprinzip 268, 294
Realisationswert 254
Realization Concept 298
Rechnen mit eisernem Bestand 273
Rechnung, pagatorische 158
Rechnungsabgenzung 23
Rechnungsabgrenzung, antizipative 24
Rechnungsabgrenzungsposten 242, 244, 304, 313f., 323f.
Rechnungsabgrenzungsposten, antizipative 23
Rechnungsabgrenzungsposten, passive 24, 308
Rechnungsabgrenzungsposten, transitorische 23, 314
Rechnungslegung 279
Rechtsverhältnisse 301
REFA 184
REFA-Verfahren 200
Reichsfinanzhof 321
Reichsoberhandelsgericht 253
Reinvermögen 49, 252
Relative Einzelkosten 129f., 144, 161
Relevance 296
Rentabilitätskennziffer 406, 420
Rentenbarwert 327
Repartitionswert 331
Reserven, stille 316, 374, 376
Restdeckungsbeiträge 143
Restwert 82
Restwertmethode 115
Retrograde Methode 75
ROI 407
Rücklage für eigene Anteile 305

Rücklage für Veräußerungsgewinne 318
Rücklagen 304
Rücklagen, freie 305
Rücklagen, satzungsmäßige 305
Rücklagen, steuerfreie 317
Rücklagen, unversteuerte 317
Rückstellungen 305, 309, 313, 315, 323, 375
Rückstellungen für drohende Verluste 315
Rückstellungen für Gewährleistungen 315
Rückstellungen für Pensionsanwartschaften 339
Rückstellungen für ungewisse Verbindlichkeiten 315, 375
Rückstellungen für unterlassene Aufwendungen für Instandhaltung oder Abraumbeseitigung 316
Rückstellungen, unterlassene 393
Rückzahlungsbetrag 327
Rüsterholzeiten 200
Rüstgrundzeiten 200
Rüstkostenabweichungen 201
Rüstverteilzeiten 201
Rüstzeitabweichung 202
Rüstzeiten 200

Sachanlagen 302, 308
Sachanlagevermögen 415
Sachform des Kapitals 14, 261
Saldierung der Wertberichtigungen 391
Saldierung von ausstehenden Einlagen 391
Saldo 17
Sammelpositionen 228
Schätzungen, subjektive 275
Schätzungsinventur 12
Scheingewinn 270
Scheinverlust 270
Schlüsselgrößen 67, 89

Schlüsselung 91, 144, 160
Schlüsselung der Fixkosten 163f., 221
Schlußbilanzkonto 27
Schulden 12, 252
Schuldendeckungspotential 254, 263, 275, 312
Schuldenermittlung 4
Schuldenkonsolidierung 366
Security and Exchange Commission 300
Selbstkosten 101, 111, 218
Selbstkostenpreis 166, 174
Serienfertigung 101, 107, 206
Sicherheit der Rechnung 267
Skontraktionsmethode 75
Soll-Einzelmaterialkosten 199
Soll-Ist-Vergleich 390
Sollkosten 209, 212
Sollsaldo 19
Sollseite 17
Sondereinzelkosten 64
Sonderposten mit Rücklageanteil 317, 323f.
Sonderrechnungen 133
Sortenfertigung 101, 206
Sortiment 163
Sortimentsplanung 163
Sozialbericht 351
Spezielle Einzelwagnisse 87
Spiegelkonten 48
Staffelform 343, 346
Stammkapital 304
Standard costs 183
Standardkosten 217
Standard-Nachkalkulation 220
Standardzeiten 201
Starre Normalkostenrechnung 180
Starre Plankostenrechnung 184, 221
Statik, ältere 252, 280
Statische Interpretation 324
Statistische Verfahren 209
Steuerbemessungsgrundlage 282, 324

Steuerbescheid 80
Steuerbilanz 177
Steuern 53, 80
Steuern, latente 312, 319f., 324, 393
Steuerquote 410
Stichprobeninventur 12
Stichtagsinventur 11
Stichtagsinventur, ausgeweitete 11
Stichtagskursmethode 364
Stichtagskursmethode, modifizierte 365
Stichtagsprinzip 293
Stille Reserven 316, 374, 376
Streupunkt-Ballung 209
Strukturanalyse 389, 395
Strukturanalyse, horizontale 396
Strukturanalyse, vertikale 396, 415
Stückkosten 60
Stückkosten, degressive 62
Stückkosten, konstante 62
Stückkosten, progressive 62
Stückkosten, variable 128
Stücklisten 198
Stufenleiterverfahren 97
Substance over form 310
Substanz, reale 270
Substanzwert 252, 254, 398
Synthetische Verfahren 200

Tageswertbilanz 272
Tannenbaum-Effekt 356
Target Costing 229
Tausch 335
Teilkostenbasis 119
Teilkostenrechnung 66, 88, 125, 149, 158ff., 166, 228
Teilwert 330
Teilwert, niedrigerer 333
Teilwertabschluß 355
Teilwertabschreibungen 331
Teilwertmethode 339
Theorie der Bilanzpositionen 245
Theorie der Bilanzziele 245
Tochterunternehmen 354

Totalabschluß 258
Totalrechnung 243, 269
Tragfähigkeitsprinzip 115
True and fair view 296

Übergangskonto 47
Überwälzung 178
Umkehrung des Maßgeblichkeitsprinzips 287
Umlaufvermögen 241, 301f., 392
Umlaufvermögen, monetäres 392
Umsatzgewinne 270
Umsatzkostenrechnung 220
Umsatzkostenverfahren 118, 342, 344
Umsatzrentabilität 407
Umsatzsteuer 314
Unentgeltlich erworbene immaterielle Gegenstände des Anlagevermögens 322
Unterbeschäftigung 149
Unternehmen, abhängige und herrschende 353
Unternehmen, assoziierte 366, 378
Unternehmen, gemeinschaftlich geführte 378
Unternehmen, verbundene 353
Unternehmen, wechselseitig beteiligte 353
Unternehmensziele 240
Unternehmerlohn, kalkulatorischer 86
Unternehmerwagnis 86
Unterordnungskonzern 353f.
Unterschiede, materielle 381
Urlaubszeit 79

Valuta-Forderungen 338
Valuta-Verbindlichkeiten 339
Variantenvielfalt 224
Veränderungsbilanz 401
Verantwortungsprinzip 204
Veräußerungspreis 250

Verbindlichkeiten 242, 301, 308, 312
Verbindlichkeitsrückstellungen 301, 308
Verbrauchsabweichung 182, 185, 214, 216
Verbrauchsermittlung 75
Verbrauchsfolge 325
Verbrauchspreis 193
Verbrauchssteuern 314
Verbuchung der kalkulatorischen Kosten 80
Verbuchung der Materialkosten 77
Verbuchung der Personalkosten 79
Verbuchung, erfolgswirksame 364
Veredelungsfertigung 103
Veredelungsmethode 103
Vereinfachung der Bewertung 325
Verfahrensabweichung 216
Verhältniszahl 249
Verkehrsfähigkeit 321
Verlustrechnung 340
Verlustzone 137
Vermögen 263, 312
Vermögen, betriebsnotwendiges 392
Vermögensbestände 255
Vermögensermittlung 4
Vermögensgegenstände 12, 252, 321, 336
Vermögensgegenstände des Anlagevermögens 391
Vermögensgegenstände, immaterielle 302
Vermögensgegenstände, sonstige 302
Vermögenslage 348, 354
Vermögensstruktur 415
Vernünftiges kaufmännisches Ermessen 328
Verordnung über die Preise bei öffentlichen Aufträgen 172
Verrechnung, erfolgsneutrale 362f.
Verrechnung, erfolgswirksame 362
Verrechnung von Fixkosten 92

Verrechnungsabweichung 216
Verrechnungspreise 93, 96, 179
Verrechnungspreise, geplante 212
Verschuldungsfähigkeit 406
Verschuldungsgrad 397
Verschuldungsgrad, dynamischer 406
Verteilungsrechnung 409
Verteilzeiten 200
Vertriebsgemeinkosten 110
Vertriebskosten 218
Vertriebswagnis 87
Verursachungsprinzip 66, 90, 130, 149
Verwaltungsgemeinkosten 110
Verwaltungskosten 218, 328
Verwerfungen, zeitliche 267
Verzinsung des Eigenkapitals 278
Volkswirtschaft, zentralgeleitete 172
Vollbeschäftigung 150
Vollkonsolidierung 366
Vollkostenbasis 119
Vollkostenkalkulation 334
Vollkostenrechnung 66, 88, 123, 150, 159f., 164, 230
Vollständigkeit 291
Vorgänge, anschaffungsähnliche 335
Vorgänge, erfolgswirksame 20
Vorgehen, deduktives 290
Vorgehen, induktives 290
Vorgehensweise 389
Vorleistungen 409
Vorleistungsprozesse 225
Vorräte 302, 308
Vorschriften für alle Kaufleute 283
Vorschriften für Kapitalgesellschaften 283
Vorschriften, handelsrechtliche 283
Vorschriften, rechtsformunabhängige 314
Vorschriften, steuerrechtliche 286
Vorsichtsprinzip 268, 294f., 313

Wagnis 86
Wagnisse, kalkulatorische 86
Wagnisse, sonstige 87
Währungsumrechnung 364
Warenforderungen 392
Warengeschäft 28
Warenkonto 28
Warenkonto, gemischtes 28
Warenkonto, getrenntes 30
Wechselforderungen 338
Weihnachtszeit 79
Wert, gemeiner 254
Wert, heutiger 258
Wertansatz 250, 325
Wertansatz, betriebsindividueller 257
Wertansatz, steuerrechtlich zulässiger 327
Wertansatz, subjektiver 255
Wertaufholung 333
Wertberichtigungen 314
Wertbestände 49
Wertbilanzen 248
Wertpapiere 303
Wertpolizeiliche Funktion 256
Wertscheidefunktion 256
Wertschlüssel 92
Wertschöpfungsanalyse 389, 408
Wertschöpfungsanteile 410
Wertschöpfungsquote 410
Wertströme 49
Wertveränderungen am ruhenden Vermögen 270f.
Wiederbeschaffungspreis 55, 179, 250, 270
Wiederbeschaffungspreis am Einsatztag 271
Wiederbeschaffungspreise als Opportunitätskosten 57
Wirkursache 66
Wirtschaftliche Einheit 353
Wirtschaftlichkeitskontrolle 159
Wirtschaftsgut 321
Wirtschaftsgut, negatives 321

Working capital 400, 418
Working capital ratio 400, 418

Zahlungsbilanz 247
Zahlungsmittel 49
Zahlungsströme 264
Zeitbezug 66, 247
Zeitbezug, gleicher 248
Zeitbezugsprinzip 365
Zeitlohn 78, 203
Zeitschlüssel 92
Zeitvergleich 390
Zero-Bonds 338
Zerschlagungsstatik 259
Zerschlagungswert 280
Ziele der Bilanzanalyse 388
Ziele der Kostenrechnung 159
Ziele des Jahresabschlusses 239
Zielkosten 230
Zielkostenindex 232
Zielkostenrechnung 229
Zinseffekte 278
Zinsen 85
Zinsen, kalkulatorische 85
Zinssatz, kalkulatorischer 85
Zölle 314
Zukunftsbezug 277
Zurechnungsobjekte, zeitliche 133
Zusatzauftrag 158, 163f.
Zusatzkosten 72, 87
Zuschlagsbasis 108
Zuschlagskalkulation 101, 108, 118
Zuschlagskalkulation, differenzierte 108, 111
Zuschlagskalkulation, elektive 108
Zuschlagskalkulation, kumulative 108
Zuschlagskalkulation, summarische 108
Zuschreibungen 330
Zwang zur Selbstinformation 279
Zweck des Jahresabschlusses 281
Zweckaufwand 72
Zweckursache 66

Zweikreissystem 47
Zweiteiligkeit 247
Zwischenbilanz 361
Zwischenerfolg 382
Zwischenerfolgskonsolidierung 366, 382

Druck- und Bindearbeiten: Legoprint, Italien